SAMMLUNG TUSCULUM

Wissenschaftliche Beratung:

Karl Bayer, Manfred Fuhrmann, Fritz Graf,
Erik Hornung, Rainer Nickel

VERGIL

LANDLEBEN
CATALEPTON · BUCOLICA · GEORGICA

ed. Johannes und Maria Götte

VERGIL-VITEN

ed. Karl Bayer

Lateinisch und deutsch

ARTEMIS & WINKLER

Memoriae piae atque perpetuae

MARIAE GÖTTE-HAENDLY

dulcissimae coniugis, Vergiliani laboris et fructus
consociae semper fidelis, hunc inscripsi titulum:

„Nil sine te iam Vergilius dedit, alma Maria.
  Tecum namque abiit Vergilii mihi mens."
„Talia ne dicas, moneat mea dulcis imago,
  Si tibi dulcis eram. Proin age, perfice opus."
„Vix potero." „Poteris per amicos, qui tibi certi
  Usque aderunt. Valeas." „Tuque, Maria, vale."

J. G. 1977

Die Deutsche Bibliothek – CIP-Einheitsaufnahme

Vergilius Maro, Publius:
Landleben / Vergil. Ed. Johannes und Maria Götte.
Vergil-Viten / ed. Karl Bayer. Lateinisch und deutsch.
6., vollst. durchges. und verb. Aufl.
Zürich : Artemis und Winkler, 1995
(Sammlung Tusculum)
Einheitssacht. des beigef. Werkes: Vitae Vergilianae.
Enth. u. a.: Catalepton. Bucolica
ISBN 3-7608-1651-7
NE: Götte, Johannes [Hrsg.];
Vitae Vergilianae; Vergil-Viten

6., vollständig durchgesehene und verbesserte Auflage

Artemis & Winkler Verlag
© 1995 Artemis Verlags-AG Zürich

Druck und Bindung: Pustet, Regensburg
Printed in Germany

CATALEPTON

I a

Vere rosa, autumno pomis, aestate frequentor
   spicis; una mihi est horrida pestis hiems;
nam frigus metuo et vereor, ne ligneus ignem
   hic deus ignaris praebeat agricolis.

II a

Ego haec, ego arte fabricata rustica,
ego arida, o viator, ecce populus
agellulum hunc, sinistra et ante quem vides,
erique villulam hortulumque pauperis
tuor malaque furis arceo manu.   5
mihi corolla picta vere ponitur,
mihi rubens arista sole fervido,
mihi virente dulcis uva pampino,
mihi glauca oliva duro cocta frigore.
meis capella delicata pascuis   10
in urbem adulta lacte portat ubera,
meisque pinguis agnus ex ovilibus
gravem domum remittit aere dexteram
teneraque matre mugiente vaccula
deum profundit ante templa sanguinem.   15
proin, viator, hunc deum vereberis.
manumque sursum habebis: hoc tibi expedit;
parata namque crux, cave, stat mentula.
'velim pol', inquis; at pol ecce vilicus
venit, valente cui revulsa bracchio   20
fit ista mentula apta clava dexterae.

III a

Hunc ego, o iuvenes, locum villulamque palustrem
tectam vimine iunceo caricisque maniplis
quercus arida rustica fomitata securi

I a

Rosen verehrt mir der Frühling und Obst der Herbst und der Sommer
Ähren; der Winter allein schreckt mich als schaurige Pest.
Denn ich fürchte den Frost, hab Angst, die Bauern verfeuern
unwissend, wie sie sind, mich, ihren hölzernen Gott.

II a

Ich hier, ich hergestellt mit bäuerlicher Kunst,
ich trockne Pappel, sieh nur, lieber Wanderer:
das Äckerlein, das links du und auch vor dir siehst,
das Gutshaus und das Gärtchen eines armen Herrn
beschütze ich, bin Wehr vor böser Diebeshand.
Mir wird ein bunter Kranz im Frühling dargebracht,
mir eine Ähre, goldigrot von Sonnenglut,
mir süße Traube auch in Weinlaubs fettem Grün,
mir die Olive, blaugekocht von hartem Frost.
Von meinen Weiden trägt die Geiß, das Leckermaul,
zur Stadt die milchgefüllten Euter hin;
manch fettes Lamm aus meinem Schafstall schickt
die Hand vom Gelde schwer zurück nach Haus.
Die zarte Jungkuh – ach, wie brüllt das Muttertier! –
verströmt vor Göttertempeln Opferblut.
Wohlan denn, Wandersmann! Wirst scheuen diesen Gott,
und Hände hoch! Das hilft dir weiter fort.
Bereit ja steht – nimm dich in Acht! – der Marterpfahl.
„Beim Pollux, bitt' schön!" sagst du; doch, beim Pollux, sieh,
da kommt der Verwalter, reißt mit starkem Arm das Glied
mir aus und schwingt's als echte Keule in der Faust.

III a

Jünglinge, hier diesen Platz, das Gutshaus am Sumpfesrand,
bedacht mit Binsenweidicht und Riedgrasbündeln,
ich trockener Eichenstumpf, zurechtgehauen von Bauernaxt,

nutrior: magis et magis *fit* beata quotannis.
huius nam domini colunt me deumque salutant   5
pauperis tuguri, pater filiusque adulescens:
alter assidua colens diligentia, ut herbae
asper aut rubus a meo sint remota sacello,
alter parva manu ferens semper munera larga.
florido mihi ponitur picta vere corolla,   10
primitus tenera virens spica mollis arista,
luteae violae mihi lacteumque papaver
pallentesque cucurbitae et suave olentia mala,
uva pampinea rubens educata sub umbra.
sanguine haec etiam mihi – sed tacebitis – arma   15
barbatus linit hirculus cornipesque capella.
pro quis omnia honoribus *haec* necesse Priapo est
praestare et domini hortulum vineamque tueri.
quare hinc, o pueri, malas abstinete rapinas.
vicinus prope dives est neglegensque Priapus;   20
inde sumite; semita haec deinde vos feret ipsa.

I

De qua saepe tibi, venit; sed, Tucca, videre
    non licet: occulitur limine clausa viri.
de qua saepe tibi, non venit adhuc mihi; namque
    si occulitur, longe est, tangere quod nequeas.
venerit; audivi. sed iam mihi nuntius iste
    quid prodest? illi dicite, cui rediit.

II

Corinthiorum amator iste verborum,
iste iste rhetor; namque quatenus totus
Thucydides, tyrannus Atticae febris:
tau Gallicum, min et sphin et – male illi sit,
ista omnia, ista verba miscuit fratri.

ich nähre es. Mehr und mehr gedeiht es jährlich.
Denn seine Herren verehren und grüßen mich als den Gott
der armen Hütte, der Vater und der noch junge Sohn:
der eine beständig in Sorgfalt bemüht, daß Unkraut
oder stechender Rotdorn fern sei meinem Tempelchen;
der andere immer mit kleinen Geschenken in gabenfreudiger Hand.
Im blühenden Frühling bringt man bunten Kranzes Zier,
bringt mir die beginnlich auf zarter Ähre grünende weiche Spitze,
goldgelbe Violen und milchweißen Mohn,
fahlfarbenen Kürbis und süßduftende Äpfel
und Trauben, rötlich erglüht unter Weinlaubschatten.
Mit Blut bestreicht mir auch – ihr werdet doch schweigen – diese Waffen
ein bärtiger Bock und eine hornhufige Ziege.
Für solche Ehrengaben muß Priapus nun auch all dieses leisten
und seines Gutsherrn Gärtchen und Weinberg schützen.
Also, von hier, Jungen, bleibt fort mit üblen Plünderungen!
Nahebei ist ja ein reicher Nachbar und ein nachlässiger Priapus;
von dort nehmt nur! Der Fußpfad hier wird euch danach schon selbst
                                        weiterbringen.

1

Die ich dir oft schon erwähnt, sie ist da; doch leider, mein Tucca,
    nicht zu sehn, denn im Haus hält sie verborgen ihr Mann.
Die ich dir oft schon erwähnt, mir ist sie noch nicht da; denn bleibt sie
    also versteckt – fern ist, was du nicht anrühren kannst.
Kam sie? Mag sein, ich vernahm's. Doch schließlich, was nützt diese
    mir schon? Meldet sie ihm, dem sie zurückgekehrt ist.   (Botschaft

2

Korinthisch liebt er sich, der Kerl da, die – Phrasen,
der ... der ... der Rhetor! Denn dieweil er so ganz ein
Thukydides ist, Tyrann des Attikerfiebers,
hat tau, doch gallisch, min und sphin und – schlag Pest ihn! –
dies braute er dem Bruder, all dies Wortgiftzeug.

III

Aspice, quem valido subnixum Gloria regno
    altius et caeli sedibus extulerat.
terrarum hic bello magnum concusserat orbem,
    hic reges Asiae fregerat, hic populos;
hic grave servitium tibi iam, tibi, Roma, ferebat   5
– cetera namque viri cuspide conciderant – ,
cum subito in medio rerum certamine praeceps
    corruit et patria pulsus in exilium.
tale deae numen, tali mortalia nutu
    fallax momento temporis hora dedit.   10

IV

Quocumque ire ferunt variae nos tempora vitae,
    tangere quas terras quosque videre homines,
dispeream, si te fuerit mihi carior alter;
    alter enim qui te dulcior esse potest?
cui iuveni ante alios divi divumque sorores   5
    cuncta neque indigno, Musa, dedere bona,
cuncta, quibus gaudet Phoebi chorus ipseque Phoebus,
    doctior o quis te, Musa, fuisse potest?
o quis te in terris loquitur iucundior uno?
    Clio nam certe candida non loquitur.   10
quare illud satis est, si te permittis amari;
    nam contra ut sit amor mutuus, unde mihi?

V

Ite hinc, inanes, ite rhetorum ampullae,
inflata rhoezo non Achaico verba,
et vos, Selique Tarquitique Varroque,
scholasticorum natio madens pingui,
ite hinc, inane cymbalon iuventutis.   5
tuque, o mearum cura, Sexte, curarum,

3

Siehe, d e n hatte durch Herrschergewalt die Göttin des Ruhmes
hoch noch über den Glanz himmlischer Throne entrückt.
Er ließ weithin beben im Krieg den gewaltigen Erdkreis,
er warf Asiens Macht, Fürsten und Völker, in Staub.
Er war eben dabei, dich, Rom, auch dich zu versklaven,
– lag doch die übrige Welt lanzenbezwungen vor ihm –,
da aber, mitten im Kampf der Entscheidung, stürzte er jählings;
aus dem Vaterland fort ward er ins Elend gejagt.
Furchtbar der Göttin Gewalt: so gab die trügende Stunde
furchtbarem Sturze im Nu sterbliche Größe dahin.

4

Wohin immer uns führen die Zeiten wechselnden Lebens,
was für Lande und was immer für Leute zu sehn,
tot will ich sein, wenn lieber als du mir würde ein andrer,
kann denn ein andrer wohl je dich überragen an Reiz?
Dem schon als Jüngling vor andern die Götter und Schwestern der Götter
alles und ganz nach Verdienst, Musa, an Gütern verliehn,
– alles, was Phoebus' Reigen erfreut und ihn selber, den Phoebus –
o, wer könnte wohl je dich überglänzen an Kunst?
Wer spricht schöner als einzig du, wer, Musa, auf Erden?
Klio, die strahlende, selbst spricht ja nicht feiner als du.
Daher ist es genug, wenn du nur erlaubst, dich zu lieben.
Gegenliebe, woher käme auch je sie mir zu?

5

Von jetzt ab fort, ihr hohlen, fort, Rhetorenampullen,
Wortschall und Schwulst, pathetisch dröhnend, ungriechisch!
Du, Selius, auch, Tarquitius du und du, Varro,
Schulfuchserzunft, von fadem Wissensfett triefend,
von jetzt ab fort, Schallbeckenlärm für Schuljugend.
Auch du, mein Sextus, meines Herzens Herzliebster,

vale, Sabine; iam valete, formosi.
nos ad beatos vela mittimus portus
magni petentes docta dicta Sironis
vitamque ab omni vindicabimus cura.   10
ite hinc, Camenae; vos quoque ite iam sane,
dulces Camenae – nam fatebimur verum,
dulces fuistis – et tamen meas chartas
revisitote, sed pudenter et raro.

VI

Socer, beate nec tibi nec alteri,
generque Noctuine, putidum caput,
tuoque nunc puella talis et tuo
stupore pressa rus abibit; et mihi,
– ut ille versus usquequaque pertinet –   5
gener socerque, perdidistis omnia.

VII

Si licet, hoc sine fraude, Vari dulcissime, dicam:
    „Dispeream, nisi me perdidit iste Pothos."
sin autem praecepta vetant me dicere, sane
    non dicam, sed: „Me perdidit iste puer."

VIII

Villula, quae Sironis eras, et pauper agelle,
    verum illi domino tu quoque divitiae:
me tibi et hos una mecum, quos semper amavi,
    siquid de patria tristius audiero,
commendo, in primisque patrem; tu nunc eris illi,   5
    Mantua quod fuerat quodque Cremona prius.

leb wohl, Sabinus, lebt, ihr Schönen, lebt wohl denn!
Wir segeln fort jetzt nach des Seelenglücks Häfen,
des großen Siro Wort und Weisheitsspruch suchend,
und halten Sorgenlast vom Leben ganz fern uns.
Von jetzt ab fort, ihr Musen auch! So geht wirklich,
ihr holden Musen – denn gesteh ich's nur ehrlich:
ihr waret hold mir – und ihr sollt doch auch wieder
nach meinen Blättern schaun, doch zuchtvoll und selten.

6

Du Schwäher, glücklos dir und auch dem andern noch!
Du Schwiegersohn, Nachteule, ekler Hohlkopf du!
Von dir durch Stumpfsinn überwältigt und von dir
zieht solch ein Mädchen nun aufs platte Land. Und mir,
– wie trefflich paßt doch jener Vers jetzt – alles habt
ihr, Schwiegersohn und Schwiegervater, nun zerstört.

7

Liebster Varius, darf ich, so will ich ehrlich es sagen:
    „Tod mir, wenn nicht Tod ist mir noch dein Désiré!"
Wehrt mir aber der Regeln Verbot, dann sage ich nicht so,
    sondern: „Tod ist mir dieser dein Bursche gewiß."

8

Landhäuschen, einst des Siro Besitz, mein Äckerlein, armes,
    und doch jenem ,dem Herrn, wirklicher Reichtum auch du:
mich und diese zusammen mit mir, die ich immer schon liebte,
    lege ich dir ans Herz, wenn ich vom heimischen Land,
Schlimmes gehört. Ich empfehle zuerst dir den Vater; sei du ihm
    jetzt, was Mantua einst und was Cremona ihm war.

IX

Pauca mihi, niveo sed non incognita Phoebo,
    pauca mihi doctae dicite Pegasides.
victor adest, magni magnum decus ecce triumphi,
    victor, qua terrae quaque patent maria.
horrida barbaricae portans insignia pugnae,   5
    magnus ut Oenides utque superbus Eryx,
nec minus idcirco vestros expromere cantus
    maximus et sanctos dignus inire choros.
hoc itaque insuetis iactor magis, optime, curis,
    quid de te possim scribere quidve tibi.   10
namque – fatebor enim – quae maxima deterrendi
    debuit, hortandi maxima causa fuit.
pauca tua in nostras venerunt carmina chartas,
    carmina cum lingua, tum sale Cecropio,
carmina, quae Phrygium, saeclis accepta futuris,   15
    carmina, quae Pylium vincere digna senem.
molliter hic viridi patulae sub tegmine quercus
    Moeris pastores et Meliboeus erant
dulcia iactantes alterno carmina versu,
    qualia Trinacriae doctus amat iuvenis.   20
certatim ornabant omnes heroida divi,
    certatim divae munere quoque suo.
felicem ante alias o te scriptore puellam,
    altera non fama dixerit esse prior.
non illa, Hesperidum ni munere capta fuisset,   25
    quae volucrem cursu vicerat Hippomenen;
candida cycneo non edita Tyndaris ovo,
    non supero fulgens Cassiopea polo;
non defensa diu multum certamine equorum,
    optabant gravidae quod sibi quaeque manus,   30
saepe animam generi pro qua pater impius hausit,
    saepe rubro †similis sanguine fluxit humus;

9

Wenig nur, aber etwas, das nicht unbekannt ist dem schneeweißen Phoe-
bus, wenig nur sagt mir an, gelehrte Pegasiden!
Der Sieger ist da, großen Triumphes große Zierde,
Sieger, wo Lande und wo Meere sich breiten.
Schaurige Wahrzeichen bringt er mit aus seinem Kampfe gegen Barbaren,
groß wie der Oenide und wie der stolze Eryx,
doch deswegen nicht weniger hochbegabt, vorzutragen eure Gesänge
und würdig, einzutreten in eure heiligen Chöre.
Umso mehr also, du Vortrefflicher, werde ich hin und her geworfen
von ungewohnten Sorgen, was ich wohl schreiben könne ü b e r dich
und was f ü r dich.
Denn – um es gleich einzugestehen – was der Hauptgrund hätte
sein müssen, mich abzuschrecken, eben das wirkte als Hauptantrieb.
Nur wenige Gedichte von dir sind in meine Papiere gekommen,
Gedichte, attisch in der Sprache, attisch besonders durch Witzes Würze,
Gedichte, den Phrygier, da sie ja noch in künftigen Jahrhunderten
beliebt sind, Gedichte, den Pylier zu besiegen würdig, den Alten.
Behaglich hier unter grünem Laubdach breitästiger Eiche
waren die Hirten Moeris und Meliboeus gelagert,
liebliche Lieder einander zusingend in Wort und Antwort,
wie sie Trinacrias gelehrter Jüngling liebt.
Wetteifernd schmückten deines Liedes Heldin alle Götter,
wetteifernd alle Göttinnen mit der ihnen wesenseigenen Gabe jeweils.
Mehr als andere Mädchen beglückte Geliebte, da du ihr Dichter bist!
Keine andere dürfte wohl behaupten, sie an Ruhm zu übertreffen:
nicht Atalanta, die, hätte sie sich vom Hesperidengeschenk nicht bannen
lassen, im Wettlauf besiegt hätte den vogelschnellen Hippomenes;
auch die schimmernde nicht, die dem Schwanenei entstammende Tyn-
daride, nicht Cassiopea, funkelnd am Himmelspol;
nicht Hippodameia, lange stark verteidigt durch der Rennpferde Wett-
kampf, den gabenträchtige Hände je für sich erwünschten;
oft aber raffte um ihretwillen der Vater, der Ruchlose, des Werbers
Leben dahin, oft strömte von rotem Blute immer der gleiche Boden.

regia non Semele, non Inachis Acrisione
   immiti expertae fulmine et imbre Iovem.
non cuius ob raptum pulsi liquere penates   35
   Tarquinii patrios, filius atque pater,
illo quo primum dominatus Roma superbos
   mutavit placidis tempore consulibus,
multa neque immeritis donavit praemia alumnis,
   praemia Messalis maxima Poplicolis.   40
nam quid ego immensi memorem studia ista laboris,
   horrida quid durae tempora militiae?
castra foro, *te* castra urbi praeponere, castra
   tam procul hoc gnato, tam procul hac patria;
immoderata pati iam sidera iamque calores,   45
   sternere vel dura posse super silice;
saepe trucem adverso perlabi sidere pontum,
   saepe mare audendo vincere, saepe hiemem,
saepe etiam densos immittere corpus in hostes,
   communem belli non meminisse deum;   50
nunc celeres Afros, periurae milia gentis,
   aurea nunc rapidi flumina adire Tagi,
nunc aliam ex alia bellando quaerere gentem,
   vincere et Oceani finibus ulterius.
non nostrum est, tantas, non, inquam, attingere laudes, 55
   quin ausim hoc etiam dicere, vix hominum est.
ipsa haec, ipsa ferent rerum monumenta per orbem,
   ipsa sibi egregium facta decus parient.
nos ea, quae tecum finxerunt carmina divi,
   Cynthius et Musae, Bacchus et Aglaie,   60
sI laudem aspirare humilis, si adire Cyrenas,
   si patrio Graios carmine adire sales
possumus, optatis plus iam procedimus ipsis.
   hoc satis est; pingui nil mihi cum populo.

Nicht Semele darf ihr sich vergleichen, die Königstochter, nicht
Danaë, des Inachus Enkelin, Tochter des Acrisius, die in unsanftem
Blitz und Regenschauer zu spüren bekamen den Juppiter;
auch Lucretia nicht, um deren Schändung willen als Verbannte ihre
Penaten verließen die Tarquinier, Vater und Sohn, zu jener Zeit, als
Rom zum erstenmal stolzes Herrentum abschaffte unter friedvollen
Konsuln, als es seinen Zöglingen, nicht ohne ihr Verdienst, viele Aus-
zeichnungen verlieh, die höchsten Auszeichnungen aber den Trägern des
Namens MESSALLA POPLICOLA.
Warum also soll ich noch erwähnen dein Streben nach unmeßbarer
Mühsal, warum die schaurigen Zeiten harten Kriegsdienstes?
Daß du Lagerleben dem Forum, Lagerdasein der Hauptstadt vorzogest,
Lager, so fern diesem deinem Sohne, so fern dieser Vaterstadt;
daß du bald der Sturmgestirne maßlose Gewalt, bald Hitzegluten erlit-
test, ja, dich lagern konntest auf hartem Kieselstein;
oft unter widrigem Gestirn hinfuhrst durch trotzig-wilde See, oft
wagemutig das Meer besiegtest, oft den Sturm,
oft auch Leib und Leben warfest in der Feinde dichte Scharen, nicht
daran dachtest, daß Mars unterschiedslos zuschlägt.
Bald zogest du hin zu den schnellen Afrikanern, den Tausenden eines
treulosen Volkes, bald zu den goldhaltigen Fluten des Tajo;
bald suchtest du kriegführend ein Volk nach dem anderen auf, bliebst
Sieger weit sogar über des Weltmeeres Grenzen hinaus.
Nicht uns kommt es zu, nicht uns, ich betone es, an so großartige
Ruhmestaten zu rühren; ja, kühn möchte ich behaupten, das liege kaum
in Menschenmacht. Sie selbst, diese deine Taten selbst werden das An-
denken an deine Leistungen hintragen über den Erdkreis, sie selbst
werden dir hervorstrahlenden Ruhmesglanz erwerben.
Ich aber, wenn ich den Gedichten, welche Götter im Bunde mit dir
geschaffen haben, der Cynthier und die Musen, Bacchus und Aglaie, wenn
ich ihnen trotz meiner Niedrigkeit einen Hauch rühmlicher Anerken-
nung erwirken, wenn ich Cyrene erreichen, wenn ich mit einem Gedicht
in unserer Väter Sprache griechischen Witzes Würze erreichen kann,
bin alsdann weit hinausgeschritten über meines Wunsches Ziel; nichts
habe ich zu schaffen mit geistig feistem Volk.

X

Sabinus ille, quem videtis, hospites,
ait fuisse mulio celerrimus,
neque ullius volantis impetum cisi
nequisse praeterire, sive Mantuam
opus foret volare sive Brixiam.   5
et hoc negat Tryphonis aemuli domum
negare nobilem insulamve Ceryli,
ubi iste post Sabinus, ante Quinctio
bidente dicit attodisse forcipe
comata colla, ne Cytorio iugo   10
premente dura vulnus ederet iuba.
Cremona frigida et lutosa Gallia,
tibi haec fuisse et esse cognitissima
ait Sabinus: ultima ex origine
tua stetisse dicit in voragine,   15
tua in palude deposisse sarcinas
et inde tot per orbitosa milia
iugum tulisse, laeva sive dextera
strigare mula sive utrumque coeperat,
neque ulla vota semitalibus deis   20
sibi esse facta praeter hoc novissimum:
paterna lora proximumque pectinem.
sed haec prius fuere; nunc eburnea
sedetque sede seque dedicat tibi,
Gemelle Castor et Gemelle Castoris.   25

XI

„Quis deus, Octavi, te nobis abstulit? an quae
    dicunt, a, nimio pocula dura mero?“
„Vobiscum, si est culpa, bibi; sua quemque sequuntur
    fata; quid immeriti crimen habent cyathi?“
„Scripta quidem tua nos multum mirabimur, et te   5
    raptum et Romanam flebimus historiam.

10

Hier der Sabinus, den ihr, Wandrer, vor euch seht,
sagt, daß er einst der schnellste Maultiertreiber war.
So schnell sei keine Kutsche je gerollt, daß er
nicht doch vorbei gekonnt, ob es nach Mantua
im Flug dahingehn mußte, ob nach Brixia.
Er leugnet, daß des Tryphon Konkurrenzpalast
dies leugne noch der Häuserblock des Cerylos,
wo er, Sabinus heute, ehmals Quinctio,
mit zwiegezahnter Schere, sagt er, einstens schor
die Nacken, haarumwogt, daß in Cytorus Joch
mit Ruck und Druck nicht Wunden reibe rauh das Haar.
Dir, winterlich Cremona und auch, Gallien dir,
lehmschweres Land, sei dies bekannt seit eh und je,
sagt er, Sabinus; gleich vom fernsten Urbeginn,
so sagt er, stand er tief in deines Schlammes Schlund,
nahm oft in deinem Sumpf die Fracht den Tieren ab
und ging durch so viel radzerfurchte Meilen dann
selbst ins Geschirr, ob links das Maultier oder rechts
zu bocken anfing oder beiderseits wohl gar.
Auch habe er den Feldweggöttern Opfer nie
gelobt und dargebracht, nur jetzt dies letzte hier:
das Zaumzeug, Vätererbe, und den letzten Kamm.
Doch das ist längst vorbei. Jetzt thront er hoch und hehr
hier auf dem Sitz aus Elfenbein und weiht sich fromm
dir, Zwilling Castor, und des Castors Zwilling, dir.

11

„Was für ein Gott entriß dich uns, Octavius? Etwa
    allzu wirksamer Trank lauteren Weines, wie's heißt?"
„Wenn's denn Schuld ist: ich trank mit euch! Doch jeden ereilt sein
    Schicksal. Was legt man die Schuld harmlosen Bechern zur Last?"
„Dauernd werden dein Werk wir bewundern, weinen, daß dich und
    Roms Geschichte mit dir raubte der tödliche Schlag;

Sed tu nullus eris." Perversi dicite Manes,
    hunc superesse patri quae fuit invidia?

XII

Superbe Noctuine, putidum caput,
datur tibi puella, quam petis, datur;
datur, superbe Noctuine, quam petis.
sed, o superbe Noctuine, non vides
duas habere filias Atilium,   5
duas, et hanc et alteram, tibi dari?
adeste, nunc adeste: ducit, ut decet,
superbus ecce Noctuinus – Hirneam.
        talassio, talassio.

XIII

Iacere me, quod alta non possim, putas,
    ut ante vectari freta
nec ferre durum frigus aut aestum pati
    neque arma victoris sequi?
valent, valent mihi ira et antiquus furor   5
    et lingua, qua †adsim tibi,
seu prostitutae turpe contubernium
    sororis – o, quid me incitas,
quid, impudice et improbande Caesari? –
    seu furta dicantur tua   10
et helluato sera patrimonio
    in fratre parsimonia
vel acta puero cum viris convivia
    udaeque per somnum nates
et inscio repente clamatum insuper: 15
    „talassio, talassio".
quid palluisti, femina, an ioci dolent?
    an facta cognoscis tua?

du aber, du bleibst tot!" Sagt, Manen, sinnlose, daß den
   Vater der Sohn überlebt, hat es verwehrt euer Neid?

12

Nachteule, eitler Fant, blasierter Hohlkopf du!
Bekommst die Maid, die du umwirbst, bekommst sie ja,
bekommst, Nachteule, eitler Fant, die du umwirbst.
Doch eitler Fant, Nachteule, siehst du es denn nicht?
Zwei Töchter hat Atilius im Hause da,
zwei gibt er dir, die eine und die andre auch.
Herbei jetzt, Leut, herbei! Er führt, wie sich's gebührt,
Nachteule führt, der eitle Fant, die – Hirnea heim.
                    Talassio, Talassio.

13

Am Boden läge ich, meinst du, weil ich nicht mehr
imstande sei, wie früher hinzusegeln auf das wilde Meer,
nicht Manns genug mehr, harten Frost oder Sonnenglut
zu leiden und im Heer des Siegers mitzuziehn?
Stark ist, noch stark der Zorn in mir, die alte Wut,
stark auch die Zunge, um es dir zu geben:
ob nun erwähnt wird deiner feilgebotenen Schwester
schandbarer Umgang – o, warum bringst du mich auf,
Schamloser und Verwerflicher vor Caesar? –,
ob dein verstohlen-lüstern Treiben hier zur Sprache kommt
und deine allzu späte Sparsamkeit zu Lasten deines Bruders,
da du ja selbst dein Vatererbe wüst verjubelt hattest,
ob man erzählt von den Gelagen, die als Knabe du verlebt mit Männern,
von Hinterbacken, feucht im Schlaf geworden, und wie man
urplötzlich über dir, dem Ahnungslosen, lauthals schrie:
„Talassio, Talassio!"
Warum so bleich geworden, Weib? Bringt Schmerz der Scherz?
Erkennst du etwa deine Taten jetzt?

non me vocabis, pulcra, per Cotytia
    ad feriatos fascinos,   20
nec deinde te movere lumbos in †ratulam
    prensis videbo altaribus
flavumque propter Thybrim olentis nauticum
    vocare, ubi adpulsae rates
stant in vadis caeno retentae sordido   25
    macraque luctantes aqua,
neque in culinam et uncta compitalia
    dapesque duces sordidas,
quibus repletus et salivosis aquis
    obesam ad uxorem redis   30
et aestuantes *nocte* solvis pantices
    osusque lambis saviis.
nunc laede, nunc lacesse, si quidquam vales.
    et nomen adscribo tuum:
cinaede Lucci, iam*ne* liquerunt opes   35
    fameque genuini crepant?
videbo habentem praeter ignavos nihil
    fratres et iratum Iovem
scissumque ventrem et hirneosi patrui
    pedes inedia turgidos.   40

XIV

Si mihi susceptum fuerit decurrere munus,
    o Paphon, o sedes quae colis Idalias,
Troius Aeneas Romana per oppida digno
    iam tandem ut tecum carmine vectus eat,
non ego ture modo aut picta tua templa tabella   5
    ornabo et puris serta feram manibus;
corniger hos aries humilis et maxima taurus
    victima sacratos sparget honore focos,
marmoreusque tibi aut mille coloribus ales
    in morem picta stabit Amor pharetra.   10

Mich wirst du, Hübsche, nicht am Fest Cotytias
zum Phalloskult berufen,
nicht werde ich ferner sehen, wie im Kreise rund die Lenden du verrenkst,
die Hände fest um den Altar gekrampft, nicht hören,
wie du am gelben Tiber Volk, von Seemannsschweiße duftendes, herbei-
dort, wo die Schiffe stehn, an Land getrieben,   (lockst
in Schlamm und Modder festgehalten auf dem Watt
und ringend mit dem kargen Wasser.
Auch nicht zum Leichenschmaus und fettem Compitalienfraße, auf-
in Dreck, und Speck, wirst du mich bringen.   (getischt
Du aber, prall davon gefüllt und von Schleimschlabberbrei,
ziehst ab nach Hause zur feisten Gattin und
stillst nächtens ihr den brünstig-geilen Wanst
und leckst, voll Haß zwar, ihn mit Küssen ab.
Schlag zu jetzt, reiz mich jetzt, wenn du noch Kraft hast!
Auch deinen Namen schreibe ich noch her:
Lustknabe Luccius! Zerronnen ist dir Hab und Gut,
vor Hunger knacken dir die Backenzähne.
Erleben werde ich noch, daß du nichts hast als deine faulen Brüder,
als den Zorn des Juppiter, als deinen
aufgerissnen Leib und deines bruchbehängten Vaterbruders
vom Hungern aufgeschwollenen Füße.

14

Wenn mir's vergönnt ist, mein Werk, das begonnene, bald zu vollenden,
   o, die auf Paphos du wohnst und auf Idalias Höhn,
daß mir der Troier Aeneas doch endlich durch römische Städte
   fahre, mit dir vereint, würdigen Sanges dahin:
nicht nur mit Weihrauch und Bildern will dann deine Tempel ich ehren,
   nicht nur mit reiner Hand Kränze dir winden zum Dank;
nein, ein gehörnter Widder sei schlichtes Opfer, als größtes
   netze zur Weihe ein Stier deinen geheiligten Herd!
Marmorgehaun oder bunt, wie's Brauch, den Köcher bemalt, soll
   Amors Flügelgestalt hier dir als Weihebild stehn.

adsis, o Cytherea: tuus te Caesar Olympo
  et Surrentini litoris ara vocat.

XV

Vate Syracosio qui dulcior Hesiodoque
  maior, Homereo non minor ore fuit,
illius haec quoque sunt divini elementa poetae
  et rudis in vario carmine Calliope.

Komm, Cytherea, herbei! Dich ruft vom Olympus dein Caesar,
komm, dich ruft dein Altar hier am Gestade Sorrents.

15

Lieblicher als Theokrit, erhabener als Hesiod, an
   sprachlicher Kraft dem Homer nicht unterlegen, hat er
doch auch dies einst tastend versucht, der göttliche Dichter:
   schülerhaft, wechselnden Tons spielt sich Calliope ein.

BUCOLICA

Hirtengedichte

I

Meliboeus   *Tityrus*

PR *M*. Tityre, tu patulae recubans sub tegmine fagi
silvestrem tenui musam meditaris avena:
nos patriae finis et dulcia linquimus arva.
nos patriam fugimus: tu, Tityre, lentus in umbra
formosam resonare doces Amaryllida silvas.   5

T. O Meliboee, deus nobis haec otia fecit.
namque erit ille mihi semper deus, illius aram
saepe tener nostris ab ovilibus imbuet agnus.
ille meas errare boves, ut cernis, et ipsum
ludere quae vellem calamo permisit agresti.   10

M. Non equidem invideo, miror magis: undique totis
usque adeo turbatur agris. en ipse capellas
protinus aeger ago, hanc etiam vix, Tityre, duco.
hic inter densas corylos modo namque gemellos
spem gregis, a, silice in nuda conixa reliquit.   15
saepe malum hoc nobis, si mens non laeva fuisset,
de caelo tactas memini praedicere quercus.
sed tamen iste deus qui sit da, Tityre, nobis.

T. Urbem quam dicunt Romam, Meliboee, putavi
stultus ego huic nostrae similem, quo saepe solemus   20
pastores ovium teneros depellere fetus.
sic canibus catulos similes, sic matribus haedos
noram, sic parvis componere magna solebam.
verum haec tantum alias inter caput extulit urbes,
quantum lenta solent inter viburna cupressi.   25

M. Et quae tanta fuit Romam tibi causa videndi?

T. Libertas, quae sera tamen respexit inertem,
candidior postquam tondenti barba cadebat,
respexit tamen et longo post tempore venit,
postquam nos Amaryllis habet, Galatea reliquit.   30

Meliboeus   Tityrus

M. Tityrus, du ruhst hier unterm Dach breitästiger Buche,
übst auf kleiner Flöte ein Lied versonnen vom Walde.
Wir aber lassen das Land der Väter, traute Gefilde,
müssen das Vaterland fliehn! Du aber, geruhsam im Schatten,
Tityrus, lehrst die Wälder den Widerhall: „Schön' Amaryllis!"

T. Ja, Meliboeus, ein Gott beglückte uns also mit Muße.
Denn er gilt mir immer als Gott und seinen Altar soll
oft noch netzen das Blut eines Lämmleins unserer Hürden.
Daß meine Rinder frei sich ergehn, wie du siehst, daß ich selber
spiele nach Lust auf ländlichem Halm, e r hat es gegeben.

M. Wahrlich, ich neide dir's nicht, ich staune vielmehr, denn es tobt doch
maßlos Wirrsal rings übers Land. Sieh nur, meine Ziegen
treibe ich traurig dahin; d i e, Tityrus, muß ich gar schleppen:
warf sie doch Zwillinge eben erst hier im Buschwerk der Hasel,
Hoffnung der Herde und – ach! – verließ sie auf nacktem Gesteine.
Oft – ich erinnre mich – wär nur der Geist so blind nicht gewesen –
sagten uns dieses Verderben voraus blitzflammende Eichen.
Du aber, Tityrus, sage uns doch, wer ist dieser Gott denn?

T. Jene Stadt, man nennt sie Rom, Meliboeus, ich wähnte,
töricht genug, sie sei wie die unsere hier, wohin oft wir
Hirten treiben zum Markt die zarten Lämmer der Schafe.
Wußte ich doch, wie das Hündlein dem Hund, den Müttern die Böcklein
gleichen; so pflegte ich denn zu vergleichen dem Kleinen das Große.
Sie aber ragt so hoch mit dem Haupt über andere Städte,
wie über zähes Mehlbeergesträuch aufragen Cypressen.

M. Was für ein wichtiger Grund denn trieb dich, Rom zu besuchen?

T. Freiheit; wenigstens spät noch sah sie sich um nach dem Trägen,
als schon silberdurchzogen mein Bart beim Scheren dahinfiel,
sah sich doch um und ist nach langer Zeit noch gekommen,
jetzt, seitdem Amaryllis mich hat, Galatea mich aufgab.

namque, fatebor enim, dum me Galatea tenebat,
nec spes libertatis erat nec cura peculi.
quamvis multa meis exiret victima saeptis,
pinguis et ingratae premeretur caseus urbi,
non umquam gravis aere domum mihi dextra redibat.   35

M. Mirabar, quid maesta deos, Amarylli, vocares;
cui pendere sua patereris in arbore poma:
Tityrus hinc aberat. ipsae te, Tityre, pinus,
ipsi te fontes, ipsa haec arbusta vocabant.

T. Quid facerem? neque servitio me exire licebat   40
nec tam praesentis alibi cognoscere divos.
hic illum vidi iuvenem, Meliboee, quotannis
bis senos cui nostra dies altaria fumant.
hic mihi responsum primus dedit ille petenti:
,pascite ut ante boves, pueri, summittite tauros.‘   45

M. Fortunate senex! ergo tua rura manebunt.
et tibi magna satis, quamvis lapis omnia nudus
limosoque palus obducat pascua iunco.
non insueta gravis temptabunt pabula fetas,
nec mala vicini pecoris contagia laedent.   50
fortunate senex! hic inter flumina nota
et fontis sacros frigus captabis opacum.
hinc tibi, quae semper, vicino ab limite saepes
Hyblaeis apibus florem depasta salicti
saepe levi somnum suadebit inire susurro.   55
hinc alta sub rupe canet frondator ad auras:
nec tamen interea raucae, tua cura, palumbes
nec gemere aëria cessabit turtur ab ulmo.

T. Ante leves ergo pascentur in aethere cervi,
et freta destituent nudos in litore piscis;   60
ante pererratis amborum finibus exsul
aut Ararim Parthus bibet aut Germania Tigrim,
quam nostro illius labatur pectore vultus.

Denn – ich gesteh's – solange mich noch Galatea besessen,
war keine Hoffnung auf Freiheit, von Sparen gar keine Rede.
Ging auch noch so viel Schlachtvieh hinaus aus meinen Gehegen,
wurde auch Fettkäs reichlich gepreßt für den Undank der Städter,
niemals kam ich mit schwerem Geld in der Rechten nach Hause.

M. Staunte ich doch, wie traurig zu Göttern du riefst, Amaryllis,
und für wen du das Obst an seinem Baume noch ließest!
Tityrus war ja nicht hier! Die Pinien, Tityrus, selbst und
selbst diese Quellen, sie riefen nach dir, und selbst diese Reben.

T. Was denn tun? Sonst konnte dem Joch ich nirgends entkommen,
nirgendwo kennenlernen so hilfreich-gewärtige Götter.
Hier, Meliboeus, hier sah ich den Jüngling, dem nun alljährlich
einmal im Monat dampfen vom Opfer meine Altäre.
Hier gab jener zuerst mir Bittendem dieses zur Antwort:
„Weidet wie früher, Burschen, die Rinder, züchtet euch Stiere!"

M. Glücklicher Alter! So bleiben dir doch deine Länder erhalten,
und sie genügen dir längst, wiewohl rings nacktes Geröll nur
und mit schlammigen Binsen der Sumpf durchzieht deine Weiden.
Nicht ficht ungewohnt Futter hier an die trächtigen Schafe,
Seuchen benachbarten Viehs, die verderblichen, stiften kein Unheil.
Glücklicher Alter! Hier an vertrauten Flüssen und zwischen
heiligen Quellen trinkst du nun stets die schattige Kühle.
Hier vom Nachbarraine die Hecke wird, wie schon immer,
wenn an blühender Weide die goldenen Bienen sich laben,
oft mit sanftem Summen zu ruhigem Schlummer dich laden.
Hier unterm Felshang singt der Laubscherer hell in die Lüfte;
rauh aber rufen dazu ohne Ruh, die du lieb hast, die Tauben,
gurrt die Turteltaube im hohen Wipfel des Ulmbaums.

T. Eher drum weiden, flüchtig beschwingt, im Äther die Hirsche,
und die Fluten lassen die Fische nackt auf dem Strande,
eher geraten noch Ost und West durcheinander und ferne
trinkt der Parther vom Arar, vom Tigrisstrom der Germane,
ehe aus unserem Herzen je sein Antlitz entschwindet.

M. At nos hinc alii sitientis ibimus Afros,
pars Scythiam et rapidum cretae veniemus Oaxen　　　65
et penitus toto divisos orbe Britannos.
en umquam patrios longo post tempore finis
pauperis et tuguri congestum caespite culmen
post aliquot mea regna videns mirabor aristas?
impius haec tam culta novalia miles habebit,　　　　70
barbarus has segetes: en quo discordia civis
produxit miseros, his nos consevimus agros!
insere nunc, Meliboee, piros, pone ordine vites.
ite meae felix quondam pecus, ite capellae.
non ego vos posthac viridi proiectus in antro　　　75
dumosa pendere procul de rupe videbo;
carmina nulla canam; non me pascente, capellae,
florentem cytisum et salices carpetis amaras.

T. Hic tamen hanc mecum poteras requiescere noctem
fronde super viridi: sunt nobis mitia poma,　　　　80
castaneae molles et pressi copia lactis.
et iam summa procul villarum culmina fumant,
maioresque cadunt altis de montibus umbrae.

II

Poeta　　　　　　　*Corydon*

PR　Formosum pastor Corydon ardebat Alexim,
delicias domini; nec quid speraret habebat.
tantum inter densas umbrosa cacumina fagos
adsidue veniebat. ibi haec incondita solus
montibus et silvis studio iactabat inani:　　　　　5
　　O crudelis Alexi, nihil mea carmina curas?
nil nostri miserere? mori me denique coges.
nunc etiam pecudes umbras et frigora captant;
nunc virides etiam occultant spineta lacertos,
Thestylis et rapido fessis messoribus aestu　　　10

M. Wir aber ziehen von hier, in Afrikas Gluten die einen,
andre zu Skythen und weiter zum kreidemitwirbelnden Oxus,
und zum anderen Ende der Welt, den fernen Britannen.
Ob ich wohl je nach langer Zeit mein väterlich Land hier
und den rasengedeckten, den Giebel der ärmlichen Hütte,
ob ich's noch sehe, mein Reich, erstaunt ob spärlicher Ähren?
Ehrfurchtslos übernimmt der Soldat die gepflegten Gefilde,
er, der Barbar, diese Saaten: wohin hat uns elende Bürger
Zwietracht gebracht! Wir bestellten das Land für dieses Gesindel!
Jetzt, Meliboeus, pfropfe den Birnbaum, setz deine Reben!
Geht, meine Tiere, noch jüngst so beglückt, geht weiter, ihr Ziegen!
Nimmermehr seh ich euch je, in grüner Grotte gelagert,
wie ihr ferne dort hängt am dornumwucherten Felsen.
Lieder sing ich nicht mehr, bin nicht euer Hirt mehr, ihr Ziegen,
wenn ihr blühenden Klee euch rupft und bittere Weiden.

T. Konntest doch wenigstens diese Nacht noch ruhen bei mir hier,
da auf grünem Laube; wir haben köstliche Äpfel,
weiche Kastanien auch und frischen Käse in Fülle.
Siehe, schon steigt in der Ferne der Rauch vom First der Gehöfte,
größer fallen vom hohen Gebirg und dunkler die Schatten.

2

Dichter   *Corydon*

Corydon war, der Hirt, entbrannt für den schönen Alexis,
ihn, den Liebling des Herrn, und hatte doch gar nichts zu hoffen.
Unter das Schattengewölbe der Buchen kam er beständig,
ließ dort, sonder Regel und Kunst, vor Bergen und Wäldern
einsam hallen die Klage der Liebeswerbung – vergeblich!
   Grausamer du, o Alexis! Bekümmern dich nicht meine Lieder?
Fühlst du denn gar kein Erbarmen? Du treibst mich noch endlich zum Tode.
Jetzt verlangt und drängt auch das Vieh nach Schatten und Kühlung,
jetzt verbirgt sich die Eidechse auch, die grüne, im Dornbusch;
Thestylis stampft, die Magd, den glutverlechzenden Schnittern

alia serpullumque herbas contundit olentis.
at me cum raucis, tua dum vestigia lustro,
sole sub ardenti resonant arbusta cicadis.
nonne fuit satius, tristis Amaryllidis iras
atque superba pati fastidia, nonne Menalcan,   15
quamvis ille niger, quamvis tu candidus esses?
o formose puer, nimium ne crede colori!
alba ligustra cadunt, vaccinia nigra leguntur.
despectus tibi sum, nec qui sim quaeris, Alexi,
quam dives pecoris, nivei quam lactis abundans: 20
mille meae Siculis errant in montibus agnae;
lac mihi non aestate novum, non frigore defit.
canto, quae solitus, si quando armenta vocabat,
Amphion Dircaeus in Actaeo Aracyntho.
nec sum adeo informis: nuper me in litore vidi,   25
cum placidum ventis staret mare; non ego Daphnim
iudice te metuam, si numquam fallit imago.
o tantum libeat mecum tibi sordida rura
atque humilis habitare casas et figere cervos,
haedorumque gregem viridi compellere hibisco.   30
mecum una in silvis imitabere Pana canendo.
Pan primum calamos cera coniungere pluris
instituit, Pan curat ovis oviumque magistros.
nec te paeniteat calamo trivisse labellum:
haec eadem ut sciret, quid non faciebat Amyntas?   35
est mihi disparibus septem compacta cicutis
fistula, Damoetas dono mihi quam dedit olim
et dixit moriens: ,te nunc habet ista secundum.
dixit Damoetas, invidit stultus Amyntas.
praeterea duo nec tuta mihi valle reperti   40
capreoli, sparsis etiam nunc pellibus albo;
bina die siccant ovis ubera; quos tibi servo.
iam pridem a me illos abducere Thestylis orat;
et faciet, quoniam sordent tibi munera nostra.
huc ades, o formose puer: tibi lilia plenis   45
ecce ferunt nymphae calathis; tibi candida Nais,

Knoblauch und Thymian ein, die würzigduftenden Kräuter.
Aber von mir beim heiseren Schrillen der Grillen ertönt rings
glühend im Mittag der Busch, wenn deinen Spuren ich folge.
Hätt ich nicht besser getan, Amaryllis' kränkendes Grollen
und ihren spröden Dünkel zu dulden, und den Menalcas,
mochte er dunkel auch sein, du schneeweiß schimmern und strahlen?
O mein Knabe, mein schöner! Vertrau nicht zu sehr deiner Farbe!
Weißer Liguster verfällt, Hyazinthen pflückt man, die dunklen.
Bin dir verächtlich, du fragst nicht, wer ich bin, mein Alexis,
wie mit Herden beglückt, wie reich mir schneeige Milch strömt.
Tausend Lämmer, mein eigen, durchgrasen Siziliens Berge,
Milch, ganz frisch, fehlt nie mir im Sommer, nie mir im Winter,
singen kann ich so schön, wie Amphion aus Theben einst immer
sang, wenn die Rinder er rief am attischen Berg Aracynthos.
Bin doch auch gar nicht so häßlich. Ich sah mich erst jüngst noch am Strande,
als windstill da lag das Meer. Sag selber, auch Daphnis
hab ich durchaus nicht zu scheun, wenn niemals täuschet ein Spiegel.
Ach, und gefiele dir's nur, auf dem Land – dir schmutzig – zu wohnen
und unter niedriger Hütte mit mir und Hirsche zu spießen
und der Böcklein Herde zum grünenden Eibisch zu treiben.
Spielst auf der Flöte zusammen mit mir wie Pan in den Wäldern.
Pan unterwies uns zuerst, aus mehreren Rohren die Syrinx
schön zu fügen mit Wachs, Pan schützt auch Schafe und Schäfer.
Ziere dich nicht und laß übers Rohr nur gleiten dein Mündchen!
Dies zu verstehn, was tat dafür nicht alles Amyntas!
Sieh, ich hab eine Flöte; aus sieben ungleichen Rohren
ist sie gefügt. Damoetas gab sie mir einst zum Geschenke.
Sterbend sagte er: „Dich jetzt hat sie als zweiten Besitzer."
Sprach's, Damoetas. Da gaffte vor Neid der dumme Amyntas.
Hab zwei Gemslein dazu – geholt vom gefährlichen Talsturz –.
Weiß ist bis jetzt noch ihr Fell übersprenkelt, zweimal am Tage
saugen das Euter des Schafes sie leer. Noch heb ich sie d i r auf.
Thestylis bittet mich längst, sie möchte sie gern von mir holen,
und sie schafft's. Du achtest wie Schmutz ja meine Geschenke.
Komm doch, mein Knabe, mein schöner, hierher! Dir bringen die Nymphen,
sieh nur, Lilien, Körbe voll, dar; die schönste Najade

pallentis violas et summa papavera carpens,
narcissum et florem iungit bene olentis anethi;
tum casia atque aliis intexens suavibus herbis
mollia luteola pingit vaccinia calta.   50
ipse ego cana legam tenera lanugine mala
castaneasque nuces, mea quas Amaryllis amabat;
addam cerea pruna, honos erit huic quoque pomo;
et vos, o lauri, carpam et te, proxima myrte,
sic positae quoniam suavis miscetis odores.   55
rusticus es, Corydon: nec munera curat Alexis,
nec, si muneribus certes, concedat Iollas.
heu heu! quid volui misero mihi? floribus austrum
perditus et liquidis immisi fontibus apros.
quem fugis, a, demens? habitarunt di quoque silvas   60
Dardaniusque Paris. Pallas quas condidit arces
ipsa colat; nobis placeant ante omnia silvae.
torva leaena lupum sequitur, lupus ipse capellam,
florentem cytisum sequitur lasciva capella,
te Corydon, o Alexi: trahit sua quemque voluptas.   65
aspice aratra iugo referunt suspensa iuvenci,
et sol crescentis decedens duplicat umbras.
me tamen urit amor: quis enim modus adsit amori?
a Corydon Corydon, quae te dementia cepit!
semiputata tibi frondosa vitis in ulmo est.   70
quin tu aliquid saltem potius, quorum indiget usus,
viminibus mollique paras detexere iunco?
invenies alium, si te hic fastidit, Alexim.

III

     Menalcas   *Damoetas*   *Palaemon*

PR   *M.* Dic mihi, Damoeta, cuium pecus? an Meliboei?

      D. Non, verum Aegonis; nuper mihi tradidit Aegon.

      M. Infelix o semper, oves, pecus! ipse Neaeram

pflückt blaßblaue Levkojen und zierlich nickendes Mohnhaupt,
bindet Narzissen dazu und Dill mit duftender Blüte,
webt Zimtnelken hinein und andere würzige Kräuter,
und Hyazinthen, die zarten, umrahmt sie mit leuchtendem Goldlack.
Quitten, silbrig in zartestem Flaum, ich pflücke sie selbst dir
und Kastaniennüsse, die einst Amaryllis so liebte.
Wachspflaumen leg ich hinzu, – auch diese Frucht wird geehrt sein –.
Euch auch, Lorbeern, pflücke ich ab, dich, Nachbarin Myrte,
weil ihr, also gelegt, vermischt süßhauchende Düfte.
Bist, Corydon, ein Bauer. Nichts liegt an Geschenken Alexis.
Wenn du auch schenkst um die Wette, nie würde Iollas dir weichen.
Weh mir, weh! Was wollte ich Armer nur? Südwind in Blumen
ließ ich Unseliger wühlen und Eber in silbernen Quellen.
Ach, wen fliehst du, Tor? Auch Götter wohnen in Wäldern,
Paris, der Dardaner auch. Den Bau ihrer Burgen bewohne
Pallas nur selbst. Uns sollen vor allem gefallen die Wälder.
Grimmig verfolgt die Löwin den Wolf, der Wolf aber jagt die
Ziege, und lüstern verfolgt die Ziege das blühende Kleefeld,
Corydon dich, o Alexis. So reißt seine Lust einen jeden.
Siehe, schon hängt an der Deichsel der Pflug, heimziehen die Stiere,
und im Sinken verdoppelt die Sonne wachsende Schatten.
Mich aber brennt die Liebe; hat Maß wohl jemals die Liebe?
O Corydon, Corydon! Welch ein Wahnsinn hat dich ergriffen!
Halbbeschnitten verwildert in laubiger Ulme dein Rebstock.
Warum gehst du nicht lieber daran, etwas Wirtschaftsgerät dir
wieder aus Weidengezweig und weichen Binsen zu flechten?
Findest, wenn dich dieser verschmäht, einen andern Alexis.

3

Menalcas   *Damoetas*   *Palaemon*

M. Sag doch, Damoetas, wem ist dieses Vieh? Gehört's Meliboeus?

D. Nein, sondern Aegon. Jüngst vertraute mir's Aegon zum Hüten.

M. Unglücklich Vieh doch immer, ihr Schafe! Während er selbst sich

dum fovet ac ne me sibi praeferat illa veretur,
hic alienus ovis custos bis mulget in hora;   5
et sucus pecori et lac subducitur agnis.

D. Parcius ista viris tamen obicienda memento.
novimus et qui te transversa tuentibus hircis,
et quo – sed faciles nymphae risere – sacello.

M. Tum, credo, cum me arbustum videre Miconis   10
atque mala vitis incidere falce novellas.

D. Aut hic ad veteres fagos cum Daphnidis arcum
fregisti et calamos: quae tu, perverse Menalca,
et cum vidisti puero donata, dolebas,
et si non aliqua nocuisses, mortuus esses.   15

M. Quid domini faciant, audent cum talia fures?
non ego te vidi Damonis, pessime, caprum
excipere insidiis multum latrante Lycisca?
et cum clamarem 'quo nunc se proripit ille?
Tityre, coge pecus!', tu post carecta latebas.   20

D. An mihi cantando victus non redderet ille,
quem mea carminibus meruisset fistula caprum?
si nescis, meus ille caper fuit; et mihi Damon
ipse fatebatur; sed reddere posse negabat.

M. Cantando tu illum? aut umquam tibi fistula cera   25
iuncta fuit? non tu in triviis, indocte, solebas
PRV stridenti miserum stipula disperdere carmen?

D. Vis ergo inter nos quid possit uterque vicissim
experiamur? ego hanc vitulam – ne forte recuses,
bis venit ad mulctram, binos alit ubere fetus –   30
depono: tu dic, mecum quo pignore certes.

M. De grege non ausim quicquam deponere tecum:
est mihi namque domi pater, est iniusta noverca;
bisque die numerant ambo pecus, alter et haedos.

hängt an Neaera, in Angst, mir gebe vor ihm sie den Vorzug,
melkt hier ein Mietling als Hüter die Schafe zweimal die Stunde,
und so entzieht man den Schafen den Saft, nimmt Lämmern die Milch weg.

D. Vorsicht! Bedenke dich mehr, solch Zeug gegen Männer zu schwätzen.
Wissen wir doch, wer d i c h – wie lüstern schielten die Böcke! –
und in welch heiliger Grotte – doch leichtsinnig lachten die Nymphen!

M. Damals, ich glaub's, als sie sahen, wie i c h die Pflanzung des Micon
und zartrankende Reben verschnitt mit schädlicher Sichel?

D. Und als hier bei den Buchen, den alten, Bogen und Flöte
du dem Daphnis zerbrachst. Es wurmte dich, übler Menalcas,
als du sahst, wie der Knabe gewann diese schönen Geschenke.
Hättest du ihm keinen Tort angetan, du wärest gestorben.

M. Was sollen Herren wohl tun, wenn Diebe solcherlei wagen?
Sah ich dich nicht, als du den Bock des Damon, du Schurke,
hinterlistig dir schnapptest, laut bellte die Hündin Lykiska?
Und als ich dann schrie: „Wo hat sich der Kerl jetzt verkrochen?
Tityrus, achte aufs Vieh!", da hocktest du hinter dem Riedgras.

D. Mußte, von mir beim Flöten besiegt, nicht jener den Bock mir
geben, den meine Syrinx sich mit Liedern verdiente?
Wenn du's nicht weißt: mein war jener Bock und Damon gestand ihn
selber mir zu, doch könne er selbst ihn, so sagt er, nicht geben.

M. Du beim Flötenspiel ihn? Hast du wohl je eine Syrinx,
wachsgebunden, gehabt? Hast nicht, du Stümper, am Kreuzweg
stets nur gepiepst dein klägliches Lied auf schrillendem Halme?

D. Willst du, so laß uns in wechselndem Streit denn erproben, was jeder
kann von uns beiden. Ich setze als Preis diese Kuh hier; weise
nicht sie zurück: sie kommt dir zweimal zum Melken, ihr Euter
nährt zwei Kälbchen; nun sag, was bietest denn du mir als Kampfpreis?

M. Von dieser Herde wage ich nichts dagegen zu bieten.
Hab' doch den Vater zu Haus und die Stiefmutter, übergestrenge.
Zweimal zählen die beiden am Tag das Vieh, und der Vater

verum, id quod multo tute ipse fatebere maius,   35
insanire libet quoniam tibi, pocula ponam
fagina, caelatum divini opus Alcimedontis,
lenta quibus torno facili superaddita vitis
diffusos hedera vestit pallente corymbos.
in medio duo signa, Conon et – quis fuit alter,   40
descripsit radio totum qui gentibus orbem,
tempora quae messor, quae curvus arator haberet?
necdum illis labra admovi, sed condita servo.

D. Et nobis idem Alcimedon duo pocula fecit,
et molli circum est ansas amplexus acantho,   45
Orpheaque in medio posuit silvasque sequentis;
necdum illis labra admovi, sed condita servo.
si ad vitulam spectas, nihil est, quod pocula laudes.

M. Numquam hodie effugies; veniam quocumque vocaris.
audiat haec tantum – vel qui venit, ecce Palaemon.   50
efficiam, posthac ne quemquam voce lacessas.

D. Quin age, siquid habes; in me mora non erit ulla,
PR   nec quemquam fugio: tantum, vicine Palaemon,
sensibus haec imis, res est non parva, reponas.

P. Dicite, quandoquidem in molli consedimus herba.   55
et nunc omnis ager, nunc omnis parturit arbos,
nunc frondent silvae, nunc formosissimus annus.
incipe, Damoeta; tu deinde sequere, Menalca.
alternis dicetis: amant alterna Camenae.

D. Ab Iove principium musae: Iovis omnia plena;   60
ille colit terras; illi mea carmina curae.

M. Et me Phoebus amat; Phoebo sua semper apud me
munera sunt, lauri et suave rubens hyacinthus.

D. Malo me Galatea petit, lasciva puella,
et fugit ad salices et se cupit ante videri.   65

zählt gar die Böcke. Doch da du nun einmal zu rasen beliebest,
setz ich – du wirst doch gestehn, daß es wertvoller sei – diese Becher;
Buchenholz ist's, Alkimedons selbst, des göttlichen, Schnitzwerk.
Fein mit dem Stichel herausgeformt, umschlingt eine Rebe
rankend die Dolden, die rings erblühn aus mattgrünem Efeu.
Mitten zwei Bildnisse: Konon und – ja, wer war doch der andre,
der mit dem Stab den Völkern ganz den Erdkreis gezeichnet,
wann für Schnitter und wann für gekrümmte Pflüger die Zeit sei?
Brachte noch nicht meine Lippen daran; noch halt ich verwahrt sie.

D. Mir auch schnitzte derselbe Alkimedon zwei solche Becher,
rings umschlang er die Henkel mit zartem Akanthusgewinde,
Orpheus setzte er mitten hinein im Reigen der Wälder.
Brachte noch nicht meine Lippen daran, noch halt ich verwahrt sie.
Sieh meine Kuh dir an, dann lobst du nicht mehr deine Becher.

M. Niemals entgehst du mir heut! Wohin du auch rufest, ich komme.
Hörte dies nur – ja, er, der da kommt, sieh, unser Palaemon!
Will schon erreichen, daß keinen du späterhin forderst zum Singen.

D. Auf denn, zeig, was du kannst! Von mir aus hindert uns gar nichts.
Niemandem weiche ich aus. Doch du, lieber Nachbar Palaemon,
präge es tief dir ein! Nichts Kleines steht auf dem Spiele!

P. Singt, sobald wir uns hier im weichen Grase gelagert.
Schwer von Frucht schwillt jedes Gefild jetzt, strotzt jeder Baum jetzt.
Jetzt quillt grünend der Wald, jetzt strahlt das Jahr voller Wonne.
Du fang an, Damoetas; du folge alsdann, Menalcas!
Singet im Wechselgesang: denn Wechselsang lieben die Musen.

D. Juppiter sei des Liedes Beginn! Er füllt ja das Weltall.
Er behütet die Lande, er liebt auch hier meine Lieder.

M. Mich liebt Phoebus, dem Phoebus bewahre ich stets seine liebsten
Ehrengeschenke: den Lorbeer und, lieblichen Rots, Hyazinthen.

D. Äpfel wirft Galatea nach mir, das lockere Mädchen,
flüchtet ins Weidengebüsch und wär nur zu gern noch gesehen.

M. At mihi sese offert ultro meus ignis Amyntas,
notior ut iam sit canibus non Delia nostris.

D. Parta meae Veneri sunt munera: namque notavi
ipse locum, aëriae quo congessere palumbes.

M. Quod potui, puero silvestri ex arbore lecta   70
aurea mala decem misi; cras altera mittam.

R *D*. O quotiens et quae nobis Galatea locuta est!
partem aliquam, venti, divum referatis ad auris!

M. Quid prodest, quod me ipse animo non spernis, Amynta,
si, dum tu sectaris apros, ego retia servo?   75

D. Phyllida mitte mihi: meus est natalis, Iolla;
cum faciam vitula pro frugibus, ipse venito.

M. Phyllida amo ante alias: nam me discedere flevit,
et longum 'formose vale vale', inquit, 'Iolla'.

D. Triste lupus stabulis, maturis frugibus imbres, 80
arboribus venti, nobis Amaryllidis irae.

M. Dulce satis umor, depulsis arbutus haedis,
lenta salix feto pecori, mihi solus Amyntas.

D. Pollio amat nostram, quamvis est rustica, musam:
Pierides, vitulam lectori pascite vestro.   85

M. Pollio et ipse facit nova carmina: pascite taurum,
iam cornu petat et pedibus qui spargat harenam.

D. Qui te, Pollio, amat, veniat quo te quoque gaudet;
mella fluant illi, ferat et rubus asper amomum.

M. Qui Bavium non odit, amet tua carmina, Mevi. 90
atque idem iungat vulpes et mulgeat hircos.

D. Qui legitis flores et humi nascentia fraga,
frigidus, o pueri, fugite hinc, latet anguis in herba.

M. Mir aber gibt sich freiwillig mein heißgeliebter Amyntas,
nicht einmal Delia ist bekannter als er meinen Hunden.

D. Meiner Venus sind Gaben bereit; ich merkte die Stelle
selbst mir an, wo hoch die Ringeltaube ihr Nest hat.

M. Was ich nur konnte, zehn goldne, vom Waldbaum erlesene Äpfel
hab ich dem Knaben geschickt. Zehn andere schicke ich morgen.

D. O, wie oft und was alles sprach mit mir Galatea!
Tragt einen Teil doch, ihr Winde, empor zu den Ohren der Götter!

M. Ach, was hilft's, daß im Herzen du mich nicht verschmähst, mein
wenn, während du auf Eberjagd gehst, ich Netze bediene?   (Amyntas,

D. Schicke mir Phyllis doch her! Heut ist mein Geburtstag, Iollas;
bring ich ein Kalb bei der Flurweihe dar, komm selbst dann zu Gaste!

M. Phyllis lieb ich vor allen, wie weinte sie doch, daß ich fortging.
Weithin noch rief sie: „Leb wohl, leb wohl, mein Liebling Iollas!"

D. Furchtbar dem Stall ist der Wolf, der Wolkenbruch reifenden Früchten,
Bäumen der Sturm, doch mir Amaryllis' grollendes Zürnen.

M. Lieblich ist Regen der Saat, ist Árbutus Böcklein, entwöhnten,
biegsame Weide dem trächtigen Vieh, mir einzig Amyntas.

D. Pollio liebt unsre Muse, wie wohl sie ein Kind ist vom Lande.
Weidet, ihr lieblichen Musen, ein Kalb für eueren Leser!

M. Pollio dichtet auch selbst neue Lieder: weidet den Stier ihm,
der schon stößt mit dem Horn, schon Sand mit den Hufen emporwirft.

D. Wer dich, Pollio, liebt, der sei, wo auch du dich beglückt fühlst,
Honig ströme ihm zu, der Brombeerbusch bringe ihm Balsam!

M. Wer nicht den Bavius haßt, der liebe auch Mevius' Lieder,
spanne auch Füchse ins Joch an den Pflug und melke sich Böcke!

D. Die ihr Blumen hier sucht und Erdbeern, wachsend am Boden,
flieht, ihr Knaben, hier lauert im Gras kaltschlüpfrig die Schlange!

M. Parcite, oves, nimium procedere: non bene ripae
creditur; ipse aries etiam nunc vellera siccat.   95

D. Tityre, pascentes a flumine reicce capellas:
ipse, ubi tempus erit, omnis in fonte lavabo.

M. Cogite oves, pueri; si lac praeceperit aestus,
ut nuper, frustra pressabimus ubera palmis.

D. Heu heu, quam pingui macer est mihi taurus in ervo! 100
idem amor exitium pecori pecorisque magistro.

M. His certe neque amor causa est: vix ossibus haerent.
nescio quis teneros oculus mihi fascinat agnos.

D. Dic, quibus in terris – et eris mihi magnus Apollo –
tris pateat caeli spatium non amplius ulnas.   105

M. Dic, quibus in terris inscripti nomina regum
nascantur flores: et Phyllida solus habeto.

P. Non nostrum inter vos tantas componere lites.
et vitula tu dignus et hic et quisquis amores
aut metuet dulcis aut experietur amaros.   110
claudite iam rivos, pueri: sat prata biberunt.

IV

Saeculi novi interpretatio

R   Sicelides Musae, paulo maiora canamus!
non omnis arbusta iuvant humilesque myricae;
si canimus silvas, silvae sint consule dignae.

Ultima Cumaei venit iam carminis aetas;
magnus ab integro saeclorum nascitur ordo.   5
iam redit et Virgo, redeunt Saturnia regna;
iam nova progenies caelo demittitur alto.
tu modo nascenti puero, quo ferrea primum

M. Hütet euch, Schäflein, grast nicht zu weit! Nicht gut ist's dem Ufer
hier zu vertraun; der Widder sogar läßt trocknen sein Vlies noch.

D. Tityrus, treibe vom Flusse zurück die weidenden Ziegen!
Ist's an der Zeit, so führe ich selbst sie zum Bad an die Quelle.

M. Treibt in den Schatten die Schafe! Wenn wieder, wie neulich, die Hitze
dörret die Milch, dann drückt unsre Hand vergeblich die Euter.

D. Weh mir, wie ist doch so mager mein Stier in üppiger Erve!
Liebe bringt noch der Herde den Tod und dem Hirten der Herde.

M. Diesen ist sicher die Liebe nicht schuld, kaum trägt ihr Gebein sie.
Irgendein böser Blick verhext mir die Lämmer, die zarten.

D. Sag, wo auf Erden – und sollst mir dann gelten als großer Apollo –
weiter nicht als drei Ellen der Raum des Himmels sich ausdehnt?

M. Sag, wo auf Erden Blumen, mit Königsnamen gezierte,
wachsen und blühn, und Phyllis sollst du als einziger haben.

P. Nicht ziemt mir's, den großen Streit unter euch zu entscheiden.
Du hast ein Kalb dir verdient und du – und wer immer die Liebe
fürchtet, wiewohl sie so süß, oder spürt, wie bitter sie mundet.
Schließt die Kanäle nun, Knaben! Es tranken reichlich die Wiesen.

4
Deutung des neuen Weltjahres

Musen Siziliens, laßt uns ein wenig Größeres singen!
Freut doch nicht jeden Gebüsch und ein niedriger Strauch Tamarisken.
Klingt von Wäldern mein Lied, seien wert auch des Konsuls die Wälder!

Letzte Weltzeit ist nun da cumaeischen Sanges;
groß aus Ursprungsreine erwächst der Zeitalter Reihe.
Nun kehrt wieder die Jungfrau, kehrt wieder saturnische Herrschaft,
nun wird neu ein Sproß entsandt aus himmlischen Höhen.
Sei der Geburt nur des Knaben, mit dem die eiserne Weltzeit

desinet ac toto surget gens aurea mundo,
casta fave Lucina: tuus iam regnat Apollo.   10

Teque adeo decus hoc aevi, te consule inibit,
Pollio, et incipient magni procedere menses;
te duce, si qua manent sceleris vestigia nostri,
inrita perpetua solvent formidine terras.
ille deum vitam accipiet divisque videbit   15
permixtos heroas, et ipse videbitur illis,
pacatumque reget patriis virtutibus orbem.

At tibi prima, puer, nullo munuscula cultu
errantis hederas passim cum baccare tellus
mixtaque ridenti colocasia fundet acantho.   20
ipsae lacte domum referent distenta capellae
ubera, nec magnos metuent armenta leones.
ipsa tibi blandos fundent cunabula flores.
occidet et serpens, et fallax herba veneni
occidet; Assyrium vulgo nascetur amomum.   25

At simul heroum laudes et facta parentis
iam legere et quae sit poteris cognoscere virtus,
molli paulatim flavescet campus arista,
incultisque rubens pendebit sentibus uva,
et durae quercus sudabunt roscida mella.   30
pauca tamen suberunt priscae vestigia fraudis,
quae temptare Thetim ratibus, quae cingere muris
oppida, quae iubeant telluri infindere sulcos.
alter erit tum Tiphys, et altera quae vehat Argo
delectos heroas; erunt etiam altera bella,   35
atque iterum ad Troiam magnus mittetur Achilles.

Hinc, ubi iam firmata virum te fecerit aetas,
cedet et ipse mari vector, nec nautica pinus
mutabit merces: omnis feret omnia tellus.
non rastros patietur humus, non vinea falcem;   40
robustus quoque iam tauris iuga solvet arator;

gleich sich endet und rings in der Welt eine goldene aufsteigt,
sei nur, Lucina, du reine, ihm hold; schon herrscht dein Apollo.

Ja, mit dir, dem Konsul, mit dir strahlt auf diese Weltzeit
Pollio, und es beginnen den Lauf die gewaltigen Monde.
Wenn du führst, dann schwindet getilgt, was an Spuren des Frevels
uns noch blieb, und erlöst von ewigem Grauen die Lande.
Er wird Götterleben empfangen, wird zu den Göttern
sehn die Heroen gesellt, wird selbst unter ihnen erscheinen,
lenken wird er durch väterlich Wirken befriedeten Erdkreis.

Dir aber, Knabe, spendet von selbst als Erstlingsgeschenklein
Efeugeranke, von Baldrian rings durchwuchert, die Erde,
Wasserrosen mischt sie dem lächelnden Reiz des Akanthus.
Freiwillig tragen die Ziegen nach Haus milchstrotzende Euter,
und die Rinder fürchten sich nicht vor mächtigen Löwen,
üppig umblüht deine Wiege dich rings mit lieblichen Blumen.
Dann stirbt aus die Schlange, und trügerisch-giftiges Krautwerk
stirbt dann aus und überall wächst assyrischer Balsam.

Wenn aber rühmenden Heldengesang und die Taten des Vaters
du erst zu lesen verstehst und begreifst, was Tugend bedeute,
weich dann wogt allmählich das Feld mit goldenen Ähren,
rötlich reifend erglüht in wilden Dornen die Traube,
und aus knorrigen Eichen quillt tauperlender Honig.
Einige Spur aber bleibt noch zurück des Frevels der Urzeit,
treibt, mit Schiffen das Meer zu durchwühlen, Städte mit Mauern
rings zu beengen und Furchen tief zu reißen durchs Erdreich.
Neu kehrt wieder ein Tiphys und neu eine Argo, die wieder
Helden, erlesene, trägt, es gibt wieder andere Kriege,
und gen Troja wird wieder entsandt ein großer Achilleus.

Dann, wenn schon zum Mann dich gestählt dein kräftiges Alter,
läßt auch der Schiffer freiwillig das Meer, die segelnde Fichte
tauscht nicht Waren mehr aus: überall trägt alles die Erde.
Nicht mehr duldet der Boden den Karst, der Weinberg die Sichel,
jetzt auch löst die Stiere vom Joch der kräftige Pflüger.

nec varios discet mentiri lana colores,
ipse sed in pratis aries iam suave rubenti
murice, iam croceo mutabit vellera luto;
sponte sua sandyx pascentis vestiet agnos.   45

'Talia saecla' suis dixerunt 'currite' fusis
concordes stabili fatorum numine Parcae.
adgredere o magnos – aderit iam tempus – honores,
cara deum suboles, magnum Iovis incrementum!
aspice convexo nutantem pondere mundum,   50
terrasque tractusque maris caelumque profundum,
PR   aspice, venturo laetantur ut omnia saeclo!
o mihi tum longae maneat pars ultima vitae,
spiritus et quantum sat erit tua dicere facta:
non me carminibus vincat nec Thracius Orpheus,   55
nec Linus, huic mater quamvis atque huic pater adsit,
Orphei Calliopea, Lino formosus Apollo.
Pan etiam, Arcadia mecum si iudice certet,
Pan etiam Arcadia dicat se iudice victum.

incipe, parve puer, risu cognoscere matrem: 60
matri longa decem tulerunt fastidia menses.
incipe, parve puer: qui non risere parenti,
nec deus hunc mensa, dea nec dignata cubili est.

V

Menalcas   Mopsus

PR   *Men.* Cur non, Mopse, boni quoniam convenimus ambo,
tu calamos inflare levis, ego dicere versus,
hic corylis mixtas inter consedimus ulmos?

Mo. Tu maior; tibi me est aequum parere, Menalca,
sive sub incertas zephyris motantibus umbras,   5
sive antro potius succedimus. aspice, ut antrum
silvestris raris sparsit labrusca racemis.

Nicht mehr lernt nun trügerisch bunt sich färben die Wolle,
nein, schon wechselt von selbst im Wiesengrunde der Widder
lieblich in glühenden Purpur sein Vlies und goldenen Safran.
Scharlach kleidet nun ganz von selbst die weidenden Lämmer.

„Solche Jahrhunderte spulet im Lauf!" so mahnten in Eintracht
nach der Schicksale ewigem Plan ihre Spindeln die Parzen.
Bald ist's Zeit, tritt an deine Bahn, o, strahlender Ehren,
teurer Sprosse der Götter, des mächtigen Juppiter Nachwuchs!
Siehe, es wankt und schwankt des Weltendomes Gewölbe,
Länder und Meere, unendlich gedehnt, und die Tiefen des Himmels,
siehe, so grüßt den Äon, den nahenden, jubelnd das Weltall!
O, mir dauere dann noch zuletzt so lange das Leben
und mein Odem, als es genügt, deine Taten zu preisen!
Weder der thrakische Orpheus noch Linus sollte im Sange
dann mich besiegen, mag jenem die Mutter auch, diesem der Vater
helfen: Kalliope Orpheus, dem Linus der schöne Apollo.
Pan sogar, fällte den Spruch auch Arkadien, stritte mit mir er,
Pan sogar, fällte den Spruch auch Arkadien, gäbe besiegt sich.

Auf denn, Knabe, du kleiner, erkenne mit Lachen die Mutter!
Lange Beschwerde doch brachten der Monate zehn deiner Mutter.
Auf denn, Knabe, du kleiner: wer nicht anlachte die Mutter,
nimmer würdigt ein Gott ihn des Mahls, eine Göttin des Lagers.

5

Menalcas   Mopsus

Men. Mopsus, warum, da wir einmal uns trafen, und beide begabt sind,
du zu blasen auf ländlichem Rohr, ich Verse zu singen,
setzen wir nicht unter Ulmen uns hier zwischen Haselnußbüschen?

Mo. Du bist der Ältere, mir geziemt's, dir zu folgen, Menalcas,
ob wir nun dorthin gehn, wo in tänzelndem Zephir die Schatten
flimmern, oder auch lieber zur Grotte. Schau, wie die Grotte
wilden Weines Rebe umrankt mit spärlichen Trauben.

Men. Montibus in nostris solus tibi certat Amyntas.

Mo. Quid, si idem certet Phoebum superare canendo?

Men. Incipe, Mopse, prior, si quos aut Phyllidis ignes   10
aut Alconis habes laudes aut iurgia Codri.
incipe; pascentis servabit Tityrus haedos.

Mo. Immo haec, in viridi nuper quae cortice fagi
carmina descripsi et modulans alterna notavi,
experiar. tu deinde iubeto certet Amyntas.   15

Men. Lenta salix quantum pallenti cedit olivae,
puniceis humilis quantum saliunca rosetis,
iudicio nostro tantum tibi cedit Amyntas.
sed tu desine plura, puer; successimus antro.

Mo. Exstinctum nymphae crudeli funere Daphnim   20
flebant – vos coryli testes et flumina nymphis –,
cum complexa sui corpus miserabile nati
atque deos atque astra vocat crudelia mater.
non ulli pastos illis egere diebus
frigida, Daphni, boves ad flumina; nulla neque amnem   25
libavit quadrupes, nec graminis attigit herbam.
Daphni, tuum Poenos etiam ingemuisse leones
interitum montesque feri silvaeque loquuntur.
Daphnis et Armenias curru subiungere tigris
instituit, Daphnis thiasos inducere Bacchi   30
et foliis lentas intexere mollibus hastas.
vitis ut arboribus decori est, ut vitibus uvae,
ut gregibus tauri, segetes ut pinguibus arvis:
tu decus omne tuis. postquam te fata tulerunt,
ipsa Pales agros atque ipse reliquit Apollo.   35
grandia saepe quibus mandavimus hordea sulcis,
infelix lolium et steriles nascuntur avenae;
pro molli viola, pro purpurea narcisso
carduus et spinis surgit paliurus acutis.
spargite humum foliis, inducite fontibus umbras,   40

Men. Hier auf den Bergen macht einzig den Rang dir Amyntas noch streitig.

Mo. Sicher, der möchte selbst Phoebus den Rang bestreiten im Singen.

Men. Sing' du, Mopsus, zuerst, vielleicht von den Gluten der Phyllis,
oder auf Alkon ein Lob, oder Schmählieder auch gegen Kodrus!
Sing' nur! Tityrus hütet indes die weidenden Böcklein.

Mo. Lieber versuch ich doch dies, was jüngst ich ritzte in grüne
Buchenrinde und Vers und Ton im Wechsel mir merkte.
Ruf du dann den Amyntas herbei, er mag mit mir streiten!

Men. Wie die biegsame Weide weicht mattsilbrigem Ölbaum,
wie die niedrige Narde den Purpurgärten der Rosen,
ebenso weicht Amyntas auch dir nach unserem Urteil.
Du aber, Knabe, nicht weiter erzählt! Wir sind in der Grotte.

Mo. Ihn, den grausam tilgte der Tod, den Daphnis beweinten
klagend die Nymphen – ihr Haseln bezeugt es und Flüsse den Nymphen –,
als die Mutter, umschlingend des Sohnes kläglichen Leichnam,
grausam nannte die Götter zugleich und die waltenden Sterne.
Niemand trieb von der Weide in jenen Tagen, o Daphnis,
hin die Rinder zum kühlenden Strom, es trank aus dem Flusse
nicht ein Tier noch rührte eins an die Halme des Grases.
Daphnis, punische Löwen sogar beklagten aufstöhnend
deinen Tod, so sagt der Wald und das wilde Gebirge.
Daphnis lehrte uns auch, armenische Tiger dem Wagen
anzujochen, im Reigen des Bacchus lehrte uns Daphnis
schreiten und Thyrsusstäbe mit Efeu umranken und Weinlaub.
Wie der Weinstock ziert den Baum und den Weinstock die Traube,
wie die Herden der Stier und Saat die üppigen Fluren,
ziertest die Deinigen du. Als dich fortraffte das Schicksal,
da verließ selbst Pales das Land und selbst auch Apollo.
Wo wir den Furchen so oft großkörnige Gerste vertrauten,
wuchert fruchtloser Lolch und tauber Hafer im Felde.
Statt der zarten Viole, statt purpurroter Narzisse
starrt die Distel empor und stachelig-spitziger Stechdorn.
Streut mit Blättern den Boden, umhüllt die Quellen mit Schatten,

pastores, mandat fieri sibi talia Daphnis,
et tumulum facite, et tumulo super addite carmen:
'Daphnis ego in silvis, hinc usque ad sidera notus,
formosi pecoris custos, formosior ipse'.

Men. Tale tuum carmen nobis, divine poeta,   45
quale sopor fessis in gramine, quale per aestum
dulcis aquae saliente sitim restinguere rivo.
nec calamis solum aequiperas, sed voce magistrum.
fortunate puer, tu nunc eris alter ab illo.
nos tamen haec quocumque modo tibi nostra vicissim   50
dicemus, Daphnimque tuum tollemus ad astra;
Daphnin ad astra feremus: amavit nos quoque Daphnis.

Mo. An quicquam nobis tali sit munere maius?
et puer ipse fuit cantari dignus, et ista
iam pridem Stimichon laudavit carmina nobis.   55

Men. Candidus insuetum miratur limen Olympi
sub pedibusque videt nubes et sidera Daphnis.
ergo alacris silvas et cetera rura voluptas
Panaque pastoresque tenet Dryadasque puellas.
nec lupus insidias pecori nec retia cervis   60
ulla dolum meditantur; amat bonus otia Daphnis.
ipsi laetitia voces ad sidera iactant
intonsi montes; ipsae iam carmina rupes,
ipsa sonant arbusta: 'deus, deus ille, Menalca!'
sis bonus o felixque tuis! en quattuor aras: 65
ecce duas tibi, Daphni, duas altaria Phoebo.
pocula bina novo spumantia lacte quotannis
craterasque duo statuam tibi pinguis olivi,
et multo in primis hilarans convivia Baccho,
ante focum, si frigus erit, si messis, in umbra   70
vina novum fundam calathis Ariusia nectar.
cantabunt mihi Damoetas et Lyctius Aegon;
saltantis Satyros imitabitur Alphesiboeus.
haec tibi semper erunt et cum sollemnia vota

Hirten, denn Daphnis verlangt, daß solches Gedächtnis ihm werde!
Wölbt einen Grabhügel auf und setzt auf den Hügel die Inschrift:
„Daphnis war ich in Wäldern, berühmt bis hoch zu den Sternen,
schöne Herden hütete ich, war selber noch schöner".

Men. Also erquickend kommt dein Lied uns, göttlicher Dichter,
wie der Schlummer den Müden im Gras und wie bei der Hitze
süßen Quells durstlöschender Trank aus sprudelndem Bache.
Nicht nur im Flöten erreichst du den Lehrer, auch im Gesange,
glücklicher Jüngling, du folgst ihm nun als nächster im Range.
Doch auch wir – wie bescheiden es sei – versuchen uns hier im
Wechselgesang, deinen Daphnis empor zu den Sternen zu heben,
Daphnis empor zu den Sternen, denn uns auch liebte doch Daphnis.

Mo. Gäbe es Größeres wohl für uns als solch eine Gabe?
War der Jüngling doch selbst des Liedes würdig, und hat doch
Stimichon uns schon lange gerühmt dein Lied über Daphnis.

Men. Lichtverklärt bewundert des ungewohnten Olympos
Schwelle nun Daphnis, sieht zu Füßen Wolken und Sterne.
Freude durchzückt drum jubelnd den Wald und alle Gefilde,
Pan und die Hirten zumal und die Mägdlein, die holden Dryaden.
Nicht mehr belauert die Schafe der Wolf, nicht spannt sich den Hirschen
tückisch das Netz, es liebt ja der gütige Daphnis den Frieden.
Jubelnd lassen nun selbst zu den Sternen empor ihre Stimme
brausen die waldigen Berge, selbst Felsen klingen in Liedern,
Sträucher selbst singen: „Ein Gott, nun ist er ein Gott, o Menalcas!"
Bringe den Deinigen Segen und Heil! Sieh, vier Altäre,
zwei dir, Daphnis, und zwei als Hochaltäre dem Phoebus.
Schäumend von frischester Milch zwei Becher immer alljährlich,
und zwei Krüge bestimme ich dir voll glänzenden Öles.
Reichlich aber vor allem mit Bacchus erheiternd den Festschmaus
dicht am Herde, wann's kalt, zur Erntezeit aber im Schatten,
gieß ich aus Schalen den Wein Ariusiums, köstlichen Nektar.
Singen sollen Damoetas mir und der Lyctier Aegon.
Alphesiboeus führt uns vor die Tänze der Satyrn.
Immerdar bleibt dir dies, wenn Opfergelübde den Nymphen

reddemus nymphis, et cum lustrabimus agros.   75
dum iuga montis aper, fluvios dum piscis amabit,
dumque thymo pascentur apes, dum rore cicadae,
semper honos nomenque tuum laudesque manebunt.
ut Baccho Cererique, tibi sic vota quotannis
agricolae facient; damnabis tu quoque votis.   80

Mo. Quae tibi, quae tali reddam pro carmine dona?
nam neque me tantum venientis sibilus austri
nec percussa iuvant fluctu tam litora, nec quae
saxosas inter decurrunt flumina valles.

Men. Hac te nos fragili donabimus ante cicuta.   85
PRV   haec nos 'formosum Corydon ardebat Alexim',
haec eadem docuit 'cuium pecus? an Meliboei?'

Mo. At tu sume pedum, quod, me cum saepe rogaret,
non tulit Antigenes, et erat tum dignus amari,
formosum paribus nodis atque aere, Menalca.   90

VI

PRV   Prima Syracosio dignata est ludere versu
nostra neque erubuit silvas habitare Thalia.
cum canerem reges et proelia, Cynthius aurem
vellit et admonuit: 'pastorem, Tityre, pinguis
pascere oportet ovis, deductum dicere carmen.'   5
nunc ego – namque super tibi erunt qui dicere laudes,
Vare, tuas cupiant et tristia condere bella –
agrestem tenui meditabor harundine musam.
non iniussa cano. si quis tamen haec quoque, si quis
captus amore leget: te nostrae, Vare, myricae,   10
te nemus omne canet; nec Phoebo gratior ulla est,
quam sibi quae Vari praescripsit pagina nomen.

Pergite, Pierides. Chromis et Mnasyllos in antro
Silenum pueri somno videre iacentem,

feiernd wir bringen und wenn wir weihend durchwandeln die Fluren.
Und solange der Eber Gebirgshöhn, Flüsse der Fisch liebt,
Bienen am Thymian weiden, vom Tau die Grillen sich tränken,
immer bleibt dir Name und Ruhm und Ehre in Liedern.
Wie für Bacchus und Ceres, so bringen Gelübde alljährlich
dir die Bauern; auch du verpflichtest sie dir zur Erfüllung.

Mo. Was nur, was für Geschenke nur geb ich für solchen Gesang dir?
Denn so freut mich nicht des nahenden Südwinds Gesäusel,
nicht die Gestade, von Fluten gepeitscht, nicht Ströme, die silbern
wirbeln hoch von Klippen herab durch felsige Täler.

Men. Hier die zerbrechliche Flöte will i c h zuvor dir noch schenken;
lehrte mich: „Corydon war entbrannt für den schönen Alexis"
singen und auch: „Wem ist dieses Vieh? Gehört's Meliboeus?"

Mo. Du aber nimm den Hirtenstab hier. Antigenes bat mich
oft, doch bekam er ihn nicht und war doch liebenswert damals.
Schön sind gleichmäßig Knorren im Stab und Nägel, Menalcas.

6

Unsere Muse zuerst hielt wert syrakusischen Verses
tändelndes Spiel und errötete nicht, in Wäldern zu hausen.
Als ich von Kämpfen und Königen sang, da zupfte Apollo
fest mich am Ohr und mahnte: „Ein Hirt, mein Tityrus, soll nur
fett seine Schafe sich weiden, soll einfache Lieder nur singen."
Drum will ich, – denn du hast ja genug, die gern deine Taten,
Varus, dir rühmen, die gern von düsteren Kriegen erzählen, –
jetzt auf schlichtem Halme ersinnen ein ländliches Lied. Nicht
singe ich ohne Geheiß. Doch auch dies Hirtenlied – wer es
liest, als Liebender liest: dich, Varus, rühmt unser Strauchwerk,
dich rühmt jeglicher Wald und keine Seite ist Phoebus
lieber als die, die im Titel sich schmückt mit dem Namen: 'Varus'.

Auf denn, ihr Musen! Es sahen Mnasyllos und Chromis, zwei Burschen,
wie der Silen, vom Schlaf überwältigt, lag in der Grotte,

inflatum hesterno venas, ut semper, Iaccho;   15
serta procul, tantum capiti delapsa, iacebant,
et gravis attrita pendebat cantharus ansa.
adgressi – nam saepe senex spe carminis ambo
luserat – iniciunt ipsis ex vincula sertis.
addit se sociam timidisque supervenit Aegle,   20
PR   Aegle, naiadum pulcherrima, iamque videnti
sanguineis frontem moris et tempora pingit.
ille dolum ridens 'quo vincula nectitis?' inquit.
'solvite me, pueri; satis est potuisse videri.
carmina quae vultis cognoscite; carmina vobis,   25
huic aliud mercedis erit.' simul incipit ipse.
tum vero in numerum Faunosque ferasque videres
ludere, tum rigidas motare cacumina quercus;
nec tantum Phoebo gaudet Parnasia rupes,
nec tantum Rhodope miratur et Ismarus Orphea.   30
namque canebat, uti magnum per inane coacta
semina terrarumque animaeque marisque fuissent
et liquidi simul ignis; ut his exordia primis
omnia et ipse tener mundi concreverit orbis;
tum durare solum et discludere Nerea ponto   35
coeperit et rerum paulatim sumere formas;
iamque novum terrae stupeant lucescere solem,
altius atque cadant summotis nubibus imbres;
incipiant silvae cum primum surgere, cumque
rara per ignaros errent animalia montis.   40
hinc lapides Pyrrhae iactos, Saturnia regna,
Caucasiasque refert volucres furtumque Promethei.
his adiungit, Hylan nautae quo fonte relictum
clamassent, ut litus 'Hyla Hyla' omne sonaret;
et fortunatam, si numquam armenta fuissent,   45
Pasiphaen nivei solatur amore iuvenci.
a virgo infelix, quae te dementia cepit!
MPR   Proetides implerunt falsis mugitibus agros,
at non tam turpis pecudum tamen ulla secuta
concubitus, quamvis collo timuisset aratrum,   50

aufgeschwollen vom gestrigen Wein, wie immer, die Adern.
Neben ihm gleich, vom Kopf geglitten, lagen die Kränze,
hing in der Hand der bauchige Krug mit vergriffenem Henkel.
Angriffsbereit – denn es täuschte der Greis in der Hoffnung auf Lieder
beide schon oft – umschlingen sie ihn mit den eigenen Kränzen,
und als Kampfgenoß naht sich und hilft den Zagenden Aegle,
Aegle, die schönste der Nymphen, und ihm, der eben erwachte,
färbt sie mit blutroten Maulbeern rings die Stirn und die Schläfen.
Er aber lacht zu dem Streich und sagt: „Was soll denn die Fessel?
Löst mich, Burschen! Genug, daß ihr sichtlich das Können gezeigt habt.
Hört, die ihr wollt, die Lieder; denn euch beschenk ich mit Liedern,
die da bekommt etwas andres zum Lohn." Und selbst gleich beginnt er; –
da aber konntest du sehn, wie im Takt das Wild und die Faune
tanzten und knorrige Eichen die Wipfel regten zum Tanze.
So sehr freut an Phoebus sich nicht der Fels des Parnassus,
Rhodope nicht noch Ismarus staunt so sehr über Orpheus.
Denn er sang, wie im leeren, gewaltigen Raum ineinander
wirbelten noch die Keime für Land und Luft und für Wasser
und für lauteres Feuer zugleich, wie aus diesen als Urstoff
alles entstand und sogar das zarte Gewölbe der Welt wuchs.
Dann, wie der Boden begann, sich zu festigen, wie er vom Festland
trennte das flutende Meer und mählich sich formte zur Dingwelt.
Wie die Lande bestaunten die jungaufstrahlende Sonne,
und wie aus höherentrücktem Gewölk nun strömte der Regen,
während die Wälder zuerst zu ragen begannen und Tiere
einzeln durchirrten die Höhn, die noch nie solche Wesen gesehen.
Von den Steinen, die Pyrrha warf, vom Reich des Saturnus
sang er alsdann, von des Kaukasus Aar und dem Trug des Prometheus.
Weiter dann ging's, wie die Schiffer den Hylas riefen, an welchem
Quell er geblieben, wie's „Hylas, o Hylas!" hallte am Strand lang.
Und Pasiphaë, selig, wenn's nie doch Rinder gegeben,
tröstete er mit der Liebe zum schneeigschimmernden Stiere.
Mädchen, unseliges, welcher Wahn, ach, hat dich ergriffen?
Proetus' Töchter erfüllten mit täuschendem Brüllen die Feldflur,
doch so schändlicher Buhlschaft mit Vieh ergab sich doch keine,
wenn sie auch schon für den Nacken den Pflug gefürchtet und wenn sie

et saepe in levi quaesisset cornua fronte.
a virgo infelix, tu nunc in montibus erras:
ille latus niveum molli fultus hyacintho
ilice sub nigra pallentis ruminat herbas,
aut aliquam in magno sequitur grege. 'claudite, nymphae, 55
Dictaeae nymphae, nemorum iam claudite saltus,
si qua forte ferant oculis sese obvia nostri
errabunda bovis vestigia; forsitan illum
aut herba captum viridi aut armenta secutum
perducant aliquae stabula ad Gortynia vaccae.' 60
tum canit Hesperidum miratam mala puellam;
tum Phaethontiadas musco circumdat amarae
corticis atque solo proceras erigit alnos.
tum canit, errantem Permessi ad flumina Gallum
Aonas in montis ut duxerit una sororum, 65
utque viro Phoebi chorus adsurrexerit omnis;
ut Linus haec illi divino carmine pastor
floribus atque apio crinis ornatus amaro
dixerit: 'hos tibi dant calamos, en accipe, Musae,
Ascraeo quos ante seni, quibus ille solebat 70
cantando rigidas deducere montibus ornos.
his tibi Grynei nemoris dicatur origo,
ne quis sit lucus, quo se plus iactet Apollo.'
quid loquar, aut Scyllam Nisi, quam fama secuta est
candida succinctam latrantibus inguina monstris 75
Dulichias vexasse rates et gurgite in alto
a timidos nautas canibus lacerasse marinis:
aut ut mutatos Terei narraverit artus,
quas illi Philomela dapes, quae dona pararit,
quo cursu deserta petiverit, et quibus ante 80
infelix sua tecta super volitaverit alis?
omnia, quae Phoebo quondam meditante beatus
audiit Eurotas iussitque ediscere lauros,
ille canit – pulsae referunt ad sidera valles –
cogere donec oves stabulis numerumque referre 85
iussit et invito processit Vesper Olympo.

oft schon getastet an glatter Stirn nach sprossenden Hörnern.
Mädchen, unseliges, ach, du irrst jetzt über die Berge.
Jener ruht, hyazinthenumkost die schneeige Flanke,
unter der Steineiche Dunkel und kaut zartgrünende Gräser,
oder er folgt einer Kuh aus der großen Herde. „O schließt, ihr
Nymphen, dictaeische Nymphen, so schließt doch die Schluchten der
ob unsern Augen vielleicht begegnen rings auf den Wegen   (Wälder,
irrende Spuren des Stieres; vielleicht bezaubern ihn grüne
Gräser oder er folgt den weidenden Rindern und also
locken ihn einige Kühe vielleicht zu den Ställen von Gortyn.“
Weiter besingt er das Mägdlein, das goldene Äpfel bestaunte,
Phaëtons Schwestern umwebt er alsdann mit der bitteren Rinden
Moos und läßt sie vom Boden schlank aufragen als Erlen.
Weiter singt er von Gallus, wie ihn, der am Strom des Permessus
ziellos ging, eine Muse empor zu Aoniens Höhen
führte, wie rings vor dem Mann sich erhob der Reigen des Phoebus,
wie ihm Linus, der Hirt, der göttlichbegnadete Sänger,
Blütenkränze im wallenden Haar und bitteren Eppich,
dieses gesagt: „Die Flöte hier nimm, eine Gabe der Musen,
einst dem askraeischen Alten geschenkt; sooft er sie spielte,
pflegte er knorrige Eschen zum Tanz von Bergen zu ziehen.
Preise auf ihr des grynëischen Haines göttlichen Ursprung,
daß kein Hain mehr sei, dessen lieber sich rühmte Apollo!“
Sag ich noch, wie er von Scylla, des Nisus Tochter, erzählte?
Bellende Untiere rings an den schimmernden Hüften, so heißt es,
suchte Dulichions Schiffe sie heim, und die bebenden Schiffer,
ach, zerriß sie im wirbelnden Schlund mit den Hunden des Meeres.
Oder wie er des Tereus verwandelte Glieder besungen,
was für ein Mahl Philomele ihm gab und was für Geschenke,
wie sie zur Wüste enteilte und wie befiedert zuvor sie
unglückselig ihr liebes Haus noch flatternd umkreiste?
Alles, was bei Phoebus Gesang voreinst der Eurotas
glücklich vernahm und zu lernen befahl den lauschenden Lorbeern,
sang der Silen – es trugen den Klang zu den Sternen die Täler –,
bis die Schafe zum Stall zu treiben und alle zu zählen
mahnte der Abendstern; ungern sah sein Licht der Olympus.

VII

Meliboeus   *Corydon*   *Thyrsis*

MP   *M.* Forte sub arguta consederat ilice Daphnis,
      compulerantque greges Corydon et Thyrsis in unum,
      Thyrsis oves, Corydon distentas lacte capellas,
      ambo florentes aetatibus, Arcades ambo,
      et cantare pares et respondere parati.   5
      huc mihi, dum teneras defendo a frigore myrtos,
      vir gregis ipse caper deerraverat; atque ego Daphnim
      aspicio. ille ubi me contra videt: 'ocius' inquit
      'huc ades, o Meliboee; caper tibi salvus et haedi;
      et si quid cessare potes, requiesce sub umbra.   10
      huc ipsi potum venient per prata iuvenci;
MPV   hic viridis tenera praetexit harundine ripas
      Mincius, eque sacra resonant examina quercu.'
      quid facerem? neque ego Alcippen nec Phyllida habebam,
      depulsos a lacte domi quae clauderet agnos;   15
      et certamen erat Corydon cum Thyrside magnum.
      posthabui tamen illorum mea seria ludo.
      alternis igitur contendere versibus ambo
      coepere; alternos Musae meminisse volebant.
      hos Corydon, illos referebat in ordine Thyrsis.   20

      C. Nymphae, noster amor, Libethrides, aut mihi carmen
      quale meo Codro concedite – proxima Phoebi
      versibus ille facit – aut, si non possumus omnes,
      hic arguta sacra pendebit fistula pinu.

      T. Pastores hedera crescentem ornate poetam   25
      Arcades, invidia rumpantur ut ilia Codro;
      aut, si ultra placitum laudarit, baccare frontem
      cingite, ne vati noceat mala lingua futuro.

      C. Saetosi caput hoc apri tibi, Delia, parvus
      et ramosa Micon vivacis cornua cervi.   30

7

Meliboeus   *Corydon*   *Thyrsis*

M. Zufällig hatte sich Daphnis gesetzt unter rauschender Eiche,
Thyrsis und Corydon hatten ihr Vieh zusammengetrieben,
Thyrsis Schafe und Corydon trieb milchstrotzende Ziegen,
beide an Jahren blühend jung, Arkadier beide,
gleich im Spiel auf der Flöte, bereit auch zum Wechselgesange.
Während ich nun gegen Frost die zarten Myrten bedeckte,
hatte der Mann meiner Herde, der Bock, sich hierhin verlaufen.
Da erblickte ich Daphnis und er sieht mich und ruft gleich:
„Schneller doch, komm, Meliboeus! Gesund sind Bock dir und Böcklein;
hast du ein wenig Zeit, so ruh dich aus hier im Schatten!
Hierhin kommen zur Tränke von selbst durch die Wiesen die Stiere,
hier umsäumt mit schwankem Schilf der Mincio rings die
grünen Ufer, es summen aus heiliger Eiche die Bienen."
Was sollt' ich machen? Ich hatte zwar nicht Alkippe noch Phyllis,
die mir daheim die milchentwöhnten Lämmer verriegelt;
anderseits: Corydon – Thyrsis: das war ein bedeutender Wettstreit.
Schließlich trat meine Pflicht doch zurück vor dem Spiele der beiden.
Beide begannen nun gleich den Streit im Wechselgesange,
denn es wollten die Musen des Wechselgesanges gedenken.
Corydon sang und Antwort gab im Takte ihm Thyrsis.

C. Nymphen vom Helikonquell, meine Liebe! O, so gewährt mir
wie meinem Codrus ein Lied, – er kommt ja am nächsten dem Phoebus,
Verse ersinnend im Sang – doch wenn wir nicht alle so können,
häng ich die tönende Flöte hier auf an der heiligen Fichte.

T. Hirten Arkadiens, schmückt den rühmlich wachsenden Dichter
schön mit Efeu! Möge vor Neid dann Codrus zerplatzen.
oder, wenn über Gebühr er gelobt hat, kränzt ihm die Stirn mit
Narde, daß böses Berufen dem künftigen Dichter nicht schade.

C. Micon, der Jüngling, weiht dir dieses borstigen Ebers
Kopf, Diana, und zweigicht Geweih langlebenden Hirsches.

si proprium hoc fuerit, levi de marmore tota
puniceo stabis suras evincta cothurno.

T. Sinum lactis et haec te liba, Priape, quotannis
exspectare sat est: custos es pauperis horti.
nunc te marmoreum pro tempore fecimus; at tu,   35
si fetura gregem suppleverit, aureus esto.

MP
C. Nerine Galatea, thymo mihi dulcior Hyblae,
candidior cycnis, hedera formosior alba,
cum primum pasti repetent praesepia tauri,
si qua tui Corydonis habet te cura, venito.   40

T. Immo ego Sardoniis videar tibi amarior herbis,
horridior rusco, proiecta vilior alga,
si mihi non haec lux toto iam longior anno est.
ite domum pasti, si quis pudor, ite iuvenci.

C. Muscosi fontes et somno mollior herba,   45
et quae vos rara viridis tegit arbutus umbra,
solstitium pecori defendite: iam venit aestas
torrida, iam lento turgent in palmite gemmae.

T. Hic focus et taedae pingues, hic plurimus ignis
semper et adsidua postes fuligine nigri;   50
hic tantum boreae curamus frigora, quantum
aut numerum lupus aut torrentia flumina ripas.

C. Stant et iuniperi et castaneae hirsutae;
strata iacent passim sua quaeque sub arbore poma;
omnia nunc rident: at si formosus Alexis   55
montibus his abeat, videas et flumina sicca.

T. Aret ager; vitio moriens sitit aëris herba;
Liber pampineas invidit collibus umbras:
Phyllidis adventu nostrae nemus omne virebit,
Iuppiter et laeto descendet plurimus imbri.   60

Bleibt ihm Jagdglück so treu, dann sollst du ganz ihm aus glatten
Marmor erstehen, vom Purpurkothurn die Waden umwunden.

T. Dir genügt's, Priapus, im Jahr zu erwarten die Schale
Milch hier und diese Kuchen: bist Hort dem Garten des Armen.
Jetzt einstweilen formten wir dich aus Marmor, doch sollst du,
wenn erst Nachwuchs die Herde ergänzt, hier prangen von Golde.

C. Tochter des Meers, Galatea, mir süßer als Quendel vom Hybla,
weißer als Schwäne und schöner als silbrigschimmernder Efeu:
gleich, wenn satt von der Weide zur Krippe kehren die Stiere,
komm doch, ist dir nur irgend dein Corydon lieb noch geblieben.

T. Herber dagegen will i c h als sardonische Kräuter dir munden,
starrer als Mausdorn und wertloser sein als Algen am Strande,
wenn dieser Tag mir nicht länger schon währt als ein Jahr sonst im ganzen.
Heimwärts, ihr Satten! Gibt's irgend noch Anstand, so geht jetzt, ihr Rinder!

C. Quellen, moosumsäumte, und Gras, noch weicher als Schlummer,
und des Arbutus Grün, der euch mit Schatten umflimmert,
schützt vor Sonnenhitze das Vieh, schon kommt ja der Sommer
dörrend, es schwellen die Knospen schon am Rebengeranke.

T. Hier ist ein Herd und Kienholz voll Harz, hier prasselndes Feuer
immer und tiefgeschwärzt von ständigem Ruße die Pfosten.
Hier macht Sorgen des Nordwinds Frost uns ebensoviel, wie
Zahlenstempel dem Wolf und reißenden Strömen das Ufer.

C. Kräftig prangen Wacholder und rauhe Kastanienbäume,
dichtgesät warf jeglicher Baum überall seine Früchte.
Alles lacht jetzt und strahlt: doch ginge der schöne Alexis
fort aus den Bergen von hier, verdorrt dann sähst du die Flüsse.

T. Dürr das Gefild, vor Schwüle verlechzen sterbend die Kräuter,
Bakchus mißgönnt den Hügeln des Weinlaubs kühlende Schatten:
Kommt meine Phyllis, dann prangen im Grün rings alle die Haine,
strömend steigt im Schauer voll Jubel Juppiter nieder.

C. Populus Alcidae gratissima, vitis Iaccho,
formosae myrtus Veneri, sua laurea Phoebo,
Phyllis amat corylos; illas dum Phyllis amabit,
nec myrtus vincet corylos nec laurea Phoebi.

T. Fraxinus in silvis pulcherrima, pinus in hortis,   65
populus in fluviis, abies in montibus altis:
saepius at si me, Lycida formose, revisas,
fraxinus in silvis cedat tibi, pinus in hortis.

M. Haec memini, et victum frustra contendere Thyrsim.
ex illo Corydon Corydon est tempore nobis.   70

VIII

Damonis et Alphesiboei certatio

MP   Pastorum musam Damonis et Alphesiboei,
immemor herbarum quos est mirata iuvenca
certantis, quorum stupefactae carmine lynces,
et mutata suos requierunt flumina cursus,
Damonis musam dicemus et Alphesiboei.   5
tu mihi, seu magni superas iam saxa Timavi,
sive oram Illyrici legis aequoris – en erit umquam
ille dies, mihi cum liceat tua dicere facta?
en erit ut liceat totum mihi ferre per orbem
sola Sophocleo tua carmina digna cothurno?   10
a te principium, tibi desinam. – accipe iussis
carmina coepta tuis, atque hanc sine tempora circum
inter victrices hederam tibi serpere lauros.

Frigida vix caelo noctis decesserat umbra,
cum ros in tenera pecori gratissimus herba: 15
incumbens tereti Damon sic coepit olivae.

D. 'Nascere, praeque diem veniens age, Lucifer, almum,
coniugis indigno Nysae deceptus amore

C. Herkules liebt am meisten die Pappeln, Bakchus den Weinstock,
Myrten die liebliche Venus, Apollo liebt seinen Lorbeer;
Haselgebüsch liebt Phyllis; solange noch Phyllis die Haseln
liebt, besiegt nicht Myrte sie je noch Lorbeer Apollos.

T. Herrlich prangt die Esche im Wald, im Garten die Pinie,
Pappeln am Strom und hoch im Bergland ragen die Tannen.
Wenn du aber mich öfter besuchst, mein Lycidas, holder,
soll dir weichen die Esche im Wald, im Garten die Pinie.

M. Dieses behielt ich und daß, besiegt, umsonst stritt Thyrsis.
Corydon ist seitdem ein Corydon erst mir geworden.

8
Des Damon und Alphesiboeus Wettstreit

Zweier Hirten Muse, des Damon und Alphesiboeus –
als sie stritten, vergaß das Rind voller Staunen der Weide,
ihr Gesang schlug zaubernd in Bann die lauschenden Luchse
und den natürlichen Lauf verändernd standen die Ströme –,
Damons Muse feiern wir nun und des Alphesiboeus.
Du aber, ob du schon am Geklüft des großen Timavus
glücklich vorbei, ob du streifst Illyricums Küste – ach, kommt wohl
je der Tag, da mir's vergönnt, deine Taten zu feiern,
ist mir's je wohl vergönnt, dem ganzen Erdkreis zu sagen,
nur deine Muse sei würdig an Rang des Sophokles Dichtung?
Anfang bist du und Ende dem Sang; so nimm diese Lieder,
deinem Geheiß entsprungen, und laß dir rings um die Schläfen
zwischen des Siegers Lorbeerkranz diesen Efeu sich ranken.

Schauernder Schatten der Nacht war kaum vom Himmel gewichen,
Tau perlt silbern auf zartem Gras, ein Labsal der Herde;
da begann Damon, gelehnt auf glatten Olivenstab, also:

D. „Lichtstern, strahle herauf, des holden Tages Geleiter!
Ich aber, schnöde betrogen um Gattenliebe zu Nysa,

MPV dum queror et divos, quamquam nil testibus illis
     profeci, extrema moriens tamen adloquor hora.   20
       incipe Maenalios mecum, mea tibia, versus.

     Maenalus argutumque nemus pinosque loquentis
     semper habet; semper pastorum ille audit amores
     Panaque, qui primus calamos non passus inertis.
       incipe Maenalios mecum, mea tibia, versus.   25

     Mopso Nysa datur: quid non speremus amantes?
     iungentur iam grypes equis, aevoque sequenti
     cum canibus timidi venient ad pocula dammae.
       incipe Maenalios mecum, mea tibia, versus.   28A

     Mopse, novas incide faces: tibi ducitur uxor;
     sparge, marite, nuces: tibi deserit Hesperus Oetam.   30
       incipe Maenalios mecum, mea tibia, versus.

     O digno coniuncta viro, dum despicis omnis,
     dumque tibi est odio mea fistula dumque capellae
     hirsutumque supercilium promissaque barba,
     nec curare deum credis mortalia quemquam.   35
       incipe Maenalios mecum, mea tibia, versus.

     Saepibus in nostris parvam te roscida mala
     – dux ego vester eram – vidi cum matre legentem.
     alter ab undecimo tum me iam acceperat annus;
     iam fragilis poteram a terra contingere ramos.   40
     ut vidi, ut perii, ut me malus abstulit error.
       incipe Maenalios mecum, mea tibia, versus.

     Nunc scio, quid sit Amor. duris in cotibus illum
     aut Tmaros aut Rhodope aut extremi Garamantes
MP   nec generis nostri puerum nec sanguinis edunt.   45
       incipe Maenalios mecum, mea tibia, versus.

     Saevus Amor docuit natorum sanguine matrem
     commaculare manus, crudelis tu quoque, mater,

klage und rufe zu Göttern, wiewohl sie als Zeugen nicht halfen,
einmal wenigstens noch empor in der Stunde des Todes.
    Lieder vom Maenalus laß mit mir, meine Flöte, ertönen.

Immer umsäuselt der Hain den Maenalus, flüstern die Fichten,
immer hört er den Liebesgesang der Hirten und hört auch
Pan, der als erster das Rohr nicht stumm und träge gelassen.
    Lieder vom Maenalus laß mit mir, meine Flöte, ertönen.

Nysa dem Mopsus! Was müssen wir Liebenden da nicht erwarten?
Nunmehr paart sich dem Rosse der Greif, in künftigen Zeiten
kommen die furchtsamen Hirsche mit Hunden gemeinsam zur Tränke.
    Lieder vom Maenalus laß mit mir, meine Flöte, ertönen.

Mopsus, schneide Fackeln dir frisch! Dir naht ja die Gattin!
Streu doch, Ehemann, Nüsse! Für dich sinkt nieder der Abend!
    Lieder vom Maenalus laß mit mir, meine Flöte, ertönen.

O du, würdigem Manne vermählt, da du alle verachtest,
da verhaßt meine Flöte dir ist, verhaßt meine Ziegen
und meine Braue zu struppig für dich und das wuchernde Barthaar;
und du glaubst, es achte kein Gott auf sterbliches Dasein?
    Lieder vom Maenalus laß mit mir, meine Flöte, ertönen.

Tauige Äpfel sah ich mit deiner Mutter in unserm
Garten dich pflücken, du warest noch klein, ich war euer Führer.
Eben war ich vom elften Jahr ins nächste gekommen,
konnte vom Boden aus schon die schwankenden Zweige erreichen.
Wie ich dich sah, wie verging ich! Wie schlug mich heilloser Irrwahn!
    Lieder vom Maenalus laß mit mir, meine Flöte, ertönen.

Jetzt begreif' ich, was Amor ist! Auf härtesten Klippen
zeugen wohl Rhodope, Tmaros und fern im Süd Garamanten
solch ein Kind, nicht unserer Art, nicht unseren Blutes.
    Lieder vom Maenalus laß mit mir, meine Flöte, ertönen.

Mit dem Blute der Kinder die Hand zu beflecken, hat Amors
Wut eine Mutter gelehrt; doch du auch, Mutter, warst grausam.

crudelis mater magis, an puer improbus ille?
improbus ille puer; crudelis tu quoque, mater,   50
   incipe Maenalios mecum, mea tibia, versus.

Nunc et ovis ultro fugiat lupus, aurea durae
mala ferant quercus, narcisso floreat alnus,
pinguia corticibus sudent electra myricae,
certent et cycnis ululae, sit Tityrus Orpheus,   55
Orpheus in silvis, inter delphinas Arion.
   incipe Maenalios mecum, mea tibia, versus.

Omnia vel medium fiat mare. vivite, silvae:
praeceps aërii specula de montis in undas
deferar; extremum hoc munus morientis habeto.   60
   desine Maenalios, iam desine, tibia, versus.‘

   Haec Damon. vos, quae responderit Alphesiboeus,
dicite, Pierides; non omnia possumus omnes.

A. Effer aquam, et molli cinge haec altaria vitta,
verbenasque adole pinguis et mascula tura,   65
coniugis ut magicis sanos avertere sacris
experiar sensus; nihil hic nisi carmina desunt.
   ducite ab urbe domum, mea carmina, ducite Daphnim.

Carmina vel caelo possunt deducere Lunam;
carminibus Circe socios mutavit Ulixi: 70
frigidus in pratis cantando rumpitur anguis.
   ducite ab urbe domum, mea carmina, ducite Daphnim.

Terna tibi haec primum triplici diversa colore
licia circumdo, terque haec altaria circum
effigiem duco; numero deus impare gaudet.   75
   ducite ab urbe domum, mea carmina, ducite Daphnim.

necte tribus nodis ternos, Amarylli, colores;
necte, Amarylli, modo et ’Veneris‘ dic ’vincula necto‘.
   ducite ab urbe domum, mea carmina, ducite Daphnim.

War die Mutter wohl grausamer, war's der schändliche Bube?
Schändlich ist er, der Bube; doch du auch, Mutter, warst grausam.
 Lieder vom Maenalus laß mit mir, meine Flöte, ertönen.

Jetzt soll fliehen vor Schafen der Wolf, jetzt trage der harte
Eichbaum goldene Äpfel, Narzissenblüten die Erle,
aus Tamariskenrinde soll goldig quellen der Bernstein,
streiten soll gegen Schwäne der Kauz, sei Tityrus Orpheus,
Orpheus in Wäldern und sei Arion unter Delphinen.
 Lieder vom Maenalus laß mit mir, meine Flöte, ertönen.

Alles zerfließe und werde zum Meer! Lebt wohl denn, ihr Wälder!
Jäh vom Gipfel des ragenden Bergs hinab in die Fluten
stürz ich mich nieder, beschenke sie so noch einmal im Tode.
 Laß des Maenalus Lieder, o Flöte, laß sie verklingen."

So sang Damon; doch ihr, was Alphesiboeus entgegnet,
sagt es mir, Musen! Nicht kann uns allen alles gelingen.

A. Wasser bringe, umschling den Altar mit wollener Binde,
heiliges Grün voller Saft und würzigen Weihrauch entzünde,
daß ich durch magische Opfer die nüchternen Sinne des Gatten
wirksam berücke; hier fehlen uns nur noch bannende Sprüche.
 Holt aus der Stadt mir heim, meine Bannsprüche, holet mir Daphnis.

Bannsprüche können Luna sogar herholen vom Himmel,
Circes Bannspruch verwandelte einst des Odysseus Gefährten,
Bannspruch bringt zum Bersten im Gras die schaurige Schlange.
 Holt aus der Stadt mir heim, meine Bannsprüche, holet mir Daphnis.

Je drei Fäden zunächst von dreifach verschiedener Farbe
schling ich dir um und führe dein Bild dreimal hier im Kreise
um den Altar. Es freut sich der Gott an der ungraden Dreizahl.
 Holt aus der Stadt mir heim, meine Bannsprüche, holet mir Daphnis.

Durch drei Knoten knüpfe der Farbe drei, Amaryllis,
knüpf nur und sprich, Amaryllis: „Ich knüpfe die Fesseln der Venus."
 Holt aus der Stadt mir heim, meine Bannsprüche, holet mir Daphnis.

Limus ut hic durescit et haec ut cera liquescit   80
uno eodemque igni, sic nostro Daphnis amore.
sparge molam, et fragilis incende bitumine lauros.
Daphnis me malus urit, ego hanc in Daphnide laurum.
    ducite ab urbe domum, mea carmina, ducite Daphnim.

Talis amor Daphnim, qualis cum fessa iuvencum   85
per nemora atque altos quaerendo bucula lucos
propter aquae rivum viridi procumbit in ulva,
perdita, nec serae meminit decedere nocti,
talis amor teneat, nec sit mihi cura mederi.
    ducite ab urbe domum, mea carmina, ducite Daphnim. 90

Has olim exuvias mihi perfidus ille reliquit,
pignora cara sui: quae nunc ego limine in ipso,
terra, tibi mando; debent haec pignora Daphnim.
    ducite ab urbe domum, mea carmina, ducite Daphnim.

Has herbas atque haec Ponto mihi lecta venena   95
ipse dedit Moeris, nascuntur plurima Ponto;
his ego saepe lupum fieri et se condere silvis
Moerim, saepe animas imis excire sepulcris
atque satas alio vidi traducere messis.
    ducite ab urbe domum, mea carmina, ducite Daphnim. 100

Fer cineres, Amarylli, foras rivoque fluenti
transque caput iace, nec respexeris. his ego Daphnim
adgrediar; nihil ille deos, nil carmina curat.
    ducite ab urbe domum, mea carmina, ducite Daphnim.

Aspice: corripuit tremulis altaria flammis   105
sponte sua, dum ferre moror, cinis ipse; bonum sit!
nescio quid certe est, et Hylax in limine latrat.
credimus? an, qui amant, ipsi sibi somnia fingunt?
    parcite, ab urbe venit, iam parcite carmina! – Daphnis!

Wie dieser Schlamm hier hart wird und wie dieses Wachs ganz zart wird
hier in gleicher Glut, so Daphnis in unserer Liebe.
Opferschrot streue, entzünde mit Harz den knisternden Lorbeer!
Bös brennt Daphnis mein Herz, ich brenn' diesen Lorbeer auf Daphnis,
　　Holt aus der Stadt mir heim, meine Bannsprüche, holet mir Daphnis.

So sei Daphnis von Liebe gebannt, wie die Färse, wenn matt vom
Suchen nach ihrem Stier durch Wälder und ragende Haine
nah am rieselnden Bach im grünen Schilfe sie hinsinkt
todbetrübt und vergißt, der Nacht, der späten, zu weichen.
So soll Liebe ihn fesseln, und mich soll's wenig bekümmern.
　　Holt aus der Stadt mir heim, meine Bannsprüche, holet mir Daphnis.

Einst ließ diese Gewänder der Treulose mir für sich selbst als
liebe Pfänder zurück; jetzt grabe ich hier an der Schwelle,
Erde, die Kleider dir ein; diese Pfänder schulden mir Daphnis.
　　Holt aus der Stadt mir heim, meine Bannsprüche, holet mir Daphnis.

Diese giftigen Kräuter hier, gesammelt in Pontus,
schenkte mir Moeris selbst, sie wachsen reichlich in Pontus.
Oft genug sah ich, wie Moeris durch sie zum Wolf sich verwandelt
und in Wäldern verbarg, wie Geister tief aus den Gräbern
oft er beschwor, wie Saatfrucht auf andere Felder er hexte.
　　Holt aus der Stadt mir heim, meine Bannsprüche, holet mir Daphnis.

Trag, Amaryllis, die Asche hinaus und über den Kopf hin
wirf sie ins Strömen des Baches und schau nicht rückwärts; mit diesem
greife ich Daphnis nun an, ihn kümmert kein Gott, kein Bannspruch.
　　Holt aus der Stadt mir heim, meine Bannsprüche, holet mir Daphnis.

Sieh doch, mit zitternden Flammen ergriff den Altar von selber,
die ich zu tragen nach zaudre, die Asche! Sei es ein Gutes!
Etwas bedeutet es sicher. Auch Hylax bellt an der Schwelle.
Glauben wir? Oder erdichten sich Liebende selbst ihren Wunschtraum?
　　Halt! Er kommt aus der Stadt! Nun halt, ihr Sprüche! – Mein Daphnis!

IX

Lycidas *Moeris*

MP L. Quo te, Moeri, pedes? an, quo via ducit, in urbem?

M. O Lycida, vivi pervenimus, advena nostri,
quod numquam veriti sumus, ut possessor agelli
diceret 'haec mea sunt; veteres migrate coloni.'
nunc victi tristes, quoniam fors omnia versat,   5
hos illi – quod nec vertat bene – mittimus haedos.

L. Certe equidem audieram, qua se subducere colles
incipiunt mollique iugum demittere clivo,
usque ad aquam et veteres iam fracta cacumina fagos
omnia carminibus vestrum servasse Menalcan.   10

M. Audieras, et fama fuit; sed carmina tantum
nostra valent, Lycida, tela inter Martia, quantum
Chaonias dicunt aquila veniente columbas.
quod nisi me quacumque novas incidere lites
ante sinistra cava monuisset ab ilice cornix,   15
nec tuus hic Moeris nec viveret ipse Menalcas.

L. Heu, cadit in quemquam tantum scelus? heu, tua nobis
paene simul tecum solacia rapta, Menalca?
quis caneret nymphas, quis humum florentibus herbis
spargeret aut viridi fontes induceret umbra?   20
vel quae sublegi tacitus tibi carmina nuper,
cum te ad delicias ferres Amaryllida nostras:
'Tityre, dum redeo – brevis est via – pasce capellas,
et potum pastas age, Tityre, et inter agendum
occursare capro – cornu ferit ille – caveto.'   25

M. Immo haec, quae Varo necdum perfecta canebat:
'Vare, tuum nomen, superet modo Mantua nobis,
Mantua vae miserae nimium vicina Cremonae,
cantantes sublime ferent ad sidera cycni.'

9

Lycidas   *Moeris*

L. Moeris, wohin soll's gehn? Der Straße nach etwa, zur Stadt hin?

M. Lycidas, o, nun haben wir's doch noch erlebt, was wir nie und
nimmer geglaubt, daß der Fremdling als Herr unsres Gütchens uns sagte:
„Das gehört nun m i r; zieht ab, ihr früheren Siedler!"
Niedergeschlagen und traurig, da Zufall alles zu Fall bringt,
liefern wir jenem – bekomm's ihm übel! – jetzt diese Böcklein.

L. Hörte ich doch für gewiß, von dort, wo die Hügel hinab sich
ziehn und der Bergkamm beginnt sich sanft zu senken, bis hin zum
Wasser und bis zu der Buchen verwittert ragenden Wipfeln
habe euch euer Menalcas durch Lieder alles gerettet.

M. Hörtest es und es hieß ja auch so. Doch unsere Lieder,
Lycidas, haben im Waffengeklirr nur so viel zu sagen,
wie Chaonias Tauben beim Flügelschlage des Adlers.
Hätte von links die Krähe mich nicht zuvor von der hohlen
Eiche gemahnt, einen neuen Streit doch möglichst zu meiden,
lebte dein Moeris nicht mehr und selbst nicht einmal Menalcas.

L. Weh mir, trifft einen Menschen denn solch ein Verbrechen? Weh, fast
wäre zugleich mit dir dein Trost uns geraubt, mein Menalcas?
Wer besänge die Nymphen, wer streute mit blühenden Kräutern
rings den Grund, wer hegte mit schattiger Grüne die Quellen?
Wer sänge Lieder, wie heimlich ich jüngst von dir sie erlauschte,
als Amaryllis, der Hirten Wonne und Lust, du besuchtest:
„Tityrus, bis ich zurück bin, weide mir – kurz ist mein Weg nur –
hier diese Ziegen und treib die satten zur Tränke; doch komm dann,
Tityrus, ja dem Bock nicht zu nah! Er stößt mit dem Horne."

M. Ja, und dies, was dem Varus er sang – noch ist's nicht vollendet:
„Varus, deinen Namen, bleibt Mantua nur uns erhalten,
– Mantua, wehe benachbart zu sehr dem armen Cremona –
tragen singend die Schwäne empor zum Sternengewölbe."

L. Sic tua Cyrneas fugiant examina taxos,   30
sic cytiso pastae distendant ubera vaccae:
incipe, si quid habes. et me fecere poetam
Pierides, sunt et mihi carmina, me quoque dicunt
vatem pastores; sed non ego credulus illis.
nam neque adhuc Vario videor nec dicere Cinna   35
digna, sed argutos inter strepere anser olores.

M. Id quidem ago et tacitus, Lycida, mecum ipse voluto,
si valeam meminisse; neque est ignobile carmen.
'huc ades, o Galatea; quis est nam ludus in undis?
hic ver purpureum, varios hic flumina circum   40
fundit humus flores, hic candida populus antro
imminet, et lentae texunt umbracula vites:
huc ades; insani feriant sine litora fluctus.'

L. Quid, quae te pura solum sub nocte canentem
audieram? numeros memini, si verba tenerem: 45
'Daphni, quid antiquos signorum suspicis ortus?
ecce Dionaei processit Caesaris astrum,
astrum, quo segetes gauderent frugibus et quo
duceret apricis in collibus uva colorem.
insere, Daphni, piros; carpent tua poma nepotes.'   50

M. Omnia fert aetas, animum quoque; saepe ego longos
cantando puerum memini me condere soles:
nunc oblita mihi tot carmina; vox quoque Moerim
iam fugit ipsa; lupi Moerim videre priores.
sed tamen ista satis referet tibi saepe Menalcas.   55

L. Causando nostros in longum ducis amores.
et nunc omne tibi stratum silet aequor, et omnes,
aspice, ventosi ceciderunt murmuris aurae.
hinc adeo media est nobis via; namque sepulcrum
incipit apparere Bianoris: hic, ubi densas   60
agricolae stringunt frondes, hic, Moeri, canamus;
hic haedos depone, tamen veniemus in urbem.

L. Also meide dein Bienenschwarm stets den korsischen Taxus,
so soll strotzen das Euter der Kuh, die am Klee sich erlabte:
weißt du ein Lied, so beginn! Zum Dichter machten auch mich die
Musen, auch ich weiß Lieder, auch mich bezeichnen als hehren
Sänger die Hirten, doch i c h will nicht so leicht ihnen glauben.
Dünkt mich bisher mein Ton doch nicht wert des Varius oder
Cinna, ein Gänsegeschnatter zum klingenden Sange der Schwäne.

M. Ich, mein Lycidas, mühe mich ja und sinne im Stillen,
ob ich mich wohl erinnre: das Lied ist wahrlich nicht ruhmlos.
„Komm, Galatea, hierher; was s o l l denn das Spiel in den Wellen?
Hier strahlt purpurner Lenz, hier breitet bunt um die Ströme
Blumengefilde der Grund, hier schimmert silbern die Pappel
über der Grotte, der Weinstock webt sein Schattengeranke.
Komm hierher, laß rasende Flut nur peitschen die Ufer!“

L. Ja, und das Lied, ich hörte dich's singen einsam in klarer
Nacht, ich behielt wohl die Weise, die Worte?... wenn ich sie hätte...:
„Daphnis, was schaust du zum Aufgang hin der alten Gestirne?
Siehe, der Stern ging auf des Venussprossen, des Caesar,
dieser Stern, durch den die Saat sich freut ihrer Früchte
und an sonnigem Hang schwillt farbenglühend die Traube.
Pfropf deine Birnen, mein Daphnis! Dein Obst einst ernten die Enkel.“

M. Alles nimmt uns die Zeit, sogar das Gedächtnis; ich weiß noch,
wie ich als Knabe oft singend die Sommersonne gebettet.
Jetzt sind so viele Lieder vergessen, selbst schon die Stimme
schwindet dem Moeris; der Wolfsblick traf zuerst nun den Moeris.
Immerhin, dies hier singt dir Menalcas häufig genug noch.

L. Durch deine Vorwände hältst du nur hin unser Sehnen nach Liedern.
Und jetzt breitet sich schweigend das Meer dir, siehe, und jeder
Lufthauch rauschenden Windes ist stumm versunken und lautlos.
Hier ist eben die Mitte des Wegs, denn das Grab des Bianor
taucht schon vor uns auf; hier, wo die Bauern das dichte
Laub sich pflücken, hier, mein Moeris, wollen wir singen.
Setz deine Böcklein hier ab; wir kommen trotz allem zur Stadt noch.

aut si, nox pluviam ne colligat ante, veremur,
cantantes licet usque, minus via laedit, eamus:
cantantes ut eamus, ego hoc te fasce levabo.　　　　　65

M. Desine plura, puer, et quod nunc instat agamus:
carmina tum melius, cum venerit ipse, canemus.

X

MP　Extremum hunc, Arethusa, mihi concede laborem.
pauca meo Gallo, sed quae legat ipsa Lycoris,
carmina sunt dicenda: neget quis carmina Gallo?
sic tibi, cum fluctus subterlabere Sicanos,
Doris amara suam non intermisceat undam:　　　　　5
incipe; sollicitos Galli dicamus amores,
dum tenera attondent simae virgulta capellae.
non canimus surdis, respondent omnia silvae.

　　Quae nemora aut qui vos saltus habuere, puellae
MPR　naides, indigno cum Gallus amore peribat?　　　　　10
nam neque Parnasi vobis iuga, nam neque Pindi
ulla moram fecere, neque Aonie Aganippe.
illum etiam lauri, etiam flevere myricae,
pinifer illum etiam sola sub rupe iacentem
Maenalus et gelidi fleverunt saxa Lycaei.　　　　　15
stant et oves circum – nostri nec paenitet illas,
nec te paeniteat pecoris, divine poeta,
et formosus ovis ad flumina pavit Adonis –
venit et upilio, tardi venere subulci,
uvidus hiberna venit de glande Menalcas.　　　　　20
omnes 'unde amor iste' rogant 'tibi?'. venit Apollo:
'Galle, quid insanis?' inquit, 'tua cura Lycoris
perque nives alium perque horrida castra secuta est.'
venit et agresti capitis Silvanus honore
florentis ferulas et grandia lilia quassans.　　　　　25
Pan deus Arcadiae venit, quem vidimus ipsi

Fürchten wir aber, es könne die Nacht noch Regen uns bringen,
gehen wir singend doch weiter, der Weg ist dann weniger lästig.
Daß wir singend gehn, will ich hier deine Last dir erleichtern.

M. Hör, mein Junge, hör auf! Tun wir, was der Augenblick fordert,
Lieder singen wir richtiger dann, wenn Menalcas erst selbst kam.

10

Diesen letzten Gesang, Arethusa, laß mich vollenden,
wenig für meinen Gallus, doch so, daß es selbst auch Lycoris
liest, soll tönen das Lied; wer weigerte Lieder dem Gallus?
Hilfst du mir, Nymphe, so mische dir nie ihre bittere Welle
Doris, wenn unter den Fluten Siziliens drunten du gleitest.
Auf denn, laß uns besingen die Liebesqualen des Gallus,
während das zarte Gebüsch plattnasige Ziegen zerrupfen.
Nicht für Taube singen wir, rings hallt's wider in Wäldern.

Welcher Hain oder welch ein Waldtal bannte euch, Mägdlein,
Nymphen der Weiden, als Gallus verging an verschwendeter Liebe?
Denn euch hielten doch sonst nicht die Höhn des Parnassus und Pindus
jemals zurück und nicht Aoniens Quell Aganippe.
Ihn hat der Lorbeer beweint, Tamarisken auch weinten um Gallus,
Auch der Maenalus, fichtenumrauscht, und des rauhen Lycaeus
Klippen beweinten ihn, der da lag unter einsamen Felsen.
Stehn auch Schafe ringsum – nicht peinlich sind wir den Tieren,
seien auch dir nicht peinlich die Tiere, göttlicher Dichter;
weidete Schafe am Fluß doch auch der schöne Adonis –
auch der Schäfer kam her, die Sauhirten nahten sich zögernd,
feist von Wintereicheln kam auch herüber Menalcas.
Alle fragten: „Woher diese Liebe dir?", kam auch Apollo:
„Gallus, was rasest du?" fragte er dich, „dein Liebling Lycoris
zog mit dem anderen fort durch Schnee und schaurige Lager."
Auch Silvanus kam mit ländlich-zierendem Kopfschmuck,
schüttelte stumm sein Blütengezweig und der Lilien Fülle.
Pan kam auch, Arkadiens Gott: ihn sahen wir selbst dort,

sanguineis ebuli bacis minioque rubentem.
'ecquis erit modus?' inquit. 'Amor non talia curat.
nec lacrimis crudelis Amor nec gramina rivis
nec cytiso saturantur apes nec fronde capellae.'   30
tristis at ille 'tamen cantabitis, Arcades' inquit
'montibus haec vestris, soli cantare periti
Arcades. o mihi tum quam molliter ossa quiescant,
vestra meos olim si fistula dicat amores.
atque utinam ex vobis unus vestrique fuissem   35
aut custos gregis aut maturae vinitor uvae!
certe sive mihi Phyllis sive esset Amyntas
seu quicumque furor – quid tum, si fuscus Amyntas?
et nigrae violae sunt et vaccinia nigra –
mecum inter salices lenta sub vite iaceret: 40
serta mihi Phyllis legeret, cantaret Amyntas.
hic gelidi fontes, hic mollia prata, Lycori,
hic nemus: hic ipso tecum consumerer aevo.
nunc insanus amor duri me Martis in armis
tela inter media atque adversos detinet hostis: 45
tu procul a patria, nec sit mihi credere tantum,
Alpinas a dura nives et frigora Rheni
me sine sola vides. a, te ne frigora laedant.
a, tibi ne teneras glacies secet aspera plantas.
ibo et Chalcidico quae sunt mihi condita versu   50
carmina pastoris Siculi modulabor avena.
certum est in silvis, inter spelaea ferarum
malle pati tenerisque meos incidere amores
arboribus: crescent illae, crescetis amores.
interea mixtis lustrabo Maenala nymphis,   55
aut acris venabor apros. non me ulla vetabunt
frigora Parthenios canibus circumdare saltus.
iam mihi per rupes videor lucosque sonantis
ire, libet Partho torquere Cydonia cornu
spicula. tamquam haec sit nostri medicina furoris   60
aut deus ille malis hominum mitescere discat.
iam neque Hamadryades rursus neque carmina nobis

rot vom Mennig gefärbt und des Attichs blutigen Beeren.
„Ist denn kein Maß?" so fragt er, „Das alles kümmert nicht Amor.
Nie hat der grausame Amor genug an Tränen, wie Gräser
nie an Bächen und Bienen an Klee und an Laubwerk die Ziegen."
Traurig entgegnete Gallus indes: „Arkadier, ihr doch
singt meinen Gram auf euren Gebirgen, einzig erprobt im
Singen, Arkadier. O wie sanft könnte dann mein Gebein mir
ruhen, wenn eure Flöte dereinst beklagte mein Lieben!
Wäre ich einer von euch doch gewesen, etwa ein Hirte
eurer Herden oder ein Winzer reifender Trauben.
Sicherlich hätte ich dann eine Phyllis, einen Amyntas,
wär sonst rasend verliebt; – was macht's, daß dunkel Amyntas?
Dunkel sind ja auch Veilchen, und auch Hyazinthen sind dunkel –
mit mir läg' zwischen Weiden mein Lieb unter rankenden Reben.
Kränze wände mir Phyllis, Amyntas sänge ein Lied mir,
kühle Quellen sind hier, hier schwellende Wiesen, Lycoris,
hier ein Hain, hier würde mit dir ich leben und sterben.
Jetzt aber hält mich zum grimmigen Mars wahnsinnige Liebe
unter den Waffen, mitten im Speerkampf, hart an den Feinden.
Du vom Vaterland fern – ach, müßt ich solch Unheil nicht glauben! –
siehst, du harte, der Alpen Schnee und den Winter am Rheine,
einsam, fern von mir. Ach, möge der Frost dir nicht schaden,
ach, daß starrendes Eis dir nicht schneide die Sohlen, die zarten!
Nun denn, ich gehe, und was in chalkidischen Versen bisher ich
dichtete, spiele ich nun auf dem Halm sizilischer Hirten.
Dies steht fest, viel lieber in Wäldern, zwischen des Wildes
Höhlen trage ich Leid und ritze mein Lieben in zarte
Rinden der Bäume; so wachsen die Bäume, wächst meine Liebe.
Ich unterdessen durchstreife den Maenalus, mit mir die Nymphen,
oder ich jage die Eber, die wütenden; keinerlei Frost soll
je mir wehren, Arkadiens Wald zu umhetzen mit Hunden.
Ja, ich sehe durch Felsen mich schon und hallende Wälder
pirschen, es freut mich, den kretischen Pfeil vom parthischen Bogen
abzuschnellen - - - als ob das heilte mein Rasen, als ob wohl
jener Gott durch menschlich Leid je Milde erlernte!
Ach, schon lieb' ich die Nymphen nicht mehr, nicht einmal Gesänge

ipsa placent; ipsae rursus concedite silvae.
non illum nostri possunt mutare labores,
nec si frigoribus mediis Hebrumque bibamus   65
Sithoniasque nives hiemis subeamus aquosae,
nec si, cum moriens alta liber aret in ulmo,
Aethiopum versemus ovis sub sidere cancri.
omnia vincit Amor: et nos cedamus Amori.'

   Haec sat erit, divae, vestrum cecinisse poetam,   70
dum sedet et gracili fiscellam texit hibisco,
Pierides: vos haec facietis maxima Gallo,
Gallo, cuius amor tantum mihi crescit in horas,
quantum vere novo viridis se subicit alnus.
surgamus. solet esse gravis cantantibus umbra,   75
iuniperi gravis umbra, nocent et frugibus umbrae.
ite domum saturae, venit Hesperus, ite capellae.

liebe ich noch, ja selbst ihr Wälder, fahret auch ihr hin!
Jenen Gott stimmt niemals um all unser Bemühen,
nie, und wenn wir mitten im Frost auch tränken vom Hebrus
oder ertrügen Sithonias Schnee im triefenden Winter,
nie, und trieben wir auch Aethiopiens Schafe dort unterm
Krebsgestirn, wenn sterbend der Bast hoch dörrt an der Ulme.
Amor besiegt doch alles, so weichen auch wir denn dem Amor.«
    Also Göttinnen, hat euch genug euer Dichter gesungen,
während er saß und flocht ein Körbchen aus zierlichem Eibisch.
Holde Musen, macht lieb und wert diese Verse dem Gallus,
Gallus, zu dem so Liebe mir wächst von Stunde zu Stunde,
wie die Erle im jungen Lenz aufgrünend emporschießt.
Stehen wir auf! Gefährlich ist meist den Sängern der Schatten,
Gift der Wacholderbuschschatten, auch Früchten schadet der Schatten.
Geht, der Abendstern blinkt, ihr seid satt; geht heim, meine Ziegen!

GEORGICA

Landbau

I

MPR   Quid faciat laetas segetes, quo sidere terram
vertere, Maecenas, ulmisque adiungere vites
conveniat, quae cura boum, qui cultus habendo
sit pecori, apibus quanta experientia parcis,
hinc canere incipiam. vos, o clarissima mundi   5
lumina, labentem caelo quae ducitis annum;
Liber et alma Ceres, vestro si munere tellus
Chaoniam pingui glandem mutavit arista,
poculaque inventis Acheloia miscuit uvis;
et vos, agrestum praesentia numina, Fauni   10
– ferte simul Faunique pedem, Dryadesque puellae:
munera vestra cano –; tuque o, cui prima frementem
fudit equum magno tellus percussa tridenti,
Neptune; et cultor nemorum, cui pinguia Ceae
ter centum nivei tondent dumeta iuvenci;   15
ipse nemus linquens patrium saltusque Lycaei
Pan, ovium custos, tua si tibi Maenala curae,
adsis, o Tegeaee, favens, oleaeque Minerva
inventrix, uncique puer monstrator aratri,
et teneram ab radice ferens, Silvane, cupressum;   20
dique deaeque omnes, studium quibus arva tueri,
quique novas alitis non ullo semine fruges,
quique satis largum caelo demittitis imbrem;
tuque adeo, quem mox quae sint habitura deorum
concilia incertum est, urbisne invisere, Caesar,   25
terrarumque velis curam, et te maximus orbis
auctorem frugum tempestatumque potentem
accipiat, cingens materna tempora myrto,
an deus immensi venias maris ac tua nautae
numina sola colant, tibi serviat ultima Thule   30
teque sibi generum Tethys emat omnibus undis,
anne novum tardis sidus te mensibus addas,
qua locus Erigonen inter chelasque sequentis
panditur – ipse tibi iam bracchia contrahit ardens
Scorpios et caeli iusta plus parte reliquit –   35

1

Was uns üppige Saaten erwirkt, welcher Stern uns die Erde
pflügen heißt, Maecenas, an Ulmen binden die Reben,
wie wir Rinder uns halten und was der pfleglichen Wartung
diene des Kleinviehs, wieviel Erfahrung sparsamen Bienen,
davon singe ich jetzt. Ihr strahlenden Lichter des Weltalls,
die ihr im Reigen der Sterne das Jahr am Himmel daherführt;
Bakchus und Ceres, du holde, auch ihr, so wahr diese Erde,
fruchtbar durch euer Geschenk, statt Eichelkost goldene Ähren
trägt und das Wasser im Becher sich mischt mit dem Blute der Trauben;
ihr auch, ländlichen Volks hilfreich gegenwärtige Götter,
Faune – herbei, ihr Faune, herbei, Dryaden, denn eure
Gaben preise ich hier – ; auch du, dem die Erde der Urzeit,
mächtig vom Dreizack durchbebt, den schäumenden schenkte, den Renner,
komm, Neptun; komm Schutzgott der Haine, dem dreihundert Stiere,
schimmernd wie Schnee, durchweiden die saftigen Hänge auf Keos;
du auch, laß deinen heimischen Wald, verlaß deine Schluchten,
Pan, du Hirte der Schafe, so wahr dein Gebirge dir lieb ist,
komm, arkadischer Gott, voll Huld; Minerva, des Ölbaums
Spenderin und du Knabe, Vermittler der hakigen Pflugschar;
Waldgott, du auch, der du schwingst das entwurzelte Reis der Zypresse.
Götter und Göttinnen all, ihr liebt es, Fluren zu schützen,
laßt ohne jeglichen Samen erprießen Früchte um Früchte,
spendet den Saaten erquickende Flut in Strömen vom Himmel.
Aber vor allem, Caesar, auch du! Zwar wo du und wie du
wirkst, bald Gott unter Göttern, wer sagt's? Ob Städten als Schutzherr
gnädig du nahst, den Gefilden ein Hort, und der mächtige Erdkreis
dich als Spender der Früchte begrüßt, als Herrn über Winde,
Wetter und Wachstum, die Schläfen dir kränzt mit der Myrte der Mutter;
ob du als Gott überglänzest das endlose Meer und die Schiffer
nur dein Licht noch verehren, dir dient das äußerste Thule
und dich Tethys zum Eidam erkauft mit all ihren Fluten;
ob du als neues Gestirn dich gesellst trägrollenden Monden,
wo zwischen Jungfrau und Scheren, den drängenden, weit das Gewölbe
freisteht – sieh, Skorpion, der glühende, zieht schon die Arme
willig zurück, läßt Raum – und mehr als genug – dir am Himmel.

quidquid eris – nam te nec sperant Tartara regem
nec tibi regnandi veniat tam dira cupido,
quamvis Elysios miretur Graecia campos
nec repetita sequi curet Proserpina matrem –
da facilem cursum atque audacibus adnue coeptis,   40
AMPR ignarosque viae mecum miseratus agrestis
ingredere et votis iam nunc adsuesce vocari.

Vere novo gelidus canis cum montibus umor
liquitur et zephyro putris se glaeba resolvit,
depresso incipiat iam tum mihi taurus aratro   45
ingemere et sulco attritus splendescere vomer.
illa seges demum votis respondet avari
agricolae, bis quae solem, bis frigora sensit;
illius immensae ruperunt horrea messes.
ac prius ignotum ferro quam scindimus aequor,   50
ventos et varium caeli praediscere morem
cura sit ac patrios cultusque habitusque locorum,
et quid quaeque ferat regio et quid quaeque recuset.
hic segetes, illic veniunt felicius uvae,
arborei fetus alibi atque iniussa virescunt   55
gramina. nonne vides croceos ut Tmolus odores,
India mittit ebur, molles sua tura Sabaei,
at Chalybes nudi ferrum, virosaque Pontus
castorea, Eliadum palmas Epiros equarum?
continuo has leges aeternaque foedera certis   60
imposuit natura locis, quo tempore primum
Deucalion vacuum lapides iactavit in orbem,
unde homines nati, durum genus. ergo age, terrae
pingue solum primis extemplo a mensibus anni
fortes invertant tauri, glaebasque iacentis   65
pulverulenta coquat maturis solibus aestas;
at si non fuerit tellus fecunda, sub ipsum
Arcturum tenui sat erit suspendere sulco:
illic, officiant laetis ne frugibus herbae,
hic, sterilem exiguus ne deserat umor harenam.   70

Sei, was du willst! Nicht hofft dich als Herrn der Orkus zu grüßen,
nie mag, dort zu herrschen, der grausige Wunsch dich befallen.
Möge Elysiums Fluren auch Griechenland immer bestaunen,
mag, ihrer Mutter zum Leid, Proserpina drunten auch thronen.
Du gib glückliche Fahrt, sei hold dem kühnen Beginnen,
komm, erbarm dich mit mir der wegunkundigen Bauern,
komm doch herbei und gewöhn dich schon jetzt an den Ruf der Gelübde!

Früh im Lenz, wenn Schneewasser kalt vom grauen Gebirgshang
rieselt, wenn dem Tauwind mürb die Krume sich auftut,
dann schon keuche der Stier mir am Pflug, dem niedergepreßten,
stöhnend einher, in der Furche ergläze wie Silber die Pflugschar.
Jene Saat erst genügt auch dem Wunsch des nimmer zufriednen
Bauern, die zweimal Sonne und zweimal Kälte gespürt hat.
Arbeitet also der Bauer, dann bricht ihm Ernte die Speicher.
Aber bevor wir ein Feld, ein unbekanntes, durchpflügen,
müssen zuerst wir um Wetter und Wind uns sorgsam bekümmern,
wie sie sich wandeln, müssen die heimische Art der Bestellung
kennen lernen und sehn, was der Boden uns bringt, was verweigert.
Hier wächst Korn, dort glühen am Rebstock schöner die Trauben,
anderswo reift uns Obst und ohne Geheiß schwillt grüner
Weidenteppich. So sendet Kleinasien duftenden Safran,
Indien Elfenbein, der verwöhnte Sabäer schickt Weihrauch,
nackte Chalyber Eisen, und stinkendes Bibergeil sendet
Pontus, Epirus gewinnt mit elischen Rennern die Palme.
Gleich im Anbeginn fügte in diese Gesetze und fest in
ewiges Bündnis Mutter Natur die Lande, seitdem einst
jene Steine Deukalion warf in den einsamen Erdkreis,
denen die Menschen, das harte Geschlecht, entwuchsen. Wohlan denn,
fettigen Lehmgrund sollen vom ersten Monat des Jahres
pflügen die kräftigen Stiere, die umgewendeten Schollen
soll der staubige Sommer mit glühender Sonne durchkochen.
Gab das Land nur geringen Ertrag, dann mag es genügen,
spät im Sommer den mageren Grund nur leichthin zu furchen.
Jenes geschieht, um üppige Saat vor Unkraut zu schützen,
dieses, um dürftigem Sande den spärlichen Saft zu erhalten.

Alternis idem tonsas cessare novalis,
et segnem patiere situ durescere campum;
aut ibi flava seres mutato sidere farra,
unde prius laetum siliqua quassante legumen
aut tenuis fetus viciae tristisque lupini   75
sustuleris fragilis calamos silvamque sonantem.
urit enim lini campum seges, urit avenae,
urunt Lethaeo perfusa papavera somno:
sed tamen alternis facilis labor, arida tantum
ne saturare fimo pingui pudeat sola neve   80
effetos cinerem immundum iactare per agros.
sic quoque mutatis requiescunt fetibus arva;
nec nulla interea est inaratae gratia terrae.
saepe etiam sterilis incendere profuit agros,
atque levem stipulam crepitantibus urere flammis: 85
sive inde occultas viris et pabula terrae
pinguia concipiunt, sive illis omne per ignem
excoquitur vitium atque exsudat inutilis umor,
seu pluris calor ille vias et caeca relaxat
spiramenta, novas veniat qua sucus in herbas;   90
seu durat magis et venas adstringit hiantis,
ne tenues pluviae rapidive potentia solis
acrior aut boreae penetrabile frigus adurat.
multum adeo, rastris glaebas qui frangit inertis
vimineasque trahit crates, iuvat arva, neque illum 95
flava Ceres alto nequiquam spectat Olympo;
et qui, proscisso quae suscitat aequore terga,
rursus in obliquum verso perrumpit aratro,
exercetque frequens tellurem atque imperat arvis.

Umida solstitia atque hiemes orate serenas,   100
agricolae: hiberno laetissima pulvere farra,
laetus ager; nullo tantum se Mysia cultu
iactat et ipsa suas mirantur Gargara messes.
quid dicam, iacto qui semine comminus arva
insequitur cumulosque ruit male pinguis harenae, 105

Alle zwei Jahre auch laß nach der Ernte ruhen das Brachfeld
und den ermüdeten Boden durch Liegen sich härten und stärken;
hat sich gewandelt des Jahres Gestirn, so säe den gelben
Spelt dort, wo du Hülsenfrucht sonst mit rasselnder Schote
oder zierlicher Wicken Frucht und herbe Lupinen
bargest, zerbrechliche Halme und dichte, rauschende Büschel.
Leinsaat dörrt den Boden dir aus, es dörrt ihn der Hafer,
dörrend entsaugt ihm Mohn den Schlaftrunk tiefen Vergessens.
Fruchtwechsel aber macht leicht auch diese Mühsal, nur darfst du
dich nicht scheuen, mit kräftigem Mist den Boden zu düngen
und auf erschöpfte Äcker die schmutzige Asche zu streuen.
So erholen sich auch durch den Wechsel der Feldfrucht die Fluren,
bleibt inzwischen auch ungepflügt nicht fruchtlos die Erde.
Oft auch half es, ertragloses Land in Flammen zu setzen
und die trockenen Stoppeln in prasselnder Glut zu verbrennen:
mag nun so die Erde geheime Kräfte und reiche
Nahrung empfangen, mag im Feuer jeglicher Giftstoff
völlig verkochen und schwitzend der schädliche Saft ihr entweichen,
oder es schafft jene Glut mehr Zugang, öffnet verborgne
Poren, durch die der Saft aufquillt den sprießenden Pflanzen,
oder sie härtet den Boden, verengt die klaffenden Adern,
daß weder rieselnder Regen noch machtvoll sengende Sonne
noch des Nordwinds schneidender Frost die Erde versehre.
Aber vor allem gut hilft jener den Fluren, der zähe
Klumpen mit Hacken zerschlägt, mit Weidengeflechte sie glattharkt;
nicht umsonst sieht ihn die blonde Ceres vom Himmel.
Gut auch ist's, wenn der Bauer zu wogenden Rücken die Schollen
aufwirft, dann das Furchengewog querüber durchschneidet,
untertan die Erde sich macht und den Fluren gebietet.

Feuchten Sommer erfleht im Gebet und heiteren Winter,
Bauern! Aus Winterstaub gedeiht sehr üppige Kornfrucht,
üppig jegliches Feld. So prangt ja Mysiens Saatflur
ganz ohne Pflege und Gargara staunt ob eigener Ernten.
Wie aber rühme ich den, der gleich nach der Aussaat die Felder
angreift und mit der Keule das klumpige, fruchtlose Erdreich

deinde satis fluvium inducit rivosque sequentis
et cum exustus ager morientibus aestuat herbis,
ecce supercilio clivosi tramitis undam
elicit? illa cadens raucum per levia murmur
saxa ciet, scatebrisque arentia temperat arva.   110
quid qui, ne gravidis procumbat culmus aristis,
luxuriem segetum tenera depascit in herba,
cum primum sulcos aequant sata, quique paludis
conlectum umorem bibula deducit harena,
praesertim incertis si mensibus amnis abundans   115
exit et obducto late tenet omnia limo,
unde cavae tepido sudant umore lacunae?

  Nec tamen, haec cum sint hominumque boumque labores
versando terram experti, nihil improbus anser
Strymoniaeque grues et amaris intiba fibris   120
officiunt aut umbra nocet. pater ipse colendi
haud facilem esse viam voluit, primusque per artem
movit agros curis acuens mortalia corda,
nec torpere gravi passus sua regna veterno.
ante Iovem nulli subigebant arva coloni;   125
ne signare quidem aut partiri limite campum
fas erat: in medium quaerebant, ipsaque tellus
omnia liberius nullo poscente ferebat.
ille malum virus serpentibus addidit atris
praedarique lupos iussit pontumque moveri   130
mellaque decussit foliis ignemque removit,
et passim rivis currentia vina repressit,
ut varias usus meditando extunderet artis
paulatim et sulcis frumenti quaereret herbam,
ut silicis venis abstrusum excuderet ignem.   135
tunc alnos primum fluvii sensere cavatas;
navita tum stellis numeros et nomina fecit
Pleiadas, Hyadas, claramque Lycaonis Arcton;
tum laqueis captare feras et fallere visco
inventum et magnos canibus circumdare saltus;   140

kleinschlägt, dann in Kanälen den Fluß durch die Saaten dahinlenkt,
und wenn im Brande der Acker erglüht, hinsterben die Pflanzen,
sieh, da entlockt er der Braue des hangenden Querwegs die Welle.
Gleitend erregt sie auf glattem Geröll ein rauhes Gemurmel
und mit quirlendem Sprudel erfrischt sie die lechzenden Fluren.
Gutes versprech ich auch dem, der wuchernde Saaten zur Weide
freigibt, gleich, wenn ihr zartes Gesprieß über Furchen hervorgrünt,
daß ihm später nicht sinke der Halm unter trächtigen Ähren,
Gutes dem, der aus saugendem Sand das Wasser des Sumpfes
abzieht, wenn – im Frühling zumal und im Herbst – überschwemmend
wogt aus den Ufern der Fluß, mit Schlamm rings alles bedeckend,
wo dann stickiger Brodem quillt aus Tümpeln und Lachen.

Aber wie sehr auch der Mensch mit den Rindern am Pfluge sich abmüht,
rastlos das Feld zu bestellen: es naht die gefräßige Wildgans,
Kraniche schaden der Saat und die bittere Zichorienfaser.
Dunkelnder Schatten entzieht ihr das Licht. Er selber, der Vater,
wollte den Landbau erschweren. Er ließ als erster die Fluren
künstlich bestellen und schärfte den menschlichen Geist an der Sorge
Wetzstein, duldete nicht, daß starr sein Reich ihm verdumpfe.
Einst, vor Juppiters Zeit, unterwarf kein Bauer die Fluren,
ja, es galt als Verbrechen, durch Grenzen zu zeichnen die Feldmark
und zu verteilen. Gemeinsam war alles. Trug doch die Erde
freigebig alles von selbst, es brauchte sie niemand zu drängen.
Juppiter erst gab schädliches Gift dem Gezüchte der Schlangen,
er hieß Wölfe auf Raub ausgehn, er peitschte die Fluten,
schlug von den Blättern des Honigs Tau, versteckte das Feuer,
ließ auch rings die Bäche des strömenden Weines versiegen.
Denn es sollte die Not erst langsam mancherlei Künste
denkend erobern, das Korn aus Ackersfurchen erwerben,
sollte aus Kieselsteins Adern den schlafenden Funken sich wecken.
Damals begann man, im hohlen Baum den Fluß zu befahren,
damals benannte der Schiffer mit Zahlen und Namen die Sterne,
Siebengestirn und Regengestirn und den leuchtenden Bären.
Damals lernte der Mensch, das Wild in Schlingen zu fangen,
Leimruten lockten die Vögel, die Meute umhetzte die Wälder.

atque alius latum funda iam verberat amnem,
alta petens, pelagoque alius trahit umida lina;
tum ferri rigor atque argutae lammina serrae –
– nam primi cuneis scindebant fissile lignum –
tum variae venere artes. labor omnia vicit   145
improbus et duris urgens in rebus egestas.
prima Ceres ferro mortalis vertere terram
instituit, cum iam glandes atque arbuta sacrae
deficerent silvae et victum Dodona negaret.
mox et frumentis labor additus, ut mala culmos   150
esset robigo, segnisque horreret in arvis
carduus: intereunt segetes, subit aspera silva,
lappaeque tribolique, interque nitentia culta
infelix lolium et steriles dominantur avenae.
quod nisi et adsiduis herbam insectabere rastris,   155
et sonitu terrebis aves, et ruris opaci
falce premes umbras, votisque vocaveris imbrem,
heu magnum alterius frustra spectabis acervum,
consussaque famem in silvis solabere quercu.

Dicendum et, quae sint duris agrestibus arma,   160
quis sine nec potuere seri nec surgere messes:
vomis et inflexi primum grave robur aratri
tardaque Eleusinae matris volventia plaustra
tribulaque traheaeque et iniquo pondere rastri;
virgea praeterea Celei vilisque supellex,   165
arbuteae crates et mystica vannus Iacchi.
omnia quae multo ante memor provisa repones,
si te digna manet divini gloria ruris.
continuo in silvis magna vi flexa domatur
in burim et curvi formam accipit ulmus aratri.   170
huic a stirpe pedes temo protentus in octo,
binae aures, duplici aptantur dentalia dorso.
caeditur et tilia ante iugo levis altaque fagus
stivaque, quae currus a tergo torqueat imos,
et suspensa focis explorat robora fumus.   175

D e r schlägt klatschend auf breiten Strom tiefschöpfend das Wurfnetz,
wieder ein andrer schleift aus dem Meer das triefende Zuggarn.
Nun erst klirrte die Härte des Eisens, schnarrten die Sägen,
– Menschen der Urzeit spalteten noch mit Keilen die Stämme. –
Mancherlei Künste entstanden; in allem bewährte sich siegreich
arge Mühsal und, drängend in hartem Dasein, das Darben.
Ceres als erste belehrte die Sterblichen damals, mit Eisen
umzuwenden das Land, als schon die Eicheln und Beeren
schwanden dem heiligen Wald und Dodona die Nahrung versagte.
Doch bald litt auch das Korn, denn Rost fraß schädlich an Halmen,
starrend im Felde ringsum sproß auf die spitzige Distel.
Früchte ersticken. Ein Stachelgewirr von Unkraut erhebt sich,
Klette und Burzeldorn. Und zwischen leuchtenden Saaten
wuchert fruchtloser Lolch und tauber Hafer in Menge.
Wenn du daher mit Hacken nicht stets das Unkraut beseitigst
und mit Klappern die Vögel verscheuchst und verschattetem Acker
Licht mit der Sichel verschaffst und Regen erflehst in Gelübden,
starrt dein Auge umsonst auf des Nachbarn lastende Ernte,
ach, und du schüttelst die Eiche im Wald, deinen Hunger zu stillen.

Hört nun vom Ackergerät der arbeitgehärteten Bauern.
Ohne Werkzeug gelingt nicht die Saat und reift nicht die Ernte.
Pflugschar zunächst und gebogenen Pfluges wuchtendes Kernholz,
dann der eleusischen Mutter Gespann, schwerrollende Karren.
Dreschgerät, Schleifharken und Hacken von drückender Schwere,
auch des Keleus weidengeflochtenes, schlichtestes Werkzeug,
Arbutussträuchergeflecht und die Schwinge der Mysten des Bakchus.
All dies hast du längst schon beschafft und bewahrst es mit Sorgfalt,
willst du des Landes, des göttlichen, Ruhm dir wahrhaft verdienen.
Jung in den Wäldern, mit mächtiger Kraft gebogen, verwächst zum
Krummholz die Ulme, empfängt die Form des gerundeten Pfluges.
In das Krummholz fügt sich vorn, acht Fuß lang, die Deichsel,
seitlich zwei Bretter und unten mit doppeltem Rücken der Scharbaum.
Leichte Linde fällt man fürs Joch und ragende Buche,
auch für die Sterze, sie lenke dir hinten die niedrigen Räder.
Aber zuvor überm Herd prüft Rauch die Stärke der Hölzer.

Possum multa tibi veterum praecepta referre,
ni refugis tenuisque piget cognoscere curas.
area cum primis ingenti aequanda cylindro
et vertenda manu et creta solidanda tenaci,
ne subeant herbae neu pulvere victa fatiscat.   180
tum variae inludant pestes: saepe exiguus mus
sub terris posuitque domos atque horrea fecit,
aut oculis capti fodere cubilia talpae,
inventusque cavis bufo et quae plurima terrae
monstra ferunt, populatque ingentem farris acervum   185
curculio atque inopi metuens formica senectae.
contemplator item, cum se nux plurima silvis
induet in florem et ramos curvabit olentis:
si superant fetus, pariter frumenta sequentur,
magnaque cum magno veniet tritura calore;   190
at si luxuria foliorum exuberat umbra,
nequiquam pinguis palea teret area culmos.
semina vidi equidem multos medicare serentis,
et nitro prius et nigra perfundere amurca,
grandior ut fetus siliquis fallacibus esset,   195
et quamvis igni exiguo properata maderent.
vidi lecta diu et multo spectata labore
degenerare tamen, ni vis humana quotannis
maxima quaeque manu legeret. sic omnia fatis
in peius ruere ac retro sublapsa referri,   200
non aliter quam qui adverso vix flumine lembum
remigiis subigit, si bracchia forte remisit,
atque illum in praeceps prono rapit alveus amni.

Praeterea tam sunt Arcturi sidera nobis
Haedorumque dies servandi et lucidus Anguis,   205
quam quibus in patriam ventosa per aequora vectis
pontus et ostriferi fauces temptantur Abydi.
libra dies somnique pares ubi fecerit horas,
et medium luci atque umbris iam dividit orbem,
exercete, viri, tauros, serite hordea campis   210

Viele Regeln noch, alt überlieferte, kann ich dir geben,
wenn dich's nicht schreckt und verdrießt, unscheinbar Werk zu ergründen.
Ebne vor allem die Tenne mit wuchtender Walze. Doch knete
vorher die Erde und mache sie hart mit zähem Tone,
daß nicht Gras darauf sprieße, vom Staub sie rissig nicht werde,
und dann Übel auf Übel dich narrt: oft hat schon ein Mäuslein
unter der Erde sein Haus sich gebaut und Speicher errichtet,
oder es gruben die Maulwürfe sich, die blinden, ihr Lager,
Kröten hausten in Höhlungen tief, was alles die Erde
wimmelndes Ungetier birgt. Im Weizen plündert der Kornwurm,
wimmelt die Ameise, immer in Furcht vor darbendem Alter.
Merke auch auf, so oft der Haselnußbaum in den Wäldern
schimmert im Blütengewand und beugt die duftenden Zweige:
reift ihm reichliche Frucht, so wogt viel Korn auf den Feldern,
und ein gewaltiges Dreschen hebt an bei gewaltiger Hitze.
Wuchert dagegen überall Laub mit dunkelndem Schatten,
drischt nur taube Ähren die Tenne, strohüberlastet.
Saatgut sah ich künstlich verbessern häufig die Säer
und mit Salpeter es tränken zuvor und schwärzlichem Ölschaum.
Größer soll so wachsen die Frucht in täuschender Schote,
soll, und wäre das Feuer auch schwach, doch schleuniger gar sein.
Saatgut sah ich, erlesenster Art, mit Mühe geprüftes,
dennoch entarten, sofern nicht menschliche Arbeit alljährlich
immer das Beste auslas mit der Hand. So stürzt durch das Schicksal
alles in steten Verfall und treibt absinkend nach rückwärts
wie ein Ruderer, der stromauf mit Mühe den Nachen
vorwärts zwingt: läßt flüchtig nur einmal die Arme er sinken,
reißen ihn jäh die Fluten zurück in sausender Strömung.

Weiter müssen wir so das Gestirn des Arkturus beachten,
auch der Böcklein Tage, das Bild der leuchtenden Schlange,
wie die Schiffer es tun, die das Schwarze Meer und Abydos'
austernreiche Schlünde, der Heimat entgegen, durchsegeln.
Wenn die Waage die Stunden des Tags den nächtlichen gleich macht,
und für Licht und Dunkel teilt in der Mitte den Erdkreis,
tummelt, Männer, die Stiere, bestellt mit Gerste die Felder

usque sub extremum brumae intractabilis imbrem;
nec non et lini segetem et Cereale papaver
tempus humo tegere et iamdudum incumbere aratris,
dum sicca tellure licet, dum nubila pendent.
vere fabis satio; tum te quoque, medica, putres   215
accipiunt sulci, et milio venit annua cura,
candidus auratis aperit cum cornibus annum
Taurus, et adverso cedens Canis occidit astro.
at si triticeam in messem robustaque farra
exercebis humum solisque instabis aristis,   220
ante tibi Eoae Atlantides abscondantur
Gnosiaque ardentis decedat stella coronae,
debita quam sulcis committas semina quamque
invitae properes anni spem credere terrae.
multi ante occasum Maiae coepere; sed illos   225
exspectata seges vanis elusit avenis.
si vero viciamque seres vilemque phaselum,
nec Pelusiacae curam aspernabere lentis,
haud obscura cadens mittet tibi signa Bootes:
incipe et ad medias sementem extende pruinas.   230

   Idcirco certis dimensum partibus orbem
per duodena regit mundi sol aureus astra.
quinque tenent caelum zonae: quarum una corusco
semper sole rubens et torrida semper ab igni;
quam circum extremae dextra laevaque trahuntur   235
caeruleae, glacie concretae atque imbribus atris;
has inter mediamque duae mortalibus aegris
munere concessae divum, et via secta per ambas,
obliquus qua se signorum verteret ordo.
mundus, ut ad Scythiam Riphaeasque arduus arces   240
consurgit, premitur Libyae devexus in austros.
hic vertex nobis semper sublimis; at illum
sub pedibus Styx atra videt manesque profundi.
maximus hic flexu sinuoso elabitur Anguis

bis zum äußersten Schauer des unerbittlichen Winters.
Leinsaat auch und der Korngöttin Mohn mit Erde zu decken,
ist nun hoch an der Zeit, so lange den Pflug noch zu führen,
als es der trockene Boden erlaubt, die Wolken noch hangen.
Bohnen werden im Frühling gelegt. In lockere Furchen
sät man Luzerne, es naht für Hirse die jährliche Sorge,
wenn der schimmernde Stier aufstrahlt mit goldnem Gehörn im
Tore des Jahrs und scheu der Hund vor dem Gegner hinabschleicht.
Willst du für Weizenernte jedoch und kräftigen Spelt den
Boden bereiten und denkst du allein an goldene Ähren,
laß zuvor das Siebengestirn vom Himmel versinken,
schwinde hinab Ariadnes Gestirn mit flammender Krone,
eh' du den Furchen geschuldete Saat vertrauest und ehe
allzu eilig die Hoffnung des Jahrs der Erde du aufdrängst.
Viele begannen schon vor dieser Zeit. Doch ihre Erwartung
trog die Saat. Sie trug zur Ernte fruchtlose Halme.
Willst du Wicken säen indes und gewöhnliche Bohnen,
nicht verschmähen den Anbau ägyptischer Linsen, so sendet
dir das deutlichste Zeichen Bootes' Sternbild im Sinken.
Dann beginne und säe nur zu bis zur Mitte des Rauhreifs.

  Darum lenkt des Jahrs in festen Rhythmus gebannten
Schwung im Kreise durch zwölf Gestirne die goldene Sonne.
Fünffach umschlingen die Zonen das Himmelsgewölbe. Die eine
flammt unter blitzender Sonne, gedörrt von ewigem Feuer.
Rechts und links von ihr die äußersten Pole umziehen
bläuliche Zonen, starr von Eis, von Regen umdüstert.
Doch zwischen Hitze und Frost gewährten der leidenden Menschheit
zwei Bereiche die Götter. Ein Weg durchschneidet die beiden,
daß dort schräg hindurch der Tierkreis wende den Reigen.
Wie zu den Skythen empor und steil zum Riphäergebirge
nordwärts der Erdkreis sich hebt, so fällt er gen Libyen südwärts,
stets ragt hier uns zu Häupten der Pol. Den Südpol indessen
schauen da drunten die düstere Styx und die Geister der Tiefe.
Mächtig, in Krümmungen gleitend, umschlingt den Nordpol die Schlange,

circum perque duas in morem fluminis Arctos,   245
Arctos Oceani metuentes aequore tingui.
illic, ut perhibent, aut intempesta silet nox
semper et obtenta densentur nocte tenebrae,
aut redit a nobis Aurora diemque reducit;
nosque ubi primus equis Oriens adflavit anhelis,   250
illic sera rubens accendit lumina Vesper.
hinc tempestates dubio praediscere caelo
possumus, hinc messisque diem tempusque serendi,
et quando infidum remis impellere marmor
conveniat, quando armatas deducere classis   255
aut tempestivam silvis evertere pinum.
nec frustra signorum obitus speculamur et ortus
temporibusque parem diversis quattuor annum.

    Frigidus agricolam si quando continet imber,
multa, forent quae mox caelo properanda sereno,   260
maturare datur: durum procudit arator
vomeris obtunsi dentem, cavat arbore lintres,
aut pecori signum aut numeros impressit acervis.
exacuunt alii vallos furcasque bicornis,
atque Amerina parant lentae retinacula viti.   265
nunc facilis rubea texatur fiscina virga,
nunc torrete igni fruges, nunc frangite saxo.
quippe etiam festis quaedam exercere diebus
fas et iura sinunt: rivos deducere nulla
religio vetuit, segeti praetendere saepem,   270
insidias avibus moliri, incendere vepres,
balantumque gregem fluvio mersare salubri.
saepe oleo tardi costas agitator aselli
vilibus, aut onerat pomis, lapidemque revertens
incusum aut atrae massam picis urbe reportat.   275

    Ipsa dies alios alio dedit ordine luna
felicis operum. quintam fuge: pallidus Orcus
Eumenidesque satae; tum partu Terra nefando

glitzert dahin wie ein Fluß durch beide Bären, die Bären,
die sich fürchten, den Fuß in des Ozeans Fluten zu netzen.
Drunten schweigt, wie man sagt, entweder grausige Nacht und
ewig lastet Finsternis dicht unter nächtlichem Zelte,
oder das Licht, das u n s versinkt, weckt drüben den Morgen,
und wenn Phöbus zu uns mit schnaubenden Rossen emporfliegt,
zündet spät rotgolden die Lichter drunten der Abend.
Sonne und Sterne lassen uns auch bei launischem Himmel
vorher das Wetter schon wissen, die Zeit für Saat und für Ernte,
wann's sich schickt, die trügende Flut mit Rudern zu peitschen,
wann in See die Flotte, die wohlgerüstete, geht, und,
reif zum Fällen, hoch in Wäldern wartet die Fichte.
Nicht umsonst erspähn wir der Sternbilder Abstieg und Aufgang,
sehn, wie das Jahr gleichmäßig sich stuft in vierfachem Rhythmus.

    Hält des Winters Regen zu Haus den Bauern, so kann er
vieles in Ruhe beschaffen, was bald bei heiterem Himmel
eilig zu rüsten wäre: den harten Zahn seiner stumpfen
Pflugschar schärft er, schnitzt sich Tröge oder versieht mit
Stempeln sein Vieh und bezeichnet die Menge des Korns in den Haufen.
Winzer spitzen Pfähle und schärfen die Zweizackgabel,
richten Weidenbänder sich her für die biegsame Rebe.
Bald gilt's, leichte Körbe aus Brombeerranken zu flechten,
bald am Feuer zu dörren das Korn, mit dem Stein es zu mahlen.
Selbst an Feiertagen zu schaffen hindert dich weder
Götter- noch Menschengesetz. Kein frommes Bedenken verwehrt dir,
abzuleiten den Bach, die Saat zu umhegen mit Hecken,
Vogelfallen zu stellen, in Flammen zu setzen den Dornbusch,
und die blökende Herde zur heilsamen Schwemme zu führen.
Oft belastet mit Öl den Rücken des langsamen Esels
oder mit billigem Obst der Treiber, bringt den geschärften
Mahlstein heim aus der Stadt oder Klumpen klebrigen Peches.

    Glücks- und Unglückstage schuf in wechselnder Folge
selber der Mond. Dem fünften weich aus! Er zeugte den bleichen
Tod, der Rache düsteren Chor, die Erde gebiert in

Coeumque Iapetumque creat saevumque Typhoea
et coniuratos caelum rescindere fratres.   280
MPR ter sunt conati imponere Pelio Ossam
scilicet atque Ossae frondosum involvere Olympum;
ter pater exstructos disiecit fulmine montis.
septima post decimam felix et ponere vitem
et prensos domitare boves et licia telae   285
addere. nona fugae melior, contraria furtis.

Multa adeo gelida melius se nocte dedere,
aut cum sole novo terras inrorat Eous.
nocte leves melius stipulae, nocte arida prata
tondentur, noctis lentus non deficit umor.   290
et quidam seros hiberni ad luminis ignes
pervigilat, ferroque faces inspicat acuto;
interea longum cantu solata laborem
arguto coniunx percurrit pectine telas,
aut dulcis musti Volcano decoquit umorem   295
et foliis undam trepidi despumat aheni.
at rubicunda Ceres medio succiditur aestu,
et medio tostas aestu terit area fruges.
nudus ara, sere nudus; hiems ignava colono.
frigoribus parto agricolae plerumque fruuntur,   300
mutuaque inter se laeti convivia curant.
invitat genialis hiems curasque resolvit,
ceu pressae cum iam portum tetigere carinae
puppibus et laeti nautae imposuere coronas.
sed tamen et quernas glandes tum stringere tempus   305
et lauri bacas oleamque cruentaque myrta,
tum gruibus pedicas et retia ponere cervis
auritosque sequi lepores, tum figere dammas
stuppea torquentem Balearis verbera fundae,
cum nix alta iacet, glaciem cum flumina trudunt.   310

Quid tempestates autumni et sidera dicam,
atque, ubi iam breviorque dies et mollior aestas,

grausigen Wehen dämonische Brut: Titanen und Brüder,
die sich verschworen, die Feste des Himmels stürmend zu stürzen.
Dreimal keuchten sie an, über Pelion türmten sie Ossa
mächtig empor, darauf den waldumrauschten Olympos;
dreimal sprengte Zeus mit dem Blitz den Turmbau der Berge.
Siebenter Mond nach dem Zehnten ist gut, den Weinstock zu pflanzen,
einzufangen die Stiere fürs Joch und Gewebe zu knüpfen.
Aber der neunte begünstigt den Flüchtling, schadet dem Diebe.

Vieles sogar wird besser getan bei nächtlicher Kühle
oder früh morgens, wenn, silbern vom Tau, die Lande noch dämmern.
Stoppeln mähen sich leichter bei Nacht, auch trockene Wiesen,
denn bei Nacht steht straffer der Halm, vom Taue befeuchtet.
Mancher durchwacht am flackernden Herd die Nächte im Winter,
Kienfackeln spitzend mit scharfem Stahl. Die Gattin inzwischen
summt sich ein Lied, zu kürzen der Arbeit lastende Länge,
sitzt am Webstuhl, fährt mit rasselndem Kamm durchs Gewebe,
oder sie dickt den Saft des süßen Mostes am Feuer,
streicht mit Blättern den Schaum hinweg vom zitternden Kessel.
Aber das goldene Korn wird mitten im Sommer geschnitten,
mitten im Sommer zerreibt die trockenen Ähren die Tenne.
Pflüge und säe in leichtem Gewand! Der Winter gibt Ruhe,
und bei der Kälte genießen die Bauern meist ihrer Früchte,
geben einander immer reihum manch frohes Gelage.
Einladend winkt der gemütliche Winter, bannet die Sorgen.
Also behängen voll Freude das Heck die Schiffer mit Kränzen,
wenn mit lastender Fracht sie endlich im Hafen gelandet.
Aber bei allem ist's jetzt an der Zeit, sich Eicheln zu sammeln,
Lorbeerfrüchte, Oliven und blutrote Beeren der Myrte.
Jetzt legt Schlingen dem Kranich und fangt mit Netzen die Hirsche,
jagt langohrige Hasen und trefft mit der Schleuder das Damwild,
wirbelnd die Riemen, die hanfgeflochtenen. Liegt doch da draußen
hoch der Schnee, es treibt auf Flüssen knirschender Eisgang.

Auch von den Wettern und Sternen des Herbstes will ich berichten,
was der Bauer wachsam bemerkt, wenn kürzer der Tag und

quae vigilanda viris; vel cum ruit imbriferum ver,
spicea iam campis cum messis inhorruit et cum
frumenta in viridi stipula lactentia turgent?   315
saepe ego, cum flavis messorem induceret arvis
agricola et fragili iam stringeret hordea culmo,
omnia ventorum concurrere proelia vidi,
quae gravidam late segetem ab radicibus imis
sublimem expulsam eruerent, ita turbine nigro   320
ferret hiems culmumque levem stipulasque volantis.
saepe etiam immensum caelo venit agmen aquarum,
MR   et foedam glomerant tempestatem imbribus atris
collectae ex alto nubes; ruit arduus aether,
et pluvia ingenti sata laeta boumque labores   325
diluit; implentur fossae et cava flumina crescunt
cum sonitu fervetque fretis spirantibus aequor.
ipse pater media nimborum in nocte corusca
fulmina molitur dextra: quo maxima motu
terra tremit; fugere ferae et mortalia corda   330
per gentes humilis stravit pavor; ille flagranti
aut Atho aut Rhodopen aut alta Ceraunia telo
deicit; ingeminant austri et densissimus imber,
nunc nemora ingenti vento, nunc litora plangunt.
hoc metuens caeli menses et sidera serva   335
frigida Saturni sese quo stella receptet;
quos ignis caelo Cyllenius erret in orbis.
in primis venerare deos, atque annua magnae
sacra refer Cereri laetis operatus in herbis
extremae sub casum hiemis, iam vere sereno.   340
tum pingues agni et tum mollissima vina,
tum somni dulces densaeque in montibus umbrae.
cuncta tibi Cererem pubes agrestis adoret:
cui tu lacte favos et miti dilue Baccho,
terque novas circum felix eat hostia fruges,   345
omnis quam chorus et socii comitentur ovantes,
et Cererem clamore vocent in tecta; neque ante
falcem maturis quisquam supponat aristis,

milder der Sommer schon wird, oder wenn von Regen umschauert
Lenzsturm braust, wenn im Feld die Ähren rauschen und wenn das
Korn, noch grün auf dem Halm, vom Milchsaft strotzend emporschwillt.
Oft, wenn der Bauer ins goldene Korn schon führte die Schnitter
und vom gebrechlichen Halm schon streifte die Ähren der Gerste,
sah ich aller Winde Gewalt hinwüten zur Walstatt,
und sie rissen rings die gesegnete Saat mit den Wurzeln
grundauf hoch in die Lüfte. Der Sturmwind fegte in schwarzem
Wirbel spielend die Halme empor und fliegende Stoppeln.
Oft auch zieht gewaltig am Himmel herauf der Gewässer
Heerschar; schwer aus dem Meer sich türmende Wolken verdichten
schwarzen Sturmes berstende Nacht. Aus dräuendem Äther
stürzt die Flut, und üppige Saat, die Arbeit der Stiere,
schwemmt sie hinweg, es schwellen die Gräben, schwellen die seichten
Flüsse tosend empor, wild brandet brausende Meerflut.
Juppiter selbst inmitten der Sturmnacht schleudert der Blitze
zuckenden Strahl mit der Rechten. Da bebt die gewaltige Erde,
zitternd flüchtet das Wild, die Herzen der sterblichen Menschen
rings auf der Welt drückt Schrecken zu Boden. Flammenden Blitzes
trifft er Athos und Rhodope, trifft Ceraunias Gipfel
felsenzertrümmernd. Sturm schwillt an, dicht prasselt der Regen,
bald erseufzt im Winde der Wald, bald dröhnt das Gestade.
Dies befürchtend, beachte des Himmels Monde und Sterne,
merke, wohin das Gestirn sich des kalten Saturnus zurückzieht,
welche Kreise das Feuer Merkurs durchwandelt am Himmel.
Aber vor allem verehre die Götter, bringe der großen
Ceres jährlich Opfer dar in freundlichen Auen,
wenn der Winter endlich vergeht, im heiteren Lenze.
Dann sind Böcklein fett, dann munden milde die Weine,
lieblich atmet der Schlummer, am Berghang dunkeln die Schatten.
Betend nahe die Schar der ländlichen Jugend der Ceres,
du bring Honig ihr dar in Milch und köstlichem Weine!
Dreimal umschreite das Opfertier heilbringend die junge
Feldfrucht. Rings der Chor mit den Freunden geleite es jubelnd,
rufe Ceres mit lautem Gebet in die Häuser. Und niemand
schwinge die Sichel mähend zur Ernte goldener Ähren,

quam Cereri, torta redimitus tempora quercu,
det motus incompositos et carmina dicat.   350

Atque haec ut certis possemus discere signis,
aestusque pluviasque et agentis frigora ventos,
ipse pater statuit, quid menstrua luna moneret,
quo signo caderent austri, quid saepe videntes
agricolae propius stabulis armenta tenerent.   355
continuo ventis surgentibus aut freta ponti
incipiunt agitata tumescere et aridus altis
montibus audiri fragor, aut resonantia longe
litora misceri et nemorum increbrescere murmur.
iam sibi tum curvis male temperat unda carinis,   360
cum medio celeres revolant ex aequore mergi
clamoremque ferunt ad litora, cumque marinae
in sicco ludunt fulicae, notasque paludis
deserit atque altam supra volat ardea nubem.
saepe etiam stellas vento impendente videbis   365
praecipites caelo labi, noctisque per umbram
flammarum longos a tergo albescere tractus;
saepe levem paleam et frondes volitare caducas,
aut summa nantis in aqua colludere plumas.
at Boreae de parte trucis cum fulminat, et cum   370
Eurique Zephyrique tonat domus, omnia plenis
rura natant fossis, atque omnis navita ponto
umida vela legit. numquam imprudentibus imber
obfuit: aut illum surgentem vallibus imis
aëriae fugere grues, aut bucula caelum   375
suspiciens patulis captavit naribus auras,
aut arguta lacus circumvolitavit hirundo
et veterem in limo ranae cecinere querelam.
saepius et tectis penetralibus extulit ova
angustum formica terens iter, et bibit ingens   380
arcus, et e pastu decedens agmine magno
corvorum increpuit densis exercitus alis.
iam variae pelagi volucres et quae Asia circum

ch' er, festlich die Schläfen umkränzt mit dem Laube der Eiche,
Ceres in stampfendem Tanz und Erntegesängen gefeiert.

Daß wir aber genau des Wetters Wandel erkennen
könnten, Hitze und Regen und eisige Winde, bestimmte
Juppiter selbst, was Wachsen und Schwinden des Mondes bedeute,
wie man wisse, wann Südwind schweigt, ließ häufige Zeichen
Bauern ermahnen, ihr Vieh recht nah am Stalle zu halten.
Wenn die Winde sich heben, dann schwellen zugleich in den Buchten
brandend die Fluten empor. Des Holzes trockenes Krachen
knackt im hohen Gebirg, und weithin hallend erdröhnen
tobende Küsten, es wächst der Wälder wogendes Rauschen.
Kaum noch enthält sich die springende Flut der gebogenen Schiffe,
wenn vom hohen Meer sich eilig flüchten die Taucher
und ihr Geschrei aufkreischt am Gestade, wenn auch das Seehuhn
spielt auf trockenem Strand, der Reiher sein Nest in den Sümpfen
fliehend verläßt und hoch emporfliegt über die Wolken.
Oft auch siehst du bei drohendem Wind die Sterne vom Himmel
jäh abstürzen und hell durch nächtlich-schattendes Dunkel
weithin silberne Spur nachziehn in flammendem Bogen,
siehst oft flatternde Spreu aufwehn und taumelnde Blätter
oder schwimmender Federn Spiel auf kräuselndem Wasser.
Wenn's aber blitzt vom trutzigen Nord, wenn im Osten und Westen
grollender Donner den Himmel umrollt, dann schwimmen die Fluren
alle im Wasser der Gräben, und jeder Schiffer auf See zieht
ein die klatschenden Segel. Nie schadet prasselnder Regen,
ohne zu warnen. Denn wenn er sich naht, so flieht in die tiefsten
Täler der Kranich, der hoch sonst fliegt, die Färse blickt ängstlich
auf zum Himmel und schnaubt mit geblähten Nüstern die Luft ein,
oder den See umschnellt mit schrillem Gezwitscher die Schwalbe,
quakend plärren die Frösche im Sumpf die uralte Klage.
Oft auch trägt aus den Zellen des Haufens heraus ihre Eier
über den engen Steig die Ameise. Wasser aufsaugend
wölbt der Regenbogen sich weit; aufflatternd vom Fraße
lärmt der Raben krächzendes Heer, dicht Flügel an Flügel.
Allerlei Vögel der See, was sonst noch Kleinasiens Wiesen

dulcibus in stagnis rimantur prata Caystri,
certatim largos umeris infundere rores,   385
nunc caput obiectare fretis, nunc currere in undas
et studio incassum videas gestire lavandi.
tum cornix plena pluviam vocat improba voce
et sola in sicca secum spatiatur harena.
ne nocturna quidem carpentes pensa puellae   390
nescivere hiemem, testa cum ardente viderent
scintillare oleum et putris concrescere fungos.

  Nec minus ex imbri soles et aperta serena
prospicere et certis poteris cognoscere signis:
nam neque tum stellis acies obtunsa videtur,   395
nec fratris radiis obnoxia surgere Luna,
tenuia nec lanae per caelum vellera ferri;
non tepidum ad solem pinnas in litore pandunt
dilectae Thetidi alcyones, non ore solutos
immundi meminere sues iactare maniplos.   400
at nebulae magis ima petunt campoque recumbunt,
solis et occasum servans de culmine summo
nequiquam seros exercet noctua cantus.
apparet liquido sublimis in aëre Nisus,
et pro purpureo poenas dat Scylla capillo: 405
quacumque illa levem fugiens secat aethera pinnis,
ecce inimicus atrox magno stridore per auras
insequitur Nisus; qua se fert Nisus ad auras,
illa levem fugiens raptim secat aethera pinnis.
tum liquidas corvi presso ter gutture voces   410
aut quater ingeminant, et saepe cubilibus altis
nescio qua praeter solitum dulcedine laeti
inter se in foliis strepitant; iuvat imbribus actis
progeniem parvam dulcisque revisere nidos:
haud equidem credo, quia sit divinitus illis   415
ingenium aut rerum fato prudentia maior;
verum ubi tempestas et caeli mobilis umor
mutavere vias et Iuppiter uvidus austris

rings in süßem Gewässer durchsucht am Lauf des Cayster,
sieht man die Schultern wetteifernd netzen, tautropfenperlend,
bald den Kopf darbieten dem Gischt, bald rennen ins Sturzbad
schäumender Wellen, ruhlos bemüht und vergeblich, zu baden.
Dann schreit krächzend die Krähe, der Unheilsvogel, nach Regen,
schreitet einsam stelzend einher im trockenen Sande.
Auch die Mädchen, die nachts am Spinnrocken zupfen, verspüren
nahenden Sturm, wenn knisternd im irdenen Lämpchen das Öl sie
aufsprühen sehn und am Docht anwachsen schwelende Schnuppen.

Ebenso kannst du, von Regen umwölbt, durch sichere Zeichen
sonniges Wetter und wolkenlos heitere Bläue vorhersehn,
denn dann bleichen nicht trüb in stumpfem Glanze die Sterne,
strahlend mit eigenem Licht hängt golden der Mond in den Nächten,
nicht durchschweben zart den Himmel die flockigen Schäfchen;
Thetis' Lieblinge auch, die Eisvögel, breiten dann nicht zur
warmen Sonne die Flügel am Strand, nicht werfen zerrauftes
Heu mit stoßendem Rüssel hoch die schmutzigen Schweine.
Aber der Nebel sinkt tiefer und lagert sich auf den Gefilden,
spät auch läßt das Käuzchen, nach Sonnenuntergang blinzelnd,
hoch vom Dache umsonst nach Regen ertönen den Nachtruf.
Droben kreist in lauterer Luft der Meeradler Nisus,
Skylla, die Tochter, büßt den Raub der purpurnen Locke.
Wo sie auch schneide den Äther, den luftigen, fliehenden Fittichs,
siehe, Nisus, der grausige Feind, stürzt nach, durch die Lüfte
sausend mit zornigem Zischen. Wo Nisus steigt in die Lüfte,
schneidet den luftigen Äther sie jäh mit fliehendem Fittich.
Dann tönt klar der Raben Ruf, sie stoßen ihn dreimal,
viermal hell aus der Kehle. Im Laubwerk hoch in den Horsten
lärmen sie, über die Maßen entzückt von seltsamer Wonne,
laut durcheinander. Der Regen verrauscht, da winkt ja die Freude,
bald im behaglichen Nest die junge Brut zu besuchen.
Freilich, so scheint mir, nicht göttliche Kraft noch schicksalgeschenkte
tiefere Zukunftsschau läßt Tiere das Wetter vorhersehn.
Wenn vielmehr der Sturm und des Himmels bewegliche Feuchte
änderten ihre Bahn und Juppiter, südwindumflügelt,

denset, erant quae rara modo, et quae densa relaxat,
vertuntur species animorum, et pectora motus   420
nunc alios, alios dum nubila ventus agebat,
concipiunt: hinc ille avium concentus in agris
et laetae pecudes et ovantes gutture corvi.

  Si vero solem ad rapidum lunasque sequentes
ordine respicies, numquam te crastina fallet   425
hora, neque insidiis noctis capiere serenae.
luna revertentes cum primum colligit ignis,
si nigrum obscuro comprenderit aëra cornu,
maximus agricolis pelagoque parabitur imber:
at si virgineum suffuderit ore ruborem,   430
ventus erit; vento semper rubet aurea Phoebe.
sin ortu quarto – namque is certissimus auctor –
pura neque obtunsis per caelum cornibus ibit,
totus et ille dies et qui nascentur ab illo
exactum ad mensem pluvia ventisque carebunt,   435
votaque servati solvent in litore nautae
Glauco et Panopeae et Inoo Melicertae.
sol quoque et exoriens et cum se condet in undas,
signa dabit; solem certissima signa sequentur,
et quae mane refert et quae surgentibus astris.   440
ille ubi nascentem maculis variaverit ortum
conditus in nubem medioque refugerit orbe,
suspecti tibi sint imbres; namque urget ab alto
arboribusque satisque notus pecorique sinister.
aut ubi sub lucem densa inter nubila sese   445
diversi rumpent radii, aut ubi pallida surget
Tithoni croceum linquens Aurora cubile,
heu male tum mitis defendet pampinus uvas:
tam multa in tectis crepitans salit horrida grando
hoc etiam, emenso cum iam decedit Olympo,   450
profuerit meminisse magis; nam saepe videmus
ipsius in voltu varios errare colores:
caeruleus pluviam denuntiat, igneus euros;

lockere Luft verdichtet und heiter die lastende lockert,
dann verändern die Wesen ihr Antlitz, frohere Regung
als bei wolkentreibendem Wind wogt nun durch die Herzen.
Darum klingen die Fluren vom Singen der Vögel, und fröhlich
springt das Vieh, es jauchzen aus heller Kehle die Raben.

Wenn du ferner der Sonne Schwung und die Phasen des Mondes
sorgsam bemerkst, wird nie der morgige Tag dich enttäuschen,
nimmer wirst du verlockt durch die Tücke heiterer Nächte.
Wenn des Mondes neu von wiederkehrenden Feuern
glühende Sichel trübe verschwimmt in dunstigem Dunkel,
droht für Bauern und Schiffer herauf gewaltiger Regen;
haucht aber mädchenhaft Rot über Lunas Antlitz, dann brausen
Winde, denn stets vor dem Wind errötet die goldene Göttin.
Wandelt zum vierten Mal – das bietet die sicherste Bürgschaft –
rein mit unverschleiertem Horn der Mond durch den Himmel,
ganz ist dann der Tag, sind all die folgenden Tage
bis zum Ende des Mondes frei von Regen und Winden,
Rettungsdank bringen dar am Strande die Schiffer und preisen
Glaucus sowie Panopea und Ino's Sohn Melicertes.
Auch die Sonne, beim Aufgang und wenn sie sich birgt in den Wellen,
gibt ihre Zeichen, die S o n n e begleiten die sichersten Zeichen,
früh vor Tag und spät, wenn Sterne erblühen am Himmel.
Steigt sie mit Flecken empor, von Wolken verhangen, und läßt sie
mitten der Scheibe Rund hohldunkelnd nach innen zurückfliehen,
dann sei auf Regen gefaßt. Denn dräuend vom Meere erhebt sich
stürmend der Süd, dem Vieh, den Bäumen und Saaten verderblich.
Auch wenn kurz vor Aufgang der Sonne Strahlen bald hierhin,
bald dorthin sich brechen durch dichtes Gewölk, oder wenn sich
bleich Aurora erhebt vom safrangoldenen Lager,
ach, dann schirmt nur schlecht die süßen Trauben das Weinlaub,
allzu entsetzlich tanzt auf den Dächern prasselnd der Hagel.
Mehr noch dürfte, dies zu beachten, Nutzen uns bringen,
wenn sich die Sonne zum Untergang neigt. Denn oft genug sehen
wir ihr Antlitz bunt überflogen von mancherlei Farben:
bläuliche kündet Regen uns an und feurige Ostwind.

sin maculae incipient rutilo immiscerier igni,
omnia tum pariter vento nimbisque videbis   455
fervere, non illa quisquam me nocte per altum
ire neque a terra moveat convellere funem.
at si, cum referetque diem condetque relatum,
lucidus orbis erit, frustra terrebere nimbis,
et claro silvas cernes aquilone moveri.   460
denique quid vesper serus vehat, unde serenas
ventus agat nubes, quid cogitet umidus auster,
sol tibi signa dabit. Solem quis dicere falsum
audeat? ille etiam caecos instare tumultus
saepe monet fraudemque et operta tumescere bella.   465
ille etiam exstincto miseratus Caesare Romam,
cum caput obscura nitidum ferrugine texit,
impiaque aeternam timuerunt saecula noctem.
tempore quamquam illo tellus quoque et aequora ponti
obscenaeque canes importunaeque volucres   470
signa dabant. quotiens Cyclopum effervere in agros
vidimus undantem ruptis fornacibus Aetnam,
flammarumque globos liquefactaque volvere saxa.
armorum sonitum toto Germania caelo
audiit, insolitis tremuerunt motibus Alpes.   475
vox quoque per lucos vulgo exaudita silentis
ingens, et simulacra modis pallentia miris
visa sub obscurum noctis, pecudesque locutae,
infandum, sistunt amnes terraeque dehiscunt,
et maestum inlacrimat templis ebur aeraque sudant.   480
proluit insano contorquens vertice silvas
fluviorum rex Eridanus camposque per omnis
cum stabulis armenta tulit. nec tempore eodem
tristibus aut extis fibrae apparere minaces
aut puteis manare cruor cessavit, et altae   485
per noctem resonare lupis ululantibus urbes.
non alias caelo ceciderunt plura sereno
fulgura, nec diri totiens arsere cometae.
ergo inter sese paribus concurrere telis

Mischen sich aber Flecken allmählich dem rötlichen Feuer,
alles siehst du alsdann von Sturm und Regen erbrausen,
und in solch einer Nacht kann keiner zur Fahrt auf der hohen
See mich bewegen, noch vom Lande zu lösen das Schiffstau.
Leuchtet jedoch, wenn den Tag sie vom Morgen zum Abend geleitet,
strahlend ihr Rund, so bangst du umsonst vor stürmendem Regen,
und im klärenden Nordwind siehst du die Wälder sich regen.
Schließlich, was spät der Abend noch bringe, woher die heitern
Wolken treibe der Wind, was schauernder Südwind ersinne,
Sonne zeigt es dir an. Wer wagte die Gottheit der Sonne
falsch zu nennen? Sie mahnt sogar oft, wenn Aufruhr im Dunkel
gärt und gift'ger Verrat aufschwillt und heimliche Kriege.
Klagte die Sonne doch auch über Rom ob Caesars Ermordung,
als sie ihr strahlendes Haupt einhüllte in stählernes Grauen
und eine ruchlose Welt vor ewiger Nacht sich entsetzte.
Freilich gab auch die Erde und gaben damals die Fluten,
unheilheulende Hunde und nachtdurchschwirrende Vögel
Zeichen genug. Wie oft vor unseren Augen durchglühte
wogend der Ätna Kyklopengefild und spie aus des Berges
berstenden Essen Lavagestein und flammende Kugeln.
Waffengeklirr vernahm Germanien rings in den Wolken
und von Beben wankten die Alpen, nimmer gewohntem.
Furchtbar drang ans Ohr des Volks durch schweigende Haine
schaurige Klage, bleiche Gestalten gespenstiger Weise
sah man schweben durchs Dunkel der Nacht und – grausig! – die Tiere
reden, es stocken die Ströme, die Erde klafft auf, in den Tempeln
weinen die Elfenbeinbilder vor Gram, vom Erz perlt Angstschweiß.
Wälder entwurzelte wirbelnd der Po, der König der Flüsse,
brausend mit rasendem Strudel, er riß das Vieh samt den Ställen
fort über Felder und Fluren. Im Eingeweide der Opfer
fand man zu jener Zeit nur unheildrohende Fasern,
stets quoll Blut in den Brunnen, durch finstere Straßenschluchten
hallte hohl der Wölfe Geheul bei Nacht in den Städten.
Nie zuvor entzückten so dicht die Blitze dem blauen
Himmel, noch flammten so oft in dräuendem Schein die Kometen.
So sah gegeneinander im Sturm mit Brudergeschossen

Romanas acies iterum videre Philippi;   490
nec fuit indignum superis, bis sanguine nostro
Emathiam et latos Haemi pinguescere campos.
scilicet et tempus veniet, cum finibus illis
agricola incurvo terram molitus aratro
exesa inveniet scabra robigine pila,   495
aut gravibus rastris galeas pulsabit inanis,
grandiaque effossis mirabitur ossa sepulcris.

Di patrii indigetes et Romule Vestaque mater,
quae Tuscum Tiberim et Romana Palatia servas,
hunc saltem everso iuvenem succurrere saeclo   500
ne prohibete! satis iam pridem sanguine nostro
Laomedonteae luimus periuria Troiae;
iam pridem nobis caeli te regia, Caesar,
invidet, atque hominum queritur curare triumphos.
quippe ubi fas versum atque nefas: tot bella per orbem,   505
tam multae scelerum facies; non ullus aratro
dignus honos, squalent abductis arva colonis,
et curvae rigidum falces conflantur in ensem.
hinc movet Euphrates, illinc Germania bellum;
vicinae ruptis inter se legibus urbes   510
arma ferunt; saevit toto Mars impius orbe:
ut cum carceribus sese effudere quadrigae,
addunt in spatia, et frustra retinacula tendens
fertur equis auriga, nec audit currus habenas.

II

M   Hactenus arvorum cultus et sidera caeli;
nunc te, Bacche, canam, nec non silvestria tecum
virgulta et prolem tarde crescentis olivae.
huc, pater o Lenaee – tuis hic omnia plena
muneribus, tibi pampineo gravidus autumno   5
floret ager, spumat plenis vindemia labris –

Römerheere zum zweitenmal das Feld von Philippi;
Göttern erschien es nicht unverdient, daß zweimal von unserm
Blute gedüngt Mazedonien ward und Thraziens Feldmark.
Kommt wohl einst die Zeit, da findet der Bauer in jenen
Ländern, wenn er das Feld durchfurcht mit gebogenem Pfluge,
Speere, zerfressen von schäbigem Rost, er trifft mit der schweren
Hacke auf Helme, hohlen Klangs, und sieht voll Erstaunen
mächtiges Heldengebein in aufgeworfenen Gräbern.

Stammväter, Vaterlandsgötter! Du, Romulus, du, Mutter Vesta,
die du den uralten Tiber und Roms Palatium schirmest,
diesen Herrscher im Jugendglanz, wollt i h n doch nicht hindern
Retter zu sein der zerrütteten Welt! Wir büßten doch wahrlich
übergenug den lastenden Fluch trojanischen Meineids.
Längst schon neidet des Himmels Burg dich, Caesar, uns Römern,
und führt Klage, daß du dich sorgst um Menschentriumphe.
Hier ist Recht ja und Unrecht verkehrt. Wie die Kriege auf Erden
wachsen, so heben ihr Haupt in grausiger Zahl die Verbrechen.
Niemand ehrt noch den Pflug. Fort muß der Bauer, die Fluren
liegen verödet. Man glüht zum mordenden Schwerte die Sichel.
Hier ruft der Euphrat, dort Germanien furchtbar zum Kriege,
Nachbarstädte zertreten das Recht und heben die Waffen
widereinander. Bruderkrieg tobt überall auf dem Erdkreis.
Also entstürmen dem Start die Viergespanne, durchrasen
zielüberrennend die Bahn, machtlos sich bäumend am Leitseil,
fliegt der Lenker mit fort. Nicht fügt sich der Wagen den Zügeln.

2

Pflege der Fluren besang ich bisher und Sterne des Himmels.
Jetzt, Vater Bakchus, besinge ich dich und mit dir des Waldes
wildes Gesträuch und den Sproß des langsam wachsenden Ölbaums.
Komm doch, Vater Bakchus! Denn hier ist deiner Geschenke
alles voll, dir blüht beglückt vom weinlaubumrankten
Herbste der Acker, es schäumt die Lese in lastenden Kufen.

huc, pater o Lenaee, veni, nudataque musto
tingue novo mecum dereptis crura cothurnis.

Principio arboribus varia est natura creandis.
namque aliae nullis hominum cogentibus ipsae   10
sponte sua veniunt camposque et flumina late
curva tenent, ut molle siler lentaeque genistae,
populus et glauca canentia fronde salicta;
pars autem posito surgunt de semine, ut altae
castaneae, nemorumque Iovi quae maxima frondet   15
aesculus, atque habitae Grais oracula quercus.
pullulat ab radice aliis densissima silva,
ut cerasis ulmisque, etiam Parnasia laurus
parva sub ingenti matris se subicit umbra.
hos natura modos primum dedit, his genus omne   20
silvarum fruticumque viret nemorumque sacrorum.

Sunt alii, quos ipse via sibi repperit usus.
hic plantas tenero abscindens de corpore matrum
deposuit sulcis, hic stirpes obruit arvo
quadrifidasque sudes et acuto robore vallos.   25
silvarumque aliae pressos propaginis arcus
exspectant et viva sua plantaria terra;
nil radicis egent aliae, summumque putator
haud dubitat terrae referens mandare cacumen.
quin et caudicibus sectis, mirabile dictu,   30
truditur e sicco radix oleagina ligno.
et saepe alterius ramos impune videmus
vertere in alterius mutatamque insita mala
ferre pirum, et prunis lapidosa rubescere corna.

Quare agite o proprios generatim discite cultus,   35
agricolae, fructusque feros mollite colendo,
neu segnes iaceant terrae. iuvat Ismara Baccho
conserere atque olea magnum vestire Taburnum.
tuque ades inceptumque una decurre laborem,
o decus, o famae merito pars maxima nostrae,   40

Komm doch, Vater, herbei! Leg ab den Kothurn und benetze
mit mir im heurigen Most die nackten, kelternden Schenkel.

Reich an Formen entläßt Natur aus Ursprung die Bäume
stets verschiedener Art: die einen wachsen von selber
ohne menschliche Hand. Sie grünen auf Feldern, sie säumen
weithin der Flüsse gewundenen Lauf, Bachweiden und Ginster,
Pappeln und Weidengebüsch mit silbrig-bläulichem Blattwerk.
Andere wachsen aus Samen hervor: die hohen Kastanien,
mächtig wölbt in Juppiters Hain die Wintereiche
grünende Wipfel, Griechenland lauscht weissagenden Eichen.
Anderen sproßt von der Wurzel heraus dichtwurzelndes Buschwerk,
Kirschen und Ulmen. Sogar der Lorbeerbaum des Parnassos
schießt in die Höhe, umwölbt vom Schattenwipfel der Mutter.
Diese Arten gebar Natur im Urbeginn. Also
grünen sie nun als Wald und Gebüsch, als heilige Haine.

Andere Arten erschloß die Erfahrung selber im Fortschritt.
Mancher schnitt vom zarten Leib der Mutter das Reis und
senkte es ein in die Furchen. Ein anderer grub in die Erde
Wurzelstöcke, vierspaltigen Schaft, Spitzpfähle aus Kernholz.
Einige Bäume erwarten aus erdwärtsgebogenen Senkern
neue, im eigenen Grund lebendig wurzelnde Triebe.
Andre gedeihn ohne Wurzeln sogar. Die äußersten Spitzen
darf der Pflanzer getrost dem Schoß der Erde vertrauen.
Ja, auch s e l b s t aus dem Baumstumpf noch – es klingt wie ein Wunder –
sprießt aus trockenem Holze hervor die Wurzel des Ölbaums.
Oft auch sehn wir die Zweige des einen Baumes im andern
prächtig gedeihen. So trägt gepfropfte Äpfel der wilde
Birnbaum. Steinkornellen erglühn rotschwellend mit Pflaumen.

Auf denn, erlernt für jegliche Art die rechte Behandlung,
Bauern! Das wilde Gewächs veredelt durch züchtende Pflege,
laßt nicht träge ruhn das Gefild! Wie schwillt doch auf Thraziens
Höhen die Traube, wie schmückt Kampaniens Bergland der Ölbaum!
Du aber hilf und vollende mit mir die begonnene Arbeit,
du meine Zier! Dir gebührt meines Ruhms vorzüglichster Anteil,

Maecenas, pelagoque volans da vela patenti;
non ego cuncta meis amplecti versibus opto,
non mihi si linguae centum sint oraque centum,
ferrea vox. ades et primi lege litoris oram;
in manibus terrae: non hic te carmine ficto   45
atque per ambages et longa exorsa tenebo.

Sponte sua quae se tollunt in luminis oras,
infecunda quidem, sed laeta et fortia surgunt;
quippe solo natura subest. tamen haec quoque, si quis
inserat aut scrobibus mandet mutata subactis,   50
exuerint silvestrem animum, cultuque frequenti
in quascumque voles artes haud tarda sequentur.
nec non et sterilis quae stirpibus exit ab imis,
hoc faciat, vacuos si sit digesta per agros:
nunc altae frondes et rami matris opacant   55
crescentique adimunt fetus uruntque ferentem.
iam quae seminibus iactis se sustulit arbos,
tarda venit, seris factura nepotibus umbram,
pomaque degenerant sucos oblita priores,
et turpis avibus praedam fert uva racemos.   60
scilicet omnibus est labor impendendus, et omnes
cogendae in sulcum ac multa mercede domandae.
sed truncis oleae melius, propagine vites
respondent, solido Paphiae de robore myrtus;
plantis edurae coryli nascuntur et ingens   65
fraxinus Herculeaeque arbos umbrosa coronae
Chaoniique patris glandes, etiam ardua palma
nascitur et casus abies visura marinos.
inseritur vero et fetu nucis arbutus horrida
et steriles platani malos gessere valentis;   70
castaneae fagus ornusque incanuit albo
flore piri, glandemque sues fregere sub ulmis.
nec modus inserere atque oculos imponere simplex.
nam qua se medio trudunt de cortice gemmae
et tenuis rumpunt tunicas, angustus in ipso   75

Maecenas! Dem offenen Meer laß fliegend die Segel!
Nimmer begehre ich, alles im Lied umfassend zu singen;
hätt' ich auch hundert Zungen und hundert Münder und eine
Stimme von Erz. Komm, streife entlang an des nächsten Gestades
Rand! Schon greifbar ist Land. Ich will nicht in bloßer Erdichtung
dich hinhalten auf schweifendem Pfad durch endloses Vorwort.

Was ohne Samen empor sich hebt zu des Lichtes Gefilden,
wächst unfruchtbar zwar, doch üppig und kräftig zur Höhe.
Nährt ja den Boden die Kraft der Natur. Gleichwohl wird der Wildling,
wenn du ihn pfropfst und dann umpflanzest in lockere Gruben,
sich entäußern der Waldesnatur und, häufig behandelt,
jeder Veredelung, die du nur willst, ohne Zögern sich fügen.
Auch der verkümmernde Trieb, der unten am Baume hervorgeht,
trägt dir Früchte, gönnst du ihm Raum nur rings im Gebreite.
Sonst überschatten ihn dumpf des Mutterbaums ragende Wipfel,
hindern sein Wachstum und lassen die Frucht, die er trägt, ihm verdorren.
Auch der Baum, der aus Samen hervorwuchs, hebt sich nur langsam,
späte Enkel dereinst zu umschatten mit laubiger Krone,
und die Früchte entarten, vergessend der früheren Säfte.
Häßliche Beeren trägt, ein Raub den Vögeln, die Traube.
Drum tut Arbeit not überall. Du mußt alle Bäume
sorgsam in Furchen verpflanzen, in lohnender Mühe sie zähmen.
Ölbäume wachsen besser aus Stümpfen, Reben aus Senkern,
und aus gediegenem Kernholz grünt die Myrte der Venus.
Wurzelreisern entsprießt die harte Hasel, die hohe
Esche, die schattende Pappel – den Herkules zierte ihr Laubwerk –
Juppiters Eiche, heilig-uralt, die ragende Palme
auch und die Tanne, die bald als Schiffsmast tanzt durch die Sturmflut.
Rissiger Arbutus wird gepfropft mit dem Fruchtreis des Nußbaums,
wilde Platanen tragen als Frucht rotwangige Äpfel;
licht mit Kastanienkerzen erstrahlt die Buche, mit Birnen-
blüten die Esche, und Eicheln knackt das Schwein unter Ulmen.
Pfropfen und Augensetzen geschieht nicht auf einerlei Weise:
denn wo der Mitte der Rinde die drängenden Knospen entquellen
und durchbrechen ihr zartes Gewand, genau an dem Knoten

fit nodo sinus; huc aliena ex arbore germen
includunt udoque docent inolescere libro.
aut rursum enodes trunci resecantur, et alte
finditur in solidum cuneis via, deinde feraces
plantae immittuntur: nec longum tempus, et ingens   80
exiit ad caelum ramis felicibus arbos
miratastque novas frondes et non sua poma.

Praeterea genus haud unum nec fortibus ulmis
nec salici lotoque neque Idaeis cyparissis,
nec pingues unam in faciem nascuntur olivae,   85
orchades et radii et amara pausia baca
pomaque et Alcinoi silvae, nec surculus idem
Crustumiis Syriisque piris gravibusque volaemis.
non eadem arboribus pendet vindemia nostris,
quam Methymnaeo carpit de palmite Lesbos;   90
sunt Thasiae vites, sunt et Mareotides albae,
MV   pinguibus hae terris habiles, levioribus illae,
et passo psithia utilior tenuisque lageos
temptatura pedes olim vincturaque linguam,
purpureae preciaeque, et quo te carmine dicam   95
Raetica? ne cellis ideo contende Falernis.
sunt et Aminneae vites, firmissima vina,
Tmolius adsurgit quibus et rex ipse Phanaeus;
argitisque minor, cui non certaverit ulla
aut tantum fluere aut totidem durare per annos.   100
non ego te, dis et mensis accepta secundis,
transierim, Rhodia, et tumidis bumaste racemis.
sed neque quam multae species, nec nomina quae sint,
est numerus: neque enim numero comprendere refert;
quem qui scire velit, Libyci velit aequoris idem   105
discere, quam multae zephyro turbentur arenae,
aut ubi navigiis violentior incidit eurus,
nosse quot Ionii veniant ad litora fluctus.

Nec vero terrae ferre omnes omnia possunt.
fluminibus salices crassisque paludibus alni   110

höhlst du ganz flach nur den Baum. Hier legst du das Auge des fremden
Baumes an und lehrst's einwachsen dem klebrigen Baste.
Knotenlose Stämme hingegen schneidet man ab und
bahnt mit Keilen ins Kernholz tief einen Spalt; dann setzt man
Fruchtreiser ein. Nicht lange, und mächtig hat sich zum Himmel
auf mit gesegneten Ästen der Baum erhoben und sieht voll
Staunen neuartig Laub und Frucht, ganz fremd seinem Stamme.

    Außerdem sind nicht einer Art nur die kräftigen Ulmen,
nicht die Weiden, der Lotusbaum, die schlanken Zypressen.
Auch die fetten Oliven sind n i c h t von einer Gestalt nur:
hodengeformt, stabartig und fleischig mit bitteren Früchten,
so auch Alkinoos' prächtiges Obst. Nicht einerlei Reis trägt
einfache Birnen und goldgelbschwellende Frucht für die Tafel.
Unserem Weinstock reift nicht eben die Traube, wie jene,
die auf Lesbos der Winzer pflückt von Reben Methymnas.
Thasos hat Weinberge, Weißwein reift goldklar in Ägypten,
dieser auf fetterem Grund, doch jener auf leichterem Boden.
Psithia eignet sich eher zum Sekt, schnell wirkt der Lagéos,
dringt ins Blut, gießt Blei ins Gebein und fesselt die Zunge.
Purpurwein und Gutedel glühn. Dich, Raetiker, wie nur
rühme ich dich? Doch streite drum nicht mit falernischen Kellern!
Auch Aminaeas Rebe trägt Wein, hochalternd; vor ihm neigt
selbst der Tmolier sich und selbst der fürstliche Chier.
Klein ist Argos' Rebe, doch darf sich ihr keine vergleichen,
also reichlich entströmt ihr der Wein, so jahrüberdauernd.
Dich auch, Göttern beim Opfer willkommen und Menschen beim Nachtisch,
Rhodier, rühm' ich und dich, Bumastus, mit schwellenden Trauben.
Aber zahllos sind die vielen Arten und Namen,
schließlich, was läge auch dran, mit einer Zahl sie zu fassen?
Wer sie zu wissen begehrt, der lerne erst zählen, wie viele
Sandkörner wirbelnd der Westwind peitscht durch die libysche Wüste,
oder er merke, wenn tobender Ost sich stürzt auf die Schiffe,
wieviel Wogen vom jonischen Meer hinbranden zur Küste.

    Freilich nicht jegliche Frucht gedeiht in jeglichem Boden.
Weiden wachsen an Flüssen, im sumpfigen Dickicht die Erlen,

nascuntur, steriles saxosis montibus orni;
litora myrtetis laetissima; denique apertos
Bacchus amat colles, aquilonem et frigora taxi.
aspice et extremis domitum cultoribus orbem
Eoasque domos Arabum pictosque Gelonos: 115
divisae arboribus patriae. sola India nigrum
fert hebenum, solis est turea virga Sabaeis.
M   quid tibi odorato referam sudantia ligno
balsamaque et bacas semper frondentis acanthi?
quid nemora Aethiopum molli canentia lana,   120
velleraque ut foliis depectant tenuia Seres;
aut quos Oceano propior gerit India lucos,
extremi sinus orbis, ubi aëra vincere summum
arboris haud ullae iactu potuere sagittae?
et gens illa quidem sumptis non tarda pharetris. 125
Media fert tristis sucos tardumque saporem
felicis mali, quo non praesentius ullum,
pocula si quando saevae infecere novercae,
miscueruntque herbas et non innoxia verba,
auxilium venit ac membris agit atra venena.   130
ipsa ingens arbos faciemque simillima lauro;
et si non alium late iactaret odorem,
laurus erat: folia haud ullis labentia ventis;
flos ad prima tenax; animas et olentia Medi
ora fovent illo et senibus medicantur anhelis.   135

    Sed neque Medorum silvae ditissima terra
nec pulcher Ganges atque auro turbidus Hermus
laudibus Italiae certent, non Bactra neque Indi
MP   totaque turiferis Panchaia pinguis arenis.
haec loca non tauri spirantes naribus ignem   140
invertere satis immanis dentibus hydri,
nec galeis densisque virum seges horruit hastis;
sed gravidae fruges et Bacchi Massicus umor
implevere; tenent oleae armentaque laeta.
hinc bellator equus campo sese arduus infert;   145

fruchtlose Eschen erheben sich hoch auf felsigen Bergen,
üppig mit Myrten begrünt das Gestade sich. Aber die offnen
Hügel liebt Bakchus, Nordwind und Kälte gedeihen dem Taxus.
Sieh, auch Pflanzern der Ferne ist urbar geworden der Erdkreis,
Araber wohnen gen Morgen, gen Mitternacht bunte Gelonen,
so ist die Heimat der Bäume verteilt. Nur Indien trägt uns
schwarzes Ebenholz, n u r aus Saba kommt uns der Weihrauch.
Soll ich von allem dir sagen? Wie Balsam aus duftendem Holze
träufelt, wie Beeren trägt der immergrüne Akanthus,
wie Äthiopiens Waldung strahlt von schneeiger Wolle,
wie man in China von Blättern kämmt die seidigen Flocken?
Soll ich von Indiens Wäldern erzählen, nahe am Weltmeer,
fern am Rande der Welt? Da ragen so riesig der Bäume
Wipfel, daß nimmer ein Pfeil darüber zu schwirren vermöchte,
sei auch das Volk dort noch so vertraut mit Bogen und Köcher.
Medien trägt Pomeranzen voll saueren Saftes und langem
Nachgeschmack, mit Heilkraft beglückt. Wenn wütende Hexen
giftigen Trank einst gebraut – sie mischten murmelnd und fluchend
Kräuter und Sprüche dazu – dann hilft Pomeranze am besten,
denn es vertreibt ihr Saft das schwarze Gift aus den Gliedern.
Mächtig wölbt sich der Baum, an Gestalt sehr ähnlich dem Lorbeer,
strömte er anderen Duft nicht weithin aus in die Runde,
gält' er für Lorbeer. Kein Wind entreißt ihm taumelnde Blätter,
herrlich dauert die Blüte. Mit ihr erfrischen die Meder
üblen Atemgeruch und heilen asthmatische Greise.

Aber weder das Land, das walddurchrauschte der Meder,
noch der herrliche Ganges, der goldmitwirbelnde Hermus
wagen um Ruhm mit Italien Streit, nicht Baktra noch Indien,
nicht Arabiens Inselgestad, umduftet von Weihrauch.
Nimmer durchpflügen den Grund hier feuerschnaubende Stiere,
niemand besäte das Feld mit den Zähnen des grausigen Drachen,
nimmer starrte die Saat von Streitern mit Helmen und Lanzen.
Nein, hier prangt mit Früchten die Flur, mit erlesenen Weinen,
Ölbäume grünen am Hang und fröhlich weiden die Rinder.
Steilaufsteigend stürzt sich von hier ins Getümmel das Streitroß.

hinc albi, Clitumne, greges et maxima taurus
victima, saepe tuo perfusi flumine sacro,
Romanos ad templa deum duxere triumphos.
hic ver adsiduum atque alienis mensibus aestas;
bis gravidae pecudes, bis pomis utilis arbos.   150
at rabidae tigres absunt et saeva leonum
semina, nec miseros fallunt aconita legentis,
nec rapit immensos orbis per humum neque tanto
squameus in spiram tractu se colligit anguis.
adde tot egregias urbes operumque laborem,   155
tot congesta manu praeruptis oppida saxis
fluminaque antiquos subterlabentia muros.
an mare quod supra memorem, quodque adluit infra?
anne lacus tantos? te, Lari maxime, teque,
fluctibus et fremitu adsurgens Benace marino?   160
an memorem portus Lucrinoque addita claustra
atque indignatum magnis stridoribus aequor,
Iulia qua ponto longe sonat unda refuso
Tyrrhenusque fretis immittitur aestus Avernis?
haec eadem argenti rivos aerisque metalla   165
ostendit venis atque auro plurima fluxit.
haec genus acre virum Marsos pubemque Sabellam
adsuetumque malo Ligurem Volscosque verutos
extulit, haec Decios Marios magnosque Camillos,
Scipiadas duros bello et te, maxime Caesar,   170
qui nunc extremis Asiae iam victor in oris
imbellem avertis Romanis arcibus Indum.
salve, magna parens frugum, Saturnia tellus,
magna virum: tibi res antiquae laudis et artis
ingredior, sanctos ausus recludere fontis,   175
Ascraeumque cano Romana per oppida carmen.

Nunc locus arvorum ingeniis, quae robora cuique,
quis color, et quae sit rebus natura ferendis.
difficiles primum terrae collesque maligni,
tenuis ubi argilla et dumosis calculus arvis,   180

Dir, Clitumnus, dem heiligen Strom, entstiegen so oft schon
schneeige Herden, vor allem der Stier, das herrlichste Opfer,
führten Roms Triumphe empor zu den Tempeln der Götter.
Hier blüht dauernder Lenz, hier strahlt fast zeitloser Sommer,
zweimal ist trächtig das Vieh, zweimal bringt Früchte der Obstbaum.
Reißende Tiger jedoch sind fern und grimmiger Löwen
Brut. Kein Giftkraut bringt Verderben dem harmlosen Sammler,
nicht schlingt Windungen hier so gewaltig am Boden noch rollt sich
also scheußlich zum Klumpen geballt die schuppige Schlange.
Zähle dazu noch die Städte, die ragenden, kunstvollen Bauten,
all die Festen, getürmt von der Hand über felsigem Absturz,
all die Ströme, umspülend den Fuß uralten Gemäuers.
Soll ich das Meer noch erwähnen, das oben und unten heranwogt,
oder die großen Seen? Dich, mächtiger Comersee, dich auch,
Gardasee, wie Meer aufbrausend mit tosenden Fluten?
Oder gedenk ich der Häfen, der Dammriegel um den Lucriner-
see und der grollenden Brandung? Sie tobt mit schäumendem Gischte,
wo der julische Hafen erdröhnt vom Andrang des Meeres
und die Tyrrhenische Flut zum Avernersee mächtig hereinwogt.
Silberbäche und Erzmetall durchschwellen die Adern
dieses Landes, es strömt vom Reichtum leuchtenden Goldes.
Heldengeschlecht gebar dies Land, die Marser, Sabeller,
Ligurer, notgestählte, und Volsker mit dräuendem Kurzspeer.
Decier zog es sich auf, einen Marius, einen Camillus,
Scipios kriegsharte Art und dich, erhabener Caesar.
Jetzt schon an Asiens fernstem Gestad vertreibst du als Sieger
weit von den Burgen Roms die kriegsgebrochenen Inder.
Heil dir, hehre Mutter der Frucht, saturnische Erde,
Mutter der Helden! Dir weihe ich alten Ruhmes und Werkes
Dinge; heilige Quellen erschließe ich mutig und singe
dir ein askräisches Lied überall in römischen Städten.

Jetzt heißt's prüfen der Fluren Natur, die Kräfte, die Farbe
jeglichen Bodens und was für Frucht die Schollen uns tragen.
Spröder Boden zunächst und böswillig-sperrige Hügel,
magerer Mergelgrund und Kies unter Dornengestrüppen

Palladia gaudent silva vivacis olivae.
indicio est tractu surgens oleaster eodem
plurimus et strati bacis silvestribus agri.
at quae pinguis humus dulcique uligine laeta,
quique frequens herbis et fertilis ubere campus,   185
qualem saepe cava montis convalle solemus
despicere: huc summis liquuntur rupibus amnes
felicemque trahunt limum, quique editus austro
et filicem curvis invisam pascit aratris:
hic tibi praevalidas olim multoque fluentis   190
sufficiet Baccho vitis, hic fertilis uvae,
hic laticis, qualem pateris libamus et auro,
inflavit cum pinguis ebur Tyrrhenus ad aras,
lancibus et pandis fumantia reddimus exta.
sin armenta magis studium vitulosque tueri   195
aut ovium fetum aut urentis culta capellas,
saltus et saturi petito longinqua Tarenti,
et qualem infelix amisit Mantua campum
pascentem niveos herboso flumine cycnos;
non liquidi gregibus fontes, non gramina derunt;   200
et quantum longis carpent armenta diebus,
exigua tantum gelidus ros nocte reponet.
nigra fere et presso pinguis sub vomere terra,
et cui putre solum – namque hoc imitamur arando –
optima frumentis: non ullo ex aequore cernes   205
plura domum tardis decedere plaustra iuvencis.
aut unde iratus silvam devexit arator
et nemora evertit multos ignava per annos,
antiquasque domos avium cum stirpibus imis
eruit; illae altum nidis petiere relictis,   210
at rudis enituit impulso vomere campus.
nam ieiuna quidem clivosi glarea ruris
vix humilis apibus casias roremque ministrat;
et tofus scaber et nigris exesa chelydris
creta negant alios aeque serpentibus agros   215
MPR   dulcem ferre cibum et curvas praebere latebras.

lassen Minervas Hain ergrünen vom dauernden Ölbaum.
Ölbaumwildling zeigt es dir an. Denn reichlich in solcher
Gegend gedeiht er und streut auf die Flur seine bitteren Beeren.
Fetter Boden dagegen, von süßer Feuchte gesättigt,
kräuterdurchwobener Grund, aufquellend von fruchtbarer Fülle,
wie wir im tiefen Gebirgstal oft ihn staunend entdecken, –
silbern glitzern vom felsigen Sturz die Flüsse und führen
mit sich befruchtenden Schlamm, ein Boden offen dem Südwind,
rings überwuchert von Farnen, verhaßt der gebogenen Pflugschar, –
der wird köstliche Reben dereinst dir gewähren, von goldnem
Weine strömend, der schwillt von Trauben, quillt dir vom Safte,
den wir spenden aus goldenem Kelch, wenn die Elfenbeinflöte
bläst am Altare der feiste Etrusker, wenn uns in tiefen
bauchigen Schüsseln dampft das Eingeweide des Opfers.
Liegt dir indessen mehr an Weide für Rinder und Kälber
oder an trächtigen Schafen und gartenzerstörenden Ziegen,
Waldtäler suche dann auf, Tarents entlegenes Fruchtland,
Land, wie es Mantua leider verlor, vom Unglück geschlagen,
Silberschwäne weidend am Fluß auf blumigem Anger.
Nicht gebricht es an rieselndem Quell noch an Gräsern den Herden;
was am langen Tag abweiden die Rinder, das läßt in
kurzer Nacht der kühlende Tau neu wieder ergrünen.
Schwarze Erde, die fett beim Druck der Pflugschar herausquillt
und doch locker – das wollen wir ja durch Pflügen erreichen –
wogt durchweg von Getreide. Aus keiner Ebene siehst du
also zahlreich mit müdem Gespann heimschwanken die Wagen.
Ebenso wächst's, wo eifernden Zorns der Pflüger das Waldland
rodet, jahrelang träges Gehölz von Grund auf entfernte
und der Vögel uralt Genist mit den untersten Wurzeln
aushob. Jene flogen empor. Leer blieben die Nester,
aber, vom Pfluge durchwogt, erglänzten die Schollen des Neubruchs.
Denn der Kiesgrund freilich, der karge des trockenen Steilhangs
gibt kaum Rosmarin her und niedrigen Zeiland für Bienen.
Rissiger Tuff und Kreide, von schwarzen Schildkrötenschlangen
ausgenagt, prahlen, kein anderer Grund gewähre den Schlangen
also liebliche Kost und biete so krumme Verstecke.

quae tenuem exhalat nebulam fumosque volucris.
et bibit umorem et, cum vult, ex se ipsa remittit.
quaeque suo semper viridis se gramine vestit,
nec scabie et salsa laedit robigine ferrum: 220
illa tibi laetis intexet vitibus ulmos,
illa ferax oleo est, illam experiere colendo
et facilem pecori et patientem vomeris unci.
talem dives arat Capua et vicina Vesaevo
ora iugo et vacuis Clanius non aequus Acerris.   225

 Nunc quo quamque modo possis cognoscere dicam.
rara sit an supra morem si densa requires
– altera frumentis quoniam favet, altera Baccho,
densa magis Cereri, rarissima quaeque Lyaeo –
ante locum capies oculis alteque iubebis   230
in solido puteum demitti omnemque repones
rursus humum et pedibus summas aequabis harenas.
si derunt, rarum pecorique et vitibus almis
aptius uber erit; sin in sua posse negabunt
ire loca et scrobibus superabit terra repletis,   235
spissus ager: glaebas cunctantis crassaque terga
exspecta et validis terram proscinde iuvencis.
salsa autem tellus et quae perhibetur amara,
frugibus infelix – ea nec mansuescit arando,
nec Baccho genus aut pomis sua nomina servat –   240
tale dabit specimen: tu spisso vimine qualos
colaque prelorum fumosis deripe tectis;
huc ager ille malus dulcesque a fontibus undae
ad plenum calcentur: aqua eluctabitur omnis
scilicet et grandes ibunt per vimina guttae;   245
at sapor indicium faciet manifestus, et ora
tristia temptantum sensu torquebit amaror.
pinguis item quae sit tellus, hoc denique pacto
discimus: haud umquam manibus iactata fatiscit,
sed picis in morem ad digitos lentescit habendo.   250
umida maioris herbas alit, ipsaque iusto

Erde, von Nebelhülle umwogt und dampfendem Dunste,
die mit Feuchte sich tränkt und frei sie wieder veratmet,
die grünschwellend immer sich kleidet mit eigenem Teppich,
nicht mit Rauheit und beizendem Rost verschartet das Eisen,
sie wird prangend mit Reben dir voll umranken die Ulmen,
fruchtbar grünt sie vom Ölbaum. Bestell' sie nur, findest sie willig,
Weide dem Vieh zu gewähren, und fügsam hakiger Pflugschar.
Solche bestellt das reiche Capua und das Vesuvland
und der Clanius, oft zur Räumung drängend Acerrae.

Jetzt will ich künden, wie du erkennst ein jegliches Erdreich.
Willst du erforschen, ob locker es sei oder dichter als üblich,
– denn das eine ist günstig dem Korn, das andre dem Weine,
dichten Grund liebt Ceres, den lockeren aber will Bakchus –
faß einen Platz ins Auge und laß eine Grube dem Boden
tief eingraben. Dann wirf alle ausgegrabene Erde
wieder zurück und stampfe sie glatt mit dem Rande der Grube.
Gibt sie nach, so ist eher fürs Vieh und liebliche Reben
lockerer Fruchtgrund da; doch sträubt sich die Erde, der alten
Lage sich wieder zu fügen und quillt sie über die Grube,
dicht ist der Boden alsdann. Erwarte klebender Schollen
klumpige Rücken und brich die Erde mit kräftigen Stieren.
Salziger Boden indes, man nennt ihn auch Bittererde,
unzuträglich der Frucht – er wird ja nicht milder durch Pflügen,
läßt entarten Früchte und Wein, man kennt sie nicht wieder, –
gibt dir solchen Erweis: Nimm Körbe hervor aus dem Rauchfang,
dichten Weidengeflechts, und Seihgefäße der Kelter;
dahinein stampfe mit süßem Quell gehörig durchtränkte
Bittererde, fest bis zum Rand. So dringt dann das Wasser
durch und durch, und Tropfen entquellen schwellend den Körben.
Doch ihr Geschmack zeigt deutlich sich an: beim Kosten verzerrt sich
herbe der Mund, die Lauge, die bittere, zieht ihn zusammen.
Ebenso lernen den fetten Grund wir endlich erst also
kennen: er läßt, von den Händen gerollt, sich nimmer zerkrümeln,
sondern durch Kneten wird er wie Pech und klebt an den Fingern.
Feuchter Grund nährt üppiges Kraut und mehr als gebührlich

laetior. a, nimium ne sit mihi fertilis illa
nec se praevalidam primis ostendat aristis.
quae gravis est, ipso tacitam se pondere prodit,
quaeque levis. promptum est oculis praediscere nigram,   255
et quis cui color. at sceleratum exquirere frigus
difficile est: piceae tantum taxique nocentes
interdum aut hederae pandunt vestigia nigrae.

His animadversis terram multo ante memento
excoquere et magnos scrobibus concidere montis,   260
ante supinatas aquiloni ostendere glaebas,
quam laetum infodias vitis genus. optima putri
arva solo: id venti curant gelidaeque pruinae
et labefacta movens robustus iugera fossor.
ac si quos haud ulla viros vigilantia fugit,   265
ante locum similem exquirunt, ubi prima paretur
arboribus seges et quo mox digesta feratur,
mutatam ignorent subito ne semina matrem.
quin etiam caeli regionem in cortice signant,
ut quo quaeque modo steterit, qua parte calores   270
austrinos tulerit, quae terga obverterit axi,
restituant: adeo in teneris consuescere multum est.
collibus an plano melius sit ponere vitem,
MPRV quaere prius. si pinguis agros metabere campi,
densa sere: in denso non segnior ubere Bacchus;   275
sin tumulis adclive solum collisque supinos,
indulge ordinibus; nec setius omnis in unguem
arboribus positis secto via limite quadret:
ut saepe ingenti bello cum longa cohortis
explicuit legio et campo stetit agmen aperto,   280
derectaeque acies, ac late fluctuat omnis
aere renidenti tellus, necdum horrida miscent
proelia, sed dubius mediis Mars errat in armis.
omnia sint paribus numeris dimensa viarum,
non animum modo uti pascat prospectus inanem,   285

prangt er von selbst. Doch wünscht ich, er wäre mir nicht zu beladen,
zeigte sich nicht zu strotzend im ersten Wachstum der Ähren.
Schwerer Boden verrät sich durch bloßes Gewicht ohne Zeichen,
so auch der leichte. Sofort erkennt das Auge den schwarzen
Boden und andersgefärbten. Doch tückische Kälte ist schwierig
festzustellen. Nur Föhren und giftige Taxusbäume
zeigen bisweilen die Spur, oder dunkelgrünender Efeu.

   Dies beachte. Dann denke daran, daß die Erde recht lange
auswittern muß, mit Gruben durchzieh die Hänge der Berge,
lege dem Nordwind offen die umgebrochenen Schollen,
ehe die üppigen Reben du steckst. Am besten sind Fluren
lockeren Bodens. Ihn schaffen die Winde und kältender Rauhreif
und der stämmige Gräber, die Felder grundauf durchlockernd.
Läßt es der Winzer nirgend an wachsamer Sorgfalt fehlen,
wählt er zuvor gleichartigen Grund. Dort schult er zu Bäumen
zarte Reiser und pflanzt sie hernach auseinander. So soll der
Steckling nicht plötzlich befremdet sich finden im Schoß einer andern
Mutter. Ritzt man doch selbst die Himmelsrichtung der Rinde
ein. Wie jeder Schößling gestanden, wo ihn des Südens
Gluthauch traf, den Rücken gen Nord, so soll man ihn wieder
pflanzen: es liegt ja so viel an zarter Jugend Gewöhnung.
Ob du auf Hügeln oder im Flachland lieber den Weinstock
setzest, prüfe zuvor! Und wählst du fette Gebreite,
pflanze nur dicht! Hier schwellen auch s o nicht träger die Trauben.
Wählst du hügelig Land und sanft ansteigende Hänge,
setze geräumig die Reihen! Doch richte die Bäume, daß haarscharf
Gang und Quergang sauber ringsum die Pflanzung durchlaufen:
wie Legionen im Krieg, im gewaltigen, oft die Kohorten
weithin entfalten, das Heer schon steht im offenen Felde,
ausgerichtet die Reihn, und ringsum wogt das Gefilde
allüberall von blitzendem Erz. Noch tobt nicht die Feldschlacht
grausig dahin. Mars irrt noch unschlüssig zwischen den Fronten.
Klar sei alles geordnet durch gleichen Abstand der Wege,
nicht, daß eitel den Sinn dir weide der prächtige Anblick,

sed quia non aliter vires dabit omnibus aequas
terra, neque in vacuum poterunt se extendere rami.

Forsitan et scrobibus quae sint fastigia quaeras.
ausim vel tenui vitem committere sulco.
altior ac penitus terrae defigitur arbos,   290
aesculus in primis, quae quantum vertice ad auras
aetherias, tantum radice in Tartara tendit.
ergo non hiemes illam, non flabra neque imbres
convellunt: immota manet, multosque nepotes,
multa virum volvens durando saecula vincit.   295
tum fortis late ramos et bracchia tendens
huc illuc, media ipsa ingentem sustinet umbram.

Neve tibi ad solem vergant vineta cadentem,
neve inter vitis corylum sere, neve flagella
MPR summa pete aut summa defringe ex arbore plantas   300
– tantus amor terrae – neu ferro laede retunso
semina, neve oleae silvestris insere truncos:
nam saepe incautis pastoribus excidit ignis,
qui furtim pingui primum sub cortice tectus
robora comprendit, frondesque elapsus in altas   305
ingentem caelo sonitum dedit; inde secutus
per ramos victor perque alta cacumina regnat,
et totum involvit flammis nemus et ruit atram
ad caelum picea crassus caligine nubem,
praesertim si tempestas a vertice silvis   310
incubuit glomeratque ferens incendia ventus.
hoc ubi, non a stirpe valent caesaeque reverti
possunt atque ima similes revirescere terra;
infelix superat foliis oleaster amaris.

Nec tibi tam prudens quisquam persuadeat auctor   315
tellurem borea rigidam spirante movere.
rura gelu tum claudit hiems, nec semine iacto
concretum patitur radicem adfigere terrae.
optima vinetis satio, cum vere rubenti
candida venit avis longis invisa colubris,   320

sondern weil nur so die gleichen Kräfte dem Schößling
spendet die Erde und frei sich regen können die Zweige.

Wissen möchtest du auch, wie tief man grabe die Gruben.
Ich vertraute getrost auch flacher Furche den Weinstock.
Tiefer aber senkt man den B a u m ins Herzblut der Erde,
allen voran die Eiche: so hoch mit dem Wipfel hinauf in
Himmelslüfte sie steigt, so tief mit der Wurzel zum Orkus.
Und kein Winterorkan, kein Sturm, kein Wolkenbruch kann sie
je entwurzeln, sie bleibt unbewegt, sieht zahlreiche Enkel,
zahlreiche Menschenalter versinken, sieghaft lebendig.
Knorrig greifen nach hüben und drüben Zweige und Äste,
mitten der Stamm aber trägt das mächtige Schattengewölbe.

Nicht zur sinkenden Sonne hinüber schaue dein Weinberg;
Pflanze nicht Haseln zwischen den Wein, und nimm nicht die höchsten
Gäbelchen, brich auch nicht den Setzling hoch aus den Ranken,
– groß ist die Liebe zur Erde! – verletz ihn auch nimmer mit stumpfem
Messer, pfropfe auch nicht des Ölbaumwildlinges Stämme.
Hirten zünden oft leichtsinnig Feuer. Fliegt wohl ein Funke.
Unter harziger Rinde verborgen greift er verstohlen
erst den Stamm an, züngelt empor ins obere Laubwerk,
schlägt mit knatterndem Prasseln zum Himmel, schwingt sich dann weiter
durchs Gezweige und herrscht als Sieger hoch über Wipfeln.
Rings umlodert sein Flammengewand die Waldung, gen Himmel
wälzt er empor aus pechschwarzer Nacht die qualmende Wolke,
furchtbar zumal, wenn Sturm aus der Höhe über die Bäume
braust und sausender Wind aufpeitscht das Wüten des Brandes.
Bricht das herein, dann krankt in der Wurzel der Baum. Auch beschnitten
wächst er nicht nach, entgrünt nimmer neu dem Schoße der Erde:
fruchtlos ragt nur der Wildling empor mit bitterem Laubwerk.

Nimmer möge ein noch so kluger Mann dich bereden,
unter des Nordwinds Hauch die starrende Erde zu lockern,
frostige Kälte verschließt das Land; und steckst du den Schößling,
läßt die Erstarrung die Wurzeln im Schoß der Erde nicht haften.
Weinberge lohnen am schönsten die Saat, wenn im rosigen Lenzlicht
silbernen Fittichs segelt der Storch, der Schrecken der Schlangen,

prima vel autumni sub frigora, cum rapidus Sol
nondum hiemem contingit equis, iam praeterit aestas.
ver adeo frondi nemorum, ver utile silvis;
vere tument terrae et genitalia semina poscunt.
tum pater omnipotens fecundis imbribus Aether   32[
coniugis in gremium laetae descendit et omnis
magnus alit magno commixtus corpore fetus.
avia tum resonant avibus virgulta canoris,
et Venerem certis repetunt armenta diebus;
parturit almus ager, Zephyrique tepentibus auris   33[
laxant arva sinus; superat tener omnibus umor;
inque novos soles audent se germina tuto
credere, nec metuit surgentis pampinus austros
aut actum caelo magnis aquilonibus imbrem,
sed trudit gemmas et frondes explicat omnis.   33[
non alios prima crescentis origine mundi
inluxisse dies aliumve habuisse tenorem
crediderim: ver illud erat, ver magnus agebat
orbis, et hibernis parcebant flatibus euri,
cum primae lucem pecudes hausere, virumque   34[
terrea progenies duris caput extulit arvis,
immissaeque ferae silvis et sidera caelo.
nec res hunc tenerae possent perferre laborem,
si non tanta quies iret frigusque caloremque
inter et exciperet caeli indulgentia terras.   34[

Quod superest, quaecumque premes virgulta per agros,
sparge fimo pingui, et multa memor occule terra,
aut lapidem bibulum aut squalentis infode conchas:
inter enim labentur aquae, tenuisque subibit
halitus, atque animos tollent sata. iamque reperti,   35[
qui saxo super atque ingentis pondere testae
MPRV urgerent: hoc effusos munimen ad imbres,
hoc, ubi hiulca siti findit Canis aestifer arva.

Seminibus positis superest diducere terram
saepius ad capita et duros iactare bidentis,   35[

oder beim ersten Frost im Herbst, wenn der sengende Sol noch
nicht mit den Rossen am Winterkreis ist, schon scheidet der Sommer.
Frühling zumal treibt Knospen im Hain, grünt lieblich in Wäldern,
Frühling läßt schwellen das Land, nach zeugendem Samen verlangend.
Jetzt in fruchtbaren Schauern steigt allmächtig der Vater
Äther hinab in den Schoß der jubelnden Gattin, und alles
Wachstum nährt er, mächtig vermählt dem mächtigen Leibe.
Einsam Gebüsch tönt hell jetzt vom Lied der zwitschernden Vögel,
und nach Venus verlangen im Rhythmus der Zeiten die Herden.
Trächtig schwillt von Früchten das Land, dem laulichen Westwind
öffnen die Fluren den Schoß, überall perlt silberne Feuchte.
Neuen Sonnen wagen die Keime sicher zu trauen,
nimmer fürchtet das Weinlaub den dräuenden Südwind, noch bangt es
ängstlich vor Schauern, die brausend der Nordwind jagt unterm Himmel.
Nein, es treibt seine Knospen, entfaltet üppiges Laubwerk.
Also strahlten, ich glaube es wohl, über wachsenden Weltalls
Ursprung die Tage, von solchem Glanz rings leuchtend durchflutet.
Damals strahlte der Frühling, und Frühling feierte rings das
Weltenall, da schwieg des Ostwinds eisiges Sausen,
als der Urzeit Tiere die Lichtflut tranken, der Menschen
erdgeborene Brut aus hartem Grunde das Haupt hob,
Bahn frei gab dem Wilde der Wald, den Sternen der Himmel.
Nimmer auch könnte das zarte Gewächs die Mühsal ertragen,
wenn nicht zwischen Kälte und Glut erquickende Ruhe
herrschte und milde der Himmel umarmte die schlummernden Lande.

Alle Setzlinge nun, die rings auf den Feldern du einsenkst,
decke mit kräftigem Mist und birg sie sorglich im Boden!
Setze auch Bimssteine ein oder starrende Muscheln, denn also
gleitet das Regenwasser hindurch, es atmet der zarte
Lufthauch darunter, belebend die Saat. Es gibt wohl auch Winzer,
die mit Steinen den Grund und schwergewichtigen Scherben
lastend beschwerten. Das bietet Schutz gegen Wolkenbruchgüsse,
Schutz bei Hundssterns Glut, wenn dürstend klaffen die Fluren.

Hast du gepflanzt, so bleibt noch übrig, öfters die Erde
rings um die Wurzeln zu lockern, den harten Karst dann zu schwingen

aut presso exercere solum sub vomere et ipsa
flectere luctantis inter vineta iuvencos;
tum levis calamos et rasae hastilia virgae
fraxineasque aptare sudes furcasque valentis,
viribus eniti quarum et contemnere ventos   360
adsuescant summasque sequi tabulata per ulmos.

Ac dum prima novis adolescit frondibus aetas,
parcendum teneris, et dum se laetus ad auras
palmes agit laxis per purum immissus habenis,
ipsa acie nondum falcis temptanda, sed uncis   365
carpendae manibus frondes interque legendae.
inde ubi iam validis amplexae stirpibus ulmos
exierint, tum stringe comas, tum bracchia tonde
– ante reformidant ferrum –, tum denique dura
exerce imperia et ramos compesce fluentis.   370

Texendae saepes etiam et pecus omne tenendum,
praecipue dum frons tenera imprudensque laborum;
cui super indignas hiemes solemque potentem
silvestres uri adsidue capreaeque sequaces
inludunt, pascuntur oves avidaeque iuvencae.   375
frigora ncc tantum cana concreta pruina
aut gravis incumbens scopulis arentibus aestas,
MPR quantum illi nocuere greges durique venenum
dentis et admorso signata in stirpe cicatrix.
non aliam ob culpam Baccho caper omnibus aris   380
caeditur et veteres ineunt proscaenia ludi,
praemiaque ingeniis pagos et compita circum
Thesidae posuere, atque inter pocula laeti
mollibus in pratis unctos saluere per utres.
nec non Ausonii, Troia gens missa, coloni   385
versibus incomptis ludunt risuque soluto,
oraque corticibus sumunt horrenda cavatis,
et te, Bacche, vocant per carmina laeta, tibique
oscilla ex alta suspendunt mollia pinu.
hinc omnis largo pubescit vinea fetu,   390

oder tief mit der Pflugschar den Grund zu durchackern und mitten
durch das Rebengelände die schnaufenden Stiere zu lenken.
Dann schlag Rohrstangen ein und geschälte, dünnere Stäbe,
Eschenholzpfähle ramm ein und Gabeln aus kräftigem Holze.
Ihrer Kraft soll die Rebe vertraun, den Winden zu trotzen
lernen und Stock um Stock aufranken zum Wipfel der Ulmen.

Während das erste Leben den jungen Blättern heraufgrünt,
schone des zarten Gewächses! Und wenn sich froh in die Lüfte
rankt zur Himmelsreine das Reis empor ohne Zügel,
darf es nicht fühlen die Schärfe des Messers. Nein, mit gekrümmten
Fingern mußt du pflücken das Laub und sauber verlesen.
Bricht es aber, mit kräftigem Arm umschlingend die Ulmen,
mächtig hervor, dann stutze sein Haar, dann kappe die Äste
seitlich – noch hatten vor Eisen sie Angst –, jetzt endlich laß harte
Herrschaft sie spüren, und rings beschränke den Wildwuchs der Zweige!

Ziehe auch Heckengeflecht und wehre jegliches Vieh ab,
namentlich wenn das Laub, noch zart, nicht Mühsal vermutet.
Denn außer eiskalten Wintern und glühend herrschender Sonne
schaden ihm stets Wildrinder des Walds, genäschige Ziegen,
Schafe weiden am zartgrünen Laub und hungrige Färsen.
Ja, nicht Kälte, silbrig im Rauhfrost starrend, nicht Hitze,
schwer über glühende Felsen sich lagernd, schadeten jemals
so wie jene Herden der Pflanzung, so wie des harten
Zahnes Gift und, gekerbt im bißwunden Stamme, die Narbe.
Nur wegen solcher Schuld fällt rings an des Bakchus Altären
blutend ein Bock, es betritt das Spiel der Urzeit die Bühne.
Preise stiftete Theseus' Volk für die besten Dichter
rings um Kreuzweg und Gau. Bei lustigem Bechergelage
sprangen sie froh auf dem Teppich der Wiesen, glitschend im Schlauchtanz.
Auch das Volk, aus Troja entsandt, Ausoniens Siedler,
spielen in kunstlosem Vers und hemmungslosem Gelächter,
legen Fratzengesichter sich an, aus Rinden geschnitzte,
rufen, Bakchus, dich an in fröhlichen Liedern und hängen
schwebende Bilder dir auf im hohen Wipfel der Fichte.
Darum schwillt überall von reichlichem Wachstum der Weinberg,

complentur vallesque cavae saltusque profundi
et quocumque deus circum caput egit honestum.
ergo rite suum Baccho dicemus honorem
carminibus patriis, lancesque et liba feremus,
et ductus cornu stabit sacer hircus ad aram,   395
pinguiaque in veribus torrebimus exta colurnis.

   Est etiam ille labor curandis vitibus alter,
cui numquam exhausti satis est: namque omne quotannis
terque quaterque solum scindendum glaebaque versis
aeternum frangenda bidentibus, omne levandum   400
fronde nemus. redit agricolis labor actus in orbem,
atque in se sua per vestigia volvitur annus.
ac iam olim, seras posuit cum vinea frondes,
frigidus et silvis aquilo decussit honorem,
iam tum acer curas venientem extendit in annum   405
rusticus, et curvo Saturni dente relictam
persequitur vitem attondens fingitque putando.
primus humum fodito, primus devecta cremato
sarmenta, et vallos primus sub tecta referto;
postremus metito. bis vitibus ingruit umbra,   410
bis segetem densis obducunt sentibus herbae;
durus uterque labor: laudato ingentia rura,
exiguum colito. nec non etiam aspera rusti
vimina per silvam et ripis fluvialis harundo
caeditur, incultique exercet cura salicti.   415
iam vinctae vites, iam falcem arbusta reponunt,
iam canit effectos extremus vinitor antes:
sollicitanda tamen tellus pulvisque movendus,
et iam maturis metuendus Iuppiter uvis.

   Contra non ulla est oleis cultura: neque illae   420
procurvam exspectant falcem rastrosque tenacis,
cum semel haeserunt arvis aurasque tulerunt;
ipsa satis tellus, cum dente recluditur unco,
sufficit umorem et gravidas, cum vomere, fruges.
hoc pinguem et placitam Paci nutritor olivam.   425

grünt in Fülle der Täler Schoß, die Tiefe der Schluchten,
blüht es, wo nur der Gott erhob sein herrliches Antlitz.
Auf denn, rühmen dem Brauche gemäß wir Bakchus im Preislied
unserer Ahnen, bringen ihm Erstlingsfrüchte und Kuchen!
Zum Altare, am Horne geführt, tritt hin der geweihte
Bock und am Spieß aus Haselholz schmort uns fettes Geweide.

Auch jene andere Arbeit ist not zur Pflege der Reben,
nie zu gründlich getan: denn jeder Boden will jährlich
dreimal und viermal den Pflug, die Scholle vom Rücken der Karste
dauernd zerschlagen sein, der ganze Weinberg gelichtet
werden vom Laub. So kehrt für die Bauern im Kreislauf die Arbeit
wieder, das Jahr läuft rund, durchrollend die eigenen Spuren.
Ja, schon dann, wenn spätes Laub ablegte der Weinberg,
eisiger Nord den Wäldern entriß die Zierde der Blätter,
dann schon dehnt der Bauer, der eifrige, Sorgen hinaus aufs
künftige Jahr. Dem Weinstock, dem kahlen, rückt mit Saturnus'
krummem Zahn er scherend zuleib und bildet ihn schneitelnd.
Grabe als erster den Boden, als erster verbrenne des Abfalls
Reiser und bringe als erster die Pfähle unter die Dächer!
Ernte als letzter die Lese. Zweimal hüllt Schatten die Reben,
zweimal umzieht die Saat in dichten Gebüschen das Unkraut.
Beides gibt hart dir zu tun. Drum lobe die riesigen Felder,
aber pflege dein kleines! Auch starrende Brombeerruten
schlägt man im Wald und schneidet am Ufer das Schilfrohr des Flusses,
Bänder und Stäbe besorgt sich der Winzer vom Wildwuchs der Weiden.
Schon sind gebunden die Reben, schon wächst ohne Sichel der Weinberg,
schon singt froh durch fertige Reihn der letzte der Winzer.
Lockern mußt du trotz allem das Land, mußt Staubwolken wirbeln,
Juppiters Hagel ist noch für reife Trauben zu fürchten.

Keinerlei Pflege dagegen bedürfen die Ölbäume. Weder
harren der krummen Sichel sie je noch packenden Karstes,
wenn sie einmal erst haften im Grund und die Lüfte ertragen.
Denn den Saaten gibt Saft auch so die Erde, vom Krummzahn
eben gelockert; gepflügt aber trägt sie schwellende Früchte.
Pflege den Liebling des Friedens daher, den saftigen Ölbaum.

    Poma quoque, ut primum truncos sensere valentis
et viris habuere suas, ad sidera raptim
vi propria nituntur opisque haud indiga nostrae.
nec minus interea fetu nemus omne gravescit,
sanguineisque inculta rubent aviaria bacis.   430
tondentur cytisi, taedas silva alta ministrat,
pascunturque ignes nocturni et lumina fundunt.
et dubitant homines serere atque impendere curam?
quid maiora sequar? salices humilesque genistae
aut illae pecori frondem aut pastoribus umbram   435
sufficiunt saepemque satis et pabula melli.
et iuvat undantem buxo spectare Cytorum
Naryciaeque picis lucos, iuvat arva videre
non rastris, hominum non ulli obnoxia curae.
ipsae Caucasio steriles in vertice silvae,   440
quas animosi euri adsidue franguntque feruntque,
dant alios aliae fetus, dant utile lignum
navigiis pinos, domibus cedrumque cupressosque.
hinc radios trivere rotis, hinc tympana plaustris
agricolae, et pandas ratibus posuere carinas.   445
viminibus salices fecundae, frondibus ulmi,
at myrtus validis hastilibus et bona bello
cornus, Ituraeos taxi torquentur in arcus.
nec tiliae leves aut torno rasile buxum
non formam accipiunt ferroque cavantur acuto.   450
nec non et torrentem undam levis innatat alnus
missa Pado; nec non et apes examina condunt
corticibusque cavis vitiosaeque ilicis alveo.
quid memorandum aeque Baccheia dona tulerunt?
Bacchus et ad culpam causas dedit; ille furentis   455
Centauros leto domuit, Rhoecumque Pholumque
et magno Hylaeum Lapithis cratere minantem.

    O fortunatos nimium, sua si bona norint,
agricolas! quibus ipsa procul discordibus armis
fundit humo facilem victum iustissima tellus.   460

Obstbäume auch, sobald sie die mächtigen Stämme erst spürten
und ihrer Kraft sich versichert, sie streben schnell zu den Sternen
auf aus eigener Kraft, bedürfen nicht unserer Hilfe.
Und nicht minder wird trächtig inzwischen von Frucht alle Waldung,
blutrot von Beeren erglühn der Vögel einsame Nester,
Klee wird gemäht, der ragende Wald läßt Kienfackeln wachsen,
so kann Feuer sich nähren bei Nacht und Lichtflut verströmen.
Und da zaudern die Menschen, zu säen und sorgend zu wirken?
Was soll ich Großes erst nennen? Schon Weiden und niedriger Ginster
geben ihr Laub dem Vieh, erquicken die Hirten mit Schatten,
schützen als Hecke die Saat und bergen goldenen Honig.
Schön ist's, den Kytorus zu schaun, grünwogend von Buchsbaum,
Bruttiums pechharztriefenden Hain; wie lacht das Gefilde,
nimmer pflichtig dem Karst und nimmer menschlicher Sorge.
Selbst auf des Kaukasus Gipfel die fruchtlos ragenden Wälder,
welche brausende Ostwinde stets baumstürzend durchwirbeln,
geben reichen Ertrag: sie liefern als brauchbares Bauholz
Fichten den Werften und liefern fürs Haus Zypressen und Zedern.
Hierher holt sich der Bauer sein Holz, dreht Speichen für Räder,
Räder für Karren und baut zum Floß die gebogenen Kiele.
Weiden sind fruchtbar an Ruten, und Laubwerk geben die Ulmen,
Myrten jedoch und Kornellen bewaffnen im Krieg uns mit starken
Lanzenschaften. Aus Taxus entstehn ituräische Bogen.
Lindenholz, glattgeschabtes, vom Eisen gedrechselter Buchsbaum
nehmen Form an, werden gehöhlt vom schnitzenden Messer,
und auf reißender Woge tanzt leichtschwebend die Erle
mitten im Po; die Bienen verbergen die Schwärme in hohlen
Rinden und bergen sie tief in der Steineiche modrigem Bauche.
Schufen uns also rühmlichen Wert die Geschenke des Bakchus?
Bakchus brachte auch Schuld in die Welt; er zwang die Kentauren
wahnbesessen in blutigen Tod, den Rhoecus, den Pholus
und den Hylaeus, der gegen Lapithen warf seinen Mischkrug.

Überglücklich die Bauern, wenn sie ihrer eigensten Güter
inne würden! Denn ihnen läßt fern vom Lärme der Waffen
Leben in Fülle gedeihn die allgerechte, die Erde.

si non ingentem foribus domus alta superbis
mane salutantum totis vomit aedibus undam,
nec varios inhiant pulchra testudine postes
inlusasque auro vestes Ephyreiaque aera,
alba neque Assyrio fucatur lana veneno,   465
nec casia liquidi corrumpitur usus olivi:
at secura quies et nescia fallere vita,
dives opum variarum, at latis otia fundis,
speluncae vivique lacus et frigida Tempe
mugitusque boum mollesque sub arbore somni   470
non absunt; illic saltus ac lustra ferarum,
et patiens operum exiguoque adsueta iuventus,
sacra deum sanctique patres: extrema per illos
Iustitia excedens terris vestigia fecit.

Me vero primum dulces ante omnia Musae,   475
quarum sacra fero ingenti percussus amore,
accipiant, caelique vias et sidera monstrent,
defectus solis varios lunaeque labores;
unde tremor terris, qua vi maria alta tumescant
obicibus ruptis rursusque in se ipsa residant,   480
quid tantum Oceano properent se tinguere soles
hiberni, vel quae tardis mora noctibus obstet.
sin, has ne possim naturae accedere partis,
frigidus obstiterit circum praecordia sanguis,
rura mihi et rigui placeant in vallibus amnes,   485
flumina amem silvasque inglorius. o ubi campi
Spercheosque et virginibus bacchata Lacaenis
Taygeta, o qui me gelidis convallibus Haemi
sistat et ingenti ramorum protegat umbra!
felix, qui potuit rerum cognoscere causas,   490
atque metus omnis et inexorabile fatum
subiecit pedibus strepitumque Acherontis avari.
fortunatus et ille, deos qui novit agrestis,
Panaque Silvanumque senem nymphasque sorores.
illum non populi fasces, non purpura regum   495

Wenn auch kein Prachtbau, stolzen Portals, aus allen Gemächern
morgens die Grußbeflissnen entläßt in wogendem Strome,
wenn kein staunender Blick an schildpattschimmernden Pfosten
hängt noch an golddurchwirktem Gewand und an kostbaren Vasen,
wenn man auch weiße Wolle nicht färbt mit phönizischem Purpur,
nicht durch Narde verdirbt die Kraft des lauteren Öles:
aber sorglose Ruhe und Leben in redlicher Einfalt,
reich an mancherlei Gut, aber Muße in weiten Gefilden,
Grotten und quellfrische Seen und kühle, waldige Täler,
Kuhgemuhe und Schlummers Genuß im Schatten der Bäume,
d a s fehlt nicht. Da gibt es Schluchten und Lager des Wildes
und eine anspruchslose, mit Ausdauer schaffende Jugend,
Opfer den Göttern und Ehrfurcht dem Alter! Hier in den Bauern
ließ noch Gerechtigkeit, eh sie entschwand, die äußersten Spuren.

Mich aber mögen die Musen, mir lieb über alles, – ich trage
ja ihr heiliges Gut, durchdrungen von glühender Liebe –,
freundlich empfangen, mir zeigen des Himmels Bahnen und Sterne,
Finsternisse der Sonne und vielfache Mühen des Mondes;
woher Erdbeben kommt, wie das Meer so mächtig emporschwillt,
Dämme zerreißt und wieder in sich verebbend zurücksinkt;
warum so schnell in des Ozeans Flut zu tauchen die Sonnen
sich im Winter bemühn und was die Nächte so hindehnt.
Wenn mir aber das Blut zu kalt und träge durchs Herz rinnt,
daß mir's an Kräften gebricht, so tief die Natur zu ergründen,
Ländlichkeit wünscht ich mir dann, in Tälern belebend Gewässer,
Flüsse und Wälder, nicht Namen und Ruhm. Wo seid ihr, Gefilde
Griechenlands? Wo du, von bakchantischen Mädchen durchschwärmtes
Waldgebirge? O wer mich in kühle Täler des Haemus
brächte und tief mich bärge im schattigen Dunkel der Zweige!
Selig, wer es vermochte, das Wesen der Welt zu ergründen,
wer so all die Angst und das unerbittliche Schicksal
unter die Füße sich zwang und des gierigen Acheron Tosen!
Selig auch jener, dem die ländlichen Götter vertraut sind,
Pan und der alte Silvanus, der Schwesternreigen der Nymphen!
Ihn beugt nicht des Volkes Gewalt, nicht schreckt ihn des Herrschers

flexit et infidos agitans discordia fratres
aut coniurato descendens Dacus ab Histro,
non res Romanae perituraque regna, neque ille
aut doluit miserans inopem aut invidit habenti.
quos rami fructus, quos ipsa volentia rura   500
sponte tulere sua, carpsit, nec ferrea iura
insanumque forum aut populi tabularia vidit.
sollicitant alii remis freta caeca, ruuntque
in ferrum, penetrant aulas et limina regum;
hic petit excidiis urbem miserosque penatis,   505
ut gemma bibat et Sarrano dormiat ostro;
condit opes alius defossoque incubat auro;
hic stupet attonitus rostris; hunc plausus hiantem
per cuneos geminatus enim plebisque patrumque
corripuit; gaudent perfusi sanguine fratrum,   510
exsilioque domos et dulcia limina mutant
atque alio patriam quaerunt sub sole iacentem.
agricola incurvo terram dimovit aratro:
hinc anni labor, hinc patriam parvosque penates
sustinet, hinc armenta boum meritosque iuvencos.   515
nec requies, quin aut pomis exuberet annus
aut fetu pecorum aut Cerealis mergite culmi,
proventuque oneret sulcos atque horrea vincat.
venit hiems: teritur Sicyonia baca trapetis,
glande sues laeti redeunt, dant arbuta silvae;   520
et varios ponit fetus autumnus, et alte
mitis in apricis coquitur vindemia saxis
interea dulces pendent circum oscula nati,
casta pudicitiam servat domus, ubera vaccae
lactea demittunt, pinguesque in gramine laeto   525
inter se adversis luctantur cornibus haedi.
ipse dies agitat festos fususque per herbam,
ignis ubi in medio et socii cratera coronant,
te libans, Lenaee, vocat, pecorisque magistris
velocis iaculi certamina ponit in ulmo,   530
corporaque agresti nudant praedura palaestrae.

Purpurmantel, nicht Zwist, selbst Brüder in Heimtücke hetzend,
oder der Daker, der naht vom Herd der Verschwörung am Hister,
nicht Roms innerer Krieg noch sinkende Staaten. Auch schmerzt ihn
weder das Mitleid mit Armen, noch plagt ihn der Neid auf den Reichen.
Eigenes Obst und eigenes Korn auf fruchtbarer Scholle
reift ihm zur Ernte entgegen. Nichts weiß er vom grausamen Rechtsstreit,
nichts vom Lärm des Markts, von Pacht- und Steuerbehörden.
Andere schlagen mit Rudern die dräuenden Fluten und stürzen
kämpfend ins Schwert und stürmen in Burgen und Königspaläste;
dieser bedrängt mit Verderben die Stadt und die Götter des Hauses,
um aus Pokalen zu schlürfen, zu ruhn auf schwellendem Purpur;
jener vergräbt seine Schätze und hockt auf verborgenem Golde.
Dieser bestaunt überwältigt die Redner, trunken hört jener
tosenden Beifall, umjubelt zum Gruß doch Volk ihn und Adel.
Andere waten mit grausamer Lust im Blute der Brüder,
werden verbannt und müssen die traute Heimat verlassen
und unter fremder Sonne ein neues Vaterland suchen.
Aber der Bauer durchfurcht mit gekrümmter Pflugschar die Erde:
hier beginnt im Jahre sein Werk, so erhält er die Heimat,
so sein bescheidenes Gut, Kuhherden und tüchtige Stiere.
Unablässig gewährt das Jahr ihm Früchte in Fülle,
läßt das Vieh sich vermehren und reift ihm Korn auf dem Halme.
Schwer wogt draußen die Ernte, die Speicher brechen vor Fülle.
Neigt sich das Jahr, dann preßt man Öl aus den besten Oliven,
eichelgenährt kommt wieder das Schwein, im Walde gibt's Beeren,
mancherlei Früchte spendet der Herbst. An felsigen Hängen
hoch in der Sonne glühn zu süßer Reife die Trauben.
Nach der Arbeit umdrängen die Kinder mit Küssen den Vater,
Reinheit durchstrahlt das behütete Haus. Milch gibt es in Fülle.
Satt von der Weide bekämpfen auf grünem, schwellendem Rasen
Horn an Horn mit Stoßen und Ziehn sich munter die Böcklein.
Festtage ordnet der Bauer selbst. Er lagert im Grünen,
mitten im Rund flammt Feuer, und Freunde bekränzen den Weinkrug.
Opfernd ruft er, Bakchus, dich an; in schwingendem Speerwurf
setzt er am Ulmbaum Kampfspiele an für die Hüter der Herden,
und zum ländlichen Ringen entblößt man stählerne Glieder.

hanc olim veteres vitam coluere Sabini,
hanc Remus et frater, sic fortis Etruria crevit,
scilicet et rerum facta est pulcherrima Roma,
MPRV septemque una sibi muro circumdedit arces.   535
ante etiam sceptrum Dictaei regis et ante
impia quam caesis gens est epulata iuvencis,
aureus hanc vitam in terris Saturnus agebat;
necdum etiam audierant inflari classica, necdum
impositos duris crepitare incudibus enses.   540

Sed nos immensum spatiis confecimus aequor,
et iam tempus equum fumantia solvere colla.

III

FMPRV Te quoque, magna Pales, et te memorande canemus
pastor ab Amphryso, vos, silvae amnesque Lycaei.
cetera quae vacuas tenuissent carmine mentes,
omnia iam vulgata: quis aut Eurysthea durum
aut inlaudati nescit Busiridis aras?   5
cui non dictus Hylas puer et Latonia Delos
Hippodameque umeroque Pelops insignis eburno,
acer equis? temptanda via est, qua me quoque possim
tollere humo victorque virum volitare per ora.
primus ego in patriam mecum, modo vita supersit,   10
Aonio rediens deducam vertice Musas;
primus Idumaeas referam tibi, Mantua, palmas,
FMPR et viridi in campo templum de marmore ponam
propter aquam, tardis ingens ubi flexibus errat
Mincius et tenera praetexit harundine ripas.   1.
in medio mihi Caesar erit templumque tenebit:
illi victor ego et Tyrio conspectus in ostro
centum quadriiugos agitabo ad flumina currus.
cuncta mihi Alpheum linquens lucosque Molorchi
cursibus et crudo decernet Graecia caestu.   2
ipse caput tonsae foliis ornatus olivae

Solch ein Leben führten dereinst die alten Sabiner,
so wuchsen Remus und Romulus auf und die starken Etrusker,
so wuchs auf voll Macht in der Welt die strahlende Roma,
sieben Burgen umfaßte geeint der Ring ihrer Mauer.
Ehe die eiserne Weltzeit geherrscht und ehe ein rohes,
fühllos Geschlecht sich Stiere erschlug zu üppigem Schmause,
lebte so Saturnus auf Erden in goldener Weltzeit.
Damals hörte man nicht die Kriegstrompete erschallen,
nirgends klirrte der Hämmer Geläut schwertschmiedend am Amboß

Aber wir haben des Rennens gewaltige Strecke durchmessen,
Zeit ist's, vom Joche zu lösen der Rosse dampfenden Nacken.

3

Große Pales, dich rühme ich auch, dich, hehrer Apollo,
Hirt von Amphrysus, und euch, Arkadiens Wälder und Ströme.
Denn was müßigen Geist wohl sonst im Liede gefesselt,
ist schon Alltagsgespräch. Wer hätte vom harten Eurystheus
nicht gehört, wer nicht von des grausen Busiris Altären?
Wem wäre Hylas, der Knabe, noch fremd und Delos, Latonas
Insel, Hippodame, Pelops, berühmt durch die Elfenbeinschulter,
stürmisch zu Roß? Drum muß ich auf n e u e Bahnen mich wagen,
daß ich empor mich schwinge als Sieger im Munde der Menschheit.
Ich will als Erster mit mir ins Vaterland, reicht nur mein Leben,
vom aonischen Gipfel hinab geleiten die Musen,
Mantua, bringen als Erster dir heim die Palme des Sieges,
will im grünen Gefild einen Tempel aus Marmor erbauen
nahe am Wasser, wo breit der Mincio träumend in trägen
Windungen schleicht, mit schwankem Schilf umwebend die Ufer.
Waltend im innersten Herzen des Tempels thront mir Caesar.
Siegreich werde ich ihm, umwallt vom Purpurgewande,
hundert Wagen, im Viergespann, hintreiben zum Flusse,
und ganz Griechenland läßt den Alpheus, läßt des Molorchus
Haine und kämpft im Wettlauf hier und im grausamen Faustkampf.
Aber ich selbst, das Haupt umkränzt vom Laube des Ölbaums,

MPR dona feram. iam nunc sollemnis ducere pompas
     ad delubra iuvat caesosque videre iuvencos
     vel scaena ut versis discedat frontibus utque
     purpurea intexti tollant aulaea Britanni.   25
     in foribus pugnam ex auro solidoque elephanto
     Gangaridum faciam victorisque arma Quirini,
     atque hic undantem bello magnumque fluentem
     Nilum ac navali surgentis aere columnas.
     addam urbes Asiae domitas pulsumque Niphaten   30
     fidentemque fuga Parthum versisque sagittis
     et duo rapta manu diverso ex hoste tropaea
     bisque triumphatas utroque ab litore gentes.
     stabunt et Parii lapides, spirantia signa,
     Assaraci proles demissaeque ab Iove gentis   35
     nomina Trosque parens et Troiae Cynthius auctor.
     Invidia infelix Furias amnemque severum
     Cocyti metuet tortosque Ixionis anguis
     immanemque rotam et non exsuperabile saxum.
     interea dryadum silvas saltusque sequamur   40
     intactos, tua, Maecenas, haud mollia iussa.
     te sine nil altum mens incohat: en age segnis
     rumpe moras; vocat ingenti clamore Cithaeron
     Taygetique canes domitrixque Epidaurus equorum,
     et vox adsensu nemorum ingeminata remugit.   45
     mox tamen ardentis accingar dicere pugnas
     Caesaris et nomen fama tot ferre per annos,
     Tithoni prima quot abest ab origine Caesar.

        Seu quis Olympiacae miratus praemia palmae
     pascit equos seu quis fortis ad aratra iuvencos,   50
     corpora praecipue matrum legat. optima torvae
     forma bovis, cui turpe caput, cui plurima cervix,
     et crurum tenus a mento palearia pendent;
     tum longo nullus lateri modus; omnia magna,
     pes etiam; et camuris hirtae sub cornibus aures.   55
     nec mihi displiceat maculis insignis et albo,

bringe das Opfer. Schon jetzt durchzuckt's mich freudig, den Festzug
hin zu den Tempeln zu führen, zu schaun die geopferten Stiere,
und wie die Bühne die Stirnwand dreht, wie den steigenden Vorhang
heben, das Purpurgewirk, die eingewebten Britanner.
Auf den Pforten form ich in Gold und in Elfenbeinarbeit
Schlachtengetümmel am Ganges, es strahlen des Siegers Quirinus
Waffen, hier wogt vom Krieg hochflutend der brausende Nilstrom,
Schiffsschnäbel ragen als Säulen von Erz, hier bilde ich Asiens
niedergezwungene Städte, die Jagd durch Armeniens Bergland,
Parther, vertrauend der Flucht, die plötzlich sich wendet zum Pfeilschuß,
zwei dem Feind im Osten und Westen geraubte Trophäen
und den Doppeltriumph über Völker von beiden Gestaden.
Ragen soll mir aus parischem Stein, ein atmend Gebilde,
dort des Assarakus Stamm, die Namen der Juppitersöhne,
Ahnherr Tros, auch du, und Trojas Erbauer Apollo.
Glückloser Neid aber fürchte die Furie, grausen Kokytus'
Fluten sollen ihn schrecken, ihm dräue vom Rade Ixions
scheußlich das Schlangengewinde, ihn ängstige Sisyphus' Felsblock.
Wir indes dringen durch Wald und Schlucht, jungfräuliches Land, ins
Reich der Dryaden, dein schweres Gebot, Maecenas, befolgend.
Ohne dich sinnt nichts Hohes mein Geist. Wohlan denn, der Säumnis
Fesseln zerbrich! Schon ruft uns mit brüllendem Laut der Kithaeron,
bellt des Taygetus Meute, es lockt Epidaurus, der Rosse
Bändigerin, rings hallen von hellem Gewieher die Wälder.
Bald aber gürte ich mich, zu künden die lodernden Schlachten
Caesars, seinen Namen durch so viel Jahre zu rühmen,
wie von Tithonus' Urzeit fern aufstrahlte uns Caesar.

Ob ein Mann, den Preis olympischer Palmen bewundernd,
Rosse sich hält, ob lieber zum Pflügen kräftige Stiere,
sorglichst wähl' er die Mütter zunächst. Die trefflichste Zuchtkuh
ist von Aussehen wild, ihr Kopf ist häßlich, der Nacken
massig, bis zu den Schenkeln hängt vom Kinne die Wampe.
Mächtig dehnt ohne Maß sich die Flanke, alles ist wuchtend,
auch der Fuß. Unter krummem Gehörn stehn struppig die Ohren.
Nicht so übel ist auch die weißgezeichnete Schecke,

aut iuga detrectans interdumque aspera cornu
et faciem tauro propior, quaeque ardua tota
et gradiens ima verrit vestigia cauda.
aetas Lucinam iustosque pati hymenaeos   60
desinit ante decem, post quattuor incipit annos;
cetera nec feturae habilis nec fortis aratris.
interea, superat gregibus dum laeta iuventas,
solve mares; mitte in venerem pecuaria primus,
atque aliam ex alia generando suffice prolem.   65
optima quaeque dies miseris mortalibus aevi
prima fugit: subeunt morbi tristisque senectus
et labor, et durae rapit inclementia mortis.
semper erunt, quarum mutari corpora malis:
semper enim refice ac, ne post amissa requiras,   70
ante veni et subolem armento sortire quotannis.

Nec non et pecori est idem dilectus equino.
tu modo, quos in spem statues summittere gentis,
praecipuum iam inde a teneris impende laborem.
continuo pecoris generosi pullus in arvis   75
altius ingreditur, et mollia crura reponit;
primus et ire viam et fluvios temptare minacis
audet et ignoto sese committere ponti,
nec vanos horret strepitus. illi ardua cervix
argutumque caput, brevis alvus obesaque terga,   80
luxuriatque toris animosum pectus. honesti
spadices glaucique, color deterrimus albis
e gilvo. tum, si qua sonum procul arma dedere,
stare loco nescit, micat auribus et tremit artus,
collectumque premens volvit sub naribus ignem.   85
densa iuba, et dextro iactata recumbit in armo;
at duplex agitur per lumbos spina, cavatque
tellurem et solido graviter sonat ungula cornu.
talis Amyclaei domitus Pollucis habenis
Cyllarus et, quorum Grai meminere poetae,   90
Martis equi biiuges et magni currus Achillei.

oder ein Rind, widerstrebend dem Joch, zuweilen gar stößig,
fast ein Stier an Gestalt, ein Tier von prächtigem Hochwuchs,
das beim Gehen die Spuren verwischt mit dem Ende des Schwanzes.
Wehen zu dulden und rechter Paarung taugliches Alter
endet im zehnten Jahr, im fünften aber beginnt es.
Anderes Alter ist weder zur Zucht noch zum Pfluge geeignet.
Wenn nun inzwischen dein Vieh aufstrotzt in fröhlicher Jugend,
löse die Stiere! Schicke dein Vieh zur Paarung als erster,
und Geschlecht um Geschlecht ergänze durch zeitige Zeugung.
Flieht doch die köstlichste Zeit den armen, sterblichen Wesen
immer zuerst. Nachschleichen Gebrest und trostloses Alter,
Mühsal lastet, und hart entrafft sie der Tod, ohne Gnade.
Stets gibt's Mütter von minderem Wuchs, gern möchtest du tauschen,
immer ergänze sie drum. Um später nichts zu vermissen,
komme zuvor und wähle dem Zuchtvieh jährlich den Nachwuchs.

Ebenso walte sorgliche Wahl beim Kören der Hengste.
Die zur Zucht du bestimmst, des Stammes künftige Hoffnung,
hege von zartester Jugend schon mit liebender Mühe.
Gleich von Geburt an schreitet ein Füllen von rassiger Mutter
stolzer einher im Gefilde und setzt gar zierlich die Schenkel.
Stets an der Spitze sprengt es dahin, durch dräuende Ströme
wagt es sich kühn und traut noch nie betretenen Brücken,
schrickt nicht zusammen bei eitlem Geräusch. Steil trägt es den Nacken,
schmal ist der Kopf, die Weiche gedrang, gepolstert die Kruppe,
muskelprangend die mutige Bust. Am höchsten begehrt sind
Apfelschimmel und Brauner, die minderwertigste Farbe
haben die Gelbschimmel. Tönt nun von fern das Klirren der Waffen,
kennt es kein Halten, zuckt mit den Ohren und zittert und stampft und
stößt aus schnaubenden Nüstern den Dampf des inneren Feuers.
Rechts fällt dicht ihm die Mähne vom Bug, sooft es sie schüttelt,
breit gefurcht durchzieht die Lenden das Rückgrat, der Hufschlag
höhlt die Erde und dröhnt laut auf von kräftigem Horne.
So war der Hengst, den Pollux gezähmt mit herrischem Zügel,
Kyllarus, so das edle, von Griechenlands Dichtern gerühmte
Doppelgespann des Mars und die Renner des großen Achilles.

talis et ipse iubam cervice effundit equina
coniugis adventu pernix Saturnus, et altum
Pelion hinnitu fugiens implevit acuto.

Hunc quoque, ubi aut morbo gravis aut iam segnior annis 95
deficit, abde domo nec turpi ignosce senectae.
frigidus in venerem senior frustraque laborem
ingratum trahit, et si quando ad proelia ventum est,
ut quondam in stipulis magnus sine viribus ignis,
incassum furit. ergo animos aevumque notabis 100
praecipue; hinc alias artis prolemque parentum,
et quis cuique dolor victo, quae gloria palmae.
nonne vides, cum praecipiti certamine campum
corripuere ruuntque effusi carcere currus,
cum spes arrectae iuvenum, exsultantiaque haurit 105
corda pavor pulsans? illi instant verbere torto
et proni dant lora, volat vi fervidus axis;
iamque humiles, iamque elati sublime videntur
aëra per vacuum ferri atque adsurgere in auras;
nec mora nec requies; at fulvae nimbus harenae 110
tollitur, umescunt spumis flatuque sequentum:
tantus amor laudum, tantae est victoria curae.
primus Ericthonius currus et quattuor ausus
iungere equos rapidusque rotis insistere victor.
frena Pelethronii Lapithae gyrosque dedere 115
impositi dorso atque equitem docuere sub armis
insultare solo et gressus glomerare superbos.
aequus uterque labor, aeque iuvenemque magistri
exquirunt calidumque animis et cursibus acrem,
quamvis saepe fuga versos ille egerit hostis 120
et patriam Epirum referat fortisque Mycenas
Neptunique ipsa deducat origine gentem.

His animadversis instant sub tempus, et omnis
impendunt curas denso distendere pingui,
quem legere ducem et pecori dixere maritum; 125

So ließ, selbst sich wandelnd zum Roß, die Mähne vom Nacken
flattern Saturn, von der Gattin ertappt, und hurtig entfliehend
füllte er Pelions Felsengeklüft mit hellem Gewieher.

Schwächt aber Krankheit den Hengst und kommt er zu trägeren Jahren,
lasse auch ihn dann zu Haus, ohne Nachsicht mit wertlosem Alter.
Frostig ist zur Paarung der Ältere, treibt nur vergeblich
danklos-mühsames Werk; und kommt es wirklich zum Kampfe,
gleicht er dem Feuer im Stroh, das knattert empor und verflattert,
rast und versagt. Drum achte auf Mut vor allem und Jugend,
dann erst auf Vorzüge anderer Art, auf den Stammbaum der Eltern,
ob der Besiegte sich grämt, der Sieger sich freut seiner Palme.
Sieh nur, sieh, wie gestreckten Galopps wettlaufend die Bahn hin
rasen und rennen, dem Start in Nu entflohn, die Gespanne!
Bald reißt Hoffnung die Jünglinge hoch, bald stocken die Herzen,
eben noch jauchzend, vor Angst! Sie drohn, sie wirbeln die Peitsche,
Zügel verhängt, vornüber; es fliegt rotglühend die Achse.
Jetzt noch am Boden hin, gleich schon emporgerafft scheinen durch leere
Luft sie zu jagen und hoch zu steigen auf Flügeln des Windes,
ohne Rast, ohne Ruh! Aufwirbelt gelblichen Sandes
Wolke. Sie triefen, vom Schaum befleckt nachhetzender Renner.
So brennt Liebe zum Ruhm, so dürstet das Herz nach dem Siege.
Erichthonius wagte zuerst, vier Renner dem Wagen
anzujochen und fliegend zu stehn auf Rädern als Sieger.
Zügel erfand der Lapithen Geschlecht und Volten zu schlagen
fest im Sitz auf dem Roß. Sie lehrten gewappnete Reiter
tänzelnd einherzusprengen und stolzen Schrittes zu traben.
Beiderlei Mühe ist gleich, drum wählen die Meister entsprechend
jung das Roß, voll Feuer und stürmenden Laufes. Der Althengst
zählt nicht mehr mit, obwohl er so oft doch die Feinde gejagt hat,
und Epirus als Vaterland rühmt und Mykene, der Helden
Wiege, und gar sein Geschlecht herleitet vom Ahnherrn Neptunus.

Dies beachten die Züchter. Doch kommt die Zeit der Begattung,
sorgen sie wohl, daß derbe Mast feist mache den Zuchthengst,
den sie zum Führer erwählt und dem Vieh zum Gatten bestimmten.

florentisque secant herbas fluviosque ministrant
farraque, ne blando nequeat superesse labori
invalidique patrum referant ieiunia nati.
ipsa autem macie tenuant armenta volentes,
atque ubi concubitus primos iam nota voluptas   130
sollicitat, frondesque negant et fontibus arcent.
saepe etiam cursu quatiunt et sole fatigant,
cum graviter tunsis gemit area frugibus, et cum
surgentem ad zephyrum paleae iactantur inanes.
hoc faciunt, nimio ne luxu obtunsior usus   135
sit genitali arvo et sulcos oblimet inertis,
sed rapiat sitiens venerem interiusque recondat.

Rursus cura patrum cadere et succedere matrum
incipit. exactis gravidae cum mensibus errant,
non illas gravibus quisquam iuga ducere plaustris,   140
non saltu superare viam sit passus et acri
carpere prata fuga fluviosque innare rapacis.
saltibus in vacuis pascunt et plena secundum
flumina, muscus ubi et viridissima gramine ripa,
speluncaeque tegant et saxea procubet umbra.   145
FMPR est lucos Silari circa ilicibusque virentem
plurimus Alburnum volitans, cui nomen asilo
Romanum est, oestrum Grai vertere vocantes,
asper, acerba sonans, quo tota exterrita silvis
diffugiunt armenta, furit mugitibus aether   150
concussus silvaeque et sicci ripa Tanagri.
hoc quondam monstro horribilis exercuit iras
Inachiae Iuno pestem meditata iuvencae.
hunc quoque — nam mediis fervoribus acrior instat —
arcebis gravido pecori, armentaque pasces   155
sole recens orto aut noctem ducentibus astris.

Post partum cura in vitulos traducitur omnis,
continuoque notas et nomina gentis inurunt,
et quos aut pecori malint submittere habendo

Blühende Kräuter schneiden sie ihm, sie reichen ihm Wasser,
reichen ihm Korn, daß kräftig er leiste erfreuliche Mühsal,
daß nicht schwächliche Kinder des Vaters Fasten verraten.
Stuten und Kühe jedoch läßt magerer werden der Züchter,
planvoll, und wenn sie der s c h o n bekannte Trieb zur Begattung
stachelt, verweigert er ihnen das Laub und hält sie von Quellen
fern. Oft tummelt er sie im Lauf, hetzt ab sie in Hitze,
wenn beim Dreschen der Frucht schwer stöhnt die Tenne und flatternd
wirbelt die leere Spreu, gepackt vom nahenden Westwind.
All dies geschieht, daß nicht zu üppige Mast die Traglust
stumpfe der zeugenden Flur und träge Furchen verschlämme;
gierig sauge und berge ihr Schoß tief drinnen den Samen.

Jetzt überläßt man die Väter sich selbst und sorgt für die Mütter;
wenn ihre Zeit sich erfüllt und irrend die Trächtigen schweifen,
wird sie wohl niemand ins Joch einspannen des lastenden Fuhrwerks,
läßt sie auch nicht mehr im Sprung die Straße hinjagen, im scharfen
Trab die Wiesen durchstürmen und reißende Flüsse durchschwimmen.
Einsame Waldwiesen weiden sie ab, sie grasen entlang am
ruhigen Strom, auf Polstern aus Moos, am grünenden Ufer,
Grotten schützen sie, kühl umfängt sie der Schatten der Klüfte.
Rings um des Silarus Haine, den eichenbekrönten Alburnus
schwärmt ein schwirrendes Tier. Asilus nennt es der Römer,
Oistros der Grieche mit anderem Wort, die gefährliche Bremse.
Gräßlich, surrenden Tons, davor in den Wäldern die Herden
schreckengepeitscht zerstieben. Ein rasendes Brüllen erschüttert
heftig den Äther, den Wald und das Ufer des seichten Tanager.
Durch dies Scheusal wütete einst gegen Inachus' Tochter,
die sie gewandelt zur Kuh, die unheilsinnende Juno.
Halte es ja – denn es tobt im glühenden Mittag am ärgsten –
fern von trächtigem Vieh, und weide die Tiere, wenn morgens
eben die Sonne sich hebt oder Nacht mit Sternen heranschwebt.

Nach der Geburt gilt alles Bemühn und Sorgen den Kälbern.
Merkmale brennt man sofort ihnen ein und die Namen des Stammes,
ob man sie nun als Nachwuchs des Viehs aufzieht oder lieber

aut aris servare sacros aut scindere terram   160
et campum horrentem fractis invertere glaebis.
cetera pascuntur viridis armenta per herbas:
tu quos ad studium atque usum formabis agrestem,
iam vitulos hortare viamque insiste domandi,
dum faciles animi iuvenum, dum mobilis aetas.   165
ac primum laxos tenui de vimine circlos
cervici subnecte; dehinc, ubi libera colla
servitio adsuerint, ipsis e torquibus aptos
iunge pares, et coge gradum conferre iuvencos;
atque illis iam saepe rotae ducantur inanes   170
per terram, et summo vestigia pulvere signent;
post valido nitens sub pondere faginus axis
instrepat, et iunctos temo trahat aereus orbis.
interea pubi indomitae non gramina tantum
nec vescas salicum frondes ulvamque palustrem,   175
sed frumenta manu carpes sata; nec tibi fetae
more patrum nivea implebunt mulctraria vaccae,
sed tota in dulcis consument ubera natos.

Sin ad bella magis studium turmasque ferocis,
aut Alphea rotis praelabi flumina Pisae   180
AFMPR et Iovis in luco currus agitare volantis:
primus equi labor est, animos atque arma videre
bellantum lituosque pati tractuque gementem
ferre rotam et stabulo frenos audire sonantis;
tum magis atque magis blandis gaudere magistri   185
laudibus et plausae sonitum cervicis amare.
atque haec iam primo depulsus ab ubere matris
audeat, inque vicem det mollibus ora capistris
invalidus etiamque tremens, etiam inscius aevi.
at tribus exactis ubi quarta acceperit aestas,   190
carpere mox gyrum incipiat gradibusque sonare
compositis, sinuetque alterna volumina crurum,
sitque laboranti similis; tum cursibus auras,
tum vocet, ac per aperta volans ceu liber habenis

sie den Altären bewahrt als Opfer, oder sie auswählt,
daß sie die Erde durchfurchen im schollendurchbrochenen Felde.
Alles übrige Vieh grast frei im grünen Gefilde.
Aber die Tiere, die du zu ländlicher Arbeit dir bildest,
nimm schon als Kälber in Zucht und zähme sie planvoll, solange
lenksam der Sinn der Jugend noch ist, noch fügsam ihr Alter.
Lege nur lockere Reifen zunächst von dünneren Weiden
um ihren Hals. Danach, sobald sich allmählich der freie
Nacken der Knechtschaft bequemt, dann joche in eben die Reifen
paarweis ein die Stiere und zwinge sie, Schritt zu halten.
Leere Wagen lasse sie oft schon ziehen und leichthin
streifen die Erde und flüchtige Spur nur zeichnen im Staube.
Später dann soll unter wuchtender Last die buchene Achse
knarren, die Deichsel aus Erz soll ziehen verbundene Räder.
Doch dem Jungvieh, das frei noch umhertollt, pflücke nicht Gräser
nur und mageres Laub von der Weide und Schilfgras vom Sumpfe,
Mengelkorn rauf ihm, gesät mit der Hand, und laß nicht die Kühe,
die erst eben gekalbt, nach Vätersitte die Kübel
füllen mit schneeweißer Milch. Ganz diene ihr Euter den Kälblein.

Liebt der Züchter den Krieg jedoch und wilde Schwadronen,
oder auf Rädern dahin zu sausen entlang am Alpheus
dort in Pisa, in Juppiters Hain im Fluge der Rennbahn,
lehre zunächst er sein Pferd, wildwogende Waffen zu schauen,
schmetternder Hörner Signal zu ertragen und knirschenden Rades
schleifenden Ton und im Stalle zu hören die klirrenden Zügel.
Dann aber lerne es mehr und mehr, an des schmeichelnden Lehrers
Lob sich zu freun und am klatschenden Schall des getätschelten Nackens.
All dies wage es gleich zu Beginn, vom Euter der Mutter
eben entwöhnt, und reiche der weichen Halfter den Mund hin,
schwach noch und zitternd, noch nicht sich bewußt der Kraft seiner Jugend.
Nahm aber nach drei Sommern der vierte Sommer es auf, dann
lerne es gleich, im Kreise zu laufen und tönenden Taktes
Schritte zu setzen, es krümme im Wechsel federnd die Schenkel
einem sich Mühenden gleich. Doch dann, dann darf es zum Wettlauf
fordern die Lüfte, hinfliegend durchs offne Gefilde, als sei es

aequora vix summa vestigia ponat harena.   19.
qualis Hyperboreis aquilo cum densus ab oris
incubuit, Scythiaeque hiemes atque arida differt
nubila: tum segetes altae campique natantes
lenibus horrescunt flabris, summaeque sonorem
dant silvae, longique urgent ad litora fluctus;   200
ille volat simul arva fuga, simul aequora verrens.
hinc vel ad Elei metas et maxima campi
sudabit spatia et spumas aget ore cruentas,
Belgica vel molli melius feret esseda collo.
tum demum crassa magnum farragine corpus   205
crescere iam domitis sinito: namque ante domandum
ingentis tollent animos, prensique negabunt
verbera lenta pati et duris parere lupatis.

Sed non ulla magis viris industria firmat,
quam venerem et caeci stimulos avertere amoris,   210
sive boum sive est cui gratior usus equorum.
atque ideo tauros procul atque in sola relegant
pascua post montem oppositum et trans flumina lata,
aut intus clausos satura ad praesepia servant.
AMPR carpit enim viris paulatim uritque videndo   215
femina, nec nemorum patitur meminisse nec herbae
dulcibus illa quidem inlecebris, et saepe superbos
cornibus inter se subigit decernere amantis.
pascitur in magna Sila formosa iuvenca:
illi alternantes multa vi proelia miscent   220
MPR vulneribus crebris, lavit ater corpora sanguis,
versaque in obnixos urgentur cornua vasto
cum gemitu, reboant silvaeque et longus Olympus.
nec mos bellantis una stabulare, sed alter
victus abit, longeque ignotis exulat oris.   225
multa gemens ignominiam plagasque superbi
victoris, tum quos amisit inultus amores,
et stabula adspectans regnis excessit avitis:
ergo omni cura viris exercet, et inter

frei von Zügeln. Kaum haftet die Spur ganz oben im Sande.
Gleich wie der Nordwind stramm von den Küsten hoch oben im Norden
antobt, Skythiens Stürme und regenloses Gewölke
breithin treibt, dann schauern die hohen Saaten und flachen
Seen im sanften Hauch, laut rauschen die Wipfel der Wälder
und zum Gestade hin drängen in weitem Bogen die Wogen;
er aber fliegt, hinfegend im Sturm durch Fluren und Fluten.
So wird das Roß im elischen Feld am Ziele der großen
Rennbahn schwitzen und blutigen Schaum ausstoßen vom Maule,
oder auch belgische Streitwagen ziehn, geschmeidigen Nackens.
Jetzt erst, wenn sie gezähmt, jetzt lasse den mächtigen Körper
wachsen durch kräftiges Futtergemisch. Denn vor ihrer Zähmung
wird unbändig sich bäumen ihr Mut, sie weigern dem Griff sich,
wollen die Peitsche nicht dulden, dem Wolfszaum nimmer sich fügen.

Aber kein Fleiß stärkt besser die Kraft, als wenn du bemüht bist,
fernzuhalten den Trieb und die Reizungen blinder Begierde,
ob du nun Rinder dir hältst oder lieber Pferde dir züchtest.
Eben deshalb enfernt man die Stiere und läßt sie in stillen
Gründen weiden hinter dem Berg und breiten Gewässern,
oder man hält sie verriegelt im Stall an Krippen voll Futter.
Denn der Anblick des weiblichen Tiers verzehrt und verbrennt sonst
mählich die Kräfte und läßt sie der Haine vergessen und Kräuter,
lieblich lockt es mit Zaubergewalt und zwingt oft die stolzen
Gegner, um Liebe den Streit hart Horn an Horn zu entscheiden.
Jung und voll Anmut weidet die Kuh auf dem mächtigen Sila,
aber gewaltig im Wechselgefecht erheben die Stiere
wundenreißenden Kampf, und Blut träuft dunkel vom Leibe.
Horn gegen Horn ineinandergestemmt bedrängen sie sich mit
wüstem Gebrüll, laut hallen die Wälder und weithin der Himmel.
Nicht mehr bleiben in e i n e m Stall die Gegner. Der eine
geht als Besiegter von dannen und lebt als Verbannter an fernen
Küsten, die Schande beseufzend und alle die Stöße des stolzen
Siegers und ach, seine Liebe, die ohne Rache er preisgab.
Und mit dem Blick zum Stall verläßt er das Reich seiner Ahnen.
Nun aber übt er mit allem Fleiß die Kräfte und zwischen

dura iacet pernix instrato saxa cubili   230
frondibus hirsutis et carice pastus acuta,
et temptat sese, atque irasci in cornua discit
arboris obnixus trunco, ventosque lacessit
ictibus, et sparsa ad pugnam proludit harena.
ast ubi collectum robur viresque refectae,   235
signa movet, praecepsque oblitum fertur in hostem:
fluctus uti, medio coepit cum albescere ponto,
longius ex altoque sinum trahit, utque volutus
ad terras immane sonat per saxa neque ipso
monte minor procumbit, at ima exaestuat unda   240
verticibus nigramque alte subiectat harenam.

    Omne adeo genus in terris hominumque ferarumque
et genus aequoreum, pecudes pictaeque volucres,
in furias ignemque ruunt: amor omnibus idem.
tempore non alio catulorum oblita leaena   245
saevior erravit campis, nec funera vulgo
tam multa informes ursi stragemque dedere
per silvas; tum saevus aper, tum pessima tigris,
heu male tum Libyae solis erratur in agris.
nonne vides, ut tota tremor pertemptet equorum   250
corpora, si tantum notas odor attulit auras?
ac neque eos iam frena virum neque verbera saeva,
non scopuli rupesque cavae atque obiecta retardant
flumina correptosque unda torquentia montis.
ipse ruit dentesque Sabellicus exacuit sus   255
et pede prosubigit terram, fricat arbore costas,
atque hinc atque illinc umeros ad vulnera durat.
quid iuvenis, magnum cui versat in ossibus ignem
durus amor? nempe abruptis turbata procellis
nocte natat caeca serus freta; quem super ingens   260
porta tonat caeli, et scopulis inlisa reclamant
aequora; nec miseri possunt revocare parentes
nec moritura super crudeli funere virgo.
quid lynces Bacchi variae et genus acre luporum

harten Felsklippen ruht er, der Flüchtige, droben, sein Lager
rauh mit Laub nur gestreut und nährt sich von schneidendem Riedgras.
Und er versucht sich und lernt, seinen Zorn in die Hörner zu drängen,
wider des Baumes Stumpf sich stemmend, reizt auch die Winde
auf mit Stößen und streut im Vorspiel zum Kampfe den Sand hoch.
Ist dann aber geballt seine Wucht, sind frisch seine Kräfte,
zieht er zur Schlacht. Urplötzlich berennt er den arglosen Gegner,
gleichwie mitten im Meer die Woge silbern zu schäumen
anhebt, fern und auf hoher See sich höhlend, gewaltig
gegen die Lande gewälzt durch Klippen peitscht und hernieder
bricht wie ein Berg, doch tief vom Grund aus siedet die Welle
strudelig gipfelnd und wirft den schwarzen Sand in die Lüfte.

Jedes Geschlecht auf Erden, die Menschen, die Tiere der Wildnis,
Meerbewohner und Hausvieh und buntgefiederte Vögel,
alle rasen vor Glut. Gleich stark packt alle die Liebe.
Nimmer zu anderer Zeit, vergessend der eigenen Jungen,
irrt die Löwin wilder durchs Feld, nie strecken die plumpen
Bären sonst so viel Tote zu Boden und schlagen in Wäldern
Leichen zuhauf. Wild tobt jetzt der Eber, furchtbar der Tiger.
Wehe dem Irrenden jetzt in Libyens einsamen Triften!
Siehst du nicht, wie den Leib der Hengste über und über
Zittern durchzuckt, sobald die bekannten Lüfte sie wittern?
Zaumzeug hält sie nicht mehr, nichts wirken wütende Hiebe,
weder Klippen hemmen den Lauf noch klaffende Felsen
noch der Ströme Gewalt, Bergbrocken wirbelnd im Strudel.
Grundlos tobt und wetzt seinen Zahn der sabellische Eber,
wühlt mit dem Fuß in der Erde und reibt sich am Baume die Rippen,
härtet sich hüben und drüben die Schultern ab für die Wunden.
Denk an den Jüngling, dem Liebe, die grausame, loderndes Feuer
warf ins Gebein. So schwimmt er noch spät durch reißender Strudel
siedend zischende Flut, sternblind die Nacht, und zu Häupten
donnert gewaltig des Himmels Tor, es brüllen die Fluten,
wider die Klippen gepeitscht. Nicht hält ihn jammernder Eltern
Ruf, nicht das Mädchen, das stirbt über seiner zerschundenen Leiche.
Bakchus' gesprenkelte Luchse, die Brunst der Wölfe und Hunde,

atque canum, quid quae imbelles dant proelia cervi?   265
scilicet ante omnis furor est insignis equarum;
et mentem Venus ipsa dedit, quo tempore Glauci
Potniades malis membra absumpsere quadrigae.
illas ducit amor trans Gargara transque sonantem
Ascanium; superant montis et flumina tranant.   270
continuoque avidis ubi subdita flamma medullis
– vere magis, quia vere calor redit ossibus – illae
ore omnes versae in Zephyrum stant rupibus altis
exceptantque levis auras, et saepe sine ullis
coniugiis vento gravidae, mirabile dictu,   275
saxa per et scopulos et depressas convallis
diffugiunt, non, Eure, tuos neque solis ad ortus,
in borean caurumque, aut unde nigerrimus auster
nascitur et pluvio contristat frigore caelum.
hic demum hippomanes, vero quod nomine dicunt   280
pastores, lentum destillat ab inguine virus,
hippomanes, quod saepe malae legere novercae
miscueruntque herbas et non innoxia verba.

    Sed fugit interea, fugit inreparabile tempus,
FMPR singula dum capti circumvectamur amore.   285
hoc satis armentis: superat pars altera curae,
lanigeros agitare greges hirtasque capellas.
hic labor, hinc laudem fortes sperate coloni.
nec sum animi dubius, verbis ea vincere magnum
quam sit et angustis hunc addere rebus honorem;   290
sed me Parnasi deserta per ardua dulcis
raptat amor; iuvat ire iugis, qua nulla priorum
Castaliam molli devertitur orbita clivo.
nunc, veneranda Pales, magno nunc ore sonandum.

    Incipiens stabulis edico in mollibus herbam   295
carpere ovis, dum mox frondosa reducitur aestas,
et multa duram stipula filicumque maniplis
sternere subter humum, glacies ne frigida laedat
molle pecus, scabiemque ferat turpisque podagras.

wozu sie schildern und wütenden Kampf sonst friedlicher Hirsche?
Ist doch vor allem berühmt das Rasen rossiger Stuten.
Venus selbst warf Glut in ihr Herz, zur Zeit, als des Glaukus
potnisches Viergespann die Glieder ihm beißend zerfetzte.
Über den Gargara treibt sie die Liebe, über Askanius'
rauschenden Strom. Sie klimmen durch Berge und schwimmen durch Flüsse.
Gleich, wenn im brünstigen Mark entbrennt die verborgene Glut – im
Lenze zumal, denn im Lenz durchpulst wieder Wärme die Glieder –
stehen sie alle, das Haupt zum Zephir gewendet, auf hohen
Felsen und saugen die säuselnden Lüfte, oft ohne alle
Paarung werden sie schwanger vom Wind – ein Wunder zu sagen –;
dann über Felsen und Klippen und abwärts tief durch Täler
fliehn sie davon, nicht, Ostwind, zu dir, noch zum Aufgang der Sonne,
nein, nach Nord und Nordwest oder dorthin, woher sich der schwarze
Südwind erhebt und mit rieselndem Frost umdüstert den Himmel.
Hier erst sondert ihr Schoß den zähen, klebrigen Schleim ab,
den die Hirten mit treffendem Wort als „Roßwut" bezeichnen,
Roßwut – von bösen Stiefmüttern oft gesammelt; sie mischten
murmelnd giftige Kräuter und schadenstiftende Worte.

  Aber es flieht inzwischen die Zeit, flieht unwiederbringlich,
während, gefesselt von Liebe, wir einzelne Dinge durchschweifen.
Sei's denn vom Großvieh genug! Nun bleibt noch die weitere Sorge,
wolletragende Herden zu hüten und struppige Ziegen.
Hier ist Arbeit, von hier winkt Ruhm euch, rüstige Bauern!
Wohl ist mein Herz sich bewußt, was es heiße, mit Worten dies alles
rein zu bezwingen und kleines Geschehn hier feiernd zu ehren.
Aber mich reißt durch des steilen Parnassus einsame Gipfel
süße Gewalt. Gern wandl' ich auf Höhn, von denen kein Pfad noch
früherer Dichter in sanftem Hang nach Kastalia abfällt.
Laut, ehrwürdige Pales, muß jetzt tönen mein Rühmen!

  Anhebend künde ich dies: auf weichem Lager im Stalle
rupfe sich Heu das Schaf, bis wieder im Laubschmuck der Sommer
einzieht. Streut auch reichlich mit Stroh und Bündeln aus Farnkraut
steinigen Grund. Nicht schade die Eiseskälte dem zarten
Vieh und bringe ihm Räude und häßliche Klauengeschwüre.

post hinc digressus iubeo frondentia capris   300
arbuta sufficere et fluvios praebere recentis,
et stabula a ventis hiberno opponere soli
ad medium conversa diem, cum frigidus olim
iam cadit extremoque inrorat Aquarius anno.
haec quoque non cura nobis leviore tuendae,   305
nec minor usus erit, quamvis Milesia magno
vellera mutentur Tyrios incocta rubores:
densior hinc suboles, hinc largi copia lactis;
quam magis exhausto spumaverit ubere mulctra,
laeta magis pressis manabunt flumina mammis.   310
nec minus interea barbas incanaque menta
Cinyphii tondent hirci saetasque comantis
usum in castrorum et miseris velamina nautis.
pascuntur vero silvas et summa Lycaei
horrentisque rubos et amantis ardua dumos;   315
atque ipsae memores redeunt in tecta suosque
ducunt, et gravido superant vix ubere limen.
ergo omni studio glaciem ventosque nivalis,
quo minor est illis curae mortalis egestas,
avertes, victumque feres et virgea laetus   320
pabula, nec tota claudes faenilia bruma.
at vero zephyris cum laeta vocantibus aestas,
in saltus utrumque gregem atque in pascua mittet,
Luciferi primo cum sidere frigida rura
carpamus, dum mane novum, dum gramina canent,   325
et ros in tenera pecori gratissimus herba.
inde ubi quarta sitim caeli collegerit hora
et cantu querulae rumpent arbusta cicadae,
ad puteos aut alta greges ad stagna iubebo
currentem ilignis potare canalibus undam;   330
aestibus at mediis umbrosam exquirere vallem,
sicubi magna Iovis antiquo robore quercus
ingentis tendat ramos, aut sicubi nigrum
ilicibus crebris sacra nemus adcubet umbra;
tum tenuis dare rursus aquas et pascere rursus   335

Weiter heiße ich euch, des grünenden Arbutusstrauches
Blätter den Ziegen zu reichen und frisches Wasser vom Flusse
und die Ställe, vor Winden geschützt, zur Sonne des Winters
hin gen Mittag gewendet zu baun, bis endlich der kalte
Wassermann wieder versinkt, des Jahres Ende betauend.
Denn auch die Ziegen dürfen wir ja nicht weniger pflegen;
ist doch nicht kleiner der Nutzen; und wenn auch milesisches Vlies von
tyrischem Purpur getränkt, auf dem Markt sehr teuer bezahlt wird:
hier ist reicherer Nachwuchs jedoch, strömt Milch dir in Fülle.
Melke die Euter nur leer! Je voller schäumte der Kübel,
desto reichlicher strömt der Strahl aus strotzenden Zitzen.
Und nicht minder schert man indes den Bart und das graue
Kinn des cinyphischen Bocks und die starken, wallenden Haare,
brauchbar im Lager und gut als Decke für arme Matrosen.
Weiden bietet den Ziegen der Wald und Arkadiens Hochland,
stachliges Brombeergesträuch und höhenumrankender Dornbusch,
und an die Heimkehr zum Stall erinnern sie selbst sich, die Zicklein
führen sie mit. Fast streift das strotzende Euter die Schwelle.
Schütze sie drum mit vollem Fleiß vor Eis und vor Schneewind,
denn sie fordern ja sonst nur wenig der Sterblichen Pflege;
gib als Nahrung auch gern ihnen Futter von Ruten und halte
nicht den Winter hindurch den Heuboden kargend verriegelt.
Wenn aber endlich der Föhnwind braust und der fröhliche Sommer
naht und Schafe und Ziegen entläßt in Schluchten, auf Triften,
dann mit des Lichtbringers frühem Gestirn durch kühle Gefilde
wollen wir weiden, wenn jung noch der Morgen, silbern das Gras und
– köstlich dem Vieh! – der Tau noch perlt auf zartgrünen Halmen.
Wenn dann mählich den Durst die vierte Stunde geweckt hat,
und schrill klagenden Lieds im Buschwerk zirpen die Grillen,
sollen am Brunnen oder an tiefen Weihern die Herden
trinken aus Eichenholzröhren die silbern rinnende Welle.
Glüht aber siedend der Mittag, dann suche ein schattiges Tal dir,
wo die gewaltige Eiche des Juppiter, uralten Stammes
weithin wölbt ihr Dach, wo Steineichen dicht und dunkel
ragen im dämmrigen Hain, von heiligem Schatten umschauert;
dann gib frisches Wasser aufs neu und weide sie wieder

solis ad occasum, cum frigidus aëra vesper
temperat, et saltus reficit iam roscida luna,
litoraque alyconen resonant, acalanthida dumi.

    Quid tibi pastores Libyae, quid pascua versu
prosequar et raris habitata mapalia tectis?   340
saepe diem noctemque et totum ex ordine mensem
pascitur itque pecus longa in deserta sine ullis
hospitiis: tantum campi iacet. omnia secum
armentarius Afer agit, tectumque laremque
armaque Amyclaeumquecanem Cressamque pharetram; 345
non secus ac patriis acer Romanus in armis
iniusto sub fasce viam cum carpit, et hosti
ante exspectatum positis stat in agmine castris.

MPR   At non qua Scythiae gentes Maeotiaque unda,
turbidus et torquens flaventis Hister harenas,   350
MPRV quaque redit medium Rhodope porrecta sub axem.
illic clausa tenent stabulis armenta, neque ullae
aut herbae campo apparent aut arbore frondes;
sed iacet aggeribus niveis informis et alto
terra gelu late, septemque adsurgit in ulnas.   355
semper hiems, semper spirantes frigora cauri.
tum Sol pallentis haud umquam discutit umbras,
nec cum invectus equis altum petit aethera, nec cum
praecipitem Oceani rubro lavit aequore currum.
concrescunt subitae currenti in flumine crustae,   360
undaque iam tergo ferratos sustinet orbis,
puppibus illa prius, patulis nunc hospita plaustris;
aeraque dissiliunt vulgo, vestesque rigescunt
indutae, caeduntque securibus umida vina,
et totae solidam in glaciem vertere lacunae,   365
stiriaque impexis induruit horrida barbis.
interea toto non setius aëre ninguit:
intereunt pecudes, stant circumfusa pruinis

bis zum Sinken der Sonne, wenn kühl durch die Lüfte der Abend
atmet, der tauige Mond die Wälder erquickt, vom Gestade
hallt des Eisvogels Schrei, der Stieglitz ruft aus dem Dornstrauch.

Was soll ich Libyens Hirten, was soll ich die Weiden im Vers dir
schildern und jene vereinzelt bewohnten Gezelte und Hütten?
Oft bei Tag und bei Nacht und den ganzen Monat in einem
fort zieht weidend das Vieh durch weite Wüsten und hat kein
Obdach: es liegt nur im Feld. Der Rinderhirt Afrikas führt ja
all sein Gut stets mit, sein Zeltdach und seinen Hausgott,
Waffen auch und den wachsamen Hund und den kretischen Köcher.
Ganz genau wie in heimischer Wehr kampfkräftig der Römer
unter der kaum noch tragbaren Last hinhastet, und eh der
Feind es erwartet, sein Lager bezieht und dasteht im Heere.

Nicht so ist's am mäotischen See, im Volke der Skythen,
dort, wo der strudelnde Ister sich schlammaufwirbelnd dahinwälzt,
wo sich Rhódope krümmt, das Gebirg, und nach Norden zurückbiegt.
Dort verschließt man im Stalle das Vieh, und nirgendwo grünen
Kräuter und Gräser im Feld noch sproßt am Baume das Laubwerk;
nein, vom Schneedamm formlos verdeckt liegt tief unterm Eise
weitum das Land, und sieben Ellen hoch türmt sich die Schneelast.
Stets herrscht Winter, stets Nordwest mit eisigem Atem;
nie durchstrahlt der Sonnengott hier bleichdämmernde Schatten,
nicht, wenn himmelan stürmt sein Gespann und nicht, wenn der Wagen
jäh abstürzt zum Bad in des Ozeans rotes Gewoge.
Plötzlich erstarrt auf fließendem Strom kristallen die Kruste,
schon trägt oben die Woge die eisenbeschlagenen Räder,
hatte sonst Schiffe zu Gast, doch jetzt breit lastende Wagen.
Erzgeräte zerspringen ringsum, die Kleider erstarren
warm noch am Leib, man zerschlägt mit dem Beil die Feuchte des Weines,
ganz hinab zu festem Eis gefrieren die Weiher,
Eiszapfen setzen sich hart und starrend in struppige Bärte.
Und inzwischen friert es nicht nur, es wimmelt die Luft von
Flocken. Das Vieh kommt um. Dastehn, von Rauhfrost umschimmert,

corpora magna boum, confertoque agmine cervi
torpent mole nova et summis vix cornibus extant.   370
hos non immissis canibus, non cassibus ullis
puniceaeve agitant pavidos formidine pinnae,
sed frustra oppositum trudentis pectore montem
comminus obtruncant ferro, graviterque rudentis
caedunt, et magno laeti clamore reportant.   375
ipsi in defossis specubus secura sub alta
otia agunt terra, congestaque robora totasque
advolvere focis ulmos ignique dedere.
hic noctem ludo ducunt, et pocula laeti
fermento atque acidis imitantur vitea sorbis.   380
talis Hyperboreo septem subiecta trioni
gens effrena virum Riphaeo tunditur euro,
et pecudum fulvis velatur corpora saetis.

   Si tibi lanitium curae, primum aspera silva
lappaeque tribolique absint; fuge pabula laeta.   385
continuoque greges villis lege mollibus albos.
illum autem, quamvis aries sit candidus ipse,
nigra subest udo stantum cui lingua palato,
reice, ne maculis infuscet vellera pullis
nascentum, plenoque alium circumspice campo.   390
munere sic niveo lanae, si credere dignum est,
Pan deus Arcadiae captam te, Luna, fefellit
in nemora alta vocans; nec tu aspernata vocantem.

   At cui lactis amor, cytisum lotosque frequentis
ipse manu salsasque ferat praesepibus herbas.   395
hinc et amant fluvios magis, et magis ubera tendunt,
et salis occultum referunt in lacte saporem.
multi etiam excretos prohibent a matribus haedos
primaque ferratis praefigunt ora capistris.
quod surgente die mulsere horisque diurnis,   400
nocte premunt; quod iam tenebris et sole cadente,

mächtig die Leiber der Stiere. Die Hirsche, im Rudel gedrängt, sind
starr vor Schreck ob der fremd-neuen Last. Kaum ragt das Geweih noch
eben heraus. Es hetzt sie kein Hund, man stellt keine Netze,
jagt sie auch nicht in Entsetzen und Angst vor der purpurnen Feder,
sondern während umsonst sie sich stemmen wider den Schneeberg,
sticht aus der Nähe der Fänger sie ab. Dumpf brüllen sie auf. Man
fällt sie und trägt sie mit lautem Geschrei voll Jubel nach Hause.
Tief in Höhlen leben im Schoß der Erde die Menschen
sorglos in Muße dahin. Gestapeltes Kernholz und ganze
Ulmen wälzen zum Herde sie an und nähren das Feuer.
Hier verbringen die Nacht sie beim Spiel. Statt Weines kredenzen
fröhlich sie ihren Speierlingstrank, mit Malzbier vergoren.
Also haust hoch droben im Nord unterm Siebengestirne
zügellos Männergeschlecht, gepeitscht vom eisigen Ostwind
und die Glieder umhüllt vom Tierfell, gelblich und borstig.

Ist dir an Wolle gelegen, so meide struppiges Dickicht,
Kletten und Burzeldorn, bleib fern von üppiger Weide!
Wähle dir Herden sofort mit weicher, schimmernder Wolle.
Aber den Widder, – und strahlte er sonst auch in blendender Weiße, –
ist nur ein wenig die Zunge ihm schwarz am schlüpfrigen Gaumen,
weg mit ihm! Daß er dir nicht das Vlies der Lämmer mit Tupfen
sprenkle. Such dir auf wimmelnder Trift einen anderen lieber!
Also täuschte – wenn's Glauben verdient – durch schneeiges Vlies einst
Pan, Arkadiens Gott, und bestrickte dich, Luna, und rief dich
tief in den Wald. Und du verschmähtest nicht spröde den Rufer.

Liegt aber einem an Milch, dann werfe er Geißklee und Lotos
reich in die Krippe mit eigener Hand und salzige Kräuter.
Stärker lockt sie die Tränke alsdann, prall spannt sich das Euter
und, kaum merklich, mischt sich der Milch die Würze des Salzes.
Vielfach hält man die Böcklein, sobald sie entwöhnt sind, den Müttern
fern und umsäumt ihnen vorne das Maul mit stachligem Halfter.
Was frühmorgens gemolken und tagsüber, preßt man noch spät am
Abend zu Quark, was im Dunkel gemolken bei sinkender Sonne,

sub lucem exportant, calathis adit oppida pastor;
MPR   aut parco sale contingunt hiemique reponunt.

Nec tibi cura canum fuerit postrema, sed una
velocis Spartae catulos acremque Molossum   405
pasce sero pingui. numquam custodibus illis
nocturnum stabulis furem incursusque luporum
aut impacatos a tergo horrebis Hiberos.
saepe etiam cursu timidos agitabis onagros,
et canibus leporem, canibus venabere dammas;   410
saepe volutabris pulsos silvestribus apros
latratu turbabis agens, montisque per altos
ingentem clamore premes ad retia cervum.

Disce et odoratam stabulis accendere cedrum
galbaneoque agitare gravis nidore chelydros.   415
saepe sub immotis praesepibus aut mala tactu
vipera delituit caelumque exterrita fugit,
aut tecto adsuetus coluber succedere et umbrae,
pestis acerba boum, pecorique aspergere virus,
fovit humum. cape saxa manu, cape robora, pastor   420
tollentemque minas et sibila colla tumentem
deice. iamque fuga timidum caput abdidit alte,
cum medii nexus extremaeque agmina caudae
solvuntur tardosque trahit sinus ultimus orbis.
est etiam ille malus Calabris in saltibus anguis,   425
squamea convolvens sublato pectore terga
atque notis longam maculosus grandibus alvum,
qui, dum amnes ulli rumpuntur fontibus et dum
vere madent udo terrae ac pluvialibus austris,
stagna colit, ripisque habitans hic piscibus atram   430
improbus ingluviem ranisque loquacibus explet;
postquam exusta palus, terraeque ardore dehiscunt,
exsilit in siccum, et flammantia lumina torquens
saevit agris asperque siti atque exterritus aestu.
ne mihi tum mollis sub divo carpere somnos   435

früh geht's fort, im Holzgefäß bringt's der Hirt in die Städte;
oder man salzt es ein wenig und hebt sich's auf für den Winter.

Hunde dir aufzuziehn bedenk nicht zuletzt, sondern nimm dir
gleichzeitig flinke spartanische Brut und scharfe Molosser.
Zieh sie mit Fettmolke auf. Sind sie deine Wächter, so brauchst du
nie für die Ställe den Dieb in der Nacht und den Einbruch der Wölfe
oder Ibererrebellen zu scheuen, die hinterrücks kommen.
Oft auch wirst du im Lauf die furchtsamen Waldesel scheuchen,
wirst mit Hunden den Hasen, mit Hunden jagen das Damwild.
Aus ihrer Suhle im Wald wirst oft du mit bellender Meute
hetzen die Eber; du wirst mit Halli und Hallo durch die hohen
Berge hin jagen den mächtigen Hirsch, ihn treiben ins Fangnetz.

Lerne auch, wie man im Stall entzündet duftende Zedern
und mit Galbanumqualm verscheucht die schädlichen Schlangen.
Oft unter Krippen, die unberührt stehn, liegt, bös zu betasten,
heimlich die Viper. Auffliegt sie entsetzt vorm Lichte des Himmels.
Oder die Natter, gewöhnt an Haus und Schatten, die schlimmste
Pest für die Rinder, das Vieh mit spritzendem Gifte begeifernd,
brütet am Boden. Nimm Steine zur Hand, nimm Eichknüppel, Hirte,
und wenn drohend sie steigt, sich bläht mit zischendem Rachen,
triff sie! Schon birgt auf der Flucht das furchtsame Haupt sie im Boden,
schlaff wird mitten der Ring, des Schwanzes Windungen hinten
lockern sich, langsam im Bogen verzuckt die letzte Bewegung.
Aber auch jene ist schlimm, die Schlange kalabrischer Schluchten:
gradauf reckt sie die Brust und rollt den schuppigen Rücken,
langhinüber am Bauch mit riesigen Flecken gesprenkelt;
und solange ein Fluß aus Quellen sprudelt, solange
Länder triefen im feuchten Lenz, im Regen des Südwinds
lebt sie in Sümpfen. Hier haust sie am Ufer, füllt sich mit Fischen
gierig den schwarzen Schlund und schlingt die quakenden Frösche.
Dörrt der Sumpf aber aus und klafft das Gefilde im Gluthauch,
springt sie ins Trockene vor, und flammensprühenden Blickes
rast sie auf Feldern, vom Durste gequält und geängstigt von Hitze.
Nimmer dann soll mir's behagen, des lieblichen Schlummers im Freien

neu dorso nemoris libeat iacuisse per herbas,
cum positis novus exuviis nitidusque iuventa
volvitur aut catulos tectis aut ova relinquens
arduus ad solem, et linguis micat ore trisulcis.

Morborum quoque te causas et signa docebo.   440
turpis ovis temptat scabies, ubi frigidus imber
altius ad vivum persedit et horrida cano
bruma gelu, vel cum tonsis inlotus adhaesit
sudor et hirsuti secuerunt corpora vepres.
dulcibus idcirco fluviis pecus omne magistri   445
perfundunt, udisque aries in gurgite villis
mersatur, missusque secundo defluit amni;
aut tonsum tristi contingunt corpus amurca,
et spumas miscent argenti vivaque sulpura
Idaeasque pices et pinguis unguine ceras   450
scillamque elleborosque gravis nigrumque bitumen.
non tamen ulla magis praesens fortuna laborum est,
quam si quis ferro potuit rescindere summum
ulceris os: alitur vitium vivitque tegendo,
dum medicas adhibere manus ad vulnera pastor   455
abnegat et meliora deos sedet omnia poscens.
quin etiam, ima dolor balantum lapsus ad ossa
cum furit atque artus depascitur arida febris,
profuit incensos aestus avertere et inter
ima ferire pedis salientem sanguine venam,   460
Bisaltae quo more solent acerque Gelonus,
cum fugit in Rhodopen atque in deserta Getarum,
et lac concretum cum sanguine potat equino.
quam procul aut molli succedere saepius umbrae
videris aut summas carpentem ignavius herbas   465
extremamque sequi aut medio procumbere campo
pascentem et serae solam decedere nocti,
continuo culpam ferro compesce, priusquam
dira per incautum serpant contagia vulgus.
non tam creber agens hiemem ruit aequore turbo,   470

mich zu erfreuen und am waldigen Hang im Grase zu liegen,
wenn sie, entschlüpft ihrer Haut, sich neu und glänzend vor Jugend
ringelt, im Neste die Brut verlassend oder die Eier,
steilauf zur Sonne, dem Rachen entzuckt dreispaltig die Zunge.

 Auch der Krankheiten Ursach und Anzeichen will ich dich lehren.
Häßliche Räude befällt dein Vieh, wenn frostiger Regen
tiefer ans lebende Fleisch durchdringt und starrenden Winters
eisgrauer Reif, oder wenn den Geschorenen unabgewaschen
haftet der Schweiß und die Leiber zerkratzt der stachlige Dornbusch.
Deswegen lassen die Hirten im süßen Flußwasser alles
Vieh sich baden, sie tauchen den Widder triefenden Vliesses
tief in den Strudel, er wirbelt dahin, stromabwärts getrieben;
oder man netzt den geschorenen Leib mit der Herbe des Ölschaums,
mischt auch Silberglätte hinzu und natürlichen Schwefel,
Teer vom Idagebirg und Wachssalbe, fett und geschmeidig,
Meerzwiebel auch und Nießwurz scharf und pechschwarzes Erdharz.
Aber am wirksamsten heilt doch der Hirt die Leiden der Räude,
wenn er's vermag, mit dem Messer die schwärenden Blattern zuoberst
aufzuschneiden. Es wächst ja und lebt vom Verbergen die Krankheit,
während der Hirt die heilende Hand an die Wunden zu legen
säumt und sitzt, die Besserung ganz von Göttern verlangend.
Ja, selbst wenn schon in Mark und Gebein der Blökenden eindringt
rasender Schmerz, wenn die Glieder verzehrt das dörrende Fieber,
half es noch stets, die Glut der Entzündung zu lindern und unten
tief am Fuße zu schlagen der Ader springenden Blutquell.
Also tun die Bisalten, so macht es der wilde Gelone,
wenn er des Nordlands Gebirge durchstreift und getische Steppen
und geronnene Milch mit Roßblut mischt zum Tranke.
Siehst du ein Schaf, das allzuoft abseits weichlichem Schatten
nachgeht oder das träger sich rupft die Spitzen der Gräser,
das als letztes schleicht und matt beim Weiden dahinsinkt
mitten im Feld, das allein, erst spät, der Kühle der Nacht weicht,
gleich auf der Stelle tilg das Verdächtige aus mit dem Messer,
ehe furchtbares Siechtum befällt die arglose Herde.
Wirbelwind, sturmaufpeitschender, tobt so oft übers Meer nicht,

quam multae pecudum pestes. nec singula morbi
corpora corripiunt, sed tota aestiva repente,
spemque gregemque simul cunctamque ab origine gentem.
tum sciat, aërias Alpis et Norica si quis
castella in tumulis et Iapydis arva Timavi   475
nunc quoque post tanto videat desertaque regna
pastorum et longe saltus lateque vacantis.

Hic quondam morbo caeli miseranda coorta est
tempestas totoque autumni incanduit aestu,
et genus omne neci pecudum dedit, omne ferarum,   480
corrupitque lacus, infecit pabula tabo.
nec via mortis erat simplex, sed ubi ignea venis
omnibus acta sitis miseros adduxerat artus,
rursus abundabat fluidus liquor omniaque in se
ossa minutatim morbo conlapsa trahebat.   485
saepe in honore deum medio stans hostia ad aram,
lanea dum nivea circumdatur infula vitta,
inter cunctantis cecidit moribunda ministros.
aut si quam ferro mactaverat ante sacerdos,
inde neque impositis ardent altaria fibris,   490
nec responsa potest consultus reddere vates,
ac vix suppositi tinguntur sanguine cultri
summaque ieiuna sanie infuscatur harena.
hinc laetis vituli vulgo moriuntur in herbis,
et dulcis animas plena ad praesepia reddunt;   495
hinc canibus blandis rabies venit, et quatit aegros
tussis anhela sues ac faucibus angit obesis.
labitur infelix, studiorum atque immemor herbae,
victor equus fontisque avertitur et pede terram
creba ferit; demissae aures, incertus ibidem   500
sudor et ille quidem morituris frigidus, aret
pellis et ad tactum tractanti dura resistit.
haec ante exitium primis dant signa diebus;
sin in processu coepit crudescere morbus,
tum vero ardentes oculi atque attractus ab alto   505

wie durch Herden Seuchen und Pest. Nicht einzelnes Vieh nur
raffen die Krankheiten hin, nein, ganze Sommergehege
jählings, Hoffnung und Herde zugleich, mit der Wurzel den ganzen
Stamm. Das begreift, wer hoch in den Alpen Noricums Burgen
dort auf den Hügeln, wer das Japydergefild des Timavus
jetzt noch sieht, so lange nachher, das verödete Reich der
Hirten, vereinsamt weit und breit die waldigen Triften.

Hier brach einst durch Krankheit des Himmels jammervoll Unheils-
wetter herein. Es loderte auf im glühenden Herbste,
mordete hin alle Arten des Viehs, alle Tiere der Wildnis,
traf verpestend Teich und Trift mit giftiger Seuche.
Nicht ging's einfach zum Tod. Nein, erst wenn glühend die Adern
alle durchraste der Durst und die Glieder kläglich zermürbte,
brach wieder reichlich hervor ein Schleimfluß, zog und ergriff rings
alles Gebein, das Stück für Stück der Seuche anheimfiel.
Oft stand, Göttern zur Ehre, das Opferlamm schon am Altare,
schimmernd mit schneeiger Binde geziert der wollene Kopfschmuck,
brach aber, während die Diener noch rüsteten, sterbend zusammen.
Oder der Priester hatte zuvor zwar das Tier noch geschlachtet,
aber nicht flammt der Altar vom Eingeweide des Opfers,
nicht kann Antwort dem Fragenden draus enträtseln der Seher,
kaum wird die Schneide des Messers genetzt von quellendem Blute,
flüchtig nur färbt sich der Sand, befleckt von magerem Eiter.
Jetzt verenden ringsum auf prangenden Weiden die Kälber,
hauchen ihr süßes Leben dahin vor strotzenden Krippen.
Jetzt packt Wut den schmeichelnden Hund, es schüttelt die kranken
Schweine ein Hustengekeuch und würgt sie schwellenden Schlundes.
Trostlos wankt – einst Sieger – das Roß, vergißt seiner Rennlust,
will kein Gras, verweigert den Trank und stampft mit dem Hufe
häufig den Grund. Schlaff hängt ihm das Ohr. Oft bricht ihm Schweiß dort
aus und verfliegt wieder. Kalt aber rinnt er dem Sterbenden nieder.
Dürr ist das Fell und sperrt sich hart den streichelnden Händen.
Diese Zeichen geben sie gleich in der Zeit vor dem Tode.
Wird aber vorwärtsschreitend die Krankheit ärger und ärger,
heiß dann glühen die Augen, und tief aus der Brust keucht auf der

spiritus, interdum gemitu gravis, imaque longo
ilia singultu tendunt, it naribus ater
sanguis, et obsessas fauces premit aspera lingua.
profuit inserto latices infundere cornu
Lenaeos; ea visa salus morientibus una.   510
mox erat hoc ipsum exitio, furiisque refecti
ardebant, ipsique suos iam morte sub aegra
– di meliora piis erroremque hostibus illum –
discissos nudis laniabant dentibus artus.
ecce autem duro fumans sub vomere taurus   515
concidit et mixtum spumis vomit ore cruorem
extremosque ciet gemitus. it tristis arator
maerentem abiungens fraterna morte iuvencum,
atque opere in medio defixa reliquit aratra.
non umbrae altorum nemorum, non mollia possunt   520
prata movere animum, non qui per saxa volutus
purior electro campum petit amnis; at ima
solvuntur latera, atque oculos stupor urget inertis
ad terramque fluit devexo pondere cervix.
quid labor aut benefacta iuvant? quid vomere terras 525
invertisse gravis? atqui non Massica Bacchi
munera, non illis epulae nocuere repostae:
frondibus et victu pascuntur simplicis herbae,
pocula sunt fontes liquidi atque exercita cursu
flumina, nec somnos abrumpit cura salubris.   530
tempore non alio dicunt regionibus illis
quaesitas ad sacra boves Iunonis et uris
imparibus ductos alta ad donaria currus.
ergo aegre rastris terram rimantur et ipsis
unguibus infodiunt fruges, montisque per altos   535
contenta cervice trahunt stridentia plaustra.
non lupus insidias explorat ovilia circum
nec gregibus nocturnus obambulat: acrior illum
cura domat; timidi dammae cervique fugaces
nunc interque canes et circum tecta vagantur.   540
iam maris immensi prolem et genus omne natantum

Atem, gar oft vom Seufzen schwer, und unten die Weichen
dehnen sie, krampfig schluchzend. Es dringt aus den Nüstern das schwarze
Blut, den geschwollenen Schlund preßt rauh und würgend die Zunge.
Heilsam erwies sich belebend die Kraft des Weines, durch Trichter
eingeflößt. Das dünkte den Sterbenden einzige Rettung.
Bald aber trieb eben dies in den Tod. Die Gestärkten entbrannten
rasend in Wut. Den eigenen Leib im Dunkel des Todes
– Götter, gebt Frommen ein besseres Los, so blendet die Feinde! –
fallen sie an mit entblößtem Gebiß und zerfleischen die Glieder.
Siehe, da bricht schweißdampfend der Stier unterm Joch an der Pflugschar
nieder, ihm quillt mit Schaum vermischt das Blut aus dem Maule.
Tiefauf stöhnt er zum letztenmal. Der Pflüger, voll Kummers,
halftert den Jungstier ab. Der trauert über des Bruders
Tod. Der verlassene Pflug ragt einsam mitten im Acker.
Nicht der Wälder Schattengewölb, nicht schwellender Wiesen
Teppiche geben noch Trost, kein Fluß, der klüftedurchwirbelnd
klarer als Bernsteingold zur Ebene strömt. Nein, kraftlos
hängen die Flanken herab, trüb stiert und träge das Auge;
erdwärtsgeneigt von eigener Last, schwankt haltlos der Nacken.
Was frommt Arbeit und tüchtiges Werk? Was half's, mit der Pflugschar
schweres Land zu durchbrechen? Bei alldem hat weder Bakchus'
Gabe des Massikerweins noch schwelgendes Mahl sie verdorben.
Laub dient ihnen zur Kost und einfache Kräuter zur Weide,
Trank ist ihnen der silberne Quell, sind rastloser Ströme
Fluten. Es stört den gesunden Schlaf kein nagendes Sorgen.
Damals, nimmer zuvor, so heißt's, hat dort in der Gegend
Kühe umsonst man gesucht zum Gespann im Festzug der Juno,
Büffel zogen, von ungleichem Wuchs, zum Tempel den Wagen.
Mühsam furchen die Bauern das Land mit dem Karste, mit bloßen
Nägeln graben die Früchte sie ein, übers hohe Gebirge
karren sie, krumm den Nacken gespannt, die knarrenden Wagen.
Nicht umlauert gierig der Wolf die Hürden der Schafe,
nicht umschleicht er nächtlich die Herden. Ärgere Sorge
hält ihn gebannt. Selbst furchtsames Damwild, flüchtige Hirsche
treiben sich jetzt zwischen Hunden umher und umkreisen die Häuser.
Ja, des unendlichen Meeres Brut, die wimmelnden Fische,

litore in extremo ceu naufraga corpora fluctus
proluit; insolitae fugiunt in flumina phocae.
interit et curvis frustra defensa latebris
vipera et attoniti squamis adstantibus hydri. 545
ipsis est aër avibus non aequus, et illae
praecipites alta vitam sub nube relinquunt.
praeterea iam nec mutari pabula refert,
quaesitaeque nocent artes; cessere magistri
Phillyrides Chiron Amythaoniusque Melampus. 550
saevit et in lucem Stygiis emissa tenebris
pallida Tisiphone Morbos agit ante Metumque,
inque dies avidum surgens caput altius effert.
balatu pecorum et crebris mugitibus amnes
arentesque sonant ripae collesque supini. 555
iamque catervatim dat stragem atque aggerat ipsis
in stabulis turpi dilapsa cadavera tabo,
donec humo tegere ac foveis abscondere discunt.
nam neque erat coriis usus, nec viscera quisquam
aut undis abolere potest aut vincere flamma; 560
ne tondere quidem morbo inluvieque peresa
vellera nec telas possunt attingere putris;
verum etiam invisos si quis temptarat amictus,
ardentes papulae atque immundus olentia sudor
membra sequebatur, nec longo deinde moranti 565
tempore contactos artus sacer ignis edebat.

IV

MPR   Protinus aërii mellis caelestia dona
exsequar: hanc etiam, Maecenas, aspice partem.
admiranda tibi levium spectacula rerum
magnanimosque duces totiusque ordine gentis
mores et studia et populos et proelia dicam. 5
in tenui labor; at tenuis non gloria, si quem
numina laeva sinunt auditque vocatus Apollo.

warf, wie Leichen vom Wrack, die Flut am äußersten Ufer
aus. In die Flüsse entfliehn, ganz wider Gewohnheit, die Robben.
Jetzt verendet die Viper, im winkligen Neste umsonst sich
bergend, es stirbt die Hydra, betäubt, mit starrenden Schuppen.
Vögeln selbst wird giftig die Luft. So stürzen sie jählings
ab und lassen dort droben noch hoch unter Wolken ihr Leben.
Außerdem lohnt es auch schon nicht mehr, das Futter zu wechseln,
künstliche Mittel sind schädlich. Dahin sind die Meister der Heilkunst,
Chiron, Philyras Sohn, und der Sohn Amythaons, Melampus.
Grausig wütet, ans Licht entsandt aus höllischer Nacht, die
bleiche Tisiphone, treibt vor sich her die Todesdämonen
Seuchen und Angst, reckt gierig ihr Haupt stets höher und höher.
Rings von kläglichem Blöken und qualvoll jammerndem Brüllen
hallen Flüsse und dürres Gestad, hallt Hügel und Berghang.
Und schon schlägt sie zu Haufen das Vieh, türmt selbst in den Ställen
dammhoch Äser empor, zerfallend in grausiger Fäulnis,
bis man mit Erde zu decken sie lernt und in Gruben sie einscharrt.
Denn zu nichts war nütze das Fell, das Fleisch konnte niemand,
weder durch Wassers noch Feuers Gewalt vom Gifte befreien.
Auch nicht scheren ließ sich das Vlies, von Geschwüren zerfressen;
tat man es doch, so zerriß das Gespinst an den fauligen Fäden.
Webte man wirklich zu Ende und nahm verwegen das Unheils-
kleid an den Leib, brach brennend Geschwür und unreiner Schweiß aus
übelriechenden Gliedern hervor und es währte nicht lange,
bis die verseuchten Glieder zerfraß das heilige Feuer.

4

Weiterhin will ich des Honigs, des Lufttaus, himmlische Gaben
näher betrachten. Auch dies sieh an, Maecenas! Ein Schauspiel
winziger Welt ohne Wucht und Gewicht, und doch voller Wunder!
Führer, von adligem Mute beseelt, des ganzen Geschlechtes
Wesen und Wirken, Völker und Schlachten will ich besingen.
Mühe im Kleinen, jedoch nicht klein der Ruhm, wenn der Götter
Neid nicht stört, wenn huldvoll erhört unser Rufen Apollo.

Principio sedes apibus statioque petenda,
quo neque sit ventis aditus – nam pabula venti
ferre domum prohibent – neque oves haedique petulci   10
floribus insultent, aut errans bucula campo
decutiat rorem et surgentis atterat herbas.
absint et picti squalentia terga lacerti
pinguibus a stabulis, meropesque aliaeque volucres
et manibus Procne pectus signata cruentis;   15
omnia nam late vastant ipsasque volantis
ore ferunt dulcem nidis immitibus escam.
at liquidi fontes et stagna virentia musco
adsint et tenuis fugiens per gramina rivos,
palmaque vestibulum aut ingens oleaster inumbret,   20
ut cum prima novi ducent examina reges
vere suo ludetque favis emissa iuventus,
vicina invitet decedere ripa calori,
obviaque hospitiis teneat frondentibus arbos.
in medium, seu stabit iners seu profluet umor,   25
transversas salices et grandia conice saxa,
pontibus ut crebris possint consistere et alas
pandere ad aestivum solem, si forte morantis
sparserit aut praeceps Neptuno immerserit eurus.
haec circum casiae virides et olentia late   30
serpulla et graviter spirantis copia thymbrae
floreat, inriguumque bibant violaria fontem.
ipsa autem, seu corticibus tibi suta cavatis,
seu lento fuerint alvaria vimine texta,
angustos habeant aditus; nam frigore mella   35
cogit hiems, eademque calor liquefacta remittit.
utraque vis apibus pariter metuenda; neque illae
nequiquam in tectis certatim tenuia cera
spiramenta linunt fucoque et floribus oras
explent collectumque haec ipsa ad munera gluten   40
et visco et Phrygiae servant pice lentius Idae.
saepe etiam effossis, si vera est fama, latebris
sub terra fovere larem, penitusque repertae

MP

Suche Sitze zunächst und Stand für die Bienen zu gründen,
wohin Winde nicht wehn – denn Winde hindern sie, Nahrung
heimzutragen – und wo kein Schaf, kein mutwillig Böcklein
springt und die Blumen zertritt, wo nicht über Wiesen die Färse
weidet, den Tau abschlägt und sprießende Gräser zertrampelt.
Soll von Honig strotzen der Stock, seien Eidechsen ferne,
bunt am schuppigen Rücken, und Spechte und andere Vögel,
Rauchschwalben gar, an der Brust von blutigen Händen gezeichnet.
Alles verheeren sie rings: sie tragen die fliegenden Bienen
fort im Schnabel als köstliches Mahl zum grausamen Neste.
Silberne Quellen jedoch und moosumwobene Weiher
seien ringsum, hingleite durchs Gras flachplätschernd ein Bächlein,
schattig umwölbe die Palme den Vorhof oder ein Ölbaum.
Führen die ersten Schwärme alsdann die Weisel, die neuen,
spielt, aus den Waben entlassen, in ihrem Frühling die Jugend,
dann sei nachbarlich Ufer ein Hort, zu entfliehen der Hitze,
und am Wegrand winke ein Baum, sie gastlich umgrünend.
Mitten ins Wasser hinein, ob träg es steht oder fortfließt,
wirf querüberhin Weidengezweig und kräftige Steine,
daß auf zahlreichen Stegen sie ruhn und die Flügel zur Sommer-
sonne hin breiten können, wenn etwa grad in der Rast sie
sprühend traf oder jäh in die Fluten tauchte der Ostwind.
Zeiland grüne ringsum und weithinduftender Quendel,
Saturei in üppigem Flor, starkwürzigen Odems,
und im Quellgrund netze den Fuß ein Veilchengefilde.
Doch an den Körben, ob du aus hohler Rinde sie nähtest,
oder ob du sie flochtest aus biegsamkräftigen Weiden,
mache den Zugang eng. Hart läßt ja durch Kälte den Honig
starren der Winter, doch Sommersglut läßt flüssig ihn rinnen.
Hitze und Kälte bringt gleiche Gefahr den Bienen. Umsonst nicht
überstreichen mit Wachs sie im Stock voller Eifer die kleinsten
Luftlöcher und verstopfen mit Harz und Blumen die Tore,
und sie horten den Kitt, der eigens hierzu gesammelt,
zäher als Leim und zäher als Pech vom phrygischen Ida.
Oft auch – wenn die Sage nur wahr ist – hegten sie, tief im
Schoß der Erde vergraben, ihr Heim und lebten im hohlen

pumicibusque cavis exesaeque arboris antro.
tu tamen et levi rimosa cubilia limo   45
ungue fovens circum et raras superinice frondes.
neu propius tectis taxum sine neve rubentis
ure foco cancros, altae neu crede paludi,
aut ubi odor caeni gravis aut ubi concava pulsu
saxa sonant vocisque offensa resultat imago.   50

Quod superest, ubi pulsam hiemem Sol aureus egit
sub terras caelumque aestiva luce reclusit,
illae continuo saltus silvasque peragrant
purpureosque metunt flores et flumina libant
summa leves. hinc nescio qua dulcedine laetae   55
progeniem nidosque fovent, hinc arte recentis
excudunt ceras et mella tenacia fingunt.
hinc ubi iam emissum caveis ad sidera caeli
nare per aestatem liquidam suspexeris agmen
obscuramque trahi vento mirabere nubem,   60
contemplator: aquas dulcis et frondea semper
tecta petunt. huc tu iussos asperge sapores,
trita melisphylla et cerinthae ignobile gramen,
tinnitusque cie et Matris quate cymbala circum:
ipsae consident medicatis sedibus, ipsae   65
intima more suo sese in cunabula condent.

Sin autem ad pugnam exierint – nam saepe duobus
regibus incessit magno discordia motu;
continuoque animos vulgi et trepidantia bello
corda licet longe praesciscere: namque morantis   70
Martius ille aeris rauci canor increpat, et vox
auditur fractos sonitus imitata tubarum;
tum trepidae inter se coeunt pinnisque coruscant
spiculaque exacuunt rostris aptantque lacertos,
et circa regem atque ipsa ad praetoria densae   75
miscentur magnisque vocant clamoribus hostem. –
ergo ubi ver nactae sudum camposque patentis

Bimsstein versteckt und tief in Baumes modriger Höhle.
Aber trotz allem verstreiche auch du mit schlüpfrigem Lehme
wärmend rings die Ritzen am Korb, schütt Laubwerk darüber,
dulde nicht Taxus zu nahe am Stock, verbrenn auf dem Herd nicht
rötliche Krebse und traue auch nicht den Tiefen des Sumpfes,
nicht dem Morast mit faulem Gestank, nicht hohlem Geklüft, wo
Felswand hallt und Ruf aufprallt und als Echo zurückspringt.

Trieb aber erst den Winter die goldene Sonne ins Erdreich
nieder und schloß den Himmel uns auf ihr sommerlich Leuchten,
gleich dann schwärmen die Bienen dahin durch Buschwerk und Bäume,
Purpurblüten ernten sie ab und nippen im Fluge
schwebend am Spiegel der Flüsse. Nun treibt sie wonniger Süße
Zauberdrang, zu hegen die Brut und die Nester. Sie formen
kunstvoll neues Wachs und bilden klebrigen Honig.
Siehst du danach, wie der Schwarm aus den Zellen hoch zu des Himmels
Sternen empor im fließenden Licht des Sommers dahinschwimmt,
staunst du, wie im Winde sich wiegt die dunkelnde Wolke,
merke dir dann: Stets suchen sie süßes Gewässer und Laubdach.
Dorthin sprenge, der Vorschrift gemäß, wohlduftende Säfte,
aus zerstoßner Melisse gepreßt und wilder Kerinthe.
Klingelgeläut laß tönen im Kreis und der Kybele Becken,
sie aber schweben von selbst zum würzigen Sitze, von selbst auch
bergen sie, treu ihrem Brauch, sich tief im Winkel der Wohnstatt.

Ziehn sie aber zum Kampfe hinaus – zwei Könige packt ja
Zwietracht oft und reißt sie fort zu gewaltigem Aufstand,
lange vorher dann spürst du sogleich die Erregung der Massen,
spürst, wie die Herzen fiebern nach Krieg. Denn wider die Zaudrer
wettert aus heiserem Erz der Kriegsruf, und eine Stimme
hörst du tönen gebrochenen Klangs wie Trompetengeschmetter.
Eifernd eilen sie alle zuhauf, hell blitzen die Flügel,
und sie schärfen am Rüssel den Speer und straffen die Muskeln,
drängen sich dicht um den König geschart und nah bei des Feldherrn
Zelt und fordern mit lautem Geschrei zum Kampf den Gegner. –
Also wenn heiter der Lenz ihnen lacht und es lockt das Gefilde,

erumpunt portis: concurritur aethere in alto,
fit sonitus, magnum mixtae glomerantur in orbem
praecipitesque cadunt; non densior aëre grando,   80
nec de concussa tantum pluit ilice glandis.
ipsi per medias acies insignibus alis
ingentis animos angusto in pectore versant,
usque adeo obnixi non cedere, dum gravis aut hos
aut hos versa fuga victor dare terga subegit.   85
hi motus animorum atque haec certamina tanta
pulveris exigui iactu compressa quiescunt.
verum ubi ductores acie revocaveris ambo,
deterior qui visus, eum, ne prodigus obsit,
dede neci; melior vacua sine regnet in aula.   90
alter erit maculis auro squalentibus ardens.
nam duo sunt genera: hic melior insignis et ore
et rutilis clarus squamis; ille horridus alter
desidia latamque trahens inglorius alvum.

Ut binae regum facies, ita corpora plebis.   95
namque aliae turpes horrent, ceu pulvere ab alto
FMP cum venit et sicco terram spuit ore viator
aridus; elucent aliae et fulgore coruscant
ardentes auro et paribus lita corpora guttis.
haec potior suboles, hinc caeli tempore certo   100
dulcia mella premes, nec tantum dulcia quantum
et liquida et durum Bacchi domitura saporem.

At cum incerta volant caeloque examina ludunt
contemnuntque favos et frigida tecta relinquunt,
instabilis animos ludo prohibebis inani.   105
nec magnus prohibere labor: tu regibus alas
eripe; non illis quisquam cunctantibus altum
ire iter aut castris audebit vellere signa.
invitent croceis halantes floribus horti,
et custos furum atque avium cum falce saligna   110

brechen sie vor aus den Toren. Die Schlacht entbrennt in des Äthers
Höhn, es erhebt sich Gedröhn. Wild wühlt gewaltiger Wirbel,
kopfüber stürzen sie jäh. Nie prasselt dichter der Hagel,
nimmer auch springt vom Eichbaum je solch Schauer von Eicheln.
Aber die Weisel inmitten der Walstatt, schimmernden Flügels,
fühlen von mächtigem Mute die Brust, die enge, erhoben,
nimmer zu weichen gewillt, bis endlich im Grimme die einen
oder die andern der Sieger zur Flucht hinzwang und verjagte.
Diesen Sturm der Erregung und diese gewaltigen Kämpfe
bändigt leicht eine Hand voll Staub und bringt sie zur Ruhe.
Hast du nun beide Führer vom Kampf wieder heimwärts gerufen,
laß den sterben, der schwach sich gezeigt, sonst bringt der Schmarotzer
Schaden dem Stock. Im freien Palast laß herrschen den Sieger!
Dieser eine erstrahlt, von Gold rings feurig besprenkelt.
Gibt es doch zweierlei Art: Der bessere, herrlich von Ansehen,
leuchtet in rötlichem Schuppengewand; der andre ist struppig,
starrt vor Faulheit und schleppt ruhmlos seinen Breitwanst nach sich.

Wie nun zwiefach der Weisel Gestalt, so die Leiber des Volkes.
Häßlich starren die einen. So kommt aus staubigem Hohlweg
grau der Wandrer und speit von dörrenden Lippen verschmachtend
fort den Sand. Doch strahlen von Licht blitzschimmernd die andern,
sprühend von Gold und genau so den Leib übersprenkelt mit Tupfen.
Dies ist die edlere Zucht; sie läßt dich im Lenz und im Herbste
köstlichen Honig gewinnen, und nicht nur köstlich, er rinnt auch
klar wie Kristall und bändigt durch Süße die Herbe des Bakchus.

Fliegen indes ohne Ziel, zum Spiel nur die Schwärme am Himmel,
achten der Waben nicht mehr, steht kalt der Stock und verlassen,
wehre alsdann unstetem Gemüt solch leeres Getändel.
Ist ja zu wehren nicht schwer: reiß aus den Weiseln die Flügel;
zaudern die Weisel, so wagt kein andrer ins Freie den hohen
Flug noch hinaus, reißt keiner mehr hoch die Standarten zum Aufbruch.
Gartenland lade sie ein, von Safranblüten durchduftet,
und gegen Diebe und Vögel die Wacht mit weidener Sichel

Hellespontiaci servet tutela Priapi.
ipse thymum tinosque ferens de montibus altis
tecta serat late circum, cui talia curae;
ipse labore manum duro terat, ipse feracis
figat humo plantas et amicos inriget imbris.   115

Atque equidem, extremo ni iam sub fine laborum
vela traham et terris festinem advertere proram.
forsitan et, pinguis hortos quae cura colendi
ornaret, canerem, biferique rosaria Paesti,
quoque modo potis gauderent intiba rivis   120
et virides apio ripae, tortusque per herbam
cresceret in ventrem cucumis; nec sera comantem
narcissum aut flexi tacuissem vimen acanthi
pallentisque hederas et amantis litora myrtos.
namque sub Oebaliae memini me turribus arcis,   125
qua niger umectat flaventia culta Galaesus,
Corycium vidisse senem, cui pauca relicti
iugera ruris erant, nec fertilis illa iuvencis
nec pecori opportuna seges nec commoda Baccho.
hic rarum tamen in dumis holus albaque circum   130
lilia verbenasque premens vescumque papaver
regum aequabat opes animis, seraque revertens
nocte domum dapibus mensas onerabat inemptis.
primus vere rosam atque autumno carpere poma,
et cum tristis hiems etiamnum frigore saxa   135
rumperet et glacie cursus frenaret aquarum,
ille comam mollis iam tondebat hyacinthi
aestatem increpitans seram zephyrosque morantis.
ergo apibus fetis idem atque examine multo
primus abundare et spumantia cogere pressis   140
mella favis: illi tiliae atque uberrima pinus,
quotque in flore novo pomis se fertilis arbos
induerat, totidem autumno matura tenebat.
ille etiam seras in versum distulit ulmos
eduramque pirum et spinos iam pruna ferentis   145

MP

.lte schirmend der Gott vom Hellespontus, Priapus.
uendel und Schneeball hole von hohen Bergen sich selbst der
enenvater und pflanze sie breithin rings um die Stöcke;
lbst soll er regen die Hand in harter Mühe, soll selbst ins
·dreich drücken die Reiser, mit mildem Naß übersprühen.

Ich aber, reffte ich nicht zum Ende der Mühen die Segel
eder und eilte, zum Lande den Bug nun endlich zu wenden,
nge wohl noch, wie sorgende Hand reichprangende Gärten
·mückt, wie Paestum zweimal erblüht mit Hainen voll Rosen,
e aus Bächen den Trank die Endivien freudig begrüßen,
·ersrand der Eppich umgrünt, wie gewunden durchs Gras hin
·willt zum Bauch die Melone. Der spätentblühenden hätt ich
·ch, der Narzisse, gedacht, des Akanthus Rankengewinde,
·ichen Efeus auch und des Ufers Freundin, der Myrte.
·enn in der Nähe Tarents, des turmumkränzten – noch weiß ich's –
·) goldwogende Saatflur netzt der dunkle Galaesus,
·f einen Alten ich einst aus Corycus. Einige Joch nur
·tte er unvermessenen Lands, weder lohnend dem Pflugstier,
·ch bot's Weide dem Vieh, noch trug es Trauben dem Bakchus.
· aber zog im Gestrüpp weitzeiligen Kohl sich und weiße
·ien rings und zehrenden Mohn und heiliges Krautwerk,
·nkte an Schätzen sich Königen gleich, und kehrte er spät zum
·achtmahl heim, so belud er den Tisch, keines Marktes bedürftig.
· zuerst brach Rosen im Lenz und Obst sich im Herbste,
·d wenn immer noch trostloser Winter mit Froste die Felsen
·altete und mit Eis den Lauf der Gewässer noch hemmte,
·nitt Hyazinthen er schon mit zarter, duftiger Dolde,
·hnte des Sommers Verspätung dabei und der Westwinde Säumnis.
·so ward er mit trächtigen Bienen und wimmelndem Schwarm als
·ter beglückt, entpreßte den Waben schäumenden Honig,
·enenweide boten ihm reich rings Linden und Fichten;
·liches Obst, das fruchtbar im Blütgewande des Lenzes
·rg der Baum, er trug es gereift dem Herbste entgegen.
·tere Ulmen sogar verpflanzte der Greis noch in Reihen,
·hesten Birnbaum und Schwarzdorn, gepfropft, mit Pflaumen schon prangend,

iamque ministrantem platanum potantibus umbras.
verum haec ipse equidem spatiis exclusus iniquis
praetereo atque aliis post me memoranda relinquo.

Nunc age, naturas apibus quas Iuppiter ipse
addidit, expediam, pro qua mercede canoros   150
Curetum sonitus crepitantiaque aera secutae
Dictaeo caeli regem pavere sub antro.
FMP solae communis natos, consortia tecta
urbis habent, magnisque agitant sub legibus aevum,
et patriam solae et certos novere penatis;   155
venturaeque hiemis memores aestate laborem
experiuntur et in medium quaesita reponunt.
namque aliae victu invigilant et foedere pacto
exercentur agris; pars intra saepta domorum
Narcissi lacrimam et lentum de cortice gluten   160
prima favis ponunt fundamina, deinde tenacis
suspendunt ceras; aliae spem gentis adultos
educunt fetus; aliae purissima mella
stipant et liquido distendunt nectare cellas.
sunt quibus ad portas cecidit custodia sorti,   165
inque vicem speculantur aquas et nubila caeli,
aut onera accipiunt venientum, aut agmine facto
ignavum fucos pecus a praesepibus arcent.
fervet opus, redolentque thymo fragrantia mella.
ac veluti lentis Cyclopes fulmina massis   170
cum properant, alii taurinis follibus auras
accipiunt redduntque, alii stridentia tingunt
aera lacu; gemit impositis incudibus Aetna:
illi inter sese magna vi bracchia tollunt
MP   in numerum versantque tenaci forcipe ferrum: 175
non aliter, si parva licet componere magnis,
Cecropias innatus apes amor urget habendi
munere quamque suo. grandaevis oppida curae
et munire favos et daedala fingere tecta.
at fessae multa referunt se nocte minores,   180

und Platanen, die wölbig rings schon Zecher umschattet.
Mir aber wehrt der beengende Raum, dies weiter zu schildern;
also verbleibt es, ich lasse den Stoff einem späteren Dichter.

Auf denn, von Art und Natur, die Juppiter selber den Bienen
schenkte, berichte ich nun, ihrem Lohn, weil damals dem hellen
Klang der Kureten sie folgten und klirrendem Erze und tief in
Kretas Grottengewölbe des Himmels Herrscher ernährten.
Ihnen allein sind Kinder gemeinsam, Häuser gemeinsam
rings in der Stadt, sie führen ihr Sein unter großen Gesetzen,
Vaterland kennen nur sie allein und sicheren Hausstand.
Künftigen Winters gedenk, ertragen im Sommer sie Last und
Arbeit, und was sie erworben, wird ganz als Gemeingut geborgen.
Nahrung besorgen die einen, sie schwärmen nach Regel und Ordnung
rings im Gefild. Ein anderer Teil, im Gehege der Häuser,
legt Narzissenträne und Harz, zähquellend aus Rinden,
nieder als Grund für Waben zunächst, dann hängt er darüber
klebendes Wachs. Wieder andre erziehn die Hoffnung des Stammes,
ihre erwachsene Brut, noch andere häufen des Honigs
lauteres Gold und dehnen mit flüssigem Nektar die Zellen.
Einigen fiel das Los, am Tor die Wache zu halten;
wechselnd spähen nach Regen sie aus und Wolken am Himmel,
nehmen entgegen der Kommenden Tracht oder strömen zuhauf und
wehren dem faulen, dem Drohnengezücht, an den Krippen zu prassen.
Glüht doch zum Werke die Lust. Süß duftet nach Quendel der Honig.
Wie aus zähen Massen die Blitze in Hast die Kyklopen
schmieden, es wirken die einen an Blasebälgen aus Stierhaut,
saugen und pressen die Luft, in Kühltröge tauchen die andern
zischendes Erz, laut dröhnt von der Ambosse Wuchten der Ätna.
Miteinander erheben mit Macht sie die riesigen Arme
immer im Takt und wenden mit packender Zange das Eisen:
ebenso – wenn es sich schickt, an Großem Kleines zu messen –
drängt die kekropischen Bienen natürlicher Trieb zum Besitze,
jede nach eigenem Amt: Die Alten besorgen die Städte,
Waben gründen sie fest und baun, wie Dädalus, Häuser.
Aber ermüdet und spät in der Nacht schleppen heim sich die Jungen,

MPR crura thymo plenae; pascuntur et arbuta passim
et glaucas salices casiamque crocumque rubentem
et pinguem tiliam et ferrugineos hyacinthos.
omnibus una quies operum, labor omnibus unus:
mane ruunt portis, nusquam mora; rursus easdem   185
vesper ubi e pastu tandem decedere campis
admonuit, tum tecta petunt, tum corpora curant;
fit sonitus mussantque oras et limina circum.
post ubi iam thalamis se composuere, siletur
in noctem, fessosque sopor suus occupat artus.   190
nec vero a stabulis pluvia impendente recedunt
longius aut credunt caelo adventantibus euris;
sed circum tutae sub moenibus urbis aquantur
excursusque brevis temptant, et saepe lapillos,
ut cumbae instabiles fluctu iactante saburram,   195
tollunt, his sese per inania nubila librant.
illum adeo placuisse apibus mirabere morem,
quod neque concubitu indulgent nec corpora segnes
in venerem solvunt aut fetus nixibus edunt;
verum ipsae e foliis natos, e suavibus herbis   200
ore legunt, ipsae regem parvosque Quirites
sufficiunt aulasque et cerea regna refigunt.
saepe etiam duris errando in cotibus alas
attrivere, ultroque animam sub fasce dedere:
tantus amor florum et generandi gloria mellis.   205
ergo ipsas quamvis angusti terminus aevi
excipiat – neque enim plus septima ducitur aestas –
at genus immortale manet, multosque per annos
stat fortuna domus, et avi numerantur avorum.
praeterea regem non sic Aegyptos et ingens   210
Lydia nec populi Parthorum aut Medus Hydaspes
observant. rege incolumi mens omnibus una est;
amisso rupere fidem constructaque mella
diripuere ipsae et crates solvere favorum.
ille operum custos, illum admirantur et omnes   215
circumstant fremitu denso stipantque frequentes,

voll von Quendel die Schenkel. Sie saugen an Arbutusblüten,
silbrigen Weiden, an Zeiland und rötlichem Safran, es lockt ein
Lindengewölbe zum Trank, mit stahlblauem Kelch Hyazinthen.
Allen gemeinsam ist Ruhe, gemeinsam allen die Arbeit.
Morgens drängen früh sie durchs Tor, ohne Rast; und ermahnt dann
Abend sie wieder, vom Weiden zu ruhn und endlich die Felder
nun zu verlassen, dann fliegen sie heim, dann tun sie sich gütlich.
Klingend tönt's, sie umsummen das Tor, umsummen die Schwellen.
Schlüpfen sie endlich ins Zellengemach, herrscht Ruhe zur Nacht, und
Schlummer, wohlverdienter, befällt die ermüdeten Glieder.
Droht aber Regen, so fliegen vom Stock sie nicht allzuweit fort und
trauen dem Himmel auch nicht beim Nahn südöstlicher Winde;
sondern geborgen am Ring der Stadtmauer schöpfen sie Wasser.
Kurzen Ausflug wagen sie wohl. Oft nehmen sie Steinchen
auf, wie ein schwankender Kahn im Flutengewoge den Ballast,
so im Gleichgewicht schweben sie hin durch gähnende Nebel.
Staunen erregt besonders ein Brauch, der den Bienen gefallen:
daß sie sich nicht der Begattung erfreun, nicht schlaff ihre Leiber
lösen im Liebesgenuß, nicht mühsam Kinder gebären;
nein, von Blättern sammelt ihr Mund, von lieblichem Krautwerk
selber die Kindlein. Den Erben des Throns und die kleinen Quiriten
wählen sie selbst, neu sichernd den Hof und die wächsernen Reiche.
Oft auch, taumelnd in scharfem Gestein, zerfetzten sie arg die
Flügel und unter der Fracht verhauchten sie willig ihr Leben.
Hängt doch an Blüten ihr Herz, lockt Ruhm doch, Honig zu schaffen.
Drum wenn die einzelnen auch des engbefristeten Daseins
Ende umfängt – denn keine erlebt mehr Sommer als sieben –
bleibt doch unsterblich die Art, und all die Jahre hindurch steht
blühend des Hauses Geschick, wächst fort die Reihe der Ahnen.
Weder Ägypten noch Lydiens Reich, das gewaltige, noch der
Parther Geschlecht noch Mediens Volk ehrt s o seinen Herrscher.
Steht's um den Herrscher nur gut, durchglüht e i n Sinnen sie alle;
sank er dahin, zerbricht auch der Bund, den gestapelten Honig
plündern sie selbst und reißen das Wachsgeflecht auseinander;
er ist Wächter des Werks, ihm gilt bewundernde Ehrfurcht,
lärmend umdrängen ihn alle im Kreise, geleiten ihn zahlreich

et saepe attollunt umeris et corpora bello
obiectant pulchramque petunt per vulnera mortem.

His quidam signis atque haec exempla secuti
esse apibus partem divinae mentis et haustus   220
aetherios dixere; deum namque ire per omnia:
terrasque tractusque maris caelumque profundum:
hinc pecudes armenta viros genus omne ferarum
quemque sibi tenuis nascentem arcessere vitas;
scilicet huc reddi deinde ac resoluta referri   225
omnia, nec morti esse locum, sed viva volare
sideris in numerum atque alto succedere caelo.

Si quando sedem augustam servataque mella
thesauris relines, prius haustu sparsus aquarum
ora fove fumosque manu praetende sequacis.   230
bis gravidos cogunt fetus, duo tempora messis,
Taygete simul os terris ostendit honestum
Plias et Oceani spretos pede reppulit amnis,
aut eadem sidus fugiens ubi Piscis aquosi
tristior hibernas caelo descendit in undas.   235
illis ira modum supra est, laesaeque venenum
morsibus inspirant et spicula caeca relinquunt
adfixae venis animasque in vulnere ponunt.
sin duram metues hiemem parcesque futuro
contusosque animos et res miserabere fractas,   240
at suffire thymo cerasque recidere inanis
quis dubitet? nam saepe favos ignotus adedit
stelio et lucifugis congesta cubilia blattis;
immunisque sedens aliena ad pabula fucus
aut asper crabro imparibus se immiscuit armis,   245
aut dirum tiniae genus, aut invisa Minervae
laxos in foribus suspendit aranea cassis.
quo magis exhaustae fuerint, hoc acrius omnes
incumbent generis lapsi sarcire ruinas,
complebuntque foros et floribus horrea texent.   250

und erheben ihn oft auf den Schultern, bieten die Leiber
dar im Kriege und suchen den Tod durch rühmliche Wunden.

Zeichen und Beispielen solcher Natur nachsinnend, erklärten
manche, die Bienen durchwirke ein Teil vom göttlichen Weltgeist,
feurigen Äthers Gewalt, denn Gott durchflute das Weltall:
Länder und Meere, unendlich gedehnt, und die Tiefen des Himmels;
hieraus schöpfe sich Schaf und Rind und Mensch und der wilden
Tierwelt ganzes Geschlecht das zartentspringende Leben,
hierhin ströme gelöst dann alles am Ende auch wieder
heim ins All, nichts sinke in Tod, nein, lodere lebend
auf zu Gestirnen und folge dem Schwung des erhabenen Himmels.

Wenn du nun einmal den hehren Palast und des goldenen Honigs
Hort entsiegelst, besprenge zuvor dich gründlich mit Wasser,
spül dir den Mund und trag vor dir her rings qualmendes Rauchwerk.
Zweimal sammelst du reichliche Tracht, hast zweimal zu ernten:
gleich, wenn vom Siebengestirn Taygete adlig ihr Antlitz
zeigte der Welt und des Ozeans Flut verächtlich zurückstieß,
oder sobald ihr Gestirn auf der Flucht vor dem triefenden Fische
innig betrübt vom Himmel zum Meer des Winters herabstieg.
Aber im Stock tobt Zorn ohne Maß. Die Gekränkten verspritzen
Gift in die Bisse und lassen zurück die verborgenen Stacheln,
heften den Adern sich an und sterben über der Wunde.
Fürchtest du grimmigen Winter indes und sparst für die Zukunft,
rührt auch der Kummer der Bienen dein Herz, ihr zerrüttetes Wesen,
räuchre alsbald mit Quendel den Stock und schneide die leeren
Zellen hinweg. Denn oft benagte die Eidechse heimlich
dir die Waben und lichtscheu barg im Korb sich die Schabe,
faul, ohne Beitrag, praßte an fremden Tischen die Drohne,
oder die grimme Hornisse drang ein, überlegen an Rüstung,
oder der Motten verderbliches Volk, und die Feindin Minervas
spann ihr lockeres Netz am Tor, die abscheuliche Spinne.
Aber je mehr sie erschöpft, um so heftiger mühn sich die Bienen
alle, den Sturz des Geschlechts, des gesunkenen, wieder zu heilen,
füllen die Lücken und weben aufs neu aus Blumen die Speicher.

Si vero, quoniam casus apibus quoque nostros
vita tulit, tristi languebunt corpora morbo,
quod iam non dubiis poteris cognoscere signis:
continuo est aegris alius color; horrida vultum
deformat macies; tum corpora luce carentum 255
exportant tectis et tristia funera ducunt;
aut illae pedibus conexae ad limina pendent,
aut intus clausis cunctantur in aedibus, omnes
ignavaeque fame et contracto frigore pigrae.
tum sonus auditur gravior, tractimque susurrant, 260
frigidus ut quondam silvis immurmurat auster,
ut mare sollicitum stridit refluentibus undis,
aestuat ut clausis rapidus fornacibus ignis –
hic iam galbaneos suadebo incendere odores
mellaque harundineis inferre canalibus, ultro 265
hortantem et fessas ad pabula nota vocantem.
proderit et tunsum gallae admiscere saporem
arentisque rosas aut igni pinguia multo
defruta vel psithia passos de vite racemos
Cecropiumque thymum et grave olentia centaurea. 270
est etiam flos in pratis, cui nomen amello
fecere agricolae, facilis quaerentibus herba;
namque uno ingentem tollit de caespite silvam,
aureus ipse, sed in foliis, quae plurima circum
funduntur, violae sublucet purpura nigrae; 275
saepe deum nexis ornatae torquibus arae;
asper in ore sapor; tonsis in vallibus illum
pastores et curva legunt prope flumina Mellae.
huius odorato radices incoque Baccho
pabulaque in foribus plenis adpone canistris. 280

Sed si quem proles subito defecerit omnis,
nec, genus unde novae stirpis revocetur, habebit,
tempus et Arcadii memoranda inventa magistri
pandere, quoque modo caesis iam saepe iuvencis
insincerus apes tulerit cruor. altius omnem 285

Was aber dann, wenn traurig der Leib der Bienen in Siechtum
schwindet? Es schlägt ja wie uns auch sie das Leben mit Leiden.
Das aber kannst du alsbald an truglosen Zeichen erkennen:
andere Farbe bezeichnet sofort die Kranken. Sie sind von
Magerkeit furchtbar entstellt. Dann tragen hinaus sie die Leiber
derer, die nicht mehr im Lichte sich freun, zum düstern Begräbnis;
fest mit den Füßen zu Knäuel verkrampft, so hangen am Tor sie,
oder sie hocken verriegelt im Bau tief drinnen, sie alle
träge vor Hunger und starr vom Krampf des frostigen Fiebers.
Dumpferes Tönen vernimmst du alsdann, sie summen so klagend,
wie oft frostiger Südwind dumpf hinstöhnt durch die Wälder,
wie im Sturme das Meer aufzischt mit brandenden Wogen,
wie in verschlossenen Öfen faucht wildsausendes Feuer.
Hier nun rate ich dir, mit Galbanumdüften zu räuchern,
träufle auch Honig zum Stock durch Schilfrohr, muntre von selbst sie
also auf und lade zu Mahl, dem vertrauten, die Müden.
Heilsam mischt sich dem Honig gestoßener Galläpfel Würze,
trockene Rosen, und fett über tüchtigem Feuer gedickter
Most oder trockene Beeren, gepflückt vom psithischen Weinstock,
Tausendgüldenkraut auch voller Duft und attischer Quendel.
Weiter noch blüht in den Wiesen umher eine Blume, der Bauer
nennt sie ‚Amellus‘. Leicht entdeckst du beim Suchen das Kräutlein.
Denn aus e i n e m Wurzelgeflecht steigt wuchernder Wald auf,
golden ihr Kelch, aber rings ihr üppigsprießendes Blattwerk
schimmert sanft im Purpurglanz der dunklen Viole.
Oft umschlingt in Kränzen sie hold die Altäre der Götter;
bitter mundet ihr Saft. Nach der Heumahd sammeln im Talgrund
Hirten die Blume und dicht am Flutengewinde des Mella.
Koche von ihr die Wurzeln dir ein in würzigem Weine,
und so stell sie als Futter ans Tor in strotzenden Körben.

Ging aber plötzlich ein ganzes Geschlecht dem Imker verloren,
und er weiß nicht, woher er aufs neu sich hole den Nachwuchs,
dann ist's Zeit, zu berichten, was einst Arkadiens Meister
rühmlich entdeckt hat, wie schon oft von geschlachteten Rindern
unrein Blut uns Bienen erzeugt hat. Höher vom ersten

expediam prima repetens ab origine famam.
nam qua Pellaei gens fortunata Canopi
accolit effuso stagnantem flumine Nilum
et circum pictis vehitur sua rura phaselis,
quaque pharetratae vicinia Persidis urget,   290
et viridem Aegyptum nigra fecundat harena,
et diversa ruens septem discurrit in ora
usque coloratis amnis devexus ab Indis:
omnis in hac certam regio iacit arte salutem.
exiguus primum atque ipsos contractus in usus   295
eligitur locus; hunc angustique imbrice tecti
parietibusque premunt artis, et quattuor addunt,
quattuor a ventis obliqua luce fenestras.
tum vitulus bima curvans iam cornua fronte
quaeritur; huic geminae nares et spiritus oris   300
multa reluctanti obstruitur, plagisque perempto
tunsa per integram solvuntur viscera pellem.
sic positum in clauso linquunt et ramea costis
subiciunt fragmenta thymum casiasque recentis.
hoc geritur zephyris primum impellentibus undas,   305
ante novis rubeant quam prata coloribus, ante
garrula quam tignis nidum suspendat hirundo.
interea teneris tepefactus in ossibus umor
aestuat, et visenda modis animalia miris,
trunca pedum primo, mox et stridentia pinnis,   310
miscentur tenuemque magis magis aëra carpunt,
donec ut aestivis effusus nubibus imber
erupere aut ut nervo pulsante sagittae,
prima leves ineunt si quando proelia Parthi.

    Quis deus hanc, Musae, quis nobis extudit artem?   315
unde nova ingressus hominum experientia cepit?
pastor Aristaeus fugiens Peneia Tempe
amissis, ut fama, apibus morboque fameque
tristis ad extremi sacrum caput adstitit amnis
multa querens atque hac adfatus voce parentem: 320

Ursprung hole ich aus, um ganz die Sage zu künden.
Wo das begüterte Volk der pelläischen Festung Kanopus
siedelt am sumpfigen Ufer des flutenergießenden Nilstroms
und im Kreis seine Fluren umfährt in farbigen Barken,
wo der bogenbewehrte, der parthische Nachbar herandrängt,
und Ägyptens grünende Flur mit schwärzlichem Flußschlamm
fruchtbar netzt der Strom, auseinanderflutend in sieben
Mündungen, niedergesandt vom Land braunhäutiger Inder:
all dies Land baut fest sein Heil auf diese Erfindung.
Schmal zunächst erwählt man den Platz und läßt ihn zum Zweck noch
eigens beschränken, baut drüber ein Dach, ganz niedrig, aus Ziegeln,
drückt die Wände recht eng und setzt nach allen vier Winden
noch vier Öffnungen ein mit schräg einfallendem Lichte.
Dann beschafft man ein zweijährig Kalb, dem rund an der Stirn schon
sproßt das Gehörn. Dem werden, so sehr es sich sträubt, seine Nüstern
beide verstopft und das schnaubende Maul. Dem Erstickten zerschlägt man
mürbe das Innre zu Brei, doch ohne die Haut zu verletzen.
Also liegt es und bleibt im Verschluß. Bruchreiser von Zweigen
legt man ihm unter die Rippen und Quendel und grünenden Zeiland.
Dieses geschieht, sobald nur der Westwind wühlt in den Wogen,
ehe in neuen Farben erglühn die Wiesen und eh noch
zwitschernd am Balken ihr Nest anklebt hoch droben die Schwalbe.
Unterdessen beginnt, erwärmt in den zarten Gebeinen,
aufzugären der Saft. Schon zeigen sich Wesen, erstaunlich,
stummelfüßig zunächst, doch bald mit sirrenden Flügeln
schwirren sie, mehr und mehr die dünne Luft zu bevölkern;
dann aber brechen sie vor, wie Regen aus Sommergewölken
niederbirst oder wie von schnellender Sehne die Pfeile,
wenn zu Beginn des Gefechts flinkwendig stürmen die Parther.

Welcher Gott doch, ihr Musen, wer brachte uns diese Erfindung?
Woher wuchs der Beginn dieser neuen Erfahrung der Menschheit?
Er, Aristaeus, der Hirt, entwich dem Tal des Peneios,
da er – so heißt's – seine Bienen verlor durch Krankheit und Hunger;
traurig trat er zum heiligen Quell hoch droben am Strome,
klagte laut und erhob zur Gebärerin also die Stimme:

'mater, Cyrene mater, quae gurgitis huius
ima tenes, quid me praeclara stirpe deorum
– si modo, quem perhibes, pater est Thymbraeus Apollo –
invisum fatis genuisti? aut quo tibi nostri
pulsus amor? quid me caelum sperare iubebas?　　325
en etiam hunc ipsum vitae mortalis honorem,
quem mihi vix frugum et pecudum custodia sollers
omnia temptanti extuderat, te matre relinquo.
quin age et ipsa manu felicis erue silvas,
fer stabulis inimicum ignem atque interfice messis.　330
ure sata et duram in vitis molire bipennem,
tanta meae si te ceperunt taedia laudis.'

At mater sonitum thalamo sub fluminis alti
sensit. eam circum Milesia vellera nymphae
carpebant hyali saturo fucata colore,　　　　　　335
Drimoque Xanthoque Ligeaque Phyllodoceque,
caesariem effusae nitidam per candida colla,
[Nesaee Spioque Thaliaque Cymodoceque]
Cydippe et flava Lycorias, altera virgo,
altera tum primos Lucinae experta labores,　　　340
Clioque et Beroe soror, Oceanitides ambae,
ambae auro, pictis incinctae pellibus ambae,
atque Ephyre atque Opis et Asia Deiopea
et tandem positis velox Arethusa sagittis.
GMPR　inter quas curam Clymene narrabat inanem　　345
Volcani Martisque dolos et dulcia furta,
aque Chao densos divum numerabat amores.
carmine quo captae, dum fusis mollia pensa
devolvunt, iterum maternas impulit auris
luctus Aristaei, vitreisque sedilibus omnes　　　350
obstipuere; sed ante alias Arethusa sorores
prospiciens summa flavum caput extulit unda,
et procul: 'o gemitu non frustra exterrita tanto,
Cyrene soror, ipse tibi, tua maxima cura,
tristis Aristaeus Penei genitoris ad undam　　　355

„Mutter Kyrene, o Mutter, die hier du wohnest in Strudels
Tiefe, warum nur hast du vom herrlichen Stamme der Götter
– falls, wie du angibst, wirklich mein Vater Apollo von Thymbra
ist – mich geboren als Schicksalverhaßten? Oder entschwand die
Liebe zu mir? Was hießest du mich den Himmel erhoffen?
Ach, ich verliere den Ruhm sogar meines sterblichen Lebens,
den mir sorgliche Obhut gewann über Früchte und Herden,
mir, der alles versucht! Und du, du bist meine Mutter!
Auf denn, entwurzle mit eigener Hand meine herrlichen Wälder,
Feuer wirf in die Ställe, verderbliches! Töte die Ernten,
senge die Saat, laß wuchten die furchtbare Axt in den Weinstock,
wenn dich vor meinem Ruhme so sehr der Ekel gepackt hat!"

   Aber die Mutter empfand den Klagelaut tief im Palast des
Stromes. Im Kreise geschart um die Göttin zupften die Nymphen
köstliche Wolle, getränkt von lichtgrünflutender Farbe.
Drimo und Xantho, Ligea, Phyllodoke. Schimmernden Glanzes
wallte des Haares Fülle herab zum schneeigen Nacken.
[Nesaee und Spio, Kymodoke auch und Thalia]
Kýdippé und die blonde Lykorias, eine noch Jungfrau,
doch die andre erst eben bewährt in den Wehen Lucinas.
Klio und Beroë, Schwestern, Okeanus' Töchter die beiden,
beide mit Gold umgürtet, in buntem Fellgewand beide,
Ephyre auch und Opis, aus Asien Deïopea,
und zuletzt, ohne Köcher und Pfeil, Arethusa, die flinke.
Klymene nun erzählte vom eitlen Bemühen des Volcanus
und von den Listen des Mars und süßverstohlenen Freuden,
zählte vom Chaos an auf, was Götter an Liebschaft erlebten.
Während sie so, vom Liede entzückt, herab von den Spindeln
drehten das weiche Gespinst, da drang wieder bang Aristaeus'
Klage der Mutter ans Ohr. Da staunten vom lichten Kristallsitz
alle empor; Arethusa indes vor den anderen Schwestern
blickte hinauf und hob aus wogendem Spiegel ihr Blondhaupt,
rief von ferne: „Kyrene, Schwester, schrakst doch umsonst nicht
auf ob des lauten Gestöhns! Er selbst, deine zärtlichste Sorge,
er, Aristaeus, steht an der Flut unsers Vaters Pencios.

stat lacrimans, et te crudelem nomine dicit.'
huic percussa nova mentem formidine mater
'duc, age, duc ad nos; fas illi limina divum
tangere' ait. simul alta iubet discedere late
flumina, qua iuvenis gressus inferret. at illum   360
curvata in montis faciem circumstetit unda
accepitque sinu vasto misitque sub amnem.
iamque domum mirans genetricis et umida regna
speluncisque lacus clausos lucosque sonantis
ibat, et ingenti motu stupefactus aquarum   365
omnia sub magna labentia flumina terra
spectabat diversa locis, Phasimque Lycumque
et caput, unde altus primum se erumpit Enipeus
unde pater Tiberinus, et unde Aniena fluenta
saxosusque sonans Hypanis Mysusque Caicus,   370
et gemina auratus taurino cornua vultu
Eridanus, quo non alius per pinguia culta
in mare purpureum violentior effluit amnis.
postquam est in thalami pendentia pumice tecta
perventum et nati fletus cognovit inanis   375
Cyrene, manibus liquidos dant ordine fontis
germanae tonsisque ferunt mantelia villis;
pars epulis onerant mensas et plena reponunt
pocula, Panchaeis adolescunt ignibus arae;
et mater 'cape Maeonii carchesia Bacchi: 380
Oceano libemus' ait. simul ipsa precatur
Oceanumque patrem rerum nymphasque sorores,
centum quae silvas, centum quae flumina servant.
ter liquido ardentem perfundit nectare Vestam,
ter flamma ad summum tecti subiecta reluxit.   385
omine quo firmans animum sic incipit ipsa:

'Est in Carpathio Neptuni gurgite vates
caeruleus Proteus, magnum qui piscibus aequor
et iuncto bipedum curru metitur equorum.
hic nunc Emathiae portus patriamque revisit   390

trauernd in Tränen, er gibt dir den Namen: 'Grausamgesinnte!'"
Aber die Mutter, im Geiste von Furcht, ganz fremder, erschüttert,
„Führ ihn", rief sie, „führ ihn zu uns! Er darf ja der Götter
Schwellen berühren." Zugleich läßt sie sich öffnen des Stromes
Tiefen, dort, wo der Jüngling den Schritt einlenkte. Doch jenen
barg überwölbend, geformt wie ein Berg rings steigend die Woge,
nahm ihn auf im riesigen Schoß und trug ihn hinunter.
Gleich bestaunend der Mutter Palast und die wogenden Reiche,
Seen, von Grotten umhegt, und klingendrauschende Haine,
schritt er dahin, betäubt vom riesigen Schwall der Gewässer;
all die Ströme, gleitend im Schoß der gewaltigen Erde,
schaute er hier und dort: den Phasis, den Lykus, er schaute
all die Quellen: da stürzt sich hervor der tiefe Enipeus,
dort unser Vater, der Tiber; dort brausen des Anio Fluten,
Hypanis, felsendurchschäumend, und Mysiens Strom, der Kaïkus,
dort entspringt der stiergestaltige, goldengehörnte
Strom, der Eridanus; reißender wogt durch fette Gebreite
nimmer ein anderer Strom zum purpurschimmernden Meere.
Endlich betrat er die Grotte des bimssteingewölbten Gemaches,
und Kyrene erfuhr des Sohnes nichtige Klagen.
Dann aber gießen zuerst auf die Hände ihm lauteres Wasser
Klio und Beroë, reichen sodann die geschorenen Tücher;
andere decken mit Speisen den Tisch und kredenzen die vollen
Becher, es flammt rings jeder Altar mit heiligem Feuer.
Sprach seine Mutter: „Nimm diesen Kelch voll köstlichen Weines,
spenden wir fromm dem Okéanus jetzt!" Dann fleht sie sogleich zum
Vater des Alls, zum Okéanus, fleht zu den Schwestern, den Nymphen,
ihnen, die hundert Wälder und hundert Ströme durchwalten.
Dreimal tränkt sie den flammenden Herd mit lauterem Nektar,
dreimal zückte zum Giebel des Daches lodernd die Flamme.
Durch dies Zeichen stärkt sie das Herz, spricht selber dann also:

„Siehe, es haust in Neptuns karpathischen Fluten ein Seher,
Proteus, bläulich umwallt. Er fährt auf Fischen durchs weite
Meer und fährt im Wagengespann zweifüßiger Rosse.
Dieser besucht jetzt wieder Emathias Hafen, sein heimisch

Pallenen; hunc et nymphae veneramur et ipse
grandaevus Nereus; novit namque omnia vates,
quae sint, quae fuerint, quae mox ventura trahantur;
quippe ita Neptuno visum est, immania cuius
armenta et turpis pascit sub gurgite phocas.   395
hic tibi, nate, prius vinclis capiendus, ut omnem
expediat morbi causam eventusque secundet.
nam sine vi non ulla dabit praecepta neque illum
orando flectes; vim duram et vincula capto
tende; doli circum haec demum frangentur inanes.   400
ipsa ego te, medios cum Sol accenderit aestus,
cum sitiunt herbae et pecori iam gratior umbra est,
in secreta senis ducam, quo fessus ab undis
se recipit, facile ut somno adgrediare iacentem.
verum ubi correptum manibus vinclisque tenebis,   405
tum variae eludent species atque ora ferarum.
fiet enim subito sus horridus atraque tigris
squamosusque draco et fulva cervice leaena,
aut acrem flammae sonitum dabit atque ita vinclis
excidet, aut in aquas tenuis dilapsus abibit.   410
sed quanto ille magis formas se vertet in omnis,
tam tu, nate, magis contende tenacia vincla,
donec talis erit mutato corpore, qualem
videris, incepto tegeret cum lumina somno.'

   Haec ait et liquidum ambrosiae diffundit odorem,   415
quo totum nati corpus perduxit; at illi
dulcis compositis spiravit crinibus aura,
atque habilis membris venit vigor. est specus ingens
exesi latere in montis, quo plurima vento
MPR cogitur inque sinus scindit sese unda reductos,   420
deprensis olim statio tutissima nautis;
intus se vasti Proteus tegit obice saxi.
hic iuvenem in latebris aversum a lumine nympha
collocat, ipsa procul nebulis obscura resistit.
iam rapidus torrens sitientis Sirius Indos   425

Land Pallene. Ihn verehren wir Nymphen, verehrt selbst
Nereus, hochbejahrt. Denn alles weiß er, der Seher,
was da ist, was war, was bald die Zukunft heraufbringt.
Also gefiel es Neptun. Ihm weidet Proteus das plumpe
Großvieh tief im Meer, das Volk der häßlichen Robben.
Ihn, mein Sohn, ihn fessle zuvor, daß er dir der Seuche
Grund vollständig erkläre und guten Erfolg dir gewähre.
Ohne Gewalt belehrt er dich nicht, und nimmer durch Bitten
beugst du ihn je. Laß hart den Gefangenen zwingende Fesseln
spüren, so bricht sich endlich sein Trug, so wird er zuschanden.
Selber geleite ich dich, wenn Sol die Gluten des Mittags
zündet, wenn Kräuter verlechzen, das Vieh gern lagert im Schatten,
hin zu des Alten heimlichem Schlupf. Da ruht er von Wogen
müde sich aus. Leicht kannst du ihn so, den Schlafenden packen.
Hältst du ihn aber in Händen gepackt, von Fesseln umwunden,
narrt dich Wechselgestalt alsbald mit Fratzen von Tieren:
plötzlich wird er ein struppiges Schwein, ein greulicher Tiger,
schuppiger Drache, er reckt den gelblichen Nacken als Löwin,
oder er prasselt als Flamme empor und müht sich den Fesseln
so zu entgehn oder sucht zu flüchtigem Naß zu zerrinnen.
Aber je mehr zu jeder Gestalt sich Proteus verwandelt,
desto schärfer, mein Sohn, zieh du die haftenden Fesseln,
bis er, verwandelten Leibes, dir endlich so sich zeige,
wie du ihn sahst, als eben die Augen ihm sanken zum Schlafe."

Sprach's und ließ ambrosischen Duft rings wallend verströmen;
und so salbte sie ganz den Leib des Sohnes. Doch jenem
atmete lieblicher Duft aus wohlgeordneten Locken,
wendige Kraft durchströmte die Glieder. Tief in des Berges
Flanken frißt eine Höhle sich ein; hier flutet vom Winde
wogend die Welle herein, in Buchten mählich verebbend,
sturmüberfallenen Schiffern schon längst die sicherste Zuflucht;
dort birgt Proteus sich unterm Damm der gewaltigen Felsen.
Hier im Winkel verbarg, dem Licht entzogen, den Jüngling
nun die Nymphe, sie selbst trat seitwärts, nebelumdunkelt.
Glühend brannte der Sirius schon, die lechzenden Inder

ardebat caelo, et medium sol igneus orbem
hauserat; arebant herbae, et cava flumina siccis
faucibus ad limum radii tepefacta coquebant,
cum Proteus consueta petens e fluctibus antra
ibat; eum vasti circum gens umida ponti   430
exultans rorem late dispergit amarum.
sternunt se somno diversae in litore phocae;
ipse velut stabuli custos in montibus olim,
vesper ubi e pastu vitulos ad tecta reducit,
auditisque lupos acuunt balatibus agni,   435
MPRV considit scopulo medius numerumque recenset.
cuius Aristaeo quoniam est oblata facultas,
vix defessa senem passus componere membra
cum clamore ruit magno, manicisque iacentem
occupat. ille suae contra non immemor artis   440
omnia transformat sese in miracula rerum,
ignemque horribilemque feram fluviumque liquentem.
verum ubi nulla fugam reperit fallacia, victus
in sese redit, atque hominis tandem ore locutus
'nam quis te, iuvenum confidentissime, nostras   445
iussit adire domos? quidve hinc petis?' inquit. at ille
'scis, Proteu, scis ipse; neque est te fallere quicquam;
sed tu desine velle. deum praecepta secuti
venimus hinc lassis quaesitum oracula rebus.'
tantum effatus. ad haec vates vi denique multa   450
ardentis oculos intorsit lumine glauco,
et graviter frendens sic fatis ora resolvit:

  'Non te nullius exercent numinis irae;
magna luis commissa: tibi has miserabilis Orpheus
haudquaquam ob meritum poenas, ni fata resistant,   455
suscitat, et rapta graviter pro coniuge saevit.
illa quidem, dum te fugeret per flumina praeceps,
immanem ante pedes hydrum moritura puella
servantem ripas alta non vidit in herba.
at chorus aequalis Dryadum clamore supremos   460

sengend; am Himmel stand die feurige Sonne im hohen
Mittag, es dorrte das Kraut, die Strahlen durchglühten die Flüsse,
hohl bis zum Schlamm in vertrocknetem Bett, und ließen sie kochen;
da ging Proteus fort aus der Flut und strebte zur trauten
Höhle, im Kreise um ihn hüpft plump des unendlichen Meeres
triefendes Volk und spritzt weithin die bittere Salzflut.
Dann zum Schlaf hin strecken, am Strand zerstreut, sich die Robben.
Proteus selbst, wie der Wächter der Hürden oft auf den Bergen,
wenn von der Weide der Abendstern heimholte die Rinder
und den Wolf mit lautem Geblök aufstacheln die Lämmer,
setzt auf den Felsen inmitten sich hin und zählt seine Herde.
Doch Aristaeus erfaßt die Gelegenheit, ihn zu ergreifen,
läßt ihm kaum noch Zeit, die ermüdeten Glieder zu strecken,
bricht hervor mit großem Geschrei und schlägt ihn in Fesseln,
so, wie er liegt. D e r aber vergißt nicht all seiner Schliche,
formt sich in allerlei Wundergestalt durch wechselnde Wesen:
Feuer und schauerlich Tier und flüchtigströmende Welle.
Doch kein Trug verhalf ihm zur Flucht. Er gab sich geschlagen,
ward wieder Proteus und sprach nun endlich mit menschlichem Munde:
„Wer nur, tolldreister Bursch, wer hieß dich, unsre Behausung
angehn, was willst du haben von hier?" So sprach er; doch jener:
„Weißt ja, Proteus, weißt es genau. Dich kann ja nichts täuschen;
laß nun auch selber den Trug. Denn göttlicher Weisung gehorsam
kamen wir, hier des Orakels Rat uns zu holen im Unglück."
Soviel sprach er. Darauf verdreht nun endlich, vom Krampfe,
furchtbar geschüttelt, der Seher die blitzblaubrennenden Augen
und dumpf knirschend löst er dem Spruch des Schicksals die Zunge:

„Wahrlich, es schlägt dich der Zorn einer unverächtlichen Gottheit,
büßest schweres Vergehn. So straft voll Jammer dich Orpheus;
und noch wäre dein Maß nicht erreicht, wenn Schicksal nicht wehrte.
Grimmig wütet er, ward ihm doch seine Gattin entrissen.
Denn vor dir auf der Flucht am Fluß kopfüberhinjagend,
sah sie, die arme, dem Tode verfallene, sah vor den Füßen
nicht am Ufer die Schlange, die grausige, lauern im Grase.
Aber der Altersgenossinnen Chor, die Dryaden, erfüllten

        implerunt montis; flerunt Rhodopeiae arces
MRV altaque Pangaea et Rhesi Mavortia tellus
        atque Getae atque Hebrus et Actias Orithyia.
        ipse cava solans aegrum testudine amorem
MR   te, dulcis coniunx, te solo in litore secum,   465
        te veniente die, te decedente canebat.
        Taenarias etiam fauces, alta ostia Ditis,
        et caligantem nigra formidine lucum
        ingressus manisque adiit regemque tremendum
        nesciaque humanis precibus mansuescere corda.   470
FMR at cantu commotae Erebi de sedibus imis
        umbrae ibant tenues simulacraque luce carentum,
        quam multa in foliis avium se milia condunt,
        vesper ubi aut hibernus agit de montibus imber,
        matres atque viri defunctaque corpora vita   475
        magnanimum heroum, pueri innuptaeque puellae
        impositique rogis iuvenes ante ora parentum;
        quos circum limus niger et deformis harundo
        Cocyti tardaque palus inamabilis unda
        adligat, et novies Styx interfusa coercet.   480
        quin ipsae stupuere domus atque intima Leti
        Tartara caeruleosque implexae crinibus angues
        Eumenides, tenuitque inhians tria Cerberus ora,
        atque Ixionii vento rota constitit orbis.
        iamque pedem referens casus evaserat omnis,   485
        redditaque Eurydice superas veniebat ad auras
        pone sequens – namque hanc dederat Proserpina legem –
        cum subita incautum dementia cepit amantem
        ignoscenda quidem, scirent si ignoscere manes:
        restitit Eurydicenque suam iam luce sub ipsa   490
        immemor heu victusque animi respexit. ibi omnis
        effusus labor atque immitis rupta tyranni
        foedera terque fragor stagnis auditus Averni.
        illa 'quis et me' inquit 'miseram et te perdidit, Orpheu,
        quis tantus furor? en iterum crudelia retro   495
        fata vocant, conditque natantia lumina somnus.

rings mit Jammer die Gipfel, es weinten Rhodopes Berge,
weinte Pangaeas Gebirg, des Rhesus streitbare Heimat,
Geten und Hebrus, es weinte die attische Maid Orithyia.
Er aber schlug, sein krankes Herz zu trösten, die Leier,
dich, sein holdes Gemahl, dich sang er, einsam am Strande,
dich, wenn der Tag sich erhob, sang dich, wenn er scheidend sich neigte;
selbst zum höllischen Schlund, durch Plutos ragende Pforte
und zum Haine, den Angst und Grausen düster umschauert,
drang er, tief zu den Manen hinab, zum furchtbaren Herrscher,
Herzen, die nimmer verstehn, sich menschlicher Bitte zu beugen.
Aber, vom Liede verlockt, hervor aus höllischen Tiefen
schwebten wie Hauch die Schatten, die Schemen, entrissen dem Lichte,
wie in Blättern sich Schar bei Schar die Vögel verbergen,
wenn von den Bergen der Abend sie scheucht und eisiger Sturmwind.
Mütter und Gatten und Leiber, gewaltige, adliger Recken,
nun dem Leben entrückt, und Knaben und bräutliche Mägdlein,
Jünglinge auch, auf den Holzstoß gebahrt vor den Augen der Eltern,
all diese bannt rings schwarz der Schlamm und des grausen Kokytos
garstiges Ried und der Sumpf, der unliebliche, trägen Gewoges,
und die Styx, neunmal sie umwindend, hält sie gefangen.
Staunend horchte sogar das Reich des Todes, der tiefste
Tartarus, lauschte der Chor der Erinyen, bläuliche Schlangen
blähend im Haar, auch Kerberus hielt vor Staunen sein dreifach
Maul weit auf, still ruhte der Wind und das Rad des Ixion.
Schon ging Orpheus zurück, entronnen jeglicher Fährnis,
auch Eurydike stieg erlöst empor zu des Tages
Lüften, hinter ihm drein, – so wollte Proserpinas Vorschrift –,
da überfiel urplötzlich den Liebenden, bar aller Vorsicht,
Wahnsinn, verzeihlicher, gäbe es nur bei Manen Verzeihung;
blieb er doch stehn, nach seiner Eurydike, fast schon am Lichte,
sah er sich um, vergaß des Gebots, überwältigt vom Herzen.
Da zerrann all Mühen in nichts, des unholden Herrschers
Pakt war gebrochen und grell kracht dreimal donnernd der Orkus.
Klagend rief sie: „Wer nur verdarb mich Arme und dich, mein
Orpheus, was für ein Wahn? Schon ruft mich grausam das Schicksal
wieder zurück, schon bricht Todschlaf die verschwimmenden Augen.

    iamque vale: feror ingenti circumdata nocte
MR   invalidasque tibi tendens, heu non tua, palmas.'
    dixit et ex oculis subito ceu fumus in auras
    commixtus tenuis fugit diversa, neque illum   500
    prensantem nequiquam umbras et multa volentem
    dicere praeterea vidit; nec portitor Orci
    amplius obiectam passus transire paludem.
    quid faceret? quo se rapta bis coniuge ferret?
    quo fletu manis, quae numina voce moveret?   505
    illa quidem Stygia nabat iam frigida cumba.
    septem illum totos perhibent ex ordine menses
    rupe sub aëria deserti ad Strymonis undam
    flevisse, et gelidis haec evolvisse sub antris
    mulcentem tigris et agentem carmine quercus;   510
    qualis populea maerens philomela sub umbra
    amissos queritur fetus, quos durus arator
    observans nido implumis detraxit, at illa
    flet noctem ramoque sedens miserabile carmen
    integrat, et maestis late loca questibus implet.   515
    nulla Venus, non ulli animum flexere hymenaei.
    solus Hyperboreas glacies Tanaimque nivalem
    arvaque Riphaeis numquam viduata pruinis
    lustrabat raptam Eurydicen atque inrita Ditis
    dona querens; spretae Ciconum quo munere matres   520
    inter sacra deum nocturnique orgia Bacchi
FMRV discerptum latos iuvenem sparsere per agros.
    tum quoque marmorea caput a cervice revulsum
    gurgite cum medio portans Oeagrius Hebrus
    volveret, Eurydicen vox ipsa et frigida lingua   525
    a! miseram Eurydicen anima fugiente vocabat,
    Eurydicen toto referebant flumine ripae.'

    Haec Proteus, et se iactu dedit aequor in altum,
    quaque dedit, spumantem undam sub vertice torsit.
    at non Cyrene; namque ultro adfata timentem: 530
    'nate, licet tristis animo deponere curas.

Leb nun wohl, die gewaltige schlingt mich, die Nacht, ich versinke,
kraftlos nach dir – weh! nicht mehr dein! – ausbreitend die Arme."
Sprach's und jäh seinen Augen entrückt, wie Rauch in die Lüfte
zart verweht, so schwand sie hinab, sah nicht mehr den Armen,
wie er vergeblich die Schatten umfing und viel, ach, so viel noch
sagen wollte. Es ließ ihn nicht der Ferge des Orkus
wieder von neuem durchqueren den Sumpf, die trennende Grenze.
Was nun, wohin gehn, da zweimal die Gattin entrissen?
Wie soll er weinend die Manen, wie rufend die Götter noch rühren?
Sie aber glitt, schon starr und kalt, im stygischen Nachen.
Sieben ganze Monde hindurch, so heißt es, hat Orpheus
unter ragendem Fels am einsam wogenden Strymon
weinend und klagend durchwühlt sein Weh in eisiger Grotte.
Hold bezwang die Tiger sein Sang und zum Reigen die Eichen.
Klagt doch also die Nachtigall auch im Schatten der Pappel
trauernd über der Jungen Verlust, die der Pflüger, der rohe,
fand und dem Neste entriß, die ungefiederten; sie nun
weint durch die Nacht hin, sitzt auf dem Zweig, verströmt voller Jammer
Lied auf Lied und füllt weithin mit Klagen die Lande.
Venus beugte sein Herz nicht mehr, nicht mehr Hymenaeus.
Einsam im hohen Norden durchs Eis und am schneeigen Don hin
zog er, durch skythisches Land, das nie sich entschleiert vom Rauhreif,
klagt, Eurydike, deinen Verlust und die fruchtlose Gabe
Plutos. Also verschmäht, ergrimmten die thrakischen Frauen,
und am Festtag, nachts, durchglüht von bacchantischem Taumel,
warfen zerfleischt den Jüngling die Fraun weithin durchs Gefilde.
Aber noch jetzt, da das Haupt, vom marmornen Nacken gerissen,
mitten in strudelnder Flut fortwälzt der befreundete Stromgott,
klagt doch die Stimme „Eurydike!" noch, lallt stockend die Zunge:
„Weh, meine arme Eurydike!" noch ersterbenden Hauches,
hallten „Eurydike!" bang entlang am Strome die Ufer."

   Also Proteus, stürzte sich drauf in die Tiefen des Meeres,
drehte beim Sturze schäumend empor im Wirbel die Woge.
Aber Kyrene blieb und sprach zum Zagenden also:
„Sohn, nun darfst du dein Herz von Gram und Sorgen entlasten.

haec omnis morbi causa, hinc miserabile nymphae,
cum quibus illa choros lucis agitabat in altis,
exitium misere apibus. tu munera supplex
FGMRV   tende petens pacem et facilis venerare Napaeas;   53
namque dabunt veniam votis irasque remittent.
sed modus orandi qui sit, prius ordine dicam.
quattuor eximios praestanti corpore tauros,
qui tibi nunc viridis depascunt summa Lycaei,
delige et intacta totidem cervice iuvencas.   54
quattuor his aras alta ad delubra dearum
constitue, et sacrum iugulis demitte cruorem,
corporaque ipsa boum frondoso desere luco.
post ubi nona suos Aurora ostenderit ortus,
inferias Orphei Lethaea papavera mittes,   54
et nigram mactabis ovem lucumque revises:
placatam Eurydicen vitula venerabere caesa.'

Haud mora: continuo matris praecepta facessit;
GMRV   ad delubra venit, monstratas excitat aras,
GMR   quattuor eximios praestanti corpore tauros   55
ducit et intacta totidem cervice iuvencas.
post ubi nona suos Aurora induxerat ortus,
inferias Orphei mittit lucumque revisit.
hic vero subitum ac dictu mirabile monstrum
aspiciunt, liquefacta boum per viscera toto   55
stridere apes utero et ruptis effervere costis,
immensasque trahi nubes, iamque arbore summa
confluere et lentis uvam demittere ramis.

Haec super arvorum cultu pecorumque canebam
et super arboribus, Caesar dum magnus ad altum   56
fulminat Euphraten bello victorque volentis
per populos dat iura viamque adfectat Olympo.
illo Vergilium me tempore dulcis alebat
Parthenope studiis florentem ignobilis oti,
carmina qui lusi pastorum audaxque iuventa,   56
Tityre, te patulae cecini sub tegmine fagi.

Ganz nun weißt du der Krankheit Grund: so erregten die Nymphen
kläglich Verderben den Bienen, denn jene führte mit ihnen
hoch in den Hainen den Reigen. Drum leiste du Sühne, erflehe
Frieden und ehre sie fromm, die versöhnlichen Nymphen der Weiden.
Denn sie verzeihen dem Opfergebet und lassen vom Zorne.
Wie du nun opferst, das will ich zuvor noch genau dir erklären:
Wähl vier treffliche Stiere dir aus, hochragenden Wuchses,
die dir jetzt durchweiden Arkadiens grünendes Bergland;
wähl vier Kühe, die frei vom Joch noch tragen den Nacken,
vier Altäre errichte für sie bei der Göttinnen hohen
Tempeln, laß aus den Kehlen das Blut, das heilige, strömen,
laß dann die Leiber der Rinder zurück im laubigen Haine!
Ist Aurora jedoch neunmal inzwischen erschienen,
bring dann Mohn des Vergessens zum Totenopfer dem Orpheus,
schlachte ein schwarzes Lamm noch dazu! Dann suche den Hain auf,
opfre ein Kalb, Eurydike so, die versöhnte, zu ehren!"

Ohne zu zögern erfüllt er sogleich die Vorschrift der Mutter,
kommt zu den Tempeln, erbaut, der Weisung gemäß, die Altäre,
führt vier treffliche Stiere heran, hochragenden Wuchses,
auch vier Kühe, die frei vom Joch noch tragen den Nacken.
Als Aurora indes neunmal erschienen, da bringt er
Totenopfer dem Orpheus dar. Dann sucht er den Hain auf.
Hier aber zeigt sich ein jähes, ein höchst erstaunliches Wunder:
durch der Stiere zerflossnes Gedärm entschwirren dem ganzen
Bauche die Bienen, sie brausen empor aus zerbrochenen Rippen,
schwärmen in wimmelnder Wolke hinan, im Wipfel des Baumes
staut sich der Strom und hängt als Traube vom schwanken Gezweige.

So von der Pflege der Flur und des Viehs und so von den Bäumen
sang ich. Caesar indes, der gewaltige, schleudert am tiefen
Euphrat Blitze im Krieg. Als Sieger gibt er Gesetze
willigen Völkern, so strebt er hinan die Bahn zum Olympus.
Mich, Vergil, ernährte in Huld Parthenope damals,
da mir, ferne von Ruf und Ruhm, aufblühte die Dichtung.
Hirtengedichte ersann ich im Spiel; mit dem Mute der Jugend,
Tityrus, sang ich von dir unterm Dach breitästiger Buche.

VITAE VERGILIANAE

Vergilviten

Epistula Donati
cod. Parisinus lat. 11 308, saec. IX

Ael. Donatus L. Munatio suo salutem.

Inspectis fere omnibus, ante me qui in Virgilii opere
calluerunt, brevitati admodum studens, quam te amare co-
gnoveram, adeo de multis pauca decerpsi, ut magis iustam
offensionem lectoris expectem, quod veterum sciens multa   5
transierim, quam quod paginam compleverim supervacuis.
Agnosce igitur saepe in hoc munere collaticio sinceram vo-
cem priscae auctoritatis. Cum enim liceret usquequaque
nostra interponere, maluimus optima fide, quorum res
fuerant, eorum etiam verba servare. Quid igitur adsecuti   10
sumus? Hoc scilicet, ut his adpositis, quae sunt congesta de
multis, admixto etiam sensu nostro plus hic nos pauca
praesentia quam alios alibi multa delectent. Ad hoc etiam
illis, de quibus probata transtulimus, et attentionem om-
nium comparavimus in electis et fastidium demsimus cum   15
relictis. Tu igitur id, quod nobis praescripseras, utrum pro-
cesserit, specta. Si enim haec grammatico, ut aiebas, rudi
ac nuper exorto viam monstrant ac manum porrigunt, satis
fecimus iussis; si minus, quod a nobis desideraveris, a te
ipse deposces. Vale.   20

Donat-Brief

Ael⟨ius⟩ Donatus wünscht seinem L. Munatius Wohlergehen.

Nach Einsichtnahme in die ⟨Arbeiten⟩ fast aller ⟨Gelehrten⟩, die
vor mir im Werke Vergils bewandert waren, habe ich, indem ich
einigermaßen nach Kürze strebte, die du, wie ich weiß, liebst, in
dem Maße von vielem nur weniges ausgezogen, daß ich eher den
gerechten Unwillen des Lesers erwarte, weil ich wissentlich von den
Alten vieles übergangen, als weil ich meine Seiten gefüllt hätte mit
überflüssigem ⟨Zeug⟩. Erkenne also oft in diesem vergleichenden
Werke die echte Stimme altehrwürdiger Autorität wieder! Denn ob-
wohl wir auf Schritt und Tritt unsere eigenen ⟨Bemerkungen⟩ hät-
ten einfügen dürfen, wollten wir doch lieber mit der besten Zuver-
lässigkeit auch die Worte derer beibehalten, deren Eigentum der
sachliche Inhalt war. Was haben wir also erreicht? Doch wohl dieses,
daß durch die Bereitstellung dieses Stoffes hier, der aus vielen ⟨Ar-
beiten⟩ zusammengetragen wurde ⟨und⟩ dem wir auch unsere An-
sicht beigefügt haben, in weiterem Umfange hier uns das wenige
Gegenwärtige erfreut, als das Vielerlei die einen hier, die anderen
dort. Dazu noch haben wir auch jenen, von denen wir das Bewährte
übernommen haben, einerseits die aufmerksame Beachtung aller
⟨Leser⟩ verschafft in den ⟨von uns⟩ ausgewählten ⟨Teilen⟩, ande-
rerseits ⟨die Möglichkeit,⟩ Überdruß ⟨zu erregen,⟩ genommen mit
dem ⟨von uns⟩ beiseite gelassenen ⟨Teilen⟩. Du also sieh zu, ob
uns das, was du uns vorgeschrieben hattest, gut vonstatten gegan-
gen ist! Denn wenn diese ⟨Anmerkungen⟩ einem Grammatiker, der,
wie du sagtest, noch unfertig ist und erst vor kurzem begonnen hat,
den Weg zeigen und die Hand hinstrecken, dann haben wir deinem
Auftrag genügt; wenn nicht, so wirst du das, was du von uns
gewünscht hast, von dir selbst fordern. Leb wohl!

Vita Suetonii
(vulgo Vita Donatiana)

1 P. Vergilius Maro Mantuanus parentibus modicis fuit
ac praecipue patre, quem quidam opificem figulum, plures
Magi cuiusdam viatoris initio mercennarium, mox ob in-
dustriam generum tradiderunt egregieque substantiae silvis
2 coemendis et apibus curandis auxisse reculam.   Natus   5
est Cn. Pompeio Magno M. Licinio Crasso primum coss.
Iduum Octobrium die in pago, qui Andes dicitur et abest
a Mantua non procul.

3   Praegnans eum mater somniavit enixam se laureum ra-
mum, quem contactu terrae coaluisse et excrevisse ilico 10
in speciem maturae arboris refertaeque variis pomis et
floribus, ac sequenti luce cum marito rus propinquum
petens ex itinere devertit atque in subiecta fossa partu
4 levata est.   Ferunt infantem, ut sit editus, neque vagisse
et adeo miti vultu fuisse, ut haud dubiam spem prosperio- 15
5 ris geniturae iam tum daret.   Et accessit aliud praesa-
gium, si quidem virga populea more regionis in puerperiis
eodem statim loco depacta ita brevi evaluit tempore, ut
multo ante satas populos adaequavisset; quae arbor Vergilii
ex eo dicta atque etiam consecrata est summa gravidarum 20
ac fetarum religione suscipientium ibi et solventium vota.

6   Initia aetatis Cremonae egit usque ad virilem togam,
quam XVII anno natali suo accepit isdem illis consulibus

Suetonvita
(gemeinhin Donatvita genannt)

P. Vergilius Maro, ein Mantuaner, stammte von einfachen Eltern,
namentlich väterlicherseits; ⟨sein Vater⟩ war nämlich, wie einige
⟨Schriftsteller⟩ überliefert haben, ein Töpfer; die Mehrzahl ⟨der
Vergilbiographen⟩ aber berichtet, er sei anfangs Lohndiener eines
gewissen Magius, eines Staatskuriers, gewesen, dann aber wegen sei-
ner Tatkraft sein Schwiegersohn geworden und habe in hervor-
ragender Weise durch Ankauf von Wäldern und durch Bienenzucht
den kleinen Besitz seines Vermögens vergrößert.   Geboren wurde
Vergil unter dem ersten Konsulat des Cn. Pompeius Magnus und
M. Licinius Crassus am 15. Oktober in einer Dorfgemeinde, die
Andes heißt und nicht weit von Mantua liegt.
    Als seine Mutter mit ihm schwanger war, träumte ihr, sie habe
ein Lorbeerreis geboren; dieses sei bei seiner Berührung mit der Erde
gar mächtig aufgeschossen und schnell zu einem reifen Baum heran-
gewachsen, der mit bunten Blüten und Früchten über und über
prangte; und als sie am nächsten Morgen mit ihrem Gatten auf das
benachbarte Landgut reiste, bog sie vom Wege ab und genas ihres
Kindes in einem unten ⟨am Straßenrand⟩ ausgehobenen Gra-
ben.   Man sagt, das kleine Kind habe gleich nach seiner Geburt
nicht gewimmert, habe vielmehr ein so mildes Antlitz gehabt, daß
es schon damals die über jeden Zweifel erhabene Hoffnung geweckt
habe, es sei unter einem besonders glücklichen Stern geboren.
Auch trat noch ein anderes Vorzeichen hinzu, da ein Pappelreis, das
nach dem in dieser Gegend herrschenden Brauch bei Geburten sofort
an Ort und Stelle eingesenkt wurde, in kurzer Zeit so kräftig her-
angewachsen ist, daß es die lange zuvor gepflanzten Pappeln ⟨bald⟩
erreicht hatte; dieser Baum wurde seitdem der Baum des Vergil
genannt und überdies heilig gehalten durch die innigste Ehrfurcht
der Mütter, ⟨die sie ihm⟩ vor und nach ihrer schweren Stunde
⟨erwiesen⟩; denn dort machten und erfüllten sie ihre Gelübde.
    Den Beginn seines Lebens verbrachte ⟨Vergil⟩ in Cremona; ⟨er
blieb dort⟩, bis ⟨er⟩ die Männertoga ⟨anlegte⟩, die er an seinem
17. Geburtstag bekam unter dem 2. Konsulat eben jener beiden Män-

iterum duobus, quibus erat natus, evenitque, ut eo ipso
7 die Lucretius poeta decederet.   Sed Vergilius a Cremona 25
Mediolanum et inde paulo post transiit in urbem.

8   Corpore et statura fuit grandi, aquilo colore, facie rusti-
cana, valetudine varia; nam plerumque a stomacho et a
faucibus ac dolore capitis laborabat, sanguinem etiam
9 saepe reiecit.   Cibi vinique minimi, libidinis in pueros 30
pronioris, quorum maxime dilexit Cebetem et Alexan-
drum, quem secunda Bucolicorum ecloga Alexim appellat,
donatum sibi ab Asinio Pollione, utrumque non inerudi-
tum, Cebetem vero et poetam. Vulgatum est consuesse
10 eum et cum Plotia Hieria.   Sed Asconius Pedianus ad- 35
firmat ipsam postea maiorem natu narrare solitam invita-
tum quidem a Vario ad communionem sui, verum pertina-
11 cissime recusasse.   Cetera sane vita et ore et animo tam
probum constat, ut Neapoli Parthenias vulgo appellatus
sit ac, si quando Romae, quo rarissime commeabat, visere- 40
tur in publico, sectantis demonstrantisque se subterfuge-
re⟨t⟩ in proximum tectum.

12   Bona autem cuiusdam exulantis offerente Augusto non
13 sustinuit accipere.   Possedit prope centiens sestertium
ex liberalitatibus amicorum habuitque domum Romae Es- 45
quiliis iuxta hortos Maecenatianos; quamquam secessu
Campaniae Siciliaeque plurimum uteretur.

14   Parentes iam grandis amisit, ex quibus patrem captum
oculis et duos fratres germanos, Silonem inpuberem, Flac-
cum iam adultum, cuius exitum sub nomine Daphnidis 50
deflet.

32 *Ecl.* 2,1.6.19.56.65.73
50 *Ecl.* 5,20

ner, unter deren erstem Konsulat er geboren war; und es traf sich, daß genau an diesem Tage der Dichter Lukrez aus dem Leben schied. Vergil aber zog von Cremona nach Mailand und von dort bald darauf in die Hauptstadt.

Er war körperlich von hoher Statur, hatte dunkelbraune Hautfarbe und bäuerliches Aussehen; sein Gesundheitszustand war schwankend; denn er litt meistens an Magen- und Halsbeschwerden und an Kopfschmerzen, hatte auch oft Bluthusten.   Im Genuß von Speisen und Wein war er sehr mäßig, der Lust an Knaben aber zu sehr geneigt; von ihnen liebte er besonders Kebes und Alexander, den er im zweiten Liede der Hirtengedichte Alexis nennt; ⟨dieser Alexander⟩ war ihm von Asinius Pollio geschenkt worden; beide Knaben waren durchaus nicht ungebildet, ja Kebes war sogar ein Dichter.   Es geht allgemein das Gerede, Vergil habe auch mit Plotia Hieria Umgang gehabt. Aber Asconius Pedianus versichert, Plotia selbst habe später in höherem Alter gern erzählt, Vergil sei zwar von Varius zum Umgange mit ihr eingeladen worden, habe ihn jedoch ganz hartnäckig abgelehnt.   In seiner sonstigen Lebensführung aber, war er bekanntlich in Wort und Gesinnung so lauter, daß man ihn in Neapel allgemein „Parthenias" nannte: so entzog er sich denn auch, wenn er wirklich einmal in Rom, wohin er nur äußerst selten reiste, auf der Straße gesehen wurde, den ihm nachdrängenden und auf ihn zeigenden Leuten durch die Flucht in das nächstgelegene Haus.

Das Hab und Gut irgendeines Verbannten auf Anerbieten des Augustus anzunehmen, konnte er nicht über sich gewinnen.   Er besaß auf Grund großzügiger Zuwendungen seiner Freunde ein Geldvermögen von annähernd 10 Millionen Sesterzen (etwa 1 800 000 Mark) und hatte in Rom ein Haus auf dem Esquilinus neben den Gärten des Maecenas; allerdings lebte er zum größten Teil in der Abgeschiedenheit Campaniens oder Siziliens.

Seine Verwandten verlor er, als er schon bei Jahren war; von ihnen den Vater, der erblindet war, und zwei leibliche Brüder, den Silo, der noch nicht mannbar, und den Flaccus, der schon erwachsen war; den Tod ⟨dieses Flaccus⟩ beweint er ⟨im 5. Lied der Hirtengedichte, wo er dem Bruder⟩ den Namen „Daphnis" ⟨gibt⟩.

15   Inter cetera studia medicinae quoque ac maxime mathe-
maticae operam dedit. Egit et causam apud iudices unam
16 omnino nec amplius quam semel;   nam et in sermone tar-
dissimum ac paene indocto similem fuisse Melissus tradidit. 55

17   Poeticam puer adhut auspicatus in Ballistam ludi ma-
gistrum ob infamiam latrociniorum coopertum lapidibus
distichon fecit:

> ‘Monte sub hoc lapidum tegitur Ballista sepultus;
>   nocte die tutum carpe, viator, iter.’   60

Deinde Catalecton (et Priapea et Epigrammata) et Diras,
18 item Cirim et Culicem, cum esset annorum XVI.   Cuius
materia talis est: Pastor fatigatus aestu cum sub arbore
condormisset et serpens ad eum proreperet, e palude culex
provolavit atque inter duo tempora aculeum fixit pastori. 65
At ille continuo culicem contrivit et serpentem interemit
ac sepulcrum culici statuit et distichon fecit:

> ‘Parve culex, pecudum custos tibi tale merenti
> funeris officium vitae pro munere reddit.’

19 Scripsit etiam, de qua ambigitur, Aetnam. Mox cum res 70
Romanas inchoasset, offensus materia ad Bucolica transiit,
maxime ut Asinium Pollionem, Alfenum Varum et Corne-
lium Gallum celebraret, quia in distributione agrorum, qui
post Philippensem victoriam veteranis triumvirorum iussu
trans Padum dividebantur, indemnem se praestitissent. 75
20 Deinde ⟨scripsit⟩ Georgica in honore Maecenatis, qui sibi
mediocriter adhuc noto opem tulisset adversus veterani

59 *Poet. Lat. Min. 4,160*
62 Cuius . . .   69 reddit: *dubito, an Suetoni non sint verba.*
68 *Culex 413–414*

Neben anderen Studien beschäftigte er sich eifrig auch mit Medi-
zin und besonders mit Mathematik. Auch einen Prozeß vertrat er
als Anwalt vor Gericht, allerdings nur diesen einen überhaupt und
nicht mehr als einmal ⟨in einer Verhandlung⟩. Er war nämlich, wie
Melissus überliefert, im Gespräch sehr schwerfällig und wirkte
geradezu wie ein Ungebildeter.

Mit der Dichtkunst begann er schon, als er noch ein Knabe war,
und machte ein Distichon auf Ballista, einen Gladiatoren-Lehrer,
der wegen verruchter Räubereien gesteinigt worden war:

> „Hier unter diesem Steinberg liegt Ballista begraben;
>   wandle bei Nacht und Tag, Wanderer, auf sicherem Weg!"

Dann ⟨dichtete er folgende Werke:⟩ Das Katalepton (sowohl Verse
auf Priapus als auch Epigramme) und die Dirae, ebenso die Ciris
und den Culex; er war damals 16 Jahre alt.   Der Stoff des
Culex ist so geartet: Als ein Hirt, matt von der Hitze, unter einem
Baum eingeschlafen war und eine Schlange an ihn herankroch, da
flog aus dem Sumpf eine Schnake heran und stach den Hirten zwi-
schen beide Schläfen. Der aber zerschlug sofort die Schnake, tötete
dann die Schlange, setzte der Schnake ein Grabmal und machte
einen Zweizeiler:

> „Kleine Schnake, der Schafhirt erweist dir, denn du verdienst es,
>   hier der Bestattung Ehrenpflicht für die Gabe des Lebens."

Er schrieb auch, was allerdings umstritten ist, ⟨das Gedicht⟩ „Der
Ätna". Als er dann die Geschichte Roms in Angriff genommen hat-
te, ging er, von ⟨der Schwierigkeit⟩ dieses Stoffes angegriffen, zu
den Hirtengedichten über, besonders in der Absicht, Asinius Pollio,
Alfenus Varus und Cornelius Gallus zu rühmen, weil sie bei der
Verteilung der Ländereien, die jenseits des Po nach dem Siege bei
Philippi auf Befehl der Triumvirn an die altgedienten Soldaten
aufgeteilt wurden, ihn schadlos gehalten hatten.   Dann ⟨schrieb⟩
er das Gedicht vom Landbau zu Ehren des Maecenas, weil er ihm,
dem ⟨damals⟩ nur so einigermaßen Bekanntgewordenen, Hilfe ge-

cuiusdam violentiam, a quo in altercatione litis agrariae
21 paulum afuit quin occideretur.   Novissime Aeneidem
   inchoavit, argumentum varium ac multiplex et quasi am-   80
   borum Homeri carminum instar, praeterea nominibus ac
   rebus Graecis Latinisque commune, et in quo, quod maxi-
   me studebat, Romanae simul urbis et Augusti origo con-
   tineretur.

22   Cum Georgica scriberet, traditur cotidie meditatos mane   85
   plurimos versus dictare solitus ac per totum diem retrac-
   tando ad paucissimos redigere, non absurde carmen se
   ursae more parere dicens et lambendo demum effingere.
23 Aeneida prosa prius oratione formatam digestamque in
   XII libros particulatim componere instituit, prout liberet   90
24 quidque, et nihil in ordinem arripiens.   Ac ne quid
   impetum moraretur, quaedam inperfecta transmisit, alia
   levissimis versibus veluti fulsit, quos per iocum pro tibi-
   cinibus interponi aiebat ad sustinendum opus, donec soli-
   dae columnae advenirent.   95
25   Bucolica triennio, Georgica VII, Aeneida XI perfecit
26 annis.   Bucolica eo successu edidit, ut in scaena quoque
27 per cantores crebro pronuntiarentur.   Georgica reverso
   post Actiacam victoriam Augusto atque Atellae reficienda-
   rum faucium causa commoranti per continuum quadri-   100
   duum legit suscipiente Maecenate legendi vicem, quo-
28 tiens interpellaretur ipse vocis offensione.   Pronuntiabat
29 autem cum suavitate, cum lenociniis miris,   ut Seneca
   tradidit Iulium Montanum poetam solitum dicere involu-
   laturum se Vergilio quaedam, si et vocem posset et os et   105

87 *cf. Gell., N. A. 17,10,2*

100 *cf. Suet., Aug. 84,2* (infirmatis faucibus)

103 *Lib. Gloss. 5,603,5* (lenociniis) Donatus: Pronuntiabat autem cum sua-
   vitate, cum lenociniis miris; *s. VIII*

leistet hatte gegen die Gewalttätigkeit eines Veteranen, von dem
er im Wortwechsel über einen Grundbesitzprozeß beinahe erschla-
gen worden wäre.   Zuletzt nahm er die Aeneis in Angriff, einen
bunten und vielschichtigen Stoff, der gewissermaßen den Gesamtge-
halt beider Werke des Homer darstellte, außerdem infolge der Na-
men und Dinge Allgemeinbesitz für Griechen und Lateiner, über-
dies ein Gedicht, in dem – das war sein Hauptanliegen – zugleich
der Ursprung der Stadt Rom und der des Augustus enthalten sein
sollte.

Als ⟨Vergil⟩ die Georgika schrieb, pflegte er, so wird überliefert,
täglich früh morgens sehr viele Verse zu ersinnen und zu diktieren,
dann aber den ganzen Tag hindurch sie zu überarbeiten und so auf
sehr wenige zusammenzustreichen, wobei er gar nicht so übel sagte,
er gebäre sein Gedicht nach Art einer Bärin und bringe es durch
Lecken erst in Form.   Die Aeneis, die zunächst in Prosa in gro-
ßen Zügen entworfen und auf zwölf Bücher verteilt worden war,
dichtete er allmählich, Stück für Stück, je nachdem jedes ihm belieb-
te und ohne etwas in eine bestimmte Reihenfolge zu nöti-
gen.   Und damit nichts seinen dichterischen Schwung hemme,
überging er manches, was noch unvollendet war, stützte anderes nur
mit ganz leichten Versen, von denen er scherzhaft sagte, sie würden
nur als Stützpfeiler dazwischen gesetzt, bis unterdessen die mas-
siven Säulen ankämen.

Die Hirtengedichte vollendete er in drei, das Gedicht vom Land-
bau in sieben und die Aeneis in elf Jahren.   Die Hirtengedichte
veröffentlichte er mit einem solchen Erfolge, daß sie sogar auf der
Bühne häufig von Sängern vorgetragen wurden.   Das Gedicht
vom Landbau las er dem Augustus vor, als dieser nach dem Sieg
bei Actium zurückgekehrt war und sich zur Genesung von einem
Halsleiden in Atella aufhielt; ⟨Vergil⟩ las an vier Tagen hinter-
einander ⟨sein Werk⟩ vor, wobei Maecenas ihn ablöste, sooft er
selbst infolge der Überanstrengung seiner Stimme unterbrechen
mußte.   Er trug mit Wohlklang, mit wundersam verlockendem
Reize vor;   so überliefert ⟨denn auch⟩ Seneca, der Dichter
Julius Montanus habe oft gesagt, er würde dem Vergil manches ent-
wenden, wenn er ihm ⟨zugleich⟩ auch den Klang der Stimme, den

hypocrisin: eosdem enim versus ipso pronuntiante bene
sonare, sine illo inanes esse mutosque.

30   Aeneidos vixdum coeptae tanta extitit fama, ut Sextus
Propertius non dubitaverit sic praedicare:

'Cedite Romani scriptores, cedite Grai: 110
    nescio quid maius nascitur Iliade' –,

31 Augustus vero – nam forte expeditione Cantabrica ab-
erat – supplicibus atque etiam minacibus per iocum litteris
efflagitaret, ut 'sibi de Aeneide', ut ipsius verba sunt, 'vel
prima carminis ὑπογραφὴ vel quodlibet κῶλον mittere- 115
32 tur'.   Cui tamen multo post perfectaque demum materia
tres omnino libros recitavit, secundum quartum sextum,
sed hunc notabili Octaviae adfectione, quae, cum recita-
tioni interesset, ad illos de filio suo versus: 'Tu Marcellus
33 eris' defecisse fertur atque aegre focilata ⟨esse⟩.   Reci- 120
tavit et pluribus, sed neque frequenter et ea fere, de qui-
bus ambigebat, quo magis iudicium hominum experiretur.
34 Erotem librarium et libertum eius exactae iam senectutis
tradunt referre solitum quondam eum in recitando duos
dimidiatos versus complesse ex tempore. Nam cum hacte- 125
nus haberet: 'Misenum Aeoliden', adiecisse: 'quo non prae-
stantior alter', item huic: 'Aere ciere viros', simili calore
iactatum subiunxisse: 'Martemque accendere cantu' statim-
que sibi imperasse, ut utrumque volumini adscriberet.
35   Anno aetatis quinquagesimo secundo inpositurus Aenei- 130
di summam manum statuit in Graeciam et in Asiam sece-
dere triennioque continuo nihil amplius quam emendare,

110 *Prop., El. 2,34,65–66*
114 *cf. Macrob., Sat. 1,24,11*
119 *Aen. 6,883*
126 *Aen. 6,164*
127 *Aen. 6,165*

Gesichtsausdruck und das Gebärdenspiel ⟨wegnehmen⟩ könnte.
Denn dieselben Verse klängen gut, wenn Vergil selbst sie vortrage,
ohne ihn seien sie leer und stumm.

Der Ruf der kaum begonnenen Aeneis war gleich so groß, daß
Sextus Propertius sie ohne Bedenken also rühmte:

„Weicht, ihr römischen Dichter, zurück, weicht, Dichter der Griechen!
Irgendwie Größeres wächst hier als die Ilias selbst." –,

daß sogar Augustus – denn er war eben im Kantabrerfeldzug ab-
wesend – in dringend bittenden und selbst scherzhaft drohenden
Briefen ausdrücklich verlangte, man solle „ihm von der Aeneis" –
so lauten seine eigenen Worte – „entweder das erste *projet* des Ge-
dichtes oder irgendeine *partie* schicken."   Dennoch las ihm ⟨Ver-
gil⟩ viel später und erst nach Vollendung des ⟨vorliegenden⟩ Stof-
fes drei Bücher im ganzen vor, das zweite, das vierte und das
sechste, dies letztere aber mit bemerkenswerter Einwirkung auf
Octavia: Sie soll nämlich, als sie an der Vorlesung teilnahm, bei
jenen bekannten Versen über ihren Sohn: „Du wirst Marcellus sein"
ohnmächtig geworden und nur mit Mühe wieder zur Lebenswärme
erweckt worden sein. ⟨Vergil⟩ las auch noch mehr Hörern vor, aber
nicht häufig und durchweg nur das, worüber er im Zweifel war,
damit er durch solche Proben um so gründlicher das Urteil des
Publikums feststellen könne. Eros, sein Bibliothekar und Freigelas-
sener, erzählte – so wird überliefert – als alter Mann noch oft,
Vergil habe einmal beim Vorlesen zwei Halbverse aus dem Stegreif
vollendet; denn als er so weit vorgelesen habe: „Aeolus' Sohn
Misenus", habe er hinzugefügt, „kein andrer war ihm überlegen",
ebenso habe ⟨der Dichter⟩ dem folgenden ⟨Halbverse⟩: „Männer
mit Erze zu rufen", von ähnlicher Schaffenslust getrieben, sofort
hinzugefügt: „und Kampf mit dem Klang zu entfachen" und habe
ihm sofort befohlen, beide Halbverse in die Buchrolle mit einzu-
tragen.

Als er im 52. Lebensjahr dabei war, die letzte Hand an die
Aeneis zu legen, beschloß er, sich nach Griechenland und Klein-
asien zu begeben und drei Jahre ununterbrochen nur die Fehler zu

ut reliqua vita tantum philosophiae vacaret. Sed cum in-
gressus iter Athenis occurrisset Augusto ab oriente Romam
revertenti destinaretque non absistere atque etiam una red- 135
ire, dum Megara vicinum oppidum ferventissimo sole
cognoscit, languorem nactus est eumque non intermissa
navigatione auxit ita, ut gravior aliquanto Brundisium
appelleret, ubi diebus paucis obiit XI Kal. Octobr. Cn.
36 Sentio Q. Lucretio coss.   Ossa eius Neapolim translata 140
sunt tumuloque condita, qui est via Puteolana intra lapi-
dem secundum, in quo distichon fecit tale:

'Mantua me genuit, Calabri rapuere, tenet nunc
    Parthenope; cecini pascua rura duces.'

37   Heredes fecit ex dimidia parte Valerium Proculum fra- 145
trem alio patre, ex quarta Augustum, ex duodecima Mae-
cenatem, ex reliqua L. Varium et Plotium Tuccam, [qui
eius Aeneidem post obitum iussu Caesaris emendaverunt,
38 de qua re Sulpicii Carthaginiensis extant huiusmodi versus:

'Iusserat haec rapidis aboleri carmina flammis   150
    Vergilius, Phrygium quae cecinere ducem.
Tucca vetat Variusque simul; tu, maxime Caesar,
    non sinis et Latiae consulis historiae.
Infelix gemino cecidit prope Pergamon igni,
    et paene est alio Troia cremata rogo.']   155

39 Egerat cum Vario, priusquam Italia decederet, ut, si quid
sibi accidisset, Aeneida combureret; at is facturum se per-

150 *Poet. Lat. Min. 4,184; cf. 4,177*

beseitigen, um für den Rest seines Lebens nur noch der Philosophie
frei sich widmen zu können. Als er aber nach Antritt der Reise in
Athen auf den vom Orient nach Rom zurückreisenden Augustus
traf und beschloß, sich nicht ⟨aus seinem Gefolge⟩ zu entfernen und
sogar zusammen ⟨mit ihm⟩ zurückzureisen, holte er sich, während
er bei glühender Sonnenhitze die benachbarte Kleinstadt Megara
besichtigte, einen Schwächeanfall und verschlimmerte ihn durch die
ununterbrochene Seereise so sehr, daß er bedeutend schwerer er-
krankt in Brundisium an Land kam, wo er innerhalb weniger Tage
verstarb am 21. September unter dem Konsulat des Cn. Sentius und
des Q. Lucretius.   Seine Gebeine wurden nach Neapel überge-
führt und beigesetzt in einem Grabhügel, der an der Straße nach
Puteoli innerhalb des zweiten Meilensteines liegt; auf ⟨dem Grab-
hügel⟩ ließ er folgendes Distichon anbringen:

„Mantua gab mir das Leben, Kalabrien nahm es, Neapel
    birgt mich; Weiden besang, Felder und Führer mein Lied."

Als Erben setzte er ein: über die Hälfte des Besitzes Valerius
Proculus, seinen Stiefbruder von einem anderen Vater, über den
vierten Teil Augustus, über den zwölften Teil Maecenas, über den
Rest Varius und Plotius Tucca; [diese ⟨beiden Freunde Vergils⟩
gaben nach seinem Tode auf Befehl des Kaisers die Aeneis in
emendierter Fassung heraus;   darüber gibt es folgende Verse
des Sulpicius ⟨Apollinaris⟩ aus Karthago:

„Die den Phrygierhelden verherrlichten, diese Gesänge
    hatte Vergil zum Fraß reißenden Flammen vermacht.
Varius wehrt ihm und Tucca zugleich; du, mächtiger Caesar,
    bist auf Latiums Rang in der Geschichte bedacht.
Fast sank Pergamon heillos im zweiten Brande, in andren
    Scheiterhaufens Glut wäre fast Troja verbrannt."]

Vor seiner Abreise von Italien hatte Vergil mit Varius abgemacht,
er möge, falls ihm, ⟨dem Vergil⟩, etwas zugestoßen sei, die Aeneis

negarat. Igitur in extrema valetudine assidue scrinia de-
sideravit, crematurus ipse; verum nemine offerente nihil
40 quidem nominatim de ea cavit,   ceterum eidem Vario ac   16(
simul Tuccae scripta sua sub ea condicione legavit, ne quid
41 ederent, quod non a se editum esset.   Edidit autem auc-
tore Augusto Varius, sed summatim emendata, ut qui ver-
sus etiam inperfectos, si qui erant, reliquerit; quos multi
mox supplere conati non perinde valuerunt ob difficulta-   16!
tem, quod omnia fere apud eum hemistichia absoluto per-
fectoque sunt sensu, praeter illud: 'quem tibi iam Troia'.
42 Nisus grammaticus audisse se a senioribus aiebat Varium
duorum librorum ordinem commutasse et, qui nunc secun-
dus sit, in tertium locum transtulisse, etiam primi libri   17(
correxisse principium his versibus demptis:

       'Ille ego, qui quondam gracili modulatus avena
        carmina et egressus silvis vicina coegi,
        ut quamvis avido parerent arva colono,
        gratum opus agricolis, at nunc horrentia Martis –   17!
        arma virumque cano.'

43   Obtrectatores Vergilio numquam defuerunt, nec mirum,
       nam nec Homero quidem. Prolatis Bucolicis Numitorius
       quidam rescripsit Antibucolica, duas modo eclogas, sed in-
       sulsissime παρῳδήσας, quarum prioris initium est: 18(

       'Tityre, si toga calda tibi est, quo tegmine fagi?'

167 *Aen. 3, 340*
181 *cf. Ecl. 1, 1*

verbrennen. Varius aber hatte sich heftig geweigert, das zu tun.
Daher verlangte ⟨Vergil⟩, als es ihm schon sehr schlecht ging,
beständig nach den Buchbehältnissen, um sie selbst zu verbrennen;
da aber niemand sie ihm brachte, traf er zwar keine ausdrückliche
Bestimmung über die Aeneis,   im übrigen jedoch vermachte er
demselben Varius und zugleich dem Tucca seine Schriften ⟨nur⟩
unter der Bedingung, nichts herauszugeben, was nicht von ihm
herausgegeben worden sei.   Varius aber gab auf Veranlassung
des Augustus ⟨die Schriften Vergils⟩ heraus, aber nur oberflächlich
emendiert; denn er ließ sogar etwa vorkommende unvollständige
Verse stehen; diese ⟨Halbverse⟩ versuchten dann viele zu ergän-
zen, hatten aber durchaus keinen Erfolg wegen der Schwierigkeit,
⟨die darin liegt⟩, daß bei Vergil fast alle Halbverse einen vollstän-
dig in sich abgeschlossenen Sinngehalt haben, abgesehen von jenem
einen Verse: „den dir schon Troja..." Der Grammatiker Nisus
sagte, er habe von älteren Leuten gehört, Varius habe die Reihen-
folge zweier Bücher geändert, und zwar das jetzt an zweiter Stelle
stehende Buch an die dritte umgestellt; er habe auch den Anfang des
ersten Buches verbessert durch Tilgung folgender Verse:

> „Ich, jener Dichter, der einst seine Lieder auf zierlichem Halme
> spielte und dann, den Wäldern entschritten, Nachbargefilde
> zwang, dem Bauern, und sei er noch so gierig, zu frönen,
> Dichtung, dem Landmann lieb, jetzt aber des Mavors grause –
> Waffen besinge ich und den Mann."

An hämisch-herabsetzenden Kritikern hat es Vergil nie gefehlt,
kein Wunder! Ging es doch auch Homer nicht anders. Nach Ver-
öffentlichung der Bukolika schrieb irgendein Numitorius Anti-
bukolika, nur zwei Eklogen, aber höchst witzlos parodierend; der
Anfang der ersten Eklogenparodie lautet also:

> „Tityrus, wärmt dich die Toga, wozu mit der Decke der Buche?"

sequentis:

    'Dic mihi, Damoeta: ›cuium‹ pecus anne Latinum?
    Non, verum Aegonis nostri; sic rure loquuntur.'

Alius recitante eo ex Georgicis: 'Nudus ara, sere nudus' 185
44 subiecit: 'habebis frigore febrem'.   Est et adversus
Aeneida liber Carvili Pictoris, titulo Aeneidomastix. M.
Vipsanius a Maecenate eum suppositum appellabat novae
cacozeliae repertorem, non tumidae nec exilis, sed ex com-
munibus verbis atque ideo latentis. Herennius tantum vitia 190
45 eius, Perellius Faustus furta contraxit.   Sed et Q. Octavi
Aviti ὁμοιοτήτων octo volumina, quos et unde versus
46 transtulerit, continent.   Asconius Pedianus libro, quem
contra obtrectatores Vergilii scripsit, pauca admodum
obiecta ei proponit eaque circa historiam fere et quod 195
pleraque ab Homero sumpsisset; sed hoc ipsum crimen sic
defendere adsuetum ait: cur non illi quoque eadem furta
temptarent? Verum intellecturos facilius esse Herculi cla-
vam quam Homero versum subripere. Et tamen destinasse
secedere, ut omnia ad satietatem malevolorum decideret. 200

183 *cf. Ecl. 3,1–2*
185 *Georg. 1, 299*
188 Vipsanius] vipranius *codd. w Eu*

Expositio Donati

47   Quoniam de auctore summatim diximus, de ipso car-
mine iam dicendum est, quod bifariam tractari solet, id est
ante opus et in ipso opere. Ante opus titulus causa intentio.
'Titulus', in quo quaeritur, cuius sit, quid sit; 'causa', unde

Die zweite beginnt:

„Sag mir, Damoetas, ‚wem sein' Vieh, ist das wohl noch Hochdeutsch?
Nein, das unseres Geißmann; so sprechen sie hier auf dem Lande."

Ein anderer fügte, als Vergil aus dem Gedicht über den Landbau
vorlas: „Pflüge nackt, säe nackt!" hinzu: „wirst bald schon Schüt-
telfrost kriegen."   Es gibt auch gegen die Aeneis ein Buch des
Carvilius Pictor mit dem Titel „Aeneisgeißel". M. Vipsanius pflegte
ihn, ⟨den Vergil⟩, als einen von Maecenas vorgeschobenen Erfinder
einer neuen Art von schlechter Stilmanier zu bezeichnen, nicht
einer geschwollenen noch dürftigen, sondern aus Wörtern der All-
tagssprache hervorgehenden und daher versteckt bleibenden. Heren-
nius sammelte nur Vergils Fehler, Perellius Faustus seine Pla-
giate.   Aber auch des Q. Octavius Avitus acht Bände „Über-
einstimmungen" enthalten die Verse, die Vergil übernommen hat,
und geben an, woher sie stammen.   Asconius Pedianus macht ihm
in dem Buche, das er gegen die hämischen Kritiker Vergils ge-
schrieben hat, nur sehr wenige Vorwürfe, und zwar durchweg mit
Rücksicht auf die ⟨Behandlung⟩ der Geschichte und deshalb, weil er
sehr viel von Homer übernommen habe; aber er sagt, ⟨Vergil⟩
habe gerade diesen Vorwurf so abzuwehren gepflegt: warum denn
jene Kritiker nicht dieselben Plagiate versuchten? Aber sie würden
bald einsehen, daß es leichter sei, dem Herkules die Keule als dem
Homer einen Vers zu entreißen. Trotz allem habe er beschlossen,
die Auslandsreise zu machen, um alles zur Befriedigung der Bös-
willigen zum Abschluß zu bringen.

Donats Eklogeneinführung

Da wir über den Autor im allgemeinen gesprochen haben, müssen
wir nun über das Gedicht selbst sprechen; das pflegt man in zwei-
facher Weise zu behandeln, d. h. ⟨die Teile⟩ vor dem Werk und
⟨die⟩ in dem Werk selbst. Vor dem Werk ⟨liegen⟩ Titel, Grund
und Absicht. „Titel" ⟨heißt das⟩, worin gefragt wird, wessen es sei,

ortum sit et quare hoc potissimum sibi ad scribendum poeta 205
praesumpserit; 'intentio', in qua cognoscitur, quid efficere
conetur poeta. In ipso opere sane tria spectantur: numerus
ordo explanatio.

48   Quamvis igitur multa ψευδεπίγραφα, id est falsa in-
scriptione sub alieno nomine, sint prolata, ut Thyestes 210
tragoedia huius poetae, quam Varius suo nomine edidit, et
alia huiusmodi, tamen Bucolica liquido Vergilii esse mini-
me dubitandum est, praesertim cum ipse poeta, tamquam
hoc metuens, principium huius operis et in alio carmine
suum esse testatus sit dicendo: 215

'Carmina qui lusi pastorum audaxque iuventa,
Tityre, te patulae cecini sub tegmine fagi.'

49 Bucolica autem et dici et recte dici vel hoc indicio pro-
basse suffecerat, quod eodem nomine apud Theocritum
censeantur; verum ratio quoque monstranda est. Tria ge- 220
nera pastorum sunt, quae dignitatem in Bucolicis habent,
quorum minimi sunt, qui αἰπόλοι dicuntur a Graecis, a no-
bis caprarii; paulo honoratiores, qui μηλονόμοι ποιμένες
id est opiliones dicuntur; honoratissimi et maximi, qui
βουκόλοι, quos bubulcos dicimus. Unde igitur magis de- 225
cuit pastorali carmini nomen inponi nisi ab eo gradu, qui
fere apud pastores excellentissimus invenitur?

216 *Georg. 4, 565–566*

was es sei; „Grund" ⟨heißt das, worin gefragt wird⟩, woher ⟨das
Gedicht⟩ entstanden sei und warum der Dichter gerade dieses zu
schreiben sich vorgenommen habe; „Absicht" ⟨heißt das⟩, worin
erkannt wird, was der Dichter zu erreichen sucht. Im Werke selbst
werden bestimmt drei Dinge betrachtet: Zahl, Reihenfolge, Erklä-
rung.

Obwohl nun viele Pseudepigrapha, d. h. ⟨Werke⟩ mit falscher
Aufschrift unter fremden Namen, veröffentlicht worden sind, wie
z. B. der „Thyestes" als Tragödie unseres Dichters hier, während
sie ⟨doch⟩ Varius unter seinem eigenen Namen herausgegeben hat,
und anderes dergleichen, so kann doch auf keinen Fall bezweifelt
werden, daß die Bukolika ganz klar Vergils Eigentum sind, zumal
da der Dichter selbst, als ob er Zweifel daran fürchte, den Anfang
dieses Werkes auch noch in einem anderen Gedicht als sein Eigen-
tum bezeugt hat mit den Worten:

„Hirtengedichte ersann ich im Spiel; mit dem Mute der Jugend,
    Tityrus, sang ich von dir unterm Dach breitästiger Buche."

Daß ⟨die Gedichte⟩ aber Bukolika heißen und mit Recht so heißen,
sollte man eigentlich schon allein durch den Hinweis hinlänglich
bewiesen haben, daß sie unter demselben Namen bei Theokrit ge-
führt werden; aber es kann auch der Grund dafür aufgezeigt wer-
den. Es gibt drei Arten von Hirten, die in den Bukolika Rang und
Würde haben; von ihnen sind die geringsten diejenigen, die von
den Griechen αἰπόλοι (Ziegentreiber), von uns caprarii genannt
werden; ein wenig höher geehrt sind diejenigen, die μηλονόμοι
ποιμένες (schafweidende Hirten), d. h. opiliones genannt werden.
Die geehrtesten und bedeutendsten sind diejenigen, die βουκόλοι
(Rinderhirten) ⟨heißen⟩, die wir bubulci nennen. Woher also konn-
te man einem Hirtengedichte geziemender den Namen verleihen als
von dem Range, der gerade bei den Hirten als der am meisten
hervorragende sich findet?

50   'Causa' dupliciter inspici solet, ab origine carminis et
     a voluntate scribentis.

51   Originem autem bucolici carminis alii ob aliam causam 230
     ferunt. Sunt enim, qui a Lacedaemoniis pastoribus Dianae
     primum carmen hoc redditum dicant, cum eidem deae per
     bellum, quod toti Graeciae illo tempore Persae inferebant,
52   exhiberi per virgines de more non posset.   Alii ab Oreste
     circa Siciliam vago id genus carminis Dianae redditum 235
     locuntur, et redditum per ipsum atque pastores, quo tem-
     pore de Scythia Taurica cum sorore profugerat subrepto
     numinis simulacro et celato in fasce lignorum, unde Fasce-
     linam Dianam perhibent nuncupatam, apud cuius aras
     Orestes per sacerdotem eiusdem numinis Iphigeniam, 240
53   sororem suam, a parricidio fuerat expiatus.   Alii Apol-
     lini νομίῳ, pastorali scilicet deo, qua tempestate Admeto
54   oves paverat;   alii Libero Nympharum et Satyrorum
     et id genus numinum principi, quibus placet rusticum
55   carmen;   alii Mercurio, Daphnidis patri, pastorum om- 245
     nium principis et apud Theocritum et apud hunc ipsum
56   poetam;   alii in honorem Panos scribi putant pecu-
     liariter pastoralis dei, item Sileni, Silvani atque Fauno-
57   rum.   Quae cum omnia dicantur, illud erit probabilissi-
     mum bucolicum carmen originem ducere a priscis tempo- 250
     ribus, quibus vita pastoralis exercita, et ideo velut aurei
     saeculi speciem in huiusmodi personarum simplicitate co-
     gnosci, et merito Vergilium processurum ad alia carmina

Der „Grund" pflegt in doppelter Weise näher betrachtet zu wer-
den: vom Ursprung des Gedichtes und vom Willen des Schreiben-
den aus.

Den Ursprung des bukolischen Gedichtes führen die einen auf
diesen, die anderen auf jenen Grund zurück. Einige Leute behaup-
ten nämlich, von lakedämonischen Hirten sei der Diana zum ersten
Male dieses Gedicht geweiht worden, weil es eben dieser Göttin
während des Krieges, den die Perser in jener Zeit über ganz Grie-
chenland brachten, von den jungen Mädchen – so entsprach es dem
Kult – nicht hätte dargebracht werden können.   Andere sagen,
diese Art des Liedes sei von dem in der Gegend von Sizilien umher-
schweifenden Orestes der Diana geweiht worden, und zwar ge-
weiht durch ihn selbst und die Hirten, zu der Zeit, als er mit der
Schwester vom taurischen Skythenlande geflüchtet war, nachdem
er das Bild der Gottheit heimlich entführt und in einem Bündel
von Hölzern verborgen hatte; daher ist denn auch, wie man über-
liefert, Diana als Fascelina (die im Rutenbündel) bezeichnet wor-
den; vor ihrem Altar war Orestes ⟨ja auch⟩ von der Priesterin der-
selben Gottheit, nämlich von Iphigenie, seiner eigenen Schwester,
vom Muttermorde vorher entsühnt worden.   Andere ⟨behaup-
ten, das Lied sei⟩ dem Apollon Nomios d. h. dem Hirtengott ⟨ge-
weiht worden⟩ zu jener Zeit, als er für Admet die Schafe gewei-
det hatte;   wieder andere ⟨sagen⟩, es gehöre Liber, dem An-
führer der Nymphen, Satyrn und derartiger Gottheiten, denen ein
ländliches Lied gefällt;   andere ⟨meinen, es komme⟩ Merkur
⟨zu⟩, dem Vater des Daphnis, der bei Theokrit und auch hier
bei unserem Dichter der erste aller Hirten ist;   ⟨schließlich⟩
glauben ⟨noch⟩ andere, es sei geschrieben zu Ehren des Pan, der
ja im eigentlichen Sinne Hirtengott ist, ebenso ⟨zu Ehren⟩ des
Silenus, des Silvanus und der Faune. Mag alles dies auch gesagt
werden, am wahrscheinlichsten wird doch ⟨die Annahme⟩ bleiben,
das bukolische Lied habe seinen Ursprung in jenen altehrwürdigen
Zeiten, in denen man noch ein Hirtenleben führte, und eben deshalb
erkenne man gleichsam einen Abglanz des goldenen Zeitalters in
der einfachen Art derartiger Personen, und mit Recht habe Vergil,

non aliunde coepisse nisi ab ea vita, quae prima in terris
fuit. Nam postea rura culta et ad postremum pro cultis et   255
feracibus terris bella suscepta. Quod videtur Vergilius in
ipso ordine operum suorum voluisse monstrare, cum pasto-
res primo, deinde agricolas canit et ad ultimum bellatores.

58   Restat, ut, quae causa voluntatem attulerit poetae Bu-
colica potissimum conscribendi, considerare debeamus: aut   260
enim dulcedine carminis Theocriti ad imitationem eius
illectus est aut ordinem temporum secutus est circa vitam
humanam, quod supra diximus, aut, cum tres modi sint
elocutionum, quos χαρακτῆρας Graeci vocant, ἰσχνός qui
tenuis, μέσος qui moderatus, ἁδρός qui validus intellegi-   265
59 tur,   credibile erit Vergilium, qui in omni genere prae-
valeret, Bucolica ad primum modum, Georgica ad secun-
60 dum, Aeneidem ad tertium voluisse conferre.   An ideo
potius Bucolica scripsit, ut in eiusmodi poemate, quod et
paulo liberius et magis varium quam cetera est, facultatem   270
haberet captandae Caesaris indulgentiae repetendique
61 agri, quem amiserat ob hanc causam: occiso in curia
die [III] Iduum Martiarum C. Caesare cum Augustum
Caesarem paene puerum sibi veterani non abnuente senatu
ducem constituissent, exorto civili bello Cremonenses cum   275
ceteris eiusdem studii adversarios Augusti Caesaris ad-
62 iuverunt.   Unde factum est, ut, cum victor Augustus in
eorum agros veteranos deduci iussisset, non sufficiente agro
Cremonensium Mantuani quoque, in quibus erat etiam
poeta Vergilius, maximam partem finium suorum perde-   280
63 rent eo, quod vicini Cremonensibus fuerant.   Sed Ver-
gilius merito carminum fretus et amicitia quorundam

263 cf. **250** sqq.

der ja zu anderen Gedichten fortschreiten sollte, nicht anderswoher
begonnen als von d e m Leben, das als erstes auf Erden gewesen
ist. Denn später ⟨erst⟩ seien die Fluren bebaut und zuletzt für die
bebauten und fruchtbaren Länder Kriege unternommen worden.
Dieses aber wollte Vergil – wie es scheint – unmittelbar durch die
Reihenfolge seiner Werke zeigen, indem er zuerst die Hirten, dann
die Bauern besingt und zum Schluß die Krieger.

Es bleibt noch übrig, daß wir betrachten müssen, welcher Grund
dem Dichter den Willen eingegeben hat, gerade die Bukolika zu
verfassen; entweder nämlich ließ er sich durch die Lieblichkeit des
Theokritgedichtes zu seiner Nachahmung verlocken oder er folgte,
wie oben gesagt, der hinsichtlich des menschlichen Lebens bestehen-
den Ordnung der Zeitalter oder ⟨folgendes war der Grund⟩: da
es drei Arten der Redeweise gibt, welche die Griechen χαρακτῆρες
(Charaktere) nennen, den ἰσχνός, der schlicht, den μέσος, der
gemäßigt, und den ἁδρός, der stark bedeutet, dürfte es glaubhaft
sein, Vergil habe, um in jeder Art sich kräftig hervorzutun, die
Bukolika auf die erste, die Georgika auf die zweite, die Aeneis auf
die dritte Weise verfassen wollen.   Oder schrieb er die Bukolika
vielmehr nur deshalb, um in einem derartigen Gedichte, das etwas
freier und auch abwechslungsreicher als die übrigen ist, Gelegenheit
zu haben, die Nachsicht des Caesar zu gewinnen und seinen Grund-
besitz zurück zu bekommen, den er aus folgendem Grunde verlo-
ren hatte: Als die Veteranen, nachdem C. Caesar am 15. März
in der Curie ermordet worden war, den Augustus Caesar, der fast
noch ein Knabe war, sich zum Führer eingesetzt hatten, ohne daß
der Senat es abgelehnt hätte, da unterstützten in dem nun entstan-
denen Bürgerkriege die Bürger Cremonas im Bunde mit den übrigen
derselben Richtung angehörenden Leuten die Gegner des Augustus
Caesar.   So kam es, daß damals, als der siegreiche Augustus die
Veteranen im Gebiete der Bürger Cremonas hatte ansiedeln lassen,
auch noch, da der Grundbesitz Cremonas nicht ausreichte, die Man-
tuaner, zu denen auch der Dichter Vergil gehörte, den größten Teil
ihres Gebietes verloren, nur deshalb, weil sie Cremona benachbart
gewesen waren.   Als aber Vergil, im Vertrauen auf das Ver-
dienst seiner Gedichte und die Freundschaft einiger Mächtigen, es

potentium centurioni Arrio cum obsistere ausus esset, ille
statim, ut miles, ad gladium manum admovit. Cumque se
in fugam proripuisset poeta, non prius finis persequendi 285
fuit, quam se in fluvium Vergilius coniecisset atque ita in
alteram ripam enatavisset. Sed postea et per Maecenatem
et per triumviros agris dividendis Varum, Pollionem et
Cornelium Gallum fama carminum commendatus Augusto
et agros recepit et deinceps imperatoris familiari amore 290
perfruitus est.

64   'Intentio' libri, quem σκοπὸν Graeci vocant, in imita-
tione Theocriti poetae constituitur, qui Siculus ac Syracu-
sanus fuit. Est intentio etiam in laude Caesaris et princi-
pum ceterorum, per quos in sedes suas atque agros rediit, 295
unde effectus finisque carminis et delectationem et utilita-
65 tem secundum praecepta confecit.   Quaeri solet, cur
non ultra quam decem eclogas conscripserit; quod nequa-
quam mirum videbitur ei, qui consideraverit varietatem
scaenarum pastoralium ultra hunc numerum non potuisse 300
proferri, praesertim cum ipse poeta circumspectior Theo-
crito, ut ipsa res indicat, videatur metuere, ne illa ecloga,
quae Pollio inscribitur, minus rustica iudicetur, cum id
ipsum praestruit dicens:

'Sicelides Musae, paulo maiora canamus',   305

66 et item similiter in aliis duabus facit.   Illud tenendum
esse praedicimus: in Bucolicis Vergilii neque nusquam ne-
que ubique aliquid figurate dici, hoc est per allegoriam.
Vix enim propter laudem Caesaris et amissos agros hae:
Vergilio conceduntur, cum Theocritus simpliciter conscrip- 310
serit, quem hic noster conatur imitari.

297 *cf. Hor., A. p. 333*
305 *Ecl. 4,1*

gewagt hatte, dem Centurio Arrius entgegenzutreten, griff jener,
recht nach Soldatenart, sofort zum Schwerte. Und als der Dichter
schleunigst geflüchtet war, gab es nicht eher ein Ende der Verfolgung, als bis Vergil sich in den Fluß gestürzt hatte und so zum
anderen Ufer hinweggeschwommen war. Später aber wurde er sowohl durch Maecenas als auch durch die mit der Ackerverteilung
beauftragten Triumvirn, Varus, Pollio und Cornelius Gallus,
wegen des Ruhmes seiner Gedichte dem Augustus empfohlen, erhielt
seinen Grundbesitz wieder und genoß von nun immer die vertraute
Neigung des Kaisers.

Die „Absicht" des Buches, welche die Griechen σκοπός nennen,
besteht in der Nachahmung des Dichters Theokrit, der ein Sizilier
und zwar Syrakusaner war. Es liegt Absicht auch in dem Loblied
auf den Caesar und die übrigen hochgestellten Männer, durch deren
Vermittlung ⟨Vergil⟩ an seinen Wohnsitz und in seinen Grundbesitz zurückkehrte; so erreichte denn auch Wirkung und Endzweck
des Gedichtes sowohl Ergötzung als auch Nutzen, gemäß den Vorschriften.   Man pflegt zu fragen, warum Vergil nicht mehr als
zehn Eklogen verfaßt habe; das aber erscheint keineswegs dem
wunderbar, der sich überlegt hat, daß die Mannigfaltigkeit der Hirtenszenen über diese Zahl nicht hätte hinausgebracht werden können, zumal da der Dichter selbst, umsichtiger als Theokrit, wie die
Sache selbst zeigt, zu fürchten scheint, jene „Pollio" betitelte Ekloge
könne als zu wenig ländlich gelten, indem er gerade dem vorbeugt
mit den Worten:

„Musen Siziliens, laßt uns ein wenig Erhabneres singen!"

und ebenso macht er es ähnlich in zwei anderen Fällen.   Vorweg
sagen wir, man müsse daran festhalten, daß in den Bukolika Vergils weder nirgendwo noch überall irgendetwas bildlich, das heißt
allegorisch gesagt werde. Man gesteht doch wohl kaum wegen des
Lobes auf Caesar und des Verlustes der Ländereien dem Vergil
diese allegorischen Tendenzen zu; denn Theokrit hat doch einfach
geschrieben; und ihm versucht ja unser Dichter hier nachzuahmen.

67   Sequitur id, quod in ipso carmine tractari solet, id est
numerus ordo explanatio.

68   'Numerus' eclogarum manifestus est; nam decem sunt,
ex quibus proprie bucolicae septem esse creduntur, quod ex   315
his excipiantur Pollio, Silenus et Gallus. Prima igitur con-
tinet conquestionem publicam, privatam gratulationem de
agro et dicitur 'Tityrus'; secunda amorem pueri et dicitur
'Alexis'; tertia certamen pastorum et dicitur 'Palaemon';
quarta genethliacum et dicitur 'Pollio'; quinta ἐπιτάφιον   320
et dicitur 'Daphnis'; sexta μεταμορφώσεις et dicitur 'Va-
rus' vel 'Silenus'; septima delectationem pastorum et di-
citur 'Corydon'; octava amores diversorum sexuum et di-
citur 'Damon' vel 'pharmaceutria'; nona propriam poetae
conquestionem de amisso agro et dicitur 'Moeris'; decima   325
desiderium Galli circa Volumniam Cytheridem et dicitur
'Gallus'.

69   Quod ad 'ordinem' spectat, illud scire debemus: in pri-
ma tantum et in ultima ecloga poetam voluisse ordinem
reservare, quando in altera principium constituerit, ut in   330
Georgicis ait:

'Tityre, te patulae cecini sub tegmine fagi',

in altera ostenderit finem, quippe cum dicat:

'Extremum hunc, Arethusa, mihi concede laborem.'

Verum inter ipsas eclogas naturalem consertumque ordi-   335
nem nullum esse certissimum est. Sed sunt qui dicant in-
itium bucolici carminis non 'Tityre' esse, sed:

'Prima Syracusio dignata est ludere versu'.

316 Ecl. 4. 6. 10
332 Georg. 4, 566
334 Ecl. 10, 1
338 Ecl. 6, 1

Es folgt das, was im Gedicht selbst behandelt zu werden pflegt,
d. h. Zahl, Reihenfolge, Erklärung.

Die „Zahl" der Eklogen ist handgreiflich; denn es sind zehn,
von denen als eigentlich bukolisch sieben gelten, weil „Pollio",
„Silenus" und „Gallus" von ihnen ausgenommen werden sollten.
Die erste nun enthält eine Klage über ⟨den Zustand⟩ des Staates,
einen persönlich gerichteten Glückwunsch zur Wiedererlangung des
Grundbesitzes und heißt „Tityrus"; die zweite ⟨stellt⟩ die Liebe
zu einem Knaben ⟨dar⟩ und heißt „Alexis", die dritte einen Hir-
tenwettgesang und heißt „Palaemon"; die vierte ist ein Gedicht zur
Feier einer Geburt und heißt „Pollio", die fünfte ein Grablied und
heißt „Daphnis"; die sechste ⟨bringt⟩ Verwandlungen und heißt
„Varus" oder „Silenus"; die siebente ⟨enthält⟩ eine freundliche
Unterhaltung der Hirten und heißt „Corydon", die achte ⟨behan-
delt⟩ Liebesleidenschaft zwischen verschiedenem Geschlecht und
heißt „Damon" oder „Die Zauberin"; die neunte ⟨enthält⟩ die
persönliche Klage des Dichters über den Verlust seines Landes und
heißt „Moeris"; die zehnte ⟨besingt⟩ die Sehnsucht des Gallus nach
Volumnia Cytheris und heißt „Gallus".
Was die „Reihenfolge" angeht, so müssen wir das eine wissen,
daß der Dichter nur in der ersten und der letzten Ekloge die Rei-
henfolge hat beibehalten wollen, da er ja in der einen den Beginn
festgesetzt hat, wie er in den Georgika sagt:

„Tityrus, dich pries ich unterm Dach breitästiger Buche",

in der anderen das Ende deutlich gezeigt hat; denn er sagt doch:

„Diesen letzten Gesang, Arethusa, laß mich vollenden!"

Daß aber unter den Eklogen selbst keine natürliche, festgefügte
Reihenfolge besteht, ist ganz sicher. Aber einige ⟨Erklärer⟩ behaup-
ten, der Anfang des bukolischen Werkes sei nicht „Tityrus", son-
dern:

„Unsere Muse zuerst hielt wert syrakusischen Verses tändelndes Spiel".

70   Superest 'explanatio', quam in ordinem digeremus, cum
      praedixerimus illud inprimis tenendum esse: bucolicum 340
      poema usque adeo ab heroico charactere distare, ut versus
      quoque huius carminis suas quasdam caesuras habeant et
71 suis legibus distinguantur.   Nam cum tribus his probe-
      tur metrum: caesura scansione modificatione, non erit bu-
      colicus versus, nisi in quo et primus pes partem orationis 345
      absolverit et tertius trochaeus fuerit in caesura et quartus
      pes dactylus magis quam spondeus partem orationis ter-
      minaverit, quintus et sextus pes cum integris dictionibus
      fuerint, quod tamen Vergilius a Theocrito saepe servatum
      victus operis difficultate neglexit, in solo principio incer- 350
72 tum industria sive casu bucolico versu posito.   Nam
      'Tityre' dactylus per se partem orationis absolvit; 'Tityre,
      tu patulae re[cubans]' tertium trochaeum circa ⟨'re'⟩
      praepositionem quamvis de composita dictione conclusit;
      'Tityre, tu patulae recubans sub [tegmine fagi]' quartum 355
      spondeum pro dactylo cum parte orationis exhibuit; 'teg-
      mine fagi' integrum comma perfecit, cuius rei diligentiam
      licet in Theocriti multis versibus admirari.

Bleibt noch die „Erklärung": wir werden sie ⟨gleich⟩ Punkt für
Punkt darlegen; doch zuvor noch ein Wort ⟨zur Metrik⟩. Man muß
vor allem festhalten: die bukolische Dichtung ist so grundverschie-
den von der heroischen Stilgattung, daß selbst die Verse eines
solchen Gedichts bestimmte, ihnen eigene Zäsuren haben und sich
nach eigenen Gesetzen abtrennen lassen.   Denn da der Versbau
an drei Kriterien nachprüfbar ist, an der Wahl der Zäsur, an dem
Tonfall (Skandieren) des Verses und an der Gestaltung der Metren,
wird ein Vers nur dann bukolisch sein, wenn in ihm

1. der erste Fuß mit dem Redeteil schließt
2. der dritte Trochaeus auf die Zäsur stößt,
3. der vierte Versfuß, mehr daktylisch als spondeisch, mit dem
   Redeteil endet, der fünfte und sechste aber mit ganzen ⟨in sich
   geschlossenen⟩ Wortgruppen einsetzt.

Diese von Theokrit so oft beachteten Regeln hat freilich Vergil
nicht eingehalten. Er gab sich geschlagen von der Sprödigkeit des
Materials, nur an den Anfang setzte er einen bukolischen Vers, ob
mit Fleiß oder zufällig, sei dahingestellt.   Denn der Daktylus
„Tityre" schließt ⟨schon⟩ an sich mit dem Redeteil. „Tityre, tu
patulae re[cubans]" läßt den dritten Trochaeus an der Vorsilbe
⟨„re"-⟩ aufhören, mit der Einschränkung, daß man sie vom Kom-
positum lösen müßte. „Tityre tu patulae recubans sub [tegmine
fagi]" weist als vierten Fuß einen Spondeus statt eines Daktylus
auf, gleichlaufend mit dem Redeteil; „tegmine fagi" bildet einen
ganzen ⟨in sich geschlossenen⟩ Abschnitt nach jener Regel, deren
sorgsame Beachtung man in so vielen Versen Theokrits bewun-
dern kann.

Vita Servii

1   In exponendis auctoribus haec consideranda sunt: poe-
tae vita, titulus operis, qualitas carminis, scribentis inten-
tio, numerus librorum, ordo librorum, explanatio.
2/3   Vergilii haec vita est: patre Vergilio matre Magia fuit;
4 civis Mantuanus, quae civitas est Venetiae. Diversis in   5
locis litteris operam dedit; nam et Cremonae et Mediolani
5 et Neapoli studuit. Adeo autem verecundissimus fuit, ut
ex moribus cognomen acceperit; nam dictus est 'Parthe-
nias'. Omni vita probatus uno tantum morbo laborabat;
nam inpatiens libidinis fuit.   10
6   Primum ab illo hoc distichon factum est in Ballistam
latronem:

        'Monte sub hoc lapidum tegitur Ballista sepultus;
            nocte die tutum carpe, viator, iter.'

Scripsit etiam septem sive octo libros hos: Cirin Aetnam   15
Culicem Priapeia Catalepton Epigrammata Copam Diras.
7 Postea ortis bellis civilibus inter Atonium et Augustum
Augustus victor Cremonensium agros, quia pro Antonio
senserant, dedit militibus suis. Qui cum non sufficerent, his
addidit agros Mantuanos, sublatos non propter civium cul-   20
pam, sed propter vicinitatem Cremonensium: unde ipse in
Bucolicis:

        'Mantua vae miserae nimium vicina Cremonae.'

Amissis ergo agris Romam venit et usus patrocinio Pollio-
nis et Maecenatis solus agrum, quem amiserat, meruit.   25
23 *Ecl. 9,28*

Serviusvita

Bei der Erklärung der Autoren ist folgendes zu betrachten: das Leben des Dichters, der Titel des Werkes, die Beschaffenheit des Gedichtes, die Absicht des Schreibenden, die Zahl der Bücher, die Reihenfolge der Bücher, die Erklärung.

Vergils Leben ist folgendes: er stammte vom Vater Vergil, von der Mutter Magia, ⟨und war⟩ Bürger Mantuas, einer Bürgergemeinde, die in Venetien liegt. An verschiedenen Orten betrieb er die Wissenschaft; denn er hat in Cremona, in Mailand und in Neapel studiert. Er war aber so überaus schüchtern, daß er auf Grund seines Wesens seinen Beinamen bekam; er wurde nämlich „Parthenias" genannt. Im ganzen Leben bewährt, litt er nur an einer einzigen Krankheit; denn er konnte die Begierde nicht meistern.

Zuerst wurde von ihm folgendes Distichon verfaßt auf den Räuber Ballista:

„Hier unter diesem Steinberg liegt Ballista begraben;
   wandle bei Nacht und Tag, Wandrer, auf sicherem Weg!"

Er schrieb auch folgende sieben oder acht Bücher: Ciris, Ätna, Culex, Priapusgedichte, Katalepton, Epigramme, Copa und die Dirae. Als später die Bürgerkriege zwischen Antonius und Augustus entstanden waren, gab der siegreiche Augustus die Ländereien der Bewohner von Cremona, weil diese sich für Antonius eingesetzt hatten, seinen Soldaten. Als sie nicht ausreichten, fügte er ihnen die Ländereien Mantuas hinzu, die den Bürgern weggenommen wurden nicht wegen einer Schuld der Bürger, sondern wegen der Nachbarschaft Cremonas: daher sagt ⟨Vergil⟩ selbst in den Bukolika:

„Mantua, wehe benachbart zu sehr dem armen Cremona!"

Nach Verlust seines Grundbesitzes also kam ⟨Vergil⟩ nach Rom, und durch den Schutz des Pollio und Maecenas gewann e r allein den Grundbesitz, den er verloren hatte, wieder. Dann schlug ihm

Tunc ei proposuit Pollio, ut carmen bucolicum scriberet,
8 quod eum constat triennio scripsisse et emendasse. Item
proposuit Maecenas Georgica, quae scripsit emendavitque
9 septem annis. Postea ab Augusto Aeneiden propositam
scripsit annis undecim, sed nec emendavit nec edidit; unde 30
eam moriens praecepit incendi.

10　　Augustus vero, ne tantum opus periret, Tuccam et Va-
rium hac lege iussit emendare, ut superflua demerent, nihil
11 adderent tamen; unde et semiplenos eius invenimus ver-
siculos, ut 'hic cursus fuit', et aliquos detractos, ut in prin- 35
cipio; nam ab armis non coepit, sed sic:

> 'Ille ego, qui quondam gracili modulatus avena
> carmen et egressus silvis vicina coegi,
> ut quamvis avido parerent arva colono,
> gratum opus agricolis, at nunc horrentia Martis –　　40
> arma virumque cano.'

12 Et in secundo libro aliquos versus posuerat, quos constat
esse detractos; quos inveniemus, cum pervenerimus ad lo-
cum, de quo detracti sunt.
13　　[Periit autem Tarenti, in Apuliae civitate. Nam dum 45
Metapontum cupit videre, valetudinem ex solis ardore
contraxit.] Sepultus est autem Neapoli; in cuius tumulo ab
ipso compositum est tale distichon:

> 'Mantua me genuit, Calabri rapuere, tenet nunc
> Parthenope; cecini pascua rura duces.'　　　　50

---

35 Aen. 1,534
42 Aen. 2,567–588

Pollio vor, er möge bukolische Dichtung schreiben; diese schrieb
er und gab er bekanntlich in drei Jahren vollendet heraus. Ebenso
schlug Maecenas ihm die Georgika vor, die Vergil in sieben Jahren
schrieb und vollendet herausgab.   Danach schrieb er die von
Augustus vorgeschlagene Aeneis in elf Jahren, emendierte sie aber
weder noch gab er sie heraus; daher ordnete er auf dem Sterbebett
an, sie solle verbrannt werden.

Augustus aber befahl, damit ein so großes Werk nicht untergehe,
dem Tucca und Varius, es unter der Bedingung zu verbessern, daß
sie Überflüssiges beseitigten, jedoch nichts hinzufügten; daher
finden wir denn auch seine Halbverse, z. B. „hic cursus fuit",
„Hierhin ging der Kurs", und ⟨stellen fest⟩, daß irgendwelche
Verse getilgt worden sind, z. B. im Anfang; denn er begann nicht
mit „arma", sondern so:

> „Ich, jener Dichter, der einst sein Lied auf zierlichem Halme
> spielte und dann, den Wäldern entschritten, Nachbargefilde
> zwang, dem Bauern, und sei er noch so gierig, zu frönen,
> Dichtung, dem Landmann lieb, jetzt aber des Mavors grause –
> Waffen besinge ich und den Mann."

Auch im zweiten Buche hatte er gewisse Verse gebracht, die be-
kanntlich herausgenommen worden sind; wir werden sie antreffen,
wenn wir zu der Stelle gekommen sind, von der sie fortgenommen
sind.

[Er starb aber in Tarent, einer Stadt Apuliens. Denn während
er Metapontum zu sehen verlangte, zog er sich infolge der Sonnen-
glut eine Krankheit zu.] Begraben ist er aber in Neapel; auf seinem
Grabhügel steht folgendes von ihm selbst verfaßtes Distichon:

> „Mantua gab mir das Leben, Kalabrien nahm es, Neapel
> birgt mich; Weiden besang, Felder und Führer mein Lied."

Vita Probiana

P. Vergilius Maro natus Idibus Octobribus Crasso et
Pompeio consulibus matre Magia Polla patre Vergilio
rustico vico Andico, qui abest a Mantua milia passuum III,
tenui facultate nutritus.

Sed cum iam summis eloquentiae doctoribus vacaret, in 5
belli civilis tempora incidit, quod Augustus adversus Anto-
nium gessit, primumque . . . post Mutinense bellum vete-
ranis . . . postea restitutus beneficio Alfeni Vari, Asini
Pollionis et Corneli Galli, quibus in Bucolicis adulatur:
deinde per gratiam Maecenatis in amicitiam Caesaris duc- 10
tus est.

Vixit pluribus annis . . . liberali in otio, secutus Epicuri
sectam, insigni concordia et familiaritate usus Quintili,
Tuccae et Vari. Scripsit Bucolica annos natus VIII et XX,
Theocritum secutus, Georgica Hesiodum et Varronem. 15
Aeneida ingressus bello Cantabrico – hoc quoque ingenti
industria – ab Augusto usque ad sestertium centies hone-
status est. Decessit in Calabria annum agens quinquagesi-
mum primum heredibus Augusto et Maecenate cum Pro-
culo minore fratre. Cuius ⟨in⟩ sepulcro, quod est in via 20
Puteolana, hoc legitur epigramma:

'Mantua me genuit, Calabri rapuere, tenet nunc
    Parthenope; cecini pascua rura duces.'

Aeneis servata est ab Augusto, quamvis ipse testamento
cavisset, ne quid eorum, quae non edidisset, extaret, quod 25
et Servius Varus hoc testatur epigrammate:

Probusvita

P. Vergilius Maro, geboren am 15. Oktober unter dem Konsulat
des Crassus und Pompeius ⟨als Sohn seiner⟩ Mutter Magia Polla
⟨und seines⟩ Vaters Vergil, eines Bauern, im Dorfe Andes, das von
Mantua drei Meilen entfernt liegt; er wuchs auf in dürftigen Ver-
hältnissen.

Aber als er schon bei den bedeutendsten Lehrern der Redekunst
studierte, geriet er in die Zeiten des Bürgerkrieges, den Augustus
gegen Antonius führte, und zunächst wurde ... nach dem Kriege
von Mutina den Veteranen ... später zurückgegeben durch das
gütige Entgegenkommen des Alfenus Varus, des Asinius Pollio und
des Cornelius Gallus, denen er in den Bukolika schmeichlerisch
huldigt; danach wurde er durch die Gunst des Maecenas mit dem
Caesar befreundet.

Er lebte die Mehrzahl seiner Jahre in freier Muße, war Anhän-
ger Epikurs, lebte in hervorragender Eintracht und Vertrautheit
mit Quintilius, Tucca und Varius. Er schrieb die Bukolika im Alter
von 28 Jahren; dabei folgte er dem Theokrit; in den Georgika
⟨folgte⟩ er Hesiod und Varro. Als er die Aeneis in Angriff ge-
nommen hatte, erhielt er während des Kantabrerkrieges auch für
diesen gewaltigen Fleiß von Augustus einen Ehrensold bis zu
10 000 000 Sesterzen (ca. 1 800 000 Mark). Er starb in Kalabrien
im 51. Lebensjahre; seine Erben waren Augustus und Maecenas
mit Proculus, seinem jüngeren Bruder. Auf seinem Grabmal, das
an der Straße nach Puteoli liegt, liest man folgendes Epigramm:

„Mantua gab mir das Leben, Kalabrien nahm es, Neapel
　birgt mich; Weiden besang, Felder und Führer mein Lied."

Die Aeneis ist von Augustus gerettet worden, obwohl ⟨der Dich-
ter⟩ selbst in seinem Testament sich ⟨dagegen⟩ gesichert hatte, daß
etwas von dem, was er nicht veröffentlicht habe, bestehen solle;
das bezeugt auch Servius Varus in folgendem Epigramm:

'Iusserat haec rapidis aboleri carmina flammis
Vergilius, Phrygium quae cecinere ducem.
Tucca vetat Variusque simul; tu, maxime Caesar,
non sinis et Latiae consulis historiae.'   30

Vita Bernensis I

Publius Virgilius Maro, genere Mantuanus, dignitate
eques Romanus, natus Idibus Octobribus Gneo Pompeio
et Marco Crasso consulibus. Ut primum se contulit Ro-
mae, studuit apud Epidium oratorem cum Caesare Augus-
to, unde, cum omnibus Mantuanis agri aufererentur, quod   5
Antonianis partibus favissent, huic solo concessit memoria
condiscipulatus, ut et ipse poeta testatur in Bucolis di-
cendo:

'deus nobis haec otia fecit'.

In quibus ingenium suum expertus est, favorem quoque   10
Caesaris emeruit. Ac deinde Georgica conscripsit, et in his
corroborato ingenio eius Aeneida conscripsit, cui finem
non potuit imponere raptus a fatis; et ideo inveniuntur
apud eum versus non peracti, quibus non supervixit ad
replendum. Vixit vero annos LII amicitia usus imperatoris   15
Augusti et aliorum complurium probatissimorum virorum.

---

27 *Poet. Lat. Min. 4,183; cf 4,177*
 9 *Ecl. 1,6*

„Die den Phrygierhelden verherrlichten, diese Gesänge
    hatte Vergil zum Fraß reißenden Flammen vermacht.
Varius wehrt ihm und Tucca zugleich; du, mächtiger Caesar,
    bist auf Latiums Rang in der Geschichte bedacht."

Berner Vita I
(auch „Libellus-Vita")

Publius Virgilius Maro, der Herkunft nach Mantuaner, der Würde
nach römischer Ritter, geboren an den Iden des Oktober unter dem
Konsulat des Gnaeus Pompeius und Marcus Crassus. Sobald er sich
nach Rom begab, studierte er bei dem Redner Epidius mit dem
Caesar Augustus; daher machte dieser, als allen Mantuanern die
Ländereien weggenommen wurden, weil sie die Partei des Antonius
begünstigt hätten, ihm allein ein Zugeständnis im Andenken an die
Mitschülerschaft, wie auch der Dichter selbst in den Bukolika be-
zeugt, indem er sagt:

„Ein Gott hat uns die Muße gegeben."

In diesen ⟨Gedichten⟩ hat er sein Genie erprobt und auch die Gunst
des Caesar erworben. Und danach schrieb er die Georgika, und als
er in ihnen seine Geisteskraft gestählt hatte, schrieb er die Aeneis,
die er nicht zu Ende bringen konnte, dahingerafft vom Schicksal;
und daher finden sich bei ihm ⟨auch⟩ unvollendete Verse, zu deren
Vollendung er nicht lange genug lebte. Er lebte aber 52 Jahre, er
genoß die Freundschaft des Kaisers Augustus und mehrerer anderer,
höchst bewährter Männer.

Vita Focae
cod. Parisinus lat. 8093, saec. IX

Maeonii speciem vatis veneranda Maronem
Mantua Romuleae generavit flumina linguae.
Quis facunda tuos toleraret, Graecia, fastus,
quis tantum eloquii potuisset ferre tumorem,
aemula Vergilium tellus nisi Tusca dedisset?   5
  Huic genitor figulus, Maro nomine, cultor agelli,
ut referunt alii, tenui mercede locatus,
sed plures figulum. Quis non miracula rerum
haec stupeat? Dives partus de paupere vena
enituit: figuli suboles nova carmina finxit.   10
Mater Polla fuit, Magii non infima proles,
quem socerum probitas fecit laudata Maroni.
Haec cum maturo premeretur pondere ventris,
ut solet in somnis animus ventura repingens
anxius e vigili praesumere gaudia cura,   15
Phoebei nemoris ramum fudisse putavit.
O sopor indicium veri! Nil certius umquam
cornea porta tulit. Facta est interprete lauro
certa parens onerisque sui cognoverat artem.
Consule Pompeio vitalibus editus auris   20
et Crasso tetigit terras, quo tempore Chelas
iam mitis Phaethon post Virginis ora receptat.
Infantem vagisse negant. Nam fronte serena
conspexit mundum, cui commoda tanta ferebat.
Ipse puerperiis adrisit laetior orbis: 25
terra ministravit flores et munere verno
herbida supposuit puero fulmenta virescens.
Praeterea, si vera fides, sed vera probatur,
lata cohors apium subito per rura iacentis
labra favis texit dulces fusura loquelas.   30
Hoc quondam in sacro tantum mirata Platone
indicium linguae memorat famosa vetustas.
Sed Natura parens properans extollere Romam
et Latio dedit hoc, ne quid concederet uni.

Focasvita

Mantua brachte, das hehre, hervor des mäonischen Sängers
Ebenbild, Maro, den mächtigen Strom der Romulussprache.
Wer hätte, Griechenland, sprachgewältiges, noch deinen Dünkel
tragen können, den prahlenden Schwulst deiner tönenden Rede,
hätte zum Wettstreit Tuskerland nicht Vergil uns gegeben?
Tonformer war sein Vater, hieß Maro; Bauer auf kleinem
Ackergut war er nach andern, um kärglichen Taglohn gedungen;
aber die Mehrzahl meint Töpfer. Wer steht nicht staunend vor diesem
Wunder des Daseins? Reicher Schatz erglänzte aus armer
Ader: des Tonformers Sohn, er formte neue Gedichte.
Polla, die Mutter, war nicht die niedrigste Tochter des Magius,
den sich zum Schwäher gewann die rühmliche Redlichkeit Maros.
Polla glaubte, bedrängt von der reifen Bürde des Leibes,
– denn es bildet in Träumen der Geist sich gewöhnlich der Zukunft
Freuden und nimmt sie ängstlich vorweg aus wachsamer Sorge –,
von dem Walde des Phoebus ein Reis geboren zu haben.
Schlaf, du Künder der Wahrheit! Nichts besser Verbürgtes ließ je die
hürnene Pforte hinaus. Nun ward durch den deutenden Lorbeer
sicher die Mutter: sie sah den Beruf ihrer köstlichen Bürde.
Konsuln waren Pompeius und Crassus; da kam an des Lebens
Lüfte das Kind und berührte die Erde, wenn zu den Scheren
milde schon Pháëthon hinter der Jungfrau Antlitz zurückkehrt.
Nicht gewimmert habe das Kind; es erblickte mit heitrer
Stirne die Welt, berufen, ihr so viel Gutes zu bringen.
Willig begrüßte dies Kindbett mit hellerem Lächeln das Weltall,
Blumen bot ihm die Erde, und grünend mit Frühlingsgeschenken
ließ sie unter dem Knaben ein Polster schwellen von Kräutern.
Weiter – ist wahr nur die Kunde, doch hat sie als wahr sich erwiesen –
deckte ein Schwarm von Bienen, der plötzlich die Flur überflog, mit
Waben des Liegenden Mund, daß er ströme von süßem Gesange.
Dieses bewunderte einst nur noch beim heiligen Plato
rühmend die Vorzeit und pries es als Zeichen sprachlicher Urkraft.
Aber Mutter Natur, voll Eifer, Rom zu erheben,
ehrte auch Latium so, daß keinem Lande es weiche.

Insuper his genitor, nati dum fata requirit,   35
populeam sterili virgam mandavit arenae:
tempore quae nutrita brevi, dum crescit in omen,
altior emicuit cunctis, quas auxerat aetas.
  Haec propter placuit puerum committere Musis
et monstrare viam venturae in saecula famae.   40
Tum Ballista rudem lingua titubante receptum
instituit primus; quem nox armabat in umbris
grassari solitum: crimen doctrina tegebat.
Mox patefacta viri pressa est audacia saxis.
Incidit titulum iuvenis, quo pignora vatis   45
edidit: auspiciis suffecit poena magistri:
'Monte sub hoc lapidum tegitur Ballista sepultus;
    nocte die tutum carpe, viator, iter.'
[Nos tamen hos brevius, si fas simulare Maronem:
Ballistam sua poena tegit, via tuta per auras.   50
Hic Ballista iacet: certo pede perge, viator.
Carcere montoso clausus Ballista tenetur:
    securi fraudis pergite nocte, viri.
Quid trepidas tandem gressu pavitante, viator?
    Nocturnum furem saxeus imber habet.   55
Ballistae vitam rapuit lapis: ipse sepulcrum
    intulit. Umbra nocens pendula saxa tremat.
Crimina latronis dignissima poena coercet:
    duritiam mentis damnat ubique lapis.]
Hinc culicis tenui praelusit funera versu: 60
'Parve culex, pecudum custos tibi tale merenti
funeris officium vitae pro munere reddit.'
Tum tibi Sironem, Maro, contulit ipsa magistrum
Roma potens proceresque suos tibi iunxit amicos:
Pollio Maecenas Varus Cornelius ardent,   65
te sibi quisque rapit, per te victurus in aevum.
  Musa, refer, quae causa fuit componere libros.
Sumpserat Augustus rerum moderamina princeps,
iam necis ultor erat patriae: iam caede priorum
perfusos acies legitur visura Philippos.   70

Überdies pflanzte der Vater, des Sohnes Schicksal erforschend,
fruchtlosem Sand ein Pappelreis ein: dies aber, genährt in
kurzer Zeit, erglänzte, indem es heranwuchs zum Omen,
höher als alle, denen schon Wachstum verliehen ihr Alter.
    Darum beschloß man, den Knaben den Musen anzuvertrauen,
ihm zu weisen den Weg zu zeitüberdauerndem Ruhme.
So gab denn Ballista dem roh noch stammelnden Jungen
Anfangsunterricht; nachts aber zog dieser Lehrer auf Raub und
strolchte im Dunkel; der Ruhm seiner Kenntnis verbarg sein Verbrechen.
Aufgedeckt fand dann die Frechheit des Mannes der Steinigung Strafe.
Inschrift ritzte der Schüler aufs Grab, gab künftigen Dichters
Bürgschaft: zu gutem Beginn genügte die Buße des Lehrers:
„Hier unter diesem Steinberg liegt Ballista begraben;
    schreite bei Nacht und bei Tag, Wandrer, auf sicherem Weg!"
[Wir jedoch faßten es knapper, wenn Wettstreit erlaubt ist mit Maro:
Strafe bedeckt den Ballista; hier oben ist sicher die Straße.
Hier liegt Ballista; mit sicherem Fuß zieh, Wanderer, weiter!
Fest vom Bergverließe umschlossen, liegt nun Ballista;
    sicher vor Tücke und Trug, wandert nun, Menschen, bei Nacht!
Warum zagst du denn noch, du Wanderer, ängstlichen Schrittes?
    hält doch den nächtlichen Dieb steinerner Hagel gebannt.
Steinwurf raubte Ballista das Leben, gab ihm ein Grab auch;
    möge der Schatten des Diebs beben vor hangendem Stein.
Räubers Schandtaten bannt die längst verdiente Bestrafung:
    Herzenshärte verwirft allüberall noch der Stein.]
Weiter besang er mit zierlichem Vers der Schnake Bestattung:
„Kleine Schnake, der Hirte erweist dir, denn du verdienst es,
hier der Bestattung Ehrenpflicht für die Gabe des Lebens."
Dann aber, Maro, gab dir zum Lehrer den Siro sie selbst, die
mächtige Roma, und gab dir die vornehmsten Söhne zu Freunden,
Pollio, Maecenas, Varus, Cornelius, alle entbrennen,
jeder verlangt dich zum Freund, um durch dich ewig zu leben.
    Muse, sag an, warum denn schrieb seine Werke der Dichter?
Eben hatte Augustus den Staat übernommen als Princeps,
rächte auch schon die Ermordung des Vaters; schon wächst ihm ein Heer zu,
jenes Philippi zu sehn, das da strömte vom früheren Blutbad.

Cassius hic Magni vindex et Brutus in armis
intereunt. Victor nondum contentus opimis
emeritas belli spoliis ditasse cohortis
proscripsit miserae florentia rura Cremonae,
totaque militibus pretium concessa laborum   75
praeda fuit: violenta manus bacchata per agros.
Non flatus, non tela Iovis, non spumeus amnis,
non imbres rapidi, quantum manus impia, vastant.
Mantua, tu coniuncta loco, sociata periclis:
non tamen ob meritum miseram vicinia fecit.   80
Iam Maro pulsus erat: sed viribus obvius ibat
fretus amicorum clipeo, cum paene nefando
ense perit. Quid, dextra, furis? Quid viscera Romae
sacrilego mucrone petis? Tua bella tacebit
posteritas ipsumque ducem, nisi Mantua dicat.   85
Non tulit hanc rabiem doctissima turba potentum.
Itur ad auctorem rerum, quid Martius horror
egerit, ostendunt, qui tam miseranda tulisset.
Caesaris huic placido nutu repetuntur agelli.

His auctus meritis cum digna rependere vellet,   90
invenit carmen, quo munera vincere posset:
praedia dat Caesar, quorum brevis usus habendi,
obtulit hic laudes, quas saecula nulla silescunt.
Pastores cecinit primos: hoc carmine consul
Pollio laudatur ter se revocantibus annis   95
composito. Post haec ruris praecepta colendi
quattuor exposuit libris: et commoda terrae
edocuit geminis anno minus omnia lustris.
Inde cothurnato Teucrorum proelia versu
et Rutulum tonuit: bis sena volumina sacro   100
formavit donata duci trieteride quarta.

Sed loca, quae vulgi memoravit tradita fama,
aequoris et terrae statuit percurrere vates,
certius ut libris oculo dictante notaret.

Cassius fällt hier und Brutus in Waffen, Pompeius des Großen
Rächer. Der Sieger, noch nicht zufrieden, mit herrlicher Krieges-
beute die ausgedienten Kohorten bereichert zu haben,
ächtete nun die blühende Flur des armen Cremona;
ganz den Soldaten als Preis überlassen für ihre Mühen
ward es zur Beute: so tobten Gewalthaufen wild durch die Fluren.
Nicht der Sturm, nicht Juppiters Blitz, nicht schäumender Strom, nicht
reißender Wolkenbruch wütet so wüst wie die ruchlose Heerschar.
Mantua, nahe dem Ort, verfielest auch du den Gefahren:
nicht aber zog nach Verdienst dich die Nachbarstadt mit sich ins Unglück.
Schon war Maro enteignet; doch trat er dem Wüten entgegen,
fest vertrauend auf Freundesschild; da fiel er beinah durch
ruchloses Schwert. Was tobst du, Mörderhand, zielst du ins Herz von
Rom mit gottheitschändendem Dolch? Deine Kriege verschweigt die
Nachwelt und selbst den Führer, wenn Mantua nicht davon sänge.
Nicht ertrug diese Wut die gelehrte Gesellschaft der Machtherrn.
Vortrag hält man dem Kriegsherrn selbst, legt dar, was des Krieges
Greuel getan, und was für ein Mann so Klägliches leide.
Ihm gibt Caesars freundlicher Wink sein Äckerlein wieder.

    Also gefördert durch Huld, ersann er würdigen Dank und
schuf ein Gedicht, um so das Geschenk überbieten zu können:
Caesar gab ihm ein Gut, für kurze Zeit nur Besitztum;
er bot Ruhm, den nie Jahrhunderte bringen zum Schweigen.
Hirten besang er zuerst: in diesem Gedicht wird als Konsul
Pollio gerühmt; drei Jahre vergingen, bis es geformt war.
Danach gab er zum Anbau der Feldflur Vorschrift und Weisung
in vier Büchern; er lehrte genau allen Nutzen der Erde
innerhalb zweier Lustren, an denen ein Jahr noch fehlte.
Dann aber ließ vom Verskothurn er dröhnen der Teukrer
und der Rutuler Kämpfe: er schuf zwölf Bücher, gewidmet
einem erhabenen Führer, im Zeitraum von viermal drei Jahren.

    Aber die Orte, die nur Volksüberlieferung nannte,
wollte zu Wasser und Lande der Dichter selber durchreisen,
besser Verbürgtes, vom Auge belehrt, im Werke zu bieten.

Pergitur: ut Calabros tetigit, livore nocenti   105
Parcarum vehemens laxavit corpora morbus.
Hic ubi languores et fata minacia sensit,

· · · · ·

Vita Hieronymiana

1. Vergilius Maro in pago, qui Andes dicitur, haut pro-
cul a Mantua nascitur Pompeio et Crasso consulibus Idi-
bus Octobris. 2. [Vergilius] Cremonae studiis eruditur.
3. [Vergilius] sumpta toga Mediolanium transgreditur et
post breve tempus Romam pergit.   5
   4. Vergilius Brundisii moritur Sentio Saturnino et Lu-
cretio Cinna conss.; ossa eius Neapolim translata in se-
cundo ab urbe miliario sepeliuntur, titulo istius modi supra
scripto, quem moriens ipse dictaverat:

   'Mantua me genuit, Calabri rapuere, tenet nunc   10
         Parthenope; cecini pascua, rura, duces.'

   5. Varius et Tucca, Vergilii et Horatii contubernales,
poetae [habentur] inlustres, [qui] Aeneidum postea libros
emendarunt sub lege ea, ut nihil adderent.

Scholia ad vitam Vergilii pertinentia

Alexim dicunt ... alii puerum Caesaris, quem si lau-
dasset, gratam rem Caesari fecisset; nam Vergilius dicitur
in pueros habuisse amorem, nec enim turpiter eum dili-
gebat.   *Servius ecl. 2, 1*

   ... tres dicitur amasse Vergilius: Alexandrum, quem
donavit ei Pollio, et Cebetem puerum cum Leria puella,
quos a Maecenate dicitur accepisse; unde volunt quidam
per Amaryllida Leriam, per Menalcam Cebetem intellegi.
                                                  Servius ecl. 2, 15

Fort geht's: doch in Kalabrien schon entnervt seinen Leib durch
schadende Scheelsucht der Parzen die furchtbar verheerende Krankheit.
Als er hier seine Schwäche und drohende Schicksale spürte,

. . . . .

Eine über Hieronymus auf Eusebios zurückgehende Vita

Vergilius Maro wird in einer Dorfgemeinde, die Andes heißt,
nicht weit von Mantua geboren unter dem Konsulat des Pompeius
und Crassus am 15. Oktober. Er wird in Cremona wissenschaft-
lich ausgebildet. Nach Anlegung der ⟨Männer-⟩Toga siedelt er nach
Mailand über und geht nach kurzer Zeit nach Rom weiter.

Vergil stirbt in Brundisium unter dem Konsulat des Sentius
Saturninus und Lucretius Cinna; seine Gebeine, nach Neapel
übergeführt, werden innerhalb des zweiten Meilensteines von
der Stadt aus begraben; es wurde eine folgendermaßen lautende
Inschrift obendrauf geschrieben, die er auf dem Sterbebette selbst
diktiert hatte:

„Mantua gab mir das Leben, Kalabrien nahm es, Neapel
   birgt mich; Weiden besang, Felder und Führer mein Lied."

Varius und Tucca, nahe Freunde (Zeltgenossen) des Vergil und
Horaz, [gelten als] berühmte Dichter, [sie] emendierten später die
Bücher der Aeneis mit der Maßgabe, nichts hinzuzufügen.

Alexis bezeichnen ... andere als jungen Sklaven des Caesar, und
wenn ⟨Vergil⟩ ihn gelobt habe, so habe er damit dem Caesar einen
Gefallen getan; denn Vergil soll Liebe zu Knaben gehabt haben,
er liebte ihn ja nicht schimpflich.

... drei soll Vergil geliebt haben: den Alexander, den Pollio ihm
schenkte, und den Knaben Kebes mit dem Mädchen Leria, die er
beide von Mäcenas bekommen haben soll; daher möchten einige
Erklärer, daß man unter „Amaryllis" Leria, unter „Menalcas" Ke-
bes erkenne.

... dicitur (haec ecloga) ingenti favore a Vergilio esse recitata adeo ut, cum eam postea Cytheris meretrix cantasset in theatro, quam in fine Lycoridem vocat, stupefactus Cicero, cuius esset, requireret, et cum eum tandem aliquando vidisset, dixisse dicitur et ad suam et ad illius laudem:

'Magnae spes altera Romae',

quod iste postea ad Ascanium transtulit, sicut commentatores loquuntur.   *Servius ecl. 6, 11*

... vult exsequi sectam Epicuream, quam didicerant tam Vergilius quam Varus docente Sirone.   *Servius ecl. 6, 13*

Dicitur ... ingenti adfectu hos versus pronuntiasse, cum privatim paucis praesentibus recitaret Augusti; nam recitavit voce optima primum libros tertium et quartum.   *Servius Aen. 4, 323*

... 'quam mihi cum dederis cumulatam', quam lectionem Tucca et Varius probant.   *Servius Aen. 4, 436*

... Sciendum sane Tuccam et Varium hunc finem quinti esse voluisse.   *Servius Aen 5, 871*

Constat hunc librum tanta pronuntiatione Augusto et Octaviae esse recitatum, ut fletu nimio imperarent silentium, nisi Vergilius finem esse dixisset, qui pro hoc aere gravi donatus est.   *Servius Aen. 6, 861*

'aquai': hanc diaeresin Tucca et Varius fecerunt; nam Vergilius sic reliquerat: 'furit intus aquae amnis' et 'exuberat amnis', quod satis asperum fuit.   *Servius Aen. 7, 464*

... (diese Ekloge) soll unter riesigem Beifall von Vergil vorge-
lesen worden sein, so sehr, daß, als später die Hetäre Cytheris, die
er am Ende Lycoris nennt, sie im Theater gesungen hatte, Cicero
voll Staunen fragte, von wem sie sei, und als er den Dichter end-
lich einmal gesehen hatte, soll er gesagt haben, sowohl zu seinem
eigenen als auch zu Vergils Lobe:

„Des großen Rom zweite Hoffnung",

ein Wort, das unser Dichter hier auf Ascanius übertragen hat, wie
die Erklärer sagen.

... will die Lehre Epikurs darstellen, die sowohl Vergil als auch
Varus von ihrem Lehrer Siro kennen gelernt hatten.

Er soll ... mit ungeheurer Leidenschaftlichkeit diese Verse vor-
gelesen haben, als er privatim in kleinem Kreise dem Augustus
vorlas; denn er las mit sehr guter Stimme zunächst das dritte und
vierte Buch vor.

... „quam mihi cum dederis cumulatam", eine Lesart, die Tucca
und Varius billigen.

... Man muß allerdings wissen, daß Tucca und Varius dieses als
den Schluß des 5. Buches betrachten wollten.

Dies Buch wurde bekanntlich mit so großer Ausdrucksgewalt
dem Augustus und der Octavia vorgelesen, daß sie vor allzu star-
kem Weinen schon Schweigen gebieten wollten, wenn Vergil nicht
gesagt hätte, es sei der Schluß; er wurde für dieses ⟨Buch⟩ mit
schwerem Gelde beschenkt.

„aquai": diese Diärese haben Tucca und Varius gemacht; denn
Vergil hat es so hinterlassen „furit intus aquae amnis" und „ex-
uberat amnis", was ziemlich hart war.

ANHANG

EINFÜHRUNG

in Vergils Leben und Schaffen

Dichter und Dinge begegnen sich auf mannigfach verschiedene Weise. Bei Homer ist es uns fast immer, als habe die sonst ohne Sprache nur durch ihr Dasein mächtige und bedeutende Welt die Fähigkeit des Wortes erhalten – nein, besser so: Die Dinge sind im Wort und durch das Wort des Dichters rein und seinsmächtig anwesend. Erde, Meer und Himmel, Sonne, Mond und Sterne, Tag und Nacht, Leben und Tod: alles ist einfach da. Und in den Dingen und mit ihnen lebt und handelt der Mensch. Nicht Gefühl, sondern Sein ist alles. Kommt man nun von Homer zu Vergil, so wäre man fast geneigt, diesen letzten Satz umzukehren und zu sagen: Gefühl und Wille und Seele ist alles. So sehr schwingt fast in jedem Vers des Dichters eigenstes, mitempfindendes, forderndes, alles durchseelendes Wesen. Bei Homer meinen wir den Herzschlag der Dinge selbst zu spüren; bei Vergil kommt uns die Welt nicht so sehr aus sich selbst als aus des Dichters Herzen entgegen, von ihm und seines Geistes edlem Feuer durchglüht und Ausdruck geworden in Versen, die leben und weben in einer großartigen, das Ganze und alles einzelne überschwebenden und durchwaltenden Harmonie. Das schlichte Sein, die reine, gottentsprießende Natur treten uns aus Homers Dichtung viel unmittelbarer, oft geradezu bedrohlich und überwältigend nahe mit all ihren Heimlichkeiten und Unheimlichkeiten. Das ist es wohl, warum wir die dichterische Größe Homers immer so ganz und gar bezwingend erleben: das Sein selber der Dinge spricht uns an. Vergils Größe ist nicht so unmittelbar wirksam – sie erscheint manchem zunächst vielleicht zu sehr „von des Gedankens Blässe angekränkelt", zu formbewußt, zu geistig. Dabei ist sie nur verborgener, liegt tiefer nach innen zu, ist mehr mit dem Ohr als mit dem Auge empfangen und wächst aus einem reinen, die συμπάθεια τῶν ὅλων, das schwingende Mit- und Ineinander des Alls, tief und rein und echt erlebenden Herzen. Wenn wirklich Vergils

Dichtung, schon aufgrund ihrer vielfach bedingten Art, uns nicht so unmittelbar anspricht wie die des Homer, so wird sich doch auf die Dauer – und das scheint mir der schönste Beweis für ihre echte Größe zu sein – kein empfängliches Herz dem süßen Wohllaut, der schwermütig-zarten Durchseeltheit und der wahrhaft imperialen Majestas vergilischer Verse verschließen können. Und je mehr wir uns hineinlesen und hineinleben in diese kunstvolle und doch von echtem, tiefem Gefühl durchatmete Sprache, desto mehr hören wir durch den Dichter auch wieder Welt und Dinge zu uns sprechen und dürfen mit dem großen englischen Kardinal Henry Newman sagen: „⟨Vergils⟩ einzelne Worte und Sätze, seine pathetischen Halbverse geben, wie die Stimme der Natur selber, Ausdruck dem Leid und der Schwermut, aber auch wieder der Hoffnung auf bessere Tage, welches alles zu jeder Zeit die Erfahrung ihrer Kinder ist"[1].

Jugendjahre

Mit dem milden, goldenströmenden Lichte des hohen Herbstes, mit leuchtendem, nur hie und da von Regenschauern verhangenem Himmel, mit reifenden Früchten ringsum und köstlichem Dufte, mit des Winzers hallendem Liede und dem weichen, schwermütigen-süßen Tone der Hirtenflöte, mit jener unsagbaren Fülle tiefer und inniger Farben, aus denen die Dinge so rein und rund, ganz Form geworden, hervortreten, mit aller Schönheit der *Saturnia tellus* empfing Italiens Erde ihren größten Sänger, den Dichter Publius Vergilius Maro. Zu Andes bei Mantua, dem heutigen Pietole, wurde er am 15. Oktober im Jahre 71 v. Chr. unter dem Konsulat des Pompejus und Crassus geboren. Mit dem Namen dieser beiden Großen Roms klingt mächtig sofort und strahlend auf der Name der größeren Dritten, des Gajus Iulius Caesar. Seines Gestirnes Glanz, langsam und unbeirrbar wachsend, füllte mit unmittelbar-wirksamer Nähe gewaltig das halbe Jahrhundert, das unsern Dichter werden, wachsen und reif sein Werk vollenden sah. Weltge-

---

[1] J. H. Newman: An essay in aid of A Grammar of Assent. New York-London-Toronto: Longman-Green 1947, S. 60, übersetzt von Theodor Haecker (1948[6]).

schichtlicher Odem, stürmisch zunächst und düster drohend mit all-
durchwirbelnder Wucht, dann aber allmählich Ruhe und Frieden, *pacem
Romanam*, über den Erdkreis verströmend, umweht und durchwirkt
Vergils Wesen und Welt von seiner frühesten Jugend an. Oft noch
werden wir aus seinen Werken spüren, wie dieser Odem des Weltgeistes
sein empfängliches Herz im tiefsten Innern erfaßte, erschütterte, bald
mit Grauen und Abscheu, bald mit dem Jubel echter Begeisterung
erfüllte und emportrug zu jenen unsterblichen Versen, in denen römi-
sches Wesen ein für allemal gültig zum Ausdruck gekommen ist. Ehe wir
aber auf Vergils Verhältnis zur Geschichte seiner Zeit und seines Volkes
näher eingehen, verweilen wir zunächst noch im stillen, naturhaften
Bereich seiner engeren oberitalienischen Heimatgegend um Mantua und
Cremona. In dieses zuletzt genannte Städtchen waren Vergils Eltern
schon bald nach seiner Geburt übergesiedelt. Er muß seine Heimatland-
schaft wohl sehr geliebt haben; das spüren wir noch aus dem besonders
innigen Ton, mit dem er in manchen Versen, besonders in der 7. Ekloge
und im Proömium zum dritten Buch der Georgica von Mantua spricht.
Dort wuchs er auf, im grünen Gefild,

> „wo breit der Mincius träumend in trägen
Windungen schleicht, mit schwankem Schilf umwebend die Ufer".
>
> (3, 14 f.)

Aus der flachen, an besonderen Reizen armen Landschaft seines Heimat-
ortes wird der Dichter auch oft in die anmutigere, den Bergen sich
nähernde Gegend hinaufgekommen sein. Dort grünten wie heute so
damals überall im Lande die Ölbäume mit mattsilbrigen oder stumpfgrü-
nen Blättern in herber, schwermütiger Schönheit, Weingärten deckten,
prangend mit großen, dunkelblau schwellenden Trauben, rings die
Hänge der Hügel, Ziegen kletterten an steiniger, grünumbuschter Berg-
wand, Schafe und Rinder weideten im saftig-schwellenden Grunde der
kühlen Waldtäler, und oft hing eines Hirten Flötenlied in der warmen
Stille des Nachmittags.

Vergils Vater, ursprünglich einfacher Lohnangestellter eines Staatsku-
riers namens Magius, erwarb sich allmählich ein recht ansehnliches
Besitztum durch Ankauf von Waldland. Auch Bienenzucht soll er
getrieben haben. Das mag wohl sein, denn oft genug und in Versen
süßesten Wohllautes durchsummt der goldenen Bienen sommersonnen-

trunkenes Schlummerlied die Dichtungen Vergils, Zeugnis einer frühen und stets bewahrten Liebe zu diesen von besonderem Glanze bedeutsam umschimmerten Tieren. Des Dichters Mutter war Magia Polla, die Tochter des Staatskuriers Magius. Ihrem Namen verdankt der Dichter wohl vor allem den namentlich im Mittelalter in Romanform üppig weiterwuchernden Ruf eines Magus, eines Zauberers; vielleicht aber verdankt er ihrem möglicherweise etruskischem Geblüte auch den Hang zum religiös-geheimnisvollen Wesen, dem wir besonders im sechsten Buch der Aeneis, aber auch sonst noch oft in Vergils Dichtung begegnen. Mythos und Legende überhaupt umweben und umranken schon gleich unsern Dichter, aus dessen Leben wir an handfesten Tatsachen verhältnismäßig wenig über das Wichtigste hinaus wissen. Wie eines Herrschers, eines Königs Geburt wird seine Geburt in einem wunderbaren Traumgesicht seiner Mutter kundgetan: ihr träumte, sie habe ein Lorbeerreis geboren; das sei bei seiner Berührung mit der Erde gar mächtig aufgeschossen und schnell zu einem reifen Baum herangewachsen, mit bunten Blüten und Früchten über und über prangend. Weiter heißt es, die Erde selbst sei des Dichters erste Wiege gewesen; denn Magia Polla genas, so sagt die Legende, ihres Kindleins am Wegrande in einem Graben. Sehr hold und lieblich sei dieses Kindleins Antlitz anzuschauen gewesen, kein Wimmern und Schreien habe es bei seiner Geburt ausgestoßen, auch hierin von gewöhnlichen Sterblichen verschieden. Und ein Pappelreis, das man nach der dort herrschenden Sitte gleich bei des Kindes Geburt gepflanzt habe, sei so überaus schnell aufgewachsen, daß es bald die schon lange vorher gepflanzten Pappeln an Größe erreicht habe. Dieser Baum heiße *arbor Vergiliana,* der Baum des Vergil, und werde von den Müttern vor und nach ihrer schweren Stunde durch Gelübde in tiefer Ehrfurcht heiliggehalten. Mögen gelehrte Forscher in Abhandlungen und Dissertationen dem Ursprung und der jeweiligen Berechtigung solcher die Geburt der Großen umrankenden Mythen und Legenden kritisch und oft skeptisch nachfragen: wir freuen uns ihrer und halten es in jedem Falle für bedeutsam genug, daß gerade auch um Vergils Wiege ein solcher Kranz erblühen konnte.

Seine Kinderjahre und die erste Schulzeit verlebte Vergil in Cremona. Dort legte er im Alter von fünfzehn Jahren am 15. Oktober 55 v. Chr., wieder unter dem Consulat des Pompeius und Crassus, die *toga virilis* an. Dumpf und gewitterschwül hing damals der politische Himmel über Italien, dessen staatliche Entwicklung nun, nach einem Jahrhundert voller Wirren und voller Not und Unsicherheit, in das letzte, entscheidende Stadium eintrat. Denn das Gestirn des Mannes, dessen Beinamen von nun an die Herrscher des Abendlandes als Titel tragen sollten, des C. Iulius Caesar, war inzwischen höher und höher gestiegen. Hatte Caesar im Jahre 70, dem Geburtsjahre Vergils, gegenüber Crassus und erst recht gegenüber Pompeius noch nichts zu bedeuten, so war er nun die treibende und leitende Kraft in jenem berühmten Triumvirat (60) und versuchte erst eben wieder auf der Konferenz in Luca im Jahre 56, die zwischen den Mächtigen immer wieder aufsteigenden Mißstimmungen, Schwierigkeiten und Spannungen möglichst auszugleichen. Durch seine großen Kriegserfolge gegen die Helvetier, die Germanen des Ariovist, die Nervier und die gallischen Seestaaten hatte er den Grund gelegt für seinen von nun an beständig wachsenden Einfluß und seinen die Jahrhunderte überdauernden Ruhm. Einige Monate eher, als Vergil seine Männertoga anlegte, hatte Caesar auf einer festen Brücke den Rhein überschritten, und kurz danach war er sogar nach Britannien – für Vergils und seiner Zeitgenossen Gefühl also fast bis ans Ende der Welt – hinübergefahren, um hier und dort den beiden wilden, ungebrochenen Völkern Respekt vor der Macht des römischen Imperiums einzuflößen. Vor allem aber wollte er den Galliern sehr wichtige Hilfsquellen verstopfen. Die Nachricht von solch kühnen Unternehmungen und Heldentaten wird auch der junge Vergil schon bald gelesen haben in eben der Form, in der sie noch heute der Tertianer kennen- und – je nach seinem Fassungsvermögen und seinem Lateinlehrer – schätzen lernt. Denn Caesars Commentarii de bello Gallico waren in Italien schnell bekannt und berühmt. Außerdem hatte Caesar zu der oberitalischen Heimat Vergils ein besonders enges Patronatsverhältnis. Viele seiner Legionäre stammten von hier und werden von ihrem vergötterten Feldherrn erzählt haben, wenn sie zu Hause waren. Es ist auch mehr als wahrscheinlich, daß Vergil den Caesar, der sich ja häufig in Oberitalien aufhielt, gelegentlich selbst gesehen und das Bild dieses großen Mannes mit der Begeisterungsfähigkeit der Jugend seinem ohnehin verehrungsfähigen Herzen tief und für immer eingeprägt hat. Während also im Jahre 55 durch Caesars militärisches Genie Roms Imperium immer weiter um sich griff,

verlor Italien im gleichen Jahre, und wenn man der Überlieferung
glauben will, an demselben Tage, als Vergil seine Männertoga anlegte,
den bis dahin bedeutendsten Dichter lateinischer Zunge, den Titus
Lucretius Carus. Es ist schwer, in wenigen Worten zu sagen, was Vergil
diesem genialen, von tiefer und dunkelglühender Leidenschaft des Gei-
stes und des Herzens durchwühlten, in Schwermut und Einsamkeit sich
verzehrenden Dichter an lebendiger Anregung für Form und Gehalt
seiner Werke alles zu danken hat. Immer wieder, namentlich in den
Georgica und im 6. Buch der Aeneis, begegnen wir Versen, sehr schönen
und tiefen Versen, die von des Lucretius Dichtergeiste, von seinem
Werke über das Wesen der Welt (De rerum natura) inspiriert sind und die
sich in den Worten möglichst eng an das Vorbild anlehnen, auch da, wo
der Gehalt der Verse ein ganz andersartiger ist. So bringt Vergil seine tiefe
Ehrfurcht und Liebe zum Ausdruck und wahrt sich, trotz aller gern
zugestandenen, nein, dankbar betonten Abhängigkeit, sein eigenes We-
sen. Und in diesem seinem eigensten Wesen weicht der reife Vergil so
entschieden und so stark von Lukrez ab, daß Wolfgang Schadewaldt
(1960) Vergils Georgica „wenn nicht der Absicht, so doch der religiösen
Gesinnung nach einen Anti-Lucretius nennen" konnte.

Wir wollen aber hier der geistigen Entwicklung Vergils – soweit sie uns
aus den eigenen Werken und anderen Zeugnissen noch faßbar ist – nicht
zu sehr vorgreifen und folgen wieder dem Jüngling auf seinem weiteren,
höchst einfachen Lebensgange. Er kam bald nach seinem 16. Geburtstage
von Cremona fort nach Mailand, dann nach Rom.

Hier besuchte er, wie jeder aufstrebende civis Romanus, die Rhetoren-
schule, um eines Tages als Anwalt seine Tätigkeit auf dem Forum
beginnen zu können. Das herrlichste Beispiel dafür, wie man, auch wenn
man kein Stadtrömer war, vom Anwalt bis zu den höchsten Staatsämtern
aufsteigen könne, hatte Cicero gegeben. Er wird von den Vergilkom-
mentatoren in eine direkte Beziehung zu Vergil gebracht, und es ist wohl
sicher, daß Vergil bei seinem Aufenthalt in Rom, etwa von 52–45, den
bedeutenden Mann oft gesehen und gehört hat. Eduard Fraenkel (1928)
legt in einem feinsinnigen und höchst anregenden Aufsatz: „Vergil und
Cicero" das Verhältnis klar, das zwischen diesen beiden Großen des
geistigen Roms wohl gewaltet haben mag. Aber was immer auch Vergil
von Cicero lernte, auf seinem äußeren Lebensgange ist er ihm nicht

gefolgt. Er soll zwar, so heißt es in den Vergilviten, einmal als Anwalt
aufgetreten sein, allerdings auch nur dieses eine Mal und dann nie wieder.
Denn im Gespräch und in der Rede sei er sehr schwerfällig und fast wie
ein völlig ungebildeter Mensch gewesen. Körperlicher und seelischer
Habitus ließen ihn – wenn wir der Überlieferung trauen können – als für
den Beruf eines Anwalts höchst ungeeignet erscheinen: er war ein echter
homo rusticus, ein Mensch vom Lande. Als solchen verrieten ihn seine
facies rusticana, sein Bauerngesicht, sein stets sehr zurückhaltendes,
geradezu schüchternes und sicher auch etwas linkisches Wesen und
Auftreten und seine Ungewandtheit in der urbanen, leichtfertig, flink
und oberflächlich dahinplätschernden Konversation. Nachdenklicher
Ernst, ein tiefes Bewußtsein von dem Gewicht und der Würde des
Wortes und ein aus solchem Bewußtsein entspringendes Verantwor-
tungsgefühl werden ihm schon früh eigen gewesen sein, schuf er doch
auch späterhin seine Werke nur in sehr langsamem Fortschritt. Theodor
Haecker hat in seinem starken, von tiefem Verständnis, echtem Erleben
und wahrer Begeisterung zeugenden, ein ganz eigenes Vergilbild vermit-
telnden Buche „Vergil, Vater des Abendlandes" an vielen Stellen unüber-
trefflich feinsinnig und tiefdringend über vergilische und über Sprach-
kunst überhaupt geschrieben. Er spricht auch von der langsamen Schaf-
fensart Vergils und weist auf das schöne Gleichnis hin, in dem Vergil
selbst, wie Gellius (N. A. 17, 10, 2) berichtet, von seinem Dichten
erzählt haben soll. „Freunde und Vertraute Vergils berichten in ihren
Memoiren über Genie und Charakter des Dichters, er habe zu sagen
gepflegt, nach Bärenart gebäre er seine Verse. Denn wie jenes Tier einen
gestalt- und formlosen Wurf hervorbringe, das also Hervorgebrachte
nachher aber durch Lecken in Form bringe und bilde, genau ebenso seien
auch seines Geistes Neugeburten von rohem und unvollkommenem
Aussehen; dann aber gebe er ihnen durch kräftige Behandlung und Pflege
Gesicht und Antlitz."
Dazu schreibt Theodor Haecker: „Wer nicht hingerissen ist von der
rührenden Lieblichkeit dieses Vergleiches, der versteht weder die *anima
Vergiliana* noch ihre Sprachkunst, welche die höchste ist, da sie die
Sprache als lebendigen Organismus, hier weich, dort hart, hier fest und
ruhend, dort beweglich und fließend, hier statisch, dort dynamisch
behandelt. ... Zur Vollendung seines Werkes, zur Verbesserung auch

nur eines kleinen Teiles, ja zur Änderung auch nur eines Wortes braucht
ein Dichter wie Vergil immer von neuem die Totalität, die Totalität seiner
Idee und dessen, was er sagen will, wie auch die Totalität des Mediums,
durch das er es sagen will, hier also der Sprache"[1].

Catalepton

Menschen, die so aus der reinen, in den Tiefen ihres Wesens wurzelnden
und immer neu entspringenden Ganzheit denken und ihr Wort formen,
sind im allgemeinen nicht besonders zu Rhetoren geeignet. Dieser durch
den seelischen Habitus bedingten Fehleignung Vergils zum Redner
gesellte sich die körperliche Schwäche: er neigte zu Magenleiden und
hatte gelegentlich Bluthusten. Das alles trug viel dazu bei, daß er in aller
Stille und Zurückgezogenheit dem heiligen Dienste der Musen lebte,
ingenti percussus amore, durchdrungen von glühender Liebe.

Aber wenn auch, wie aus einem der Jugendgedichte (Catalepton 5)
deutlich hervorgeht, Vergil schon in sehr jungen Jahren den Hang nach
stiller Beschaulichkeit und ernster, vertiefter philosophischer Bildung
verspürte, wenn ihn auch schon bald die allzu flache Betriebsamkeit der
Rhetorenschule abstieß, wenn ihn damals selbst die holden Musen – denn
hold waren sie ihm – für eine Weile freigeben mußten, eine Zeitlang hat er
doch immerhin – so viel dürfen wir den unter dem griechischen, helleni-
stischer Zeit entstammenden Titel „Catalepton" überlieferten Jugendge-
dichten wohl entnehmen – dem Leben, Dichten und Treiben der jeunesse
dorée in Mailand und Rom nicht ganz ferngestanden. In diesem Kreise
erfreuten sich damals vor allem die sog. Neoteriker, die νεώτεροι, die
„neumodischen" Dichter, wie Theodor Mommsen sie in seiner immer
noch ausgezeichneten Charakteristik nennt[2], einer großen Beliebtheit.
Hatte sich Ennius, wenigstens in seinem Groß-Epos von Roms Werden
und Wachsen, den Annales, in der Form ganz eng an Homer angeschlos-
sen und die lateinische Sprache mit dem ihr keineswegs auf den Leib
gewachsenen Hexameter beschenkt, einem in archaisch-schwerer, oft

---

[1] Theodor Haecker: Vergil, Vater des Abendlandes. Leipzig: J. Hegner 1931[1].
[2] Theodor Mommsen: Römische Geschichte. Berlin: Weidmann 1904, III[9]
S. 599.

schwerfälliger Würde einherschreitenden Hexameter, hatte er, und in
seinem Gefolge der schon genannte geniale Dichterphilosoph Lukrez,
sich noch in großen Formen bewegt, wenn es ihnen auch noch nicht
gelungen war – denn das blieb erst dem reifen Vergil von den Musen
vorbehalten –, diese im einzelnen sehr sprach- und geistgewaltigen
Versblöcke und Formen vom Ganzen her zu beherrschen und zu durch-
seelen, so trat nun bei den Neoterikern ein ganz anderes, geradezu
entgegengesetztes künstlerisches Streben auf den Plan. Im engsten An-
schluß an die berühmten Alexandriner, an Kallimachos, Euphorion,
Aratos und andere, dann aber auch übergreifend auf die frühe griechische
Lyrik, namentlich auf die Gedichte der Sappho, formten diese neueren
Dichter höchst gefeilte, kunstvolle, oft gekünstelte, mit entlegenen
Mythen prunkvoll überladene Gedichte, Kleinepen, Elegien, Festgesän-
ge, Hochzeitslieder und nicht zuletzt Epigramme und Jamben, in denen
sich persönliches Leben und Erleben in einer bis dahin in Rom unerhör-
ten Weise Luft machte. Sie nannten ihre Dichtungen *nugae*, Tändeleien.
Zu den großen Wandlungen im politischen Leben Roms, überhaupt zur
Geschichte des Volkes nahmen diese l'art pour l'art-Poeten höchstens
dann Stellung, wenn sie sich von einem der Mächtigen geärgert oder
verletzt fühlten. Ihre Gedichte sind uns nur bruchstückweise bei späte-
ren Grammatikern, ihre Namen gelegentlich auch schon bei Catull,
Vergil und Horaz erhalten. So hören wir von Licinius Calvus, Helvius
Cinna und vor allem von Cornelius Gallus, dem Vergil in der 6. und
10. Ekloge ein Denkmal gesetzt hat. Einer von ihnen aber ist uns mit dem
größten Teil seines Werkes erhalten geblieben, und er war sicher auch der
bedeutendste, C. Valerius Catullus aus Verona. Catulls aus gallischem
Temperament, aus heißem Blut und stürmisch empfindendem Herzen
geborenen und doch auch wieder von überlegenem Kunstverstand ge-
formten Verse fanden sehr schnell Beifall und wurden eifrigst nachge-
ahmt. Den jungen Vergil, der den im Jahre 54 jung verstorbenen Dichter
wohl nur aus seinen Werken kannte – wenn er nicht schon als Schüler in
Cremona von ihm gehört oder ihn gesehen hatte –, reizten besonders
Catulls Jamben und Hinkjamben zur Nachahmung. Das zeigen uns die
Catalepton-Gedichte 2, 5, 6, 12 und besonders schön Catalepton 10, ein
Spottgedicht, vielleicht, aber nicht unbedingt sicher, auf den aus Picen-
um stammenden P. Ventidius Bassus, der, wie es bei Cassius Dio (43, 51)

heißt, von Caesar für das Jahr 43 zum Praetor bestimmt war. Großes
Aufsehen erregte es, daß er als Anhänger des Antonius sogar Consul
werden sollte. Die Verse, die man ihm daraufhin in dem stets klatsch-
und spottfrohen Rom anhing, hat uns Gellius (15, 4) erhalten. Da sie
möglicherweise die Anregung zu Vergils Catalepton 10 gegeben haben,
bringen wir sie hier im Urtext mit einem Übersetzungsversuch:

> „*Concurrite omnes augures, haruspices!*
> *Portentum inusitatum conflatum est recens:*
> *nam mulos qui fricabat, consul factus est.* –

> Zuhauf, ihr Seher, Zeichendeuter, strömt zuhauf!
> Ein Wundertier ward jüngst geheckt, höchst sonderbar:
> denn er, der Maultierstriegler, er ist Konsul jetzt!"

Wir betrachten nun in engstem Anschluß an den eben schon gerühmten
Aufsatz Eduard Fraenkels den Charakter des Gedichtes selbst, das ein
wahres Kabinettstück ist, voller Witz, Bosheit, Beobachtungsgabe, und
das außerdem eine staunenswerte technisch-formale Leistung darstellt.
Es gibt sich als Parodie von Catulls bekanntem, anmutig kunstvollen
carmen 4: *Phaselus ille quem videtis hospites.* Schritt für Schritt folgt
Vergil seinem Vorbild, übernimmt ganze und halbe Verse, ahmt den
schwierigen, aus reinen Jamben bestehenden Trimeter Catulls genau
nach, gibt aber den Worten und Sätzen einen überraschend neuen, giftig-
spottenden Sinn. Es ist sicher, daß der junge Dichter mit diesem hoch-
komplizierten artistischen Bravourstück großen Eindruck bei der Gilde
gemacht hat. Über alles Parodistische hinaus aber lebt in dem Gedicht
eben auch der seine Heimat und das Leben und Treiben der Menschen in
ihr mit liebevoller Aufmerksamkeit beobachtende Dichter. Das verraten
die netten Verse von dem Maultiertreiber, der seinen Tieren die Mähnen
stutzt, damit sie sich im Joch den Hals nicht wundreiben, die Bemerkun-
gen über die Konkurrenz, die Schilderung der sumpfigen, radzerfurch-
ten Landstraßen. Echt oberitalisches Kolorit! Sicher ist, daß gerade
solche Gedichte ihrem Wesen nach am allerschwersten zu übertragen
sind; immerhin kommt oft der Leser eben da, wo der Übersetzer
versagen mußte – oder sagen wir bescheidener, *hic et nunc* versagte – zu
einem echten Verständnis und dann auch zum vergnüglichen Genuß
dieser köstlichen Parodie, die, wie Eduard Fraenkel (1928) sagt, „als

Zeugnis für bestimmte Vorbedingungen der vergilischen Meisterschaft einen unschätzbaren Wert" hat.

Es waren also in erster Linie rein persönliche Ergüsse und artistische Spielereien und Aufgaben, wenn auch höchst komplizierter Natur, durch deren Bewältigung der junge Dichter im Kreise der Neoteriker seines Formtalentes glücklich-stolz innewurde. Aber so beglückend das Bewußtsein des wachsenden Könnens auch war, auf die Dauer ließ Vergil sich von den an sich schätzbaren, aber doch zweitrangigen Werten rein technischer Bravour nicht blenden und fesseln. Sein Geist strebte nach echter Tiefe, ihn lockte „der Betrachtung strenge Lust". Davon gibt Catalepton 5, eine „Selbstbesinnung, ein Sichaufraffen, eine Lebenswahl", wie Wolfgang Schadewaldt (1960) sagt, eindrucksvoll Zeugnis:

> „Wir segeln fort jetzt nach des Seelenglücks Häfen,
> des großen Siro Wort und Weisheitsspruch suchend,
> und halten Sorgenlast vom Leben ganz fern uns" (8–10).

Dieser Siro, zu dem Vergil sich hier suchend bekennt, war damals (50–45) ein bei Neapel und gelegentlich auch wohl in Rom lebender und lehrender Epikureer. Cicero nennt ihn zusammen mit dem bekannten Epikureer Philodemus „familiaris nostros, ... Sironem et Philodemum, cum optimos viros, tum homines doctissimos – unsere Vertrauten, den Siro und Philodemus, ganz vorzügliche Männer und darüber hinaus ausgezeichnete Gelehrte" (De fin. 2, 119) und in einem Brief an Trebonianus nennt er den Siro mit Nachdruck „nostrum amicum – meinen Freund" (Ad fam. VI 11, 2). Wir wissen gerade aus Ciceros philosophischen Schriften, ein wie lebhafter Disput damals unter den gebildeten Römern über die Lehren des Epikur und der Stoiker hin und her geführt wurde. Cicero war es auch, der im Jahre 54 das große Werk des verstorbenen Lukrez aus dem Nachlaß veröffentlichte. So wird Vergil, der gegen 52 nach Rom kam, mit Siro zusammen dieses von tiefer Leidenschaft durchglühte und dunkler Schwermut überschattete, sprach- und herz-, nicht immer geistgewaltige Werk studiert haben. Und wenn er später auch ganz anders gesinnt war, wenn er ganz sicher schon damals den leidenschaftlichen Haß des Lukrez gegen die religio nicht geteilt, wohl aber in seiner Ehrlichkeit und reinen Gesinnung richtig gewertet hat, den Dichter hat er immer geliebt und hat seiner Liebe oft Ausdruck gegeben.

Es ist auch in der Lehre des Epikur sehr vieles, was dem innersten Wollen und Wesen Vergils und vielen seiner Zeit und seiner Art durchaus anmutend, ja herzbezwingend entgegenkam. Die Tage waren voller Kriegsgeschrei und Wirrwarr; Bürgerkrieg und Parteihader zerriß die gesamte römische Welt; nirgendwo Sicherheit, nirgendwo Friede; nur eine große, von Jahr zu Jahr unter immer neuen Enttäuschungen anwachsende, verzehrende Sehnsucht nach Ruhe und Frieden, die geradezu den Charakter religiöser Inbrunst annahm. Wir haben gelernt, diese Sehnsucht nachzufühlen, und lernen es mehr und mehr. Auch Epikur lebte in höchst unruhigen Zeiten. Als Alexander der Große in Babylon starb, war er, der auf Samos als Sohn eines Atheners 342 geboren war, eben 19jährig. Durch den Lamischen Krieg verlor Athen seine letzten Kolonien, auch Samos. Die athenischen Kolonisten, unter ihnen auch Epikurs Vater, wurden enteignet und außer Landes gejagt. Man begreift angesichts solcher Jugenderlebnisse Epikurs Sehnsucht nach Seelenfrieden, nach Verborgenheit, nach Glück; man begreift auch, daß Nietzsche recht hat, wenn er von diesem häufig mißverstandenen Glücksstreben Epikurs sagt: „Solch ein Glück hat nur ein fortwährend Leidender erfinden können"[1]. Siro wird dem jungen Vergil auch oft Kernsätze des Meisters vorgelesen haben: „Λάθε βιώσας – Lebe in stiller Verborgenheit!" „Ὁ ἀτάραχος ἑαυτῷ καὶ ἑτέρῳ ἀόχλητος. – Wer keine Unrast in sich hat, bringt sich selbst und den Nächsten nicht durcheinander", und Vergil wird dem aus ganzem Herzen zugestimmt haben, er, dem das Leben in der Stille die Quelle seines Schaffensglückes war und blieb. Er wird auch die Grundhaltung Epikurs der Lust gegenüber richtig gewürdigt haben, die am deutlichsten zum Ausdruck kommt in dem bei Diogenes Laertius (10, 149) überlieferten Abschnitt: „Wenn wir die Lust als oberstes Ziel aufstellen, so meinen wir damit nicht die Vergnügungen der Schwelger und den aktuellen Genuß, wie Unwissende, Gegner und absichtliche Mißdeuter es darstellen, sondern das Freisein von Körperschmerz und ungestörte Seelenruhe. Denn nicht in Trinkgelagen mit ausgelassenen Umzügen, noch im Verkehr mit schönen Knaben und Mädchen, noch im Verzehren von Fischen und sonstigen Leckerbissen

---

[1] Heinrich Schmidt: Epikurs Philosophie der Lebensfreude. Leipzig: Kröner, S. 89.

einer feinen Tafel besteht das lustvolle Leben, sondern in gelassener Klugheit, die sachkundig erstrebt und meidet und mit den Wahnideen aufräumt, die die Seelenruhe stören"[1]. Eins aber zu allem anderen wird Vergil bei den Epikureern als ganz wesensverwandt empfunden haben, ihre hohe Kunst der innigen, Geist und Herz veredelnden Freundschaft. „Unter allem, was zu einem glücklichen Leben beiträgt, gibt es kein größeres Gut, keinen größeren Reichtum als die Freundschaft"[2]. Friedrich Klingner (1943[1]) nennt Vergil einmal „einen großen Liebenden unter den Dichtern". Das spricht sein ganzes Wesen aus, von diesem Wesenskern her verstehen wir sein gesamtes Schaffen, und das umfaßt auch vor allem sein Verhältnis zu denen, die er als Freunde in großer Liebe und Ehrfurcht im Herzen trug. Schön und eigenartig rührend kommt diese scheue Liebe schon in dem letzten Distichon des Catalepton 4 zum Ausdruck:

„Daher ist es genug, wenn du mir erlaubst, dich zu lieben.
    Gegenliebe, woher käme auch je sie mir zu?" (11–12)

Die zarte, ganz auf Lieben und Verehren angelegte Wesensart Vergils kommt hier so heraus, daß man zu spüren meint, wie er, der so fein empfand, wohl auch oft unter stolzem und ablehnendem Verhalten innerlich gelitten hat. Aber auch im Leiden um die Freundschaft liegt ein großes Glück. Wie aus dem Leid um Liebe das Lied am reinsten hervorquillt, empfinden wir am stärksten in der 2. und auch in der 5. Ekloge, und sonst noch oft. Vergil ist wirklich, und er war es von seinen Anfängen her, „ein großer Liebender unter den Dichtern". Und daß er Gegenliebe gefunden hat, wissen wir aus den Gedichten des Horaz. Auch Siro, sein Lehrer und Freund, muß ihn doch wohl sehr geliebt haben. Er überließ ihm ein kleines Gut; und als in den Wirren der Jahre 43–40 das Besitztum seines Vaters gefährdet war und schließlich verlorenging, da konnte Vergil seine Lieben auf diesem Gütchen, das einst dem Siro gehörte, in Sicherheit bringen. Es ist ein besonders schönes Gedicht, dieses Catalepton 8, in dem er das kleine Landgut also anredet:

---

[1] Übersetzt von H. Mayer: Geschichte der abendländischen Weltanschauung, I. Bd. Die Weltanschauung des Altertums. Würzburg: F. Schöningh, 1947, S. 315.
[2] Heinrich Schmidt: a. a. O., S. 100.

„*Villula, quae Sironis eras, et pauper agelle,*
  verum illi domino tu quoque divitiae:
me tibi et hos una mecum, quos semper amavi,
  siquid de patria tristius audiero,
commendo, in primisque patrem; tu nunc eris illi,
  Mantua quod fuerat quodque Cremona prius. –
Landhäuschen, einst des Siro Besitz, mein Äckerlein, armes,
  und doch jenem, dem Herrn, wirklicher Reichtum auch du:
mich und diese zusammen mit mir, die ich immer schon liebte,
  lege ich dir ans Herz, wenn ich vom heimischen Land
Schlimmes gehört. Ich empfehle zuerst dir den Vater; sei du ihm
  jetzt, was Mantua einst und was Cremona ihm war."
Viel Schlimmes war ja inzwischen geschehen; Caesar war unter den
Dolchen von politischen Schwärmern und persönlichen Neidern gefallen, ein Ereignis, das den damals 26jährigen Vergil tief getroffen hat. Die
Erschütterung darüber zittert noch nach im Schlußteil des ersten Buches
der Georgica, wo es heißt:
  „Klagte die Sonne doch auch über Rom ob Caesars Ermordung,
  als sie ihr strahlendes Haupt einhüllte in stählernes Grauen
  und eine ruchlose Welt vor ewiger Nacht sich entsetzte" (466 ff.).
Schon seit der Reform der Gracchen war Italien nicht mehr zur Ruhe
gekommen. Jetzt aber war die Krisis auf ihrem gefährlichsten und
entscheidenden Punkte angelangt. Trostlos schaute der Dichter auf
dieses Land und diese Welt überhaupt und klagte:

  „Hier ist Recht ja und Unrecht verkehrt. Wie die Kriege auf Erden
  wachsen, so heben ihr Haupt in grausiger Zahl die Verbrechen.
  Niemand ehrt noch den Pflug. Fort muß der Bauer, die Fluren
  liegen verödet. Man glüht zum mordenden Schwerte die Sichel"
  (505 ff.).

Bucolica

Er selbst, der Dichter, und seine Familie, verloren in diesen Wirren nach
der Schlacht bei Philippi (42 v. Chr.) das heimatliche Gut. Kommentatoren alter und neuer Zeit haben viele und oft sonderbare Versuche
gemacht, Vergils Eklogen als direkte Quelle für die tatsächlichen Ereig-

nisse auszuwerten. Wir halten es mit denen, die es ablehnen, aus Gedichten, die so, wie diese Eklogen Vergils, zwischen harter realpolitischer Wirklichkeit der Gegenwart und dichterischer Traum- und Wunschwelt hin und her weben, handfeste historische Tatsachen exakt erweisen zu wollen. Fest überliefert ist, daß Vergil durch Vermittlung seiner einflußreichen Freunde, des Cornelius Gallus und des Asinius Pollio, auch des Alfenus Varus, mit Augustus, damals noch Octavianus, bekannt wurde und durch dessen Eintreten in irgendeiner Form wieder zu Recht und Besitz kam. Daß ihn freilich alle diese Erlebnisse, für deren schneidende und lebensgefährdende Realität wir heute ein unmittelbares Verständnis gewonnen haben, tief erschütterten, das spüren wir deutlich, namentlich aus der 9. und dann aus der 1. Ekloge. Wir begreifen wohl auch, daß der Dichter den Mann, der endlich Ordnung und Ruhe und den ersehnten Frieden über die damalige Welt brachte, zeitlebens wie einen Gott verehrt hat. So heißt es gleich in der 1. Ekloge, die allerdings der zeitlichen Reihe nach nicht die erste ist, vom Dichter aber mit wohlerwogener Absicht an den Anfang der Gedichte gestellt wurde, mit denen er als Diener der Musen, als Künder und Bewahrer der zarten, so verletzlichen Schönheit schlichten und gottnahen Daseins vor seine vom Kriegsfieber gepeinigte Mitwelt trat:

„Ja, Meliboeus, ein Gott beglückte uns also mit Muße.
Denn er gilt mir immer als Gott und seinen Altar soll
oft noch netzen das Blut eines Lämmleins unserer Hürden." (6–8)

Der Name des Gottes freilich wird verschwiegen. Es heißt nur: *ille iuvenis* – jener Jüngling, genauer: jener Mann in der Blüte der Jahre. Die Ausleger der Eklogen sind bis auf den heutigen Tag fast alle der Meinung, dieser *iuvenis* sei Octavian, dem Vergil hier einen ganz persönlichen, aber doch zu seiner Zeit noch gar nicht so selbstverständlichen Kult weiht. Die Meinung allerdings – oder besser, der Glaube daran, ein großer, ungewöhnlich herrschbegabter Mensch sei wie ein Gott unter den Menschen, ist zu Vergils Zeiten nicht neu. Er findet sich schon, wie Otto Immisch[1] in seinem interessanten und lehrreichen Aufsatz: „Zum antiken Herrscherkult" bemerkt, bei Aristoteles: εἰχὸς ὥσπερ θεὸν

---

[1] Otto Immisch: Zum antiken Herrscherkult (Aus Roms Zeitwende. Erbe der Alten, Reihe 2, Heft XX). Leipzig 1931, S. 6.

εἶναι ἐν ἀνθρώποις τὸν τοιοῦτον (Pol. III 1284 a, 11). Und das Verlangen nach einem sichtbar unter den Menschen erscheinenden, rettenden Gotte, einem σωτήρ, einem Heiland, hatte sich in den Jahren nach Alexanders Tode oft geäußert und – wie das unter den armseligen Menschen noch in modernen Zeiten nicht selten geschieht – veräußert und an unwürdige Betrüger und brutale Gewaltmenschen verloren. Die Gefahr, auch Vergil, Horaz und überhaupt die Dichter der augusteischen Zeit unter der Perspektive einer allzu überschwenglichen, ja höfisch-schmeichlerischen Adoration eines in seinem Charakter keineswegs makellosen Mannes zu beurteilen und zu verurteilen, liegt sicher gerade heute nach allem, was wir an „Caesaren"-Kult erlebt haben, nicht so fern. Nun hat aber die Vergil- und Horazforschung unseres Jahrhunderts – anzutreffen in den Büchern, Vorträgen und Abhandlungen Eduard Nordens, Richard Heinzes, Johannes Stroux', Friedrich Klingners und vieler anderer – überzeugend nachgewiesen, daß die Dichtungen des Horaz und Vergil auch da, wo sie Augustus nach unserem Gefühl in überschwenglicher Weise feiern, nicht aus dem Geiste kriechender Gunstbuhlerei hervorgegangen sind. Wer die Gedichte Vergils und namentlich die des Horaz – denn bei ihm lassen sich Werden und Wandlungen genauer fassen – aufmerksam liest und sich in sie einfühlt, wer dazu die gesamte Zeitgeschichte vor Augen hat, der spürt genau, daß er es hier mit echter, langsam wachsender und allmählich erst sich – in jeder Bedeutung des Wortes – ergebender Überzeugung zu tun hat. Näheres über die Art, wie Vergil den Octavianus kennenlernte, wissen wir nicht. Wenn wir in den Georgica den Namen des Caesar – gemeint ist Octavianus – genannt finden, spüren wir auch sofort, aus welchem Abstand der Verehrung Vergil zu dem „Retter seines Landes" aufschaut, wie er ihm einen Tempel erbauen will am Mincio (georg. 3, 10–39) – man darf dieses Versprechen des Tempelbaus erfüllt sehen in der Aeneis, in deren Mitte tatsächlich Augustus thront –, aber all das sagt uns nichts über den Weg des Vergil zu Octavianus. Er spricht überhaupt nicht so oft von sich selbst wie Horaz. Das Persönliche tritt fast ganz zurück, zumindest verhüllt es sich. In seinen Eklogen greift er wohl einmal noch Dichter an, die ihm verhaßt sind, meist aber rühmt er seine hochstehenden Freunde, den Asinius Pollio, den Alfenus Varus und den Cornelius Gallus. Von Maecenas hören wir in den Eklogen noch nichts; Octavianus wird zwar verherrlicht in der 1. und wohl auch in der 4. Ekloge, aber in einer sehr eigenen, nur andeutenden, Ahnung weckenden Weise des Sagens und Dichtens. Wenn in der 1. Ekloge, wie Hans Oppermann (1932) schön gesagt hat, die Hirtenwelt gleichsam transparent wird für die darunterliegende Welt realpolitischer Ereignisse und Schicksale, die Vergil und ganz Italien im Jahre 41 hart betroffen haben, wenn das Glück, das ihm durch das vermittelnde Eintreten des Octavianus zuteil geworden war, aus dem dankbar-frommen, fast überschwenglichen Lobpreis des Tityrus herausklingt, so bleibt in der 4. Ekloge alles Persönliche fast ganz aus dem Spiel. Es ist eine Welt des Wunders, der geheimnisvoll-gläubigen Erwartung eines neuen Weltzeitalters. So berechtigt auch immer das Fragen des Historikers nach dem realen Anlaß und Hintergrund dieses berühmten Vergilgedichtes sein mag, letzten Endes soll nach des Dichters Absicht sein Rühmen und Preisen orakelhaft-dunkel im Sinn Heraklits bleiben: „Ὁ ἄναξ, οὗ τὸ μαντεῖόν ἐστι τὸ ἐν Δελφοῖς, οὔτε λέγει οὔτε κρύπτει, ἀλλὰ σημαίνει[1]. – Der Herr, der das Orakel in Delphi besitzt, sagt nichts und birgt nichts, sondern bedeutet." Und doch haben wohl, so scheint es uns wenigstens, die jüngeren Deuter vergilischer Dichtung richtig gesehen, wenn sie aus den Eklogen 5, 9, 1 und 4 eine immer entschiedenere Wendung Vergils zu seinem Volke und seiner Geschichte zu erkennen glauben. Von hier aus geht dann die Linie weiter zu den Georgica, wo Octavianus als gottgesandter, selbst göttlicher Retter Italiens ganz offen gepriesen wird, und weiter zur Aeneis, wo Augustus aus der Mitte des Gedichtes bedeutend hervortritt als der Gestalter und Lenker der Geschichte Roms und der Welt.

Die Bucolica Vergils, zarte und wahrhaft adelige, klassisch-schöne Gedichte, sind wahrscheinlich in Norditalien entstanden in der Zeit von 42–39. Der Dichter flüchtete sich vor der furchtbaren Wirklichkeit in sein von ihm begründetes Reich der Stille und der zerbrechlichen, träumerischen Schönheit. Verse klingen hier von unsagbar innigem Wohllaut und schwermütig-sehnsuchtsvoller Süßigkeit, eine Welt, ganz hineingeholt und gelöst in Empfindung, in Herz und Seele, wenig greifbare Dinglichkeit, alles überschimmert von webendem Gefühl und

---

[1] VS 22 B 93 DK.

hoher, geheimnisschwerer Ahnung. Was ist doch hier aus der trotz aller
Schäferei immer noch griechisch-dichten und oft prallen, satten Ding-
wirklichkeit Theokrits geworden an Zartheit und Traum! Es ist gut, daß
die Jagd auf Parallelstellen zum Nachweis der nicht vorhandenen Origi-
nalität des römischen Dichters nun endlich aufgehört hat. Vergil ist in
seiner echten und durchaus dichterisch hohen Schöpferkraft längst er-
kannt und gewürdigt. Er ist in den Hirtengedichten der Begründer „des
abendländischen Lyrismus", wie Wolfgang Schadewaldt (1960) sagt,
einer ganz neuen und nun weiter wirkenden Weise dichterischen Fühlens
und Sagens. Die bei den Neoterikern gelernte und geübte Zucht der
Sprache hat einen Vers geschaffen, der fähig ist, alle Schwingungen des
Herzens und des Geistes vollendet auszudrücken.

In dieser Zeit wuchs auch die Freundschaft Vergils zu Horaz, dem so
ganz andersgearteten, zweiten großen Klassiker römisch-augusteischer
Dichtung. Das nun anhebende schöpferisch-dichterische Hin- und Wie-
derweben von Geist zu Geist und von Herz zu Herz zwischen den
beiden Freunden klingt wohl hie und da in Versen auch bei Vergil noch
an. Und wir besitzen noch die schönen Gedichte des Horaz, in denen er
seines Freundes liebend und dankbar gedenkt. Um diese Zeit (40/39)
finden wir Vergil dann auch im Kreise jenes Mannes, dessen Namen von
da an jeder Gönner und Schützer der Dichter und Künstler tragen sollte,
des Maecenas. Die Georgica, das zweite große Werk Vergils nach den
Bucolica, zehn Jahre nach dem Erscheinen der Bucolica beendet, sind
diesem bedeutenden, eigenartigen Manne zugeeignet. Durch Maecenas
wird Vergil, genau wie Horaz, auch dem Augustus, damals noch Octa-
vianus, wirklich nähergekommen sein. Von nun an lebte der Dichter in
ruhigen, durchaus gesicherten Verhältnissen, meist in Sizilien und Cam-
panien, gelegentlich auch bei Tarent, selten in Rom. Kam er dorthin, so
zeigten die Leute auf ihn und rühmten ihn laut. Tacitus berichtet, daß
einmal, als Vergils Eklogen im Theater gesungen wurden und man die
zufällige Anwesenheit des Dichters entdeckte, alles Volk sich erhob und
den Dichter ehrte, wie sonst nur der Imperator Augustus geehrt zu
werden pflegte, ein schöner Beweis für die Größe Vergils, die Größe des
Augustus und die große Liebe des römischen Volkes zu seinem Dichter[1].

---

[1] Dial. 13.

Dabei hat Vergil, hier auch wieder anders als sein Freund Horaz, es keineswegs gesucht und geliebt, daß man auf ihn zeigte. Er flüchtete vielmehr vor der Begeisterung des Volkes, drückte sich in einen Hauseingang und war froh, wenn die ihn umjubelnde Menge ihn aus den Augen verloren hatte.

Georgica

In der Stille einer ruhmlosen Muße schuf er das schönste Lied von der Erde, vom Menschen, vom Bauern, von der Saturnia tellus Italien, dem liebsten aller Lande und dem gesegnetesten auf der Welt mit seiner Hauptstadt, der *pulcherrima Roma*. Hier in den Georgica dürfen wir einen Blick in sein Herz tun. Hier spiegelt das All sich wider: Gott, Mensch, Tier, Pflanze, Land und Meer, Himmel und Erde. Hier kreisen nach großen Gesetzen die Sterne, und ihrem erhabenen, göttlich gefügten Rhythmus ordnen die irdischen Wesen sich ein. Eine große συμπά-θεια τῶν ὅλων durchwirkt und durchwaltet das All. Vergils „Kosmosgedicht" (H. Klepl, 1940/1967), so müßte es eigentlich heißen. Denn es fehlt in ihm wohl kein einziger Wesenszug göttlichen und menschlichen Seins. Bei jedem Lesen spürt der mitlebende und mitdenkende Leser es stärker und beglückender: er atmet der Blumen und Sträucher zartesten Duft, am Waldhang ruhend im Lichte des heiteren Lenzes, von goldenen Bienen umsummt, er spürt die beglückende Nähe der Erde, der allgerechten Mutter, aber er spürt nicht weniger tief ihr dunkles, unheimliches, oft mit Tod und Verderben ausbrechendes Wesen.

In den ersten vier Versen der Georgica läßt Vergil den Gesamtaufbau der Dichtung sichtbar werden: Ackerbau, Baumzucht, Viehzucht und Bienenpflege will er besingen. Das tut er nun keineswegs in nüchtern aufzählender, auf strenge und vollständige Reihenfolge der jeweiligen Gegenstände bedachter Art, etwa wie einer der landwirtschaftlichen Fachschriftsteller, deren Werke ihm vorlagen. „Vergil will nicht als Fachmann lehren", sagt Wolfgang Schadewaldt (1960). „Was er an Fachlichem gibt, ist beispielhafte Auswahl. Nach einem sehr festen Aufbauprinzip dient ihm die Sachunterweisung fast überall nur als Tragfläche für scheinbare Abschweifungen, die in Wahrheit aber die Bogen darstellen, durch die Gedanke und Ethos fortgeleitet werden."

Die Verkennung dieses Grundcharakters der Georgica hatte dazu geführt, Vergils Komposition als eine mehr oder weniger gelungene Reihung „reizender Einzelbildchen" anzusehen; ja, man sagte von ihm, dem „baumeisterlichsten Dichter" Roms: „Bei geschlossenen größeren Kompositionen versagt er – vom Standpunkt eines strengen Kritikers aus gesprochen – leicht"[1]. Man verkannte schon früh den Sinn der sog. Exkurse oder Digressionen, sah in ihnen poetisch reizvolle, dem Abwechslungsbedürfnis des Lesers dienende Einschiebsel nach Art hellenistischer und neoterischer Dichtungen und meinte, für den großen Zusammenhang könne man ihrer durchaus entraten. Wie wenig solche Anschauungen dem Wesen und der Absicht vergilischer Dichtung gerecht werden, ist seit Erich Burcks (1929) bahnbrechender Untersuchung immer deutlicher geworden. Friedrich Klingner (1964) knüpft daran an: „Die Kunst, die die Hirtengedichte gestaltet, bewährt sich erst recht an dem größeren Werke. Gedanken, Anschauungen, Themen bereiten sich unvermerkt im Bereich anderer vor, treten dann plötzlich heraus und herrschen, erweitern oder verengen sich, klingen nach und verklingen allmählich, während neue zur Herrschaft kommen, so wie in unser aller Innern die Gedanken und Bilder mehrschichtig bewegt kommen und gehen. Bei alledem ist aber nichts Unbestimmtes, Verschwommenes. Das Werk macht bis zur kleinsten Versgruppe, ja bis zum einzelnen Vers eine klar gestaltete Welt aus."

Im „Lob des Landlebens" (georg 2, 458–540), einem Gipfel der Dichtung, weist Vergil sich seinen Platz neben oder doch gleich nach Lukrez an. Er spricht von sich als dem Priester der Musen (georg. 2, 476), dessen innigster Wunsch es sei, das Wirken der Kräfte des Alls zu ergründen. Die Fähigkeit, so Hohes zu leisten, liegt nach seiner Meinung im Blute, das rings das Herz umflutet (georg. 2, 483 f.). *Ingenti percussus amore* ist der Priester der Musen, durchzuckt von gewaltiger Liebe. Nur so ist er befähigt, *rerum cognoscere causas*, das Wesen der Welt zu ergründen (georg. 2, 490). Mit dieser Auffassung vom Charakter der Wesens- und Welterkenntnis, deren Organ das warme Herzblut und das Herz selber ist, steht Vergil mit Empedokles[1], Platon, Lukrez (denn auch

---

[1] Paul Jahn: Vorwort zur Vergilausgabe Bd. I. Berlin: Weidmann 1915[9], S. XXVIII.

[2] VS 31 B 105 DK.

er gehört trotz seines Materialismus hierher) und anderen großen Dich-
tern und Denkern „in der edelsten Tradition, die das christliche Abend-
land kennt, und die ihren theoretischen Ausdruck in der 'Philosophia'
und 'Theologia cordis' hat[1]. Nicht umsonst hat der hl. Augustinus, der
größte Vertreter der Theologia cordis, den Vergil so geliebt, nicht
zufällig wählte ihn Dante zum Führer auf seinem visionären Wege durch
Hölle und Läuterungsort.

Überall in den Georgica spüren wir den Einfluß des lukrezischen
Werkes. Mit den Versen

„Selig, wer es vermochte, das Wesen der Welt zu ergründen,
wer so all die Angst und das unerbittliche Schicksal
unter die Füße sich zwang und des gierigen Acheron Tosen!" (2,
490 ff.)

preist er den Schöpfer des Werkes De rerum natura und spricht zugleich
die Grundtendenz dieser Dichtung aus. Auch er hegt den Wunsch, das
Walten der Naturkräfte am Himmel und auf Erden kennenzulernen und
das Werden des Kosmos zu begreifen. Darauf deutet schon der Gesang
des trunkenen Silen in der 6. Ekloge hin. Aber er fühlt nicht die unge-
heuere Glut in sich, die es geschehen läßt, so tief das Weltenwesen zu
ergründen. Er wagt es aus wesenseigener Ehrfurcht heraus nicht, mit
Epikur und Lukrez „die verschlossenen Pforten der Mutter Natur im
gewaltigen Sturm zu erbrechen", er setzt nicht kühnlich den Fuß „weit
über des Weltalls flammende Mauern", erst recht nicht triumphiert er:

„So liegt wie zur Vergeltung die Religion uns zu Füßen
völlig besiegt, doch uns, uns hebt der Triumph in den Himmel"[2].

Dem Lukrez erwuchs sein Gedicht aus dem Gefühl einer tiefen Hoff-
nungslosigkeit und unheilbaren Schwermut angesichts der völlig zerrüt-
teten politischen Verhältnisse seiner Zeit. „Das Grauen und der Wider-
wille gegen die entsetzliche Welt überhaupt, in der und für die der
Dichter schrieb, haben dieses Gedicht eingegeben"[3]. Hinzu kommt, daß
Lukrez schmerzlich unter einer Religiosität litt, die der Furcht vor
grausigen Schrecknissen von Haus aus sehr nahe verbunden war. Das

---

[1] Romano Guardini: Christliches Bewußtsein Leipzig: J. Hegner 1935, S. 175.
[2] De rerum natura I 70–79, übersetzt von Hermann Diels. Berlin 1924.
[3] Theodor Mommsen: a. a. O., S. 597.

verzweifelte Bewußtsein von der völligen Sinnlosigkeit des Daseins und
der heftige Abscheu vor einer grausamen Furcht-Religion kennzeichnen
sein Werk.

Vergils Werk wächst aus anderer Wurzel. Friedrich Klingner (1931)
deutet dies so: „Die Schmerzen, vor denen nach seinen Worten (georg. 2,
495–512) das Dasein des Landmanns rettet, die Schmerzen, die aus der
Unordnung und Verwüstung des Zusammenlebens der Menschen in
Italien und auf der ganzen Erde entsprangen, die Schmerzen über den
Verlust der Harmonie des Lebens, diese sind es, an denen Virgil leidet
und die seine Gedanken allenthalben bestimmen." Aber niemals hat er
angesichts des Leides und der Not, der Tränen und des Blutes, an denen
auch seine Zeit überreich war, den tiefen Glauben an die göttliche
Leitung der Welt durch Jupiter, den Vater der Menschen und Götter,
preisgegeben. Dieser unerschütterliche Glaube an einen letzten Sinn des
Seins, an eine göttliche Alldurchseelung spricht sich trotz der zurückhal-
tend berichtenden Formulierung doch letzten Endes bekenntnishaft aus:

„Zeichen und Beispielen solcher Natur nachsinnend, erklärten
manche, die Bienen durchwirke ein Teil vom göttlichen Weltgeist,
feurigen Äthers Gewalt, denn Gott durchflute das Weltall:
Länder und Meere, unendlich gedehnt, und die Tiefen des Himmels;
hieraus schöpfe sich Schaf und Rind und Mensch und der wilden
Tierwelt ganzes Geschlecht das zartentspringende Leben,
hierhin ströme gelöst dann alles am Ende auch wieder
heim ins All, nichts sinke in Tod, nein, lodere lebend
auf zu Gestirnen und folge dem Schwung des erhabenen Himmels" (4,
219ff.).

Dagegen halte man das düstere Bekenntnis des Lukrez von der Tod-
verfallenheit alles Gewordenen:

„So ist weder dem Himmel die Pforte des Todes verschlossen
noch der Sonne, der Erde, den tiefen Gewässern des Meeres,
sondern sie lauert darauf mit gewaltig geöffnetem Rachen."[1]

Seiner innersten Gesinnung nach ist Vergil also grundverschieden von
Lukrez; er ist vielmehr dem alten Bauerndichter Hesiod (7. Jh. v. Chr.)
geistesverwandt. Diesem archaischen Dichter, dem Schöpfer des ethisch-

---

[1] De rerum natura 5, 373f., übersetzt von Hermann Diels. Berlin 1924.

religiös durchformten Lehrgedichtes, war es gelungen, in seinen ῎Εργα
καὶ ἡμέραι (Werke und Tage), einer Mahnrede an seinen habgierigen,
arbeitsscheuen und streitsüchtigen Bruder Perses, „durch die Verbin-
dung der Rechtsidee mit dem Gedanken der Arbeit ... das Werk zu
schaffen, das die geistige Form und den realen Inhalt des Bauernlebens
aus einem beherrschenden Gesichtspunkte entfaltet und erzieherisch
mobilisiert"[1]. Die hesiodische Weisheit:
> „Τῆς δ'ἀρετῆς ἱδρῶτα θεοὶ προπάροιθεν ἔθηκαν
> ἀθάνατοι. –
> Vor den Gipfel der Leistung indessen setzten den Schweiß die ewigen
> Götter"[2],

ist unverlierbares Besitztum der abendländischen Menschheit geworden:
ἔργον, πόνος und ἀρετή, *labor* und *virtus*, Arbeit im Schweiße des
Angesichts und höchste Wesensvollendung durch Verwirklichung aller
im Mensch-sein angelegten Möglichkeiten gehören unlöslich zueinander
in dieser *ferrea aetas,* dem eisernen Zeitalter. Kennzeichen aber der
echten ἀρετή-*virtus*-Wesensvollendung ist die Gelöstheit und Anmut,
die nichts Verkrampftes, Dumpfes mehr an sich hat, die alle Kräfte frei
ins Spiel setzt, naturhaft wirkend und leichthinwandelnd, Freude und
Segen atmend.

Grundlegend für das Gedeihen alles Wirkens ist ein Wandel in wahrer
Gerechtigkeit. Das Recht is zusammen mit der Arbeit der zweite Pfeiler,
der das Gefüge der hesiodischen Welt trägt. Menschen, die

> „nie die Pfade des R e c h t e s verlassen,
> denen gedeiht die Stadt; es blühen in ihr die Bürger,
> F r i e d e ernährt die Jugend im Lande, und nimmer bedroht sie
> Zeus, der Allüberschauer, mit Kampf und der Drangsal des Krieges.
> Auch kein Hunger findet den Weg zu rechtlichen Richtern,
> auch kein Unglück, sie sind nur tätig für Felder und Feste.
> Nahrung bringt ihnen die Erde genug, und Eichen am Berge
> tragen in ihren Wipfeln die Früchte, inmitten die Bienen.
> Schafe schreiten viele, belastet von flockiger Wolle,
> und es gebären die Weiber den Vätern gleichende Kinder.

---

[1] Werner Jaeger: Paideia I. Berlin: de Gruyter 1959[4], S. 105.
[2] Erga 189, übersetzt von Thassilo v. Scheffer. Leipzig 1938.

Blühend gedeihen sie dauernd im Glück, auch brauchen sie Schiffe
nicht zu steuern, es bietet ja Frucht der spendende Acker."

Das Ethos, das diese Verse lebendig durchwirkt, spricht uns ebenso
auch aus den Georgica Vergils an, namentlich aus dem berühmten „Lob
des Landlebens" (georg. 2, 458–540). Mit Recht durfte der römische
Dichter sein Werk ein *Ascraeum carmen* nennen (georg. 2, 176); und
doch liegt bei aller Verwandtschaft der Grundhaltung mancher „Gestalt-
wandel der Götter" zwischen der archaischen Welt des Hesiod und der
einer neuen Klassik den Weg bereitenden hellenistisch-römischen Gesin-
nung des Vergil. Aus Hesiods Mythen blickt uns noch das rätselhafte, oft
abstoßend-befremdende Antlitz der Urweltgottheiten an. Arbeit und
Mühsal und Leid sind eine Strafe, die Zeus um des Prometheusfrevels
willen über das Menschengeschlecht kommen ließ. Aus dem Pandora-
mythos spricht „eine dem ritterlichen Denken fremde, nüchterne und
mißmutige Bewertung der Frau als der Ursache aller Übel"[2]. Die Sinn-
deutung des gesamten, mühseligen Lebens bleibt großenteils in einem
düsteren Pessimismus stecken; das wird besonders aus dem Mythos der
großen Weltzeitalter deutlich.

Vergil dagegen spricht in seiner Deutung des Überganges von der
goldenen Zeit zur eisernen (georg. 1, 121 ff.) den *labor improbus* keines-
wegs als Strafmaßnahme einer erzürnten Gottheit an; labor und egestas
sind vielmehr dem zwar strengen, aber durchaus väterlich wohlmeinen-
den Erziehungswillen Jupiters entsprungen. Er wollte nicht, daß sein
Reich untätig dahindämmere und vergreise. Vergil verbindet in dieser
Sinndeutung der Mühsal und Arbeit seinen persönlichen, von den Leh-
ren der Stoa geformten Jupiterglauben mit der Kulturentstehungslehre,
die er im fünften Buche De rerum natura bei Lukrez antraf und die
letzten Endes auf den Mikros diakosmos des Demokrit von Abdera (ca.
450 v. Chr.) zurückgeht. Echt hesiodisch aber und in seiner Ursprungs-
gestalt von Vergil angeeignet ist der Gedanke, daß *pax* und *iustitia*,
Frieden und Gerechtigkeit die schönste Frucht bäuerlichen Daseins
seien. „Bei all dem ruchlosen Gegeneinander der Menschen", schreibt
Friedrich Klingner (1931), „bleibt die Erde ewig im friedlichen Bunde

---

[1] Erga 227ff.; vgl. Psalm 84, 11–14.
[2] Werner Jaeger: a.a.O., S. 94.

mit dem Bauern und ist inmitten der Verheerung ringsum gewissermaßen
ein Hort jener Macht, die Eintracht und Gemeinschaft schafft und erhält,
der *iustitia*: das ist der Sinn des Ausdrucks *iustissima tellus*, der durch
seine Stellung in Satz und Vers so sehr hervorgehoben ist."

Dieses in Gerechtigkeit und Frieden sich entfaltende Dasein der
Bauern wird als reale Gegenwartsmöglichkeit auf dem Hintergrund der
als real vorgestellten Urgeschichte Italiens dargestellt. Zwar ist es einst-
weilen noch von den Wirren der Zeit aufs bedenklichste gefährdet. Aber
seit dem Jahre 41 v. Chr. kennt Vergil den Mann, der von den Göttern
berufen ist, diesem Leben in Frieden und Gerechtigkeit, in Zucht und
Arbeitsamkeit, in Ehrfurcht und Frömmigkeit zu dauerndem Bestande
zu verhelfen. Caesar Octavianus ist es, der bald als Augustus den
befriedeten Erdkreis lenken sollte. Gleich im Proömium zum ersten
Buche ruft der Dichter ihn an als künftigen Herrn über Wetter, Winde
und Wachstum, als Segenspender und bittet ihn, er möge schon jetzt den
Bauern als Helfer nahen. Am Ende des ersten Buches klingt die gewaltige
Klage über das furchtbare Leid der von Bürgerkriegen zerfleischten Welt
aus in ein ergreifendes Gebet an alle Vaterlandsgötter, sie möchten doch
diesem jungen Helden nicht wehren, der völlig zerrütteten Menschheit
zu Hilfe zu kommen. Mit dieser entschiedenen Wendung zu Octavianus,
diesem Bekenntnis zum Glauben an seine große Sendung stellt sich
Vergil fest und für immer auf den Boden der wirklichen italisch-römi-
schen Geschichte. In dem „Lob Italiens" (georg. 2, 136–176) steigt aus all
den natürlich-landschaftlichen Vorzügen Italiens am Ende seine helden-
hafte Bewohnerschaft bedeutend herauf, Männer wie Decius, Marius,
Camillus, die Scipionen und, alle überragend, Caesar Octavianus. Seine
Gestalt durchwaltet Anfang, Mitte und Ende des Gedichtes. Als er nach
dem großen Kriege gegen Antonius und Kleopatra und aus den Schlach-
ten am fernen Euphrat im Jahre 29 v. Chr. nach Italien zurückkehrte und
in Atella nahe bei Capua in Campanien zur Erholung weilte, da kam
Vergil von Neapel herüber und las ihm, gelegentlich von Maecenas
abgelöst, die Georgica vor.

Äneis

Wir begreifen, wie lebhaft sich nun in Augustus der Wunsch regen
mußte, sein Lebenswerk von diesem Dichter in einem Großepos gefeiert
zu sehen. Vergil übernahm es, dieses Werk zu schreiben, und begann
gleich nach den Georgica, an denen er von 37–29 v. Chr. gearbeitet hatte,
mit den Vorbereitungen zur Aeneis. Die Arbeit an diesem gewaltigen
Werk, dessen Fortgang dem Augustus so sehr am Herzen lag, hielt Vergil
bis an sein frühes Lebensende gefesselt. Oft hat er unter der Größe und
Last dieser Arbeit geseufzt. Er äußert einmal sogar in einem Brief an den
drängenden Augustus, ihm scheine, er habe den Auftrag, ein solches
Werk zu vollenden, in einer Art von Wahnsinn übernommen[1].

In seinem Vortrage über „Die Einheit des Vergilischen Lebenswerkes"
hat Friedrich Klingner (1943) dargetan, wie es dem Dichter gelingt,
seinen ersten, in georg. 3, 10–39 angedeuteten Plan, des Augustus
mythische Herkunft aus troischem Blut, seine Schlachten und seine
Triumphe in einem Zeitepos zu verherrlichen, ganz umzugestalten und
so der „Schöpfer einer neuen epischen Form" zu werden. Das griechische
Epos bleibt auch da, wo sein Dichter Probleme seiner eigenen Zeit mit
aufklingen läßt, stets streng im Bereich des Heroenmythos. Den römi-
schen Epikern dagegen lag von Anfang an die *res Romana*, die historisch-
politische Realität ihres Volkes, mehr am Herzen als die Mythen der
Heroenzeit. So versuchten sie denn, die Geschichte jeweils ihrer eigenen
Zeit in der von den Griechen geprägten Form des Heldengedichtes zu
gestalten. Dabei gelang es aber weder dem Naevius (ca. 260–201) noch
dem Ennius (239–169 v. Chr.), den für jedes Epos verbindlichen Hero-
enmythos in organische Beziehung zu der dargestellten Zeitgeschichte zu
bringen. Vergil löste dieses mehr als nur formale Problem – denn es hängt
mit dem gesamten Seins- und Geschichtsverständnis des Dichters zusam-
men – einfach dadurch, daß die Geschichte Roms und vor allem die seiner
eignen Zeit, die in der Schlacht bei Actium (31 v. Chr.) an ihren
entscheidenden Wendepunkt gelangt war, nun einbezogen wurde in den
urzeitlich-überzeitlichen Bereich des Mythos vom trojanischen Aeneas
und seiner römischen Sendung, die ihm Jupiter, der höchste Lenker der

---

[1] Macrobius, Sat. 1, 24, 11.

Welt, aufgetragen hatte. Von hier aus tritt uns mehrfach in Form großer Prophetie und in gewaltigen Bildern die *res Romana*, getragen von ihren erhabensten Helden und gelenkt durch das *fatum Iovis*, entgegen (1, 257–296; 6, 756–887; 8, 625–731). Als letzter und größter dieser Helden Roms wird in diesen Teilen der Dichtung die Gestalt des Augustus gefeiert, umstrahlt von göttlichem Glanze. Er ist berufen, Italien, Rom und dem ganzen Erdkreis den Frieden und die reine Würde des Urstandes der Menschheit wiederzubringen. Hoch also hinausgehoben über den Bereich, in dem höfische Schmeichelei und Gunstbuhlerei noch wirksam sein kann, sah der Imperator sich eingefügt in den ernsten und streng verpflichtenden Schicksalszusammenhang der *res Romana* und fand sich aufgefordert, die höchste Idee Roms und Italiens in sich zu verwirklichen und als ewig gültiges Wesensbild der Nachwelt einzuprägen.

Nach den Georgica hatte Vergil sein ganzes Schaffen in den Dienst dieses großen und letzten Werkes gestellt, und als er, der immer kränkliche, im Jahr 19 v. Chr. eine Studienreise zur See nach Griechenland wagte, kehrte er schwer krank zurück und starb in Calabrien, ohne sein Werk ganz vollendet zu haben. Wäre es nach ihm gegangen, so besäße die Welt dieses wahrhaft imperiale, echt römische und echt vergilische Epos nicht. Denn er hatte, da es seiner Meinung nach noch unvollkommen war – es fehlte freilich nur die letzte Feile an manchen Stellen –, testamentarisch bestimmt, die Aeneis solle verbrannt werden. Augustus aber verbot durch strikten Befehl den beiden Freunden und Nachlaßverwaltern Vergils, Tucca und Varius, diesen letzten Willen Vergils zu erfüllen. So gaben sie das Epos heraus, ohne zu ändern und zu vervollständigen, mit den vielen Halbversen, so wie es Vergil hinterlassen hatte.

Nachruhm

Groß ist der Ruhm Vergils, weithin wirkt sein Schaffen nach durch die Jahrhunderte, namentlich in den von römischer Kultur und Staatsgesinnung geformten Ländern der Romania. Nur ein eigenartig rührendes Zeugnis mittelalterlich-katholischer Vergilverehrung sei hier noch gegeben. Es ist eine Strophe aus der Sequenz der St. Paulsmesse in Mantua

(15. Jh.), in der die Mantuaner den Weltapostel am Grabe ihres großen, heidnischen Landsmannes sehen:

„Ad Maronis mausoleum
ductus fudit super eum
piae rorem lacrimae:
‚quem te, inquit, reddidissem,
si te vivum invenissem,
poetarum maxime!' –
Hingeführt zu Maros Grabe
ließ er frommer Zähren Gabe
niedertauen, sprach dazu:
‚Was durft' ich für dich erhoffen,
hätt' ich lebend dich getroffen,
aller Dichter größter du!'"

Unvergänglich leuchten die Verse Dantes, der dem Vergil in der Göttlichen Komödie ein Denkmal gesetzt hat, wie es nie einem Dichter größer und schöner zuteil wurde. Durch die 4. Ekloge, die man, angeregt durch eine Rede Konstantins des Großen, als messianische Prophetie auslegte, gewann Vergil auch einen ehrenvollen Platz unter den Sibyllen und Propheten – *teste David cum Sibylla* – der weltumspannenden Ecclesia Catholica. Und wenn auch die moderne Forschung diese, wenn man so will, erste konstantinische Fälschung, die *interpretatio christiana* der 4. Ekloge, als historisch und philologisch nicht haltbar erwiesen hat, es liegt doch über Vergils gesamtem Schaffen ein Hauch sehnsüchtiger Ahnung, die große Hoffnung eines das Antlitz der Erde erneuernden Advents; es tönt aus ihr ein bald schwermütig klagender, bald mächtig-mahnender Ruf nach einem Menschendasein in Gerechtigkeit und Würde, in Reinheit und Ehrfurcht, in sittlicher Zucht und Schaffenskraft, in einem weltdurchwaltenden, allerhaltenden Frieden.

So lesen wir in neuer Aufgeschlossenheit, aufgewühlt und erschüttert durch die gewaltigen Ereignisse einer Weltenwende, die Gedichte des Mannes, dessen einfache Grabschrift lautet:

„Mantua me genuit, Calabri rapuere, tenet nunc
Parthenope; cecini pascua, rura, duces. –
Mantua gab mir das Leben, Calabrien nahm es, Neapel
birgt mich; Weiden besang, Felder und Führer mein Lied."

CATALEPTON

Vorbemerkung

Die unter der Bezeichnung Catalepton in der Appendix Vergiliana überlieferten Gedichte stammen weit überwiegend aus der Zeit, in der Vergil zu schreiben begann. Wieweit er als Beiträger in Betracht kommt, ist eine schwierige Frage, mit der sich die Philologie seit dem Jahre 1471 beschäftigen konnte, in dem der Bischof Andrea de' Bussi die Editio princeps herausbrachte. Doch erst mit dem Jahre 1868 begann mit Otto Ribbeck die Phase einer streng wissenschaftlichen Textkritik. Seitdem sind mindestens zwölf Ausgaben erschienen, die diesem Anspruch genügen.

Trotz dieser Fülle von Werken aus der Feder bedeutender Vergilforscher erschien es uns notwendig, der Sache noch einmal von Grund auf nachzugehen. Was bei den Nachforschungen in den Bibliotheken in Rom, Leiden, Brüssel, Paris, Bern und Wolfenbüttel zutage kam, war, wie wir meinen, mehr als eine bloße Ährenlese. Wir haben darüber in der vierten Auflage des „Landlebens" (Tusculum ⁴1981) ausführlich berichtet. In der vorliegenden Auflage fassen wir uns bedeutend kürzer, wollen aber doch dem Leser einen hinreichenden Einblick in die Handschriften und Ausgaben gewähren, die wir herangezogen haben.

Neben den Grundlagen der Textgestaltung erläutern wir im folgenden Titel, Herkunft und Entstehungszeit der in der Sammlung Catalepton zusammengefaßten Priapea und Epigrammata und versuchen jeweils eine Würdigung der einzelnen Gedichte.

DIE GEDICHTSAMMLUNG ‚CATALEPTON‘

Grundlagen der Textgestaltung

Um mit den Grundlagen für die Textgestaltung zugleich auch einen
Abriß der Textgeschichte zu bieten, gliedern wir die von uns ausgewerte-
ten Handschriften und Ausgaben in fünf Gruppen, deren erste und vierte
jeweils zwei Untergruppen hat.

Gruppe 1 a beruht auf den ältesten Zeugen für das Catalepton, auf
dem erst 1953 entdeckten, leider für unsere Gedichte nur einen ganz
kleinen Rest bietenden Grazer Fragment (*G*) und auf dem 1859 erstmalig
für die Textgestaltung herangezogenen Codex Bruxellensis (*B*). Diese
Gruppe umfaßt das ganze Catalepton, d. h. die drei Priapea Ia–IIIa und
die 14 Epigrammata mit dem Schlußepigramm Nr. 15.

Gruppe 1 b ist geprägt von der *Editio Aldina* 1517 (a¹), in welcher ein
Humanist aus dem Kreise um Aldo Manuzio (1449 bis 1515) dem
Cataleptonbuch eine ganz neue Gestalt gegeben hat. Gruppe 1 b umfaßt
alle Cataleptongedichte, außer dem geflissentlich beiseite gelassenen
Schlußepigramm 15[1].

Gruppe 2 besteht aus fünf, dem 15. Jahrhundert entstammenden
Handschriften, *MHARQ,* und einer aus *Q* exzerpierten Lesartensamm-
lung, die wir unter dem Siglum *v* führen. Zu den ohne größere Lücken
überlieferten Gedichten tritt in Gruppe 2 ein im 13. Gedicht zwischen
Vers 16 und 17 geratenes Epitaphium, das wir als XIII a bezeichnen und
auf Seite 344 näher besprechen.

Gruppe 3 endet mit dem 16. Vers des 13. Gedichtes und besteht in der
Hauptsache aus Inkunabeln. Für die aufgeführten Handschriften *Vs* und
N ließe sich durch eingehende Untersuchung vielleicht der Nachweis
erbringen, daß sie gedruckte Vorlagen hatten; *Vs* allerdings nimmt mit
seinen Scholien, die uns einiger Aufmerksamkeit wert zu sein scheinen,
eine Sonderstellung ein.

Gruppe 4 endet mit dem 2. Vers des 12. Gedichtes; sie hat zwei
deutlich gegeneinander sich abhebende Untergruppen:

---

[1] Die Anthologien von P. Burmann (1759/1773) und H. Meyer (1835) bringen
dieses Epigramm.

Untergruppe 4a bietet einen durch große Lücken, die in *c*, Rg und Zc durch Interpolationen[1] aufgefüllt worden sind, kläglich verarmten Text. Rätselhaft bleibt es, daß auch die *Editio Romana secunda* (Ro), die Editio princeps für das Catalepton, zu dieser lückenhaften Untergruppe gehört; denn zu dieser Zeit lagen in Italien doch die Zeugen der Gruppe 2 mit dem vollständigen Cataleptontext vor.

Untergruppe 4b ist wenigstens von den großen Lücken verschont geblieben und bietet in der *Editio Joannea* 1476 eine besondere Überraschung durch den in ihr enthaltenen ältesten Cataleptonkommentar („hu")[2].

Gruppe 5, bestehend aus einer frühen *Aldina* vom Jahre 1505 und einer ihr fast Wort für Wort verpflichteten, noch 1533 in dieser längst überholten Fassung von Philipp Melanchthon (1497 bis 1560) veröffentlichten Ausgabe, endet mit dem 9. Gedichte des Cataleptonbuches.

Wir geben nun zunächst in chronologisch angelegten Tabellen eine Übersicht über die von uns ausgewerteten Zeugen unserer fünf Gruppen. Die hier von uns durchgeführte Gruppengliederung bietet, wie wir glauben, die Möglichkeit, alle von uns nicht herangezogenen Zeugen in dieses die Textgeschichte aufgliedernde System einzubeziehen und – wenigstens für das Catalepton – der von K. Büchner (1956, 456, 20ff.) gewünschten Klassifikation näherzukommen.

---

[1] Sollte der Humanist Bischof Giovannantonio Campano, der in U. Hahns Druckerei wissenschaftlicher Korrektor war, diese Interpolationen veranlaßt haben? Und wo standen sie eher, in *c* oder in Rg?

[2] Durch einen glücklichen Zufall fanden wir am 1. August 1966 in der Bibliothèque Nationale zu Paris unter der Signatur g Y c 254 die 1476 in Vicenza erschienene Vergilausgabe (Jo), die handschriftliche Interlinearglossen und Randcholien auch zum Catalepton (I a–12, 2) enthält. Wir bezeichnen den (noch) unbekannten Humanisten, dem diese Notizen zu verdanken sind, mit dem Siglum „hu".

Gruppe 1a

Siglum	Name	Zeit	Ort	Art der Lesung[1]
G	Grazer Fragment 1814	9. Jh.	Graz	or fo
B	Bruxellensis 10675/6	12. Jh.	Brüssel	or fo
	Haupt, Moriz	1873[2] a)	Leipzig	
	Ribbeck, Otto	1868[1] a)	Leipzig	
		1895[2]	Leipzig	
	Riese, Alexander	1870[1]	Leipzig	
		1906[2]	Leipzig	
	Müller, Lucian	1870	Leipzig	
	Forbiger, Albert	1876[4] a)	Leipzig	
	Bährens, Emil	1880	Leipzig	
	Bücheler, Franz	1882[3]	Berlin	
		1904[4]	Berlin	
		1912[5]	Berlin	
	Sabbadini, Remigio	1903[1]	Lonigo	
		1918[2]	Torino	
		1930[3]	Rom	
	Curcio, Gaetano	1905	Catania	
	Ellis, Robinson	1907	Oxford	
	Birt, Theodor	1910	Leipzig–Berlin	
	Vollmer, Friedrich	1910[1]	Leipzig	
		1935[2]	Leipzig	
	Galletier, Edouard	1920	Paris	
	Fairclough, H. Rushton	1934	London	
	Westendorp Boerma, R. E. H.	1949[1]	Assen	
		1963[II]	Assen	
	Giomini, Remo	1953[1]	Firenze	
		1962[2]	Firenze	
	Bolisani, Ettore	1958	Padua	
	Salvatore, Armando	1957[1]	Torino	
		1963[2]	Napoli	
		1964[3]	Napoli	
	Richmond, J. A.	1966	Oxford	

a) = Aldinenfolge. Vgl. S. 309.

1 or = im Original; fo = als Foto.

Gruppe 1b

Siglum	Name	Zeit	Ort
a¹	Aldina	1517	Venedig
a²	Aldina	1534	Venedig
	Ascensius, Jodocus Badius (1462–1535)	1529	Lyon
	Naugerius, Andreas (1483–1529)	1552	Venedig
	Fabricius, Georg (1516–1571)	1561	Basel
	Scaliger, Joseph Justus (1540–1609)	1573¹	Lyon
		1575²	Antwerpen
		1595³	Leiden
	Manutius, Paul (1511–1574)	1584	Lyon
	Bersman, Gregor (1538–1611)	1588	Leipzig
	Pithou, Pierre (1539–1596)	1619*	Genf
	Vossius, Isaac (1618–1689)	1636¹ ff.	
	Notizen in Scaliger (1595)		
	Catullausgabe mit IIa u. IIIa	1684²	London
	Heinsius, Nicolaus (1620–1681)	1676	Amsterdam
	in P. Pithou und P. Burmann		
	Burmann, Peter d. J. (1714–1778)	1759/73*	Amsterdam
	Heyne, Christian Gottlob	1775¹	Leipzig
	(1729–1812)	1789²	Leipzig
		1798³	Leipzig
	Wagner, Georg Phil. Eberhard	1832⁴	Leipzig
	(1794–1873) in Ch. G. Heyne⁴	1830	Leipzig
	Wernsdorf, Joh. Christian	1782/85*	Altenburg
	(1723–1793): nur cat. 9		
	Wagner, Georg Phil. Eb.	1816	Leipzig
	(Ausgabe von cat. 9)		
	Meyer, Heinrich (* 1802)	1835*	Leipzig
	Hertzberg, Wilhelm Adolf B.	1856	Stuttgart
	(1813–1879): Ia, IIIa, 1–14		
	Übersetzung		

* Anthologien. P. Burmann und H. Meyer haben alle Cataleptongedichte,
P. Pithou hat 2–5, 9–11 und 14, J. Ch. Wernsdorf nur 9.

Gruppe 2

Siglum	Name u. Signatur	Catalepton auf Blatt	Zeit	Bibliotheks-ort
M	Monacensis Clm 18895 (Teg. 895)	225′–231′	1452	München
H	Cod. Guelf. 332 Helmst.	103′–108′	1450/54	Wolfenbüttel
A	Arundelianus 133	101–102′	ca. 1462	London
R	Rehdigeranus bibl. urb. Vratisl. 125	128–134	15. Jh.	Breslau
Q	Mediolanensis Ambros. O 74 Sup.	9–14′	15. Jh.	Mailand
v	Vossianus 758 F · 24 (ehemals: 849 XIII)	17–21′	1643	Leiden

Gruppe 3

Sig-lum	Name und Drucker bzw. Editor	Cata-lepton auf Blatt	Zeit	Druck-ort	Bibliotheks-ort
Vs	Vossianus Lat. F. 78	114–117	15. Jh.		Leiden
N	Neapolitanus mus. Borb. 207	273–277	15. Jh.		Neapel
Ca	Calphurniana, Joannes Calphurnius	281–283′	1479	Vicenza	Paris (g Yc 256)
Bt	Blaviana, Dr.: Petrus Piasius, Barth. Blavius, Andreas Torresani	307′–310′	1480	Venedig	London (IB. 20840)
Zi	Zarotiana, Dr.: Antonius Zarotus	–	1481	Mailand	London (IB. 26001)
Zt	Zarotina, Dr.: Antonius Zarotus	231′–234′	1482	Mailand	Paris (g Yc 258)
Re	Renaldiana, Dr.: Renaldus von Nijmegen	231′–232′	1482	Venedig	London (IB. 20673)
Bx	Brixiana, Dr.: Jacobus Britannicus Brixianus	230′–231′	1485	Brixen	London (IB. 31120)

Gruppe 3 (Forts.)

Sig-lum	Name und Drucker bzw. Editor	Cata-lepton auf Blatt	Zeit	Druck-ort	Bibliotheks-ort
Ba	Bartolameana, Dr.: Antonius Bartolamei	285–288	1486	Venedig	Wolfen-büttel (Lh 4° 195,1)
Be	Benaliana, Dr.: Bernardinus Benalius	–	1487	Venedig	Wolfen-büttel (Lh 4° 195,2)
Pl	Paltascichiana, Dr.: Andreas de Paltascichi	–	1488	Venedig	London (IB. 21928)

Gruppe 4a

Sig-lum	Name und Drucker bzw. Editor	Cata-lepton auf Blatt	Zeit	Druck-ort	Bibliotheks-ort
C	Corsinianus 43 F 21	17–25	15. Jh.		Rom
c	Chigianus H V 164	40–41	15. Jh.		Vatikan
Bs	Basileensis bibl. publ. F III 3	⁰	1471?		Basel
Ro	Romana Secunda, Ed.: Giovanni Andrea de' Bussi (1417–1475)	222'–224	1471	Rom	Paris (g Yc 236)
Gi	Girardina, Dr.: Bartholomeus Girardinus	222'–225	1472	Venedig	Paris (g Yc 243)
Cr	Cremonensis, Dr.: Bartholomeus von Cremona	231'–234	1472	Venedig	Paris (g Yc 244)
Rg	Romana Tertia Dr.: Ulrich Hahn und Simon de Lucca	⁰	1473	Rom	Vatikan (INCUN. II 16)
Zc	Zachoniana, Dr.: Jakob Zachon[1]	358'–359	1499	Lyon	Berlin (Canisius-Kolleg)

⁰ = keine Blattzahlung.

---

[1] Sondergruppe i = c Rg Zc; vgl. S. 291, Anm. 1.

Gruppe 4b

Sig-lum	Name und Drucker bzw. Editor	Cata-lepton auf Blatt	Zeit	Druck-ort	Bibliotheks-ort
U	Vaticanus Urbinas Lat. 353	39'–43'	15. Jh.		Vatikan
Jep	Jensoniana, Dr.: Nicolaus Jenson	268–271	1475	Venedig	Paris (g Yc 248)
Jev	Jensoniana, Dr.: Nicolaus Jenson	271–274	1475	Venedig	Venedig (V. 419)
Ru	Rubeana, Dr.: Jacobus Rubeus	278'–280'	1475	Venedig	Paris (g Yc 250)
Jo	Joannea, Dr.: Joannes de Vienna (+ „hu"!)	251'–254	1476	Vicenza	Paris (g Yc 254)
Ko	Kobergeriana, Dr.: Antonius Koberger	343'–344'	1492	Nürn-berg	Wolfenbüttel (19. 4. Poet. 2⁰)
Zn	Zanisia, Dr.: Bartolomeus de Zanis	358'–359	1493	Venedig	Wolfenbüttel (17. 8. Poet. 2⁰)
Pi	Pinciana, Dr.: Philippus Pincius	358'–359	1499	Venedig	Leiden (1408 C 14)
Br	Brantiana, Ed.: Sebastian Brant	31–32	1502	Straß-burg	Wolfenbüttel (11. 2. Poet. 2⁰)

Gruppe 5

Sig-lum	Name und Drucker bzw. Editor	Cata-lepton auf Blatt	Zeit	Druck-ort	Bibliotheks-ort
Al	Aldina, Dr.: Aldo Manuzio (1449–1515)	300–304'	1505	Venedig	Vatikan (Stamp. Ross. 5851 XIV, 6)
Me	Melanchthoniana, Ed.: Philipp Melanchthon (1497–1560)	649–655	1533	Basel	Wolfenbüttel (97. 2. Poet.)

ERLÄUTERUNGEN

Die Frage nach Form, Bedeutung und Geltungsbereich des Titels unserer Gedichte hat noch keine allgemein anerkannte Antwort gefunden. Einig sind sich alle Forscher darüber, daß die Form *Catalepton* handschriftlich gut bezeugt ist. Unser ältester und gewichtigster Zeuge ist das 1953 entdeckte und veröffentlichte Grazer Fragment *(G)*. Dort steht in Spalte V unter cat. 15 die Subscriptio: *P Virgili Maron Catalepton*. Ebendiese Form wird durch *MHAR* bezeugt.

Im Codex Parisinus 1750 (9./10. Jh.) läßt sich in der Serviusvita die Entstellung der richtigen Form deutlich ablesen aus der Schreibung: ca^{u}le$\overset{c}{p}$ton. Wann und warum es zu der Falschbildung *Catalecton* erstmalig gekommen ist, läßt sich kaum bestimmen. Für eine Zeit, in der nur noch sehr wenige Griechisch verstanden, mußte dieser doch recht erlesene Titel unverständlich bleiben. So ist es durchaus begreiflich, daß Formen wie *catalecton, catalectum, catalecta*, die zunächst vielleicht einfach durch Verschreibung zustandegekommen waren, sich schon wegen ihres Anklanges an *collectum* und *collecta* schnell durchsetzten, weil man sie irgendwie zu verstehen glaubte.

Über die Bedeutung der Wortform *Catalecta* hat J. J. Scaliger 1573 in ruhig feststellender Selbstverständlichkeit sich also geäußert: *„Quae qui collegit, χατάλεχτα vocavit quae putavit citra controversiam Vergilii esse, a delectu scilicet. Nam est vox castrensis χατάλογος et χαταλέγειν.*" „Der Sammler dieser ⟨Epigrammata⟩ bezeichnet als χατάλεχτα die Gedichte, die er für unbestreitbar vergilisch hielt, natürlich von delectus ⟨ = Auswahl⟩. Denn ein Terminus der Militärsphäre ist χατάλογος und auch χαταλέγειν."

Dem überragenden Ansehen Scaligers ist es zu verdanken, daß die in der Tat im Griechischen nicht nachweisbare Bildung χατάλεχτα im Lateinischen als *Catalecta* die Bedeutung „Ausgewählte Stücke" oder einfach „Gesammeltes" zunächst für das *Corpus Vergilianum*, dann aber auch für andere Zusammenhänge gewonnen und, wie L. Herrmann (1951, 43) beweist, bis heute behauptet hat[1].

---

[1] Dazu aber wäre es vielleicht nie gekommen, wenn Scaliger die im wesentlichen zutreffende Stellungnahme eines unbekannten Humanisten („hu"; s. S. 291) zu

Bei R.E.H. Westendorp Boerma (1949, XXIII) lesen wir: „Ergo mea sententia titulum Arati editores nostri libelli imitati sunt et intellexerunt inesse carmina minuta, neque inter se cohaerentia, quae in scriniis poetae invenerant."[1]

Gegen die Wiedergabe des Ausdrucks *Catalepton* durch *carmina minuta* u. dgl., hat E. Reitzenstein geltend gemacht, κατὰ λεπτόν und κατὰ βραχύ seien keineswegs identische Bezeichnungen. Das Ergebnis seiner sehr gründlichen, alles wichtige Stellenmaterial für das Wort λεπτός aufarbeitenden Untersuchung faßt er so zusammen: „Der Titel des Arat τὰ κατὰ λεπτόν kann nur auf den Stil, den neuen Stil der Alexandriner gehen. Es sind die nach der modernen Weise verfaßten Gedichte" (1930, 69).

Nun kommt aber u. E. dieser neue Stil wesentlich in der „Kleinform", wie W. Wimmel sie nennt, zum Ausdruck: „κατὰ λεπτόν zu dichten heißt also: so kurz dichten, daß jedes Wort und Bild voll wirken kann, und so rücksichtsvoll, daß kein Element das andere in seiner Geltung beeinträchtigt" (1960, 86).

Um nun diese λεπτότης, diese Leichtigkeit, Durchsichtigkeit, straffe Führung, dichte Fülle und wohlabgewogene Zuordnung der Gedanken und Vorstellungen, alles das also, was im Gegensatz steht zu παχύ, μέγα, pingue, tumidum, inflatum, inane, zu dick, feist, geschwollen, aufgebläht, hohl, im Dichterwort wirksam zu vergegenwärtigen, strebte man u. a. auch ποικιλία, *variatio*, Buntheit und Wechsel in Stoff und Form, ganz bewußt an. Ein anderes Kennzeichen des neuen Stils ist die persön-

---

diesem Problem gekannt hätte. Denn dieser hat seinem Cataleptonkommentar folgende Einleitung vorangeschickt (Bl. 251'): „Nach Vergils Tode entdeckten Quintus Varius (sic), Quintilius Varus, Marcus Plotius Tucca und C. Furius Bibaculus einige Epigramme in den Bücherkapseln Vergils, faßten sie zu einem Büchlein ohne bestimmte Reihenfolge zusammen und fügten den Titel *Catalepta*, d. h. *Kleinigkeiten* hinzu. Denn irgendwelche Kleinigkeiten waren hier zusammengebracht, nicht alle vergilisch, aber doch die meisten, wie wir gegebenen Ortes jeweils anmerken werden."

Den in seiner Inkunabel Jo Bl. 251' gedruckten Titel veränderte „hu" von CATALECTON zu CATALEPTON.

[1] „Meiner Ansicht nach haben also die Herausgeber unseres Büchleins den Titel des Aratos nachgeahmt und ihn so verstanden, daß (in dem Büchlein) kleine, und zwar nicht miteinander zusammenhängende Gedichte enthalten seien, die sie in den Bücherkapseln des Dichters gefunden hatten."

lich unmittelbare, oft recht angriffslustige Bezugnahme auf die jeweils herrschenden Zeitverhältnisse; sie äußert sich in Literar- und Gesellschaftskritik, in Bekenntnissen, in Bekundungen von Liebe und Haß. Manches von dieser Art findet sich auch in der uns hier vorliegenden Sammlung.

In den nachfolgenden Erläuterungen zu den einzelnen Gedichten der Catalepton-Sammlung folgen wir der durch die Vergilvita Suetons (17) vorgezeichneten Einteilung in Priapea und Epigrammata. Die in spitzen Klammern beigegebenen Kurztitel sind nicht antik.

PRIAPEA

1. Literarhistorische Einordnung

Carmina Priapea kommen im 4. Jh. v. Chr. im Gefolge der Verbreitung des Priapuskultes auf als Weihegedichte, die man dem Fruchtbarkeitsspender und – seit dem frühen Hellenismus – auch dem Förderer in Liebesanliegen auf Inschriften darbrachte. Darüber hinaus wurde Priapus als Wegweiser und Beschirmer der Seefahrer verehrt. Bauern, Gärtner, Obstwächter, aber auch Hetären und Kinäden opfern ihm und weihen Dankesgaben. Zur Würdigung dieser älteren Gedichte, die wir im 6. Buche der Anthologia Graeca (AG) lesen können, sagt V. Buchheit (1962, 57): „Zu beachten ist, daß alle Gedichte ernsthafter Natur sind; leichter Humor findet sich lediglich in 6, 89 – ⟨wohl nicht zufällig von dem Römer Quintus Maecius⟩ –, es fehlt aber jede obszöne Andeutung." Diese Kennzeichnung trifft auf unsere Gedichte nicht mehr zu; denn in ihnen allen wird, nicht ohne leise Ironie, auf die hölzerne Gestalt des Priapus hingewiesen. In III a hat sie zwar weiter keine Funktion außer der Betonung des schlicht-rustikalen Wesens des Gartenhüters; in II a jedoch wird auf die gelegentlich mögliche und in I a auf die völlige Hilflosigkeit des „Gottes" deutlich hingewiesen. Zum Vergleich zieht Buchheit AG 16, 86 heran: „Vermutlich früh ist ein weiteres anonymes Gedicht, das mit einem später bei den Lateinern (Hor. 1, 8; Vergil, cat. priap. I–III; Priap. 10; Mart. 6, 49.73; 8, 40) beliebten Motiv spielt: mit der hölzernen Gestalt des Gottes, über die man sich lustig macht. Priap jedoch warnt den Dieb, sich nicht zu täuschen, sonst vergehe ihm schließlich das Lachen." Eine derbe Drohung wie in II a findet sich hier noch nicht, wohl aber in AG 16, 243, einem Gedicht, das von Antistios stammt, „der vermutlich in die frühe Kaiserzeit zu setzen ist. Man merkt dem Gedicht die spätere Stufe an" (V. Buchheit 1962, 61).

Vorstufen für die in unseren Gedichten vorliegende „Kontamination von Epigrammtypen", etwa die Verschmelzung von Wächter-, Weih- und Wegweiserepigramm in III a, sieht F. Klingner in AG 6, 99. 105. 154. 187. 251 (1964, 298, 3), während V. Buchheit an die unserem Bereich näherliegenden Carmina Priapea des Dichters Aulus Licinius Archias (AG 10, 7–9) erinnert. V. Buchheit (1962, 67): „Es besteht also kaum Zweifel daran, daß Vergil oder ein Zeitgenosse diese Gedichte gekannt hat."

Nachwirkungen zeigen I a–III a bei Martial, worauf schon F. Vollmer hinweist (1907, 355 Anm. 3): „Bücheler (Rh. M. 18, 415) hat Martial 8, 40 als Vorbild für priap. I bezeichnet: damals aber war ihm die Tradition und ihre Sicherheit nur zu ganz geringem Teil bekannt. Heute müssen wir das Verhältnis durchaus umgekehrt fassen." V. Buchheit hat das (1962, 67 f.) näher ausgeführt. Für das Gesamtverständnis dieser Gedichte in ihrem Zusammenhang mit den Gedichten anderer lateinischer Dichter ist besonders wichtig das Kapitel: „Römische Priapdichtung mit Ausschluß des Corpus Priapeorum" (V. Buchheit 1962, 62–73).

Wenn noch heute viele Editoren diese drei Gedichte nicht unter dem Obertitel Catalepton bringen, so wirkt sich auch hier immer noch der Einfluß J. J. Scaligers aus; denn es heißt zu Beginn seiner Catalecta-Erklärung (1575², 85): *„Hic potius incipiunt Catalecta Maronis, quum tria superiora Epigrammata inter Priapea, ut dixi* ⟨*1572/1573, 481*⟩ *censenda sint.* – Hier vielmehr beginnen die Catalecta des Maro, während die drei vorausgehenden Epigramme unter die Priapea, wie ich schon sagte, zu rechnen sind."

2. Verfasserfrage

Als Zeuge dafür, daß Vergil das sog. Metrum priapeum (Glyconeus + Pherecrateus: ⏑ × ⏑‿‿‿⏑ ⏑ / ⏑ × ⏑‿‿⏑ ⏑) in „Vorübungen" (*prolusioni- bus*) verwendet habe, wird Diomedes (GL 1, 512, 27 ff.) angeführt. Der

Vers zwar, den Diomedes als Beleg zitiert, ist nirgendwo sonst als vergilisch nachgewiesen; er wird allgemein als ein von Diomedes oder seinem Gewährsmann konstruiertes Musterbeispiel angesehen. Aber nach F. Vollmer (1907, 350, 1) „ist das Zeugnis doch vollwertig dafür, daß Diomedes (seine Quelle Caesius Bassus) priap. 3 ⟨= III a⟩ als Vergilisch kannte."

Neben diesem auf Caesius Bassus, den Freund des Satirikers Persius und des Philosophen Cornutus, zurückzuführenden Zeugnis beruft man sich auf die in der Vergilvita Suetons (17) gebotene Aufzählung der frühen Dichtungen Vergils: *Deinde ⟨scripsit⟩ Catalecton (et Priapea et Epigrammata) et Diras, item Cirim et Culicem, cum esset annorum XVI.*

Die Ansichten darüber, ob es sich bei den *Priapea* wirklich um Gedichte Vergils handelt, gehen freilich völlig auseinander, wie die beiden folgenden Stimmen zum Problem der Echtheit zeigen:

K. Büchner (1956, 50, 31 ff.) urteilt so: „So ansprechend es wäre, Vergil hier wie Horaz (s. 1, 8) und Tibull (1, 4) vor Catull (frg. 2) einer Zeitmode auf seine Art opfern zu sehen, wird man doch zu dem Schlusse kommen müssen, daß keines der drei Gedichte von Vergil stammt, wenn sie auch alle drei die Wirkung Vergils erfahren haben (am stärksten III). Bezeichnend, daß man in ihnen drei sich im Wesen ausschließende Dichter-Individualitäten abheben kann, die sich alle von der vergilischen wesentlich unterscheiden. Es ist die Situation, der man immer wieder in der Appendix begegnet."

O. Weinreich (1929, 188 Anm. 40) ist anderer Meinung: „Wie die Echtheit der drei virgilischen *Priapea* noch angezweifelt werden kann, trotz der von andern und auch Birt beigebrachten Echtheitsindizien, verstehe ich nicht. Birts Urteil über sie ... unterschreibe ich ohne Bedenken: ‚Diese Sachen sind klassisch, stilrein und unübertrefflich.'"

3. Entstehungszeit

Die Entstehungszeit der drei *Priapea* ist umstritten. Nach Ansicht von Th. Birt müssen sie vor dem Jahre 43 v. Chr. geschrieben worden sein. E. Galletier hält II a und III a für Produkte des 1. Jhs v. Chr., während er für I a eine Entstehung im 1./2. Jh. n. Chr. annimmt.

4. Charakteristik der einzelnen Priapeen

I a
⟨horrida pestis hiems⟩

In I a preist Priapus Frühling, Sommer und Herbst um ihrer reichen
Gaben willen. Angst aber hat er vor dem Winter; denn da kann es ihm
geschehen, daß die „dummen Bauern" – andere Editoren lesen mit
Scriverius und A. de Rooy: „die faulen Bauern" – den hölzernen Gott als
Brennholz verfeuern. E. K. Rand bemerkt dazu (1919, 130): „There is
... a neat play on Lucretius's remarks on the similarity of *lignum* and
ignis ⟨1, 897–920, ein Passus, in welchem der Dichter den Nachweis
führt, *non est lignis tamen insitus ignis* (901)⟩. Priapus, who frequently
comments on the woodeness of his nature, fears that he may be subjected
to an uncomfortable kind of atomistic transformation. ... This, then is a
pleasant variation on a familiar theme by a poet acquainted with Epicure-
an science." Ähnlich heißt es bei H. W. Prescott (1927/1963, 36) „In its
play on the Latin words for ‚wooden' (*ligneus*) and ‚fire' (*ignis*) the poet
echoes the soberer idea of Lucretius' philosophy (I 911–14) that, etymo-
logically as well as physically, the seeds of fire (*ignis*) are inherent in the
wood (*lignum*)." Da der ganze Abschnitt bei Lukrez mit einer sarkasti-
schen *deductio ad absurdum* endet, wäre ein solches Spiel mit dieser
Stelle immerhin denkbar und stände einem *poeta doctus*, der – allerdings
nur für Eingeweihte verständlich – zeigen will, was er gelernt hat, nicht
übel an. Beweisen freilich im strengen Sinne lassen dergleichen Dinge
sich nicht.

Ein textkritisches Problem steckt in Vers 4: Es besteht u. E. kein zwingender
Grund, das neben *ignarus* überlieferte *ignaris* mit Scriverius (1737, 4) und A. de
Rooy (1771, 133) durch *ignavis* zu ersetzen. Das es Scriverius nur auf die von J. J.
Scaliger vertretene Deutung *igne* = *igni* statt *ignem* ankommt und von *ignavis* im
Kommentar nicht mit einem Wort die Rede ist, darf man die Möglichkeit, es liege
im Text ein Druckfehler vor, nicht ausschließen. Von A. de Rooys Konjektur
jedenfalls kann diese Lesart nicht beeinflußt sein, da die hier gemeinte Schrift des
Scriverius nach seinem Tode zwar, aber immerhin schon 1737 herausgekommen ist,
A. de Rooys Spicilegia Critica aber erst 1771. Dort lesen wir: „An? *ignavis*, h. e.
frigore torpentibus. Sic *ignavum* frigus, Ovid Metam. II, 763, quòd ignavum
reddat, et *bruma iners*, Horat. C. IV, VII. 12. Virgil. Georg. I. 299.

Nudus ara, sere nudus: hiems ignava colono.

vid. ibi Serv. et inde idem Maro *apes* pigras *frigore* dicit, Georg IV. 259."

Ein erstaunlicher Beweis für die hohe Autorität der 1868 von O. Ribbeck herausgegebenen Appendixausgabe ist die Tatsache, daß die in ihre stehende Angabe, *Vs* (Ribbeck nennt den Codex *X*, andere Editoren *V¹* oder *Voss.*) biete die Lesart *ignavis*, bei den meisten Editoren bis 1966 Glauben gefunden hat, obwohl schon P. Burmann (1759/1773 II 567 app.) ausdrücklich schreibt: „*Hic Deus ignavis* nuper emendavit vir doctissimus Ant. de Rooy in Spicil. Critic."

II a
⟨apta clavis dexterae⟩

In II a rühmt ein aus Pappelholz roh zurechtgeschnittener Priapus stolz die reichen Gaben, mit denen er für seine Leistungen, die solcher Ehren durchaus würdig sind, überhäuft wird. Er warnt den beutelüsternen Wanderer vor der ihm drohenden priapgemäßen Strafe. Als er aber nur ein freches „Bitt' schön!" zu hören bekommt, weist er auf den kräftigen Gutsverwalter hin, der auch einem hölzernen Priap zu grimmiger Wirksamkeit verhelfen kann.

Auch hier weisen wir auf ein textkritisches Problem hin, das Vers 5 enthält: Nicht die Itali oder W. Wagner, sondern M. A. Muret (1558, 30) hat erstmalig die Lesart *tuor* (v. 5) in den Text gesetzt mit der Anmerkung „*antique, pro tueor.*" Er tat es, wie aus seinen Änderungen in v. 9 *mihique* und v. 14 *tenerque* hervorgeht, zur Herstellung des vor ihm postulierten rein jambischen Charakters dieser Verse, die er – und darin folgten ihm bis auf K. Lachmann die meisten Editoren – dem Catull zuschrieb. Die in v. 9 und v. 14 vorgenommenen Änderungen lassen sich kaum halten. Mit *tuor* dürfte M. A. Muret aber wohl den ursprünglichen Wortlaut dieses vermutlich im 1. Jh. v. Chr. entstandenen Gedichtes getroffen haben, denn es lassen sich ähnliche Formen bei Lukrez nachweisen, z. B. *tuimur* 1, 300; 4, 222. 447; 6, 930; *tuamur* 4, 359; 4, 997. In der späteren Zeit findet sich *tuor* bei Stat. Theb. 3, 152.

III a
⟨neglegensque Priapus⟩

Am meisten idyllisch-bukolischer Form und Sphäre sich nähernd ist III a. Ein ebenfalls von Bauernaxt roh zurechtgehauener Priapus, dieses Mal aus Eichenholz, erzählt gutmütig-stolz von den frommen und ihn gebührend ehrenden Besitzern eines kleinen Bauerngutes am Rande eines Sumpfes. Th. Birt und andere Vertreter der Echtheit dieser Gedichte sehen in diesem Landschaftsbild einen Hinweis auf die feuchte und an Schilf und Sumpfried reiche Po-Ebene, die Heimat Vergils. Die Verse 10–14 leuchten und duften von Blumen, von Ähren, von Trauben und Äpfeln. Ein kurzer, fast verschämter Hinweis auf ein dem Priapus als solchem dargebrachten Tieropfer[1] leitet über zu der dankbaren Beteuerung, nun auch gewissenhaft alle Pflichten eines Gartenhüters zu erfüllen. Zum Schluß zeigt der Priapus der Armen den obsthungrigen Jungen den Weg – Priapus als Wegweiser ist ein in hellenistischer Dichtung beliebtes Motiv – zum reichen Nachbar, dessen Priapus nicht so gut aufpaßt wie er. Auf die hier vorliegende „Form der ἀπο- und ἐπιπομπή" hat O. Weinreich (1929, 187 ff.) nachdrücklich hingewiesen.

Es liegt über den drei kleinen und durchaus ansprechenden „Variationen über das Thema Priapus" ein Zug von Schelmerei, Humor und sogar von leicht spöttischer Ironie, wie er gerade für römische Priapdichtung typisch ist.

Eine bemerkenswerte Diskussion hat der Vers 20: „*vicinus prope dives est neglegensque Priapus*" unseres Gedichtes ausgelöst: Die von manchen Autoren – z. B. von W. Hertzberg (1856, 132), E. K. Rand (1919, 132), H. Herter (1932, 29 und 211), A. Salvatore (1960, 56 app.) – vertretene Deutung: „Nahebei der Nachbarpriapus ist reich und nachlässig" ist kaum zu halten. Th. Birt übersetzt richtig (1910, 44): „Der nächste Nachbar (*prope vicinus*) ist reich, und sein Priapus paßt schlecht auf." N. Heinsius (1742, 638) hat an der überlieferten Wendung *neglegensque Priapus* Anstoß genommen und *Priapi* vorgeschlagen, also: „Der Nachbar nebenan ist reich und kümmert sich nicht um Priapus." In diesem Sinne faßt F. Klingner (1964, 297) den Grundgedanken des Gedichtes zusammen: „Der Priapus stellt sich also als Hüter eines armen Gutes vor, legt seine Verpflichtung dar und bittet, hier nicht zu stehlen, sondern ein Grundstück weiter zu gehen, wo statt frommer Armut Reichtum ohne Frömmigkeit herrscht." Daß diese Deutung auf einer Konjektur beruht, erwähnt Klingner nicht.

Gegen diese von N. Heinsius gemachte Konjektur, die auch F. Vollmer und E. Galletier, dieser mit ausführlicher Begründung, übernommen haben, hat O. Weinreich (1929, 187 ff.) sich ganz entschieden zur Wehr gesetzt: „Die Aufrichtigkeit dieses Priapus ist herzerfrischend, aber, so findet man, unerlaubt unkollegial. Wie kann er die gelüstigen Jungens zum reichen Nachbar weisen und noch dazu behaupten, dessen Priapus passe nicht auf? Weil man kein Ohr für den Humor hat, ändert man das überlieferte köstliche *Priapus* in *Priapi* ... Wegen der Relation: armer aber frommer Colonus, reicher aber mit Opfern karger Nachbar solle die

---

[1] „hu" allerdings, der nicht umsonst der u. W. erste Kommentator auch des Corpus Priapeorum ist, hat daraus eine grobe Obszönität gemacht.

„logique de la conclusion" (E. Galletier 1920, 105) den Text *vicinus ... neglegens-que Priapi* verlangen. Als ob die Logik nicht die gleiche wäre wie bei *Priapus*! Er ist *neglegens*, weil ihn sein Herr, obwohl reich, vernachlässigt; das ergibt sich doch klar genug aus dem Zusammenhang. ... *Neglegensque Priapus* ist nicht ein Vorwurf, den der Gott seinem Kollegen im Nachbargarten macht, sondern die Feststellung einer Tatsache, die in ihrer Kausalität jeder antike Leser sofort begriff und deshalb auf Grund der vorher gelobten *diligentia* des armen Gütlers die knauserige *neglegentia* des reichen Nachbars aus dem Resultat: *neglegens Priapus* unmittelbar heraushörte. Lassen wir also die plumpe Konjektur beiseite."

Bei dieser Interpretation bleibt der überlieferte Text unangestastet und kommt die „plumpe Konjektur" des N. Heinsius doch auch noch zur Geltung. Wir fragen uns nur, ob wirklich die von E. Galletier abschließend so stark ausgespielte „logique de la conclusion" für H. Heinsius Hauptgrund zur Änderung war. Der lag doch wohl eher in dem von E. Galletier zu Beginn seiner Kritik ausgesprochenen Sachverhalt: „On s'expliquerait d'abord difficilement que Priape accuse son confrère de negligence, puisque le Priape d'à côté n'est pas une autre divinité que lui-même." Die Priapverdoppelung also, die sich im überlieferten Text ausdrückt und die u. W. nur an dieser e i n e n Stelle nachweisbar ist, gab – so möchten wir meinen – H. Heinsius den Anstoß zu seiner uns nicht gar so plump erscheinenden Änderung. Wenn wir trotzdem am überlieferten Text festhalten, so geschieht es deshalb, weil die in dieser Priapverdoppelung sich äußernde ironische, ja spöttische Behandlung des „Gottes" deutlich zeigt, wie wenig ernst seine Existenz und sein Wirken in römischer Dichtung genommen wurde. Priapus ist trotz aller ihn hier noch umwaltenden Idyllik doch schon auf dem Wege, eine Witzfigur zu werden.

EPIGRAMMATA

1. literarhistorische Einordnung

Die Kunstgesinnung der sog. Neoteriker, der „modernen Dichter", war seit den 60er Jahren des 1. Jh.s v. Chr. bei der literarisch interessierten Jugend Roms en vogue. Man blickte auf die „Alexandriner", unter denen Kallimachos, Euphorion, Aratos hervorragten. Sie wollten nichts wissen von voluminösen Epen, sondern arbeiteten mit Hingabe an kurzen, sorgfältig ausgefeilten Gedichten, zu denen etwa Elegien, Hochzeitsgedichte, Einladungsbilletts, Jamben und nicht zuletzt Epigramme zählten. Solche Kleinformen entsprachen dem Lebensgefühl des fin de siècle, eigneten sie sich doch ebenso zur Invektive gegen Politiker, die man ärgern wollte, wie zur verspielten Tändelei im Freundeskreis.

Namen wie Licinius Calvus, Helvius Cinna und Cornelius Gallus beherrschten die Szene. Alle aber überragte sie C. Valerius Catullus, der 54 v. Chr. in jungen Jahren starb, aber noch jahrzehntelang nachwirkte.

In diesem Klima müssen wir und die „Epigrammata" entstanden denken, die den Hauptbestandteil der Catalepton-Sammlung ausmachen. Wer immer sie geschrieben, sie zusammengestellt haben mag: Sie geben uns einen Einblick in das literarische Leben der sterbenden Republik und erlauben den Schluß, „daß fast jeder gebildete Römer zu einem Epigramm in griechischer oder römischer Sprache fähig war und seine Freude an ihnen hatte" (K. Büchner 1956, 67, 60ff.).

2. Verfasserfrage

J. Carcopino (1922) läßt das Cataleptonbuch – und damit auch die Epigrammata – aus dem Spott- und Spieltrieb eines Fälschers um 86–96 n. Chr. entstanden sein; dieser Literat soll das ganze Buch um cat. 2, das einzige als echt anzusehende Gedicht, in bösartig geschickter und auf die Täuschung der vergilgläubigen Leserwelt berechneter Weise angeordnet haben. Von den Namen *Tucca* und *Varius* ging ein verführerischer Glanz aus, durch den auch kritische Leser sich blenden ließen.

L. Herrmann (1951) sieht in Martial (ca. 40–102) den Editor und weitgehend auch den Dichter des Catalepton – oder vielmehr Catalectonbuches. Die Art, wie er für cat. 2 durch Athetese des Cataleptonzitates in der berühmten Quintilianpartie[1] – getilgt wird der Passus von „*in quam mirifice*" bis „*conditor historiae*" – den Unechtheitsnachweis führt, wie er in dem Gedicht das Akrostichon *Titi* als die Sphragis des Dichters feststellt oder jedenfalls durch geschickte Versumordnung herstellt, wie er das Ganze als Angriff des dichterisch begabten Kaisers Titus auf den als Rhetor wie als Brudermörder gleichermaßen verrufenen, inzwischen völlig eingeäscherten[2] Kaiser Nero deutet, kann nur eine fast an Neid grenzende Bewunderung für so viel unbeschwerte Phantasie bei so profunder und umfassender Literaturbeherrschung erwecken. Als höchst geistvolles Spiel dürfte diese Interpretationsart durchaus den Titel *Catalepton* für sich in Anspruch nehmen.

---

[1] Inst. or. 8, 3, 28ff.
[2] Aus dem unbrauchbaren *namque quatenus* wurde *iam* κεκαυμένος hergestellt (1951, 46–52).

Wie so viele andere Fragen hat auch die Frage nach der Echtheit bisher keine allgemein anerkannte Antwort gefunden und dürfte sie wohl auch nie finden. Wir beschränken uns hier auf einen allgemein orientierenden Bericht über die uns bekannt gewordenen Auffassungen:

Alles für echt (d. h. von Vergil stammend) halten F. Vollmer, M. Lenchantin, E. K. Rand, T. Frank, A. Rostagni, L. Alfonsi, F. Dornseiff.

Alles für unecht halten R. Sabbadini, G. Curcio, E. Paratore, F. Munari, R. S. Radford, L. Herrmann, J. Hubaux.

Folgende Gelehrte halten die meisten Epigramme für echt: Scaliger-Burmann (außer 13), Ch. G. Heyne (außer 9, 10, 13), O. Ribbeck (außer 9, 13), Th. Birt (außer 9), P. Sommer (außer 9, 13 14), R. E. H. Westendorp Boerma (außer 9, 14; 6 u. 12?).

Größtenteils für unecht halten die Epigramme: E. Galletier (außer 5, 7, 8, 10), J. Carcopino (außer 2), K. Büchner (außer 5, 8).

P. Burmann und Ch. G. Heyne beschränken sich weitgehend auf bloße Berichterstattung: ihre durchaus verständliche Zurückhaltung hat uns zum Vorbild gedient.

3. Entstehungszeit

Die Entstehungszeit der Epigrammata ist und bleibt umstritten. In der folgenden Übersicht beschränken wir uns auf die drei u. E. für das Cataleptonstudium unentbehrlichen Ausgaben von Th. Birt, E. Galletier und R. E. H. Westendorp Boerma. In ihnen finden sich auch nähere Einzelheiten.

cat.	Birt	Galletier	Westendorp	cat.	Birt	Galletier	Westendorp
1	40/30	–	45/42	9	29 o. 27	27	27
2	43	43	46/45	10	nach 48	50/40	nach 54
3	vor 43	50/65 n. Chr.	48	11	nach 35	nach 35	45
4	43?	vor 35	45?	12	48/43	–	ca. 50
5	43	ca. 50	45	13	nach 48	ca. 20	30/20
6	48/43	–	ca. 50	14	25/26	–	nach 19
7	40/30	nach 38	45/42	15	nach 19	3./4. Jh.	1. Jh. n. Chr.
8	41/40	39	42/41				

4. Reihenfolge der Gedichte

Wie im Laufe der Jahrhunderte mit dem Wort *Catalepton* auch das Verständnis für die diesem Titel durchaus gerecht werdende antike Anordnung verlorengegangen ist, das wird augenfällig, wenn wir der überlieferten Folge die neue, vom Aldinenredaktor 1517 erstmalig vorgelegte Reihenfolge gegenüberstellen. In der nun folgenden Tabelle zählen wir die antike Reihe mit arabischen, die moderne mit römischen Zahlen. Der römischen Zahl fügen wir die inhaltlich entsprechende arabische bei. Außerdem geben wir die Metren der Gedichte an: *cho* = Choliamben, *ia* = Jamben, *di* = Distichen (Hexameter und Pentameter). Gedichte, die ein aggressives Element im oben angedeuteten Sinne enthalten, kennzeichnen wir durch *ag*.

Antike Folge	Aldinenfolge			Antike Folge	Aldinenfolge		
1 *di*	I	=	1 *di*	8 *di*	VIII	=	10 *ia (ag)*
2 *cho (ag)*	II	=	2 *cho (ag)*	9 *di*	IX	=	7 *di*
3 *di*	III	=	6 *ia (ag)*	10 *ia (ag)*	X	=	8 *di*
4 *di*	IV	=	12 *ia (ag)*	11 *di*	XI	=	9 *di*
5 *cho (ag)*	V	=	13 *ia (ag)*	12 *ia (ag)*	XII	=	3 *di*
6 *ia (ag)*	VI	=	14 *di*	13 *ia (ag)*	XIII	=	4 *di*
7 *di*	VII	=	5 *cho (ag)*	14 *di*	XIV	=	11 *di*

Aus dieser Gegenüberstellung wird deutlich, daß der Aldinenredaktor genau so wie unser Humanist, der von „*nullo servato ordine*" spricht, die planvolle, ganz κατὰ λεπτόν gebaute Anordnung für Unordnung gehalten hat. Daher brachte er die Gedichte metrisch „auf Vordermann" und bemerkte nicht, daß er damit ein anmutiges, echt antikes Kunstgebilde zerschlug.

5. Charakteristik der einzelnen Epigramme

Die völlig neugefaßte Erklärung der Epigrammata 1, 3, 4, 6, 7 und 12 ist vor allem der alles früher Gebotene souverän zusammenfassenden und besonnen auswertenden Ausgabe von R. E. H. Westendorp Boerma (1949 und 1963) zu verdanken.

1

⟨*Tucca*⟩

5u9Seitdem J. J. Scaliger im Anhang zu seiner P. Virgilii Maronis appendix aus den von ihm nicht verstandenen Worten *De qua saepe* (1, 1) aus tibullischem Geiste seine *Delia* erschuf, die dann von G. Bersman schon 1588 aus ihrer bescheidenen Anhangsexistenz ins klare Licht der Textzeilen emporgehoben wurde und dort in fast allen Ausgaben bis 1910 unangefochten geherrscht hat, brach über dieses kleine Gedicht eine wahre Lawine von z. T. grotesken Fehldeutungen herein. Erst Th. Birt machte in seiner 1910 erschienen Cataleptonausgabe durch entschiedene und ausführlich begründete Rückkehr zum überlieferten und in sich durchaus verständlichen Texte der Deliaherrschaft, der noch F. Vollmer in seiner ebenfalls 1910 erschienenen Appendix Vergiliana seinen Tribut gezahlt hatte, ein längst verdientes Ende. Dabei konnte er nicht ahnen, daß der von uns 1966 in einer Pariser Inkunabel entdeckte, in der Zeit von 1476 bis spätestens 1529 schreibende, u. W. älteste Cataleptonkommentator ‚hu' in seinen Anmerkungen zu cat. 1 die richtige Erklärung der von Scaliger so folgenschwer mißdeuteten Wendung schon gegeben hatte.

Es handelt sich in Catalepton 1 um folgende kleine Begebenheit: *Tucca* hat seinem Freunde, dem Dichter dieses Epigramms, durch Boten mitteilen lassen, die Frau, von der unter ihnen schon oft die Rede gewesen, sei zurückgekehrt. Darauf erfolgt eine knappe Antwort des Dichters, d. h. mit dieser Antwort, vor welcher wir uns den Botenbericht zu denken haben, setzt das Gedicht ein. Aus dieser in knapper, lebendiger Umgangssprache geformten Antwort spricht einerseits die bittere Enttäuschung des Freundes, der infolge der Wachsamkeit des eifersüchtigen Mannes weiterhin von der Geliebten getrennt bleibt, andererseits aber auch die Lust des Epigrammatikers an der bewußt genossenen und gern gezeigten Fähigkeit, in pointierter Form zu sagen, was er leide. Die innere Bewegtheit und der Tonfall des Epigramms offenbaren, wie auch sonst noch manches Cataleptongedicht, die Nähe des hier tätigen Dichters zu dem zwar verehrten, aber keineswegs sklavisch nachgeahmten Vorbild Catull. Ein Vergleich mit ähnlich gebauten Gedichten aus der Anthologia Graeca, z. B. 12, 24–27, ergibt zwar Interessantes für Form- und Motivgeschichte, wird aber dem Eigenwert dieser in sich geschlossenen und durchaus von formaler

Begabung zeugenden Talentprobe nicht ganz gerecht. Als „tief durch-
pulstes lyrisches Gedicht" freilich und als einen Hinweis „auf ein weiter
dauerndes seelisches Leid des Dichters" möchten wir dieses Epigramm
nicht ansprechen. Über eine Reihe der phantastischen und oft wirklich
grotesken Deutungen, die über diese sechs Zeilen – vor allem während
der ‚Delia‘-Herrschaft – hereingebrochen sind, gibt R. E. H. Westen-
dorp Boerma (1949, 3f.) einen amüsierten und amüsanten Bericht.

2
⟨ Attica febris ⟩

Klein ist das Gedichtchen, hat nur fünf Verse, aber Bosheiten, die für
fünfzig reichen. Es polemisiert, wie wir aus Quintilian (inst. or. 8, 3,
28f.) wissen, gegen die *affectatio*, die Stilverkünstelung des T. Annius
Cimber, der als extremer Altertümler seinerzeit immerhin so bekannt
war, daß Augustus einmal im Gespräch dem Antonius die Nachahmung
des Cimberstiles tadelnd vorhielt (vgl. Sueton, Aug. 86). Quintilian und
Sueton nennen Cimber zusammen mit Sallust; er galt also, wie dieser, als
eingefleischter Thukydidesnachahmer. E. Reitzenstein (1930, 72) meint,
Cicero ziele auch im Orator 30ff. auf unsern Cimber: *germanos Thucy-
didas* nennt er nämlich dort die unverständigen Stilverderber, die den
schweren, gedankenbelasteten Historienstil des Thukydides auch auf
den *usus forensis*, die Praxis der öffentlichen Gerichtsreden, übertragen
und dabei nur abgehacktes und unrhythmisches Zeug vorzubringen
wissen, zu dessen Erlernung sie keines Lehrers bedurft hätten. War etwa
Cimber dieser *magister*? In unserem Gedicht heißt er ja *rhetor*, d. i.
Schulmeister, aber noch entschieden abfälliger gemeint. So viel also steht
fest: Cimber war ein nach altertümelnden Worten haschender Sprachver-
derber (Motiv I). Darüber hinaus aber stand er sicher schon 44 v. Chr. in
dem Rufe, ein Brudermörder zu sein (Motiv II). Auch das erfahren wir
aus Quintilian, der auf Ciceros im Jahre 43 gehaltene Philippica 11, 14
verweist, wo der glühende Verteidiger der alten *res publica* mit dem
Staatsfeind Antonius und seinen Spießgesellen abrechnet und dabei den
Cimber also charakterisiert: „*Lumen et decus illius exercitus paene
praeterii, T. Asinium Cimbrum, Lysidici filium, Lysidicum ipsum, quon-
iam omnia iura dissolvit, nisi forte iure Germanum Cimber occidit.* – Den

strahlenden Ehrenglanz aber jenes Heeres hätte ich fast vergessen, den Titus Annius Cimber, des Lysidicus Sohn, selbst ein Lysidikos (d. h. Rechtsbrecher), da er je alles Recht gebrochen hat, es sei denn, daß doch vielleicht zu Recht der Cimber den Germanus umgebracht hat." (Das Wortspiel ist nicht übersetzbar, da *Germanus* dreierlei sein kann: ein Beiname, ein Volksname und die Bezeichnung für „leiblicher Bruder".) Diese beiden Motive nun – 1. Sprachverderber, 2. Brudermörder – hat der junge Vergil mit staunenswerter Technik, Quintilian sagt: *mirifice*, ineinander verflochten zu einem Pasquill, das fast durchweg auf das ἀμφίβολον (Doppeldeutige) und auf das ἀπροσδόκητον (Unerwartete) angelegt ist und infolgedessen einem Übersetzer die ganze Hoffnungslosigkeit seines Tuns zum Bewußtsein bringt. Sofort mit *Corinthiorum amator iste* ... und nun nicht, wie jeder Römer im Jahre 44 weiter gedichtet hätte, *vasorum*, sondern *verborum! Corinthia vasa, Corinthia aera*, in Vergils Georgica (2, 464) vornehmer *Ephyreia aera*, sonst aber im Volk schlichtweg *Corinthia* genannt, standen gerade im Jahre 44, als Cimber, eines Freigelassenen Sohn, Praetor war, sehr hoch im Kurs (vgl. Strabo 8, 381). Neben anderem Klatsch über Augustus bringt Sueton (Aug. 70) auch das im Jahre 43 über den noch jungen Octavianus umgehende Gerede, er sei auf kostbaren Hausrat, insbesondere auf Korinthervasen so versessen gewesen, daß er sogar, um sie nur ja zu bekommen, ihre Besitzer auf die Proskriptionslisten gesetzt habe. Daher habe man damals auf seine Statuen gekritzelt:

„*pater argentarius, ego Corinthiarius.* –
Mein Vater machte in Silber, doch ich in korinthischem Erz."
Νεκροκορίνθια nannte man diese Kostbarkeiten auch, denn nicht einmal vor den Gräbern Korinths machte die Sammelwut der vornehmen Römer halt. Eine böse, düstere Atmosphäre also, die gleich über dem ersten Wort unseres Gedichtes lagert. Was heißt aber nun: *Corinthia verba?* F. Bücheler (1883) und mit ihm Th. Birt verstehen darunter „altertümliche, gleichsam den Gräbern entrissene Worte." Durchaus richtig, aber noch nicht genug. Seine volle Schärfe bekommt der Ausdruck erst durch E. Reitzensteins Hinweis auf Plinius n. h. 24, 157. Dort ist die Rede von einem Giftkraut *Minyas*, auch ‚Korinthisches Kraut' genannt; das ist zwar auch ein Gegengift und heilt Schlangenbißwunden, wirkt aber sonst bei nur oberflächlicher Berührung unheilbar tödlich, ein

geradezu monströs seltsames Kraut. Die Stelle schmeckt, schon durch
die Berufung auf den Wundermann Pythagoras, stark nach Volksbota-
nik, die ja auch sonst von Wundergiften aller Art weiß. Für den Gehalt
unserer Stelle ausschlaggebend ist die Tatsache, daß *Corinthia* nicht nur
mit *vasa* oder *aera*, sondern auch mit *herba* zusammengedacht werden
konnte, also ein schwer tödliches Gift meinte. Nun erst schießen v. 1:
Corinthiorum amator iste verborum, und v. 5: *ista omnia, ista verba
miscuit fratri* in giftig-boshafter Bedeutung zusammen. Denn *verba
miscere* kennen wir auch aus dem reifen Vergil, georg. 2, 128f. (fast
genauso 3, 282f.):

„*pocula si quando saevae infecere novercae,
miscueruntque herbas et non innoxia verba …*"

Giftmischerei also trieb dieser … *rhetor*, auch dieser Titel wieder
bösartig überraschend statt *praetor:* standen dem Praetor die *Corinthia
vasa* gut an, so passen *Corinthia verba* zu dem Rhetor, dem Worthänd-
ler. Und was hat er da zusammengebraut? Ein *tau* - *Atticum* hätte man
erwartet, da er ja unter seinem Tyrannos Thukydides vom Attizistenfie-
ber befallen ist, aber nein, bei ihm wird es nur *tau Gallicum*, ein bäurisch
tau, Provinzler-*tau*, dann *min* - sollte das Minyas, unser korinthisch
Giftkraut sein? Und *sphin* und – hol ihn der Teufel, so einen Giftmischer
und Brudermörder! Gegen *min* und *sphin* hat man geltend gemacht, daß
Thukydides diese Wörtchen ja gar nicht habe. Aber hier geht es ja, wie
E. Reitzenstein richtig betont, nicht um solche Einzelheiten, sondern um
die von den antiken Stilkritikern auch dem Thukydides vorgeworfene
Manier, sich einer auf altertümliche, längst außer Kurs gesetzte Worte
zurückgreifenden Stiltechnik zu bedienen zum Aufputz der Rede (vgl.
Dion Hal. περὶ τῶν Θουκυδίδου ἰδιωμάτων S. 422, 18 Rad.). Die
Wörtchen selbst finden sich z. T. auch in dem literaturpolemischen
Epigramm des Herodikos von Babylon (Ende des 2. Jh.s v. Chr.) und
sind uns bei Athenaios im „Gelehrtenbankett – Δειπνοσοφισταί" (5,
222 A) überliefert. Herodikos warnt dort vor dem Sprachgebrauch der
Grammatiker aus der Schule des berühmten Aristarch von Samothrake
(217–145):

„Φεύγετ', 'Αριστάρχειοι, ἐπ' εὐρέα νῶτα θαλάσσης
Ἑλλάδα τῆς ξουθῆς δειλότεροι κεμάδος,
γωνιοβόμβυκες, μονοσύλλαβοι, οἷσι μέμηλε
    τὸ σφὶν τὸ σφῶν καὶ τὸ μὶν ἠδὲ τὸ νίν.
τοῦθ' ὑμῖν εἴη δυσπέμφελον· Ἡροδίκῳ δὲ
    Ἑλλὰς ἀεὶ μίμνοι καὶ θεόπαις Βαβυλών. –

Flieht, ihr Aristarchanhänger, auf dem breiten Rücken des Meeres
    vor Hellas furchtsamer als ein blondfarbenes Hirschkalb,
ihr Winkeltöner, ihr Einsilbler! Wert legt ihr
    auf sphin und sphon, auf min und nin.
Dieses veraltete Zeug mög' euch scheitern lassen! Herodikos aber
    bleibe Hellas immerdar erhalten und das gottgeschaffene Babylon!"
So viel zum Verständnis unseres Gedichtchens. Wir sehen, es ist mit all
seinen bösartig treffenden Anspielungen und Doppeldeutigkeiten aus
einem Guß und wird bei den Zeitgenossen sicher seine Wirkung getan
haben (vgl. V. Buchheit 1970).

3

⟨Gloria⟩

Durch das erste Wort *Aspice* gibt sich cat. 3 als Epitaphium. Es handelt
von einem Großen der Geschichte, den die Ruhmesgöttin nach steilem
Glücksanstieg vom Gipfel der Macht plötzlich in den Abgrund des
Elends gestürzt hat, *Gloria*, hier wie bei Horaz (s. 1, 6, 23) personifiziert,
trägt zugleich die Züge der in hellenistischer Dichtung und auch von
Horaz (c. 1, 34 und 35) besungenen Tyche-Fortuna. Auf die Frage, um
wessen Schicksal es hier gehe, liegen folgende Antworten vor: es stim-
men für

Alexander den Großen	Oudendarp, Bücheler, Christensen, Sommer, Birt, Lenchantin, Sabbadini (1903, 1918 – mit Zweifel), Galletier, Gillespie
Antiochus III.	Postgate, Gillespie
Hannibal	Gillespie
Mithridates VI.	Scaliger, Ruhnken, Haupt, Ribbeck, Rand, Reitzenstein, Mülder, Steele, Gillespie, Heyne (unsicher)
Phraates	Nettleship, E. Bährens

| *M. Antonius* | Wagner, de Witt, W. Bährens, Funaioli (1934, 224) |
| *Pompeius* | hu, Burmann, Heyne (unsicher), Frank, Sabbadini (1930), Enk, Rostagni, Westendorp Boerma (1949), Salvatore |

W. E. Gillespie bietet nach der Maxime: „Wer vieles bringt, wird manchem etwas bringen" für v. 3 *Alexander*, für v. 4a *Antiochus*, für v. 4b *Mithridates* und für 5–8 *Hannibal* an; in 1–2 und 9–10 sind alle diese Gewaltigen und Gestürzten zusammenzufassen. Trotz dieses reichen Angebotes wird vermutlich nicht jeder zufrieden davongehen. K. Büchner (1956, 52, 67ff.) meint: „Als einzig wahrscheinlich bleibt, daß die äußersten Möglichkeiten der Macht und die äußersten Möglichkeiten des Elendes von den mancherlei Gestalten, die Geschichte und Zeit boten, zusammengetragen wurden und an ihnen eben die Schlußmoral exemplifiziert werden sollte." Wir schließen uns den Interpreten an, die in Pompeius den Helden dieses Epigrammes sehen, und möchten nicht unterlassen, auf unsern „hu" hinzuweisen, der seine Betrachtungen mit den Worten schließt: „Als Caesar dieses (nämlich das ihm von Ptolemaeus übersandte Haupt und einen Arm des ermordeten und so grausam verstümmelten Pompeius) sah, brach er in Tränen aus, Fortunas ungeheurere Schicksalsfälle im Herzen erwägend."

4 und 11
⟨Octavius Musa⟩

Die heute allgemein herrschende Auffassung, 4 und 11 seien einem und demselben Adressaten zugeeignet, findet sichtbaren Ausdruck schon 1517 in der Editio Aldina (a¹); denn der Bearbeiter dieser Ausgabe stellte unsere beiden Gedichte an den Schluß der Catalecta als 13. und 14. Nummer dieser Sammlung. Unsere Vermutung, er habe mit dieser Anordnung auf die durch die Person des Adressaten gegebene Zusammengehörigkeit hinweisen wollen, scheint durch die in gleichem Sinne vorgenommene Zueinanderrückung der beiden Noctuinusgedichte 6 und 12, die in a¹ und in allen von ihr abhängigen Editionen als 3. und 4. Nummer stehen, bestätigt zu werden. Obwohl nun die Editoren der Zeit von 1517 bis 1875 diese Reihenfolge von 4 und 11 als 13 und 14 vor Augen hatten – in J. J. Scaligers Ausgaben gehen die beiden Gedichte sogar nahtlos ineinander über[1] –, waren die Kommentatoren dennoch bis einschließlich A. Forbiger, allerdings außer Ch. G. Heyne[2], der Meinung, 4 sei an Antonius Musa, den von Horaz (ep. 1, 15, 3), Plinius (n. h. 19, 128), Sueton (Aug. 59. 81), Cassius Dio (53, 30), Ps-Acro erwähnten Arzt des Augustus, gerichtet, während in 11 der allzu frühe, bei einem Weingelage plötzlich eingetretene Tod eines als Schriftsteller und Historiker ebenso bedeutenden wie als Potator hemmungslosen Octavius beklagt werde. J. J. Scaliger (1572/1573) übrigens weist nicht mit einem einzigen Wort auf die Person dieses Octavius hin. Von der Tatsache, daß schon „hu" zu 4 angemerkt hatte: „... *epigramma ad Antonium Musam, medicum Augusti*", wird J. J. Scaliger nichts gewußt haben; denn er wäre über einen solchen Vorgänger in der Erklärung der Cataleptongeschichte sicherlich nicht stillschweigend hinweggegangen; die Annahme, „hu" seinerseits sei von J. J. Scaliger abhängig, scheidet angesichts des Gesamtcharakters seines Kommentars völlig aus. So bleibt denn J. J. Scaliger für die Zuweisung von 4 *ad Antonium Musam, medicum Augusti* unter den ge druck ten Autoren unser ältester Gewährsmann. Es muß doch wohl für J. J. Scaliger – und auch für „hu", falls dieser nicht seinerseits von einer älteren Vorlage abhängig ist –, mit dem Beinamen *Musa* die Assoziation *Antonius Musa, medicus Augusti* so stark verbunden gewesen sein, daß die Frage, ob denn die in 4 vorliegende, reichlich hymnisch ausgefallene Charakteristik des Adressaten auf den Arzt überhaupt zutreffen könne, gar nicht erst aufkam. Jedenfalls gelangte der von J. J. Scaliger im Anhang eingeführte Titel[3] 1588 durch G. Bersman

---

[1] Dazu P. Burmann (1759/1773 I 223): „*Legitur ... et apud Scalig. in Catal.* pag. 93 ⟨1595⟩ *ubi vitio operarum alii Epigrammati, quod praecedit et incipit:* ‚*Quocumque ire ferunt etc*' *coniunctum adhaeret. in editione Catalectorum Aldina recte ab eo separatum invenitur.*" Auf diese Tatsache dürfte Burmann aufmerksam geworden sein durch einen von der Hand des I. Vossius in Vo² zwischen 4 und 11 gezogenen Trennungsstrich und den am r. R. stehenden Hinweis: „Ald.e.".

[2] „*Ad rhetorem Musam, qui a Seneca in Controversiis* (7, 5, 9–10 u. 13; 10, praef. 9) *aliquot locis memoratur, cum viro docto referre malim.*" Angesichts der von Seneca mitgeteilten Äußerungen über diesen *rhetor Musa* wirkt Ch. G. Heynes Annahme, trotz seines Hinweises auf einen von ihm nicht näher bezeichneten *vir doctus*, wenig wahrscheinlich. Vgl. auch R. E. H. Westendorp Boerma (1949, 74f.).

[3] Von 1517 (a¹) bis 1875 (Forbiger) haben die Epigrammata kennzeichnende Überschriften: 1. 7. 8. 10. 14 (von a¹ an); 2. 4. 9 (bei Scaliger, Pithou, Burmann,

wörtlich als Überschrift in den Text, blieb dann, allerdings verkürzt zu *ad Antonium Musam* in den Editionen von Ch. G. Heyne – der übrigens als erster, wenn wir nicht irren, die Numerierung der Gedichte nach der Aldinenfolge eingeführt hat –, bis auf A. Forbiger und findet sich noch in den Anthologien von P. Burmann und H. Meyer, während bei P. Pithou (1619, 34) die Überschrift *De Amicis* steht.

Zu der in 11 angeredeten und selbst zu Worte kommenden Person gibt J. J. Scaliger, wie oben gesagt, keinerlei Hinweis, während „hu" anmerkt: „Grabspruch auf Octavius, der römische Geschichte in Hexametern geschrieben und unvollendet hinterlassen hat." Anschließend weist er auf Horaz (s. 1, 10) hin und macht einige kräftige Schlußbemerkungen über die todbringende Trunksucht dieses Octavius. Zweifel an der Authentizität des Gedichtes und Unsicherheit hinsichtlich der Person des Adressaten äußerte Victorius (Var. Lect. XIV 7); es heißt dort (P. Burmann 1759/1773 I 222): „Ungewißheit aber herrscht sowohl über den Verfasser des Gedichtes als auch über den Mann, dessen Untergang hier beklagt wird; sein Name freilich steht deutlich im Gedicht, denn der Dichter richtet das Wort an ihn. Ich wundere mich aber, wieso sein Name verschwinden konnte, wenn er doch, wie hier überliefert wird, durch Gelehrsamkeit und denkwürdige Leistungen seines Geistes berühmt war; wir erfahren nämlich aus dem Gedichte, er habe selbst auch Geschichte geschrieben." Anschließend weist Victorius, genau wie „hu", auf die oben zitierte Horazstelle hin und bringt die Verse 82–84. Von dem Vorwurf, den Folgen maßloser Völlerei erlegen zu sein, sieht Victorius den Octavius als durch den Dichter selbst entlastet an. An der von Victorius vorgeschlagenen Identifikation des in 11 angeredeten Mannes mit dem von Horaz a. a. O. genannten *Octavius*, die heute allgemeingültig geworden ist, übt P. Burmann (1759/1773 I 223) Kritik; er sieht mit Cruquius in dem *Octavius optimus* bei Horaz den Octavianus selbst und weist für unsern *Octavius* auf einen von G. J. Vossius (1577–1649) in seinem Werke De Historicis Latinis (III 714/15) unter Heranziehung dieses Gedichtes zitierten Historiker *M. Octavius Hersennius* hin.

Heyne, Forbiger, Meyer); 3 (Heyne, Forbiger); 5 (Burmann, Heyne, Forbiger); 6. 12. 13 (Burmann, Heyne, Forbiger, Meyer); 11 (Pithou, Burmann, Heyne, Forbiger, Meyer); 9 auch bei Hertzberg und Wernsdorf.

Bei Schanz-Hosius (II⁴ 327) heißt es: „Reine Schattengestalten sind *Octavius Musa, Octavius Ruso* und *L. Furnius.*" S. 329 wird, wie übrigens auch von vielen Cataleptoninterpreten, auf Schol.Bern. (H. Hagen, 145) Verg. ecl. 8, 6 und Servius (G. Thilo-H. Hagen 3, 110) ecl. 9, 7 hingewiesen. Was aber der in diesen einigermaßen verworrenen Berichten erwähnte *Octavius Musa, civis Mantuanus,* mit dem vom Dichter unseres 4 Epigramms so hoch gepriesenen und so demütig umworbenen genialen *Musa* zu tun haben könnte, ist uns unerfindlich. Mit R. E. H. Westendorp Boerma (1949, 77 f.) und mit vielen anderen Interpreten sind wir der Ansicht, es handele sich in beiden Gedichten um den von Horaz a. a. O. im Zusammenhange mit *Plotius, Varius, Maecenas, Vergil, Valgius, Fuscus* und den Brüdern *Viscus* genannten *Octavius.* Darüber, ob die in 11 erwähnte *Romana Historia* Dichtung, wie „hu" und Th. Birt meinen, oder Prosa ist, wie R. E. H. Westendorp Boerma (1963) nachdrücklich behauptet, läßt sich u. E. kein sicheres Urteil fällen. Auch die Frage, ob in 11 wirkliche oder nur scherzhaft fingierte Totenklage vorliege, scheint sich endgültiger Beantwortung zu entziehen. Man lese darüber die ausführlichen Erwägungen der Editoren und Interpreten und entscheide nach eigener Neigung und Empfindung! Als Scherzgedicht wird 11 angesehen von E. de Marchi (RivFil 35, 1907, 492ff.), H. R. Fairclough (1934/1960 II 502, 1), Fr. Dornseiff (1951, 17), L. Herrmann (1951, 63) und R. E. H. Westendorp Boerma (1963, 51–56); für echte Totenklage halten es Th. Birt, E. K. Rand, E. Galletier, K. Büchner (1956, 62, 30ff.), A. Salvatore u. a.

Für den ersten Teil des Epigramms 11 weist M. Haupt (1876, II 146) auf die hellenistische Vorlage hin: das Kallimachosepigramm[1] LXI.

Wir geben es mit Übersetzung zum Vergleich:

„Αἴνιε καὶ σὺ γὰρ ὧδε Μενεκρατες οὐκ ἐπὶ πουλύ[2]
ἦσθα. τί σε ξείνων λῶστε κατειργάσατο;
ἦ ῥα τὸ καὶ Κένταυρον; ὅ μοι πεπρωμένος ὕπνος
ἦλθεν, ὁ δὲ τλήμων οἶνος ἔχει πρόφασιν. –

---

[1] Wilamowitz, Callimachi hymni et epigrammata, Berlin 1925, S. 61; auch AG 7, 725.

[2] Vgl. aber Kallimachos II 98, Ep. LXI (62) Pf.; R. Pfeiffer schreibt οὐκ ἔτι πουλύς und versucht im Apparat, die überlieferte Lesart wenigstens teilweise zu halten.

Freund aus Ainos, Menekrates, warst ja nicht lange bei uns hier.
Bester der Gäste, was hat dich nur ums Leben gebracht?
Etwa, was auch den Kentauren? ‚Mir kam der schicksalverhängte
Schlaf; der leidige Wein ist nur angeblich der Grund.‘“

Vers 3 ‚auch den Kentauren‘ bringt mit echt kallimacheischer, feiner und
das direkte Wort vermeidender Anspielung die bekannte Stelle aus
Homers Odyssee 21, 295, in Erinnerung:

„οἶνος καὶ Κένταυρον ἀγακλυτὸν Εὐρυτίωνα ἄασ᾽ … –
Wein hat auch den Kentauren Eurytion, ihn, den erlauchten,
blind gemacht …“

Für das Weiterwirken dieses Wortes οἶνος καὶ Κένταυρον weist
Th. Birt (1910, S. 129) noch auf AG 11, 12 und 11, 1, 3 (Alkaios und
Nikarchos) hin. In georg. 2, 455–457 kommt Vergil auf die ganze Stelle
Od. 21, 293–304 zurück. Der lockende und lohnende Vergleich von
Original und Umdichtung kann hier nicht angestellt werden.

5

⟨Sextus Sabinus⟩

cat. 5 gilt neben 8, mit dem es durch den Namen *Siro* verbunden ist, fast
allgemein als sehr schönes und vergilisches Gedicht. Über seine Bauform
jedoch und über Einzelfragen zum Wortbestand, zu den im Gedicht
genannten Personen und zu Ort und Zeit seiner Entstehung herrscht
keineswegs Einhelligkeit. Daher berichten wir in großen Zügen über das,
was die Forschung zum Verständnis des Gedichtes beigetragen hat.

a) zur Bauform

Th. Birt und manche andere Interpreten meinen, unser 14 Choliamben
umfassendes Gedicht zerfalle in zwei gleiche Teile: a) Abschied vom
Schulbetrieb der Rhetorik und von den Mitschülern (1–7), b) Hinwen-
dung zur Philosophie und zeitweilige Trennung von der Dichtkunst (8–
14). Gegen diese das Gedicht halbierende und „in das lebende Fleisch“
schneidende Teilung erhob Wilhelm Schmid (1951, 313) ganz entschie-
den Einspruch. Er meint, man könne „von epodischer Komposition
(5 + 5 + 4 Verse) reden“, müsse zugleich aber auch einen diesem Gedicht
eigenen kompositionstechnischen Doppelaspekt beachten: „Sieht man

auf die Verszahlen, so ist die Anordnung a a b, sieht man auf die
Anaphora der Formel, so ist sie a b a – in der Tat ein Kunststückchen,
das einem Schüler des Kallimachos wohl ansteht." Dieser Ansicht
W. Schmids haben sich E. Reitzenstein (1930), R. E. H. Westendorp
Boerma (1949) und K. Büchner (1956) angeschlossen. E. Reitzenstein
formuliert die Dreiteilung so: „1–5 Abschied von der Rhetorik und ihren
Lehrern, 6–10 Abschied von den Freunden, 11–14 Abschied von den
Musen" (1930, 89).

Dieser u. E. etwas summarischen Kennzeichnung der drei Stufen muß
die von R. E. H. Westendorp Boerma (1949) gegebene, tiefer und fein-
fühliger in das kunstvolle Gefüge eindringende Paraphrase ergänzend
beigefügt werden; wir geben den lateinischen Text hier in einer Inhalts-
angabe knapp wieder: 1–5 wird dem hohltönenden, eitlen Schwulst
asianischer Rhetorik und einigen von Schulfuchserfett triefenden Profes-
soren eine schroffe und endgültige Absage erteilt; 6–7 sagt der Dichter
seinem Herzensfreunde *Sextus Sabinus* und den so netten und hübschen
Kommilitonen ein fast zärtliches Lebewohl; ihnen gegenüber – so ver-
steht R. E. H. Westendorp Boerma (1949) die Verse 8–10 – begründet
Vergil seinen Abschied durch seine nun ernsthaft vollzogene Hinwen-
dung zur Lebenslehre Epikurs, in deren von nichtigen Sorgen befreien-
de, daseinsumwandelnde Tiefe der große *Siro* ihn einführen wird. In den
Versen 11–14, im Abgesang also, wendet sich Vergil mit den aus v. 1 und
5 aufgenommenen Worten: *Ite hinc* zunächst scheinbar ebenso schroff
wie an die Rhetorenzunft auch an die Camenen, wie er sie mit dem
altehrwürdigen Worte nennt. Aber aus dem Fortgang des Verses: *ite iam
sane* und erst recht aus dem zweimal bekenntnishaft betonten Beiwort
dulces wird deutlich, wie hart dieser Abschied den Dichter trifft; so
nimmt er ihn denn auch in den Versen 13–14 zum Teil wieder zurück,
indem er die Musen einlädt, ihn doch – wenn auch maßvoll und selten –
wieder zu besuchen[1].

---

[1] Reizvoll als Gegenbilder zu dieser „Lebenswahl" des 25jährigen sind AG 5,
112 u. 11,41, Epigramme, in denen der 37jährige Philodemos seiner Liebesdichtung
entsagt. Dieser Epikureer, wie Siro aus Palästina nach Italien übergesiedelt, lebte im
Hause des L. Calpurnius Piso, der Caesars Schwiegervater war. Er war im Kreise
des Siro und der dort verkehrenden Römer einflußreich als Dichter und Philosoph.
Horaz zitiert ihn s. 1, 2, 121.

Dieser umsichtigen und eindringenden Interpretation R. E. H. We-
stendorp Boermas stimmen wir durchaus zu, möchten allerdings – mit
A. Salvatore – noch etwas mehr Gewicht legen auf die Verse 8–10, in
denen das Bekenntnis zur neuen Lebensform so bedeutend und entschei-
dend zum Ausdruck kommt. Diese Verse sind in der Tat die seelisch-
geistige Mitte, deren innige Kraft das ganze Gedicht durchseelt; A. Sal-
vatore bezeichnet sie als „elemento sentimentale, essenziale per penetrare
nel motivo ispiratore del carme (1963, 31). In diesen Versen tritt uns doch
mehr als ein noch ganz junger Studiosus entgegen, der, wie es bei
E. Fraenkel (1928) heißt, „übermütigen Abschied von den Provinzgrö-
ßen der Redekunst" nimmt. Wir hören vielmehr die Worte eines etwa
25jährigen, der in ernstem „Ringen um seine Berufsbestimmung"
(E. Norden) steht und uns teilnehmen läßt an seiner „Selbstbesinnung,
⟨seinem⟩ Sich-auf-Raffen ..., ⟨seiner⟩ Lebenswahl" (W. Schadewaldt,
1960, 503).

Wer sich anhand der großen Interpretationsleistungen des 20. Jh.s
etwas eingehender mit Vergils Schaffen befaßt hat, stellt mit Staunen fest,
in welcher Dichte und Ausgeprägtheit schon hier in diesem kleinen
Gedichte ein für Vergils Kompositionskunst ganz wesentlicher Zug sich
offenbart, die Fähigkeit nämlich, von einer belebenden Mitte her alle
anderen Teile organisch zu durchformen und in ein unaufdringlich
wirkendes und daher oft nicht bemerktes Bezugs- und Spannungsver-
hältnis zu bringen. Gerade unter diesem Gesichtspunkt wird man, was
die Authentizität des Gedichtes angeht, K. Büchner zustimmen, der
(1956, 54, 35 ff.) sagt, die Vorzüge dieses Gedichtes „forderten die
Annahme eines Fälschers, der an Rang dem Vergil gleichkäme, oder eines
dichterischen Schicksalsgenossen, der nicht nur wie Vergil zum Epiku-
reer Siro geht, sondern im Wesen Vergil ganz gleicht. Wenn beide
Annahmen unsinnig sind, so muß, wenn überhaupt ein Gedicht in der
Sammlung, Catal. 5 echt sein."

b) zum Wortbestand

In v. 1 bereiten die *inanes rhetorum ampullae* einige Schwierigkeiten.
Lateinisch *ampulla* entspricht im Griechischen λήκυθος und bezeichnet
ein zum Aufbewahren von Öl, Salbe oder Parfüm bestimmtes Fläsch-
chen mit schmalem Hals und breit gerundetem Bauch; man trug es mit

einem Riemen an der Hüfte. Die Wörter λήκυθος und ληκύθιον wurden wohl schon im 5. Jh. v. Chr. umgangssprachlich als Metaphern für hohltönende, tragisch-bombastische, geschwollene Redeweise gebraucht.[1] In diesem Sinne verwendet Vergil es an unserer Stelle, vielleicht sogar als erster Dichter im Bereich der lateinischen Sprache. Es darf vermutet werden, daß er hier nicht nur den sich tragisch gebärdenden Schwulst und Bombast des sog. Asianismus, der damals die Rhetorenschulen beherrschte, sondern überhaupt alles laute, gewichtig sich gebende Wesen ablehnte. Bedenken wir aber, in welchem Maße Vergil später, vor allem in der Aeneis, die ganze Fülle und Tonstärke eines tragischen Pathos beherrscht und oft gewaltig zu Worte bringt, so möchten wir mit W. Wimmel (1960, 132) meinen: „Vergils Abwehr, mag sie sich auch kallimachisch geben ..., ist immer nur vorläufig, auf Zeit, vielleicht auf Zeitgewinn bedacht. Er wehrt im Grunde Bejahtes ab."

Der v. 2 *inflata rhoezo non Achaico verba* steht als Apposition in engster Beziehung zu *inanes rhetorum ampullae*. Daher dürfte wohl auch die von uns in den Text gesetzte Konjektur K. Münschers (1912) *rhoezo* das Richtige treffen; denn das unverständliche *rhorso* in B[1] muß wegen *inflata*, *ampullae* und *cymbalon* u. E. durch ein Wort aus dem akustischen Bereich ersetzt werden; das von W. Richter (1961) vorgeschlagene, paläographisch durchaus mögliche und auch als stilkritischer Terminus nachweisbare *rhopo* von ῥῶπος (Flitter, Kleinkram) trifft weder das hier abgelehnte Stilniveau noch fügt es sich in die den ganzen Abschnitt 1–5 beherrschende akustische Sphäre ein.

ῥοῖζος und ῥοίζημα kommen als stilkritische Termini vor bei Pollux (6, 147), Philostratos (vit. soph. 2, 10, 4) und bei dem Dichter Agathias. Die von E. Reitzenstein betonte Tatsache, ῥοῖζος habe bei Philostratos „unzweifelhaft lobenden Sinn" (1930, 91), zwingt u. E. nicht zu der Folgerung, es müsse stets lobend gebraucht werden. Warum sollte es,

---

[1] Vgl. Aristophanes Frösche 1208 ff., Callimachus frg. 215 Pf., Horaz ep. 1, 3, 14 und ars p. 97. Bei Cicero Att. 1, 14, 3 könnte es scheinen, daß ληκύθους als „Farbe, Schminke" zu verstehen sei, weil es in der Nähe von *pingere* steht. J. H. Quincey (1949), der dem metaphorischen Gebrauch von λήκυθος-*ampulla* eine sehr förderliche Studie gewidmet hat (ClQu 43, 1949, 32–44), hält diese Deutung nicht für zwingend; für ihn äußert sich die Eigenart von λήκυθος-*ampulla* vor allem im akustischen Bereich.

wie z. B. in unserem Zusammenhang, nicht auch einmal, entwertet durch den Zusatz *non Achaico*, ironisch auf einen Stilbereich bezogen werden, in dem pathetisch dröhnende Redeweise fehl am Platz ist? Außerdem wird auch der von E. Reitzenstein vorgeschlagene Ausdruck *bombos* nicht in jedem Falle tadelnd, sondern gelegentlich auch anerkennend ohne den Nebenton des barbarisch Dumpfen gebraucht und steht bei Agathias sogar in engster Verbindung mit dem Worte ῥοίζημα, das mit ῥοῖζος hier bedeutungsgleich ist; wir lesen nämlich in AG 5, 222, einem Epigramm zum Ruhme der Kitharödin Ariadne:

„Εἴ ποτε δὲ τραγικῷ ῥοιζήματι ῥήξατο φωνήν,
αὐτῆς Μελπομένης βόμβον ἀπεπλάσατο. –
Ließ sie einmal zu tragischer Wucht losbrechen die Stimme,
gab sie Melpomene selbst wieder durch Tones Gewalt."[1]

In v. 4 ist mit *scholasticorum natio* das Volk der etwas pedantischen, weltfremden Herren Professoren gemeint, nicht aber, wie Th. Birt will, das muntere Studentenvölkchen. Zwar findet sich das Wort *scholasticus* auch wohl in der Bedeutung „Student"[2], kommt aber häufiger vor als Bezeichnung für unpraktische, „zerstreute Professoren".[3] – Im selben Vers ist *pingui* substantivisch gebraucht. Es bezeichnet – dem παχύ des Kallimachos entsprechend – alles schwerfällige, pedantisch aufdringliche Wesen.[4]

---

[1] Durch diesen Versuch, die Konjektur *rhoezo*-ῥοίζῳ gegenüber *bombo* zu rechtfertigen, soll und kann E. Reitzensteins hohes Verdienst um tiefer eindringende Interpretation von cat. 1–5 nicht im mindesten geschmälert werden. Die vorwiegend akustische Sphäre des Abschnittes 5, 1–5 und die stilkritische Richtung des Ganzen hat E. Reitzenstein kräftig zur Geltung gebracht und mit Recht betont, daß hier nicht nur der Asianismus abgelehnt werde. Bei E. Reitzenstein finden sich auch alle für diesen Bereich wichtigen Kallimachosstellen; und selbst wenn man den Hinweis auf Catull c. 64, 261 ff. und Lukrez 4, 453 f. nicht als zwingend zur Rechtfertigung der Konjektur *bombo* gelten läßt, so behält er dennoch Wert für das Nachempfinden der hier angesprochenen Stilsphäre.

[2] Vgl. Varro, Menipp. 144 (O. Weinreich: Römische Satiren. Artemis 1949, 47); Petron, Satyricon 6 (K. Müller-W. Ehlers. Tusculum 1965, 16 ff.); Tacitus, Dial. 15, 3 (H. Volkmer. Tusculum 1967, 30 f.); Quintilian, Inst. or. 12, 11, 16 u. ä.

[3] Tacitus, Dial. 26, 8 (a.a.O., 50 f.); Plinius, ep. 2, 3, 5 (H. Kasten. Tusculum 1968, 72 f.); Sueton, Rhet. 6; Sen. Contr. 7, prf. 4. Für den Typ des völlig weltfremden σχολαστικός bietet A. Thierfelder eine Fülle höchst ergötzlicher Beispiele im Philogelos (Tusculum 1968).

[4] Vgl. Horaz, s. 2, 6, 14; Ovid, met. 11, 148; Quintilian, Inst. or. 1, 7, 27; 11, 4.

Zu dem die Versgruppe 1–5 mit deutlichem Anklang an *inanes ...
ampullae* wirkungsvoll abrundenden *inane cymbalon iuventutis* vgl.
besonders Plinius, n. h. prf. 25; dort ist von einem Grammatiker Apion
die Rede, den Kaiser Tiberius als *cymbalum mundi* („Schallbecken der
Welt") bezeichnete, während Plinius ihn lieber *propriae famae tympa-
num* („des eigenen Ruhmes Handpauke") nennen möchte. Vielleicht
drückt das Wort *tympanum* noch schärfer die verächtliche Ablehnung
aus.

Mit dem Ausdruck *inane cymbalon iuventutis* kennzeichnet Vergil
noch einmal scharf die ganze Rhetoren- und Grammatikerzunft als
Verkörperung jenes Typos, der in Goethes Faust als „schellenlauter Tor"
abgelehnt wird. Statt des überlieferten *inani* übernehmen wir nun die von
N. Heinsius (in Pithou[1] 1619, 64) vorgeschlagene Konjektur *inane;* denn
der Gesamtausdruck *inane cymbalon iuventutis* fügt sich vortrefflich als
Apposition zu jener *scholasticorum natio,* die hier durch *ite hinc* verab-
schiedet wird. Wilhelm Schmids (1951, 314) früher von uns übernomme-
ner Vorschlag: *inane, i* zieht die Änderung *ito* nach sich und beeinträch-
tigt so die den ganzen Abschnitt 1–5 wirkungsstark zusammenfassende
Anapher: *ite hinc – ite hinc.*

Mit diesen wenigen Anmerkungen zum Wortbestand müssen wir uns
hier begnügen. Wer tiefer eindringen will, findet in den von uns aufge-
führten Ausgaben, vor allem bei R. E. H. Westendorp Boerma (1949,
105–122), alles wichtige Material beisammen.

c) zu den Personen

Aus dem sehr verderbten Überlieferungsbestand der Namen in v. 3 hat
R. Ellis *Selius* und J. J. Scaliger *Tarquitius* hergestellt. Ihnen haben sich
die meisten Editoren und Erklärer unserer Zeit angeschlossen. Welche
Personen jedoch mit diesen Namen gemeint seien, bleibt weiterhin im
dunkeln. Die Cicerostellen (Fam. 7, 32, 2 und Ac. pr. 2, 11) bringen zwar
den Namen *Selius,* helfen darüber hinaus aber nicht weiter. Am ehesten
noch möchte man sich einen der beiden philosophisch interessierten
Brüder *P.* und *C. Selius,* die von Cicero als *familiares mei, docti homines*

---

[1] In Leiden liegt unter der Signatur 754 B 17 ein durchschossenes Exemplar der
Ausgabe von 1619, in das P. Burmann (1714–1778) unter den Siglen H – Br – Sc
Anmerkungen von N. Heinsius – H. Broukhusius – P. Scriverius eingetragen hat.

bezeichnet werden, in der Rolle eines *scholasticus* vorstellen. Daß *Tarquitius Priscus*, dessen Werke zur Erläuterung von ecl. 3, 43 herangezogen wurden, mit M. Terentius Varro bekannt gewesen sei, wird man annehmen dürfen. Über ihre Stellung im Unterrichtswesen meint Wilhelm Schmid: „Daß in v. 3 der Antiquar und Etruskologe *Tarquitius* neben *M. Terentius Varro* gemeint ist, man also in den damaligen Schulen des lateinischen Westens auch diese modernen Erzeugnisse römischer Philologie heranzog, ist sehr wahrscheinlich“ (1924, 313 Anm. 2). Er denkt also ähnlich wie „hu“ und R. E. H. Westendorp Boerma (1949, 110, adn. 6), dieser allerdings nur in einer sofort wieder verworfenen Erwägung, nicht an ein persönliches Lehrer-Schüler-Verhältnis, das zwischen den genannten Gelehrten und dem jungen Vergil bestanden hätte, sondern nur an ein Schulstudium ihrer Bücher. R. E. H. Westendorp Boerma (1949) erwägt dabei die Möglichkeit, die Herren Lehrer hätten durch unablässige und lautstarke Berufung auf diese Werke erreicht, daß den Schülern von den Namen *Tarquitius* und *Varro* die Ohren klingelten. Letzten Endes aber hält R. E. H. Westendorp Boerma (1949) im Anschluß an K. Büchner (1956, 54, 54 ff.) eine Identifizierung der hier genannten Personen für unmöglich.

Noch weniger als mit diesen Namen läßt sich mit dem Namen jenes *Sextus Sabinus* anfangen, den der Dichter zärtlich als *cura curarum* bezeichnet und dem, vermutlich infolge der Wortstellung, das Schicksal widerfahren ist, in zwei oder gar mehr Personen aufgeteilt zu werden. Th. Birt hat ihn – doch wohl scherzhaft – zum Studienrat ernannt. Der unbekannte Hersteller der Aldinenfolge ließ auf cat. 5 sofort cat. 10, also das Sabinusgedicht, folgen und scheint damit jene Gleichsetzung zu vollziehen, die wir bei M. Sonntag (1891, 218) und F. Dornseiff (1951, 10 und 16) antreffen. Bei F. Dornseiff heißt es: „Der als Freund angeredete *Sabinus* ist natürlich identisch mit dem *mulio* von 10, sichtlich ein finanziell erfreuliches Mitglied des Kreises, ein maßgebender Älterer, bei dem Vergil sich abmeldet.“ Natürlich und sichtlich! An die Aldinenfolge und an P. Sonntag hat F. Dornseiff allerdings nicht gedacht, als er (16) schrieb: „Man sollte es nicht für möglich halten, daß man diese Beziehung außer acht gelassen hat. *Sabinus* war laut v. 8 Spitzname oder Pseudonym für dieses Mitglied des Freundeskreises, den Fuhrunternehmer *Quintio*.“ Wer freilich die zur Erklärung der Appendix Vergiliana

geschriebene Literatur kennt, der hält allmählich alles für möglich, auch
diese Erklärung des sicherlich in vieler Beziehung hochverdienten und
sehr gelehrten F. Dornseiff.

Als Beweis dafür, daß wir es in der Appendix-Forschung wirklich mit
einem „Land der unbegrenzten Möglichkeiten" zu tun haben, diene die
von N. de Witt (1912, 321) vorgebrachte Vermutung, in *Sextus Sabinus*
handele es sich um den Rhetor *Sextus Clodius*, der von Cicero (Att. 4, 15,
2), von dem älteren Seneca (contr. 9, 3, 13) und von Sueton (Rhet. 5)
erwähnt wird. Auch W. Fröhners Versuch (RhM 1892, 303), die mit dem
einen *Sabinus* verbundenen Unklarheiten durch seine Vervielfachung
zu *Sabini* aufzuhellen, will etwas Unmögliches möglich machen. Es
bleibt also auch hier bei einem *„Non liquet"*.

Über *Siro* dagegen sind wir gut unterrichtet. Vgl. S. 271.

d) zur Entstehung

Die Versuche, cat. 5 zu datieren, bewegen sich im Zeitraum eines
Jahrzehntes. Den frühesten Ansatz gibt, allerdings nur implizit,
E. Fraenkel mit der Zeit um 54/3 (1928, 6). E. Galletier 1926, 166) meint,
das Gedicht sei etwa 50 v. Chr. in Rom geschrieben. T. Frank (1922/
1965, 20) setzt es auf 48 v. Chr., A. Rostagni (1933/1961, 169) auf kurz
nach 47 v. Chr. an. N. W. de Witt (1922, 104), L. Alfonsi (1941, 264f.)
und R. E. H. Westendorp Boerma (1949, 104) schlagen 45 v. Chr. vor.
Nach Th. Birt (1910, 18) ist es um 43 v. Chr. entstanden. Wer über der
scherzhaft angriffslustig sich gebenden Choliamben den tiefen Ernst einer
Lebenswende nicht überhört, wird das Jahr 45 v. Chr., in dem Ciceros
berühmter, leider nur in dürftigen Bruchstücken erhaltener Dialog Hor-
tensius entstand, gern als die Entstehungszeit von cat. 5 ansetzen und
daran denken, daß der eindringliche Ton dieser Mahnrede zur Philoso-
phie den jungen Vergil ähnlich tief ergriffen hat wie – etwa 400 Jahre
später – den jungen Augustinus.

Wo das Gedicht entstanden ist, läßt sich auch nur vermuten. Hätte
Vergil es in Rom geschrieben und sich dann zu Schiff von dort nach
Neapel begeben, wo Siro in seinem kleinen, vielleicht nahe am Meer
gelegenen Landhaus ein Leben in stiller Verborgenheit führte, so dürften
wir die Worte *vela mittimus* und *ad beatos portus* konkret und symbo-
lisch zugleich verstehen. Mit wörtlich und ganz konkret zu nehmenden

Wendungen aber zugleich auch tiefere und höhere Wirklichkeiten see-
lisch-geistigen Lebens aufstrahlen und wirksam werden zu lassen, das ist
ja gerade ein Wesenszug der symbolstarken Dichtersprache Vergils.

6 und 12
⟨ Noctuinus-Atilius ⟩

Nimmt man im Anschluß an E. Galletier (1926, 169 ff.) und R. E. H.
Westendorp Boerma (1949, 131; 1963, 65) – natürlich unter Hinweis auf
die völlige Unsicherheit einer solchen These – einmal an, in den drei
Gedichten 12, 6 und 1 handele es sich um „un petit roman dont les
personnages demeurent pour nous absolument mystérieux, malgré les
efforts de la critique (E. Galletier 1926, 169)", so ergibt sich folgender
Ablauf des Geschehens:

In 12 wird ein Bräutigam in Form einer *fescennina iocatio* verspottet.
Während es sich nun im allgemeinen bei solchen Liedern um Äußerun-
gen zwar derben, oft unflätigen, im ganzen aber nicht übel, sondern eher
apotropäisch gemeinten Volkswitzes handelt, hören wir in unserm Ge-
dicht den ingrimmig höhnenden Spott eines besiegten Mitbewerbers, der
das Glück seines Nebenbuhlers durch bösartige Rätselrede in Zweifel
zieht, ja, geradezu als Mißerfolg hinstellt. Der stolze Freier *Noctuinus*,
ein widerlich blasierter Bursche, dessen Name „Nachteule" deutlich
genug auf seine Tagblindheit hinweist, merkt gar nicht, daß er zwei
Bräute heimführt, nämlich nicht nur *Atilia*, sondern auch noch *Hirnea*,
die zweite „Tochter" des *Atilius*, einen Weinkrug also, dem der alte
Atilius mit „väterlicher" Neigung zugetan ist. So deutet sich schon hier
die weitere Entwicklung des „kleinen Romanes" an: *Noctuinus* wird von
dieser ‚zweiten Braut' bald mehr, als gut für ihn und – erst recht! – für die
wirkliche Braut *Atilia* ist, gefesselt sein.

In 6 beklagt der abgewiesene Mitbewerber – als solchen dürfen wir ihn
in dem von uns unterstellten Zusammenhang bezeichnen – das traurige
und entwürdigende Los der von ihm hochgeschätzten und geliebten
Atilia: niedergedrückt durch die verheerenden Folgen des stumpfsinnig-
verschwenderischen Treibens ihrer nächsten Angehörigen, ihres Vaters
und ihres Mannes, muß sie die Stadt verlassen und aufs Land, d. h. hier
doch wohl in armselige und beengende Verhältnisse ziehen. Erst spät

kehrt sie – wir erfahren es in 1 – wieder in die Stadt zurück, bleibt aber auch jetzt die Gefangene ihres eifersüchtigen Mannes und so dem Liebhaber unerreichbar.

Ob freilich die drei Gedichte 12, 6, und 1 in diesen, gewissermaßen in drei Akten sich abspielenden, dramatisch bewegten Zusammenhang gebracht werden dürfen, bleibt durchaus zweifelhaft. Denn die vom Dichter gebotenen Hinweise reichen bei weitem nicht aus zu einer genauen Bestimmung der hier gemeinten Personen und Verhältnisse. Th. Birt (1930, 134) meint, da der Name *Atilius* inschriftlich mehrfach für Gallia Cisalpina, die Heimat Vergils, bezeugt sei, könnten „unsere ⟨beiden⟩ Cataleptonstücke 6 und 12 in Cremona oder Mantua spielen"; diese Ansicht scheint auch E. Galletier und R. E. H. Westendorp Boerma vertretbar zu sein. Keinen Beifall jedoch findet Th. Birt, wenn er aus *Atilius* einen Töpfer macht und Vergil, eines Töpfers Sohn, mit *hirnea* in 12 durch „den Vergleich des Tongefäßes mit dem Frauenzimmer einen echten Töpferwitz" (1910, 138) machen läßt. Eine solche Annahme stehe in der Tat auf recht tönernen Füßen. Keineswegs erfolgreicher waren auch die Versuche, genauer zu bestimmen, wer mit den in 6 und 12 handelnden Personen gemeint sein könne und was sie denn eigentlich getan haben. Ein besonders groteskes Beispiel von Fehlinterpretation hat für 6 unser „hu" geliefert; denn, verführt durch Catull c. 29, sieht er C. Iulius Caesar als den *socer* und Pompeius als *gener* an, um dann zu den abenteuerlichsten Auslegungen überzugehen. Demgegenüber wirken die von N. W. de Witt und von T. Frank vorgelegten Versuche als durchaus bedenkenswert, obwohl auch sie bedenklich genug sind. Näheres siehe bei R. E. H. Westendorp Boerma (1949, 126–130).

Daß die zeitliche Folge 12 zu 6 für die Interpretation bestimmend sein müsse, betont schon Ch. G. Heyne; ihm folgten Th. Birt, E. Galletier und R. E. H. Westendorp Boerma. Dieses Vorgehen nötigt jedenfalls nicht zur Unterstellung all der Widerlichkeiten, mit denen die – früher auch von uns vertretene – Abfolge von 6 zu 12 belastet ist.

7

⟨ *Varius* ⟩

Der Witz dieses gewiß nicht sonderlich anspruchsvollen und wohl nur im Freundeskreise sofort verständlichen und zu amüsiertem Schmunzeln

anregenden Epigramms liegt in dem Spiel mit dem Worte *Pothos*. Diesen
Namen hatte, wie einige Interpreten vermuten, ein hübscher Sklave des
Varius; der Dichter gibt nun seiner Neigung zu diesem *Pothos* in
übertriebener Weise Ausdruck, verstößt jedoch mit dem Fremdwort, das
nicht nur Eigenname ist, sondern zugleich auch „Liebe" und „Sehn-
sucht" bedeutet, gegen die von strengen Stilisten aufgestellten Regeln für
das sprachlich Zulässige. Über diesen Purismus macht sich der Dichter –
sicher ganz im Einverständnis mit seinem Freunde Varius – in milder
Weise lustig. Wäre Vergil dieser Dichter und hätte er, wie R. E. H.
Westendorp Boerma (1949, 147f.) vermutet, dieses Epigramm vor 42
v. Chr. geschrieben, dann könnte in dem Worte *praecepta*[1] im Sinne
unseres „hu" und entsprechend der von G. Jachmann vertretenen Auf-
fassung (H 1922, 317) mitaufklingen, daß der Anhänger der ihm von Siro
vermittelten Lehre Epikurs leise spottend auch über sich selbst lächelte
und meinte: Sterblich verliebt in einen jungen Burschen! Und das trotz
aller Philosophie! Vergil liebte es ja, die Obertöne der Worte vernehmbar
zu machen. Näheres zur Interpretationsgeschichte dieses Epigramms bei
R. E. H. Westendorp Boerma (1949, 138–152).

8

⟨villula Sironis⟩

Dieses Gedicht wird allgemein als echt angesehen. Es ist wahrhaft ein
Abglanz der *anima Vergiliana,* ihrer *pietas* und ihrer tiefen Schwermut.
A. Rostagni (1933/1961, 174f.) hat wahrscheinlich gemacht, daß *Siros*
Besitztum uns heute noch zugänglich ist in dem Grundstück, auf dem die
Tomba di Virgilio liegt. „Dort besaß *Siro* ein kleines Landhaus mit einem
Stückchen Feld dabei, ähnlich dem Garten des Epikur in Athen. ... Hier
war die Philosophenschule im Anblick des Meeres; zu ihr hin hatte Vergil
seine Segel gerichtet." Wer einmal an einem schönen Frühlingstag auf
diesem Grundstück gestanden hat, dann weiter nach Cuma gefahren ist,
von der Höhe des Tempelberges, zu der er aus dem Dunkel der Sibyllen-

---

[1] hu 252': *Ludit ⟨poeta⟩ de quodam puero, quem scilicet, quamvis philosophiae
incumbens, amat.* – ⟨Der Dichter⟩ spielt scherzend auf einen Knaben an, den er,
obwohl er sich nun der Philosophie widmet, immer noch liebt.

grotte emporgestiegen ist, hinausgeschaut hat auf das zu seinen Füßen in silbernem Glanze sich hinbreitende Meer, wer die sanfte Luft geatmet hat, die so köstlich durchwürzt ist von Lorbeerduft, wer das milde Licht dieses kampanischen Himmels in sein Herz hat einströmen lassen, der begreift etwas von der Stimmung, welche die letzten Verse der Georgica (4, 563/64) umwebt:

„Mich, Vergil, ernährte in Huld Parthenope damals,
    da mir, ferne von Ruf und Ruhm, aufblühte die Dichtung."

Man hat gefragt, ob *Siro* damals, als cat. 8 geschrieben wurde, noch gelebt habe oder schon tot gewesen sei. Th. Birt (1910, 86) meint, Vergil habe seinem Lehrer noch zu dessen Lebzeiten das Gütchen abgekauft; K. Büchner (1956, 56, 47 ff.) läßt die Frage offen; das tut auch R. E. H. Westendorp Boerma (1949, 155 f.), hält es aber für durchaus wahrscheinlich, daß Vergil die *villula* auf Grund eines Testamentes von *Siro* geerbt habe, und „hu" schreibt kurz: *Sirone priore domino iam mortuo* – da Siro, der ehemalige Besitzer, ⟨damals⟩ schon tot war."

9
⟨Messala⟩

Mit 64 Versen beherrscht cat. 9 – äußerlich gesehen – nahezu die Mitte der 267 Verse umfassenden Priapea und Epigrammata (XIII a und 15 zählen nicht mit). Die Fragen nach dem Verfasser, dem Empfänger, der Entstehungszeit und dem dichterischen Wert des Gedichtes sind auch in unserer Zeit noch nicht durch eine allgemein überzeugende, alle Zweifel lösende Antwort zur Ruhe gekommen.

a) zum Verfasser

Der u. W. erste Cataleptonerklärer, der nach dem Dichter, dem Inhalt und dem Empfänger von cat. 9 gefragt und eine Antwort zu finden versucht hat, ist unser[1] „hu". Seiner Meinung nach ist das Gedicht nicht von Vergil, sondern von einem seiner Freunde geschrieben als Glückwunsch zur Wiedergewinnung des verlorenen Landbesitzes. Modern

---

[1] *Non est Vergilii – Amicus scripsit ad Virgilium, cui congratularetur de agris recuperatis et praeterea, quod bucolica carmina placuerint Romanis.*

mutet die Sicherheit an, mit welcher in dieser doch noch weitgehend
vergilgläubigen Zeit dem Gedichte die Herkunft von Vergil abgespro-
chen wird, völlig hilflos jedoch der seltsame Versuch, dem Inhalt die
Form eines allegorischen Triumphes abzugewinnen, den der Dichter[1]
über seine Feinde feiert. Sollte „hu" etwa durch die Erinnerung an
georg. 3, 9 ff. auf diesen „triumphalen" Einfall gekommen sein? Bis v. 20
jedenfalls hat er ihn durchgehalten, dann aber wohl gemerkt, daß so nicht
weiterzukommen war. Er ließ das Gedicht daher mit v. 20 aufhören.
Durch das Paragraphenzeichen ҁ vor v. 21 wollte er doch wohl den
Beginn eines neuen Gedichtes andeuten. Ob er selbst oder ein späterer
Benutzer durch die Punkte unter dem Paragraphenzeichen diesen Neu-
satz wieder zurückgenommen hat, läßt sich nicht entscheiden.

b) zum Empfänger

Den zweiten Kommentar zu cat. 9 finden wir in der epochemachenden
Appendixausgabe von J. J. Scaliger (1572/73). Scaliger ist u. W. der erste
Erklärer, der dieses Gedicht als Huldigung an *M. Valerius Messalla
Corvinus* aufgefaßt hat. Im erklärenden Anhang (S. 91) lesen wir[2]:
*„Scribit hoc elegans poematium ad Valer. Messalam, virum toga et sago
clarissimum. Eum celebrat ob res gestas. Praeterea et quaedam de eius
amasia sive sperata. Hoc enim nescimus. Quod Virgilii sit haec elegia,
facile probatur istis:*
   Moeris pastores et Meliboeus (9, 18). *Item*
   Qualia Trinacriae doctus amat iuvenis (9, 20).
Nam Theocritum studiose imitatus est. Praeterea:
   Non nostrum est, inquam, tantas attingere laudes (9, 55)
est effictum ex illo:
   Non nostrum inter vos tantas componere lites (ecl. 3, 108). –
Er widmet dieses feine Gedichtchen dem Valerius Messala, einen im
Frieden und im Krieg hochberühmten Mann. Ihn feiert er wegen seiner
Taten. Außerdem ⟨folgt⟩ noch etwas über die Geliebte oder die Erhoffte
des Messala. Denn ⟨was sie war⟩, wissen wir nicht. Daß diese Elegie
Vergils Werk ist, läßt sich leicht durch folgende Verse beweisen:

---

[1] hu zu 9, 3: *Virgilius adeptus est agros victor de his, quicumque obstarent.*
[2] Wir zitieren nach der Antwerpener Ausgabe von 1575, die u. W. keine
Abweichungen im Text hat.

Die Hirten Moeris und Meliboeus waren da. Ebenso:
⟨Gedichte⟩, wie sie Trinakrias gelehrter Jüngling liebt.
Denn Vergil ahmte dem Theokrit eifrig nach. Außerdem ist der Vers:
Nicht uns kommt es an, so große Ruhmestaten zu rühren
geformt nach jenem Eklogenvers:
Nicht uns kommt es zu, zwischen euch so großen Streit zu
schlichten."

c) zur Entstehungszeit

Den Anlaß zur Huldigung sieht J. J. Scaliger in einem von Messala
gefeierten Triumph: „*Victor adest: Innuit, ut puto, de triumpho Gallico
Messalae.* – Der Sieger ist da: ⟨Der Dichter⟩ weist u. E. auf den über
Gallier gefeierten Triumph Messalas hin." Als lebhafter Freund und
Förderer der damals aufkommenden Wissenschaft der Epigraphik hatte
Scaliger bei seinem Rom-Aufenthalt 1565/66 wohl auch die 1546 ent-
deckte Triumphalinschrift gesehen, die er als Beweisstück in seinen
Anhang aufnimmt: „*De quo haec exstat vetus inscriptio:*
   M. VALERIUS M. F. M. N. MESSALA ⟨sic⟩ A.
   DCCXXVI. CORVINUS PROCOS. EX GALLIA
   VII. K. APR. ⟨sic⟩"[1]
   Nach Scaliger ist also cat. 9 ein von Vergil 27 v. Chr. für den Trium-
phator M. Valerius Messala Corvinus verfaßtes Gedicht.

d) zum dichterischen Wert

J. J. Scaligers Auffassung hat sich auch für die Identifizierung des
Empfängers nahezu allgemein, für den Zeitansatz weitgehend durchge-
setzt. Ganz anders verhält es sich mit den Antworten auf die Frage nach
dem Dichter und dem Wert des Gedichtes. Wie unser „hu" im 15., so

---

[1] CIL I 1² 50 727: „M·VALERIUS·M·F·M·N·MESSALLA·A·DCCXXVI
CORVINUS·PROCOS·EX·GALLIA·VII·K·OCT – M. Valerius, Sohn des
Marcus, Enkel des Marcus, Messalla Corvinus, im Jahre 726 (= 727 varronisch = 27
v. Chr.) Proconsul. Aus Gallien ⟨im Triumph heimgekehrt⟩ am 26. September
(Scaliger: März)."
   In den Fasti Capitolini wird 752, nach der varronischen Zählung 753 als
Gründungsjahr Roms angesetzt. Die varronische Zählung ist seit dem Jahr „46
v. Chr. bei den Gebildeten" üblich. Vgl. G. Radke (1964, 78).

werden sicher noch manche Gelehrte im 16. und 17. Jh. Zweifel hinsicht-
lich der Echtheit von cat. 9 geäußert haben. Nachweisbar für uns ist erst
1759 P. Burmann als Mahner zur Vorsicht. Er schreibt (292): *„Virgilio
certe non temere adscribendam arbitror.* – Dem Vergil darf man ⟨diese
Elegie⟩ sicher nicht so ohne weiteres zuschreiben." Viel schärfer urteilt
Ch. G. Heyne in seinen Observationen ad Tibullum (1798³, 192): *„Nec
elegiam ad Valerium Messalam, quae Virgilio perperam tribuitur, nisi
inter Scholasticorum subsellia natam esse arbitror.* – Auch die dem
Valerius Messala gewidmete Elegie ist m. E. nur als Schulbankerzeugnis
entstanden." In seiner Vergilausgabe hat er sich zurückhaltender, aber im
Grunde auch ablehnend ausgedrückt. Eine vermittelnde Lösung bietet
J. Ch. Wernsdorf an in seiner Ausgabe der Poetae Latini Minores (1782,
3, 120): *„Equidem in Elegia ad Messalam nolo affirmare istam diversa-
rum rerum coniunctionem auctori multo felicius cessisse, attamen similis
auctoris opera et structurae ratio adeo apparet, ut non improbabilis eorum
opinio videatur, qui Elegiam hanc Virgilio, certe Ceiris auctori, quae ipsa
Messalae dedicata et eiusdem fili carmen est, deberi existimant.* – Ich will
zwar nicht behaupten, in der Messala-Elegie sei die eben erwähnte
Verbindung verschiedengerichteter Gegenstände dem Verfasser glückli-
cher von der Hand gegangen ⟨als im Culex und in der Ciris⟩; immerhin
zeigt sich doch Arbeitsweise und Aufbauplan des Verfassers als in hohem
Maße ähnlich; als durchaus nicht unwahrscheinlich dürfte daher die
Ansicht jener Erklärer gelten, welche meinen, diese Elegie sei Vergil zu
verdanken, bestimmt jedenfalls dem Verfasser der Ciris; ist doch dieses
Gedicht selbst dem Messala gewidmet und weist dieselbe Gewebetechnik
auf."

Besonders ausführlich und eindringlich hat A. F. Naeke[1] (1847, 233)
cat. 9 besprochen: *„Elegiam ad Messalam, quae est in Catalectis apud
Heynium Carm. XI. Anth. Lat. II. CXXII. Pauca mihi, niveo sed non
incognita Phoebo, ut Virgilio tribuere, si qua possit fieri, velim, apud me
non tam virtus carminis, quam rudis mediocritas stilique non satis exerci-
tati saepe conspicua aberratio efficiunt. Namque ut plerumque vitia
malum scriptorem vel recentiorem scriptoris aetatem arguunt, ita, quod*

---

[1] A. F. Naeke: Carmina Valerii Catonis. Accedunt eiusdem Naekii de Vergilii
libello iuvenalis ludi ... Bonn 1847 (postum hrsg. von L. Schopen).

iam observatum in Culice, alia mediocritas antiquioris aetatis nondum omnibus elegantiae copiis affluentis ingenii boni, sed non exculti indicium est. Mihi Elegia ad Messalam cum singulari simplicitate sua atque in transitu ab una sententia ad alteram inveniendo paupertate inopiaque, qualem quidem vix in ullo poeta post Augustum reperias, deinde cum isto suo erudito excursu de amica Messalae et cum ieiunitate eorum maxime locorum, ubi de se suoque consilio poeta exponit, nunc Culicem Cirinque, nunc Catulli elegias ad Ortalum, ad Manlium in mentem revocat et quasi repraesentat. – Die Messala-Elegie (Ch. G. Heyne, Catalecta XI und P. Burmann, Anth. Lat. II 122): *Pauca mihi, niveo sed non incognita Phoebo* möchte ich, wenn es nur irgend möglich wäre, dem Vergil zuschreiben. Veranlassung dazu ist für mich nicht etwa die Vorzüglichkeit des Gedichtes, sondern vielmehr gerade seine ungelenke Mittelmäßigkeit und die oft deutlich sichtbare Abirrung eines noch nicht hinlänglich geübten Stils. Denn wie gewöhnlich die Fehler einen schlechten Schriftsteller oder die jüngere Stilperiode eines Schriftstellers erkennen lassen, so ist – das wurde ja schon am Culex beobachtet – die andersartige Mittelmäßigkeit einer älteren, noch nicht von allen Mitteln sprachlicher Eleganz überströmenden Zeit Anzeichen einer zwar guten, aber noch nicht ausgebildeten Begabung. Die Messala-Elegie mit ihrer einzigartigen Einfalt, mit ihrer Armut und Hilflosigkeit beim Erfinden eines Überganges von einem Gedankenzusammenhang zum anderen, wie man dergleichen kaum noch bei einem Dichter nach Augustus findet, weiter mit ihrem von Erudition überladenen Exkurs über Messalas Geliebte und mit der Nüchternheit vor allem jener Stellen, wo der Dichter von sich und seinem Plan ausführlich spricht, ⟨diese Elegie⟩ bringt mir bald den Culex und die Ciris, bald die Elegien Catulls an Ortalus und an Manlius in den Sinn und stellt sie mir gewissermaßen leibhaft vor Augen."

In dieser Weise verweilt A. F. Naeke noch liebevoll erklärend und veranschaulichend bei der stilistischen Eigenart des Gedichtes und sagt abschließend (1847, 233 f.): „*Itaque etsi hanc Elegiam Virgilio non tribuerim diserte, donec aliquis quae insunt ad historiam pertinentia, quae quidem mihi nondum sunt penitus perspecta, expediverit, tamen contra Heynii sententiam, non solum priorem illam, sed etiam posteriorem, qua Augustei fetum saeculi, sed, ut videtur, declinantis esse concedebat, antiquam esse, hoc est, tam antiquam, ut possit ab iuvene scripta*

Virgilio esse, statuo. – Wenngleich ich also diese Elegie dem Vergil
solange nicht ausdrücklich zuschreiben möchte, bis jemand die in ihr
enthaltenen, mir aber noch nicht bis in die Tiefe durchsichtig geworde-
nen geschichtlichen Bezüge zugänglich gemacht hat, so stelle ich den-
noch gegen Heynes Ansicht, nicht nur gegen jene zuerst geäußerte,
sondern auch gegen die spätere, in der er sich zu dem Zugeständnis
bereitfand, ⟨die Elegie⟩ sei zwar noch eine Furcht der augusteischen
Zeit, aber allem Anschein nach schon der absinkenden Periode, entschie-
den fest: alt ist die Elegie, und zwar so alt, daß sie vom jungen Vergil
geschrieben sein könnte."
Nicht ohne Grund haben wir hier die Ansichten der älteren Vergilerklärer so ausgiebig zu Worte gebracht. Denn einerseits werden ihre
Werke auch von modernen Editoren gern zitiert, sind aber für viele Leser
nur schwer zugänglich; andererseits zeichnet sich schon bei ihnen die auf
diesem Gebiete vorliegende Problematik in ihrer ganzen Schwierigkeit
und Vielschichtigkeit deutlich ab. Unsere Elegie ist besonders gut dazu
geeignet, in die Fragen nach der Echtheit, dem Aufbau und der Entste-
hungszeit nicht nur der Cataleptonsammlung, sondern der ganzen Ap-
pendix Vergiliana einzuführen. Wenn z. B. Ch. G. Heyne cat. 9 in die
absinkende augusteische Zeit, also in die nachovidische Zeit setzt, so
bewegt er sich damit in jener Richtung, in welcher J. Carcopino (1922),
J. Hubaux (1930) und L. Herrmann (1951) so kräftig ausschreitend
weiter gegangen sind, für manchen Leser sicher entschieden zu weit.
Und wenn Naeke den Versuch unternimmt, nicht nur aus überliefe-
rungsgeschichtlichen, sondern auch aus sprachlich-stilistischen Gründen
die Verfasserschaft Vergils als immerhin nicht unmöglich aufzuzeigen, so
spricht er damit den Verfechtern der Echtheit aus dem Herzen, wird aber
auch von den Interpreten mit Beifall aufgenommen, die zwar nicht an
Vergil, wohl aber an einen gleichzeitig mit ihm lebenden, nicht so
begabten Bruder in Apoll denken, der seiner Art nach noch zur voraugu-
steischen Epoche gehört.
Um nun zum Abschluß unsern Lesern an wenigstens e i n e m konkre-
ten Beispiel die auch heutzutage noch nicht bewältigte Problematik von
cat. 9 vor Augen zu führen, greifen wir die Frage nach dem literarhistori-
schen Wert der Verse 11–40 heraus und lassen drei gute Kenner sich dazu
äußern:

1. E. Norden[1]: „Messalla hat – ob vor oder nach Vergil, ist nicht erweislich – griechische Bucolica verfaßt: catal. 9, 13."

2. K. Büchner (1956, 58, 42 ff.): „Der Passus ist für die Geschichte der römischen Bukolik und Elegie wichtig und die Hauptquelle für die Dichtung des Messalla ... Zunächst: sind mit *carmina cum lingua tum sale Cecropio* Gedichte in griechischer Sprache gemeint? Kaum: ... Also: von den *pauca carmina*, den wenigen lateinischen Gedichten des Messalla, wird ein bukolisches und ein elegisches im Inhalt berichtet. ... Nicht Vergil und Tibull werden also von Messalla zehren, ... sondern Vergils Bukolik und die Elegie (wahrscheinlich des Gallus) ist von Messalla in wenigen Gedichten nachgeahmt worden."

3. R. Hanslik (1948, 156): „Daß V⟨alerius⟩ die griechische Sprache ausgezeichnet beherrschte, ist ... daraus ersichtlich, ... daß er auch bukolische Gedichte in griechischer Sprache verfaßt hat, Ps. Verg. Catal. 9, 14; deshalb zählt ihn Plin. epist. V 3, 5 unter den Erotikern auf, s. Kroll Studien 206. Diese Gedichte dürften jedoch Jugendwerke gewesen sein."

Nun hat aber R. Hanslik diese Meinung schon kurz danach (1952, 32) in aller Form zurückgenommen. Denn dort heißt es: „Da Catalept. 9 nicht dem Messalla Corvinus gewidmet ist, müssen auch die bukolischen Gedichte, die er in griechischer Sprache verfaßt haben soll, aus den Literaturgeschichten unter seinem Namen gestrichen werden. Damit fällt auch der von Knaack (RE III 1010) angenommene Einfluß des Messalla auf Vergil und Tibull, eine These, die zuletzt wieder Alfonsi vertreten hat."[2]

Mit cat. 9 werden also höchst umstrittene Fragen nicht nur aus dem Bereich der Appendix Vergiliana, sondern auch des Corpus Tibullianum heraufbeschworen.

---

[1] E. Norden: Die römische Literatur. Leipzig 1954[5], S. 59.

[2] Nach dieser entschiedenen und in ihren Folgen ausgemalten Behauptung R. Hansliks vom Jahre 1952, M. Valerius Messalla (64 v. bis 13 n. Chr.) sei nicht der Adressat von cat. 9, ist es nun doch etwas verwirrend, wenn derselbe R. Hanslik 1969 (Kleiner Pauly 3, 1244, 55 f.) schreibt: „Mitte August nahm er ⟨d. h. der oben erwähnte Messalla⟩ in Rom am Triumphzug Octavians teil, Ps. Verg. Cat. 9, 3."

10
⟨*Sabinus*⟩

Nach Th. Birt (1910) und E. Fraenkel (1928) eingehend gewürdigt und
mit dem Phaselusgedicht Catulls (c. 4) verglichen wurde cat. 10 von
F. Zimmermann (1932, 1119.) Vgl. K. Büchner (1956, 61, 10ff.),
R. E. H. Westendorp Boerma (1963, 31–38) und unsere Einführung
S. 270 f.

Um den Vergleich mit dem Original zu erleichtern, geben wir hier
Catulls Gedicht im Urtext und fügen einen Übersetzungsversuch hinzu.

Die im Catulltext gesperrten Worte oder Buchstaben sind in cat. 10
geändert. Ob hinter dem Vers 19 tatsächlich ein Vers ausgefallen ist,
wie die meisten Editoren annehmen? F. Zimmermann (1932, 1127,
Anm. 26) versteht *utrumque* adverbial (= *utrimque*) und verweist dafür
auf Haussleiter (E. Wölfflins Archiv für lateinische Lexikographie, 5,
1888, 565 f.). Er hält die Annahme eines Versausfalles für unberechtigt.
Ihm schließen wir uns an.

```
 „Phaselus ille, quem videtis, hospites,
  ait fuisse navium celerrimus,
  neque ullius natantis impetum trabis
  nequisse praeterire, sive palmulis
5 opus foret volare sive linteo.
  Et hoc negat minacis Adriatici
  negare litus insulas ve Cycladas
  Rhodumque nobilem horridamque Thraciam
  Propontida trucemve Ponticum sinum,
10 ubi iste post phasellus antea fuit
  comata silva: nam Cytorio in iugo
  loquente saepe sibilum edidit coma.
  Amastri Pontica et Cytore buxifer,
  tibi haec fuisse et esse cognitissima
15 ait phaselus: ultima ex origine
  tu o stetisse dicit in cacumine,
  tuo imbuisse palmulas in aequore
  et inde tot per inpotentia freta
  erum tulisse, laeva sive dextera
```

20 vocaret aura, sive utrumque Iuppiter
   simul secundus incidisset in pedem;
   neque ulla vota litoralibus deis
   sibi esse facta, cum veniret a marei
   novissimo hunc adusque limpidum lacum.
25 Sed haec prius fuere: nunc recondita
   senet quiete seque dedicat tibi,
   gemelle Castor et gemelle Castoris. –

   Hier dieser Segler, den ihr, Wandrer, vor euch seht,
   sagt, daß er einst das schnellste Schiff gewesen sei.
   So schnell sei nie ein Kiel dahingestürmt, daß er
   nicht doch vorbei gekonnt, ob es mit Rudern nun
 5 im Flug dahingehn mußte, ob mit Segelzeug.
   Er leugnet, daß der drohend-grimmen Adria Strand
   dies leugne oder der Cycladen Inselkranz
   noch Rhodus, hochberühmt, noch Thrakiens rauhes Land
   Propontis, noch des Pontus grausig-wilde Bucht,
10 wo er, der Segler heute, ehemals noch war
   ein Wald, laubhaarumwogt; denn auf Cytorus Joch
   mit Flüsterlaut ließ oft er säuseln leis sein Laub.
   Amastris, Pontushafen, und Cytoris, dir,
   umgrünt von Buchs, sei dies bekannt seit eh und je,
15 sagt er, der Segler; gleich vom fernsten Urbeginn,
   so sagt er, stand er hoch auf deinem Gipfel da,
   er tauchte deiner Flut die Ruderhändchen ein,
   und trug durch so viel sturmgepeitschte Wogen dann
   den Herrn dahin, ob links der Seewind oder rechts
20 auch lockte oder Jupiter ihm beiderseits
   zugleich mit gutem Fahrtwind leicht beschwingt den Fuß.
   Auch habe er den Göttern am Gestade nie
   Gelübde dargebracht, obgleich vom fernsten Meer
   hierher er doch gekommen sei zum klaren See.
25 Doch das ist längst vorbei. Jetzt ruht und altert er
   hier friedlich in Geborgenheit und weiht sich fromm
   dir, Zwilling Castor, und des Castors Zwilling, dir."

13
⟨ *Luccius* ⟩

Als der Redaktor der Aldina 1517 (a¹) die überlieferte antike Anordnung der Epigrammata des Catalepton änderte, bewies er einerseits dasselbe Unverständnis für solche Buchanlage wie unser Humanist (hu), nach dessen Meinung die im Nachlaß Vergils gefundenen Epigrammata *nullo servato ordine* weitergegeben seien, zeigte aber andererseits feines Gespür für den Stimmungsgehalt der Gedichte (vgl. unsere Tabelle auf S. 309). So faßte er denn auch die sehr scharf angreifenden Epigramme 2, 6, 12 und 13 zusammen als 2, 3, 4 und 5, und zwar, wie jeder Leser leicht feststellen wird, nach dem Gesetz der Klimax; der angreifende Charakter tritt von Epigramm zu Epigramm immer schärfer und schonungsloser hervor, und es ist sicher kein Zufall, daß auch in der überlieferten Anordnung 12 und 13 einander folgen; denn in beiden Gedichten kommt der altrömische, in seiner Bedeutung nicht geklärte Hochzeitsruf *Talassio* vor; in 12 wird er wenigstens teilweise noch auf eine echte Vermählung, wenn auch mit höhnischem Nebenton, angewandt, während er in 13 vollends für eine Scheußlichkeit mißbraucht wird. Enge Zusammengehörigkeit von 6, 12 und 13 vertritt auch F. Bücheler (1883, 510 ff.). Er hält es, wenn auch nicht für beweisbar, so doch für immerhin denkbar, ein und derselbe Dichter habe in 6, 12 und 13 einen und denselben Gegner angegriffen: in 6 und 12 unter dem Spottnamen *Noctuinus*, der als Gegenstück zu dem in 13 enthüllten echten Namen *Lucienus* erfunden worden sei. Um diesen echten und bei Varro (r. r. 2, 5) nachweisbaren viersilbigen Namen zu gewinnen, hat F. Bücheler kräftig in den allerdings sehr verderbt überlieferten Vers 35 eingreifen müssen und hat seiner These zuliebe den von ihm durchaus gesehenen und leicht aus *B* zu gewinnenden Namen *Luccius* nicht aufgenommen.

Da es nicht ohne Reiz ist, zu sehen, wie der große Altmeister der klassischen Philologie sich hier einer ins Romanhafte ausschweifenden Phantasie überlassen hat, geben wir wenigstens einen Teil seiner Darlegungen zu 13 in Übersetzung: „Es läßt sich freilich nicht beweisen, ein und derselbe Dichter habe die Jamben 6 und 12 und die Epode 13 verfaßt und ebensowenig, er habe es getan, um einen und denselben Gegner zu verreißen. Aber die innere Schlüssigkeit selbst veranlaßt uns eher zu dieser als zur gegenteiligen Behauptung und zu der Forderung, der Bestreiter unserer These, diese Verse seien gegen einen einzigen Gegner von einem einzigen Dichter geschrieben, müsse stichhaltige Gegengründe vorbringen. Den *Noctuinus* also, den Verlobten der Atilia, hatte unser Dichter ehemals verletzend getroffen mit einer glänzenden Calvus-[1] und Catullimitation[2]. Nun bekennt er offen auch jetzt noch seien ihm Zorn und Zunge lebenskräftig genug, jetzt, nachdem Horaz als ein zweiter Archilochos Latium mit der Jambendichtung bekannt gemacht hatte, nachdem Caesar Octavianus unbeschränkter Machthaber und Atilia, die Gattin des Gegners, alt oder jedenfalls dick geworden war. Zum Hochmut des *Noctuinus*, der die Atilia heimführte, stimmen in der Epode durchaus die dahinschwindenden Mittel und der wegen der Mitgift vor Stolz glühende Bauch des Weibes; hier so treffend wie dort ist die Fescenninenwendung *Talasio* angewandt worden ..." In dieser Weise wird ein ganzer, recht ruinös und widerwärtig endender Familienroman ausgesponnen. Man lese es nach und stelle hier, wie auch sonst noch oft genug im Catalepton, fest, was alles an Interpretationskunst von hochgelehrten Meistern unserer Wissenschaft aufgeboten worden ist, um dieser Epode, die von Ch. G. Heyne (1830[4]) treffend als *cena admodum nauseosa* bezeichnet wird, jede nur erdenkliche Widerlichkeit abzugewinnen.

Die Frage nach dem Verfasser hat viele Antworten gefunden. Manche Vertreter der Echtheit nehmen an, Vergil habe sich irgendwann einmal von dem Angriffsgeist seines Freundes Horaz zu noch schärferem Tempo anfeuern lassen oder er sei gar – *si dis placet* – der Initiator der lateinischen Epodendichtung! Geyza Némethy (1908) glaubte in unserm Gedicht die 18. Epode des Horaz selbst entdeckt zu haben. Über diesen der wissenschaftlichen Welt freudig-stolzen Herzens von Ungarn aus dargebotenen Fund hat A. Körte eine volle Schale ätzenden Spottes ausgegossen. Außer Vergil und Horaz wurden Furius Bibaculus, Ovid

---

[1] Vergleiche Calvus: *Sardi Tigelli putidum caput venit* (Fragmenta Poeterum Latinorum, ed. W. Morel 1927/1963, 84) mit cat. 12, 1: *Superbe Noctuine putidum caput.*

[2] Vergleiche Catull c. 29, 34: *Socer generque perdidistis omnia* mit cat. 6, 6: *Gener socerque perdidistis omnia.*

und ein Anonymus aus der Flavierzeit vorgeschlagen. Für die Datierung bewegt man sich in dem Zeitraum von 48 vor bis 96 n. Chr., in der Tat ein weites Feld für phantasiebegabte Forscher. Leser, die sich näher mit cat. 13 befassen wollen, finden alles nötige Erklärungsmaterial und eine Fülle von Literatur bei R. E. H. Westendorp Boerma (1963, 77–92); seiner Beurteilung schließen wir uns durchaus an.

14
⟨Cytherea⟩

Mit Bedacht hat der antike Herausgeber des Catalepton unser Gedicht, das sich als Gelübde Vergils an *Venus* für baldiges Gelingen der Aeneis gibt, an das Ende der Sammlung bzw. des Buches gestellt; denn wäre es echt, so könnte es erst entstanden sein, als Vergil schon mitten in der Arbeit an seinem größten Werke stand; Th. Birt (1910, 172) meint, es sei etwa 26/25 v. Chr. geschrieben. Nicht einzusehen dagegen sind die Gründe, die den doch sonst nach einem deutlich erkennbaren, vom Inhalt der Gedichte her bestimmten Anordnungsprinzip vorgehenden Redaktor der Aldina 1517 (a¹) veranlaßt haben, cat. 14 als Nr. 6 unmittelbar an cat. 13 (5) anzuschließen. Sollte da die handschriftlich überlieferte Reihenfolge noch nachgewirkt haben? Seinem Gehalt jedenfalls und seiner Form nach paßt 14 weder zu 13 (5) noch zu 5 (7), den beiden Gedichten jambischen Charakters, zwischen denen es in der Aldina und in allen von ihr abhängigen Ausgaben steht (vgl. S. 309).

In der Bewertung des Gedichtes und in der Beurteilung der Fakten widersprechen die Erklärer einander in recht bemerkenswertem Ausmaß. So gelten z. B. die fast Zeile für Zeile sich aufdrängenden Vergilzitate – von den Anklängen sehen wir hier ab – den Verfechtern der Echtheit als ganz natürliche Folge der intensiven Arbeit des Dichters an seinem großen Werk, den Vertretern der Unechtheit als offenkundiges Zeichen der Unfähigkeit. Daß Vergil es wagt, den Caesar (v. 11) als zugleich mit ihm oder doch jedenfalls durch ihn um Vollendung des römischen Nationalepos rufenden Beter einzuführen, erklären die Gläubigen als Antwort des Dichters auf die aus Spanien an ihn gesandten Briefe des Augustus, in denen der Kaiser dringend nach Proben aus der Aeneis verlangt; für anmaßende Geschmacklosigkeit halten es die Ungläubigen. Wenn P. Sommer (1910, 69f.) und andere Bestreiter der Echtheit mit ihm darauf hinweisen, daß von den sechs Pentametern des Gedichtes drei mit einem dreisilbigen Wort aufhören und darin ein Zeichen der Unechtheit erkennen, so sieht E. K. Rand (1919, 142f.) darin gerade einen Beweis für die Verfasserschaft Vergils: „This is a mark of genuineness, not *pace* Sommer, of spuriousness. . . . Virgil is of the old school. He wrote Catullan elegiacs in his youth, and clung to this manner when, for the nonce, he later turned to elegiacs again."

Um die ganze Schärfe der hier aufklaffenden Gegensätze deutlich spürbar werden zu lassen, beschließen wir unsern kurzen Überblick mit einem Satze K. Büchners und geben zu drei besonders markanten Ausdrücken die entgegengesetzten Wertungen von Vergilkennern, die man – um auf E. Fraenkels bekanntes Warnschild anzuspielen[1] – doch wohl als Erwachsene im Forschungsfelde der Philologie bezeichnen darf, jeweils als Anmerkung unter dem Strich. Wir lesen bei K. Büchner (1956, 66, 48 ff.): „Die schamlose Selbstausbeutung[2], die bei Annahme der Echtheit vorläge, die Unklarheit der Vorstellungen, das Hölzerne des Ablaufs[3], die Anmaßlichkeit der Haltung[4] – alles das kann man sich nicht von einem Dichter denken, der eben erst die große Konzeption des 3. Georgicaproömiums oder die Venus-Iuppiter-Szene des 1. Aeneisbuches gedichtet hatte."

---

[1] E. Fraenkel: „Es ist sehr schade, daß man am Eingang der sogenannten Appendix Vergiliana kein Schild anbringen kann ‚Kindern ohne Begleitung Erwachsener ist der Zutritt verboten'" (Gn 1931, 53).

[2] Th. Birt: „Vergil wiederholt sich, er drückt vernünftigerweise die gleiche Sache mit denselben Worten aus. Das ist natürlich und stilgemäß" (1910, 164).

[3] J. J. Scaliger: „*Est autem elegantissimum poemation et Virgilio dignissimum*" (bei Burmann 1759/1779, I 35).

Scriverius: „*luculentum et doctum poema, alti et sublimis spiritus poeta dignum, Maronen dico, illum Poetarum Deum*" (ebenda).

[4] E. K. Rand: „This language is appropriate enough for the author of an epic which immortalizes, if not the historical career of Augustus, that which is more important still, the guiding ideals of his policy and of his times" (1919, 142).

15
⟨divinus poeta⟩

In dem richtigen Empfinden, dieses Gedicht könne nicht mehr als
Bestandteil der Sammlung gelten, hat der Redaktor der Aldina 1517 (a¹)
es fortgelassen, obwohl gerade diese Verse handschriftlich sehr gut,
nämlich auch in unserm ältesten Cataleptoncodex *G* (9. Jh.) bezeugt
sind. Die Fragen nach dem Verfasser, der Entstehungszeit und dem
Anwendungsbereich dieses Epilogs haben – wie fast alle das Catalepton
betreffenden Fragen – sehr verschiedene Antworten gefunden. Th. Birt
(1910, 6) meint, Varius oder auch Tucca¹ habe dieses Epigramm als
ausdrückliche Bezeugung der Echtheit aller Cataleptongedichte als „Au-
ßenvermerk, passend auch für das Schlußblatt der kleinen Buchrolle des
Catalepton (1910, 173)" beigefügt. Zu dem „wegwerfenden Ausdruck
elementa, d. h. *tirocinia* („Anfängerübungen") habe den Varius „viel-
leicht besonders diese umfangreichste Nr. IX veranlaßt. Die Schuld an
der falschen Aufschrift trug gewiß der Messallasche Kreis. Vergil sollte
auch einmal den Messalla besungen haben. Varius war gutmütig und ließ
sich betören." So Th. Birt (1910, 97). Das klingt u. E. nicht sonderlich
überzeugend.

F. Vollmer, P. Sommer, E. Galletier u. a. halten 15 für einen Zusatz,
der „von einem späteren Leser und Bewunderer in einer alten Hand-
schrift zugefügt worden ⟨sei⟩ wie so viele Gedichte der Anthologie".
„Das Epigramm kann deshalb nicht von Varius sein, weil dieser den
Freund nicht so ungeschickt gelobt haben und auch nicht den Fehler
begangen haben würde, alle Gedichte, auch 9 und 14, der Jugend Vergils
zuzuschreiben." So F. Vollmer (1907, 345 Anm. 2). P. Sommer (1910,
13ff.) hebt hervor, der Ausdruck *rudis Calliope* passe viel besser auf
Gedichte wie Culex, Ciris und Aetna; daher umfasse das Schlußepi-
gramm die ganze Appendix Vergiliana. Außerdem erweise sich 15 durch

---

¹ Für J. Carcopinos Behauptung (1922, 181), Th. Birt habe (1910, 7) den Aus-
druck *in vario carmine* (15, 4) als „un jeu de mots" verstanden, naiverweise ernst
genommen, als Hinweis auf die Verfasserschaft des Varius gedeutet und sei dadurch
„tête baissée dans le panneau tendu par le faussaire" geraten, konnten wir in
Th. Birts von J. Carcopino zitiertem Werk „Erklärung des Katalepton, 1910"
weder auf der dafür angegebenen S. 7 noch anderswo eine Bestätigung finden.

sprachliche Eigenarten, z. B. durch das Adjektiv *Homereus* und das Substantiv *elementum* (= *tirocinium*) als nicht mehr zur augusteischen Stilperiode gehörig. R. E. H. Westendorp Boerma (1963, 106) ist zwar auch der Ansicht, cat. 15 könne nicht von Varius und Tucca stammen, denn sie hätten sehr gut gewußt, daß ihr Vergil nie Gedichte wie 9, 13 und 14 geschrieben habe. Entstanden aber sei der Epilog nicht erst, wie F. Vollmer, P. Sommer und E. Galletier wollen, in recht später Zeit, sondern in der ersten Hälfte des ersten Jh.s n. Chr. Irgendein unbekannter Herausgeber habe es *suo Marte* der Cataleptonausgabe beigefügt. Dann seien Abschriften in Umlauf gekommen. Ebenso seien auch die anderen Gedichte der Appendix herausgegeben worden, ehe ein anderer oder gar Sueton selbst den ⟨in den Vergiltexten überlieferten⟩ Katalog ⟨der Jugendwerke Vergils⟩ zusammengestellt habe. P. Sommers Einwände werden von R. E. H. Westendorp Boerma (1963, 106 f.) in gründlicher Erörterung als nicht stichhaltig erwiesen. Abschließend (1963, 108) stellt er fest, man dürfe diesen Epilog durchaus einem Herausgeber zuschreiben, der etwa in der Mitte des 1. Jh.s n. Chr. oder sogar schon etwas früher die Gedichte gefunden und ihre Veröffentlichung übernommen habe, *vir sine dubio litteratus atque eruditus, sed arte rhetorica suae aetatis imbutus.*

XIII a
⟨*Epitaphium*⟩

Bei dem Gedicht XIII a handelt es sich offensichtlich um einen Irrgänger. Um auch in dieser für Freunde der Antike bestimmten Ausgabe zu veranschaulichen, welche Menge von z. T. recht gewagten Vermutungen es heraufbeschworen hat, geben wir – von der Orthographie abgesehen – den teilweise recht verderbten Text, der nur in den Hss *MHARQv* überliefert ist, mit den Varianten.

> Callide mage sub haec caeli est iniuria saecli
>   antiquis hospes non minor ingeniis
> et quo Roma viro doctis certaret Athenis
>   ferrea sed nulli vincere fata datur

1 Allide *R* hec *MHA* celi *MHA* secli *MHAR* 2 antiquus *Qv* ingenis *R*[1] 3 rhoma *Q*, Rhoma *v* ahenis *H*[1] terrea *MH* ⟨cf. georg. 2, 341⟩

Einige dieser Lesarten sollten an sich in einem Kritischen Apparat fehlen, sie gehören in die Beschreibung der Hss. *Allide* ist lediglich ein auf seinen noch ausgesparten Initialbuchstaben C wartendes Wort; und dennoch hat J. Ziehen (in A. Riese 1906², Nr. 776) daraus die Konjektur *Attide* gewonnen. Solche Wörter finden sich zahlreich in Hss und Drucken des 15. Jh.s.

F. Vollmer und J. A. Richmond geben lediglich den überlieferten Text mit seinen Varianten. A. Riese und J. M. Stowasser ändern in v. 2 *hospes* zu *sospes;* O. Ribbeck (1868) schreibt in v. 3 *en* statt *et.*

An v. 1 wurden folgende Änderungen vorgenommen:

Fallit imago sub hac caeli est iniuria saecli	Bücheler*
Callimachi sub hoc caelo est iniuria saecli	Herrmann
Galli demage sunt! haec caeci est iniuria saecli	Stowasser
Pallida mole sub hac Caeli est †iniuria saecli	Riese (1870)
Palladis arce sub hac Itali est iniuria saecli	Ellis
Callida imago sub hac sede est, iniuria caeli	Galletier
Pallida imago sub hac sede est. Iniuria saecli!	Giomini
Crudelis magis hac quaenam est iniuria saecli?	Ribbeck (1868)
Candidus axe sub hic caeli est, incuria⁺ saecli	Sabbadini (1918)
Pallida imago sub hac caeli est iniuria sede	Sabbadini (1903) Curcio (1905), Salvatore
Pallida imago sub hac – caeli est iniuria! – sede	Westendorp Boerma
Callida imago sub hac caeli est iniuria sede	Birt
Callida imago sub hac – caeli est iniuria – sede	Fairclough
Pallida mole sub hac celavit membra Secu[ndus]	Riese (1906)
Callide mole sub hac celatur in omnia saecla	Curcio (1909)
Palladi magna suae visa est iniuria sedis	Bährens

* Bei F. Bücheler nicht gefunden. Etwa Mitteilung an A. Riese?
+ So schon J. Ziehen im Apparat bei A. Riese (1906²).

Abschließend bringen wir den Text in einer von uns für möglich gehaltenen Fassung und fügen eine freie Übersetzung hinzu. Einige Anmerkungen runden das Ganze ab. So findet sich auch der Liebhaber einmal der vielschichtigen Cataleptonproblematik gegenübergestellt und übersieht in etwa, daß auf diesem weiten Felde prächtige Blüten dichterisch-kühner Phantasie zwar in bunter Fülle, nahrhafte Früchte jedoch einer ihrer Grenzen sich bewußt bleibenden wissenschaftlichen Forschung nur recht spärlich zu finden sind.

Pallida imago sub hac – caeli est iniuria! – sede
   antiquis, hospes, non minor ingeniis
et quo Roma viro doctis certaret Athenis;
   ferrea sed nulli vincere fata datur.

Ein bleicher Schatten wohnt hier in der Tiefe – Unrecht des
   unterlegen nicht den Geistesgrößen der Antike;   [Himmels!
mit ihm würde Rom streiten können gegen das gelehrte Athen;
   doch keinem wird vergönnt, das eiserne Schicksal zu besiegen.

Von den zahlreichen Versuchen, die Frage nach der Person des in userm
Gedicht beklagten Toten zu beantworten, bringen wir nur einige zur
Kenntnis: An Vergil, so meint F. Bücheler (1883, 524), könne man nur
unter der Voraussetzung denken, daß der Verfasser des Nachrufs ein
gelehrter Aristarchkenner gewesen sei und so Athen als Heimat Homers
angesehen habe. Das ist sicher geistvoll, aber doch etwas weit hergeholt.
Immerhin wirkt diese Vermutung u. E. wahrscheinlicher als die von
J. M. Stowasser und L. Herrmann aufgestellten Thesen; denn was soll
Cornelius Gallus oder was gar der berühmte M. Porcius Cato Uticensis
in diesem Zusammenhang? L. Herrmann freilich ist auch hier recht
zuversichtlich, wenn er schreibt: „L'origine de la Pièce XVI n'est pas
douteuse. ... Nous sommes donc en présence d'une épitaphe de Caton
d'Utique par Martial" (1951, 66). E. Bährens[1] versuchte, durch ein weit
ausgreifendes Rechenexempel mit Blatt- und Verszählungen den Nach-
weis zu führen, unser Gedicht, *corpus truncum, cui avolsum est caput*, ein
verstümmelter, kopfloser Körper, sei die zu postulierende Fortsetzung
des 11. Epigramms, dessen verkrüppelt abgebrochener Ausgang bei
M. Haupt keinen Verdacht erregt habe. Das Ergebnis seines Heilungs-
versuches leitet er also ein: „*Videant aequi et periti iudices, num bona
hora et favente Apolline carmen concinnatum restituerim.* – Mögen billig
denkende und erfahrene Beurteiler sehen, ob ich zu guter Stunde und
unter Apolls huldvollem Beistand das Gedicht als ein geheiltes so wieder-
hergestellt habe." F. Bücheler allerdings, sicher *peritus iudex*, machte
demgegenüber eine nicht weniger weit ausholende Berechnung auf und
schloß, indem er cat. 11, 7f. witzig parodierte, folgendermaßen: „*Roga-*

---

[1] E. Bährens: Poetae Latini minores. Leipzig 1880, II 42.

tis, numquid prosit haec dinumeratio? nihil fortasse, vos quidem non opus est doceri quam perfectum et plenum sit de morte Octavi epigramma XI (XIV): *perversi dicite critici, hoc superesse inviolatum quae fuit invidia?* – Fragt Ihr ⟨Büchelers Freunde F. Hanow und A. Kießling⟩, wozu eigentlich diese Aufrechnung nützlich sei? Zu nichts vielleicht; Euch braucht man ja nicht darüber zu belehren, wie vollendet und vollständig das Epigramm 11 (14) über den Tod des Octavius ist: ‚Sagt doch, ihr verdrehten Kritiker, warum mißgönnet ihr diesem Gedicht ein unverletztes Überleben?'‘

F. Vollmer[1] meint, irgendein Humanist habe diese Grabschrift auf den vorzeitigen Tod eines mit ihm befreundeten Humanisten verfaßt und an den Rand seines Exemplars geschrieben. E. K. Rand stellt, wie E. Bährens und F. Bücheler, einige Berechnungen an, um das merkwürdige Auftreten der Verse in einem völlig unangepaßten Zusammenhang verständlich zu machen, schließt aber mit den Worten: „But this is all guesswork" (1919, 140 Anm. 8). Und Th. Birth, ein sonst durchaus unverzagter Erklärer, bekennt ganz offen: „So bleibt mir nichts übrig, als von blindem Zufall zu reden, durch den in die Klasse der geringeren Handschriften des Catalepton diese antike Grabschrift eines Literaten eindrang."

---

[1] F. Vollmer: Poetae Latini minores, post Aemilium Baehrens iterum recensuit. Leipzig 1910, I 140.

BUCOLICA

Vorbemerkung

Der Buchtitel „Bucolica" (Hirtendichtung) faßt zehn lyrische Gedichte zusammen, deren jedes man als „Ekloge" (wörtl. „Auswahl") bezeichnet. Vergils Autorschaft steht außer allem Zweifel: Er selbst hat die Eklogen in der uns vorliegenden Reihenfolge veröffentlicht und damit einen außerordentlichen Erfolg erzielt.

Was wir 1949 zur Herkunft und Entstehung der Eklogen geschrieben haben, hat seinen Wert zur Orientierung des Lesers behalten. Wo es uns geboten schien, haben wir auf die Ergebnisse der neueren Vergilforschung wenigstens hingewiesen und dem, der sich näher unterrichten will, die wichtigste Literatur an die Hand gegeben.

Über die Textgeschichte der Bucolica haben wir, jedenfalls für die antiken Handschriften, in der 4. Auflage der Aeneis (Tusculum 1979[4]) ausführlich berichtet. In der vorliegenden Ausgabe beschränken wir uns auf eine tabellarisch angelegte Übersicht über die Grundlagen unserer Textgestaltung.

Mit einer Einführung in die Bukolik und in Vergils Bukolik im besondern wollen wir unseren Lesern den Zugang zu den zehn Eklogen erschließen, für deren jede wir eine knapp gehaltene Charakteristik vorlegen.

Grundlagen der Textgestaltung
Handschriften

Sig-lum	Name und Signatur	Zeit	Bibliotheks-ort	Art der Lesung[1]
M	Cod. Florentinus Laurentianus-Mediceus pl. XXXIX. 1.	5. Jh.	Firenze	fc
P	Cod. Vaticanus Palatinus 1631	4./5. Jh.	Vatikan	or fc mc
R	Cod. Romanus Vaticanus lat. 3867	5. Jh.	Vatikan	or mc
V	Cod. Veronensis XL 38	5. Jh.	Verona	mc
γ	Cod. Guelferbytanus 70 Gud. lat.	9. Jh.	Wolfenbüttel	or fo mc
a	Cod. Bernensis 172	9. Jh.	Bern	or mc
b	Cod. Bernensis 165	9. Jh.	Bern	or mc
c	Cod. Bernensis 184	9. Jh.	Bern	or mc
e	Cod. Bernensis 167	9. Jh.	Bern	or mc
h	Cod. Hamburgensis 52 in scrin.	10. Jh.	Hamburg	mc

Inkunabeln

Sig-lum	Name und Editor bzw. Drucker	Zeit Druck-ort	Bibliotheks-ort Signatur	Art der Lesung
Ro	Romana secunda, Ed.: Giovanni Andrea de' Bussi (1417–1475)	1471 Roma	Paris g Yc 236	or fo mc
Jev	Jensoniana, Dr.: Nicolaus Jenson	1475 Venezia	Paris V. 419	fo mc
Jo	Joannea, Dr.: Johannes de Vienna (+ „hu"!)	1476 Vicenza	Paris g Yc 254	or fo mc
Zc	Zachoniana, Dr.: Jakob Zachon	1499 Lyon	Berlin Canisius-Kolleg	or

Ausgaben des 15., 16. und 17. Jahrhunderts

Siglum	Name und Editor	Zeit Druckort	Bibliotheksort Signatur	Art der Lesung
As	Ascensius, Badius Jodocus (1462–1535)	1529 Lyon		
Na	Naugerius, Andreas (1483–1529)	1552 Venezia		
Fa	Fabricius, Georg (1516–1571)	1561 Basel		
Eg	Egnatiana, Ed.: Giovanni Battista Egnazio (1473–1553)	1534 Basel	Wolfenbüttel Lh 2569	or
Da	Danielina, Ed.: Pierre Daniel (ca. 1530–1603)	1600 Paris	Leiden 760 B 5	or fo
Ce	Cerdiana, Ed.: Joannes Ludovicus de la Cerda (ca. 1560–1643)	1642 Köln	Wolfenbüttel Lh 2° 35	or fo

[1] or = im Original; fo = als Foto; fc = Facsimile; mc = Microfilm.

Ausgaben des 18., 19. und 20. Jahrhunderts

Name	Zeit	Ort
Burmann, Peter	1746	Amsterdam
Heyne, Christian Gottlob	1767[1]	Leipzig
	1788[2]	Leipzig
	1800[3]	Leipzig
	1830[4]	Leipzig
Wagner, G. Ph. E. in Heyne 1830[4] (abweichend von 1767[1] bis 1800[3])	1830	Leipzig

Ausgaben des 18., 19. und 20. Jahrhunderts (Fortsetzung)

Name	Zeit	Ort
Voss, Johann Heinrich	1797	Altona
Forbiger, Albert	1836	Leipzig
Ribbeck, Otto	1859[1]	Leipzig
	1894[2]	Leipzig
Page, T. E.	1898	London
Conington, John – Nettleship, Henry – Haverfield, F.	1898[5]	London
Hirtzel, Friedrich Arthur	1900	Oxford
Mancini, Augusto	1903	Firenze
Plessis, F. – Lejay, P.	1913	Paris
Jahn, Paul (Ladewig-Schaper-Deuticke)	1915[9]	Berlin
Hosius, Carl	1915	Bonn
Albini, Giuseppe	1916	Bologna
Janell, Walther	1930	Leipzig
Sabbadini, Remigio	1930[2]	Roma
Fairclough, H. Rushton	1934[5]	Cambridge
(Sabbadini-)Castiglione, L.	1944	Torino
Tescari, Onorato	1947	Milano
Herrmann, Léon	1952	Bruxelles
Giancotti, Francesco	1952	Roma
Holtorf, Herbert	1959	Freiburg–München
Saint-Denis, E. de	1960[4]	Paris
Perret, Jacques	1961	Paris
Mynors, Roger A. B.	1969	Oxford
Naumann, Heinrich	⟨1968⟩	München
Boyle, A. J.	1976	Melbourne
Coleman, R.	1977	London
Coleiro, E.	1979	Amsterdam

ERLÄUTERUNGEN

1. Herkunft und Art der bukolischen Dichtung

Die Frage nach Herkunft und Art der bukolischen Poesie hat verschiedene, z. T. recht merkwürdige Antworten gefunden. Uraltvolkstümlicher Hirtengesang wird wohl in irgendeiner Form die Vorstufe gebildet haben[1]. Homer erzählt von Hirten, die beim Hüten ihrer Herden die Syrinx bliesen[2]. Βουκόλος ist der Hirt, βουκολιάζειν das Wettsingen der Hirten, wie es uns aus Theokrits[3] Gedichten immer wieder entgegenklingt. Die Herleitung der bukolischen Dichtung aus einem irgendwie gearteten Kult der Artemis, die wir in den Scholien zu Theokrit[4] und Vergil[5] und sonst bei Grammatikern[6] der späten Zeit antreffen, hat eine Zeitlang die Forscher lebhaft beschäftigt und zu weitgehenden Kombinationen angeregt[7]. Ulrich von Wilamowitz sagt dazu: „Was über einen koischen Dichterbund, über Zusammenhang der Bukolik mit den späten Kultvereinen der Βουκόλοι und Geheimnisse, die hinter den Namen stehen sollen, vermutet ist, sind längst verwehte Träume."[8] Stesichoros[9] von Sizilien führte, soweit wir sehen, die Gestalt des schönen Hirten Daphnis in die Poesie ein; daher bezeichnet ihn Aelianus[10] als den ersten Bukoliker. Im ganzen führen alle diese Versuche, den πρῶτος εὑρετής, den Begründer der Bukolik, der Schäferpoesie, als eines neuen Genos bei den Griechen zu suchen, nicht allzu weit. Theokrit jedenfalls dachte

---

[1] Sextus Emp., Adv. math. 6, 24; Pollux 4, 53ff.; Athenaios 14 p. 618ff.
[2] Il. 18,525f.
[3] Geb. ca. 305 v. Chr. in Syrakus; schuf seine Werke ca. 280–260 v. Chr.
[4] C. Wendel: Scholia in Theocritum vetera. Leipzig-Berlin 1914 (1967).
[5] Ps-Probus Th. H. 3,324f.
[6] Diomedes GL 1,486ff.
[7] G. Hermann: De arte poesis Graecorum bucolicae 1849 (Opusc. 8,329ff.); F. Welcker: Über den Ursprung des Hirtenliedes (Kl. Schr. 1,402ff.); R. Reitzenstein: Epigramm und Skolion. Gießen 1893, 193–263.
[8] U. v. Wilamowitz: Die Textgeschichte der griechischen Bukoliker. Berlin 1906, 165.
[9] ca. 600 v. Chr., griechischer Lyriker.
[10] ca. 170–240 n. Chr. – Var. hist. 10, 18.

nicht daran, sich als solchen zu betrachten. Seine Dichtungen gehören
dem großen Bereich jener Dichtungsart an, die wir als „Mimos" bezeich-
nen. Er hat diesen Mimos als Epiker geformt zu Gebilden allerdings ganz
eigener Art. Nach U. v. Wilamowitz handelt es sich bei ihm genau wie
bei seinem Zeitgenossen und Freunde Kallimachos um „die Umsetzung
der verschiedensten althellenischen lyrischen Gattungen in die episch-
rezitative Art. ... Für Vergil und durch ihn für die Nachwelt hat der
Grammatiker Artemidor[1] von Thassos, indem er um 70 v. Chr. die
Sammlung ‚bukolischer Musen' veranstaltet hat, eine Gattung erfunden:
für die Griechen überhaupt nicht"[2].

Theokrits Gedichte sind also höher stilisierte Mimenpoesie. Wirkliche
Hirten Siziliens treten auf, führen Streitgespräche und Wettgesänge
miteinander, teils recht massiv und realistisch, teils in einer Sprache, die
den Tragödienstil parodiert. So entsteht eine durchaus beabsichtigte,
witzige „Dissonanz zwischen dem Bukolisch-Primitiven und dem Groß-
städtisch-Literarischen". „Ironisch und mit Bewußtsein läßt Theokrit
die sizilischen Hirten geistig über ihre Kosten leben." So B. Snell in
seiner für das Wesensverständnis theokritischer und vergilischer Bukolik
sehr förderlichen Studie „Arkadien, die Entdeckung einer geistigen
Landschaft" (1955, 377). Gelegentlich, besonders in Theokrits Thalysia
(id. VII), verbergen sich unter der Hirtenmaske angesehene Freunde des
Dichters und der Dichter selbst. Im ganzen liegt über den kleinen
Gedichten, die trotz aller auf den ersten Blick waltenden Natürlichkeit
und Kunstlosigkeit doch mit wachstem Wirkungswillen durchgefeilt
sind, ein klares, heiteres, alle Dinge und Personen deutlich umreißendes
Licht. Das leicht Verschwärmte, Träumerisch-Sehnsüchtige, Sentimen-
tale, das wir mit dem Begriff „Idyll" heute verbinden, hat seine Quelle
nicht in Theokrit; dazu darf uns auch die Bezeichnung seiner Gedichte
als „εἰδύλλια-idyllia" nicht verleiten, denn sie besagt nichts anderes als
„kleine, für den Einzelvortrag bestimmte Form" im Gegensatz zu „εἶ-
δος"; so nannte man die großen Werke der Chorlyrik des Pindar, da über
jedem Gedicht das εἶδος ἁρμονίας, die Tonart, angegeben war. Mit

---

[1] 1. Jh. n. Chr.
[2] U. v. Wilamowitz-Moellendorff: Die Griechische Literatur des Altertums
(Kultur der Gegenwart I 8,1–236). 1905.

Theokrits Gedichten zusammen gab der oben erwähnte Artemidor auch
die bukolischen Dichtungen des Moschos aus Syrakus und des Bion aus
Smyrna heraus. Beide gehören dem 2. Jh. v. Chr. an.

2. Vergils Bukolik

In den ersten Versen der 4. und besonders der 6. Ekloge bekennt sich
Vergil zu seinem Hauptvorbild Theokrit. Die Beschäftigung eines römi-
schen Dichters mit hellenistischer Poesie war zu Vergils Zeiten nichts
Neues. Alle Neoteriker stehen im Banne des Kallimachos, des Eupho-
rion, des Aratos und anderer hellenistischer Dichter. Schon Catull hat
Theokrits Gedichte gekannt; das zeigt sich 1) in c. 36, 12 ff. und c. 64, 96,
wo *Golgi* und *Idalium*, Kultorte der Venus, aus Theokrit (id. XV 100)
entlehnt sind; 2) in c. 64, 323 ff., wo der Refrain innerhalb des Parzenlie-
des, genauso wie der Refrain bei Theokrit (id. I und II), zu strophischer
Gliederung verwendet wird. Es wäre jedoch u. E. recht gewagt, aus
Plinius n. h. 28, 19[1] zu folgern, Catull habe Theokrits Φαρμακεύτριαι
(id. II) übersetzt, „anscheinend als ein προγύμνασμα, das er der Aufnah-
me in die Sammlung nicht für wert hielt". Vergil jedenfalls betont, er
habe als erster die syrakusische Weise des Hirtenliedes in die römische
Dichtung eingeführt. Nun haben die neueren Vergilinterpreten, beson-
ders G. Rohde (1925) und E. Pfeiffer (1933), in gründlicher Analyse der
einzelnen Gedichte die vergilische Eigenart gegenüber der Art Theokrits
sichtbar gemacht. E. Pfeiffer namentlich weist darauf hin, daß Vergil
nicht allzu einseitig unter dem Gesichtspunkt einer durchgängigen Theo-
kritimitation gewürdigt werden darf, lebte er doch in dem uns großen-
teils verlorenen Reichtum der gesamten hellenistischen Dichtung. So
finden wir in seinen Eklogen denn auch Anklänge an die Epigrammatik
eines Meleager, Phanokles u. a. Das eigentümlich Vergilische, das dann
für die Hirten- und Schäferpoesie Europas von urbildlich-zeugendem
Einfluß werden sollte, kommt sehr fein heraus in B. Snells schon er-
wähnter Studie[2]. Erst Vergil hat jenes Land „der Liebe und der Dich-

---

[1] „*Hinc Theocriti apud Graecos, Catulli apud nos proximeque Vergilii incanta-
mentorum amatoria imitatio.* – Daher haben bei den Griechen Theokrit, bei uns
Catull und erst jüngst Vergil in ihrer Liebesdichtung Zauberformeln nachgeahmt."
[2] Vgl. auch F. Klingner (1967).

tung" (1955, 371) entdeckt[1], jene flötenliedüberschwebte Traumland-
schaft, wo Menschen der wirklichen Gegenwart und Götter des Mythos
einander in einer für griechisches Empfinden unerhört neuen Weise
begegnen – „Niemand vor Vergil läßt Menschen der Gegenwart sich
ernsthaft zwischen göttlichen Wesen bewegen" (1955, 374) – jenes Reich
der oft von Schwermut umdunkelten, oft in goldigverdämmernder Ur-
sprungs- oder Endzeitferne sehnsüchtig weilenden Stimmungen, das
seither als „Arkadien", als Dichterland, dem Raum der europäischen
Dichtung erhalten blieb. Wo immer vergilische Hirten uns begegnen, ob
in Sizilien oder in Italien, immer sind wir mit ihnen in Arkadien. So fehlt
ihnen denn auch alles, „was allzu bäurisch und was städtisch zivilisiert
ist. In ihrem ländlichen Idyll herrscht die Ruhe des Feierabends über die
harte tägliche Arbeit, der kühle Schatten tritt mehr hervor als die
Unbilden des Wetters, der weiche Platz am Bache ist bedeutsamer als das
rauhe Bergland. Die Hirten spielen länger Flöte und singen, als daß sie
Molke seihen und Käse rühren. All das bahnt sich bei Theokrit schon an,
aber Theokrit hat doch noch viel Sinn für das genaue, wirklichkeitstreue
Detail; Vergil sieht nur mehr das Empfindsame, Bedeutungsvolle" (1955,
378). Wo Theokrit den Tragödienstil parodiert, wird Vergil in ernster
Absicht tragisch-erhaben, greift allmählich immer mehr „zu den großen
Formen und Formeln der großen griechischen Poesie" (1955, 389) und
bahnt sich also den Weg zu jener neuen, augusteischen Klassik, die wir
namentlich dann in den Georgica, der Aeneis, den Oden des Horaz und
weiterhin kennenlernen.

Vergils neuentdecktes „Arkadien" aber bot zugleich dem damals aus
dem Strudel der Revolution mit knapper Not entkommenen Dichter eine
Heimstatt des Friedens und der träumerisch entrückten Kontemplation,
die indessen keineswegs die politische Wirklichkeit aus dem Blick verlor.
Denn „diese Träume des Dichters geben der Geschichte eine Deutung,
die mancherlei Erwartungen der Zeit entsprach: nach den heillosen
Wirren der Bürgerkriege war die Sehnsucht nach Ruhe übermächtig
gerade bei den Besten der Zeit. Insofern steckt etwas echt Politisches,
Aktuelles in den Versen Vergils, und es ist bedeutsam genug, daß Vergil
schon, als Augustus erst eben begann, in die Geschichte Roms einzugrei-

---

[1] Anders G. Jachmann (1952, 173).

fen, die Sehnsucht nach Frieden aussprach, die Augustus erfüllen sollte. Damit hat Vergil weitgehend die politische Ideologie der augusteischen Zeit bestimmt, und so haben Vergils Eklogen eine bedeutsame politische und geschichtliche Wirkung geübt" (1955, 382f.).

3. Chronologische Reihenfolge der Eklogen

Nach dem Zeugnis antiker Kommentatoren dichtete Vergil die Eklogen in dem Triennium von 42–39. Zuerst entstanden die 2., 3. und 5. Ekloge; die 7. schloß sich wahrscheinlich hier an. Dann folgten die 9. und 1. Ekloge im Jahre der Ackerverteilung, 41 v. Chr. Die 6. ist später als die 9. Die 4. Ekloge wird durch Pollios Consulatsjahr, das Jahr 40 v. Chr., datiert. Die 8. gehört in das Jahr 39 v. Chr., in dem Pollio siegreich aus dem dalmatinischen Feldzuge heimkehrte, und in eben dieses Jahr dürfte auch die 10. Ekloge gehören, mit der Vergil die Bucolica beschließt.[1] Im einzelnen bleibt noch manches strittig.

In der künstlerischen Anordnung weicht der Dichter, der die Bucolica selbst herausgab, bewußt von der chronologischen Reihenfolge ab und stellt an den Anfang jene berühmte 1. Ekloge, in der er, ohne Namen zu nennen, den Retter Octavianus als Gott verherrlicht und dankbar preist. Auf dieses Gedicht greift er zum Abschluß der Georgica, nun unter ausdrücklicher Erwähnung des siegreichen Octavian, zurück und schließt so die beiden ersten Werke wirkungsvoll zur Einheit zusammen. Rein formal strebt Vergil einen schön bewegten Rhythmus von Wechselgesang und Monodrama an, um den Leser durch variatio zu erfreuen[2].

Die den einzelnen Eklogen in spitzen Klammern beigegebenen Titel sind bei Donat (VSD 314–327) überliefert.

---

[1] Zur Chronologie geben wir folgende Übersicht:
    42: 2.3.5.7   K. Büchner: 42/41: 2.3.5.9
    41: 9.1.6   40: 1.6.4
    40: 4   39: 8.7.10.
    39: 8.10.

[2] Zur Anordnung vgl. besonders C. Becker (1955) und K. Büchner (1956, 236). J. Perret hatte ursprünglich die bis in letzte Zahlenentsprechungen vordringende Systematik von P. Maury (1944) anerkennend übernommen (1952[1], 17; 1959, 32f.; 1961, 7), gab aber (1965[2]), wohl unter dem Eindruck der allgemein ablehnenden Haltung der Fachwelt, diese Meinung auf. Vgl. L. P. Wilkinson 1969, 316.

4. Charakteristik der einzelnen Eklogen

1

⟨ Tityrus ⟩

Beachtenswert zunächst ist die fein abgewogene Komposition dieses Gedichtes[1]. Voll tiefen Schmerzes, doch ohne Neid, läßt der Flüchtling, der von Haus und Hof vertriebene *Meliboeus*, das Glück und die behagliche Muße des *Tityrus* im Beginn der Wechselrede aufklingen, stellt ihr in schneidender Dissonanz das eigene Unglück, die Heimatlosigkeit, entgegen und hebt abschließend noch einmal das so wunderbare Friedensglück des Tityrus hervor. Hier fassen wir wie im Kern den Stimmungsgehalt des ganzen Gedichtes. Beide Motive, das Friedensglück des Tityrus mitten im allgemeinen Wirrsal des Bürgerkrieges und das Leid des Meliboeus, der Haus und Heimat verloren hat und flüchtig das Land durchstreift, werden in der Folge breit entfaltet; aber ein drittes Motiv gesellt sich den beiden anderen bedeutend hinzu: es gibt in Rom einen Retter aus der allgemeinen Drangsal. An Tityrus hat seine Macht sich erwiesen, freilich an ihm allein; denn ungemildert, ja durch den Gegensatz der friedlichen Tityruswelt noch bitterer und schneidender wirkend, steht das harte Los des Flüchtlings vor uns. Selbst die letzten, von Abendstimmung wunderbar durchseelten Worte des Tityrus lassen die dunkle Melancholie, die aus dem Grunde einer zutiefst von Zwietracht zerrissenen Welt immer wieder sich erhebt, nicht ganz vergessen.

F. Klingner (1927, 151) hebt in seiner durch feinstes Gespür für Form und Gehalt ausgezeichneten Studie hervor, das eigentlich Beherrschende in Vergils Denken sei seit der 5. und 9. Ekloge, die als Vorstufen zur 1. Ekloge zu betrachten seien, „die Idee eines göttlichen Menschen, der das Unheil in der Welt wendet und Friedensglück bringt, und das Preisen des Neuen Gottes". Daran, daß mit diesem jugendlichen Rettergott Octavianus, der spätere Augustus, gemeint ist, hätte J. Liegle (1943) in seiner durch sehr handfeste Sachinterpretation hervorstechenden Arbeit keine Zweifel mehr äußern sollen, oder er hätte dann auch alle für die gesamte bisherige Vergilinterpretation grundstürzenden Folgerungen

---

[1] Zur Frage nach der Einheit dieses Gedichtes vgl. E. Bethe (1892), F. Leo (1903), G. Jachmann (1922), G. Rohde (1925), F. Klingner (1964, 32 f.), H. Naumann (1968, 42 ff.).

ziehen müssen. So interessant und für Einzelheiten förderlich seine
Darlegungen auch sind, im ganzen sind sie doch nicht überzeugend.

Was das Verhältnis von Vergils 1. und 4. Ekloge zu Horazens 16. Epo-
de betrifft, so scheint gegen J. Kroll (1914) und F. Klingner (1927)
A. Kurfeß (1936) eher das Richtige zu treffen, wenn er Vergils Gedichte
als die früheren ansieht. Horaz verschärft die trotz aller Bitterkeit immer
noch verhaltende Klage Vergils und stößt bis zu den düstersten Konse-
quenzen des Bürgerkrieges vor. Seine härtere, wirklichkeitsnähere Art
packt auch die politischen Probleme dieser Zeit viel bissiger und scho-
nungsloser an als der stets sanftere Vergil.

Im ganzen ist dieses Wechselgespräch zwischen dem in gottverliehener
Muße lebenden Tityrus und dem Flüchtling Meliboeus ein sehr geeigne-
tes Einleitungsgedicht. Es erreicht ein schönes Gleichgewicht zwischen
bukolischer Traum- und Wunschwelt und harter, geschichtlicher Ge-
genwart und ist so ein bedeutender Höhepunkt im Schaffen Vergils, der
mit dieser reifen Leistung, diesem innigen Dank an Octavianus, seinen
Werken das gibt, was Pindar in der VI. Olympiahymne vom Dichter
fordert:

> „’Αρχομένου δ’ ἔργου πρόσωπον
> χρὴ θέμεν τηλαυγές. –
> Beginnenden Werkes Stirn
> Gilt es aufzustellen weithinleuchtend.“[1]

2
⟨Alexis⟩

„*Me tamen urit amor; quis enim modus adsit amori?* –
Mich aber brennet die Liebe; hat Maß wohl jemals die Liebe?“ (2, 68)
So beschließt in verzweifeltem Ausbruch Corydon, der Held dieser
zeitlich wohl frühesten Ekloge Vergils, seine schmerzlich-pathetische
Liebesklage; so läßt der junge Bukoliker Roms gleich in seinem Erst-
lingswerk bedeutsam jenes starke Motiv aufklingen, zu dem er dann in
der zeitlich letzten, der 10. Ekloge, zurückkehrt mit den letzten Worten
der Gallusklage:

---

[1] Vgl. auch V. Pöschl (1964) und E. A. Fredricksmeyer (1966).

„*Omnia vincit Amor: et nos cedamus Amori.* –
Alles besieget ja Eros; so weichen auch wir denn dem Eros!" (10, 69)
Das Eros-Motiv beherrscht, wie vor allem Th. Haecker eindrucksvoll
dargetan hat, die gesamte Eklogendichtung. Vergil, der nach den Tände-
leien seiner neoterischen Anfänge die philosophische Schule Epikurs
durchgemacht und die gewaltige Dichtung des düsteren Lukrez in sein
Herz aufgenommen hat, faßt den Eros mit ganz anderem Ernste auf als
der viel mehr zu heiter-ironischem Abstand neigende Theokrit. Auf
diesen grundlegenden Unterschied des Empfindens weisen G. Rohde
(1925), F. Klingner (1927) und, in besonders eindringlicher Analyse von
Urbild (Theokrit, id. III und XI) und Nachbild, E. Pfeiffer (1933) hin.
Theokrit gibt in seinem durchaus kunstvoll disponierten, von heiterer
Ironie durchwirkten Gedichte seinem Freunde, dem Arzte Nikias, ein
mythologisches Paradeigma: er zeigt ihm, wie sich in grauer Urzeit
schon der junge Kyklop Polyphem vom schmerzlich-lästigen Pathos
seiner Liebe zur Meernymphe Galatea befreit, indem er sein Leid im
Liede ausströmen läßt und also Abstand davon gewinnt. Vergil aber läßt
uns erleben, wie der Hirt *Corydon* sich in hoffnungsloser Liebe zu *Alexis*
verzehrt und seine Klage voller Verzweiflung ausklingen läßt. Echt
vergilisch, wenn auch schon bei den Griechen hier und da vorgebildet, ist
das – hier schmerzlich dissonierende – Ineinanderklingen von Natur und
Menschenherz: zwischen Mittagsruhe und Abendfrieden des heißen
Sommertages ertönt ruhelos sich quälend, bald werbend, bald verza-
gend, die Liebesklage des armen Hirten.

Merkwürdig ernüchternd, ja befremdend, hat der Schluß des Gedich-
tes gewirkt. Er ist ja dem theokritischen Vorbild (id. XI 72–76) ziemlich
genau nachgebildet, und man kann mit Grund annehmen, daß auch
Vergil die Verse seinem Corydon in den Mund legte. Dann hatte man
freilich eine mit dem in der gesamten Liebesklage Corydons festgehalte-
nen Ton tragisch-tiefen Schmerzes gar nicht zusammenstimmende,
unorganisch abbrechende Schlußwendung. Denkt man sich aber, was
u. E. möglich ist, die fünf letzten Verse (2, 69–73) von dem am Schicksal
seines Helden innigst beteiligten Dichter gesprochen, so wäre die Disso-
nanz ganz anders begründet: Corydons pathetische Liebesklage stände
als Einheit da, fünf Verse des Dichters (2, 1–5) leiteten sie ein, fünf Verse
ließen sie mit einer nüchternen Mahnung ausklingen. Die Möglichkeit,

Vers 2, 69 (*A Corydon* ...) usw. dem Dichter zu geben, scheint uns eine Stütze zu finden an dem aus ähnlicher Situation vom Dichter gesprochenen Vers 6, 47 (*A virgo infelix, quae te dementia cepit*). Bei dieser Aufteilung entsprächen sich dann, wie oben bemerkt, die Verse 2, 68 und 10, 69, und so spannte sich auch kompositionell ein schöner Bogen von dem zeitlich frühesten zum zeitlich letzten Gedichte der Bucolica[1].

3
⟨Palaemon⟩

Die 3. Ekloge gehört mit der 2. der Frühzeit vergilischer Bukolik an. In ziemlich freier Weise bildet Vergil sein Streitgedicht und weiterhin den Wettgesang der beiden Hirten *Menalcas* und *Damoetas* einigen Theokritgedichten der gleichen Art nach: id. IV, V und VIII. Das recht lebendige, jugendlich frische Gedicht rühmt besonders den Asinius Pollio, den Freund und Gönner Vergils. Dieser vornehme Mann muß doch wohl eine besondere Vorliebe für die Märchenlandschaft und Friedensstimmung der *aetas aurea* gehabt haben. Denn es heißt schon in unserm Gedicht:

„*Qui te, Pollio, amat, veniat, quo te quoque gaudet;*
mella fluant illi, ferat et rubus asper amomum. –
Wer dich, Pollio, liebt, der sei, wo auch du dich beglückt fühlst,
Honig ströme ihm zu, der Brombeerbusch bringe ihm Balsam!"

(3, 88 f.)

---

[1] Schon in den Codd. Bernenses 172(a), 165(b) und 167(e) werden die letzten fünf Verse dem Dichter zugeteilt; auch V. Pöschl (1964, 65 Anm. 77) und H. Naumann (1968, 53) lassen die Ekloge mit einer Mahnung des Dichters schließen. Zwingend freilich ist das alles nicht. Läßt man nämlich Corydon sprechen, so kommt gerade in dem schroffen Umbruch die qualvolle Unrast des unglücklich Liebenden besonders stark zum Ausdruck in diesem nur scheinbar so kühlen Entschluß. Die Gesamtstimmung verzweifelter Hoffnungslosigkeit bleibt.
Zur Würdigung im ganzen vgl. G. Rohdes (1925) und E. Pfeiffers (1933) Arbeiten. Durch ihre Untersuchungen wird klar erwiesen, daß Vergil in der Tat der „baumeisterlichste" Dichter Roms ist, wie E. Fraenkel ihn genannt hat. Namentlich E. Pfeiffers genaue Dispositionen der Theokrit- und Vergilgedichte lassen die Eigenart beider Dichter schön hervortreten. Siehe auch E. Winsor-Leach (1966).

Und die gleiche Stimmung, nur auf viel höherer Ebene und ganz thematisch, finden wir wieder in der berühmten 4. Ekloge, die ja dem Pollio ausdrücklich zugeeignet ist.

Die beiden in 3, 104–107 gegebenen Rätsel[1] lösen sich nach der Erklärung antiker Grammatiker so: *caeli* oder *Caeli spatium* – der Raum des Himmels oder des Caelius, eines mantuanischen Verschwenders – ist durch drei Ellen begrenzt durch den Rand eines Brunnens, in dem der Himmel sich spiegelt oder durch den Rand eines Grabes, in dem Caelius ruht[2]. Die den Blumen eingeschriebenen Königsnamen sollen auf der γραπτά ὑάκινθος gestanden haben, auf der man ein AI oder ein Y zu erkennen glaubte. Diese Buchstaben deutete man auf Aiax und Hyacinthus[3].

4
⟨Pollio⟩

„*Natura autem mea et studia trahunt me ad pacis et libertatis cupiditatem; itaque illud initium civilis belli saepe deflevi.* – Meine Natur aber und meine innerste Neigung ziehen mich hin zum Verlangen nach F r i e d e n u n d F r e i h e i t. Daher habe ich jenen Beginn des Bürgerkrieges oft beweint.“ So schreibt C. Asinius Pollio, dem Vergil in der 3., 8. und besonders hier in der 4. Ekloge gehuldigt hat, im Jahre 43 v. Chr. an Cicero (Cic., Ad fam. 10, 30, 2). Wir hörten schon eben in der 3. Ekloge, wie der Dichter die Freunde des *Pollio* auffordert, dem Gefeierten in das Reich seiner Freude zu folgen, in ein honigfließendes, balsamdurchduftetes Reich. Hier in der 4. Ekloge schwebt es vom Himmel herab mit der geheimnisvollen *nova progenies*, mit dem *nascens puer*, dessen Wiege es mit lieblichen Farben umblüht. Es tönt aus Versen süßesten Wohlklangs und weckt in unseren Herzen innigsten Widerhall. Ein Reich des Friedens ist es und der Freiheit; da drängt und beengt uns nicht mehr der Zwang der Not und der Furcht, da ist alles ein freies Blühen und Quellen

---

[1] J. J. Savage (1931), D. E. W. Wormell (1960), M. C. J. Putnam (1965), H. Naumann (1968, 157); s. auch Ch. P. Segal (1967).

[2] Vgl. P. Jahn, Vergilausgabe 1915, S. 26, und Anhang.

[3] Vgl. Ovid, met. 13, 382–398 und 10, 162–219.

und Sichschenken. Des eisernen Zeitalters letzte, spärliche Spuren for-
dern freilich noch einmal einen letzten Krieg. Dann aber waltet Friede
auf Erden. Im Herzenseinklang mit dem vor freudiger Erwartung erbe-
benden Weltall jubelt der Dichter dem Friedensfürsten entgegen; und
wie er in der 8. Ekloge den Tag herbeisehnt, da es ihm erlaubt sei, Pollios
Taten zu besingen:

> „*en erit umquam*
> *ille dies, mihi cum liceat tua dicere facta?*" (8, 7 f.),

so wünscht er sich nun Lebensdauer und Schöpferkraft, um die Taten des
künftigen Friedensfürsten zu feiern:

> „*O mihi tum longae maneat pars ultima vitae*
> *spiritus et quantum sat erit tua dicere facta.*" (4, 53 f.)

Wir sehen, in welch inniger Wesensbeziehung die 4. Ekloge zu dem
Manne steht, dem sie gewidmet ist, zu C. Asinius Pollio, der in dem oben
schon zitierten Briefe an Cicero noch einmal betont: „*Qua re eum me
existima esse, qui primum pacis cupidissimus sim – omnis enim civis plane
studeo esse salvos – deinde qui et me et rem publicam vindicare in
libertatem paratus sim.* – Halte mich also für einen Mann, der in erster
Linie aus ganzer Kraft nach dem F r i e d e n verlangt – denn ich trachte
durchaus nach dem Heile aller Bürger –, weiter aber nimm an, daß ich
entschlossen bin, mir und dem Staate die F r e i h e i t zu wahren" (Cic.,
Ad. fam. 10, 30, 5).

Von solchen Gesinnungen aus innerstem Wesen heraus durchdrun-
gen, bemühte sich Pollio auch im Jahre 40 v. Chr. als Vertreter der Sache
des Antonius in gemeinsamer Arbeit mit Maecenas, dem Vertreter des
Octavianus, erfolgreich, den grausamen perusinischen Krieg durch den
Vertrag von Brundisium zu beenden. So liegt es nahe genug, trotz des
Widerspruchs mancher um die Deutung gerade dieser Ekloge hochver-
dienter Männer, diese *pax Brundisina* als äußeren Anlaß für die 4. Ekloge
anzusehen, wenn auch im übrigen dieser „Friede" genau so kurzlebig
war, wie es nun einmal das Los menschlicher Friedensverträge zu sein
scheint.

Es liegt außerdem nahe anzunehmen, daß Pollio sich ein Lied dieser
Art von Vergil schon lange gewünscht hatte. Er war im Jahre 43 v. Chr.
zum Consul für das Jahr 40 v. Chr. designiert worden. So konnte sich
Vergil schon lange innerlich auf ein Preislied für dieses Consulatsjahr des

Pollio einstellen. Daß der Mythos vom Goldenen Zeitalter dem Pollio ebenso lieb war wie dem Vergil, scheint aus dem bisher Gesagten hervorzugehen.

Weithin im Dunkel aber bleibt letzten Endes doch wie schon für die Römer der nachvergilischen Zeit, so auch trotz aller gelehrten Bemühungen immer noch für uns, wer mit dem *puer nascens* gemeint sei, wer sein Vater sei, ob wir es mit einem damals erwarteten Kinde des Pollio oder des Octavianus oder des Marcellus zu tun haben, ob uns durch die Geburt des Kindes der Anbruch eines neuen Aion, einer neuen Ewe dargestellt wird, ob in dem *puer* Octavian oder, wie man auch angenommen hat, Antonius eine *palingenesia*, eine Wiedergeburt erlebt und manches andere mehr. Wir wüßten gern Genaueres über die Vorlagen Vergils. Allgemein zugegeben ist, wenigstens in der neueren Vergilforschung, daß sich Vergil hier, wie schon in der 1. Ekloge, ganz von seinem Vorbild Theokrit gelöst hat, daß er hier zu seinem Telos, zur Verwirklichung und Ausprägung der in ihm angelegten Wesensform gekommen ist. Neu ist das vergilische Verhältnis von Mythos und Wirklichkeit der Geschichte. Woher aber kamen dem Dichter diese Bilder einer paradiesischen Welt, die uns so stark an alttestamentliche Vorstellungen erinnern, vor allem an Isaias? Dürfen wir die damals umgehenden Oracula Sibyllina als unmittelbare Quelle für Vergils 4. Ekloge und Horazens 16. Epode ansprechen? Welche Vorstellungen verbindet Vergil mit der *ultima aetas Cumaei carminis*? Haben wir es mit etruskischen, orientalischen und hellenistischen Motiven zu tun? Begegnet uns in dem Gedicht auch spezifisch italisches und römisches Gut? Der Reichtum an Motiven verschiedenartiger Herkunft und doch im ganzen einheitlicher Tönung, dieses Hauptmerkmal der Komposition unserer Ekloge, hat denn auch ein höchst polytonales Konzert der Gelehrten, der Philologen, Theologen und Historiker, heraufbeschworen, dessen thematische Durchführung die Grenzen einer παλίντονος ἁρμονίη, eines aus Gegensätzen zu lebendiger Einheit sich formenden Spannungsgefüges, längst gesprengt hat. Die unseres Erachtens klarste, durch besonnen und nüchtern abwägendes Urteil sich auszeichnende Zusammenfassung und Gegenüberstellung der einander widerstreitenden Meinungen gibt K. Prümm (1931/ 32). In gewissem Sinne schließt er sich der von ihm als Concordienformel bezeichneten Meinung des Macrobius an, die wir sat. 3, 7, 1 lesen: „*Cum loqueretur (Vergilius) de filio Pollionis, id quod ad principem suum spectaret, adiecit.* – Als Vergil vom Sohne Pollios sprach, fügte er zugleich Anspielungen auf seinen Princeps (den Octavianus) hinzu."

Hier ist nicht der Ort, auf die zahlreichen Schwierigkeiten einzugehen, die das kleine Gedicht bietet, oder gar eine neue Interpretation zu versuchen. Als wesentliches Ergebnis der jüngeren Vergilforschung[1] scheint indessen festzustehen, daß der Dichter mit diesem Mythos von der *aurea aetas* nicht nur dem Pollio, sondern auch dem Octavianus gehuldigt hat, von dem er in der Aeneis 6, 791 ff. sagen wird:

„*Hic vir hic est, tibi quem promitti saepius audis:*
Augustus Caesar, divi genus, aurea condet
saecula qui rursus Latio regnata per arva
Saturno quondam, ... –
Der aber hier ist der Held, der oft und oft dir verheißen:
Caesar Augustus, der Sproß des Verklärten. Goldene Weltzeit
wird er wieder für Latium gründen, dort wo vor Zeiten
rings die Fluren Saturnus beherrschte, ..."

Heilserwartung und Friedensverheißung umweben schimmernd, Sehnsucht und Ahnung weckend, dieses Lied, das der Codex Romanus bezeichnet als *saeculi novi interpretatio* – Deutung der neuen Weltzeit. Wer seine Verwirklichung allzu wörtlich im Alltag der Erde, auch im Alltag des Augustusreiches, sucht, der darf sich nicht wundern, wenn er voller Enttäuschung mit leerem Herzen zurückkehrt. Das Reich des Dichters der Ekloge und der Aeneis ist ein Reich der Verheißung, das nicht von dieser Welt ist, dessen Herabkunft vom Himmel aber stets für alle Menschen guten Willens ein Ziel bleibt, aufs innigste zu wünschen.

---

[1] Aus der immer noch weiter angewachsenen Fülle der Literatur zur 4. Ekloge weisen wir besonders hin auf G. Jachmann (1952) und G. Radke (1959), in Fachberichten. D. Wiegands Bibliographie (1960) gibt einen Überblick über die Literatur von 1920–1959. Am meisten hat uns die Betrachtung F. Klingners (1964, 72–82) angesprochen. Vgl. auch B. Gatz (1967, 87 ff.).

5
⟨Daphnis⟩

Der zeitlichen Reihenfolge nach wird diese Ekloge an die dritte Stelle nach der 2. und 3. gerückt; sie weist in den Versen 86 f. ausdrücklich auf diese beiden frühesten Gedichte des jungen Bukolikers zurück und bildet so eine deutliche Zäsur, die ihre Wirkung im Rahmen des ganzen Eklogenbuches auch dann noch behält, wenn man u. E. mit Recht annimmt, daß die 4. Ekloge später entstanden ist. Denn nicht nur durch diesen energisch zusammenfassenden Rückblick auf früher Entstandenes, sondern auch durch ihren ganzen Gehalt stellt die 5. Ekloge einen Höhepunkt des Gesamtwerkes dar, einen Gipfel, von dem aus der Dichter mit Recht auf das bisher Geleistete zurückschauen durfte.

Es würde den Rahmen unserer hier zu gebenden Hinweise weitaus überschreiten, wollte ich auch nur andeutungsweise auf alle die Probleme eingehen, die mit diesem nach Form und Gehalt so besonders schönen Gedicht zusammenhängen. F. Klingner (1927, 144–148 und 1967, 90–99) und E. Pfeiffer (1933, 56–58) geben in übersichtlicher und umsichtiger Darstellung sehr aufschlußreiche Beiträge zur Erklärung. Ich versuche im folgenden das, was mir als Hauptinhalt erscheint, kurz zusammenzufassen.

Anfang (1–19), Mitte (45–55) und Ende (81–90) des „licht und ebenmäßig" komponierten Gedichtes bildet ein Gespräch zwischen den beiden durch geradezu formvollendete Höflichkeit sich auszeichnenden Hirten *Menalcas* und *Mopsus*. Diesem Gespräch eingefügt sind zwei Lieder auf den Hirtenjüngling *Daphnis*, eine vom Schimmer uralt-östlicher Naturmythen und Mysterien umwobene Gestalt. Mopsus beklagt (20–44) des Daphnis Tod, Menalcas feiert (56–80) seine die gesamte Natur mit Jubel durchflutende und mit Fruchtbarkeit beglückende Verklärung[1]. Noch zweimal hat Vergil die geheimnisvoll-befruchtende Einheit eines Verklärten mit der gesamten Erde gefeiert, einmal in der 9. Ekloge; dort ist es Caesars Gestirn, das diesen Segen ausgießt, und Daphnis wird aufgefordert, den Blick von den alten Gestirnen fort diesem neuen zuzuwenden:

---

[1] Das wirkt fast wie ein Vorklang zu dem christlichen Bewußtsein von der Hinordnung des Kosmos auf die „Söhne Gottes". Vgl. bes. Paulus, Röm. 8,18–23.

„Daphnis, was schaust du zum Aufgang hin der alten Gestirne?
Siehe, der Stern ging auf des Venussprossen, des Caesar,
dieser Stern, durch den die Saat sich freut ihrer Früchte
und an sonnigem Hügel erglüht in Farben die Traube.
Pfropf deine Birnen, mein Daphnis! Dein Obst einst ernten die Enkel"
(ecl. 9, 46–50).

An der zweiten Stelle im ersten Buch der Georgica ist es Augustus selbst, der also angerufen wird, dem Dichter zu helfen bei seinem Lied von der Erde:

„Aber vor allem, Caesar, auch du! Zwar wo du und wie du
wirkst, bald Gott unter Göttern, wer sagt's? Ob Städten als Schutzherr
gnädig du nahst, den Gefilden ein Hort, und der mächtige Erdkreis
dich als Spender der Früchte begrüßt, als Herrn über Winde,
Wetter und Wachstum, die Schläfen dir kränzt mit der Myrte der
Mutter ..." (georg. 1, 24–28).

Diese Motivwiederholung läßt es verständlich erscheinen, wenn man schon in unserer Ekloge durch die Gestalt des sterbenden und verklärten Daphnis den Tod und die Erhöhung des Divus Iulius Caesar aufleuchten sah. Denn ähnlich, wie bei Daphnis Tode die ganze Natur, Feld, Wald und Wild und zahmes Vieh in schwermütig-fruchtlose Trauer versinken, so wurde auch bei des großen Caesars Tod das ganze Weltall, Sonne und Erde, von Grauen gepackt (georg. 1, 466 ff.)[1]. Hier sind ohne Zweifel tiefere Zusammenhänge vorhanden. Das kommt u. E. am besten heraus in der vorsichtig-glücklichen Formulierung F. Klingners (1927, 146): „Ist es ein Wunder, daß die alten Erklärer hinter der 5. Ekloge ... an Tod und Apotheose des Divus Julius dachten? Eins zum mindesten ist klar: die beiden Lieder auf Daphnis beherrscht eine Idee, in deren Mitte die Gestalt eines Gottmenschen steht, von welchem Gedeih und Verderb der Welt abhängt. Die ganze Komposition zielt auf den Preis einer neuen guten Weltzeit und des Gottes, der sie heraufgeführt hat. Unheil und Heil stehen in Klage und Preis zweier Gesänge einander gegenüber." ...
Nach einem Hinweis auf die für Vergil zentrale Idee von der „Zeitwende und dem Heilbringer" fährt Klingner fort: „Wie weit diese Idee sich schon hier in der fünften Ekloge mit einer bestimmten geschichtlichen

[1] Vgl. F. Bömer (1952).

Person vereinigt hatte, bleibt eine offene Frage. „*Refutandae sunt allego-riae in bucolico carmine, nisi cum ex aliqua necessitate descendunt*" hieß es schon im Altertum (Servius, ecl. 3, 20; vgl. zu 3, 71). Nun, die Notwendigkeit liegt, wie die Analyse zeigt, wirklich vor, in dem ange-deuteten Sinne über die Hirtenwelt hinauszugehen zu einer in Virgils Geiste lebendigen, weiter reichenden Idee; aber Virgil hat keine Not-wendigkeit in das Gedicht gelegt, die der Deutung weiter den Weg zu einer geschichtlichen Person seiner Zeit wiese. Er wollte also zum mindesten den Schwebezustand der Ahnung im Hörer nicht durch eine bestimmte Deutung aufheben. Aber er begann hier, in die Hirtenwelt größere Dinge hineinklingen zu lassen."

6
⟨ *Varus vel Silenus* ⟩

Mit einer Widmung an Alfenus Varus, den auch in der 9. Ekloge erwähnten Freund und Gönner Vergils, beginnt dieses Gedicht und gipfelt in einem Preis des Cornelius Gallus, jenes nicht unbedeutenden neoterischen Dichters, der die Gedichte des hellenistischen Kallimachos-schülers Euphorion (275 bis ca. 187 v. Chr.) übersetzte und als erster Elegiker Roms gilt. In zwei recht streitbar geschriebenen Büchern vertrat F. Skutsch (1901; 1906) die Meinung, Vergils 6. und 10. Ekloge seien eine Art Katalog – wenn auch in poetischer Form – der Werke des Gallus; in Gallus glaubte F. Skutsch auch den Dichter der „Ciris", eines der größeren Gedichte aus der Appendix Vergiliana, gefunden zu haben. Seinen bedeutendsten Gegner fand F. Skutsch in F. Leo (1902; 1907), und heute scheint das Problem seiner Klärung mehr auf dem von F. Leo als auf den von F. Skutsch gewiesenen Wegen nähergeführt zu werden. Daß unser Gedicht jedenfalls nicht schlechthin unter den von F. Skutsch geprägten Begriff ‚Kataloggedicht' fällt, hat G. Jachmann (1923) u. E. überzeugend nachgewiesen.

In der Einleitung des Gedichtes weist es Vergil in feiner Art ab, die Kriegstaten des Varus in einem Epos zu feiern. Seine Muse beschenkte die Dichtung Roms mit der Bukolik Theokrits, und dieser bukolischen Art will er einstweilen treu bleiben. Der Stoff aber, den nun der von seinen Fesseln gelöste *Silenus* besingt, ist in seinem ersten Teil jedenfalls

von erhabener Größe: wir hören von der Entstehung der Welt in einem
Liede, dessen einzelne Wendungen zweifellos an die große Dichtung des
Lukrez erinnern sollen. Sie sind aber – das ist eines der Hauptergebnisse
der Untersuchung G. Jachmanns – in ihrem tieferen Gehalt keineswegs
mit der Philosophie des Epikur und seines großen römischen Schülers,
des Lukrez, in Einklang zu bringen. Das Thema selbst, die Kosmogonie
und alles, was mit ihr zusammenhängt, die Lehre von den Elementen,
von den Gestirnen und dem gesamten All, ist ein Lieblingsstoff Vergils
gewesen. Im zweiten Buch der Georgica (2, 475–482) und im ersten Buch
der Aeneis (1, 742–746) hören wir, beide Male fast in denselben Wendun-
gen, von kosmischen Ereignissen, und der große Hymnus auf den
Frühling (georg. 2, 323–345) klingt in ein Lob auf jenen ersten Welten-
frühling aus, in dessen zärtlichen Lüften die ersten Lebewesen des
Lichtes Fülle tranken. Wir sehen, Vergil hält seine großen Motive fest
und läßt sie zur Entfaltung kommen. Mit der Sage von Pyrrha gibt der
Dichter einen Hinweis auf die Entstehung des Menschengeschlechtes
und kommt von da auf den ersten Lehrer der Menschheit, den Prome-
theus. Bis dahin ist das Lied des Silen durchaus eine Einheit. Dann aber
folgen in einer nicht mehr exakt zu begründenden Reihenfolge mehrere
Sagen, in denen Liebesgeschichten und Metamorphosen erzählt wurden.
Das ist echt hellenistisch. Vergil ergreift hier, wie G. Jachmann sagt
(1923, 304), „die einzelnen Epyllien gewissermaßen an einem Zipfel ihrer
Handlung und rechnet für das übrige mit dem Wissen seiner Hörer –
darin selbst noch ein *cantor Euphorionis*". Alle diese Themata, die
erhabenen und die anderen, sind durch die Rahmenerzählung vom
trunkenen Silen und seiner Fesselung durch die Hirten *Chromis* und
Mnasyllos im Bunde mit der Nymphe *Aegle* von bukolischem Schimmer
umwebt, und so wird auch das Gedicht mit dem Aufgang des Abendster-
nes recht stimmungsvoll beschlossen[1].

---

[1] Zu den mit der 6. Ekloge sich stellenden Formproblemen, besonders den mit
der Dichtung des Kallimachos zusammenhängenden, vgl. W. Wimmel (1960, 132–
147; dort findet sich reiche Literatur).

7

⟨ Corydon ⟩

In einer sehr ansprechenden, kurzen Darstellung läßt G. Rohde in seiner Dissertation (1925, 22–25) den Charakter dieses schönen, echt bukolischen Liedes hervortreten. Neu gegenüber Theokrit ist vor allem die Komposition: der Wettstreit des *Thyrsis* und *Corydon* wird uns nicht in Wirklichkeit vorgeführt, sondern *Meliboeus* erzählt ihn – ohne Anspruch auf Vollständigkeit – aus der Erinnerung. Das Vorbild für solche Art zu komponieren findet man, wenn schon ein griechisches Vorbild gesucht werden soll, am ehesten bei Platon in seinen Rahmendialogen, nicht bei Theokrit. An der 7. Ekloge wird uns besonders deutlich, was F. Klingner in seiner Besprechung der oben erwähnten Dissertation G. Rohdes (1927, 582) so zusammenfaßt: „Für Virgil hat sich die Welt der Hirtenmimen Theokrits zu einer in sich geschlossenen bukolischen Kunstwelt verfestigt; in jeder Einzelheit klingt die Stimmung dieser ganzen Welt mit. Und auch das Eklogenbuch ist in sich geschlossen, von einheitlicher, ‚bukolischer' Färbung: ein wichtiger stilistischer Unterschied gegenüber den damals üblichen, bunt zusammengesetzten Gedichtbüchern, vorausdeutend auf andere homogene Sammlungen augusteischer Zeit." Es ist mit großer Wahrscheinlichkeit anzunehmen, daß diese 7. Ekloge trotz ihrer rein bukolischen Färbung nicht, wie K. Witte (1922) will, als früheste Schöpfung des Dichters anzusehen ist.

Als stoffliches Vorbild für den Wettstreit ist das dem Theokrit fälschlich zugeschriebene, in Distichen verfaßte id. VIII anzusprechen. Norditalisches, heimatliches Kolorit verleiht Vergil seinem Lied durch die liebevolle Schilderung der Landschaft am Mincio:

„Hier umsäumt mit schwankem Schilf der Mincio rings die
grünen Ufer, es summen aus heiliger Eiche die Bienen."

Echt römisch wirkt auch, wie G. Rohde (1925, 24) betont, der Widerstreit zwischen dem Pflichtgefühl, das den Meliboeus zur Arbeit ruft, und seiner Lust, am Wettgesang der beiden berühmten Hirtensänger teilzunehmen (7, 14–17), und es entspricht auch durchaus dem zweiten Grundmotiv der Eklogen: *„trahit sua quemque voluptas* – so treibt seine Lust einen jeden", wenn Meliboeus dem Spiel der beiden Hirten den Vorzug gibt. Wir sind eben noch nicht in jener Welt der Georgica, deren

Grundmotiv lautet: „*Labor omnia vicit!* – Die Arbeit bezwang alles"[1].
Noch herrscht das Spiel, das Gefühl, die sehnsüchtig-träumende Lust am
Schönen schlechthin[2].

8
⟨ *Damon vel pharmaceutria* ⟩

Durch die Widmung an Asinius Pollio[3], der damals Feldherr im illyri-
schen Kriege war, wird das Gedicht auf das Jahr 39 v. Chr. datiert. Es ist
ein aus zwei größeren Einzelliedern bestehender Wettgesang der Hirten
Damon und *Alphesiboeus*, dem Vorbilde von Theokrits id. VI und VII
insofern nachgebildet, als auch in diesen Gedichten „zwei große Lieder
das *amoebaeum*, den Wechselgesang, ausmachen". (E. Pfeiffer 1933, 35,
auf dessen sorgfältige Analyse des Damonliedes nachdrücklich verwiesen
sei.) In beiden Liedern, dem des Damon und dem des Alphesiboeus, geht
es um die Allgewalt des Eros. Ähnlich wie in der 2. Ekloge klagt der Held
des Damonliedes sein tiefes Leid. Seine Geliebte Nysa – er nennt sie zwar
coniux, aber das muß nicht unbedingt im vollen Wortsinne genommen
werden, wenngleich unsere Übersetzung diesen Ton zu halten versucht –
hat ihn schnöde betrogen. In der Frühe des Morgens noch klagt er;
Menschen und Götter haben ihn verlassen; wehmütig schaut er zurück
auf das Werden seiner heillosen Liebe, die sich als Irrwahn nun offenbart
hat. Heftig schmäht er den grausamen, unmenschlichen, felsenharten
Gott, den Amor – E. Pfeiffer weist auf griechische Vorbilder hin, die
Vergils Gedicht möglicherweise neben Theokrit und Lukrez beeinflußt
haben[4] –, und schließlich verkündet er seinen Entschluß, zu sterben: sein
Tod, so klagt er bitter, soll seiner treulosen Liebsten als letztes Geschenk
dargebracht werden. Außer dem formalen Einfluß von Theokrits id. VI
und VII stellte P. Jahn (1902) die Einwirkung von id. I 3 und XI für das
Damonlied fest. Wichtig aber ist u. a. die Erkenntnis E. Pfeiffers, daß
man sich bei der Analyse und der Motiverklärung vergilischer Gedichte
immer den gesamten Reichtum hellenistischer und römischer, vorklas-

---

[1] Anders H. Altevogt 1952; B. Gatz 1967, 163 ff.; A. Wlosok 1967, 68 f.
[2] Zur 7. Ekloge s. auch V. Pöschl (1964); H. Dahlmann (1966).
[3] Zu dieser Widmung vgl. E. Fraenkel (1964, 2, 213); P. Levi (1966).
[4] Für den ersten Teil des Gedichtes vgl. F. Klingner (1967, 142 f.).

sisch-neoterischer Dichtung gegenwärtig halten muß[1]. Beachtenswert ist
wieder der Einklang von Natur und Menschendasein oder, wie hier im
Damonliede, das Gefühl, nun müsse, angesichts solcher Treulosigkeit,
auch die Natur die festen Bahnen verlassen und allerlei Monstra müßten
sich zeigen.

Dem in trostloser Verzweiflung endigenden Liede des Damon folgt
das glücklich sich lösende des Alphesiboeus. Es besingt, in enger Anleh-
nung an Theokrits id. II, den Liebeszauber eines von seinem Liebsten
verlassenen Mädchens. Auch hier geht es um des Amor Allgewalt. Aber
während bei Theokrit das Leid der armen Verlassenen keine Linderung
findet – seine Darstellung der tiefen, sinnlich-seelischen Leidenschaft
übertrifft die des Vergil bei weitem –, löst Vergil hier, um einen freundli-
chen Gegensatz zu dem düsteren Damonlied zu schaffen, das Leid der
Verlassenheit in die Freude des Wiedersehens auf. Eindrucksvoll ist die
Steigerung der Zaubermittel bei Vergil[2]. Das ganze Gedicht ist ein
Meisterwerk vergilischer Komposition.

9
⟨Moeris⟩

Dem eigenartig zwiespältigen, zwischen bukolischer Traumwelt und
harter Gegenwart unruhig flimmernden Gedicht ist erst die eindringli-
che, allen Stimmungen sorgfältig nachtastende Interpretation H. Opper-
manns (1932) wirklich gerecht geworden. Der Zwiespalt der Komposi-
tion darf nicht auf ein formal-poetisches Versagen des Dichters zurück-
geführt werden, er geht vielmehr zurück auf eine tiefe, den Menschen
und den Künstler in eine Krisis seiner Existenz treibende Erschütterung.
Vergil erlebte damals den rauhen Eingriff der Machthaber Roms in sein
äußeres Leben. Er verlor 41 sein elterliches Besitztum bei Mantua. Den
Widerhall dieser Ereignisse vernehmen wir in beunruhigender Weise aus

---

[1] Vgl. die Parallelen bei E. Pfeiffer (1933, 39ff.).

[2] Zu IX 105ff. merken die Berner-Scholien an: *Aspice forsitan ancilla dicit.* Im
Bernensis 165(b) steht über *Aspice ,vox ancillae videtur esse'.* K. Büchner (1956,
215, 7) hält diese und die vorausgehenden Anreden an Amaryllis für Selbstge-
spräche.

dieser 9. Ekloge. „Zwei Welten stehen einander gegenüber. Vor der des
Dichters – *carmina nostra* (11) – reckt sich in feindlicher Drohung die
Gegenwelt einer Wirklichkeit auf, in der Macht und Gewalt (*tela Martia*)
regieren (12). Ihr hat der Dichter nichts entgegenzustellen als seine
Kunst, und die versagt." (H. Oppermann 1932, 205.) Eine Bewegung
durchwaltet das ganze Gedicht, das wir uns als ein im Gehen geführtes
Gespräch der beiden Hirten, des *Lycidas* und des *Moeris* – ähnlich id. VII
Theokrits – zu denken haben. Sie wandern hinein in den sinkenden
Abend, und mit ihnen gehen, von beiden geliebt, die Lieder des *Menal-
cas*[1], der wie Moeris fast dem Tode durch die Hand brutaler Fremdlinge
verfallen wäre. Und alle drei Hirten, Lycidas, Moeris und Menalcas, sind
Ausstrahlungen des einen Vergil. Bedeutend klingt über den anderen
Namen, denen des Varus, des Varius, des Cinna, der strahlende Name
des Iulius Caesar auf, dessen segenbringendes Gestirn[2] Menalcas preist in
der ruhevollen Erhabenheit einer sternklaren Nacht. Aber dann sinkt
wieder die Müdigkeit, die völlige Verzagtheit über den unglücklichen
Moeris hernieder, und so verklingt das Gedicht in tiefer Schwermut.
Antwort findet es in der 1. Ekloge, da wenigstens einer, der Sänger, seine
Welt und sein Schaffen in ihr gesichert weiß durch das Eingreifen eines
von nun an göttlich verehrten Jünglings.

10

⟨ *Gallus* ⟩

Wir sahen in der 2. Ekloge, wie sich vom verzweifelten Ausbruch
Corydons:

    „Me tamen urit amor; quis enim modus adsit amori?"

ein Bogen hinüberwölbt zu diesem das gesamte Eklogenbuch abschlie-
ßenden Liede zum Preise des unglücklichen Cornelius Gallus, dem
Vergil auch als Mensch viel zu danken hatte. *„Ecquis erit modus? …
Amor non talia curat"*, sagt der Hirtengott *Pan*, und *Gallus* bekennt zum
Abschluß seiner Klage: *„Omnia vincit Amor; et nos cedamus Amori."* So
rundet sich das Ganze, in dem das Amor-Motiv noch einmal in patheti-

---

[1] Vgl. F. Klingner (1967, 157).
[2] Vgl. K. Vretska (1963); G. Radke (1964, 87).

scher Steigerung entfaltet und durchgeführt wird. Als Abgesang aber folgt eine von inniger Liebe geformte Widmung an Gallus, und über den letzten drei Versen breitet sich des nahenden Dunkels dämmernder Schatten, schädlich den Sängern; der Abendstern blinkt auf und heimwärts ziehen die Ziegen. So fühlen wir uns wieder hingeführt in die Welt des Tityrus und Meliboeus, über deren Wechselgespräch der Abend hereindunkelte. Schatten, behaglicher Waldesschatten am Anfang, dämmerig-schauernder Schatten am Ende, durchweht von jener Melancholie, die aus der vergänglichen Schönheit dieser Erde immer wieder sich erhebt. Es mag wohl sein, daß Vergil mit diesen letzten Versen die Gefahr gemeint hat, die dem Sänger bedrohlich naht, wenn er allzu lange in diesem Reiche des Schattens verweilt, aus dem Träume und Sehnsüchte aufsteigen, die das Herz in lähmender Trauer und Schwermut untergehen lassen, die allenfalls dazu führen, Arkadien zu entdecken, jenes Reich zwischen Wirklichkeit und Wunschtraum, wo die Grenzen zwischen Mythos und Alltagswelt verdämmernd ineinanderfließen, wo Gallus, der vom Amor überwältigte Dichter, sich ausmalt, wie süß der Arkader Flötenlied über seinen Grabhügel dahinweht, Liebesfreud und Liebesleiden tönend.

„*Surgamus!*" ruft der Dichter darum mahnend: „Stehen wir auf!" Und in der Tat verläßt Vergil nun für immer das Reich dieser allzu weichen, allzu sehnenden Klage. Aber die großen Gedanken und Erlebnisse, die Ursehnsucht nach der *aetas aurea*, der goldenen Zeit des Menschheitsfriedens, das Urgefühl von der Gewalt des Amor, die Ehrfurcht vor dem Wirken der webenden Kräfte des Alls und vor der einmal in einer bedeutenden Begegnung erkannten Größe und Sendung jenes Jünglings, der bestimmt war, seiner Zeit Frieden und Ordnung zu bringen, des späteren Augustus, diese Gedanken und Erlebnisse nimmt der Dichter in seine Georgica mit, und sie leben noch tief im Dichter der Aeneis.

GEORGICA

Vorbemerkung

Die Georgica (wörtlich etwa „Landarbeit") galten unbestritten als Vergils reifstes Werk. Das Lehrgedicht handelt, äußerlich betrachtet, in vier Büchern von Getreide, Obst, Wein, Öl, Haustieren und Bienen. In Wirklichkeit geht es Vergil aber um eine Deutung der Welt, gewissermaßen als Antwort auf die materialistische Weltsicht, die Lukrez in seinem Werk De rerum natura gegeben hatte.

Über die Textgeschichte der Georgica haben wir, jedenfalls für die Handschriften, in der vierten Auflage unserer Aeneis-Ausgabe (Tusculum 1979[4]) ausführlich berichtet. In der vorliegenden Ausgabe beschränken wir uns auf eine tabellarische Übersicht.

Die bisher sehr knapp gehaltenen Erläuterungen zu den Georgica sind in der vorliegenden Ausgabe, vor allem in Anlehnung an Friedrich Klingner, in einer der Bedeutung des Werkes entsprechenden Weise vermehrt worden. Wir hoffen, unseren Lesern damit den Zugang zu den Georgica erleichtert zu haben.

Grundlagen der Textgestaltung

Handschriften

Sig-lum	Name und Signatur	Zeit	Bibliotheks-ort
A	1) Codex Augusteus Vat. Lat. 3256	5. Jh.	Vatikan
	2) Codex Augusteus Lat. Fol. 416	5. Jh.	Berlin
F	Codex Vaticanus lat. 3225	4. Jh.	Vatikan
G	Codex Sangallensis 1394	4. Jh.	St. Gallen
M	Codex Florentinus Laurenti-anus-Mediceus pl. XXXIX. 1.	5. Jh.	Firenze
P	Codex Vaticanus Palatinus 1631	4./5. Jh.	Vatikan
R	Codex Romanus Vaticanus lat. 3867	5. Jh.	Vatikan
V	Codex Veronensis XL 38	5. Jh.	Verona
γ	Codex Guelferbytanus 70	9. Jh.	Wolfen-büttel
a	Codex Bernensis 172	9. Jh.	Bern
b	Codex Bernensis 165	9. Jh.	Bern
c	Codex Bernensis 184	9. Jh.	Bern
e	Codex Bernensis 167	9. Jh.	Bern
h	Codex Hamburgensis 52 in scrin.	10. Jh.	Hamburg

Inkunabeln

Sig-lum	Name und Editor	Zeit Druckort	Bibliotheks-ort Signatur
Ro	Romana secunda, Ed.: Giovanni Andrea de' Bussi (1417–1475)	1471 Roma	Paris g Yc 236
Jev	Jensoniana, Dr.: Nicolaus Jenson	1475 Venezia	Paris V. 419
Jo	Joannea, Dr.: Johannes de Vienna (+ „hu"!)	1476 Vicenza	Paris g Yc 254
Zc	Zachoniana, Dr.: Jakob Zachon	1499 Lyon	Berlin (Canisius-Kolleg)

Ausgaben des 15., 16. und 17. Jahrhunderts

Sig-lum	Name und Editor	Zeit Druckort	Bibliotheks-ort Signatur
As	Ascensius, Badius Jodocus (1462–1535)	1529 Lyon	
Na	Naugerius, Andreas (1483–1529)	1552 Venezia	
Fa	Fabricius, Georg (1516–1571)	1561 Basel	
Eg	Egnatiana, Ed.: Giovanni Battista Egnazio (1473–1553)	1534 Basel	Wolfenbüttel Lh 2569
Da	Danielina, Ed.: Pierre Daniel (ca. 1530–1603)	1600 Paris	Leiden 760 B 5
Ce	Cerdiana, Ed.: Joannes Ludovicus de la Cerda (ca. 1560 bis 1643)	1642 Köln	Wolfenbüttel Lh 2° 35

Ausgaben des 18., 19. und 20. Jahrhunderts

Name	Jahr	Ort
Burmann, Peter	1746	Amsterdam
Heyne, Christian Gottlob	1767[1]	Leipzig
	1788[2]	Leipzig
	1800[3]	Leipzig
	1830[4]	Leipzig
Wagner, G. Ph. E. in Heyne[4] (abweichend von Heyne[1-3])	1830	Leipzig
Voss, Johann Heinrich	1789	Hamburg
Forbiger, Albert	1836	Leipzig
Ribbeck, Otto	1859[1]	Leipzig
	1894[2]	Leipzig
Conington, John – Nettleship, Henry	1883	London
Conington – Nettleship – Haverfield, F.	1898[5]	London
Page, T. E.	1898	London
Hirtzel, Friedrich Arthur	1900	Oxford
Plessis, F. – Lejay, P.	1913	Paris
Jahn, Paul (Ladewig-Schaper-Deuticke)	1915[9]	Berlin
Janell, Walther	1930	Leipzig
Sabbadini, Remigio	1930	Roma
Fairclough, H. Rushton	1935	Cambridge
(Sabbadini-)Castiglioni, L.	1945	Torino
Paratore, Ettore	1946	Verona
Calvi, Bartolomeo	1955	Torino
Richter, Will	1957	München
Saint-Denis, E. de	1960[2]	Paris
Mynors, Roger A. B.	1969	Oxford
Naumann, Heinrich	1970	München
Sabbadini – Castiglione – Geymonat, Marius	1973	Torino
Erren, Manfred	1985	Heidelberg

ERLÄUTERUNGEN

1. Intention

Nicht fachmännische Unterweisung in Landwirtschaftskunde, sondern Daseinsdeutung hat Vergil in seinem Epos vom Landbau seiner Mitwelt und der Nachwelt gegeben. In erstaunlicher Verlagerung der Schwerpunkte bringt er nahezu alles, was ihm am Herzen liegt, nicht in den Abschnitten, die – mehr oder weniger streng sachbezogen – thematisch von Ackerbau, Baumkultur, Viehzucht und Bienenpflege handeln, sondern gerade in den Teilen, die man lange nur als Digressionen, als Exkurse, als Abschweifungen also vom eigentlichen Thema angesehen und so allenfalls als hübsche, dem Abwechslungsbedürfnis des Lesers dienende Einzelbildchen be- und ver-zeichnet hat. Ein Überblick über die wichtigsten Partien soll zeigen, daß Vergil in diesen großartigen, seinem Gedichte als Wesensbestandteile eingewobenen Bildern und Betrachtungen Tieferes und Ernsteres als lediglich das Vergnügen der Leser angestrebt hat.

2. Quellen

Im Stofflichen lehnt sich Vergil auf weiten Strecken seines ersten und dritten Buches an das 37 v. Chr. erschienene landwirtschaftliche Werk Rerum rusticarum libri tres des M. Terentius Varro (116–27 v. Chr.) an. Varro handelt aufgrund eigener Erfahrung und, größerenteils, im Anschluß an griechische und römische Fachliteratur im 1. Buch über Ackerbau (De agri cultura), im 2. und 3. über Groß- und Kleintierzucht und über einige Wildarten (De re pecuaria und de villaticis pastionibus). Unter seinen lateinischen Vorlagen nimmt das Werk De agri cultura des alten M. Porcius Cato (234 bis 149 v. Chr.) den vornehmsten Platz ein. Seine griechischen Quellen sind vor allem Cassius Dionysius aus Utica und Diophanes aus Nicaea in Bithynien (beide 1. Jh. v. Chr.). Cassius übersetzte 88 v. Chr. das große landwirtschaftskundliche Werk des Karthagers Mago, das alle bis dahin vorliegenden Einzelschriften zusammenfaßte und verdrängte, ins Griechische und verkürzte es auf 20 Bücher. Diophanes machte aus dieser Übersetzung des Cassius für seinen König Deiotarus einen Auszug, der noch 6 Bücher umfaßte.

Vergil hat wahrscheinlich den Auszug des Diophanes selbst eingese-
hen. Darüber hinaus benutzte er die zoologischen Schriften des Aristote-
les (384–322) und die botanischen des Theophrast (ca. 372–287 v. Chr.),
weiterhin für das Astronomische das Lehrgedicht „Phainomena" des
Aratos von Soloi (315–239 v. Chr.), für anderes die Lehrgedichte des
Nikander aus Kolophon (2. Jh. v. Chr.) über Ackerbau (Γεωργικά),
Bienenzucht (Μελισσουργικά) und Heilkunde (Θηριακά und Ἀλεξι-
φάρμακα). Dem zuerst genannten Werke Nikanders entlehnte Vergil
den übrigens auch sonst in griechischer Literatur dieser Zeit anzutreffen-
den Titel: „Georgica"[1].

Daß Vergil, ebenso wie Varro, das Werk des alten Cato mit besonderer
Liebe gelesen und nicht nur den Stoff, sondern auch viel von der in
diesem Buche lebendigen uritalisch-echtrömischen Gesinnung in sich
aufgenommen hat, ist durch die Georgica hindurch an verschiedenen
Stellen deutlich zu spüren. Gründliche Belehrung verdankte er auch den
Werken seines Zeitgenossen Hyginus. Für das in den betrachtenden
Teilen geformte mythische und philosophische Gut schöpfte Vergil
zunächst aus den Werken der großen griechischen und römischen Dich-
ter, aus Homer, Hesiod, Kallimachos, Theokrit, Apollonios Rhodios,
Ennius, Lukrez, Catull u. a. Daneben aber standen ihm die Scholien zu
den genannten Dichtern und außerdem mythographische Handbücher
zur Verfügung. In die Gedankenwelt und sicher auch in die Literatur der
großen griechischen Philosophen wurde er durch seinen Lehrer Siron
eingeführt; er hatte auch durchaus Gelegenheit, aus Ciceros philosophi-
schen Werken Anregung zu empfangen. So lebte er in einem Reichtum
von religiösen, philosophischen, poetischen und allgemein wissenschaft-
lichen Gedanken, die er nun auf seine ganz persönliche Art gestaltet und
zum Gedichte geformt hat.

---

[1] Die Annahme, Vergil habe auch Xenophons Oikonomikos, der durch Ciceros
Übersetzung den gebildeten Römern bekannt war, gelesen, scheint uns trotz
Schanz-Hosius § 228 und H. Morsch (1878, 193) nicht unwahrscheinlich zu sein.

3. Charakteristik der einzelnen Bücher

Im folgenden findet der Leser Angaben zum Inhalt des jeweiligen Buches, zu seiner Gliederung und Kunstgestalt. Dargestellt ist weiterhin die Auseinandersetzung Vergils mit Vorgängern und Vorbildern, wobei es außer um den Nachweis der eigenständigen dichterischen Leistung vor allem auch um die Verdeutlichung der weltanschaulichen Position geht. Schließlich werden im engeren Sinne philologische Probleme angesprochen wie Fragen nach der Chronologie und dem Verhältnis Vergils zum politischen Geschehen der 30er Jahre.

I

⟨ Getreideanbau ⟩

Proömium (1–42)

Seit alters werden Epen – und zur Gattung des Epos zählt ein in stichischen Hexametern geschriebenes Werk nun einmal, wenigstens in einem weiteren Sinne – mit einem Proömium eröffnet, das sich an eine Gottheit wendet. Bei Homer ist es eine Muse, bei Hesiod sind es die Pierischen Musen (Erga) oder die Muse vom Helikon (Theogonie), und selbst der Atheist Lukrez stellt seinem Lehrgedicht De rerum natura einen Hymnus an Venus voran (*Aeneadum genetrix, alma Venus* r.n. 1, 1), der dann zu Memmius weiterführt, dem das Werk gewidmet ist (*Memmiadae nostro* r.n. 1, 26).

Anders Vergil. Er setzt mit der Widmung an *Maecenas* ein (1, 2) und leitet von ihr zum Anruf an zwölf Gottheiten über. Während aber Homer, jedenfalls der dichterischen Fiktion nach, die Muse erzählen läßt (Μῆνιν ἄειδε, θεά – Ἄνδρα μοι ἔννεπε, μοῦσα), spricht Vergil in eigener Person (*hinc canere incipiam* 1, 5), wie auch schon Lukrez (*pangere conor* r.n. 1, 25), freilich mit der Bitte, Venus möge ihm dabei zur Seite stehen (*te sociam studeo scribendis versibus esse* r.n. 1, 24). Auch Vergil erwartet solche Hilfe (*da facilem cursum* 1, 40), aber nicht nur von den Göttern, sondern vor allem auch von dem zum Gottmenschen erhobenen *Caesar Octavianus.*

Die Götter, die Vergil anruft, sind nicht die zwölf *Di Consentes* des Varro, aus dessen Sachbuch De re rustica er vielfach schöpft, sondern solche, die in irgendeiner Weise mit der Landwirtschaft zu tun haben: Sonne, Mond, *Liber, Ceres, Fauni, Dryades; Neptunus, Aristaeus, Pan; Minerva, Triptolemus, Silvanus.* Von ihnen erwartet der Dichter Belehrung und damit Hilfe in der Sache.

Das Proömium bringt in seinen ersten fünf Versen eine Inhaltsangabe zu den vier Büchern und erweist sich damit als Vorwort zum Gesamtwerk. Schon dies deutet darauf hin, daß es zuletzt geschrieben wurde. Noch deutlicher wird dies, wenn man sich erinnert, daß die Georgica – der Suetonischen Vergilvita zufolge – in den Jahren 37 bis 30 v. Chr. entstanden sind. Der hymnische Ton, mit dem Vergil Octavianus unter die Götter einbindet, ist am ehesten begreiflich, wenn man annimmt, daß zum Zeitpunkt der Abfassung die den Bürgerkrieg beendende Schlacht bei Actium (31 v. Chr.) bereits geschlagen war. Allerdings wird diese Vermutung – ihre Richtigkeit vorausgesetzt – noch zu Schwierigkeiten bei der Beurteilung des im Ton vergleichbaren Finales des ersten Buches führen.

Hauptstück (43–465)

Das erste Buch gliedert sich, von Proömium und Finale abgesehen, in drei Themengruppen, nämlich 1. Bestellung des Ackers (43–203), 2. Kalender der ländlichen Arbeiten (204–350) und 3. Wetterzeichen (351–465).

1. Bestellung des Ackers (43–203)

Quid faciat laetas segetes – so setzt das erste Buch ein, und mit *vere novo* (43) wendet es sich der Bestellung des Ackers im Frühjahr zu. Von Anfang an ist alles Sinnen und Trachten des Bauern auf eine reiche Ernte gerichtet. Da heißt es, planend vorsorgen, nicht nur in einem technischen Sinn, daß eben alles Gerät bereit ist und kein Tag versäumt wird, sondern in einem tieferen Verständnis für die besondere Leistungsfähigkeit des jeweiligen Bodens. Das sind jene „Gesetze", die der Dichter in die Tage Deucalions und Pyrrhas zurückdatiert, in denen das Menschengeschlecht aus Steinen entstanden ist, ein *durum genus* (63):

„Gleich im Anbeginn fügte in diese Gesetze und fest in
ewiges Bündnis Mutter Natur die Lande ..." (60–61).

Die Menschen, ein hartes Geschlecht unter harten Lebensbedingungen, das ist zugleich der Grundton, auf den das gesamte erste Buch gestimmt ist. Mag sich der Bauer noch so mühen, immer ist sein Werk bedroht von Nässe und Dürre, von Schatten, Unkraut, Schädlingen – eine heillose Welt also, und das bei Vergil, den doch jedermann für den Künder einer „heilen Welt" halten möchte?

Das Gedicht hat damit schnell den Punkt erreicht, an dem Vergil sich ideologisch festlegen muß: Soll er es mit dem als Dichterpersönlichkeit hochverehrten Lukrez und damit (weiterhin) mit den Epikureern halten? Sie, die großen „Entlarver" (F. Klingner 1967, 209), lehrten doch, daß es keine Götter gebe, und wenn ja, daß sie sich, in ihren Intermundien selig mit sich selbst beschäftigt, jedenfalls nicht um die Menschen kümmerten. Gegen die nach mechanischen Gesetzen ablaufenden Prozesse der Natur aber ist der Mensch nahezu ohne Chance.

Vergil kann die schwere Arbeit des Bauern, sein Ausgeliefertsein an die Widrigkeiten der Natur, weder leugnen noch verharmlosen. Aber er unterlegt ihr einen tieferen, finalen Sinn: Jupiter selbst hat es so gewollt, damit der Mensch herausgefordert sei, seine Fähigkeiten zu entfalten, den Daseinskampf zu bestehen:

„Er selber, der Vater
wollte den Landbau erschweren. Er ließ als erster die Fluren
künstlich bestellen und schärfte den menschlichen Geist an der Sorge
Wetzstein, duldete nicht, daß starr sein Reich ihm verdumpfe" (121–124).

Dies also ist der Sinn all der Plage, die Jupiter dem Menschen auferlegt, und hier findet Vergil eines jener Worte, die den Erklärern ob ihrer Tiefe immer wieder Rätsel aufgeben:

„Labor omnia vicit | improbus. –
In allem bewährte sich siegreich | arge Mühsal" (145–146).

Hierin gipfelt zugleich die Kulturentstehungslehre, die der Dichter in sein Werk einbezogen hat. Er stellt sich damit gegen Lukrez auf die Seite Hesiods (Erga 50 ff.): Das Goldene Zeitalter ist unwiederbringlich vorbei, Jupiter führt das Szepter. Er will, daß der Mensch es nicht bequem habe. In einem Vergleich macht Vergil das Los des Bauern – es ist das Menschenlos schlechthin – noch einmal deutlich:

„So stürzt durch das Schicksal
alles in steten Verfall und treibt absinkend nach rückwärts
wie ein Ruderer, der stromauf mit Mühe den Nachen
vorwärts zwingt: Läßt flüchtig nur einmal die Arme er sinken,
reißen ihn jäh die Fluten zurück in sausender Strömung" (199–203).

Sic omnia fatis | in peius ruere – eine pessimistische Sicht, die weit über die
Fragen der Ackerbestellung hinaus ins Allgemeine führt. Vergil läßt da
die schlimme Bürgerkriegszeit durchscheinen, und als Leser beginnt man
zu ahnen, daß die Georgica im Grunde nur ein Gleichnis sind: Nicht
Belehrung des Bauern, so treffend sie im einzelnen sein mag, ist ihr Ziel,
sondern Deutung der Welt und des Weltgeschehens.

2. Kalender der ländlichen Arbeiten (204–350)

Trotz der düsteren Grundstimmung hellt sich der Horizont nun etwas
auf. Der bäuerliche Kalender orientiert sich an den Gestirnen. Sie zeigen
die Zeit und bringen auch frohe Tage mit sich.

Daß für alles, was mit der Beschreibung des Himmels zusammen-
hängt, Aratos' Phainomena die Quelle waren, bedarf keines Beweises.
Vergil folgt Arat freilich nicht sklavisch, sondern ordnet seinen Stoff so,
wie sein Kunstwille ihn braucht. Für den sezierenden Intellekt manchen
Kritikers ist das ein Ärgernis; denn er will eine exakte Gliederung
aufspüren. Doch damit verkennt man das Wesen von Dichtung. Dem
Dichter vereint sich scheinbar Widerstrebendes und Getrenntes auf einer
höheren Ebene, dem Gesetz der Komplementarität folgend, zu einer
sinnreichen Ordnung. Friedrich Klingner hat mit einem unvergleichli-
chen Gespür für Synästhesien aufgezeigt, wie hinter dem äußeren Gang
der Verse eine gleichsam musikalische Dramaturgie am Werke ist, auf die
man aufmerksam geworden sein muß, wenn man ein Werk wie die
Georgica genießen will.

So finden wir hier nach der Schilderung der harten Bauernarbeit das
Bild eines beschaulichen Winterabends, ein idyllisches Genrebild, das
überdies noch durch einen Vergleich gehöht wird:

„Einladend winkt der gemütliche Winter, bannet die Sorgen.
Also behängen voll Freude das Heck die Schiffer mit Kränzen,
wenn mit lastender Fracht sie endlich im Hafen gelandet" (302–304).

Doch bald darauf (316 ff.) folgt die Schilderung eines Gewitters, in dem sich die Naturgewalten, mit Vernichtung drohend, wild entladen – eine Passage von wunderbarer Sprachgewalt, in der man das Tosen der Elemente geradezu mitzuerleben meint.

Aber auch dies ist nur Episode. Alles hellt sich alsbald wieder freundlich auf, und ein Ceresfest tritt vor unser geistiges Auge, eingeleitet von der Mahnung, die Götter zu ehren:

„Aber vor allem verehre die Götter, bringe der großen
Ceres jährlich Opfer dar in freundlichen Auen,
   wenn der Winter endlich vergeht, im heiteren Lenze" (338–340).

Wenn wir so das ländliche Volk in fröhlichem Tanz vereint finden, scheint alle Daseinsangst verflogen. Alles ist heiter gestimmt und voller Lebenslust. Wird man da nicht an Beethovens Pastorale erinnert?

3. Wetterzeichen (351–465)

Indes, die Feste werden zwar gefeiert, wie sie fallen; im übrigen aber hat man sich vorzusehen, denn die Natur bleibt drohend. Doch Jupiter ist kein Unhold: Er legt dem Menschen eine harte Bürde auf, aber er sorgt auch für ihn, indem er Zeichen gibt, die ankündigen, wie sich das Wetter gestalten wird. Das setzt voraus, daß man solche Zeichen beobachtet und richtig zu deuten versteht.

Auch für dieses Lehrstück ist Aratos die Quelle (Semeia). Der Dichter macht es uns dieses Mal leicht: Er hält sich an die von seinen Kritikern erwartete Ordnung.

In einzelnen Szenen, die von der Wetterfühligkeit der Tiere handeln, scheint Vergil aus eigener Erfahrung zu sprechen, war er doch auf dem Lande aufgewachsen, Sohn eines Bauern aus Andes nahe Mantua. Aber er bleibt nicht bei der Beschreibung von Phänomenen stehen, sondern forscht nach deren Ursachen. So stellt er die Hypothese auf, die Tiere reagierten auf Veränderungen des Luftdrucks, die dem Wettergeschehen vorauszueilen pflegen – eine einleuchtende naturwissenschaftliche Erklärung, die (auch einem Lukrez akzeptabel) ohne die Annahme eines göttlichen Einwirkens auskommt:

„Freilich, so scheint mir, nicht göttliche Kraft noch schicksalsgeschenkte tiefere Zukunftsschau läßt Tiere das Wetter vorhersehn" (415–416).

Finale (466–514)

Die Überleitung aus den Wetterzeichen zum Finale bringt dem Leser in
Erinnerung, daß das eigentlich Georgica-Gemäße vielfach nur den
Schleier bildet, hinter dem sich das wirklich Gemeinte vorbereitet, um
von Zeit zu Zeit durchzubrechen. So war am Ende des dritten Hauptteils
die Rede von der Sonne als Wetterankündigerin, und schon wechselt das
Ziel:

„Wer wagte, die Gottheit der Sonne ǀ falsch zu nennen?" (463–464)
Denn jetzt sind wir unversehens bei jenen Naturerscheinungen, von
denen der Tod des Diktators Caesar begleitet war, der eine neue,
grausame Phase des Bürgerkriegs zur Folge hatte. Die Sonne also als
Künderin des politischen Wetters! Aber in all der Not naht auch schon
der Retter, der junge *Caesar Octavianus*, wie wir ihn bereits aus der 1.
Ekloge (1, 6ff.) kennen: Er soll dem Unheil wehren, das dem Lande
droht. Die *di indigetes, Romulus, Vesta* werden angerufen, diesen *Octa-
vianus* bei seinem Rettungswerk doch wenigstens nicht zu behindern:

„Diesen Herrscher im Jugendglanz, wollt ihn doch nicht hindern,
Retter zu sein der zerrütteten Welt!" (500–501).

Die Schrecken des Bürgerkrieges verdichtet Vergil zum Schluß wieder in
einem Vergleich:

„Bruderkrieg tobt überall auf dem Erdkreis.
Also entstürmen dem Start die Viergespanne, durchrasen
zielüberrennend die Bahn, machtlos sich bäumend am Leitseil
fliegt der Lenker mit fort. Nicht fügt sich der Wagen den Zügeln"
(511–514).

In einer scharfsinnigen Analyse will J. Bayet (1930) in dem Finale zwei
Schichten unterscheiden: gewissermaßen ein ‚Altfinale', das in den Jah-
ren 39/38 v. Chr. entstanden ist, und die erst spät, d. h. nach Actium (31
v. Chr.) eingefügten Caesar-Verse (498–504). Dort herrsche Verzweif-
lung, hier Sieges- und Friedenshoffnung. Dies ist für ihn zugleich
Hauptstütze seiner These, das erste Buch der Georgica sei ursprünglich
ein selbständiges Gedicht gewesen, das den Eklogen näherstand als die
Bücher II bis IV.

Friedrich Klingner (1967, 222ff.) wendet sich entschieden gegen diese
Hypothese. Er sieht keinen Einschub, der einen Bruch verursacht haben

soll. Der von der Gesamtanlage des Werkes geforderte dunkle, schwere Schluß des ersten Buches werde durch die Apotheoseverse nicht gestört.

Es mag sein, daß ein solch ästhetisches Argument nicht jedermanns Sache ist, zumal die uns vorliegende Fassung des Finales ihm nicht voll zu entsprechen scheint. Dennoch sind wir der Ansicht, daß Friedrich Klingner Recht hat, wenn er den Beweis aus dem zweifellos späten Gesamtproömium führt: „Und wenn man sich auf die späten Apotheose-Verse im Proömium des ersten Buches beruft, so lese man sie doch einmal nach denen des Finales. Man wird den gewaltigen Unterschied der Gemütslage spüren: Furcht und Hoffnung hier, feierliche Huldigung ohne alle Sorge dort" (1967, 225).

II
⟨Kultivierung von Bäumen und Sträuchern⟩

Während im ersten Buch der Georgica dargestellt war, unter welchen Mühen der Bauer dem Boden und dem Wetter die Getreideernte abringen muß, setzt das neue Thema den Dichter in die angenehme Lage, die Gebefreudigkeit der Mutter Erde rühmen zu können. Damit wird ein freundliches Gegenstück zu der düsteren Grundstimmung des ersten Buches möglich.

Proömium (1–8)

Daß Vergil auf Gegensätze abzielt, zeigt sich auch sogleich beim Proömium: Dem ausführlichen Vorspruch zum ersten Buch (und zugleich zum Gesamtwerk) entspricht ein verhältnismäßig knapper *Bacchus*-Anruf:

„Jetzt, Vater Bacchus, besinge ich dich ..." (2).
Auch die Überleitung bleibt karg. „*Hactenus arvorum cultus et sidera caeli* – Pflege der Fluren besang ich bisher und Sterne des Himmels" (1). Dieser gewissermaßen prosaische Einstieg in ein neues Gebiet dient der Vorbereitung einer Steigerung. Er ist aber auch durch die Quellenlage mitbegründet. Denn Theophrasts Werke über die Pflanzen sind reine Sachbücher. Doch hat sich Vergil, wie wir nach den Erfahrungen mit

dem ersten Buch ohnehin erwarten, nicht sklavisch an die Systematik der Vorlage gehalten. Seine Komposition folgt eben einem Stilwillen, der den Stoff so organisiert, wie die Verfolgung tieferliegender Absichten es erheischt.

Hauptstück (9–457)

Auch das zweite Buch gliedert sich in seinem Hauptstück in drei Themengruppen, nämlich: 1. Vielfalt der Bäume und Sträucher (9–176), 2. Anpflanzen (177–345) und 3. Pflege von Bäumen und Sträuchern (346–457).

1. Vielfalt der Bäume und Sträucher (9–176)

Mit der Vergegenwärtigung der Vielfalt von Arten und Formen der Bäume und Sträucher, die der Landwirt in seine Pflege nehmen kann, setzt der erste Hauptteil ein:

„Reich an Formen entläßt Natur aus Ursprung die Bäume
stets verschiedener Art" (9–10).

Der Ausdruck *arboribus ... creandis* läßt aufhorchen. Ist da wirklich nur der Formenreichtum gemeint, den die Natur aus sich hervorbringt, oder geht es auch um die Möglichkeiten, die der Bauer hat, aus dem, was die Natur hervorsprießen läßt, neue Variationen zu züchten? Tatsächlich folgt bald die Mahnung an den Bauern, er solle es nicht daran fehlen lassen,

„das wilde Gewächs ⟨zu⟩ veredeln durch züchtende Pflege" (36).

Dies läßt erwarten, daß der Dichter sogleich die Folgen ausmalt, die sich einstellen müssen, wenn man die Pflege (das *colere*) vernachlässigt.

Doch ehe Vergil sich diesem Gedanken zuwendet, schiebt er eine Bitte an seinen Gönner *Maecenas* ein, ihn bei seinem Werke zu unterstützen. Dabei findet er hohe Worte für eine Lobpreisung:

„Du meine Zier, Dir gebührt meines Ruhmes vorzüglichster Anteil, Maecenas!" (40–41).

Hier hatte Vergil freilich protokollarische Rücksichten zu nehmen: Das Maecenas-Lob mußte in einem angemessenen Verhältnis zu dem Rühmenden bleiben, das über Octavianus zu sagen war. Doch dafür sorgte allein schon der kürzere Umfang.

Nun greift der Dichter den Faden wieder auf und mahnt erneut, sich der Kultivierung der Pflanzen zu widmen. Denn was da stark und üppig aus dem Boden hervorschießt (*laeta et fortia*), ist zunächst unfruchtbar (*infecunda*) und auch immerzu davon bedroht, wieder zu degenerieren (*degenerare* 59). Darin erkennen wir einen leisen Anklang an das aus dem ersten Buch vertraute *labor*-Motiv.

Im weitern folgen Beispiele für alle die vielfältigen Möglichkeiten des Veredelns, z. B. durch Aufpfropfen von Reisern, bis hin zu dem Baum, der sich da

„mit gesegneten Ästen ... erhoben und sieht voll
Staunen neuartig Laub und Frucht, ganz fremd seinem Stamme" (81–82).

Möchte man, wenn man die Versfolge, aus der diese Zeilen stammen, betrachtet, nicht geradezu erwarten, Vergil werde nun wie in des Franziskus Sonnengesang vom „Bruder Baum" zu sprechen beginnen? So sehr versenkt er sich in das Leben der vegetativen Natur.

Das Schwelgen in der Fülle und Vielfalt bildet den Auftakt zu der wohl vollendetsten Partie der gesamten Georgica, dem Lob Italiens (*laudes Italiae* 136–176). In Italien, der *Saturnia tellus*, lebt noch ein Abglanz jenes Goldenen Zeitalters, das mit dem Abtreten des *Saturnus* und der Machtübernahme durch Jupiter von der Erde verschwunden ist. Hier könnte man Vergleiche anstellen mit jenen *laudes*, mit denen ein Platon, Isokrates, Lysias, Demosthenes die griechische Heimat gerühmt und aus dem Kreis der sie umgebenden Länder herausgehoben haben.

Bei Vergil spielt jedoch auch aktuelle Tagespolitik herein; denn mit der Abgrenzung gegenüber den Lockungen und Gefahren des Orients wird deutlich auf *Antonius* und seine Liaison mit *Cleopatra* angespielt, eine Gefährdung Roms, die im Jahre 32 v. Chr. der letzten Krise zutrieb. Doch das bleibt nur eben angedeutet, um den Glanz Italiens um so heller erstrahlen, es hervortreten zu lassen als „die Idee, als Land des Maßes und der Mitte" (F. Klingner 1967, 238). Hätte man damals schon Bedarf an Nationalhymnen gehabt, in diesen Versen wäre der Stoff bereitgelegen. Worauf es Vergil ankommt, ist, sein Werk als ein *carmen Ascraeum* (176) vorzustellen, als eine Dichtung in der Nachfolge jenes Hesiod aus Askra in Böotien, der zuerst die Arbeit des Bauern in Versen zu rühmen wußte.

2. Anpflanzen von Bäumen und Sträuchern (177–345)

Wieder wählt Vergil einen recht prosaischen Übergang zum neuen Thema: *„Nunc locus arvorum ingeniis* – Jetzt heißt's prüfen der Fluren Natur ..." (177). Damit beginnt ein Lehrstück für den landwirtschaftlichen Praktiker: Wie prüft man die Qualität des Bodens, um seine Eignung für den Anbau verschiedener Pflanzen zu erkennen? Daß sich nach solch bescheidenem Beginn wieder ein Gipfel erheben werde, erwarten wir bereits. Diesmal freilich wird es nur ein bescheidener Vorberg: Die *laudes Campaniae* rühmen die Schönheit und Fülle der Landschaft, in der Vergil am liebsten weilte: Neapel und sein Umland (217–225).

Es geht weiter mit der sachlichen Erörterung verschiedener Erdarten. Vergil kennt sich da aus, das merkt man sogleich. Zweck der Bodenprüfungen ist es, den rechten Standort für den Baum oder den Strauch ausfindig zu machen, den man anpflanzen will. Da muß der Boden auch einmal für eine tiefe Pfahlwurzel ausreichen. Die der Eiche erstreckt sich „bis zum Tartarus" (292), „kein Winterorkan kann je sie entwurzeln" – hyperbolisch gewiß, aber in bester homerischer Tradition (Ilias 12, 132 ff.).

Das Epos steht auch Pate, wo die Anpflanzung eines Weinbergs beschrieben wird: Wie Soldaten stehen die Rebstöcke da, und der Wortschatz läßt Anklänge auch an Lukrez erkennen, hinter dem in solchen Partien Ennius zu stehen scheint: Vergil ganz in der Tradition des lateinischen Epos (vgl. F. Klingner 1967, 248).

Der Freude am Wohlgegliederten, am ästhetisch Schönen folgt sogleich das Erlebnis der Vernichtung: Da fährt ein Flammensturm in die Ölpflanzung, weil weidende Hirten nachlässig mit dem Feuer umgingen. Die Frucht generationenlangen Bauernfleißes ist im Nu vernichtet (303–314) – eine schaurig-schöne Versfolge, die gedanklich bei Homer vorgebildet ist (Ilias 11, 155 ff.). Wir finden also ein ganzes Nest von Epenverarbeitung, das diesem zweiten Hauptabschnitt sein eigentümliches Gepräge verleiht.

Nun aber ist es soweit, daß man ans Anpflanzen der Stecklinge gehen kann; denn der Frühling stellt sich ein, und das ist die rechte Zeit dafür:

„Frühling zumal treibt Knospen im Hain, grünt lieblich in Wäldern,

Frühling läßt schwellen das Land, nach zeugendem Samen verlan-
gend" (323–324).

Dies ist der Auftakt zum eigentlichen Höhepunkt unseres zweiten
Themas: Himmel und Erde vermählen sich: *pater omnipotens Aether*
(325) und *Terra, coniunx laeta* (326). Es ist jener ἱερὸς γάμος, den nach
unserer Kenntnis zuerst Aischylos in seinen Danaiden (fr. 55 Werner) in
die Literatur eingeführt hat. Auch Vergils großes Vorbild, Lukrez,
spricht davon (r.n. 1, 10ff.). Was aber bei ihm, dem Leugner der Götter,
nur Allegorese sein kann, ist bei Vergil tief-religiöses Bekenntnis. Er will
den Sinn dessen wieder aufdecken, was im Alltag des Bauern durch die
ewige Wiederkehr des stets Gleichen zu glanzloser Routine zu verkom-
men droht.

3. Pflege von Bäumen und Sträuchern (346–457)

Die Keime sind angegangen; nun bedürfen sie der betreuenden Pflege.
Wieder setzt die Darstellung betont schlicht, ja prosaisch wirkend an:
„*Quod superest* . . . – Was noch übrigbleibt . . ." (346); dem Leser ist das
bereits vertraut.

Insbesondere wendet sich Vergil nun der Pflege der jungen Rebschöß-
linge zu, und er kommt dabei bald auf die Abwehr der vielen Gefahren zu
sprechen, die dem zarten Grün drohen. Zu den schlimmsten Feinden
zählen da die Ziegen. So findet das Gedicht aus der Beschreibung ganz
alltäglicher Verrichtungen zu dem Höhepunkt des dritten Themas, dem
*Bacchus*fest (380–396) im Herbst.

In die Schilderung des dionysischen Treibens flicht Vergil die bekannte
etymologisierende Theorie von der Entstehung der Tragödie aus dem
Bocksopfer (τράγος – Bock) ein. Die Parallele zu dem *Ceres*fest des
ersten Buches ist unübersehbar (1, 338–350). Galt dort alle Sorge des
Landmanns der Getreideernte, sein Dankgebet infolgedessen der
Schutzpatronin *Ceres-Demeter*, so hier im zweiten Buch, in dem die
Weinlese stellvertretend für alle Ernten von Bäumen und Sträuchern zu
verstehen ist, dem *Bacchus-Liber-Dionysos*. Das bringt die Möglichkeit
der Steigerung von dem in stillen Mysterien gefeierten Wirken der
Demeter und des *Triptolemos* zu dem lärmenden, orgiastischen Treiben
bei den Dionysien.

Daß *Ceres* und *Liber* im Proömium des ersten Buches (1, 7) nebeneinander genannt wurden, zeugt im übrigen einmal mehr von der kunstreichen Verflechtung der Bücher.

Danach wendet sich das Gedicht den Ölbäumen zu, findet da zu bukolischen Tönen und läßt sein drittes Thema damit insgesamt sanft und freundlich ausklingen.

Finale (458–542)

Im Finale steigert sich Vergil noch einmal, jetzt zum Lob des Bauern, namentlich desjenigen, der seine Arbeit nicht in stumpfem Trott verrichtet, sondern sich bewußt ist, in welchem Maße er als Gestalter der Natur zum Mitvollzieher des Jupiterwillens geworden ist:

„Überglücklich die Bauern, wenn sie ihrer eigensten Güter
inne würden!" (458–459).

Was so hymnisch ansetzt („*O fortunatos nimium* ...!"), wirkt auf den ersten Blick wie ein Widerspruch zu früher Ausgeführtem. Eine Palinodie somit? Wenn man Vergil so betrachtet, wird man ihm schwerlich gerecht. Denn die Einheit der Vorstellungen liegt eben darin, daß das Los des Bauern, so sehr es auch drücken mag, gemessen an alldem, was der in die Tagespolitik verstrickte Städter zu gewärtigen hat, immer noch im Abendrot der Goldenen Weltzeit leuchtet.

Lukrez wären solche Gedanken fremd. Es kommt aber hier nicht zu einem Aufeinanderprallen sich ausschließender Ideologien. Denn Vergil, der als Epikureer begonnen hat, ist immer noch weit davon entfernt, dieser Lehre abzuschwören. Nur den materialistischen Überbau kann er nicht mitmachen. Die Lebenshilfe jedoch, die sich in dem Wahlspruch λάθε βιώσας konzentriert hat, bleibt ihm lieb. Sichtlich leidet er nicht unter jener Angst vor dem Tod, oder richtiger: vor dem, was nach dem Tode kommen könnte, die Lukrez dazu zwingt, sich so verbissen von ihr freizukämpfen, indem er jeden Gedanken an eine Postexistenz der Seele als schieren Aberglauben abtut, wofür ihm die Atomlehre die wissenschaftlichen Argumente an die Hand gibt.

Gewiß, auch Vergil leidet an dieser Welt, er sieht ihre Zerrissenheit und beklagt die Bedrohung des Menschendaseins, aber er sieht eben doch auch die Möglichkeit, die verlorengegangene Harmonie der Welt in sich selbst und für sich selbst neu zu gewinnen – um den Preis des Rückzugs aus der *vita activa*. So charakterisiert ihn auch die Suetonvita, nämlich als einen scheuen Menschen, der den Preis des Verzichts auf eine Teilnahme am Treiben der großen Welt bereitwillig zahlt.

Die Fachfragen der Philosophie interessieren auch Vergil; er greift aber nicht ins Arsenal der großen hellenistischen Schulen, sondern weiter zurück zu den ursprünglicher beobachtenden Vorsokratikern. Gut, wenn die Musen ihm einen Weg auch durch diese Fragen zeigen (*Musae ... caelique vias et sidera monstrent ...* 475–477), doch ist er nicht traurig, wenn ihm solches Wissen versagt bleiben sollte (*sin, has ne possim naturae accedere partis, frigidus obstiterit circum praecordia sanguis ...* 483–484): Gerne will er sich „ruhmlos" (*inglorius* 486) auf sein Musengefild beschränken.

Insgesamt sieht Vergil die sentimentalische und die naive Weltsicht, wie wir heute sagen würden, als kompatibel an:

„Selig, wer es vermochte, das Wesen der Welt zu ergründen,
wer so all die Angst und das unerbittliche Schicksal
unter die Füße sich zwang und des gierigen Acheron Tosen!
Selig auch jener, dem die ländlichen Götter vertraut sind,
Pan und der alte Silvanus, der Schwesternreigen der Nymphen!" (490–494).

Der Bauer und sein bescheidenes Glück sind es also, mit denen der Dichter sich identifizieren möchte:

„Aber der Bauer durchfurcht mit gekrümmter Pflugschar die Erde:
Hier beginnt im Jahre sein Werk, so erhält er die Heimat,
so sein bescheidenes Gut, Kuhherden und tüchtige Stiere" (513–515).

Damit scheint der Gedankengang zurückzuschwingen zum Bild des Goldenen Zeitalters, in dem *Saturnus* noch auf Erden weilte. Da „hörte man ⟨noch⟩ nicht die Kriegstrompeten schallen, nirgends klirrte der Hämmer Geläut schwertschmiedend am Amboß" (539–540). Jäh treten dem Dichter wieder das wahnwitzige Treiben im Lande und die Agonie der freien Republik vor die Seele. Fast gewaltsam reißt er sich von diesen quälenden Vorstellungen los und strebt mit zwei Versen abrupt zum Ende:

„Aber wir haben des Rennens gewaltige Strecke durchmessen,
Zeit ist's, vom Joche zu lösen der Rosse dampfenden Nacken" (541–542).

III
⟨ *Tierzucht* ⟩

Quae cura boum, qui cultus habendo sit pecori (1, 3), so hatte Vergil das
Thema im Proömium des ersten Buches (und damit des Gesamtwerkes)
vorgestellt. Während aber in der entsprechenden Passage für das zweite
Buch die den tatsächlichen Schwerpunkt bildenden Rebstöcke angekün-
digt sind, ist hier das Pferd ausgespart, dem doch das besondere Interesse
des Dichters gelten wird.

Proömium (1–48)

Ehe der Dichter zu seinem Thema ansetzt, bringt er ein breites, in dieser
Hinsicht dem des ersten Buches vergleichbares Proömium, das die
Interpreten besonders beschäftigt, aber auch entzweit hat.

Verständlicherweise sucht man in den Werken Vergils nach Hinweisen
auf seine äußere und innere Entwicklung. Ansatzpunkte hierfür ergeben
sich immer dann, wenn von auch anderweitig bezeugten Zeitumständen
und Personen die Rede ist. Der Blick fällt dabei zuerst auf *Maecenas*,
besonders aber auf *Caesar Octavianus*.

Diesem Octavianus einen Musentempel zu errichten macht Vergil sich
im Proömium anheischig. Natürlich ist das kein reales Bauwerk, sondern
eine Metapher für ein Kunstwerk, das die Taten des Octavianus verherr-
lichen soll:

„*In medio mihi Caesar erit templumque tenebit* –
Waltend im innersten Herzen des Tempels thront mir Caesar" (16).
Da drängt sich die Vermutung auf, Vergil habe sich zu dem Zeitpunkt, als
er diese Verse niederschrieb, bereits mit dem Plan getragen, die Aeneis zu
schreiben (oder gar neben der Arbeit an der Aeneis die Georgica umgear-
beitet). Doch gerade bei solch „offensichtlichen" Hinweisen ist besonde-
re Vorsicht geboten. Könnte es sich bei dem Marmortempel am Mincio
um eine Vertröstung handeln, um einer lästig drängenden Zumutung
(*tua, Maecenas, haud mollia iussa* 41) zu entgehen? Bei der ganzen Art
Vergils ist dies aber fast ebenso unwahrscheinlich wie die Vermutung,
der Dichter habe sich (wie Horaz in c. 3, 25) für inkompetent gehalten,
ein solches Epos zu schreiben. Denn zum einen spricht aus diesem
Proömium das triumphierende Vollgefühl dichterischen Könnens, zum

andern aber sind die Zusagen schon zu verbindlich, als daß noch an ein Taktieren zu denken wäre:

> „Ragen soll mir aus parischem Stein, ein atmend Gebilde,
> dort des Assaracus Stamm, die Namen der Jupitersöhne,
> Ahnherr Tros, auch du, und Trojas Erbauer Apollo" (34–36).

Von einem so engagiert verkündeten Projekt konnte Vergil sich nicht mehr zurückziehen. Sein Weg führte vielmehr mit Notwendigkeit zu einem großen Epos. Dieses Epos mußte aber noch keineswegs die Aeneis sein, wie wir sie kennen; wahrscheinlicher ist, daß Vergil zunächst an ein Octavianus-Epos dachte, in dem es darum gehen mußte, Ennius zu übertreffen. Hinweise auf die troische Vorgeschichte des julischen Hauses scheinen dies hinreichend deutlich anzuzeigen.

Hauptstück (49–477)

Das Hauptstück des dritten Buches gliedert sich, anders als die ersten beiden, in zwei Themenkreise, nämlich: 1. Pferd und Rind (49–283) und 2. Ziege und Schaf (284–477). Mit dieser Zweiteilung bildet es (wie in vielem anderen) mit dem vierten Buch eine nähere Einheit.

1. Pferd und Rind (49–283)

Für das folgende Lehrstück steht Varro als Hauptquelle außer Frage. Allerdings hatte dieser (in De re rustica 2) gerade die umgekehrte Reihenfolge geboten, also zuerst das Kleinvieh behandelt, dann erst Pferd und Rind. Die Umstellung läßt wieder auf eine bestimmte Kompositionsabsicht Vergils schließen. Er wollte das pathetisch einsetzende Buch – das insofern wieder der Anlage des ersten ähnelt – durch Einschaltung bukolischer Szenen etwas aufhellen, um dann das dämonisch finstere Finale wirkungsvoll dagegensetzen zu können.

Vom Leben der Pflanzen zu dem der Tiere ist mehr als nur ein Schritt. Die größere Nähe zum Menschendasein ist (auch ohne Darwin) offensichtlich. Tod und Vergänglichkeit treten da deutlicher und schärfer in den Blick. Wenn wir vom „Sterben" einer Pflanze sprechen, bleibt das eine Metapher; der Tod eines Tieres macht uns unmittelbar betroffen.

Grundsätzlich wird im weiteren alles dem natürlichen Ablauf entsprechend dargestellt: Auswahl der Elterntiere, Paarung, Geburt, Aufzucht.

Die Erzählung verläuft aber nicht einsträngig; vielmehr wird das eine Mal
die Kuh, das andere Mal die Stute in den Blick genommen, und überdies
sorgen dazwischengeschaltete Schilderungen für Abwechslung und Er-
höhung.

Da ist zunächst das Pferderennen (103–112), Höhepunkt eines Pferde-
daseins. Entsprechende Passagen der Ilias (23, 262 ff., 500 ff.) bieten sich
zum Vergleich an. Ähnliches beobachtet man dort, wo von der Erzie-
hung zum Kriegspferd gehandelt wird (179–208). Die stärkste Steigerung
aber erkennt man da, wo die Tiere von der Paarungslust erfaßt werden,
und da wieder ganz besonders, wo der Dichter auf die Roßbrunst
(*hippomanes* 280) zu sprechen kommt. Das Dämonische des Vorgangs
hellt sich auch dadurch nicht auf, daß mythische Bilder den Bezug zum
Menschenleben herstellen sollen: Hero und Leander, Glaucus und Ve-
nus werden beschworen, doch hier wie dort steigert sich *amor* zu *furor*.

Das ist wieder der Punkt, an dem Lukrez zum Widerpart werden muß.
Sein Venushymnus ist ein durch die Metaphorik abgemildertes Bekennt-
nis zu einer Sexualität, der sich alles bedingungslos unterzuordnen hat.
Vergil bestreitet dem Geschlechtstrieb nicht seine naturgegebene Rolle,
aber er setzt ihn keinesfalls absolut. Seine zerstörerischen Wirkungen
erfüllen ihn vielmehr mit Besorgnis und Trauer. Diese sehr persönliche
Einstellung hat ihn wohl auch davon abgehalten, zum Elegiker zu
werden, wiewohl es in seinen Eklogen Ansätze dazu gibt. Man erinnere
sich nur an den letzten Satz des Gallus in der letzten Ekloge:

„*Omnia vincit Amor: et nos cedamus Amori!* –   [(10, 69).

Amor besiegt doch alles; so weichen auch wir denn dem Amor!“
Doch auch dies ist mehr Klage als Bekenntnis. „So weichen auch wir
denn dem Amor!“ will besagen, daß es unmöglich ist, dem Gott zu
widerstehen, nicht aber, daß sein Recht über jedem anderen stünde.
Wenn man die Schilderung des Frühlings im zweiten Buch (2, 324–331)
zum Vergleich heranzieht, könnte man geneigt sein, auf einen inneren
Widerspruch zu schließen. Auch dort war das kosmische Geschehen
überwältigend und gewagt beschrieben. Erinnern wir uns an das Prinzip
der Komplementarität, das scheinbar Gegensätzliches als unterschiedli-
che Aspekte ein und derselben Erscheinung in eins zu setzen vermag!
Vergil ist nicht prüde, aber es erschüttert ihn, daß die Wirkungen des
sexus bis zur Selbstzerstörung gehen können.

2. Ziege und Schaf (284–477)

Der ernst geführten und grundsätzlich gemeinten Auseinandersetzung mit Lukrez folgt eine heiter gestimmte Szene. Sie erwächst wie von selbst aus der Überleitung zwischen den beiden Themengruppen unseres Hauptstückes:

„Aber es flieht inzwischen die Zeit, flieht unwiederbringlich,
während, gefesselt von Liebe, wir einzelne Dinge durchschweifen.
Sei's denn vom Großvieh genug! Nun bleibt noch die weitere Sorge,
wolletragende Herden zu hüten und struppige Ziegen.
Hier ist Arbeit, von hier winkt Ruhm euch, rüstige Bauern!
Wohl ist mein Herz sich bewußt, was es heiße, mit Worten dies alles
rein zu bezwingen und kleines Geschehn hier feiernd zu ehren.
Aber mich reißt durch des steilen Parnassus einsame Gipfel
süße Gewalt ..." (284–292).

Mit diesen Versen spielt Vergil auf eine Stelle bei Lukrez an, in der dieser über die Schwierigkeit klagt, komplizierte Details der epikureischen Philosophie in Verse zu zwingen:

„Jetzt wohlan! Lern kennen, was übrig, und höre es klarer!
Und ich täusche mich nicht im Herzen, wie dunkel es ist; doch
hat mit scharfem Thyrsos die Hoffnung auf Ruhm mich getroffen
und hat zugleich in die Brust mir geworfen süßes Verlangen
nach den Musen, von dem ich befeuert mit kräftigem Sinn jetzt
wegloses Musengefild durchwandre, das vorher noch keines
Füße betreten" (r.n. 1, 921–927, übersetzt von Karl Büchner).

Beim Vergleich dieser beiden Versfolgen kann man beobachten, wie Vergil mit seinem großen Vorläufer ringt, aber auch mit ihm spielt: Dort das schwierige Große, hier das noch schwierigere Unbedeutende – beides Pfade zum steilen Gipfel des Parnaß.

Die Ausführung im einzelnen bereitet Vergil indes keineswegs die schalkhaft vorgegebenen Nöte. Er bewegt sich im vertrauten bukolischen Milieu. Aber auch da weiß er noch eine neue Höhe zu erklimmen, wenn er, von Italien ausgehend, schildert, wie unterschiedlich die Weideverhältnisse im sonnendurchglühten Afrika gegenüber denen im eisigen Nordland der Skythen sind. Aus diesem Gegensatz entwickelt er nicht nur ein Bild von der Vielgestaltigkeit der Lebensbedingungen in der

Oikumene, sondern vor allem auch so etwas wie ein zweites „Lob Italiens" (vgl. 2, 136–176), das hier aber erst im Rückblick erkennbar wird:

> „Wenn aber endlich der Föhnwind braust und der fröhliche Sommer
> naht und Schafe und Ziegen entläßt in Schluchten, auf Triften,
> dann mit des Lichtbringers frühem Gestirn durch kühle Gefilde
> wollen wir weiden, wenn jung noch der Morgen, silbern das Gras und
> – köstlich dem Vieh! – der Tau noch perlt auf zartgrünen Halmen.
> Wenn dann mählich den Durst die vierte Stunde geweckt hat,
> und schrill klagenden Lieds im Buschwerk zirpen die Grillen,
> sollen am Brunnen oder an tiefen Weihern die Herden
> trinken aus Eichenholzröhren die silbern rinnende Welle.
> Glüht aber siedend der Mittag, dann suche ein schattiges Tal dir,
> wo die gewaltige Eiche des Jupiter, uralten Stammes
> weithin wölbt ihr Dach, wo Steineichen dicht und dunkel
> ragen im dämmrigen Hain, von heiligem Schatten umschauert;
> dann gib frisches Wasser aufs neu und weide sie wieder
> bis zum Sinken der Sonne, wenn kühl durch die Lüfte der Abend
> atmet, der tauige Mond die Wälder erquickt, vom Gestade
> hallt des Eisvogels Schrei, der Stieglitz ruft aus dem Dornstrauch"
> (322–338).

Wer möchte da nicht weiterlesen! Anweisungen an Hirten sind es nur, und doch entfaltet sich aus ihnen ein bukolisches Gegenstück zu dem monumentalen Preis Italiens im zweiten Buch.

Im übrigen strebt der Dichter nun energisch dem Finale zu, wie er ja des öftern davon spricht, die Zeit drohe zu verfliegen, womit er wohl nicht nur die Kürze des Lebens meint, auch weniger die Geduld des Lesers, als vielmehr die Grenzen, die der normale Schreibraum einer Papyrusrolle ihm setzt (I: 514, II: 542, III: 566, IV: 566 Verse).

Finale (478–566)

Das Finale des dritten Buches gehört zum Düstersten, was Vergil je geschrieben hat. Es handelt von der großen Viehpest, die Noricum vor kurzem heimgesucht hatte. Erschüttert schildert der Dichter das Hinsiechen der Pferde und Rinder, in deren Wesen er sich doch so liebevoll

versenkt hatte, und erschreckt beschreibt er das Übergreifen der Seuche
auf den Menschen, das befürchten läßt, das Ende der Menschheit sei
herangekommen – eine endzeitliche Schreckensvision: Die Erinye *Tisi-*
phone ist aus der Hölle hervorgebrochen, mit ihr Krankheit und Angst
(*Morbi Metusque* 552). Keine Heilkunst kann da helfen, die bisher
angewandten Mittel schaden mehr als sie nützen (*quaesitaeque nocent*
artes 549), bis man endlich daraufkommt, die Kadaver zu vergraben.

Damit erlischt die Pest. Doch Vergil entläßt uns nicht aus dieser
Düsternis: kein Schimmer von Hoffnung, nur Verwesung, Übelriechen-
des und Ekelerregendes. Man sieht sich an Thukydides' Pestschilderung
gemahnt.

Auch das erste Buch hatte mit schlimmen Bildern einer aus den Fugen
geratenen Welt geschlossen. Aber es waren „nur" die gewiß schreckli-
chen politischen Leidenschaften, die sich im Bürgerkrieg ohne Ende aus-
toben; die Natur, die Welt des Bauern blieb intakt. Hier aber erscheint
alles als gefährdet, auch der stille Bezirk des Landmanns ist nicht
ausgenommen, ja das Leben schlechthin in Frage gestellt. Man kann, so
will es scheinen, der Vernichtung nur mit Vernichtung begegnen.

IV
⟨Bienenhaltung⟩

Den Anstieg vom Thema des zweiten Buches, das dem vegetativen Leben
der Pflanzen galt, über das dritte, in dem Vergil das animalische Leben
der Tiere behandelte, zu den Bienen im vierten Buch bewertet man
richtig, wenn man berücksichtigt, daß für die Alten das Leben der Bienen
eine ans Göttliche heranreichende Daseinsform war.

In Vergils Vorlage, Varros Handbuch De re rustica, kam den Bienen
eine so herausragende Stellung nicht im entferntesten zu. Sie wurden in
seinem dritten Buch, in dem es um Hasen und andere Kleintiere geht, nur
anhangsweise miterledigt (r.r. 3, 16), allerdings in besonderer Ausführ-
lichkeit.

Wenn Vergil anders verfuhr, dann hatte er auch etwas Besonderes vor.
Dem dämonisch-finsteren Grundton, auf den das dritte Buch vor allem
im Finale gestimmt war, wollte er ein lichtes, freundliches Buch entge-
gensetzen.

Proömium (1–7)

Das Proömium des vierten Buches wendet sich wieder an Maecenas: *„Hanc etiam, Maecenas, aspice partem* – Auch dies sieh an, Maecenas!" (2). Das liest sich wie eine schulmäßige Überleitung, aber nur, wenn man die Anrede aus dem Zusammenhang reißt; denn schon der erste Vers entrückt das Thema in lichte Höhen, wenn es da von den *caelestia dona* der Bienen heißt:

„Weiterhin will ich des Honigs, des Lufttaus, himmlische Gaben näher betrachten" (1–2).

Hieran schließen sich Verse, in denen für die Charakterisierung der Bienen Sprachmittel verwendet werden, die man sonst bei der Beschreibung von Völkerstämmen findet:

„Führer, von adligem Mute beseelt, des ganzen Geschlechtes Wesen und Wirken, Völker und Schlachten will ich besingen" (4–5).

Denn so könnte auch ein Heldenepos beginnen: *„magnanimos duces . . . et proelia dicam."*

Hauptstück (8–558)

Das vierte Buch gliedert sich in seinem Hauptstück wieder in zwei Themengruppen: nämlich: 1. Bienenvölker (8–314) und 2. Aristaeus-Legende (315–558). Damit entspricht es dem Gliederungssystem des dritten Buches. Es sei aber nicht verschwiegen, daß es auch den Versuch gibt, eine Dreiteilung herzustellen.

1. Bienenvölker (8–314)

Vergil folgt im ganzen dem natürlichen Ablauf, beginnend von der Wahl eines geeigneten Standplatzes, vom Ausschwärmen des Volkes und dem Kampf rivalisierender *duces* (Man wußte noch nicht, daß der ‚Weisel' weiblichen Geschlechts war) über die Aufzucht der jungen Brut hin zur Imkerei im engeren Sinn mitsamt der Vorsorge für den Winter.

Daß diese Darstellung in e i n e r Ebene ablaufen würde, wird kein Georgicaleser mehr erwarten. Es werden Gipfel sichtbar. Einer davon, der Kampf zweier Völker (67–87), war bereits im Vorspruch angekündigt. Die Darstellung strebt naturgemäß sogleich eine heroische Stilebene an, und bei näherem Zusehen beobachtet man, wie Vergil die Gelegenheit nutzt, sich nicht nur mit Lukrez, sondern (gewissermaßen durch ihn hindurch) auch an Ennius zu messen. Hatte der Gedanke, an ein großes Epos heranzugehen, ihn schon so sehr erfaßt?

Eine zweite Stelle hebt sich heraus. Sie handelt vom Gartenbau (116–148). Ein alter Mann aus *Corycus* (in Kilikien; möglicherweise weiland Seeräuber, von Pompeius zwangsumgesiedelt) hatte da auf herrenlosem Ödland ein Wundergärtchen angepflanzt, ein Idyll, bei dem der Dichter gerne länger verweilte, wenn sein Thema ihm dies erlaubte. Columella hat diese „Lücke" entdeckt und sie mit dem 10. Buch seines Werkes De re rustica zu füllen versucht. Das reizvolle Gedicht lohnt die Lektüre.[1]

An den Kern dessen, worauf es Vergil ankommt, führt eine dritte Versfolge heran, in der erzählt wird, wie die Bienen den eben geborenen Zeus-Jupiter in seiner Höhle auf Kreta mit Nektar ernährten und zum Dank dafür mit einer besonderen, geheimnisvollen *natura* begabt wurden:

„Auf denn, von Art und Natur, die Jupiter selber den Bienen
schenkte, berichte ich nun, ihrem Lohn, weil damals dem hellen
Klang der Kureten sie folgten und klirrendem Erze und tief in
Kretas Grottengewölbe des Himmels Herrscher ernährten" (149 ff.)
Das also ist der Grund für die Teilhabe der Bienen am „göttlichen Allgeist", von dem sich ihre Kunst, Honig zu bereiten, ihre Fähigkeit, zu planen und vorzusorgen, aber auch Staaten zu bilden, herleitet. Damit sind sie zugleich sehr nahe an den Menschen herangerückt.

Insgesamt bietet gerade das vierte Buch viele Möglichkeiten, Anklänge an Vorgänger und Vorbilder zu beobachten. Von Varro, Ennius, Lukrez war schon die Rede. Aber auch die Alexandriner wären zu nennen, Kallimachos vor allem, und deren römische Adepten, die Neoteriker, unter ihnen als bedeutendster Catull.

Der erste Themenkreis des vierten Buches klingt mit Versen aus, die von Bienenkrankheiten handeln (251–280). Daran schließt sich die Beschreibung einer Methode, zu einem neuen Bienenvolk zu gelangen (281–314). Damit sind wir bei der sog. *bugonia* angelangt, jener geheim-

---

[1] W. Richter: Columella, De re rustica – Landwirtschaft. München: Artemis, 3 Bde. 1981–1983.

nisvollen „Herstellung" von Bienen aus Rinderkadavern. Dieses sehr
merkwürdige Rezept ist keine Erfindung Vergils, sondern traditionelle
Lehre, die man erst spät anzuzweifeln begann. Für Vergil ist die *bugonia*
Realität; auf ihr baut er den zweiten Themenkreis des vierten Buches auf.

2. Aristaeus-Legende (315–558)

Mit der Aristaeus-Legende stoßen wir auf das Hauptproblem der gesam-
ten Georgica. Servius berichtet nämlich in seinem Kommentar zur 10.
Ekloge (10, 1), an der Stelle der Aristaeus-Legende habe ursprünglich
eine Lobpreisung des Cornelius Gallus gestanden. Als dieser aber, zum
Verwalter der neugewonnenen Provinz Ägypten bestellt, wegen seiner
selbstherrlichen Amtsführung in Ungnade gefallen und der Verurteilung
durch Selbstmord zuvorgekommen war, habe Vergil auf höhere Weisung
das vierte Buch umgearbeitet. In seinem Kommentar zum vierten Buch
der Georgica (4, 1) bietet derselbe Servius eine abweichende Version, so
daß man nicht so ganz genau weiß, woran man ist. Aber eine Nachricht
wie diese, mochte sie auch erst in später Zeit belegt sein (400 n. Chr.),
durfte die Forschung nicht beiseite schieben.

Vergil war gewiß keine Kämpfernatur. Ihn aber gleich als „Fürsten-
knecht" abzustempeln geht zu weit. Es mochte durchaus sein, daß er das
Verhalten des Gallus auch selbst mißbilligte, weil er in Ägypten einen
neuen Marcus Antonius heranwachsen sah, der den endlich errungenen
Frieden wieder zu gefährden drohte. Das mußte freilich noch nicht
bedeuten, daß er deshalb etwas an seinem Georgica-Manuskript änderte.
Der Vergilvita des Sueton (27) zufolge las er die Dichtung, sich mit
Maecenas abwechselnd, dem Octavianus vor, als dieser aus dem Osten
nach Italien zurückgekehrt war und sich zur Kur in Atella aufhielt. Das
war im Sommer 29 v. Chr.; der Selbstmord des Gallus fällt ins Jahr 26
v. Chr. Es macht schon Schwierigkeiten sich vorzustellen, daß man die
Veröffentlichung der Georgica drei Jahre hinauszögerte, obwohl doch
niemand ahnen konnte, daß der hoch in der Gunst stehende Gallus
einmal so enden würde.

Es gibt aber auch Stimmen, die der Nachricht des Servius mehr
Gewicht beimessen als diesen Überlegungen. Von daher erklärt sich die
Folgerung, daß die Arbeit an der Neufassung der Georgica neben der
Arbeit an der Aeneis herlaufen mußte, so daß mit gegenseitigen Einwir-

kungen, ja mit der Übernahme von Versatzstücken zu rechnen sei. Die
Suche danach hat zwar einiges an Anklängen und Parallelen zutage
gefördert, doch blieben diese Beweisstücke keineswegs unangezweifelt.

Der Streit der Philologen ist nicht entschieden. Das wissenschaftliche
Interesse an diesem Problem ist überdies in Gefahr, sich mit politischer
Leidenschaft zu vermengen, hat man doch mit einem „Principat" neue-
ren Datums einschlägige Erfahrungen gemacht, die noch in schmerzli-
cher Erinnerung sind.

Schlimm, wenn Vergil auf politischen Druck hin seinen Text geändert
haben sollte. Doch meinen wir, daß die Änderung, wenn sie denn
wirklich vorgenommen worden sein sollte, keineswegs so tiefgreifend
gewesen sein mußte, wie man sie sich gemeinhin vorstellt. „*Ultimam
partem huius libri esse mutatam*" schreibt Servius. Es könnte also u. U.
schon genügt haben, den letzten Vers (566) zu ändern, also an die Stelle
eines Galluslobs mittels Zitats aus der 10. Ekloge den ersten Vers der 1.
Ekloge einzusetzen. Etwas merkwürdig ist die Anbindung des Verses
mittels *audaxque iuventa* ohnehin. Die *laudes Galli* könnten aber auch
bei der Begegnung des Aristaeus mit Proteus, die Homer (Od. 4, 385) in
Ägypten lokalisiert, ihren Platz gehabt haben können, und dort wären
sie leicht zu streichen gewesen.

Die Aristaeus-Legende als solche gibt ein Beispiel hellenistischen
Kunstgeschmacks: Man liebte es, mehrere Erzählungen kompliziert
ineinander zu verweben. *Aristaeus* hat sein Bienenvolk durch eine Bie-
nenseuche verloren. Ratlos und traurig wendet er sich an seine Mutter,
die Nymphe *Cyrene*. Sie kann selbst nicht helfen, rät ihrem Sohn aber,
sich an *Proteus* zu wenden: Ihn müsse er überwinden, dann werde er ihm
verraten müssen, wie er zu neuen Bienen kommen könne. Der Überfall
auf den wandelbaren Meeresgott gelingt, und Aristaeus erfährt von ihm
den Grund des Unheils: Er, Aristaeus, habe Schuld am Tod der *Eurydice*
und damit auch am Tod des *Orpheus*, der ihn seitdem als rächender
Dämon verfolge. Ihm müsse er ein Sühneopfer darbringen. Dies tut
Aristaeus denn auch alsbald, und siehe da – aus den Rinderkadavern
entsteht ein neues Bienenvolk (548–558). Diese *bugonia* („Entstehung
aus einem Rind") war es, von der die Legende ihren Ausgang nahm und
auf die sie wieder hinausführte.

Daß Vergil hier Motive des Ilias (Achilleus klagt seiner Mutter Thetis sein Leid) und aus der Odyssee (Menelaos erkundigt sich bei Telemachos; auf seinen Rat überwältigt er Proteus beim Robbenzählen) verwendet hat, ist offensichtlich. Weniger bekannt wird sein, daß für die der Daphnisekloge ähnelnden elegischen Partien Hermesianax (fr. 2, 13 D) und Euripides (Alkestis) zu Rate gezogen wurden. Auch von Catulls Peleus-Epyllion (c. 64) scheint, zumindest was die Komplexität der Komposition anlangt, ein wichtiger Anstoß ausgegangen zu sein.

Wenn das alles ein später eingefügtes Ersatzstück sein soll, muß man einräumen, daß sich der Dichter die Sache nicht leicht gemacht, sondern dem Gesamtwerk eine neue Richtung gegeben hat. Und man muß wohl auch zugeben, daß das vierte Buch, so wie wir es vor uns haben, seiner ganzen Anlage nach einem Ende zustrebt, dem die Aristaeus-Legende aufs beste entspricht oder eben nur etwas von der Art der Aristaeus-Legende entsprechen konnte. Wie die *laudes Galli* das hätten leisten sollen, bleibt hingegen schwer vorstellbar. Dies wohl auch der Grund, warum sich Friedrich Klingner (1967, 326–363) mit einer bei ihm sonst nicht gewohnten Leidenschaftlichkeit für die Echtheit des vierten Buches in der uns vorliegenden Form eingesetzt hat.

Im Orpheus-Mythos wird die unentrinnbare Endgültigkeit des Todes aufgezeigt. Gibt es dennoch ein „ewiges Leben"? Diese Frage positiv zu beantworten ist der Sinn der Aristaeus-Legende; darauf läuft jeder Gedanke zu:

„Zeichen und Beispielen solcher Natur ⟨der Bienen⟩ nachsinnend, erklärten
manche, die Bienen durchwirke ein Teil vom göttlichen Weltgeist,
feurigen Äthers Gewalt, denn Gott durchflute das Weltall:
Länder und Meere, unendlich gedehnt, und die Tiefen des Himmels;
hieraus schöpfe sich Schaf und Rind und Mensch und der wilden
Tierwelt ganzes Geschlecht das zartentspringende Leben,
hierhin ströme gelöst dann alles am Ende auch wieder
heim ins All, nichts sinke in Tod, nein, lodere lebend
auf zu Gestirnen und folge dem Schwung des erhabenen Himmels"
(219–227).

In diesen Versen ist nicht von einer Unsterblichkeit des Individuums die Rede, sondern von der Unzerstörbarkeit der „Lebensmaterie". Orphische Vorstellungen, platonisches Philosophieren (Rückkehr zu den Sternen) und stoisches Gedankengut stehen hinter dieser Lehre. Lukrez hätten solche Verse wohl nicht behagt, auch wenn sie in einem weitesten Sinne mit der epikureischen Vorstellung vereinbar sein mögen, daß alles nach dem Tode in die Atome zerfällt, aus denen es gebildet war, so daß aus diesen selben Atomen auch wieder neue Lebewesen „komponiert" werden können.

Wenn man nach dem Verhältnis dieser Unsterblichkeitslehre Vergils zu der berühmten Versgruppe im sechsten Buch der Aeneis (6, 724 ff.) fragt, so kann man wohl kaum anderes annehmen, als daß Vergil seinen Gedanken in einer höchst bemerkenswerten Weise weiterentwickelt hat, sofern er dort das individuelle Leben als prä- und postexistent ansieht: „*Quisque suos patimur manes*". Von einer Doublette ist man da weltenweit entfernt. Konnte der gleiche Dichter bei paralleler Arbeit an zwei großen Werken wirklich so gespalten denken? Mußte nicht auch er sich sagen: „*Manum de tabula!*"

Finale (559–566)

In den das vierte Buch (und damit das Gesamtwerk) abschließenden acht Versen spricht der Dichter *Octavianus* an, der noch am Euphrat kämpfend und siegend weilt; er sieht ihn zum Olymp emporstreben:
„*per populos dat iura viamque adfectat Olympo*" (562).
In den letzten vier Zeilen verabschiedet sich Vergil vom Leser mit einer autobiographischen Notiz, die ihm als Sphragis (Siegel) dient. Während Octavianus im Osten seine ganze Tatkraft darauf verwendet, die Kriegsfackel endgültig auszutreten, leiste er sich den Luxus, am geliebten Golf von Neapel seinen Dichterträumen nachzuhängen:
„Mich, Vergil, ernährte in Huld Parthénope damals,
da mir, ferne von Ruf und Ruhm, aufblühte die Dichtung.
Hirtengedichte ersann ich im Spiel; mit dem Mute der Jugend,
Tityrus, sang ich von dir unterm Dach breitästiger Buche" (563–566).

VITAE VERGILIANAE

Vorbemerkung

„Vergil, der Dichter der Römer" – diesen Titel gab K. Büchner seinem Sonderdruck aus der RE. Er entspricht der Stellung Vergils in der römischen Literatur vollkommen. Wenn aber ein Autor in solchem Maße die Zustimmung seines Lesepublikums nicht von ungefähr fand, war es naheliegend, daß man sich auch für die Lebensumstände und die Arbeitsbedingungen interessierte, unter denen seine Werke entstanden.

Texte, die sich mit dem Leben (*vita*) Vergils befaßten, sind in großer Zahl auf uns gekommen. Sie hatten gewöhnlich ihren Platz zu Beginn von Textausgaben. Der Wert dieser biographischen Abrisse ist unterschiedlich. Da nur das Bestverbürgte von Interesse sein kann, wenn es darum geht, Wesenszüge des Dichters zu erkennen, ist die vorliegende Ausgabe auf die älteren Biographien (*vitae vetustiores*) beschränkt worden. Ein Überblick über die später entstandenen Lebensbeschreibungen findet sich auf S. 466 ff.

Unsere Darstellung bietet jeweils einen Einblick in die Bereiche Textüberlieferung, Textkritik, Quellen und Informationswert. Hinweise auf die wichtigste Literatur sind auf S. 539 zusammengestellt.

Grundlagen der Textgestaltung

Handschriften

Die für die Textkonstitution wichtigen Handschriften sind jeweils zu Beginn der Erläuterungen zu den einzelnen Viten aufgeführt.

Ausgaben

Name	Jahr	Ort	VSD	+ ED	VS	VP	VB I	VF	VH
Bussi, G. A. de'	1471	Roma				T			
Egnazio, G. B.	1507	Venezia				T			
Daniel, P.	1600	Paris	T	T					
Heyne-Wagner	1830	Leipzig						T	
Meyer, H.	1835	Leipzig						T	
Quicherat, J. E. J.	1839						T		
Schneidewin, F. G.	1841	Göttingen					T		
Keil, H.	1848	Leipzig				T			
Reifferscheid, A.	1860	Leipzig	TA	–		TAK	TA	TA	T
Hagen, H.	1866	Leipzig					TA		
Hagen, H.	1867	Leipzig	TA	TA			T		
Riese, A.	1870	Leipzig						TA	
Nettleship, H.	1879	Oxford	TAK	–	TAK	T K	T		
Thilo, G.	1881	Leipzig			TA				
Hagen, H.	1902	Leipzig				TA			
Riese, A.	1906²	Leipzig						TA	
Vollmer, F.	1908	SBAW					TA		

Name	Jahr	Ort	VSD	+	ED	VS	VP	VB	I	VF	VH
Diehl, E.	1911	Bonn	TAK		TAK	TAK	TAK	TA		TA	
Brummer, J.	1912	Leipzig	TA		TA	TA	TA	TA		TA	
Helm, R.	1913	Leipzig									T
Rolfe, J. C.	1914	London	TA	−							
Conway, R. S.	1928	Cambr. (M)					T K				
Nardi, B.	1931	AAM					TA				
Rostagni, A.	1944	Torino	T K	−			T K				T K
Rand-Savage	1946	Lancaster				TA					
Hardie, C.	1954	Oxford	TA			TA	TA			TA	TA
Helm, R.	1956[2]										T
Hardie, C.	1957[2]	Oxford	TA	−		TA	TA			TA	TA
Bayer, K.	1958	München	TAK		TAK	TAK	TAK	TAK		TAK	
Brugnioli, G.	1962	Roma	T		T	T	T	T			
Nardi, B.	1963	Roma					TA				
Hardie, C.	1966	Oxford	TA	−		TA	TA			TA	TA
Rolfe, J. C.	1970	London	TA	−							
Bayer, K.	1970[2]	München	T K		T K	T K	T K	T K		T K	T K
Bayer, K.	1977[3]	München	T K		T K	T K	T K	T K		T K	T K
Bayer, K.	1981[4]	München	T K		T K	T K	T K	T K		T K	T K

Zusammenstellung nach W. Suerbaum, ANRW II, 31, 2, 1981, 1166 ff.
T = Text, A = Apparat, K = Kommentar.

ERLÄUTERUNGEN

Den Grundbestand der Quellen über das Leben Vergils bilden die *vitae vetustiores*. Sie reichen am ehesten auf authentisches Material zurück, was jedoch keineswegs bedeutet, daß jede Einzelheit verbürgt wäre. Nur dies kann gelten: In der gesamten, beträchtlichen Masse der übrigen Texte[1] findet sich so gut wie keine den Bios des Dichters im engeren Sinne berührende Nachricht, die über das hinausginge, was die hier in Rede stehenden Viten berichten.

1. Vita Suetonii (falso Donatiana)
(Text s. S. 214–240)

Wie die tituli (*CKO* α-ϑ) zeigen, wird die Vita Suetonii (im weiteren VSD) einem *Donatus grammaticus* zugeschrieben, wobei die Angaben zwischen dem Praenomen *Tiberius* (η) und *Aelius* (ϑ, ed. Ven.) schwanken. Beide Donate waren Vergilkommentatoren. Die Entscheidung fällt zugunsten des *Aelius Donatus* (4. Jh.), also des Lehrers des hl. Hieronymus, wenn man den in cod. *P* überlieferten Widmungsbrief (Text s. S. 212–213) an Munatius heranzieht, in dem allerdings FL. DONATUS in EL. (= AEL.) DONATUS verbessert werden muß.[2]

a) Überlieferung

Man unterscheidet bei der VSD vier[3] verschiedene Überlieferungszustände: 1. die Normalfassung der codd. *GERABP*, 2. eine gekürzte Bearbeitung in cod. *M*, 3. ein Exzerpt aus der Normalfassung in den codd. *CKO*, und 4. eine im 15. Jh. durch Interpolationen (Int) stark erweiterte Fassung, die durch den cod. *Σ* repräsentiert wird (*Σ*). Sie führt nach den Namen Donatus auctus. Unsere Ausgabe beschränkt sich auf die Normalfassung.

---

[1] s. S. 466ff.; dort auch die Erklärung der Siglen.
[2] Vgl. dazu H. Naumann: Suetons Vergilvita, RhM 87, 1938, 334–376.
[3] Als fünfte Fassung könnte man die VPh I bezeichnen.

I. Der Textgestaltung liegen folgende Handschriften zugrunde:

G	Sangallensis 862	saec.	X	(IX?)
Σ	Bodleianus Can. lat. 61 (Donatus auctus); Σ: Interpolationen		XV	
M	Monacensis lat. 305		XI–XII	
E	Parisinus lat. 7930		XI	(X?)
R	Romanus Vatic. Reginensis 1495		X–XI	
A	Parisinus lat. 16236		X	
B	Bernensis 172 (olim Danielinus)		IX–X	
P	Parisinus lat. 11308		IX	

II. Für den Text der tituli und subscriptiones sowie für wenige sonstige Lesarten hat Colin Hardie ferner herangezogen:

C	Londinensis Brit. Mus. addit. 32.319 A	XII	
K	Bruxellensis lat. 10017	XIII	(XII?)
O	Andomaropolitanus 656	XVI	
Γ	Gudianus lat. 70 (VSD) 314 numerus – 327 Gallus)	IX	
α	Luccensis bibl. capitol. VII. 475	XV	
β	Mediolanensis bibl. Ambros. I. 29 sup.	XV	
γ	Romanus bibl. Vatic. 1575	XII	
δ	Bernensis 527 (Donatus auctus)	XV	
ε	Mediolanensis Trivulz. 817 (Donatus auctus)	XV	
ζ	Florent. bibl. nat. Magl. XXVIII. 951 (Donatus auctus)	XV	
η	Guelferbytanus bibl. duc. Helmst. 338 (Donatus auctus)	XV	
ϑ	Tridentinus 3224 (Donatus auctus)	XV	
κ	Florentinus Laur. Strozz. 114	XV	
λ	Romanus Vatic. Ottob. 1455	XV	

III. Stemma codicum:

Grundlegend: J. Brummer: Zur Überlieferungsgeschichte der sogenannten Donatvita des Vergil. Philologus 72, 1913, 276–297.

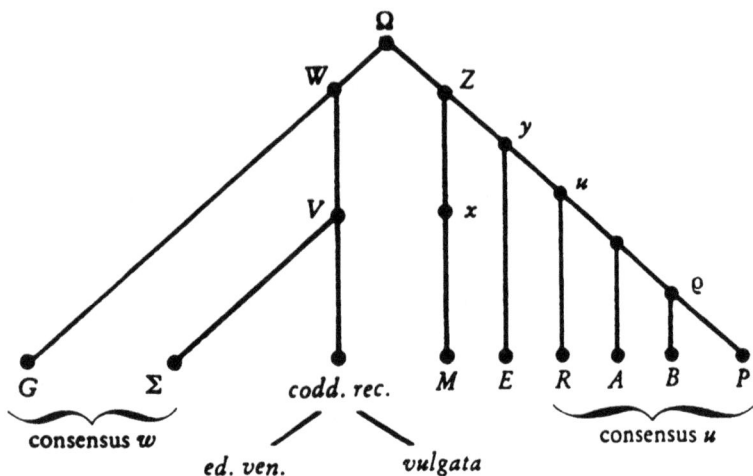

Tituli:

VIRGILII VITA SEKVNDVM DONATVM *CK,*

Virgilii vita secundum Donatum *O,*

P Virgilii Maronis vita secundum Donatum α,

P Virgilii Maronis poetarum clarissimi principis vita per Donatum β,
incipit Virgilii vita edita a Donato γ,

vita P Virgilii Maronis poete maximi quam a Donato editam nonnulli
putant δ,

P Virgilii Maronis vita per Donatum grammaticum edita incipit feliciter
εζ,

Tib. Claudii Donati de P Virgilii Maronis vita η,

Aelii Donati grammatici in Virgilium vita non inutilis incipit feliciter ϑ,

P Virgilii Maronis vita per Aelium Donatum celebrem grammaticum
edita *editio Veneta 1558,*

UIRGILII MARONIS PVBLII DESCRIPTIO VITĘ · *M,*

INCIPIT VITA VIRGILII DISSERTISSIMI OMNIVM
POETARVM *A,*

vita P Virgilii Maronis poetae maximi feliciter incipit Σ,

Leonardi Aretini in vitam Virgilii excerptam ex commentariis Servii
grammatici ϰλ,

Nullus adest titulus in GERBP.

Subscriptiones:
EXPLICIT UITA UIRGILII POETAE: *G,*
ἔρρωσο *Σ,*
subscriptio nulla in M,
explicit vita virgilii *E¹, linea delevit E²,*
vita virgilii explicit *(maiusc. R) RAP,*
vita virgilii poetae explicit *B,*
vita per Donatum grammaticum edita *ε,*
Elii Donati grammatici in Virgilium vita finit feliciter *ϑ.*

b) Textkritische Bemerkungen

Aelius Donatus ist nicht der Verfasser, sondern nur ein Überarbeiter der VSD. Sie geht zweifellos auf *C. Suetonius Tranquillus* (etwa 75–160 n. Chr.) zurück, aus dessen biographischem Sammelwerk *De viris illustribus* auch die Terenz- und Horaz-Vita erhalten sind. Während für die letzteren die Autorschaft Suetons nie in Zweifel stand, wurde sie für die VSD erst von G. J. Vossius (1664) entdeckt. Von daher datiert das textkritische Problem, die von Donat stammenden Zusätze vom Suetonischen Kern abzuheben, vielleicht auch durch ihn vorgenommene Streichungen nachzuweisen. Von VSD 201 ab steht Donat als Verfasser außer Zweifel.

In der eigentlichen Vita (VSD 1–200) wollte man (A. Reifferscheid[1], H. Nettleship[2], H. Naumann[3]) nur eine sehr kleine Zahl von Donatzusätzen annehmen oder selbst diese noch in Abrede stellen (A. Rostagni[4]). Schärfere Kritik äußerten, von inhaltlichen Argumenten ausgehend, vor allem E. Diehl[5] und in neuester Zeit mit ähnlicher, aber bedeutend verfeinerter Methode E. Paratore[6], der insgesamt 13 Stellen in Zweifel zog. Mehr von der Sprach- und Stilbeobachtung her, die durch das Erscheinen des Index Verborum C. Suetonii Tranquilli (Howard und Jackson, Cambridge, Mass. 1922) erleichtert wurde, haben sodann

---

[1] A. Reifferscheid: Suetoni Tranquilli Reliquiae. Leipzig 1860.
[2] H. Nettleship: Ancient Lives of Vergil. Oxford 1879.
[3] H. Naumann: Suetons Vergilvita. RhM 87, 1938, 334–376.
[4] A. Rostagni: Suetonio ‚de poetis‘ e biografi minori. Torino 1944.
[5] E. Diehl: Die vitae Vergilianae und ihre antiken Quellen. Bonn 1911.
[6] E. Paratore: Una nuova riconstruzione del ‚de Poetis‘ di Suetonio. Bari 1950.

R. M. Geer[1] und K. Bayer[2] eine Anzahl von nicht-suetonischen Einschüben nachzuweisen versucht.

Verworfen oder angezweifelt (= ?) wurden bisher die folgenden Partien:

  1 P. Vergilius – 5 reculam: Reifferscheid

  4 egregie – 5 reculam: Geer, Bayer

 10 quem contactu – 12 floribus: Bayer

 16 (et) accessit – 21 vota: Bayer

 22 initia – 25 decederet: Geer

 23 quam – 25 sed Vergilius: Bayer, Rostagni (isdem . . .)

 31 quorum – 34 poetam: Bayer

 35 sed Asconius – 38 recusasse: Geer (?)

 47 Siciliaeque: Bayer (?)

 49 et duos – 51 deflet: Bayer

 50 cuius – 51 deflet: Paratore

 52 inter – 55 Melissus tradidit: Paratore

52/3 ac maxime mathematicae: Bayer

 54 nam – 55 Melissus tradidit: Geer

 56 poeticam – 69 reddit: Paratore

 56 in Ballistam – 60 viator iter: Bayer

 61 deinde – 69 reddit: Geer

 62 cum esset annorum XVI: Bayer

 62 cuius materia – 69 reddit: Wieser[3], Bayer

 70 scripsit etiam – Aetnam: Paratore (nachdonatisch), Bayer (?)

 76 deinde Georgica – 79 occideretur: Paratore

 89 Aeneida – 95 advenirent: Paratore

103 ut (et) Seneca – 107 mutosque: Geer (?)

123 Erotem – 129 adscriberet: Geer (?), Paratore

130 anno aetatis – 133 vacaret: Paratore

130 inpositurus – 131 summam manum: Bayer (?)

---

[1] R. M. Geer: Non-Suetonian passages in the life of Vergil formerly ascribed to Donatus TAPA 57, 1926, 107–115. – Ders.: Quatenus vita Vergiliana Aelio Donato attributa re vera Suetonio Tranquillo debeatur quaeritur. HSCP 37, 1926, 99f.

[2] K. Bayer: Der Suetonische Kern und die späteren Zusätze zur Vergilvita. München 1952 (Diss.).

[3] K. Wieser: Der Zusammenhang der Vergilviten. Erlangen 1926, S. 34 (Diss.).

142 in quo – 144 duces: Paratore, Bayer
147 qui eius – 155 rogo: Norden[1], Geer (?), Wieser, Naumann, Paratore,
     Bayer
164 si qui erant: Bayer (?)
165 ob difficultatem – 167 iam Troia: Bayer
168 Nisus – 176 cano: Wieser, Paratore
177 obtrectatores – 178 nec Homero quidem: Paratore
177 nec mirum – 178 nec Homero quidem: Bayer
179/80 sed insulsissime παρῳδήσας: Bayer
187 M. Vipsanius – 190 latentis: Paratore

Der Eindruck, den diese Liste vermittelt, trügt indes. Sie ist nicht mehr
als ein Katalog von Stellen, an denen man das Nichtsuetonische fassen zu
können meinte. H. Naumann ist nicht müde geworden, den Einwänden
beachtenswerte Gegeneinwendungen entgegenzusetzen. Unsere Ausga-
be ist deshalb mit Athetesen sehr zurückhaltend.[2]

Auch die Donatfassung der Vita ist nicht ohne weitere Überarbeitung
auf unsere Zeit gekommen. In dem allen Handschriften gemeinsamen
Text will E. Paratore VSD 70 (scripsit etiam, de qua ambigitur, Aetnam)
als nachdonatischen Einschub betrachtet wissen. Auch die Eklogenein-
leitung hat in VSD 211 huius poetae möglicherweise nicht den ursprüng-
lichen Text, und in ihrem 65. Kapitel scheint die sonst sehr strenge
Gliederung eine Störung erfahren zu haben. Darüber hinaus sind –
abgesehen von den üblichen Textvarianten – in einige Hss. Zusätze
verschiedenen Umfangs aufgenommen worden. So setzt etwa cod. E den
Flußnamen Mintius[3] (= Mincio; VSD 286) ein und schreibt (VSD 243)
armenta[4] statt oves, oder cod. Σ setzt an die Stelle der soror Iphigenia
(VSD 240) den Namen Pylades (pilades). Doch sind diese Veränderungen
geringfügig gegenüber den sehr umfangreichen Interpolationen, die der
sog. Donatus auctus bietet.

---

[1] E. Norden: De vitis Vergilianis. RhM 61, 1906, 166–177.
[2] Nur VSD 62–69, 147–155 und 273.
[3] s. Serv., Buc. praef. 3, 7 Th.
[4] s. Serv., Buc. praef. 1, 13 Th.

c) Quellen

Der Wert, den man der VSD zuzumessen bereit ist, wird durch die Qualität ihrer *Quellen* und Gewährsmänner bestimmt, deren sich folgende fassen lassen:

1. Die Äußerungen *Vergils selbst* (VSD 87; 93; 196) gehen wohl auf Aufzeichnungen seiner Freunde (*amici familiaresque*) zurück, die, wie Gellius NA 17, 10, 2 zeigt, den Titel *De (P. Vergilii) ingenio moribusque* getragen haben können. Sueton hat diese Schrift, wenn nicht unmittelbar, so doch sicher aus des Asconius Pedianus Liber contra obtrectatores Vergilii gekannt. Auch ein Gutteil dessen, was Sueton ohne Quellenangabe „kategorisch" (K. Büchner) behauptet, stammt von dort (z. B. VSD 39f.; 43f.; 53f.; 156ff.).

2. *Urkunden*benutzung liegt zweifellos vor in VSD 112 und 145. Die Echtheit des Augustusbriefes ist auf Grund des Stils über allen Zweifel erhaben. Es stammen ohnehin so gut wie alle Fragmente von Augustusbriefen aus Sueton. Er hatte in der Stellung eines *ab epistulis* des Kaisers Hadrian Zugang zum Augustusarchiv, wo er auch das Testament Vergils – Augustus war dem Brauche der Zeit gemäß Miterbe – eingesehen haben wird, zumal solche Dokumente, wie die Caesarenviten zeigen, ihn auch sonst interessiert haben.

3. An kontrollierbaren *Dichtungen* lag dem Biographen das *Corpus Vergilianum* vor. Davon zeugt außer direkten Zitaten (VSD 68f. = Culex-Schlußverse und Inhaltsangabe; VSD 119 = Aen. 6, 883; VSD 126 = Aen. 6, 164; VSD 167 = Aen. 3, 340) und dem Katalog der Titel (VSD 61f.) die durchgängige Ausschöpfung nach Realbezügen (VSD 72f., 76, 80f.) und Allegorien (VSD 32f. = ecl. 2, 1; 50f. = ecl. 5, 20). Daneben sind benutzt Vergils Zeitgenosse Sextus *Propertius* (VSD 109f. = 2, 34, 65f., auf 26 v. Chr. datiert) und der aus Karthago gebürtige Dichter C. *Sulpicius Apollinaris* (P. Wessner, RE IV A 737 Nr. 22) in VSD 150ff. Er war der Lehrer des (130 n. Chr. geborenen) Aulus Gellius und wirkte in der 1. Hälfte des 2. Jh.s. Es ist wenig wahrscheinlich, daß Sueton, selbst wenn er seine Werke kannte, sie als Quellenbeleg in seine Vita genommen hätte. Somit sind diese drei Disticha, wie auch stilistische Beobachtungen erhärten, erst durch Donat in die VSD gekommen. Sie ähneln den Anfangsversen der metrischen Inhaltsangaben zu den 12 Büchern der Aeneis (Exasticha

Sulpicii Charthaginiensis AL 653, PLM IV 177), die auch im cod. Leid. Voss. 111 saec. IX überliefert sind.

4. Mit Namen werden ferner folgende *Zeugen* benannt: *Plotia Hieria* (VSD 35; s. J. Klass, RE XXI 1 610 Nr. 21), von der Servius behauptet, sie sei unter dem Namen Amaryllis in die Eklogen (2, 14) eingegangen. Sie ist nur bekannt aus des Q. *Asconius Pedianus* (VSD 35; 193; s. G. Wissowa, RE II 1524 Nr. 3) *Liber contra obtrectatores Vergilii*. Da Asconius von 3–88 (oder 9–76) n. Chr. gelebt hat (s. Hieron., Chron. z. J. 76), konnte er Nachrichten über Vergil nur durch Befragung von Überlebenden erhalten, wie es im Falle der Plotia Hieria geschehen ist. Sein Werk ist leider verloren, doch beweist der verhältnismäßig seltene Ausdruck *crimen defendere* (VSD 196/7) nach dem Ausweis des TLL (s. v. *crimen* 1190, 30: pro Milone p. 42 = 36,9 … *et cum quibusdam placuisset ita defendi crimen* …), daß Sueton das Buch des Asconius wörtlich ausgeschrieben hat.

C. Maecenas *Melissus* (VSD 55; s. P. Wessner, RE XV 532) war ein Freigelassener des Maecenas, über den Sueton (gramm. 21) und Hieronymus (z. J. 4 v. Chr.) berichten. Da Melissus Vergil gekannt haben muß, stellt sein Zeugnis eine gute Quelle dar.

Mit *Seneca* (VSD 103) ist der ältere Seneca gemeint, der Vergil hoch schätzte (contr. 7, 1, 27). Der von ihm zitierte Dichter *Iulius Montanus* (VSD 104; s. E. Diehl, RE X 681 Nr. 364) kommt auch bei dem jüngeren Seneca in den *Epistulae ad Lucilium* (122, 11) vor.

Vergils *libertus et librarius*, der einem Eckermann vergleichbare *Eros* (VSD 123), hat sicherlich in den Aufzeichnungen der *amici familiaresque* eine Rolle gespielt. Weiter ist nichts von ihm bekannt.

Der Grammatiker *Nisus* (VSD 168; s. W. Kroll, RE XVII 1 1760 Nr. 2), für den Priscian (GL 2, 503, 16 K.) das einzige Zeugnis außerhalb der VSD darstellt, ist zeitlich schwer zu bestimmen. Er dürfte etwa ein Zeitgenosse des Asconius Pedianus gewesen sein. W. Kroll datiert ihn in die 2. Hälfte des 1. Jh.s.

5. Hinzu kommt eine beträchtliche Zahl von *unbenannten Quellen*, die mit *quidam, tradunt* u. ä. angeführt werden (VSD 2; 14; 34; 39; 85; 120; 124). Bei der sonstigen Zuverlässigkeit Suetons braucht man diesen Angaben nicht zu mißtrauen. Manche von ihnen (z. B. VSD 85; 124) könnten aus *De P. Vergilii ingenio moribusque* stammen.

Man wird also den Quellen, aus denen die VSD geschöpft hat, durchaus nicht mit dem Mißtrauen begegnen, das E. Diehl für gerechtfertigt hielt. Eine andere Frage ist freilich, ob nicht viele biographische Quellen bereits versiegt waren, als man sich *octoginta demum post mortem (Vergilii) annis* (C. Hardie, a. a. O., p. XX) an die Sammlung des Materials für eine Vita machte. Über diese Frage orientiert am besten C. Hardie (a. a. O., p. XIII sqq.). Bei der Spärlichkeit der Nachrichten müssen wir für das dankbar sein, was auf uns gekommen ist.

d) Informationswert

Der *Name* des Dichters lautet in allen Hss. *P. Virgilius Maro* (nur cod. *G* schreibt einmal [zu VSD 151] *Vergilius*). Trotzdem ist die richtige Namensform *Vergilius*. Die Schreibung *Virgilius* begegnet zuerst zwischen 400–402 (CIL VI 1710 Βιργιλίοιο) und setzt sich im Mittelalter durch, wohl in volksetymologischer Herleitung von *virga*, wie schon VSD 17 (*virga populea: Publius Virgilius*) zeigt (s. dazu K. Büchner, a. a. O. 17, 53 und G. Radke Gy 64, 1957, 161, Anm. 1). Das cognomen *Maro* ist nicht gänzlich geklärt. PV 14 f. gibt folgende Deutung: „*Maro dictus est a cognatione generis sui vel ab habitu faciei, quia, ut quidam dicunt, niger erat*" (vgl. VSD 27 *aquilo colore*) und VN I 16 behauptet: „*Maro eloquens intellegitur*" (beide Versionen VM I 18 f.). Nach neuerer Forschung (Walde-Hofmann s. v.; E. Vetter Handb. d. it. Dial., S. 412; P. Linde, Gy 64, 1957, 22) bezeichnet das Wort *maro* bei den Umbrern den höchsten Magistrat und stellt wahrscheinlich etruskisches Erbgut dar. Schon VF 5 (*aemula Vergilium tellus nisi Tusca dedisset*) ist sich des Bezugs zu den Etruskern bewußt, und J. Götte (S. 264) schließt auf etruskische Herkunft wenigstens in mütterlicher Linie, worin freilich K. Büchner (a. a. O. 17, 63) zur Zurückhaltung mahnt. Im übrigen hatte das *cognomen* bald den Vorzug vor dem *nomen gentile*, wie etwa ein Vergleich von Ovid (am. 3, 15, 7: *Mantua Vergilio gaudet*) mit Martial (1, 61, 2: *Marone felix Mantua est*) und der Befund der späteren Viten lehren. Der Name des Großvaters mütterlicherseits wird in allen Hss. der VSD mit dem Genitiv *Magi* (nur *R²* hat *magistri*) überliefert (VSD 3). Die metrisch gesicherte Form *Magii* in VF 11 läßt erkennen, daß der Nominativ *Magius* (K. Büchner, a. a. O. 21, 28) gelautet haben muß. Von hieraus ist der Name der Mutter *Magia* (VS 4) abzuleiten, der in der

VSD fehlt, in cod. *Σ* aber in der Form *Maia* interpoliert wurde. Hinzu tritt (VP 2) der Beiname *Polla*. Die richtige Namensform lautet also für die Mutter *Magia Polla* (K. Büchner, a. a. O. 18, 17), während der Vater mit dem Sohne namensgleich war, wenn man die Angaben VS 4 und VF 6 zusammenstellt. Erst die jüngeren Viten geben andere Namen an (VN I 5 *Stimichon*, VM I 5 *Istimicon*).

Auf die *soziale Stellung* der Familie kann allenfalls aus der Berufsangabe geschlossen werden. Ob der Vater wirklich ein *figulus*[1] war, ist nicht nachprüfbar. Der Aufstieg der Titelperson aus den unteren Rängen der sozialen Schichtung ist zwar ein beliebter Topos der Biographien, doch gibt zu denken, daß die Möglichkeit einer allegorischen Herausdeutung aus den Werken Vergils ausscheidet. Hingegen ist möglich, daß der Beruf des Schwiegervaters (*viator*) aus dem Ballista-Epigramm (VSD 60: *nocte die tutum carpe viator iter*) stammt.

Die Datierung des *Geburtstages* auf den 15. Oktober ist auch durch Plinius (ep. 3, 7, 8) und Martial (12, 67, 5: *Octobres Maro consecravit Idus*) gesichert. Das Jahr 70 v. Chr. ergibt sich aus der exakten Consulatsangabe. Schwierigkeiten treten allerdings dadurch auf, daß die zweite Datumsangabe für das Jahr der Verleihung der *toga virilis* (VSD 22) nicht recht zur Altersangabe (*quam XVII anno natali suo accepit isdem illis consulibus iterum*) paßt. Dieses Rätsel wurde jetzt von G. Radke überzeugend gelöst (Gy 71, 1964, 80 ff.). Demnach „betrug die Präzession des offiziellen Kalenders im julianischen Jahr 70 v. Chr. 91 Tage, so daß jemand, dessen Geburtstag am 15. Oktober dieses Jahres lag, nicht mehr im Amtsjahr der genannten Konsuln (*Cn. Pompeius Magnus und M. Licinius Crassus*) hätte geboren sein können; im Jahre 71 v. Chr. waren es 80 Tage, so daß der jahreszeitlich-astronomische 15. Oktober des Jahres 71 v. Chr. mit dem 6. Januar des Amtsjahres der Konsuln Pompeius und Crassus zusammenfällt. Da die Präzession im Jahre 55 v. Chr. nur 74 Tage zählt, lag der jahreszeitliche 15. Oktober dieses Jahres am offiziellen 29. Dezember, d. h. dem letzten Tage des Amtsjahres, in dem Pompeius und Crassus zum zweiten Male Konsuln waren: Vergil trat an diesem Tage aber in sein 17. Lebensjahr".

---

[1] Entstellung aus „*Vergilius*" (A. Klotz, RhM 67, 1912, 308) ist, wenigstens für VSD, wenig wahrscheinlich (s. K. Büchner, a. a. O., 10, 10 f.).

Der *Geburtsort* läßt sich geographisch nicht fixieren. Während sich VSD 7 unbestimmt ausdrückt, überliefert VP 3 eine – freilich wieder problematische – Entfernungsangabe (*abest a Mantua milia passuum III*). Dante und neuerdings E. K. Rand denken an Pietole bei Mantua, Conway an Calvisano bei Brescia, andere an Vallegio sul Mincio (s. RE I 2123 und zuletzt G. Jachmann, Klio 1942, 84 ff.).

Die mit der Geburt zusammenhängenden *praesagia* haben für die antiken Biographen eine große Bedeutung. Für Vergil überliefert die VSD deren drei: 1. Im Traum der Mutter in der Nacht vor der Niederkunft (VSD 9: *enixam se laureum ramum*) ist die Beziehung zu Apollo und zum Dichterberuf deutlich. 2. Das Ausbleiben des Schreiens (VSD 14: *neque vagisse*), das sonst die erste Lebensäußerung eines Neugeborenen zu sein pflegt, und die Gesichtszüge (VSD 15: *et adeo miti vultu fuisse*) deuten auf die Wesensart voraus (*iam tum*), ehe noch die *mathematici* (Astrologen) die Konstellation errechnet haben. Sueton spricht auch in anderen Viten davon. 3. Das wunderbare Aufschießen der *virga populea* (VSD 16) bald nach der Geburt – Ausfluß oder Ansatzpunkt der etymologisierenden Namensdeutung – läßt den künftigen Lebenserfolg vorausahnen.

Über Vergils *Jugendgeschichte* faßt die VSD sich sehr kurz. Sie nennt (VSD 25) nur die Hauptstationen: *Cremona, Mediolanum, urbs* (sc. *Roma*). *Ballista* (E. Klebs, RE II 2829) wäre, selbst wenn die Angabe *ludi magister* zu Unrecht verworfen worden wäre, für uns nur ein Name. Der *orator Epidius*, den VB I 4 und VM II 76 kennen, kommt in der VSD nicht vor. Sueton, der von ihm (rhet. 4) berichtet, hätte ihn bei Vorliegen irgendeines Bezuges sicher angeführt (s. K. Büchner, a. a. O. 22, 7). Immerhin läßt aber VSD 53 (*egit et causam*) erkennen, daß ursprünglich an eine rhetorische Ausbildung gedacht war, die Vergil den Aufstieg zu Staatsämtern hätte öffnen sollen. Die Parallele zu Horaz und Ovid ist deutlich zu sehen. Der Mißerfolg hatte die Hinwendung zum Studium der Philosophie zur Folge. Der Epikureer *Siro* (cat. 8, 1), der auch von Cicero wiederholt achtungsvoll erwähnt wird (z. B. Ad fam. 6, 11, 2), kommt freilich in der VSD nur am Ende der Interpolation nach 200 (Zeile 242 f.) als *Silo* vor. Auch der Aufenthalt in Kampanien (VSD 39; 47) betrifft wohl erst eine spätere Zeit.

Vom weiteren *Lebensweg* Vergils berichtet die VSD nicht in historischer Abfolge. Dies entspricht dem Prinzip der Sueton-Biographie. Sie pflegt das Leben der Titelperson in einem Anfangsteil von der Geburt bis zu einem ersten Höhepunkt (VSD 26: *et inde paulo post transiit in urbem*) zu erzählen. Ein mittlerer Abschnitt fügt daran eine unter Stichwörtern rubrizierende, systematische Darstellung (z. B. VSD 27: *corpore et statura* ...; 30: *cibi vinique* ...; 38: *cetera sane vita* ...; 44: *possedit* ...; 48: *parentes* ...; 52: *inter cetera studia* ...; 53: *egit et causam* ...; 56: *poeticam puer adhuc auspicatus* ...). Ein dritter und letzter Abschnitt bringt sodann den wieder chronologisch voranschreitenden Bericht über das Lebensende (VSD 130 ff.).

Trotz der Auflösung unter verschiedene Rubriken entsteht ein bis in feine Einzelzüge faßbares Bild von der *Wesensart* des Dichters. Da es keine mit Sicherheit auf Vergil gedeutete Porträtbüste[1] gibt, sind die Angaben der VSD der einzige Anhaltspunkt für unsere Vorstellung von der *äußeren Erscheinung* des Dichters (VSD 27 ff.). Das Bodenmosaik aus Hadrumetum, das Vergil zwischen Melpomene und Klio thronend darstellt, stammt wohl aus dem Ende des 3. Jh.s. Es stimmt, soweit die Beschädigung der rechten Gesichtshälfte ein Urteil zuläßt, mit den Angaben der VSD überein, und man wird annehmen dürfen, daß der Künstler die VSD als Anhaltspunkt benutzt hat.[2]

Auch über die Lebensumstände ergeben sich einige Aufschlüsse. Hierher gehört zunächst das, was über das Schicksal von Vergils *Angehörigen*[3] (VSD 48 ff.) berichtet wird. Demnach scheint die Mutter nach dem frühen Tode des Vaters noch einmal verheiratet gewesen zu sein. Aus der ersten Ehe stammten Vergil, Silo und Flaccus, wohl in dieser Altersfolge, aus der zweiten Valerius Proculus (VSD 145: *frater alio patre*), der denn auch VP 19 f. als *frater minor* bezeichnet wird. Man darf diese zu Unrecht angezweifelten Familienschicksale nicht beiseite lassen, wenn man ein Bild von Vergil gewinnen will. Fraglich kann nur sein, ob die allegorische Deutung der Eklogen (VSD 49 ff. Flaccus = Daphnis; vgl. 31 f. Alexander = Alexis) zu Recht daran anknüpft.

---

[1] Vgl. E. Bielefeld: Zu dem Vergilbild des Justus van Gent für Federigo da Montefeltre. Gy 74, 1967, 321–326.

[2] L. Voit – H. Bengl: Römisches Erbe, Erläuterungsband. München 1951, S. 349. 1.

[3] So muß *parentes* hier verstanden werden.

Das einschneidende Ereignis im Leben Vergils war die *Landenteig-nung* des Jahres 41 (VSD 70ff. 268ff.), aus der ihm in glücklicher Wendung der Dinge einflußreiche Gönner den Weg in den Kreis um Maecenas und damit zu Octavianus-Augustus bahnten. Fast alle Viten und Kommentare berichten davon.

Eine besondere Rubrik *amici* fehlt merkwürdigerweise in der VSD (außer in der Interpolation nach VSD 200). Trotzdem wird ein nahes Verhältnis zu folgenden Personen erkennbar:

1. *C. Asinius Pollio* (VSD 33; 72; 288; 303; 316; 320; s. P. Groebe, RE II 1589 Nr. 25) war 40 v. Chr. Consul. Er hat sich als Redner, Historiker und Kritiker einen Namen gemacht und sich auch unter dem Principat die Freiheit der Meinungsäußerung zu bewahren verstanden. Für das literarische Leben in Rom war bedeutsam, daß er die Rezitationen einführte (Seneca, contr. 4, praef. 2), wie sie auch in VSD 98; 117; 185 vorauszusetzen sind. Vergil hat ihm vor allem in seiner 4. Ekloge ein Denkmal gesetzt.

2. *C. Alfenus Varus* (VSD 72; 288; 321; s. P. Jörs, RE I 1472 Nr. 8), *consul suffectus* 39 v. Chr., war ein Rechtsgelehrter aus Cremona, über den Porphyrio (zu Horaz, s. 1, 3, 130) berichtet: „*Abiecta sutrina, quam in municipio suo exercuerat, Romam petivit magistroque usus Sulpicio iuris consulto ad tantum pervenit, ut et consulatum gereret et publico funere efferretur.*" Nach den Schol. Veron. ecl. 6, 10, Serv. ecl. 6, 13 und Int 200 (Zeile 243) war er zusammen mit Vergil Hörer des Epikureers Siro. Jedenfalls läßt sich epikureisch-demokritische Atom-lehre an einer Stelle seiner Digesten (6, 76 a. E.) nachweisen. Vergil hat ihm seine 6. Ekloge gewidmet.

3. *C. Cornelius Gallus* (VSD 72; 289; 316; 326; 327; s. A. Stein – O. Skutsch, RE IV 1342 Nr. 164), der elegische Dichter (69–26 v. Chr.), den Vergil in der ersten Fassung des vierten Buches seiner Georgica (s. Int 71 ff.) gefeiert haben soll, gelangte nach Suetons Bericht (A. 66, 1 f.) *ex infima fortuna* bis zur *praefectura Aegypti* (30 v. Chr.). Im Jahre 26 wurde er *accusatorum denuntiationibus et senatus consultis* in den Tod getrieben. Die 10. Ekloge Vergils trägt seinen Namen.

Diese Widmungen an Pollio, Varus und Gallus sind (nach VSD 72; vgl. 287) der Dank Vergils für die Hilfe, die sie ihm als *triumviri agris dividendis* bei der Landenteignung des Jahres 41 v. Chr. erwiesen hatten. Diese drei Eklogen hält Donat (VSD 315f.) für nicht *proprie* bukolisch.

4. *C. Cilnius Maecenas* (VSD 46; 76; 101; 146; 188; 287), der sprichwörtlich gewordene Förderer der augusteischen Dichter (74/64–8 v. Chr.), trägt das Hauptverdienst an Vergils Aufstieg. Vergils Stadtwohnung lag *iuxta hortos Maecenatianos* (VSD 46). Die Georgica sind Maecenas gewidmet.

5. *C. Iulius Caesar Octavianus Augustus* (VSD 83; 99; 112; 134; 146; 148; 152; 163; 271; 273f.; 289; 294; 309), wohl auch dessen Schwester *Octavia* (VSD 118) und deren Sohn *Marcellus* (43–23 v. Chr.).

6. *L. Varius Rufus* (VSD 37; 147; 152; 156; 160; 163; 168; 211; s. R. Helm, RE VIII A 1 410 Nr. 21) kann nicht genau datiert werden. Jedenfalls war er 19 v. Chr. noch, 14 v. Chr. nicht mehr unter den Lebenden. Porphyrio (zu Horaz, c. 1, 6, 1) berichtet über ihn: „*Fuit L. Varius et epici carminis et tragoediarum* (s. VSD 211) *et elegiarum auctor.*" Sein Hauptverdienst um Vergil liegt in der Herausgabe der Aeneis nach Vergils Tod (VSD 162ff.).

7. *Plotius Tucca* (VSD 147; 152; 161) war Miterbe des schriftlichen Nachlasses Vergils. Er wird stets zusammen mit Varius genannt (s. auch Horaz, s. 1, 5, 40 u. 1, 10, 81) und kommt deshalb in der Überlieferung zu kurz.

8. Andere Viten (VL 23f.; VN I 35f.; PV 27) nennen ferner *Aemilius Macer* (auch VM I 66) und *Quintilius Varus* (auch VP 13). VSD berichtet nicht von ihnen.

9. Auffallend ist, daß in dieser Liste – und auch in der Aufzählung der Quellenzeugen – der Name *Horaz* fehlt (außer in Int 145), um so mehr, als Sueton selbst eine (erhaltene) Horazvita geschrieben hat, in der nun freilich auch Vergil nicht vorkommt, obwohl bei der Anspielung auf s. 1, 6, 54f. (*Ac primo Maecenati, mox Augusto insinuatus non mediocrem in amborum amicitia locum tenuit*) gute Gelegenheit dazu gewesen wäre. Mindestens aber hätte Horaz eine biographische Primärquelle für die Vergilvita darstellen können. Auch Donat hat diese Lücke nicht gefüllt.

Eine Liste der *inimici* Vergils liegt in dem Katalog der *obtrectatores* (VSD 177ff., s. u., S. 430f.) vor; doch kommt davon ernstlich nur *M. Vipsanius Agrippa* in Betracht, der mit seiner Kritik allerdings mehr auf

Maecenas gezielt haben dürfte. Int nennt darüber hinaus aus Scholien
und anderen Quellen *Anser, Cornificius, Bathyllus* und *Philistus, Bavius*
und *Mevius*.

Erst mit dem Bericht über die letzten Tage des Dichters kehrt die
Biographie wieder zur chronologischen Darstellungsweise zurück.

Die tödliche Erkrankung zieht Vergil sich demnach auf einer *Grie-
chenlandreise* zu (VSD 130 ff.; vgl. dazu Suetons Terenzvita 4, 1), die er
im 52. Lebensjahre antrat. Auch hier machte die Chronologie Schwierig-
keiten: Der Todestag war zweifellos der 21. 9. 19 v. Chr. (nur Int 101
weicht um einen Tag davon ab). Folglich, so mußte man meinen, konnte
Vergil bei seiner Abreise nicht im 52. Lebensjahre stehen, da er dieses erst
am 15. 10. 19 begonnen hatte. Diese Schwierigkeit ist nun durch die
Forschungen von G. Radke (s. o., S. 419) behoben. Wie dort ausgeführt,
wurde Vergil am 15. 9. 20 v. Chr. 51 Jahre alt und trat damit „in das 52.
Lebensjahr ein, dessen Ende er nicht mehr erleben sollte". Der durch
Caesars Kalenderreform verursachte „Altersverlust" blieb bestimmt al-
len davon Betroffenen deutlich in Erinnerung. Auf den jahreszeitlich-
astronomischen Kalender umgerechnet, lebte Vergil also vom 15. 10. 71
(= 6. 1. 683 a. u. c.) bis 21. 9. 19 v. Chr. (= 734 a. u. c.). Alle Textmani-
pulationen sind damit gegenstandslos geworden.

Das Zusammentreffen mit *Augustus in Athen* (VSD 134) ist historisch
möglich. Es handelt sich um die Rückkehr von der militärischen Demon-
stration gegen die Parther (Sommer 21), die im Jahre 20 v. Chr. zu der
Rückgabe der bei Carrhae (53 v. Chr.) verlorengegangenen Feldzeichen
geführt hatte. Der Tempel des Augustus und der Roma ist ein Denkmal
dieses Besuches.

Nach dem Tode in *Brundisium* erfolgte die Überführung nach *Neapel*,
wo Vergil sich viel aufgehalten hatte (VSD 39; 47 und das Augustusbrief-
fragment Priscian 10, 43 = Malcovati Nr. L). Die *Via Puteolana* führt
von dort westwärts nach Pozzuoli. *Intra lapidem (miliarium) secundum*
ist von Neapel aus zu rechnen. C. Plinius (ep. 3, 7, 8) berichtet von der
Verehrung, die das *Grab* zu seiner Zeit (etwa 61–114) genoß. Das
Grabdistichon, das Vergil selbst verfaßt haben soll, wird in fast allen
Viten überliefert. *Calabri* steht für Brundisium, *Parthenope* ist der durch
Vergil in Gebrauch gekommene Name Neapels. *Pascua, rura, duces*
charakterisiert in wahrhaft epigrammatischer Kürze die drei Hauptwer-

ke Bucolica, Georgica und Aeneis. Wie freilich *duces* zu der Nachricht stimmen soll, Vergil habe die Aeneis eigenhändig verbrennen wollen, ist eine andere Frage. Im übrigen enthält dieser Vers schon ein Hauptschema der später üblich gewordenen Vergilbetrachtung (VSD 249f.).

Die Echtheit des *Testaments* kann keinem Zweifel unterliegen (s. o., S. 416). Aus dem Testamentstext stammt wohl auch die VSD 44 berichtete Notiz von den *Vermögens*verhältnissen[1] des Dichters: „*Possedit prope centiens sestertium*" (etwa 1,8 Millionen Goldmark). Diese hohe Summe macht auch die Angabe VB I 1f. glaubwürdig, Vergil habe dem Ritterstande (*dignitate eques Romanus*) angehört. Im übrigen hat diese Stelle die Phantasie der Interpolatoren besonders beflügelt (z. B. Int zu VSD 26; 47; 120).

Der Darstellung der Werke des Dichters wendet sich die Vita von VSD 56 an (*Poeticam puer adhuc auspicatus ...*) zu. Sie beginnt mit den *Jugendwerken* und bietet hierfür einen Katalog von Titeln, die den Hauptbestand der sog. Appendix Vergiliana ausmachen. Wenn man von dem Ballista-Epigramm (VSD 59f.) absieht, ergibt sich folgende Reihe:

1. Moretum (nur Σ^i 61, und zwar an Stelle des Titels Catalepton)
2. Catalepton (Priapea und Epigrammata in sich fassend)
3. Dirae (ohne besondere Hervorhebung der Lydia)
4. Ciris
5. Culex (mit interpolierter Inhaltsangabe)
6. Aetna, de qua ambigitur (nach Paratore ein nachdonatischer Zusatz).

Die Echtheit aller dieser Stücke ist zumindest heftig umstritten, in den allermeisten Fällen widerlegt. Nur cat. 5 und 8 haben der Kritik einigermaßen standgehalten. Über die Einzelheiten der Problemlage und die Literatur dazu unterrichtet man sich jetzt am besten in dem sehr übersichtlich angelegten RE-Artikel von K. Büchner. Zu der Altersangabe VSD 62 (*Culicem, cum esset annorum XVI*) hat zuletzt Magdalena Schmid[2] einen kühnen Änderungsvorschlag gemacht. Demnach wäre XVI aus XLI verdorben, womit der Culex in die Jahre 29/28 zu datieren wäre und Octavians Plan, sich nach ägyptischem Vorbild eine monu-

---

[1] Zu den *liberalitates amicorum* vgl. Hor., epist. 1, 2, 246; Serv., Aen. 6, 862; Mart. 8, 56; Juvenal 7, 69; VP 17f.
[2] M. Schmidt, in: Wissenschaftl. Zs. der Univ. Leipzig 1952/53, Heft 3, S. 150.

mentale Grabanlage errichten zu lassen, verspottete. Ob Vergil sich das hätte leisten können und wollen, erscheint sehr fraglich.

Die drei *Hauptwerke* behandelt die VSD in der Reihenfolge ihrer Entstehung, löst aber die einzelnen Nachrichten nach einem rubrizierenden Schema auf (Absicht, Entstehung, Zeitaufwand, Erfolg, Arbeitsmethode).

Die Absicht der *Bucolica* sieht VSD 71 ff. in der Verherrlichung der *triumviri agris dividendis*. Diese Schlüsse lassen sich aus der 4., 6. und 10. Ekloge ziehen. Fast alle weiteren Viten machen sich diesen Gedanken zu eigen, und auch die Eklogeneinleitung Donats führt ihn unter der Rubrik *voluntas* (VSD 259 f.) auf.

Für die *Datierung* der Bucolica läßt sich aus der VSD nur insofern etwas gewinnen, als außer der auch in den Gedichten selbst ausgesprochenen Verknüpfung mit der Landenteignung des Jahres 41 – die *victoria Philippensis* gehört ins Spätjahr 42 – auch die Arbeitsdauer (VSD 96: *triennio perfecit*) angegeben ist. Sie stimmt einigermaßen mit dem aus sorgfältigem Abwägen aller Argumente gewonnenen Zeitansatz von Herbst 42 bis Herbst 39 (K. Büchner, a. a. O. 231, 55) überein.

Über die *Arbeit* an den Bucolica wird nichts berichtet, wohl aber vom *Erfolg*. Man darf die Notiz VSD 97 f. (*ut in scaena quoque per cantores crebro pronuntiarentur*) in Verbindung bringen mit der Nachricht bei Tacitus: „*Testis ipse populus, qui auditis in theatro Virgilii versibus surrexit universus et forte praesentem spectantemque Virgilium veneratus est sic quasi Augustum*" (Dial. 13).

Auch für die *Georgica* ist die Widmung an Maecenas aus dem Werke selbst zu ersehen. VSD 76 ff. schreibt ihm das besondere Verdienst zu, dem Dichter bei der Landenteignung gegen einen Veteranen geholfen zu haben, dem offenbar Vergils Landgut zugesprochen worden war. Nach VSD 283 war dies ein *centurio* namens *Arrius*; Σ^1 77[1] nennt dazu noch den Namen *Claudius miles*[2] zur Auswahl; in VN I 33 und VM I 50 heißt er *Claudius Arrio*, während Probus, ecl. praef. 328, 3 ff. einen *Milienus Toro* nennt.

Über die *Arbeitsweise* des Dichters werden hier erstmals Angaben

---

[1] *Arrius* auch Serv. ecl. praef. 3, 5 ff.; ecl. 3, 94; ecl. 9, 1, 14; *Arius* VSD (Σ).

[2] So auch Schol. Bern. ecl. 9 praef.; *Clodius:* Serv. auct. ecl. 9, 1, 25; vgl. VM I 71 f.

gemacht (VSD 85). Das Bild von der Bärenmutter kehrt – stilistisch umgeformt – bei Gellius (NA 17, 10, 2f.) wieder. Als Quelle gibt Gellius die Schrift *De P. Vergilii ingenio moribusque* an.

Für die *Datierung* der Georgica ist wichtig, daß sie dem Augustus (richtiger: Octavianus, da er den Augustus-Titel erst seit 17. Januar 27 führte) nach der Rückkehr aus Ägypten (VSD 98: *reverso post Actiacam victoriam*) in Atella vorgelesen wurden. Diese Rückkehr erfolgte im Sommer 29. In dieser Zeit müssen also die Georgica spätestens fertig gewesen sein; denn aus der Angabe *per continuum quadriduum* läßt sich schließen, daß an jedem Tage ein Buch rezitiert wurde. Das 4. Buch muß dabei in seiner ursprünglichen Fassung vorgelegen haben, da Cornelius Gallus († 26) seine Stellung noch unangefochten behauptete. Sorgfältige Berücksichtigung aller Anspielungen auf Zeitereignisse hat dazu geführt, die Arbeit an den Georgica in die Jahre 37/36 bis 30/29 zu datieren. Dies stimmt in etwa mit der VSD 96 angegebenen Arbeitszeit (*Georgica VII perfecit annis*) zusammen.

Absicht und Inhalt der *Aeneis* werden von der VSD mit bewundernswerter Klarheit charakterisiert (VSD 79ff.). Der Verfasser der Vita hat bei den Bucolica, die doch auch deutlich auf Octavianus Bezug nehmen, offenbar bewußt darauf verzichtet, dessen Namen zu nennen, um sich die Steigerungsmöglichkeit vorzubehalten: *Pollio, Varus, Gallus – Maecenas – Augustus: Bucolica – Georgica – Aeneis: pascua – rura – duces.*

Im übrigen spricht VSD 70f. auch von einem noch vor den Bucolica liegenden Plan zu einer epischen Dichtung (*cum res Romanas inchoasset*). Man kann dies als aus ecl. 6, 3f. herausinterpretierten hellenistischen Topos (vgl. Horaz, s. 2, 1, 10f.) auffassen, doch glaubt K. Büchner (a. a. O. 406, 50), diese Notiz entspreche den Tatsachen. Die Formulierung *res Romanae* klingt an den später für die Aeneis aufgekommenen Namen *gesta populi Romani* (Serv., Aen. 6, 752; PT 31; vgl. K. Büchner 408, 64) an. Die VSD verwendet ausschließlich die Bezeichnung Aeneis.

Einzelheiten über die *Arbeitsweise* des Dichters bringt VSD 89ff. Demnach fertigte Vergil zunächst einen in zwölf Bücher gegliederten Prosaentwurf. Nur in Int 59ff. findet sich die Nachricht, es seien ursprünglich 24 Bücher geplant gewesen, während die Viten[1] sonst das

---

[1] VPh II 23ff.; PV 32; VM I 126ff.

Verdienst des Dichters gerade darin sehen, sich kürzer gefaßt zu haben
als Homer. Jedenfalls ging die Umsetzung der Prosafassung in Verse
langsam vor sich, wobei manche Partien zunächst ohne letzte Ausfeilung
nur eben skizziert wurden (*levissimis versibus veluti fulsit*). Diese *tibici-
nes* (VSD 93/4) hat man immer wieder herauszufinden gesucht. K. Büch-
ner nennt dafür die Einleitungs- und Schlußverse der Jupiter-Venus-
Szene (1, 223–304; s. a. a. O. 320, 4f. u. 322, 63f.). Den Zustand der
Nichtvollendung kann man ferner an Teilen des 2. (a. a. O. 331, 38f.,
besonders 334, 38; vgl. VS 42f.), 3. (a. a. O. 340, 61f.) und 10. Buches
(a. a. O. 391, 12f.) sowie in der Vorgeschichte der Camilla (11, 537–584;
s. a. a. O. 396, 51f.) beobachten. Auch die *hemistichia*, von denen VSD
163ff. spricht, gehören hierher. Es gibt deren 58 in der Aeneis. Für den
Halbvers Aen. 10, 284 hat F. Bücheler (RhM 1879, 34, 623) nachgewie-
sen, daß Seneca (ep. 94, 28) ihn in seinem Aeneis-Exemplar (durch *piger
ipse sibi obstat*) ergänzt vorfand.

Zu den elf Jahren *Arbeitszeit* (VSD 96) muß man noch die drei weiteren
Jahre rechnen, die Vergil auf die letzte Ausarbeitung verwenden wollte
(VSD 132). Da man, wie das Properzzitat (VSD 110f.; ins Jahr 26 v. Chr.
datiert; vgl. K. Büchner, a. a. O. 39, 8) zeigt, von Anfang an große
Erwartungen auf die Aeneis setzte, ist es kein Wunder, daß Augustus
ungeduldig am Fortgang der Arbeit Anteil nahm (VSD 112ff.). Die
Antwort Vergils auf den Augustusbrief hat Macrobius überliefert: „*De
Aenea quidem meo, si mehercule iam dignum auribus haberem tuis,
libenter mitterem; sed tanta inchoata res est, ut paene vitio mentis tantum
opus ingressus mihi videar, cum praesertim, ut scis, alia quoque studia ad
id opus multoque potiora impertiar*" (sat. 1, 24, 11).

Die *expeditio Cantabrica* ermöglicht im übrigen eine Zwischen*datie-
rung*, da Vergil frühestens nach des Augustus Rückkehr im Frühjahr 24,
genauer: nach dem Tod des *Marcellus* († 23) die VSD 116ff. erwähnten
Teile seines Gedichtes vortragen konnte. Andererseits zeigt der noch
frische Schmerz der *Octavia*, daß man die Rezitation noch ins Jahr 23
setzen darf, womit also die Bücher 2, 4 und 6 zeitlich fixiert wären. Die
Gesamtdatierung der Aeneis führt bei Rückrechnung vom Todestag
(21. 9. 19) auf das Jahr 29 als Arbeitsbeginn. Bestätigt wird dieser Ansatz
durch den Reflex von Octavians Triumph des Jahres 29 in der Jupiter-
szene des 1. Buches der Aeneis (K. Büchner, a. a. O. 321, 24).

Der Tod hinderte den Dichter an der letzten Ausarbeitung der Aeneis. Über das *Schicksal der Aeneis* finden sich die wichtigsten Angaben VSD 147 ff. Hier ist an den Bericht vom Testamentstext die Bemerkung angeschlossen, die Miterben Varius und Tucca hätten die Aeneis nach Vergils Tod ediert. Hinzu kommen drei Distichen des Dichters Sulpicius. Es gilt als sicher, daß diese Partie (schon ab 147: *qui eius Aeneida*) erst nach Sueton in den Text gekommen ist (vgl. o. S. 415). Vertrauenswürdig sind demnach nur die Angaben VSD 156 ff. Dort lassen sich drei Verhandlungsphasen erkennen:

1. Schon vor der Abreise nach Griechenland hatte Vergil seinen Freund Varius vergeblich dahin zu bestimmen versucht, die Aeneis zu verbrennen, falls er nicht mehr zurückkehren sollte.

2. Bei den Verhandlungen in Brundisium unmittelbar vor dem Tode Vergils kam es zu keiner ausdrücklichen Bestimmung über die Aeneis (*nihil nominatim de ea cavit*), doch war sie insofern ins Testament miteinbezogen, als Vergil seine *scripta*, also seinen gesamten schriftlichen Nachlaß, mit der Bedingung an Varius und Tucca vermachte, daß sie nichts edieren[1] sollten, was er nicht schon selbst herausgegeben hatte.

3. In diesem Punkte setzte Augustus das Testament außer Kraft und beauftragte Varius (nicht, wie VSD 147 glauben machen will, Varius und Tucca) mit der Veröffentlichung der Aeneis. Da die Überarbeitung nur *summatim* erfolgte, kann man annehmen, daß der Text so gut wie unverändert blieb. Auch der Versuch des Varius, die Reihenfolge von Buch 2 und 3 zu vertauschen (VSD 168 ff.) blieb, sofern die Nachricht überhaupt stimmt, ohne Erfolg. Sonst könnte es nicht heißen: „*qui nunc secundus sit ⟨liber⟩*". Nur Σ' 169 schreibt *tunc*.

Als ganz unglaubwürdig erscheint die Nachricht, die Aeneis habe ursprünglich vier weitere Einleitungsverse gehabt (VSD 170 ff.), die Varius gestrichen habe (s. K. Büchner, a. a. O. 318, 5). H. Fuchs (MH 4, 1947, 191, Anm. 114) hat dargelegt, wie sehr sie den kunstvollen Aufbau des Proömiums stören würden. A. Rostagni hält sie allerdings für echt. Es handelt sich aber eher um eine nachträgliche Hinzudichtung, die durch Donat in die Vita gebracht worden ist.

---

[1] Zum Schwanken zwischen „*ederent*", „*adderent*" und „*delerent*" s. Hieronymus ol. 190, 4 (VH 14); VG I 49; VPh I 113.

Die ersten Auseinandersetzungen mit den Dichtungen Vergils werden in den *obtrectatores*-Kapiteln faßbar. Die meisten dieser Widersacher sind sonst unbekannt und nicht datierbar. Nur für die Aeneiskritik liegt auf der Hand, daß sie erst nach dem Tode Vergils einsetzen konnte. Im einzelnen werden genannt:

1. *Numitorius quidam* (VSD 178; s. W. Kroll, RE XVII, 2 1406 Nr. 6), „eine ephemere Größe", ist nur in diesem Zusammenhang bekannt. An dem Vers „*Tityre, tu patulae recubans sub tegmine fagi*" (ecl. 1, 1) störte ihn die Metapher *tegmen* (s. A. E. Housman, ClRev 49, 1935, 167), während er in den Versen „*Dic mihi Damoeta, cuium pecus, an Meliboei? Non, verum Aegonis; nuper mihi tradidit Aegon*" (ecl. 3, 1 f.) sich an dem Adjektiv *cuius, -a, -um* stieß.

2. Der Autor des Witzes zu georg. 1, 299 ist nicht einmal dem Namen nach bekannt (*alius*). Aus der Stelle (VSD 185) geht immerhin hervor, daß Vergil die Georgica öffentlich rezitierte. Es ist wenig wahrscheinlich, daß dieser Vortrag mit dem in Atella (VSD 99) identisch ist.

3. *Carvilius Pictor* (VSD 187; s. G. Wissowa, RE 1631 Nr. 11) kommt nur an dieser Stelle vor. Von seinem Werke kennt man nur den Titel *Aeneidomastix*, vielleicht *Aeneomastix*. Eine ähnliche Wortbildung *Vergiliomastix* zitiert Servius ecl. 2, 23.

4. *M. Vipsanius Agrippa* (VSD 187/8), der Mitarbeiter und spätere Schwiegersohn des Augustus, läßt zwar jeden Blick für den Rang der vergilischen Dichtung vermissen, trifft aber mit seinem Urteil über die Wortwahl Vergils den Kern der Erscheinung sehr genau (F. Bömer, Gy 64, 1957, 4 f.).

5. *Herennius* (VSD 190; s. A. Stein, RE VIII 665 Nr. 16), dessen Werk wohl den Titel *De vitiis Vergilii* führte, beanstandet ähnlich wie Agrippa den Stil Vergils.

6. *Perellius Faust(in)us* (VSD 191), ebenfalls ein sonst unbekannter Kritiker, beschuldigte – offenbar als erster – Vergil des Plagiats. Der Titel seines Werkes kann *De furtis Vergilii* gelautet haben.

7. *Q. Octavius Avitus* (VSD 191; s. W. Kroll, RE VXII, 2 1827 Nr. 41), wieder nur aus der VSD bekannt, scheint der Frage der Anklänge (an Homer) eingehender (*octo volumina!*) nachgegangen zu sein. Der Titel seines Werkes steht nicht fest. Die Hss. haben ὁμοιοτελεύτων, und die etwas ungelenke Art, wie etwa der des Griechischen offensichtlich

unkundige Schreiber des cod. *G* die griechischen Buchstaben nachgemalt hat, läßt den sicheren Schluß zu, daß seine Vorlage den Titel in der gleichen Form bot. H. Hagen hat, wohl mit Recht, ὁμοιότητες vorgeschlagen, während A. Reifferscheid nach einem Vorschlag H. Hagens (Schol. Bern. 688) ὁμοίων ἔλεγχος in den Text setzte.

8. Abgesehen von M. Vipsanius sind alle diese Kritiker für uns nur Namen, die wahrscheinlich aus dem *Liber contra obtrectatores Vergilii* des *Q. Asconius Pedianus* entnommen sind. Dieser zählt insofern unter die Kritiker Vergils, als er Unstimmigkeiten in der Chronologie der Aeneis, wenn nicht beanstandet, so doch zugegeben hat (*eaque circa historiam fere* (VSD 195).

Die Kritik richtet sich also vornehmlich gegen den Stil, die Homernachfolge und die Chronologie. Mit Recht hebt W. Wili hervor, daß es „keinem Menschen einfiel, die Götterwelt Vergils zu parodieren" (Vergil, S. 120), was bei der Beurteilung der augusteischen Reformen als *argumentum ex silentio* nicht unbeachtet bleiben soll.

e) Donats Eklogeneinführung
(Text s. S. 228–240)

Mit VSD 201 beginnt die Einführung in Eklogenkommentar des Aelius Donatus. Man kann annehmen, daß sie im großen und ganzen unverändert auf uns gekommen ist (zu VSD 211 und 297 ff. s. S. 432; 434). Die Eigenart dieser Einführung liegt in der Straffheit der Gliederung, die durch Rückverweise immer wieder betont wird. Sie baut auf zwei Hauptgesichtspunkten (*bifariam tractari solet*) auf:

I. ante opus
   a) titulus   (48): Titel des zu interpretierenden Werkes, Frage nach der Echtheit und der Berechtigung der Titelwahl;
   b) causa   (50): Grund:
                    1. origo (51): Ursprung des γένος,
                    2. voluntas (58): Veranlassung des Dichters;
   c) intentio   (64): Absicht des Dichters.
II. in ipso opere
   a) numerus (68): Zahl der Einzelstücke,
   b) ordo   (69): Reihenfolge der Einzelstücke,
   c) explanatio (70): Interpretation und Kommentar. Erhalten ist die Vorbemerkung über den bukolischen Hexameter.

Man hat in dieser Gliederung ein System antiker Literaturbetrachtung
vor sich, das Donat nicht für sich beansprucht, da er ja schreibt: *tractari
solet*. Die Einzelpunkte des Systems sind bis heute Bestandteile der
Vergilbehandlung geblieben.

Obwohl die *Echtheit der Bucolica* nicht in Frage steht, erfordert das
Gliederungssystem unter *titulus* auch die Erörterung dieser Frage, die
vom Standpunkt der Voraussetzungslosigkeit her grundsätzlich berech-
tigt erscheint.

Als Musterfall eines unter falschem Verfassernamen umlaufenden
Dichtwerkes wird die Tragödie *Thyestes* angeführt. Daß L. Varius Rufus
(s. o., S. 423), der wirkliche Verfasser[1] war, steht außer Zweifel. Man
darf also *ut Thyestes tragoedia huius poetae* (VSD 210 f.) nicht übersetz-
zen: „wie z. B. die Tragödie Thyestes unseres Dichters (= Vergils)",
auch wenn in Serv. ecl. 3, 20 und Serv. auct. ecl. 6, 3 von einer Tragödie
des Vergil die Rede ist, sondern „wie z. B. ⟨die Tragödie⟩ Thyestes als
Tragödie dieses unseres Dichters (d. h. Vergils) ⟨ausgegeben wurde⟩".
Dieses Mißverständnis ist schon dem Verfasser von VPh I 115 f. unterlau-
fen: „*Quamvis igitur multa alia inscriptione sub aliena sint prolata et
Varius sub nomine suo edidit, tamen ...*" Der Text von VSD 209 ff.
verführt dazu, und es fragt sich, ob hier nicht doch eine Störung des
ursprünglichen Wortlauts vorliegt.

Zum Erweis der Echtheit der Eklogen benutzt die VSD nicht die bei
Properz (2, 34, 67–74), Ovid (anm. 1, 15, 25–26; trist. 2, 537–538) und
Martial (8, 56, 7–12) gebotenen Zeugnisse, die fast alle den Namen
Tityrus als Signatur für das Gesamtwerk verwenden. Donat weist viel-

---

[1] Dies geht nicht zuletzt aus der Didaskalie hervor, die sich im cod. Paris 7530
saec. VIII und Casinatensis 1086 erhalten hat: „*Lucius Varius cognomento Rufus
Thyesten tragoediam magna cura absolutam post Actiacam victoriam Augusto ludis
in scaena edidit, pro qua fabula sestertium deciens accepit.*" Sie wurde bei dem
Triumph des Jahres 29 v. Chr. aufgeführt. Außer einem kurzen Fragment bei
Quintilian (inst. or. 3, 8, 45) und vielleicht bei Seneca (ep. 80, 7) ist nichts erhalten.
Doch urteilt Quintilian (inst. 10, 1, 98): „*Varii Thyestes cuilibet Graecarum (sc.
tragoediarum) comparari potest.*" Allerdings ist auch das Gerücht, Varius habe die
Tragödie nicht selbst verfaßt, schon alt. So berichtet Porphyrio (zu Horaz, epist. 1,
4, 4), Varius habe den Dichter Cassius Parmensis ermordet und sich dessen
Schriften angeeignet. Es handelt sich um eine Namensverwechslung mit dem
wirklichen Mörder namens Q. Attius Varus.

mehr auf die innere Verknüpfung zwischen der Bucolica und Georgica hin (VSD 216 f.), indem er sich auf das Selbstzeugnis des Dichters (georg. 4, 565 f.) beruft. Freilich mußte er nun streng genommen auch den Beweis für die Echtheit der Georgica führen. Von daher erklären sich die Verse VSD 172 f., durch welche die Aeneis mit den Bucolica und den Georgica verknüpft werden soll.

Für die *origo* der bukolischen Dichtung nennt Donat eine Reihe von Theorien, die alle eine Gottheit an den Beginn stellen, und zwar:

1. Artemis (VSD 231 ff.)
   a) in Verknüpfung mit den Perserkriegen[1] oder
   b) in Verknüpfung mit der Orestessage[2] und der römischen Archäologie
2. Apollon (VSD 241 ff.) als Hirt im Dienste des Admetos[3];
3. Dionysos (VSD 243 ff.) als Führer der Nymphen und Satyrn[4];
4. Hermes (VSD 245 ff.) als Vater des Daphnis[5], der unter den Hirten eine Führerstellung inne hat;
5. Pan, Silvanus und die Faune[6] (VSD 247 ff.), also eine Mischung griechischer und römischer Vorstellungen.

Man hat also die Mythen und Sagen, ja sogar die Geschichte auf irgendwelche Bezüge zu den Gestalten und dem Milieu der Eklogen untersucht. Donat verhält sich skeptisch. Er erkennt nur das hohe Alter (VSD 249 ff.) der Dichtungsgattung an und zieht sein in Dreigliederung hierarchisch stufendes System vor, für das sich im Grabepigramm (VSD 143 f.) bereits ein Ansatzpunkt feststellen läßt: *pascua – rura – duces: vita pastoralis – rura culta – bella suscepta.* In ähnlicher Weise hatte er schon bei der Frage nach der Berechtigung des Titels *Bucolica* unterschieden zwischen αἰπόλοι, μηλονόμοι und βουκόλοι (VSD 220 ff.).

---

[1] Vgl. Serv. Buc. praef. 1, 3 f. Th.; VPh I 131 ff.; VG II 8 ff.; VM 191 ff.; Probus 324, 8–19 (Hagen).

[2] Vgl. Serv. Buc. praef. 1, 8 f. Th.; VPh I 138 ff.; VG II 14 ff.; Probus 325, 12–326, 21 (Hagen).

[3] Vgl. Serv. Buc. praef. 1, 13 Th.; VPh I 144 ff.; VG II 18 ff.

[4] Vgl. Serv. Buc. praef. 1, 15 Th.; VPh I, 146 f.

[5] Vgl. Serv. ecl. 5, 20, 21 Th.; VPh I 148 f.

[6] Vgl. Serv. Buc. praef. 1, 15 Th.; VPh I 149 (vollständiger: Phil. I, ecl. 6, praef. 104, 15 Th.); VG II 20 ff.

Beim Aufweis der *voluntas* des Dichters nennt Donat

1. die Theokrit-imitatio (VSD 259 ff.);

2. die Entwicklung des menschlichen Lebens vom Hirtendasein bis zum Ackerbauern (VSD 262 ff.). Dies ist ein – mit *quod supra diximus* noch betonter – Rückgriff auf den Gedankengang von VSD 249 ff.

3. Eine neue Dreigliederung, für die Donat eine Schwäche hat, liegt vor in der Unterscheidung der drei *modi elocutionum*: ἰσχνός, μέσος und ἁδρός, die nun wieder mit der Abfolge Bucolica, Georgica, Aeneis in Parallele gesetzt werden (VSD 263 ff.).

4. Aus der eigentlichen Vita (VSD 70 ff.) übernommen, aber weiter ausgeführt ist die Erzählung von der Landenteignung (VSD 272 ff.) und dem Streben nach der Gunst der Octavianus.

Auch der Nachweis der *intentio* (292 ff.) greift zunächst auf frühere Argumente zurück (*imitatio Theocriti; laus Caesaris*). Daran knüpft sich eine Erörterung, wieweit die Werke Vergils allegorisch interpretiert werden dürfen. Donat bezieht dabei eine mittlere Position: „*neque nusquam neque ubique!*" Man kann ihm somit zutrauen, VSD 32 und 50 durch allegorisierende Zusätze überarbeitet zu haben. Daß das Gedicht auf *delectatio et utilitas* zielt, erinnert an Horazens Vers „*Aut prodesse volunt aut delectare poetae*" (a p. 333), der mit *secundum praecepta* gemeint sein dürfte.

Eine gewisse Störung der Gliederungsabfolge bedeutet das Kapitel 65 (*quaeri solet*...). Immerhin besteht die assoziierende Verbindung von *delectatio* zu *varietas* (*varietas delectat?*), was freilich nicht gegen die Annahme eines nachdonatischen Zusatzes zu sprechen braucht.

Vorsichtige Kritik wird an der 4. Ekloge geübt (VSD 301 ff.); der Hinweis auf zwei weitere Eklogen (*et item similiter in aliis duabus*) bezieht sich auf die Nennung in VSD 315 f.: *quod ex his* (sc. *proprie bucolicis*) *excipiantur Pollio, Silenus et Gallus* (d. h. ecl. 4; 6; 10).

Die unter der Rubrik *numerus* (VSD 314 ff.) gebotene Aufzählung der Eklogentitel stimmt in der Reihenfolge mit der Überlieferung der Bucolica überein. Zweifellos stand schon von Anfang an über jedem Gedicht der Gedichttitel, wie auch aus ecl. 6, 12 geschlossen werden kann (K. Büchner, a. a. O. 235, 57). Ob diese Reihenfolge die der Entstehungsabfolge darstellt, wird erst Servius sich fragen (Buc. praef. 3, 16: *incertum, quo ordine scriptae sint*).

Über die Anordnung der zehn Gedichte macht Donat sich in dem Kapitel *ordo* (VSD 328 ff.) Gedanken. Eine natürliche, festgefügte Reihenfolge (*naturalis consertusque ordo*) vermag er nicht zu erkennen, und mit diesem Problem ringt die Eklogen-Interpretation bis heute. Das erste und das letzte Gedicht weist er als an seinem Platze bezeugt nach, indem er georg. 4, 565 und ecl. 10, 1 zum Beweis heranzieht. Die davon abweichende Auffassung, der erste Platz in der Sammlung sei ursprünglich der 6. Ekloge zugedacht gewesen, gründet auf der äußerlichen Parallele des Gedichtanfanges *prima* mit dem Beginn der 10. Ekloge *extremum*. In Wahrheit gehört die 6. Ekloge ihrer Entstehung nach in die mittlere Gruppe (K. Büchner, a. a. O. 234, 59) und ist mit der 1. und 4. Ekloge bis zum Herbst 40 v. Chr. entstanden. Sie im Ernst an die erste Stelle zu rücken ist von der modernen Forschung nicht erwogen worden, denn sie „leitet mit den grundsätzlichen Ausführungen über die Eklogendichtung die 2. Hälfte (der Bucolica) deutlich ein" (K. Büchner, a. a. O. 237, 25).

Nicht erhalten ist die *explanatio*. Nach ihrem Verbleib forschen E. K. Rand[1] und J. J. H. Savage[2]. Erhalten ist in der VSD jedenfalls ein ihr vorausgeschickter *metrischer Exkurs* (VSD 339 ff.) über die Besonderheiten des bukolischen Verses. Darin werden an den bukolischen Hexameter folgende Forderungen gestellt:

1. Der erste Fuß[3] muß mit einem Wortende schließen.
2. Nach dem dritten Trochaeus muß eine Zäsur liegen.
3. Der vierte Versfuß soll
    a) den Spondeus meiden und
    b) mit einem Wortende schließen (bukolische Dihärese), was zur Folge hat, daß
4. der fünfte und sechste Versfuß eine geschlossene Wortgruppe umfaßt.

Das zur Demonstration dieser Forderungen herangezogene Beispiel ecl. 1, 1 ist allerdings wenig geeignet[4], da sich die Zäsur nach dem dritten

---

[1] E. K. Rand: Is Donatus' commentary on Virgil lost? ClQu 10, 1916, 158–164.

[2] J. J. H. Savage: More on Donatus' commentary on Virgil. ClQu 23, 1929, 56–59.

[3] Daß der erste Fuß ein Dactylus sein müsse, behauptet erst Servius (Buc. praef. 2,8 Th.), allerdings unter Berufung auf Donat.

[4] Servius (Buc. praef. 2, 7 Th.) verwendet den Vers ecl. 1, 3.

Trochaeus nur durch die willkürliche Zertrennung des Wortes *re-cubans* erzwingen läßt. Deutlicher läßt sich die Erscheinung am Vers ecl. 1, 70 aufweisen:

im-pi-us | haec tam | *cul-ta* / no- | va-li-a | *mi-les ha- be- bit.*

Tatsächlich erfüllt Vergil Donats Forderungen nur selten, was Donat auf die mangelnde Geschmeidigkeit der lateinischen Sprache (*victus operis difficultate*) zurückführt. Lukrez hatte noch über die *patrii sermonis egestas* geklagt, Vergil hat mit der Metrik zu kämpfen. Man ermißt daraus die Leistung der klassischen Dichtung in lateinischer Sprache.

2. Vita Servii
(Text s. S. 242–244)

Die Vita Servii (VS) geht im Kerne auf den Grammatiker *Servius*[1] zurück. Er ist um 370 n. Chr. geboren; seine Hauptwerke sind um 400 entstanden. Die Namensform schwankt im Gentilnamen zwischen *Servius* und *Sergius*, im Beinamen zwischen *Marius*, *Maurus* und (VP 26) *Varus*; der Zusatz *Honoratus* hat offenbar Titelcharakter. Es ist umstritten, ob er ein Schüler des Donat war; jedenfalls zitiert[2] und kommentiert er ihn.

a) Überlieferung

Während die VSD ohne den Vergilkommentar, den sie ursprünglich einleitete, auf uns gekommen ist, steht die VS noch am Beginn des erhaltenen Serviuskommentars. Man kann daher die Überlieferungsgeschichte der VS nur im Zusammenhang mit dem Gesamtproblem des Serviuskommentars betrachten.

G. Thilos verdienstvolle Ausgabe ist heute überholt durch die Forschungsarbeit eines unter der Leitung von E. K. Rand stehenden amerikanischen Philologenteams, der sog. Harvard-editors. Auf ihrer Ausgabe[3] fußt C. Hardies Oxoniensis, die statt J. Brummers Teubneriana zu benutzen ist.[4]

---

[1] P. Wessner, RE II A 1834 Nr. 8.

[2] Serv. ecl. praef. 2, 8; 3, 28 Th.

[3] Harvard-Servius, vol. II. Lancester Penn. 1946.

[4] s. Gnomon 27 (1955) 100.

Man unterscheidet jetzt vier Überlieferungsformen des Serviuskommentars, die sich bis zu einem gewissen Grade auch im Text der VS abzeichnen:

1. Eine Normalfassung (Zweig α, Fam. β), die unter dem Namen des Servius überliefert ist.
2. Eine verkürzte Fassung (Zweig α, Fam. γ).
3. Eine erweiterte Fassung (Zweig δ; Servius auctus, Servius amplior Servius plenior, Deuteroservius), die nach ihrem ersten Herausgeber Peter Daniel (1600) auch Servius Danielis (Scholia Danielis) genannt wird. In den Hss. ist sie ohne den Namen des Servius überliefert. Die Zuwachsmasse ist hauptsächlich aus dem verlorenen Donatkommentar geschöpft.
4. Eine durch Renaissance-Interpolationen noch weiter vermehrte Fassung (Zweig σ), von der A. F. Stocker[1] nachgewiesen hat, daß sie im Kern auf gute alte Quellen zurückgeht.

I. Folgende Handschriften bilden die Grundlage für die VS im sog. Harvard-Servius[2]:

   A. Zweig a, Familie β (bei Thilo Familie *KLH*):

A	Caroliruhensis bibl. publ. Augiensis 116	saec. IX
Pa	Parisinus bibl. nat. lat. 7959 (ol. Turonensis)	IX med.
Ta	Trevirensis bibl. civ. 1086	IX med.

   B. Zweig α, Familie γ (bei Thilo Familie BM):

B	Bernensis bibl. publ. 363	IX/X
Pb	Parisinus bibl. nat. lat. 16236	X/XI
M	Monacensis lat. 6394 (ol. Frisingensis 194)	X/XI

   C. Zweig δ (Servius Danielis):

C	Cassellanus bibl. publ. MS poet. (ol. Fuldensis)[3]	IX med.
P	Parisinus bibl. nat. lat. 1750 (ol. Floriacensis)	IX

---

[1] A. F. Stocker: A new source for the text of Servius. HSCP 52, 1941, 65–97.
[2] Nicht aufgeführt werden hier *J K La*, da sie die VS nicht enthalten.
[3] Nur ab VS 41 *arma* sqq.

f   lectiones cod. Fuldensis cuiusdam, quae
      in appendice editionis P. Danielis inve-
      niuntur

D. Zweig σ:

N   Neapolitanus bibl. publ. 5 (ol. Vindob.   X in.
      27)

V   Vaticanus lat. 3317   X/XI

W   Guelferbytanus bibl. civ. 2091 (7. 10.   XIII ex.
      Aug. 815)

II. Von J. Brummer angeführte Handschriften, die von den Harvard-
   editors nur gelegentlich herangezogen werden:

   A. Zum Zweig α, Fam. γ gehörig:

      L   Lipsiensis bibl. senat. rep. I (4) n. 36b   IX/X

      E   Monacensis lat. 18059 (ol. Tegerns. 59)   XI/XII

      H   Hamburgensis bibl. publ. scrin. 52   IX

   B. Zum Zweig σ gehörig:

      D   Dresdensis 136   XV

   C. Von den Harvard-editors nicht klassifiziert:

      G   Bernensis 167 (wohl zu Zweig α, Fam. γ   IX/X
            gehörig)

III. Stemma codicum:
   (nach Colin Hardie: Vitae Vergilianae Antiquae. Oxford 1954)

Tituli:

INCIPIT PROLOGVS SERGII IN PRIMO LIBRO
   ENEIDORVM *N,*

INCIPIT PRIMVS LIBER SVPER AENEIDORVM EIVSDEM
   TRACTATVS *Ta,*

INCIPIT LIBER PRIMVS AENEIDVM *Pa,*

INCIPIT LIBER · PRIMVS AENEIDOS · *Pb,*

PRO · INICIO · LIBRORUM · ENEIDVM · NOTA · INFRA *A,*

PRIMVM LIBRUM PRETER HVNC SIGNIFICAT *V,*

   litt. minusc. W.

α β β¹ β² γ γ¹ γ² σ δ f = codices deperditi

b) Textkritische Bemerkungen

Die *Autorschaft* des Servius wurde zuerst von A. Reifferscheid (a. a. O., S. 399), dann wieder von O. Ribbeck (1894², S. VI) bestritten. Diese Verwerfungsurteile gingen zu weit. Berechtigt ist jedoch die Frage, ob der uns vorliegende Text des VS in dieser Form auf Servius zurückgeht.

Am übersichtlichsten findet man die gegen ein Vorliegen der ursprünglichen Fassung sprechenden Argumente behandelt bei H. Naumann (1938, S. 370f.). Er führt auf:

1. Der Bericht vom Tode des Dichters fehlt in der VS.

2. Servius selbst schreibt in seinem Eklogenkommentar (Buc.praef. 3, 28 H.): *„Et dicit Donatus, quod etiam in poetae memoravimus vita, in scribendis carminibus naturalem ordinem secutum esse Vergilium"* eqs. In der VS findet sich nichts davon (vgl. aber VSD 262).

3. Probus schreibt (VP 25 f.): *„Quod et Servius Varus hoc testatur epigrammate"* (sc. *Sulpicii Carthaginiensis*, vgl. VSD 150ff.). Das Sulpicius-Epigramm fehlt jedoch in der VS.

4. Die sonst von Servius abhängige VG I bringt einzelne Nachrichten, die in der VS fehlen, sich aber in VSD finden.

5. Aus K. Wieser (a. a. O. 37) kann man hinzufügen, daß es VS 15 heißt: *„Scripsit etiam septem sive octo libros hos"*, ohne daß diskutiert würde, welches Buch mit *sive* gemeint sei.

Es fehlt nicht an Gegenargumenten. Die Einwände 1–3 kann man dadurch gegenstandslos machen, daß man annimmt, die vermißten Nachrichten seien in der Lücke am Ende der VS ausgefallen. Dem zweiten Einwand begegnet man zudem damit, daß ja auch Donat (VSD 263) *quod supra diximus* schreibt, womit man freilich Servius zutraut, er habe selbst nicht mehr gewußt, was er in seiner Vita geschrieben hatte. Den dritten Einwand könnte man damit erledigen, daß man die (von P. Jahn behauptete) Identität des Servius Varus mit dem Verfasser der VS leugnet. Endlich könnte – dies gegen den vierten Einwand – der Verfasser der VG I die VSD direkt benutzt haben.

Es wird sich aber schwerlich wegdiskutieren lassen, daß in der Aufzählung der Jugendwerke die Zahlenangabe *septem sive octo* lautet.[1] Da acht Titel aufgezählt werden, müßte eine Erklärung folgen, welches Werk denn nun nur bedingt zum Corpus Vergilianum zu rechnen sei. Zu all dem kommt noch hinzu, daß die VS im ganzen einen recht dürftigen Eindruck macht, der gar nicht zu dem Reichtum an Kenntnissen stimmen will, den der Serviuskommentar sonst aufweist. Man wird somit den Verdacht nicht von der Hand weisen können, daß es sich bei der VS nur um *ein Exzerpt*[2] aus einer ursprünglich reichhaltigeren[3] Serviusvita handelt. Bei dem mannigfachen Schicksal, das der Serviuskommentar erlitten hat, ist das nicht verwunderlich.

Trotz aller Kürzungen ist indes die *Nähe zur VSD* unverkennbar, auch wenn der Wortlaut kaum je der gleiche ist. Wenn man nun um dieses auffällige Phänomen zu erklären, von der Annahme ausgeht, daß der Redaktor den Serviustext nur durch äußerliche Eingriffe veränderte,

---

[1] *sive octo* om. *VW*.

[2] s. E. Norden: De vitis Vergilianis. RhM 61, 1906, 166–177.

[3] Der Serviuskommentar bietet Nachrichten, die sich in VS nicht finden, z. B.: Serv. ecl. 9, 1 und Serv. auct. ecl. 9, 1; 9, 16 zum Bericht über die Lebensgefahr, sowie Serv. Buc. praef. 2, 25–3, 14; ecl. 6, 6; 9, 28 und Serv. auct. ecl. 6, 6.64; 9, 7.10.11.27.28 zur Landenteignung.

während Servius seinerseits die (ihm vermutlich in der Fassung *w* vorlie-
gende) VSD überarbeitete, so hätte er eine durchgehende *stilistische
Umformung* vorgenommen. Ein Beispiel stehe für viele:

VSD 168 ff.	VS 34 ff.
Varium … etiam primi libri cor-rexisse principium his versibus demptis: ‚ille ego …‘	unde … invenimus … et aliquos detractos (versiculos), ut in princi-pio; nam ab ‚armis‘ non coepit, sed sic: ‚ille ego …‘

Nur das Wort *principium* haben die beiden Texte gemeinsam.

Auch auf die *Terminologie* hätte diese Umformung sich ausgewirkt:
An die Stelle von VSD 203 *causa* tritt VS 2 *qualitas carminis*, aus den
veterani (VSD 74) werden *milites* (VS 19), und statt *hemistichia* (VSD
166) schreibt VS 34 *semiplenos versiculos*.

Ferner hätte Servius die suetonische *Gliederung* der VSD stark verän-
dern müssen. Er hätte das Gliederungsschema der Suetonbiographie, in
das Donat nicht eingegriffen hatte, völlig umgestoßen. Den rubrizieren-
den Mittelteil hätte er auf eine chronologische Abfolge zurückgeführt,
am auffälligsten im Satz VS 27 (*quod eum constat triennio scripsisse et
emendasse*), in dem er ähnlich wie in den vergleichbaren Sätzen zu den
Georgica und zur Aeneis die Rubriken „Arbeitsweise“, „Arbeitsdauer“
und „Erfolg“ in eins zusammenzieht.

Darüber hinaus hätte er den *Darstellungsablauf* vollkommen umge-
kehrt. Sueton und auch Donat gehen von der *voluntas* des Dichters aus.
Nach Sueton (VSD 72 ff.) will Vergil seine Gönner aus Dankbarkeit
dafür, daß er durch sie sein Landgut wieder erhalten hat, verherrlichen,
nach Donat (VSD 287 ff.) will er durch seine Gedichte sein Besitztum
überhaupt erst wiedererlangen, und zwar – wovon bei Sueton nicht die
Rede ist – auf dem Wege über die *indulgentia Caesaris* (VSD 271). VS
17 ff. hingegen spricht nicht von der *voluntas* des Dichters, sondern
beginnt mit einem Bericht von den Bürgerkriegen. Auch Sueton berich-
tet von ihnen, aber seine historischen Ausführungen sind knapp; er setzt
Geschichtskenntnis voraus, wie auch sonst in seinen Werken. Donat und
seine Generation steht den Ereignissen um mehr als 200 Jahre ferner; die
Erörterung des geschichtlichen Hintergrundes ist deshalb etwas ausführ-
licher, bleibt aber doch dem Thema „Entstehung der Bucolica“ unterge-
ordnet. Bei Servius hingegen ist die Geschichtserzählung nahe daran,

Selbstzweck zu werden. Erst mit dem Satz „amissis ergo agris ..." wird, durch das voraufgehende Eklogenzitat vorbereitet, der Bezug zu Vergil hergestellt. Es ist dann von einer Sonderregelung für ihn die Rede (solus agrum meruit), und erst im letzten Satz erscheinen die Bucolica. Damit ist die Anordnung der VSD gerade umgekehrt.

Aber auch der Sinn hätte verändert werden müssen. Nach VS 26 ff. sind die Bucolica „im Auftrag", bei zarterer Interpretation „auf Vorschlag" Pollios (tunc ei proposuit[1] Pollio carmen Bucolicum) entstanden, und zwar (im Gegensatz zu Donat) nach der Restitution. Die Ursachen der Amnestie sind ebenfalls anders dargestellt. Sueton äußert sich dazu nur im Zusammenhang mit der Entstehung der Bucolica, womit er zugleich verrät, daß er bei seiner Aufteilung in Rubriken mitunter gewaltsam schematisch verfuhr. Aus dem Satze qui sibi mediocriter adhuc noto opem tulisset läßt sich schließen, daß Maecenas sich des jungen Dichtertalents annahm, ohne daß man feststellen könnte, ob er sich sein Urteil aufgrund der erscheinenden Eklogen oder früherer Werke bildete. Donat (VSD 281 ff.) drückt sich kaum bestimmter aus, wenn er schreibt: „sed Vergilius merito carminum fretus", setzt aber hinzu „et amicitia quorundam potentium". Demnach hatte Vergil schon vor der Landenteignung[2] durch seine Kunst Freunde unter den nun führenden Männern gewonnen. VS 24 spricht nur von einer Protektion (usus patrocinio Pollionis et Maecenatis), ohne zu erklären, woher diese rührte. Hier mag allerdings die Kürzung durch einen Redaktor zu einer Vergröberung[3] geführt haben.

---

[1] Philargyrius I, ecl. 6 praef. (104, 17 f. H.): Significat amicos Pollionis et Vari, qui Bucolica postulaverunt.

[2] Zum Thema Landenteignung und Lebensgefahr des Dichters s. die materialreichen, aber überkritischen Exkurse bei E. Diehl, a. a. O., 51 ff.

[3] Ein anderes Beispiel dafür, daß auch der Sinn sich unter dem Einfluß der Umformung geändert hat, stellt der Bericht vom Schicksal der Aeneis dar: VSD 158: Igitur in extrema valetudine assidue scrinia desideravit crematurus ipse; verum nemine offerente nihil quidem nominatim de ea cavit, ceterum eidem Vario ac simul Tuccae scripta sua sub ea condicione legavit, nec quid ederent, quod non a se editum esset. Edidit autem auctore Augusto Varius, sed summatim emendata, ut ...
Daraus wird in der VS 30: sed nec emendavit (Aeneiden) nec edidit: unde eam moriens praecepit incendi. Augustus vero, ne tantum opus periret, Tuccam et Varium hac lege iussit emendare, ut ...

Wenn man nun bedenkt, was Servius alles hätte tun müssen, um aus der VSD das herzustellen, was uns in der VS trotz der Tätigkeit des Redaktors noch faßbar ist, so wird diese Hypothese zumindest sehr unwahrscheinlich. Die durchschimmernde Nähe zu VSD läßt sich ja auch durch Benützung der gleichen Quellen erklären. Je nach Individualität des Benützers fiel dann das Ergebnis verschieden aus.

Als Beispiel hierfür diene die Stelle, an der von den *mores* des Dichters berichtet wird. Servius stellt die positive Aussage voran (VS 7: *Adeo autem verecundissimus fuit, ut ex moribus cognomen acceperit; nam dictus est Parthenias*), dann folgt das Negative (VS 9: *Omni vita probatus uno tantum morbo laborabat; nam impatiens libidinis fuit*). Sueton verfährt in der VSD umgekehrt: Zuerst nennt er das Tadelnswerte (VSD 30: *libidinis in pueros pronioris*), dann erteilt er sein Lob (VSD 38: *Cetera sane vita et ore et animo tam probum constat, ut Neapoli Parthenias vulgo appellatus sit*). Das Stichwort *omni vita* (≈ *cetera sane vita*) leitet in beiden Texten die Replik ein, hat also in Wahrheit seinen Platz gewechselt. Die unterschiedliche Gruppierung erklärt sich daraus, daß Sueton der Klatsch wichtiger erscheint – auch in seinen übrigen Viten zeigt sich das –, während Servius, ohne die Sache zu verschweigen – es ist der einzige persönliche Zug, den die VS erwähnt – auf eine Abschwächung (*uno tantum ‚morbo'*) hinzielt. Es gibt aber nun keinen Grund, der dazu zwingt, der suetonischen Anordnung an dieser Stelle die Priorität zuzusprechen. K. Büchner (a. a. O. 9, 29 ff.) hat u. E. überzeugend nachgewiesen, daß Servius hier den ursprünglichen Zusammenhang bewahrt hat, und er folgert daraus, „daß Servius die Quelle noch zugänglich war, die Sueton auf seine Weise umgeformt hatte, daß auch er mithin vorsuetonische Überlieferung enthält und entsprechend ernst zu nehmen ist".

Ein Problem für sich bildet die *Lücke* am Ende der VS. Sie wurde von G. Thilo zwischen dem letzten zitierten Aeneisvers 2, 589 und dem Beginn der Praefatio zum Aeneiskommentar konstatiert. Bestätigt erschien diese Vermutung dadurch, daß die codd. *D* (und neuerdings auch) *VN* an dieser Stelle eine Nachricht vom Tode des Dichters bieten, die man in der erhaltenen VS vergeblich sucht (*Periit autem Tarenti ...*). Sie ist insofern auffallend, als sie sich mit den Ortsangaben *Metapontum* und *Tarentum* in Widerspruch zur gesamten sonstigen Tradition setzt, und zwar nicht etwa aus Unkenntnis, sondern bewußt; denn ihr Wortlaut setzt den Text der VSD voraus.[1] Graphische Verwechslung von *Meta-pontum* und *Megara* ist noch denkbar (ΜΕΓΑΡΑ?), von *Tarentum* und *Brundisium* so gut wie unmöglich. Was konnte das Motiv sein, diese Version in die Welt zu setzen? Sollte eine Beziehung zu den Wirkungs-stätten der Pythagoreer und zum Sterbeort des Pythagoras hergestellt werden, oder war es bloßer Lokalpatriotismus eines Interpolators?

Doch unabhängig von der Beantwortbarkeit dieser Fragen liegt das Problem darin, ob durch diese Nachricht die Lücke des VS wirklich, wie A. F. Stocker (a. a. O., 71) annimmt, befriedigend gefüllt ist. Nun soll bestimmt nicht an der Sonderstellung und dem Eigenwert der Tradition σ gerüttelt werden, auch nicht daran, daß eine Lücke vorliegt und daß das Aeneiszitat ursprünglich nicht so hart auf die Praefatio des Kommentars prallte, wohl aber daran, daß die Todesnachricht diese Lücke zu füllen imstande ist. Wenn man nämlich die Darstellungsweise des Servius bedenkt, so ist es höchst unwahrscheinlich, daß er an dieser Stelle[2] vom Tode Vergils berichtete. Das Wort *moriens* (VS 31) ist für den Todesbe-richt mindestens ebenso deutlich wie *patre Vergilio, matre Magia* für den von der Geburt, so daß man also eine Todesnachricht gar nicht zu vermissen braucht. Wenn Servius aber einen durchgehenden chronologi-schen Ablauf bieten wollte, so hätte er mit der Anordnung „Postumes Schicksal der Aeneis – Tod Vergils" gegen seine sonst zu beobachtenden Gewohnheiten verstoßen. Daß er sich noch dazu – ohne jede Diskussion – in Widerspruch zu Sueton-Donat, denen er doch sonst im großen und ganzen folgt, gesetzt hätte, ist wenig wahrscheinlich.[3]

c) Quellen

Die uns vorliegende VS zitiert keine Gewährsmänner. Sie „weiß" eben, wie das Leben Vergils ablief, und erachtet den Quellennachweis für nicht

---

[1] Z. B.: *nam dum Metapontum cupit videre* ~ *dum Megara vicinum oppidum cognoscit; ex solis ardore* ~ *ferventissimo sole; valitudinem contraxit* ~ *languorem nactus est; sepultus est autem Neapoli* ~ *ossa eius Neapolim translata sunt; in cuius tumulo ab ipso compositum est distichon tale* ~ *tumuloque condita ..., in quo distichon fecit tale;* dazu der Wortlaut des Epigramms.

[2] Vgl. VG I 44f.

[3] Vgl. hierzu auch E. Fraenkel, JRS 38, 1948, 136f. und C. Hardies kritischen Apparat zu VS 44ff.

nötig. Die zweimalige Bemerkung *constat* (VS 27; 42) bleibt unbestimmt; man kann jedoch die erstere auf VSD 96 (oder deren Quelle) beziehen, die letztere hingegen ist offenbar gesichertes Resultat der philologischen Bemühungen des Servius. Ein gleiches gilt von dem Zitat ecl. 9, 28, das sich in VSD nicht findet.

Andererseits haben die Darlegungen oben ergeben, daß der Verfasser der VS entweder in Auseinandersetzung mit VSD deren Aufbau verändert hat oder noch Zugang zu den gleichen Quellen hatte, die Sueton vorlagen. K. Büchner (a. a. O. 9, 29 ff.) vertritt u. E. zu Recht letztere Ansicht. Das bedeutet aber, daß die VS „entsprechend ernst zu nehmen" ist (Büchner, a. a. O.).

d) Informationswert

Durch die vielen *Kürzungen* der VS ist alles das entfallen, was den besonderen Wert der VSD ausmacht: alle Quellenbenennungen, sofern man das Ballista-Epigramm und das Eklogenzitat nicht als solche werten will, und alle Angaben, die ein Bild von der Persönlichkeit Vergils erstehen lassen könnten, bis auf den dürftigen Satz über die *mores Vergilii*. Es wäre also traurig um unsere Kenntnis vom Dichter bestellt, wenn wir nur auf die VS angewiesen wären.

Und doch weist die VS auch einige *Zusätze* gegenüber der VSD auf:

4 patre Vergilio

4 matre Magia

7 et Neapoli

16 Copam (et eglo ⟨gam⟩ de rosa G²)

21 unde ipse in Bucolicis (9, 28) ...

24 Romam venit

25 solus agrum ... meruit

27 et emendasse (Bucolica)

32 Augustus ... Tuccam et Varium hac lege iussit emendare, ut superflua demerent, nihil adderent tamen

35 ut (Aen. 1, 534) ... (als Beispiel eines Hemistichions)

42 et in secundo libro aliquos versus (Aen. 2, 567–588) posuerat[1] ...

---

[1] Dazu K. Büchner, a. a. O., 331, 38 ff. (mit Literaturnachweis).

Hinzu kommen scheinbare Bereicherungen, die in Wirklichkeit nur *interpretierende Zusätze* darstellen:

    5 civis Mantuanus
    5 quae civitas est Venetiae
    15 septem sive octo libros
    17 inter Antonium et
    18 quia pro Antonio senserant
    20 non propter civium culpam
    32 ne tantum opus periret

3. Vita Probiana
(Text s. S. 246–248)

Die tituli der Hss. nennen als *Verfasser* der Vita Probiana (VP) den Grammatiker *M. Valerius Probus* (R. Hanslik, RE VIII A 1 195 Nr. 315). Auf ihn führen auch O. Jahn, H. Keil, A. Reifferscheid, in neuester Zeit L. Agnès und A. Rostagni die VP zurück. R. Sabbadini reiht sie (allerdings ohne Sulpicius-Epigramm) unter die Vergilzeugnisse aus domitianischer Zeit ein.

Erste Zweifel an der Autorschaft des großen M. Valerius Probus (etwa 25–105 n. Chr.) äußerte A. Riese (1862); schon für ihn war die Frage verknüpft mit dem Gesamtkomplex des Probuskommentars zu den Werken Vergils.

Die VP steht nämlich in den Hss. an der Spitze eines unter dem Namen des Probus überlieferten Kommentars zu den Bucolica und Georgica. Dieser Kommentar ist jedoch (gegen O. Jahn, O. Ribbeck, H. Georgii und J. Aistermann, die wenigstens an einen Probianischen Kern glaubten) als unecht erwiesen. Man kann ihn daher als *Pseudo-Probuskommentar* bezeichnen. R. Hanslik nennt ihn ein „Konglomerat aus verschiedener gelehrter Kommentatorentätigkeit", das dem Bilde völlig widerspricht, das sonst von der Vergilerklärung des Probus überliefert ist. P. Wessner hat dies durch inhaltliche Beobachtungen (besonders zur zweimaligen Zitierung des *Aemilius Asper* zu ecl. 6, 31) nachgewiesen. Ähnliche Zweifel hatte schon F. Marx (Proleg. ad. Lucilium LXXII) wegen der Wendung *in alio sic* (zu ecl. 3, 40 und georg. 1, 244; 2, 37) geäußert. Hinzu kommt noch, daß zu georg. 2, 158 die Prata des Sueton zitiert werden.

Der *echte Probuskommentar* zu den Bucolica und Georgica ist verloren; denn daß M. Valerius Probus sich mit diesen Werken beschäftigt hat, läßt sich aus Gellius (NA 13, 21, 4) erschließen, wo Probus erzählt, er habe das erste Buch der Georgica *manu ipsius* (sc. *Vergilii*) *correctum* in Händen gehabt. Spuren dieses echten Probuskommentars – man spräche besser von einer kommentierten Ausgabe – lassen sich nachweisen im Servius auctus (ecl. 6, 76; georg. 1, 277) und in den Scholia Bernensia (georg. 1, 403; 4, 134). Keine einzige dieser Notizen findet sich im erhaltenen (Pseudo-)Probuskommentar; ja, was Macrobius (sat. 5, 22, 9 zu georg. 3, 391) als Ansicht des Probus berichtet, stimmt, wie G. Funaioli dargetan hat, mit den Angaben des (Pseudo-)Probuskommentars keineswegs überein. G. Funaioli war es auch, der den Pseudo-Probuskommentar aufgrund von stilistischen Beobachtungen ins Ende des 2. Jh.s verwiesen hat, womit er P. Wessners Ansatz bestätigte.

Die VP fällt freilich nicht mit unter die Athetese des Pseudo-Probuskommentars. Denn die Zitate, die Servius auctus aus einer Probusvita bietet, deuten darauf, daß der erhaltene Pseudo-Probuskommentar ursprünglich nicht durch die erhaltene VP, sondern durch eine eigene (nicht erhaltene) Vita eingeleitet wurde. Dies nimmt R. Hanslik im Anschluß an F. M. Wheelock an.

Man hat somit zu unterscheiden zwischen

1. der hier zu untersuchenden VP, die zwar zusammen mit dem Pseudo-Probuskommentar überliefert ist, ihm aber nicht zugehört, und

2. einer hypothetischen Pseudo-Probusvita, deren Spuren im Servius auctus zu fassen sind, und hat

3. nach dem Verbleib der „echten" Vita des M. Valerius Probus zu fragen.

Gegen Probus als Autor der überlieferten VP scheinen die zahlreichen Irrtümer (zusammengestellt von K. Wieser, a. a. O., S. 38 f.) zu sprechen, die man einem so kenntnisreichen Mann nicht zutrauen will. K. Wieser vermutet daher (mit G. Thilo), die VP sei von einem „etwas gedächtnisschwachen Menschen", der die VS gelesen hatte, aus dem Kopf niedergeschrieben worden.

Wenn aber die VP weder dem echten M. Valerius Probus des 1. Jh.s noch dem Pseudoprobus des 2. Jh.s gehört, so bleibt zuletzt die Frage, ob der Text selbst eine Datierung ermöglicht. Auf späte Zeit weist das auffallende zweimalige Fehlen einer Präposition (VP 3 *vico Andico*; VP 20 *cuius sepulcro*, wo *in* lediglich Konjektur von H. Keil und F. M. Wheelock ist). Hinzu kommt, daß VP 26 Servius zitiert (sofern *Servius Varus* mit dem *Servius* der VS identisch ist, wie O. Jahn mit Zustimmung A. Reifferscheids und E. Nordens annahm), so daß sie frühestens ins 5. Jh. gehören kann. Aufgrund solcher Beobachtungen treten für den Spätansatz ein E. Norden, K. Wieser, H. Naumann, E. Paratore, G. Funaioli, H. R. Upson und R. Hanslik. Man denkt dabei an eine Entstehung[1] im 5. oder 6. Jahrhundert.

Bei all dem darf man freilich nicht übersehen, daß diese Urteile nur für die uns vorliegende Fassung der VP gelten können. Es ist aber nicht ausgeschlossen, daß diese nur eine redigierte (und – wie die Lücken zeigen – verstümmelte) Form einer älteren Vita darstellt. G. Körtge ist dafür eingetreten, daß in der VP vorsuetonisches Gut greifbar wird, und K. Büchner hat diese Annahme nachdrücklichst vertreten (a. a. O., S. 8, 9–10, 51). Man muß demnach wohl doch mit einer verschollenen echten Probusvita rechnen, die sich zur erhaltenen VP ähnlich verhält wie die ursprüngliche Serviusvita zur erhaltenen VS.

a) Überlieferung

Die VP liegt in zwei Fassungen vor, nämlich

1. in einer Normalfassung und 2. in einem Exzerpt im cod. *G*.

I. *Handschriften* (s. R. Sabbadini, Hist. 7, 1933, 615–622 und F. M. Wheelock: The manuscript tradition of Probus. HSCP 46, 1935, 85–153):

G Vaticanus lat. 3255 (excerpta e vita)	saec.	XV
M Monacensis lat. 755, scriptus a. P. Crinito Florentiae 1496		XV
P Parisinus lat. 8209		XV
R Vaticanus lat. 7179 (frgm. 323, 1–337, 1 H.)		XVI
V Vaticanus lat. 2930 (s. G. Mercati, RPAA 8, 1931/32, 23–28)		XV

---

[1] Es ist nicht nötig, mit E. Norden einen *astutus falsarius* als Verfasser anzunehmen, da – wie C. Hardie (praef. p. VII) schreibt – „*hoc cognomen (sc. Probi) paene in nomen commune grammatici abierit*". Es wäre ja auch eine zufällige Namensgleichheit denkbar, wie sie J. Steup (De Probis grammaticis, Jena 1871) vermutet.

II. Da die VP nur in jungen Hss. überliefert ist, kommt den frühesten
   Drucken besondere Bedeutung zu (s. F. M. Wheelock: a.a.O.):

   B Vergilii opera, ed. G. A. de' Bussi, Romae 1471 (ed. princeps)

   E P. Vergili Maronis Bucolica, Georgica, Aeneis, ed. I. B. Egna-
      tius, Venetiae 1507.

      Egnatius (1473–1553) hat einen verlorenen cod. Bobiensis be-
      nutzt, wie gegen den Einspruch von W. Gebhard (Centralblatt
      f. Bibliothekswesen 5, 389) F. M. Wheelock (HSCP 44, 1933,
      247–250) darlegt. Dieser Bobiensis, wohl einer der drei Probus-
      codices, die für das 10. Jh. im Kloster Bobbio nachweisbar sind
      (Becker, catal. bibl. ant. 69 nr. 381–383), wurde von Merulas
      Schreiber Galbiate im Jahre 1493 gefunden, ist aber wieder
      verloren gegangen (R. Sabbadini; Le scoperte dei cod. lat. e
      grec. nei secoli XIV e XV, p. 157).

III. Stemma codicum: (nach F. M. Wheelock aus C. Hardie; Vitae
    Vergilianae Antiquae. Oxford 1954)

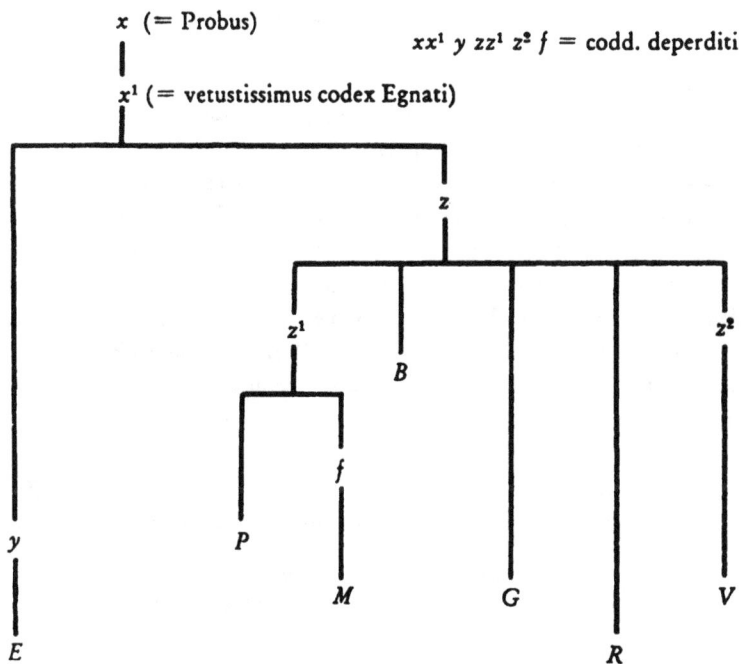

x (= Probus)

x^1 (= vetustissimus codex Egnati)

$xx^1\ y\ zz^1\ z^2\ f$ = codd. deperditi

z

z^1

B

z^2

f

y

P

M

G

V

E

R

Tituli:

PROBI VETVSTISSIMI GRAMMATICI IN BVCOLICA
    COMMENTARII *E,*

Valerii Probi in Buccolica et Georgica Vergilii Commentariolum *P*

Valerii Probi super Bucc. et Georgica Vergilii Commentariolum *M*

M. Valerii Probi Praestantissimi Grammatici in Buccolicis et
    Georgicis Virgilii Maronis Commentariorum fragmenta *R,*

M. VAL. PROBI *V,*

De Vita P. Vir. Maronis Succincta Collectio *G,*

Virgilii uita *B.*

b) Textkritische Bemerkungen

Die VP liegt nicht in der ursprünglichen Form vor, sondern verstümmelt[1], überarbeitet, gekürzt und durch Kenntnis anderer Viten beeinflußt.

Die Verstümmelung zeigt sich in den Textlücken:

VP	7	primumque . . . . post Mutinense bellum	(etwa 47 Buchstaben)
	8	veteranis . . . . . . postea restitutus	(etwa 25 Buchstaben)
	12	annis . . . . liberali in otio	(etwa 40 Buchstaben)
	16	Cantabrico . . . . hoc quoque ingenti	(nach Keil, Nettleship)
	17	industria . . . . . . ab Augusto	(nach Thilo, Conway)

Während die Lücken vor und nach *hoc quoque ingenti industria* nur statuiert sind, hat in den ersten drei Fällen die Egnatiusausgabe die Lücken von der bezeichneten Länge auch im Druck beibehalten. Sie müssen aus dem verlorenen cod. Bobiensis ersichtlich gewesen sein; denn die uns bekannten Handschriften weisen sie nicht auf, mit Ausnahme von *R,* wo die Wörter *primumque . . . Mutinense* fehlen (in den Hss. lautet der Text sonst *primumque bellum veteranis post Mutinense*) und eine Zeile frei gelassen ist.

---

[1] Nicht hierher gehören Partien, in denen bewußte Auslassungen zu beobachten sind; z. B.

VP 19 Varius und Tucca fehlen im Testamentstext.

28 Die 5. und 6. Zeile des Sulpicius-Epigramms fehlt; die 4. Zeile lautet nur in *E* *„non sinis sed . . .",* während *PMBV „non tibi, sed"* schreiben. (Über die verschiedenen Fassungen s. E. Norden, RhM 51, 1906, 175).

Die verschiedenen Ergänzungsversuche sind nach wie vor problematisch. C. Hardies Ergänzung *vixit pluribus annis* ⟨*maximam partem in agris Campanis*⟩ *liberali in otio* wird – ohne Garantie für den Wortlaut im einzelnen – die Lücke im Sinne richtig ergänzen. Hingegen leiden, wie C. Hardie zu Recht anmahnt, sämtliche Konjekturen zu VP 8 darunter, daß sie die Lücke, und zwar die größere, nicht berücksichtigen, die vor *post Mutinense* zu füllen wäre. Auf ihre Schließung aber käme es an, wenn man die Zeitangabe *post Mutinense bellum* als doch richtig erweisen will.

c) Quellen

Der *Zusammenhang* der VP mit den übrigen Viten ist nicht minder umstritten als die Verfasserfrage.

1. Eine völlig selbständige, in allen Teilen auf M. Valerius Probus zurückgehende Stellung räumt der VP wohl niemand mehr ein. Doch glauben an die Bewahrung probianischer, zumindest aber vorsuetonischer Substanz G. Körtge, L. Agnès, A. Rostagni und zuletzt K. Büchner.
2. Auf Sueton als Vorlage führt E. Norden die VP zurück.
3. Auf Donat bezieht sie C. Hardie (*cum ... sit ... verisimile Probianam quoque vitam a Donato pendere*).
4. Von Servius hängt die VP ab nach R. S. Conway, A. Klotz, K. Wieser, H. Naumann, H. R. Upson, E. K. Rand.
5. Beeinflussung durch die VF beobachten A. Klotz und C. Hardie.
6. Auf die VB legt sich E. Paratore fest.

Wenn man von den extremen Positionen absieht, steckt in all diesen Ansätzen ein richtiger Kern. Ein Urteil kann man sich hier nur durch sorgfältige Beobachtung des Textes bilden.

Daß eine Übereinstimmung mit anderen Viten vorliegt, lehrt zunächst der Vergleich der *Fakten*, z. B.:

VP 2   matre Magia Polla, patre Vergilio

VS 4   patre Vergilio, matre Magia fuit

VF 6/11 huic genitor figulus[1], Maro nomine ... mater Polla fuit.

---

[1] s. K. Büchner, a. a. O., 9, 67ff.

Ähnliches ergibt sich, wenn man die *stilistische* Gestaltung von Sätzen gleichen[1] Inhalts betrachtet; z. B.:

VP 24 quamvis ipse testamento cavisset, ne quid eorum, quae non edidisset, extaret

VSD 161 scripta sua sub ea condicione legavit, ne quid ederent, quod non a se editum esset.

Deutlichen Aufschluß über die Parallelität zu anderen Viten gibt endlich ein *Struktur*vergleich.

Der Gliederungsaufbau entspricht nämlich in VP 1–4 und 18–30 im ganzen dem des *Suetonischen* Teils der VSD, am deutlichsten in der Abfolge Tod – Testament – Grabepigramm – Aeneisschicksal – Sulpiciusepigramm (allerdings mit Vertauschung der Reihenfolge Grabepigramm – Testament). Man glaubt hinter den Einzelnachrichten, ja bis in die sprachliche Gestaltung hinein die Übereinstimmung mit der VSD erkennen zu dürfen. Nicht ganz so offenkundig ist dies für den Vitenbeginn, da dort die Reihenfolge auffallend verändert ist, etwa mit der Nennung der Mutter vor dem Vater und des Datums vor der Herkunft.

An die *Serviusvita* (VS) erinnert hingegen vieles in der Mittelpartie VP 5–11, nicht so sehr in den Einzelnachrichten als vielmehr im Darstellungsablauf, der nicht suetonisch-rubrizierend, sondern servianisch-chronologisch angelegt ist. Wie in der VS steht die Entstehung der Bucolica erst am Schluß der Ausmalung des historischen Hintergrundes, während Sueton und auch Donat von der *intentio* der Bucolica ausgehen und die Zeitumstände nur zur Verdeutlichung beiziehen. Sieht man nun in der Gliederungsanlage des Servius eine nachträgliche Auflösung der suetonischen Rubriken in eine chronologische Abfolge, so mußte man folgern, daß die VP von der (Urfassung der) VS abhängt. Nimmt man aber – wofür es gute Gründe gibt – an, daß Servius Nachrichten, die

---

[1] In VSD Überliefertes bietet in anderer Form

VP	3 (patre Vergilio) rustico	vgl. VSD 1–5
	3 (natus …) vico Andico	vgl. VSD 7
	4 tenui facultate nutritus	vgl. VSD 1
	9 quibus in Bucolicis adulatur	vgl. VSD 72 ff.
	10 per gratiam Maecenatis in amicitiam Caesaris ductus est	vgl. VSD 287 (G)
	16 hoc quoque ingenti industria	vgl. VSD 85 ff.

Sueton in Rubriken aufgegliedert hat, noch in ihrer ursprünglichen
Gestalt kannte, so wäre der Schluß zwingend, daß M. Valerius Probus
(als Verfasser der Ur-VP) diese Quellen erst recht gekannt haben konnte,
wenn nicht sogar, daß Servius sich die Urfassung der VP zunutze machte.
Ausdrücklich als Gewährsmann nennt die VP Servius freilich nur für das
Sulpiciusepigramm (VP 26). Da die entsprechende Stelle in der VS fehlt
(s. o., S. 439), hilft diese Auskunft wenig weiter. Im übrigen „weiß" die
VP von den Dingen, ähnlich wie VS.

d) Informationswert

Daß die VP *eigenständige Substanz*[1] in dem mit VSD und VS sich
einigermaßen deckenden Gefüge enthält, lehren besonders die Zeilen VP
5–18, in denen sich zahlreiche Fakten und ganze Sätze finden, die sich mit
keiner anderen alten Vita in Deckung bringen lassen[2]:

VP 3 (abest a Mantua) milia passuum XXX (III *E*)

  7 ⟨agri⟩ post Mutinense bellum (veteranis ⟨divisi sunt⟩)

 13 (familiaritate usus) Quintili

 14 (annos natus) VIII et XX

 15 (Hesiodum et) Varronem (secutus)

 18 (annum agens) quinquagesimum primum

 20 (cum Proculo) minore (fratre)

  5 Sed cum iam summis eloquentiae doctoribus vacaret, (in belli
    civilis tempora incidit).

 12 Vixit pluribus annis ... liberali in otio, secutus Epicuri sectam
    insigni concordia et familiarite usus NN.

 17 Ab Augusto usque ad sestertium centies honestatus est.

Die *Entfernungsangabe* (VP 3 *III* bzw. *XXX milia passuum*) findet
sich auch im Servius auctus (ecl. 9, 10): *„Alii dicunt Vergilium ostendere
voluisse, quod Mantuanis per iniquitatem Alfeni Vari, qui agros divisit,
praeter palustria nihil relictum sit, sicut ex oratione Cornelii* (sc. *Galli*) *in
Alfenum* (sc. *Varum*) *ostenditur: ,cum iussus tria milia passus a muro in
diversa relinquere, vix octingentos passus aquae, qua circumdata est* (sc.

---

[1] s. aber K. Büchner, a. a. O., 8, 46.
[2] s. A. Klotz, RhM 66, 1911, 159; W. Aly, PhW 43, 1923, 645. R. Sabbadini:
Historia 6, 1932, 88–95.

Mantua), admetireris, reli[n]quisti[s]'." Servius auctus schöpft zwar vieles aus dem verlorenen Donatkommentar zu den Eklogen, im vorliegenden Falle aber ist dies fast ausgeschlossen. Denn gerade Donat war es, der Asinius Pollio, Alfenus Varus und Cornelius Gallus unter dem (aus VSD 74 mißverstandenen, wenn nicht überhaupt erfundenen) Titel *III-viri agris dividendis* (VSD 288) zusammengefaßt hat. Von der im obigen Redefragment zutage tretenden Spannungen zwischen den drei Gönnern Vergils berichtet Donat zumindest in der VSD nichts. Donatisches Gut liegt somit nicht vor. E. Diehl (a. a. O. 57) nennt nun das Redezitat eine „für authentisch gehaltene Schuldeklamation". Wenn man dies nicht als überkritisches Urteil ablehnt – der Wahrheitsgehalt ist hier weniger wichtig als die Herkunft –, so könnte man immer noch an eine Entstehung in Quintilianischer Zeit denken, wenn man nicht sogar zu Seneca rhetor und somit vor Sueton zurückgehen will. Freilich muß dies alles Vermutung bleiben.

Ähnlich steht es mit der Benennung des *Varro* als Quelle für die Georgica. Hesiod und Theokrit werden schon von Gellius (NA 9, 9, 3) als dichterische Vorbilder Vergils angeführt: „*Vergilius, cum aut Homeri aut Hesiodi aut Apollonii aut Parthenii aut Callimachi aut Theocriti aut quorundam aliorum locos effingeret, partim reliquit, alia expressit.*" Erst Servius (georg. 1, 43) benennt auch Varro: „*Multa ad hoc opus* (sc. *Georgicon) Vergilius transtulit, sicut etiam de Georgicis Magonis Afri, Catonis, Varronis, Ciceronis.*" Daß der Verfasser der VP die Angaben des Gellius und Servius eklektisch kombiniert hätte, ist wenig wahrscheinlich. Donat als Quelle scheidet aus, weil dieser bei seiner Vorliebe für die Dreigliederung wohl die Reihe Bucolica-Theokrit, Georgica-Hesiod, Aeneis-Homer gebildet hätte. Sueton endlich äußert sich, wenigstens in der VSD, nur zur Homernachfolge Vergils (VSD 81; 196). Wäre es unmöglich, daß M. Valerius Probus die Querverbindung zu Varro[1] zog?

Etwas besser ist es um die Erwähnung der Freundschaft mit *Quintilius* ⟨*Varus*⟩ bestellt, den der Verfasser der VP offenbar aus Horazens Werken (c. 1, 18; 1, 24 und a. p. 438) kennt. Nun gehört es aber zum Auffallendsten an der VSD, daß Sueton – selbst Horazbiograph – kein Testimonium aus Horaz beigezogen hat. Auch Donat hat nichts daran

---

[1] Dem Serviuskommentar zu den Georgica ist sie geläufig: s. 128, 15 Th.

geändert, obwohl er bei seiner Überarbeitung dazu Gelegenheit hatte.
Andererseits kennt Donats Schüler Hieronymus (ol. 189) diesen *Quintilius Cremonensis* als *Vergilii et Horatii familiaris*, was bei der Abhängigkeit des Hieronymus von Sueton doch wieder dafür spricht, daß Sueton
hinter dieser Kenntnis steht. Es müßte sich dann beim Verfasser der VP
um eine außerhalb der VSD liegende Suetonkenntnis handeln, ja es ist
nicht einmal ausgeschlossen, daß er die gleichen Quellen wie Sueton
benützt hat. Wenn dieser Quintilius nun noch, wie A. Körte (RhM 45,
1890, 172) annimmt, mit jenem Κοϊντίλιος identisch sein sollte, den der
Epikureer Philodem neben Varius nennt, dann wäre von daher auch die
Bemerkung *secutus Epicuri sectam* gesichert, so daß der ganze Satz (VP
12) „*Vixit pluribus annis... Vari*" als zumindest potentiell vorsuetonisch
erwiesen wäre. Außersuetonisch – soweit die VSD betreffend – ist er ja
sicher. Erst Σ' zu VSD 200 (Int 242) berichtet von einer Zugehörigkeit
Vergils zur Epikureischen Schule.

So verdichtet sich doch auch aus nur vagen Vermutungen der Verdacht, daß die bei der Kürze der VP ganz erhebliche Zahl von sonst nicht
einreihbaren Nachrichten nicht nur auf die Fahrlässigkeit oder gar
Gedächtnisschwäche (K. Wieser) eines späten Schreibers zurückgeht.
Denn ein solcher hätte doch etwa im Falle des *bellum Mutinense* (43
v. Chr.) eher die Sache überhaupt vergessen als etwas Falsches beigebracht, das immerhin einige Kenntnisse voraussetzt. Mit der Behauptung, hier liege ein Fehler vor, sollte man vorsichtig sein, da ja der Text
vor und nach *post Mutinense bellum veteranis* längere Lücken aufweist,
die – wie schon R. S. Conway vermutet hat – auch die Möglichkeit
offenlassen, daß *post Mutinense bellum* nicht die Landverteilung datieren, sondern nähere Umstände der Vorgeschichte erklären sollte. Es ist
also anzunehmen, daß sich gerade hinter diesem als besonders eklatant
betrachteten Fehler eine (durch mechanische Verstümmelung unverständlich gewordene) besonders genaue Nachricht verbirgt. Schließlich
hätte der gleiche Autor dann Vergil für diese Zeit nicht als 28jährig

bezeichnen können. Denn daß er nicht die beiden Grenzjahre (70 und 43 v. Chr.) mitrechnet, wie es römischer Brauch etwa auch bei der Tageszählung war, zeigt gerade wieder die Angabe, Vergil sei *annum agens quinquagesimum primum* gestorben.

Auch bei dem *Geldbetrag* (VP 17: *ad sestertium centiens*) braucht es sich nicht unbedingt um eine Verwechslung zu handeln. Denn daß Sueton die gleiche Summe in anderem Zusammenhang (VSD 44), aber immerhin im Besitze Vergils nennt, kann auch auf das Konto der rubrizierenden Stoffaufteilung gehen. Berichtet doch auch Servius Aen. 6, 861 im Zusammenhang mit der Rezitation vom Jahre 23 von einem Geldgeschenk: „*Et constat hunc librum tanta pronuntiatione Augusti et Octaviae esse recitatum, ut fletu nimio imperarent silentium, nisi Vergilius finem esse dixisset. qui pro hoc aere gravi donatus est.*" Erst durch die Interpolation Σ¹ 120 (Int 90f.) ist die Kenntnis davon auch in die VSD gelangt.

Aus all dem scheint zu folgen, daß die These, alle Kunde vom Leben Vergils sei ausschließlich über Sueton auf uns gekommen, nicht aufrechterhalten werden kann. Es ist sehr wohl möglich, daß in der VP eine außer- und vorsuetonische Tradition vorliegt, deren anderer Zeuge die VS ist.

4. *Vita Bernensis I*
(Text s. S. 248)

Während die bisher behandelten Viten in irgendeiner Weise mit einem *Verfasser*namen in Verbindung zu bringen waren, ist die Vita Bernensis (VB I) anonym geblieben. Im Mittelalter war sie weit verbreitet, was sie vielleicht ihrer Kürze verdankt.

Hinsichtlich der Verwendung des Namens „Vita Bernensis" herrscht einige Verwirrung: K. Büchner versteht unter der „Berner Vita" die VSD, H. Naumann hat für die VB I den Namen „Libellus-Vita" vorgeschlagen (RhM 87, 1938, 336 u. WSt 87/8, 1974, 121ff.). K. Büchner ist inzwischen diesem Vorschlag gefolgt (Kl. Pauly 5, 1190, 46).

a) Überlieferung

I. Folgende Handschriften liegen der Textkonstitution zugrunde:

Γ	=	Gudianus lat. 70 f. 2	saec. IX
β	=	Bernensis 172 f. 3	IX–X
γ	=	Bernensis 167 f. 5'	IX–X
W	=	Augustanus Trier 1086 f. 170	IX–X
B	=	Bembinus Vatic. lat. 3252	IX–X
E	=	Parisinus lat. 8093 f. 60	X
F	=	Mellicensis cim. 2 f. 212'	X
T	=	Parisinus lat. 8069 f. 114'	XI
n	=	Monacensis lat. 18059 f. 162	XI
m	=	Monacensis lat. 305 f. 15	XI–XII
C	=	Brit. Mus. add. mss. 32319 A f. 150	XII
K	=	Bruxellensis lat. 100017 f. 157'	XIII
λ	=	Laurentianus 33, 31 f. 17	XIV

II. Nicht eingesehene Handschriften:

Paris. lat. 16236 f. 4	X
Vat. Reg. 1495 f. 1	XII
Vat. lat. 1577	XIII–XIV
Bruxellensis lat. 21951 f. 104	XV

III. Versuch eines Stemmas: s. S. 458

Tituli:

De nobilitate ac die atque tempore nativitatis atque longitudine temporis vitae Publii Virgilii Maronis discipuli Epidii oratoris incipit B,

De nobilitate ac die tempore nativi longitudineque temporum vitae Puplii Virgilii Maronis discipulii Epidi oratoris incipit T,

De nobilitate et gloria ac [vita ‘λ] tempore nativitatis longitudine tempore vitae Publii Virgilii Maronis discipuli Epidii oratoris incipit λ,

Vita Publii Virgilii Maronis discipuli Epidii oratoris n,

Vita Publii Virgilii Maronis Γ,

Vita Virgilii poetae γ,

Vita Virgilii breviter edita m,

P. Vg. Mnis vitae et finis E,

Virgilii vita secundum Donatum CK,

titulus deest βFW, sed fuit in folio nunc perdito codicis W.

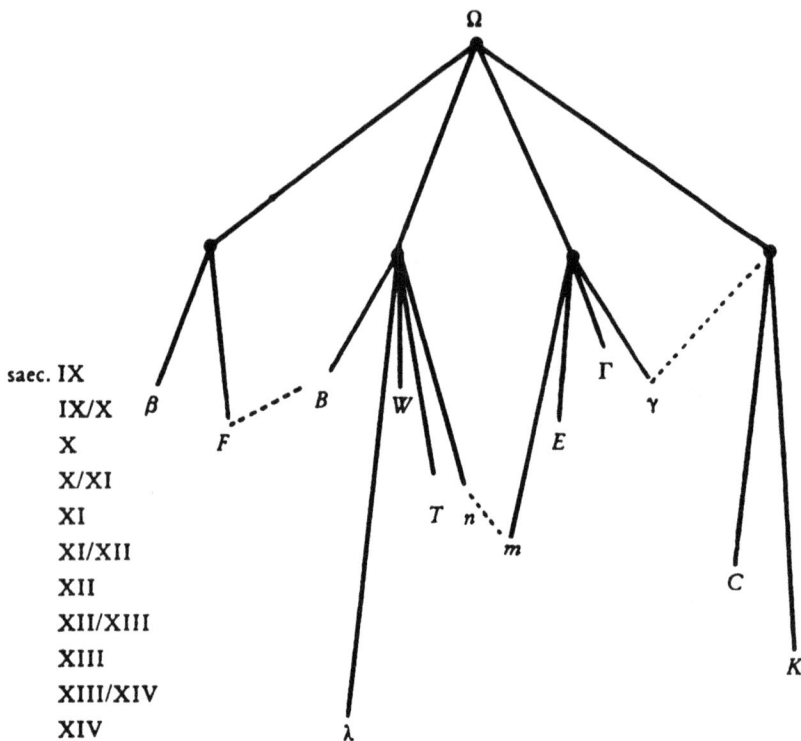

b) Textkritische Bemerkungen

Es ist schwierig, die VB I mit irgendeiner anderen Vita in Verbindung zu setzen. Auf die VSD weisen die Hauptfakten, auf die VS die chronologische Darstellung, die Angabe *huic solo*[1] *concessit* (VB I 6 = VS 25), dazu die Formulierung VB I 11–13 (vgl. VS 30; 34–35), auf die VF vielleicht der Ausdruck *raptus a fatis* (VB I 13 = VF 107), worin freilich auch das Grabepigramm (*Calabri rapuere*) mitgewirkt haben kann.

Sehr sicher sind diese Feststellungen nicht, sie bleiben eher Vermutungen. Es mag sein, daß die Kürze des Textes der Fixierung eines Abhängigkeitsverhältnisses entgegenwirkt. Wie die Dinge liegen, wird man indes nicht umhin können, der VB I eine Sonderstellung einzuräumen.

---

[1] Diese Dativform stimmt bedenklich. Inschriftlich belegt CIL VI 10246.

c) Quellen

Die VB I nennt keine Quellen. Daß sie (und zwar nur sie!) den Vers „*Deus nobis haec otia fecit*" (ecl. 1, 6) zitiert, spricht für die Existenz einer von den bisher behandelten Viten nicht berücksichtigten Richtung der Vergilphilologie, die uns vor dem 15. Jh. nur in PB II begegnet[1], merkwürdigerweise in der gleichen Handschrift: Bernensis 167, saec. IX–X.

d) Informationswert

Die Vita Bernensis I bietet einige Nachrichten, die, wie immer man den Wahrscheinlichkeitsgehalt beurteilt, doch *singulär* sind, nämlich:

VB I 1 f.: ... dignitate eques Romanus ...

    4 ff.: studuit apud Epidium oratorem cum Caesare Augusto, unde
      ... huic solo concessit (sc. agros)
      memoria condiscipulatus,

    7 ff.: ut et ipse poeta testatur in Bucolicis dicendo: „Deus nobis haec otia fecit".

Hinzu kommt außer der vielfach *originellen* Formulierung (VB I 8 f.; 10 f.; 14 f.) der allerdings nur in einem Teil der Handschriften überlieferte Titulus *De nobilitate ac die atque tempore nativitatis atque longitudine temporis vitae P. V. M. discipuli Epidii oratoris incipit*, für den es keine Parallele gibt. Die Verfasser dieses Titulus könnte den cod. Hersfeldensis gekannt haben, durch den – neben den kleineren Werken des Tacitus – auch die Grammatici et Rhetores des Sueton erhalten sind. Dort (rhet. 4) heißt es über den Rhetor *M. Epidius*: „*Docuitque inter ceteros M. Antonium et Augustum.*" Der Verfasser hat offensichtlich angenommen, daß sich unter den *ceteri* auch Gallus und Vergil befunden haben könnten.

Die Angabe, Vergil habe dem Ritterstande angehört, ist bei dem Vermögen Vergils (vgl. VSD 44 f., VP 17, Serv. Aen. 6, 861) nicht unwahrscheinlich. Die Höhe des Rittercensus ließ sich aus Horaz (epist. 1, 1, 58: *sed quadringentis sex septem milia desunt*) und den Horazscholien, aus Plinius (n. h. 33, 8, 32) und aus den Scholien zu Juvenal (3, 155) entnehmen.

---

[1] Periochae Bernenses II, s. S. 467.

Ob die Vita Bernensis I den Vitae antiquae zuzurechnen ist, erscheint fraglich. C. Hardie hat sie in seiner Ausgabe nicht aufgenommen. H. Naumann sucht den Verfasser im Fulda des 9. Jh.s oder in seinem Umkreis (Hersfeld?) oder im Kreis des Lupus von Ferrières (vgl. WSt 87/ 8, 1974, 122).

5 Vita Focae
(Text s. S. 250–256)

Als *Verfasser* der VF benennt cod. *P* den grammaticus urbis Romae Focas (s. W. v. Strzelecki, RE XX 1 318, 51 s. v. Phocas). Da ein anderes Werk des Focas, die Ars de nomine et verbo, ebenfalls eine versifizierte Vorrede trägt, scheint die Autorschaft gesichert.

Eine genaue Datierung des Focas ist nicht möglich. Er muß vor Priscian (um 500), der ihn zitiert (GL 2, 515, 16 K), und nach Donat (um 350) gelebt haben, da er – dies gegen W. v. Strzelecki – dessen VSD benutzt hat. Genaueres läßt sich nicht ermitteln. K. Büchner datiert ihn ins 5. Jh. (a. a. O. 5, 5).

a) Überlieferung

Die VF ist nur in einer einzigen Handschrift überliefert: *P* Parisinus lat. 8093 s. IX. In diesem cod. geht der eigentlichen VF eine Vorrede voraus, die aus sechs sapphischen Strophen besteht.

b) Textkritische Bemerkungen

Spuren einer *Überarbeitung* liegen in den interpolationsverdächtigen Versen 47–62 vor. Mit Sicherheit handelt es sich um spätere Zudichtungen bei den Versen 51–59. Denn, wenn der Dichter im Vers 49 ankündigt: „*Nos tamen hos brevius*", so kann er diese Behauptung nicht dadurch erhärten, daß er neun Verse an die Stelle von ursprünglich zwei Zeilen stellt.

Es fragt sich aber, ob die Streichung der Verse 51–59 (so C. Hardie) ausreicht. A. Reifferscheid setzte 47–59 in Klammern, Brummer ließ davon die Verse 49–50 wieder gelten. Er wollte damit das Distichon (47/ 48) tilgen, das nicht in den stichischen Hexameter paßt. Damit wird aber das Pronomen hos (49) unverständlich. Es konnte hos sc. *versus* bedeuten, kann sich aber nicht gut auf *titulum* (45) beziehen. Wohl aus diesem Grunde ließ C. Hardie in seiner Ausgabe das Epigramm stehen und verwarf nur die Verse 51–59.

Das Problem lautet also: Gehört das Ballistadistichon in den Text der VF? Läßt sich diese Frage verneinen, so müssen alle Ballistaverse fallen.

Zunächst ist es sehr unwahrscheinlich, daß in einem Gedicht, das ausdrücklich Anspruch auf epische Stilhöhe erhebt (*Musa, refer, quae causa fuit . . .*), der stichische Hexameter durch einen Pentameter unterbrochen wurde. Leider ist nicht mehr feststellbar, ob die VF am Ende das Grabepigramm in den Text aufnahm, so daß ein schlüssiger Beweis von dort her nicht geführt werden kann. Immerhin läßt aber die Anspielung „*ut Calabros tetigit*" (105) auf den Satz „*Calabri rapuere*" des Grabepigramms die begründete Vermutung zu, daß das Distichon nicht wörtlich zitiert wurde. Denn zweimal konnte Focas nicht gut *Calabri* schreiben, zumal er auch sonst Wiederholungen meidet.

Fällt aber das Ballistaepigramm, so fällt – da *hos* seinen Bezug verliert – auch der 49. Vers. Es könnte nun Vers 50 oder 51, die den Distichoninhalt in je eine Zeile zusammenfassen, an Vers 46 anschließen. Das ist aber stilistisch wenig wahrscheinlich und sachlich fast unmöglich, da man eine Dichtung schlechterdings nur im Originalwortlaut zitieren kann. Daher entscheidet sich die vorliegende Ausgabe trotz Bedenken für die Beibehaltung des Epigramms und die Athetese aller Varianten (49–59). Der Vers 60 „*Hinc culicis tenui praelusit funera versu*" (61–62 sind stichische Hexameter!) schließt gut nach oben an.

Die radikalste Lösung würde weder den Ballistaepigramm noch die Culexschlußverse gelten lassen, sondern mit der Wegklammerung der Verse 47–62 die unmittelbare Verknüpfung zwischen dem Ende des Unterrichts bei Ballista (46) und der Wahl eines neuen Lehrers (63: *tum tibi Sironem . . .*) herstellen.

c) Quellen

Daß Focas den *Sueton*ischen Anteil der VSD (1–200) als Hauptquelle benutzt hat, steht außer Zweifel. Es handelt sich im einzelnen um:

VF				VF		
6– 8	=	VSD 1–5		20–22	=	VSD 14–16
11–12	=	3–4		23–24	=	14–16
13–16	=	9–10		35–38	=	16–20

VF 41–48	=	VSD 56–60	VF 98	=	VSD 96
60–62	=	62; 69–70	99–100	=	79
64–65	=	72; 76	100–101	=	96–97
94	=	71–72	102–104	=	130–132; 199–200
95–96	=	96	105–106	=	138
96–97	=	76	107	=	158

Hinzu kommt eine Reihe von deutlichen Anklängen in Einzelheiten (z. B. VF 25 *puerperiis* = VSD 17; VF 82 *cum paene ... perit* = VSD 78/9).

Nicht behandelt sind hingegen vor allem VSD 22–55 (abgesehen von Andeutungen in VF 39; 41); 85–95; 97–129; 140–155; 156–199. Was von VSD 140 ab vermißt wird, kann man allerdings als mit dem Ende des Gedichts verlorengegangen betrachten.

W. v. Strzelecki ist im Irrtum, wenn er behauptet (a. a. O. 321, 63), Focas habe nur aus Sueton, nicht auch aus *Donat* geschöpft. Es läßt sich im Gegenteil ganz deutlich nachweisen, daß Focas auch die Donatzusätze zur Suetonischen Vita gekannt hat, daß er also die VSD in der uns vorliegenden Form benutzt hat. Dafür spricht zunächst schon der 5. Vers der Praefatio: „*Tu* (sc. *Clio*) *nihil magnum sinis interire*", der deutlich auf die Sulpiciusverse VSD 152/3 anspielt. Diese gelten aber allgemein (s. o., S. 415) als Zeugnis der Überarbeitung durch Donat. Darüber hinaus ist der Bericht von der Entstehung der Bucolica – er nimmt in allen Viten breiten Raum ein – nach dem Muster des Donatischen Teils der VSD gearbeitet:

VF 67	=	VSD 259; 268–269
68–93	=	272–291
94–95	=	320

Auch hier ist wieder, wie bei Donat und anders als bei Sueton, der zeitgeschichtliche Hintergrund chronologisch erzählt. Dies zwingt nun auch zur Gegenkontrolle an der *Servius*vita; denn auch dort tritt die chronologische Darstellung in Erscheinung. Der Unterschied gegenüber VSD 272ff. und VF 68f. liegt jedoch darin, daß die VS (wie die VP) – wenigstens in dem uns vorliegenden Zustand – von den historischen Ereignissen um ihrer selbst willen zu berichten scheint, während Donat wie Focas sie von Anfang an in den Lebensgang des Dichters einbezieht;

Donat, wenn er schreibt: *„An ideo potius Bucolica scripsit, ut ... faculta-*
tem haberet captandae Caesaris indulgentiae repetendique agri", Focas,
indem er anhebt: *„Musa refer, quae causa fuit componere libros"*. Freilich
unterscheidet sich Focas wieder dadurch von Donat, daß er von den *libri*
im allgemeinen, nicht nur von den Bucolica spricht und daß er einen
Denkschritt Donats überspringt, der ja zunächst nicht unmittelbar den
Grund für die Entstehung der Bucolica, sondern den für den Verlust des
Landgutes (... *agri, quem amiserat ob hanc causam*) darstellen will.
Hingegen klingt stärker an Servius an VF 79/80: *„Mantua, tu coniuncta*
loco, sociata periclis: non tamen ob meritum miseram vicinia fecit." Donat
hat diese entschuldigende Version nicht so deutlich (VSD 280 f.: ...
perderent eo, quod vicini Cremonensibus fuerant), wohl aber VS 19 ff.:
„Qui (sc. *agri Cremonensium) cum non sufficerent, his addidit agros*
Mantuanos, sublatos non propter civium culpam, sed propter vicinitatem
Cremonensium: unde ipse in Bucolicis: ,Mantua vae miserae nimium
vicina Cremonae.'" Es ist nicht ausgeschlossen, daß Focas den Servius-
kommentar kannte; es ist aber gerade hier möglich, daß Focas, der
Vergils Werke genau gekannt haben muß – die *imitatio* in seinem Gedicht
zeigt es –, aus dem angezogenen Eklogenvers 9, 28 zum gleichen Ergeb-
nis kam. Trotzdem bleibt die gemeinsame Gegenüberstellung von *non*
propter culpam bzw. *non tamen ob meritum* und *vicina Cremonae* bzw.
vicinia auffällig. In die gleiche Richtung weist ein Vergleich von VF 87
itur ad auctorem rerum mit VS 24 *amissis ergo agris Romam venit.*
Hingegen ist die Überleitung zur Entstehung der Bucolica gänzlich von
der in der VS verschieden. Denn dort heißt es (VS 26): *„Tunc ei proposuit*
Pollio, ut carmen bucolicum scriberet", während in der VF Vergil selbst
darauf sinnt, sich erkenntlich zu erweisen (VF 90 f.): *„His auctus meritis*
cum digna rependere vellet, invenit carmen, quo munera vincere posset."
Er stimmt darin einigermaßen mit Sueton überein (VSD 71 f.: *ad Bucolica*
transiit, maxime ut N. N. celebraret, quia ...), nicht aber mit Donat, bei
dem die Entstehung (wenigstens eines Teils) der Eklogen der Restitution
vorausgeht (VSD 269 ff.: *ut facultatem haberet ... repetendi agri*). Aus all
dem geht zwar nicht mit Sicherheit hervor, daß Focas den Serviuskom-
mentar benutzt hat – womit eine genauere Datierung des Focas möglich
würde –, wohl aber wird deutlich, daß Focas sich bei seiner Arbeit nicht
sklavisch an die VSD gehalten hat.

Bescheidene Beziehungen bestehen auch zur *Vita Probiana*. Die auffallendste Entsprechung besteht hier zwischen VF 7 *tenui mercede locatus* und VP 4 *tenui facultate nutritus*.[1] Ferner geben beide den Namen der Mutter mit *Polla* an (VF 11: *Mater Polla fuit, Magii non infima proles;* VP 2: *matre Magia Polla*).

Eine Hypothese besonderer Art stammt von K. Wieser (a. a. O., S. 17 u. 36); er meint, nicht die VSD, sondern eine von ihm postulierte *Urphilargyriusvita* sei der Vorlage des Focas gewesen. Dagegen läßt sich, da uns dieser Urphilargyrius ungreifbar bleibt, kaum etwas anführen. Auf keinen Fall aber ist die uns vorliegende VPh I die Vorlage des Focas gewesen. Den die VF enthält Nachrichten, die zwar in VSD, nicht aber in VPh I stehen: Zunächst einmal nennt VPh I als *praesagium* um Vergils Geburt nur den Traum der Mutter (VPh I 21 ff. = VSD 9 ff. = VF 13 ff.) und fährt dann fort: „*et cetera vidisse in somnis de eodem puero, quae hic non sunt.*" VF 23–38 berichtet aber auch von den weiteren *praesagia* der VSD. Einen weiteren Beweis liefert VF 102 f.:

> Sed loca, quae vulgi memoravit tradita fama,
> aequoris et terrae statuit percurrere vates,
> certius ut libris oculo dictante notaret.
> Pergitur: ut Calabros tetigit, livore nocenti
> Parcarum vehemens laxavit corpora morbus.
> Hic ubi languores et fata minacia sensit …

Es ist deutlich von der Griechenlandreise Vergils die Rede, von der VSD 130 ff. und 199 f. berichten. VPh I 104 ff. beschränkt sich auf die Hieronymusnotiz und weiß dazu nur zu sagen: „*Virgilius anno Augusti vicesimo quinto Brundisi moritur Sentio Saturnino et Lucretio Cinna consulibus.*" Auch die dem Satze „*et tamen destinasse secedere, ut omnia ad satietatem malevolorum decideret*" (VSD 199 f.) entsprechende Stelle fehlt in VPh I 100 ff., obwohl auch dort von der Keule des Hercules die Rede ist. Demgegenüber wird man mit dem Hinweis auf VPh I 15 *patre tenui* (vgl. VF 7: *tenui mercede locatus*) oder VPh I 70 *Cassium, Brutum et Antonium* (vgl. VF 71, wo *Antonius* fehlt) nicht durchdringen.

---

[1] VPh I 15: *ac praecipue patre tenui.*

c) Informationswert

Die VF enthält einige Einzelheiten, die sich in der VSD nicht finden. Man wird dabei von den *dichterischen Zutaten* absehen, die vor allem in folgenden Versen vorliegen: VF 1–5; 8–10; 17–19; 25–27 (= VSD 10–12?); 28–34; 39–40; 51–59 (sicher spätere Interpolationen); 66; 76–78; 83–85 (vgl. ecl. 9, 27–29); 92–93. *Echte Zusätze stellen* dar:

VF   6 *Maro* als Name für den Vater Vergils,
     63 *Siro* als Lehrer Vergils.

Es wäre möglich, daß der Name Siro[1] einmal in der VP stand (vgl. VP 12). Sonst findet er sich in der VSD nur in Σ' nach 200 (Int 242), was als Quelle ausscheidet. Hingegen könnte Focas seine Kenntnis unmittelbar aus Catalepton 5 und 8 oder aus dem Serviuskommentar bezogen haben. Weitere Zutaten des Focas weist H. Naumann, a. a. O., S. 371f., nach.

Im ganzen ist der Zuwachs an Kenntnis vom Leben Vergils also minimal.

6. Vita Hieronymiana
(Text s. S. 256)

a) Überlieferung

O	= cod. Oxoniensis Bodleianus, ms. Lat. auct. T II 26	saec.	V/VI
S	= cod. Floriacensis fragmenta		V
A	= cod. Amandinus Valentianus 495		VII
B	= cod. Bongarsianus Bernensis 219		VII
L	= cod. Lucensis, Bibl. capit. 490		VIII
M	= cod. Middlehillensis Berolin. Phillips. 1829		VIII
P	= cod. Petavianus Leidensis, ms. Lat. Voss. Q 110		IX
N	= cod. Turonensis Berolin. Phillips. 1872		IX

---

[1] Vgl. auch Schol. Veron. ecl. 6, 10 (S. 398, 17 H.).

b) Textkritische Bemerkungen

Der als Vita Hieronymiana (VH) abgedruckte Text ist eine Montage aus fünf Hieronymus-Notizen zu den Olympiaden 177.3, 180.2, 181.4, 190.3 und 190.4. Hieronymus hat diese Nachrichten Sueton entnommen. Die Oxoniensis von C. Hardie führt vier weitere Hieronymus-Stellen auf, nämlich ol. 186.2 (M. Bavius), ol. 186.4 (Cornelius Gallus), ol. 189.2 (Quintilius Cremonensis) und ol. 196.2 (C. Asinius Gallus).

Man könnte das Verfahren, eine Vita durch Umkehrung des Kompilationsprozesses zu konstruieren, für unzulässig erklären, wenn es unter den jüngeren Viten nicht mehrere gäbe, die genau auf diese Weise entstanden sind: VV, VG III, VN I.

7. Vitae recentiores

Über Vergils Leben findet sich in den zahlreichen jüngeren Viten nichts, was über die Nachrichten in VSD, VS, VP, VB I und VF hinausginge. Hingegen sind sie als Einblick in die Vergilphilologie des Mittelalters von großem Interesse. Den besten Führer durch diese schwierige Materie findet man bei Werner Suerbaum (Aufstieg und Niedergang der römischen Welt, Bd. II 31, 2, 1981, S. 1156–1262).

Nachstehend geben wir einen Überblick über den derzeit bekannten Gesamtbestand. Wer sich über dieses Gebiet näher orientieren will, sei auf die vierte Auflage des „Landlebens" (Tusculum 1981⁴) verwiesen.

I. Vitae vetustiores
1. *Vitae originariae*

VSD	= Vita Suetonii vulgo Donatiana
	(von H. Naumann ‚Danielsche Vita', von K. Büchner ‚Berner Vita' genannt)
VS	= Vita Servii
VP	= Vita Probiana
VB I	= Vita Bernensis I
	(von H. Naumann ‚Libellus-Vita' genannt)

2. *Carmen*

| VF | = Vita Focae |

3. *Compilatio*
   VH   = Vita Hieronymiana

II. Vitae recentiores

1. *Vitae formulares*
   a) *Expositiones*
   ED   = Expositio Donati (= VSD 201–358)
   ES   = Expositio Servii (= VS 1–3)
   EG   = Expositio Gudiana (= VG I 1–77)
   EM   I = Expositio Monacensis I (*cod. Mon. 4° s. a. 1253 m, s. XV/ XVI*)
   EM   II = Expositio Monacensis II (*CLM 18 451, s. XV*)
   EM   III = Expositio Monacensis III (*cod. Mon. 4° Inc. s. a. 1253 m, s. XV/XVI*)

   b) *Periochae*
   PG   = Periochae Gudianae (= VG I 69–77)
   PB   I = Periochae Bernenses I (*cod. Bernensis lat. 165, s. IX*)
   PT   = Periochae Tegernseenses (*CLM 18 059, s. XI*)
   PN   = Periochae Noricenses (= VN I 1–2)
   PV   = Periochae Vossianae (= VV 10–54)
   PB   II = Periochae Bernenses II (*cod. Bernensis lat. 167, s. IX/X*)
   PM   = Periochae Monacenses (= VM I 73–87)

2. *Vitae compendiariae*
   a) *Retractatio*
   VPh   I = Vita Philargyrii I (*cod. Parisinus lat. 11 308, s. IX* u. a.)
   b) *Excerptum*
   Exc   = Excerptum e vita Donatiana (*cod. Londinensis lat. 32 319 A, s. IX* u. a.)
   c) *Epitome*
   VN   II = Vita Noricensis II (*cod. Sanblasianus 86, s. IX*)
   d) *Compilationes*
   VPh   II = Vita Philargyrii II 1–11 (*Chron., ol. 177. 180. 181. 190*)
   VV   = Vita Vossiana (*cod. Leidensis Vossianus lat. F. 12, pars γ, s. IX*)
   VB   II = Vita Bernensis II (*cod. Bernensis lat. 167, s. IX/X*)
   VG   I   = Vita Gudiana I (*cod. Gudianus lat. 70, s. IX*)
   VG   III = Vita Gudiana III (*cod. Gudianus lat. 70, s. IX*)

3. *Vitae auctae*

   a) *Res Aegyptiacae*

   VM I   = Vita Monacensis I (*CLM 15514, s. X*)

   VN I   = Vita Noricensis I (*cod. Sanblasianus 86, s. IX*)

   VL   = Vita Leidensis (V) (*cod. Vossianus F. 79, s. IX ex.*)

   VB III = Vita Bernensis III (*cod. Bernensis lat. 167, s. IX/X*)

   b) *Virgilius sapiens*

   Int   = Donatus auctus (*cod. Bodleianus Can. lat. 61*)

   c) *Virgilius magus*

   VM II = Vita Monacensis II (*CLM 4393, s. XV*)

   VM III = Vita Monacensis III (*CLM 18451, s. XV*)

4. *Vitae collectaneae*

   VG II = Vita Gudiana II (*cod. Gudianus lat. 70, s. IX*)

   VPh II = Vita Philargyrii II (*cod. Parisinus lat. 11308, s. IX u. a.*)

   VM IV = Vita Monacensis IV (*CLM 18451, s. XV*)

8. Selbstzeugnisse

Catalepton:

5: Abschied von der Rhetorik.

8: Sorge für die in ihrem Besitz bedrohten Angehörigen.

Bucolica:

9, 7–10: Beschreibung des väterlichen Landgutes.

1, 1–8; 26; 42–43: Octavianus bewahrt dem Dichter seinen Besitz.

9, 2–16: Verlust des Landgutes.

6, 1–12; 5, 86f.; 9, 21–29: Bukolische Dichtung; ihr Ausgangspunkt.

3, 86; 4, 1–3; 12–13; 8, 6–13: Über Asinius Pollio.

5, 86–87; 6, 7–12; 9, 26–29: Über Alfenus Varus.

6, 64–66; 10, 1–3; 70–74: Cornelius Gallus.

9, 35–36: Über L. Varius Rufus und Helvius Cinna.

3, 90: Über Bavius und Maevius.

Georgica:

4, 125–148: Über seine Reise nach Tarent.

2, 197–199: Tarent und Mantua.

4, 566: Über seine ehemals gedichteten Hirtenlieder.

2, 173–176: Vom Beginn der Georgica.

4, 559–565: Von der Vollendung der Georgica.

3, 1–39; 46–48: Ankündigung eines großen Epos vom Römerreich, in dessen Mitte die Gestalt des Caesar ⟨Augustus⟩ stehen solle.

1, 1–5; 2, 39–41; 3, 40–41; 4, 1–2: Über Maecenas.

1, 24–42; 503–504; 2, 170–172: Über Caesar ⟨Augustus⟩.

Zusammenstellung nach R. Sabbadini.

NAMENREGISTER

(C = Catalepton, E = Ekloge, G = Georgica, V = Vita)

Abydus G I 207: Stadt am Hellespont (h. Dardanellen), reich an Muscheln.

Acerrae G II 225: Acerra, Stadt in Campanien; liegt am Clanius, der durch häufige Überschwemmung die Stadt gefährdet.

Achaicus C V 2 (Adj. zu Achaia): achäisch, griechisch; hier rhetorischer Wertbegriff, Gegensatz: asianisch.

Acheloius G I 9: Adj. zu Achelous. Dieser größte Fluß Griechenlands entspringt auf dem Pindus; der Grenzscheide Ätoliens und Akarnaniens und mündet ins Ionische Meer. Steht a. a. O. für Wasser überhaupt.

Acheron G II 492: Fluß in der Unterwelt, den die Toten bei ihrem Eintritt überschreiten mußten.

Achilles E IV 36; G III 91: berühmtester Griechenheld vor Troia, Sohn der Meergöttin Thetis und des Peleus, des Königs von Pharsalus in Thessalien.

Acrisione C IX 33: Danae, Tochter des Akrisios, Mutter des Perseus, den sie der Sage nach von Jupiter, der sich ihr als goldener Regen vereinigte, empfangen hatte.

Actaeus E II 24; G IV 463: Adj. zu Acte, einem alten Namen für Attica.

Actiaca victoria VSD 99: Sieg des Octavianus bei Actium 31 v. Chr.

Actias E II 24; G IV 463 = Actaea; s. Actaeus.

Admetus VSD 242: König von Pherae (in Thessalien), Teilnehmer am Argonautenzug; s. auch Amphrysus.

Adonis E X 18: Sohn des Cinyras, Königs von Cypern, und der Metharme; der schöne Liebling der Venus.

Aegle E VI 20. 21: schönste der Najaden, „die Lichte", „Glänzende".

Aegon E III 2; V 72; VSD 184: Ziegenhirt.

Aegyptus G IV 210. 291: Die Ägypter werden in IV 210 wahrscheinlich deshalb besonders hervorgehoben, weil die Schlacht von Actium (31 v. Chr.) in die Zeit fiel, in der Vergil die Georgica beendete. – Die Grenzen Ägyptens sind (IV 291) im Westen Canopus am Nildelta, im Osten Persis, hier wohl Partherreich, im Süden die Äthiopier („colorati Indi").

Aeneas C XIV 3: Sohn des Anchises und der Venus, der Sage nach Urahn des Römervolkes im allgemeinen und der Julier im besonderen; hier überhaupt für Aeneis eingesetzt.

Aeneis VH 13.

Aeolides s. Misenus.

Aether G II 325: Für Lukrez sind „Vater Aether" und „Mutter Erde" nicht viel mehr als alte Metapher ... Für Virgil ist umgekehrt all das, was sich im

Frühling in der Natur ereignet, Teil eines göttlichen Geschehens. (s. auch Terra.).

Aethopes E X 68; G II 120: Bewohner Äthiopiens; hier Äthiopien, Land am arabischen Meerbusen.

Aetna G I 472; IV 173: der bekannte Vulkan Siziliens.

Afer G III 344; Afri C IX 51; E I 64: Bewohner Afrikas, bes. der Gegend um Karthago.

Aganippe E X 12: hier Quellnymphe, Tochter des Flußgottes Permessus; sie wohnt am Helikon, dem Musenberge in Böotien (Aonien).

Aglaie C IX 60: die jüngste der drei Chariten.

Agrippa: s. Vipsanius.

Alburnus G III 147: hohes Waldgebirge Lucaniens, östlich von Paestum.

Alcides E VII 61: Hercules, hier zum ersten Male in röm. Dichtung nachweisbar. Wohl von den Neoterikern aus alexandrin. Poesie entlehnt. Das Wort Hercules paßt metrisch nicht.

Alcimedon E III 37. 44: Name eines Bildschnitzers, sonst nicht bekannt; etwa von Vergil erfunden?

Alcinous G II 87: Phäakenkönig. Sein Obstgarten war sprichwörtlich geworden zur Bezeichnung reichtragender Obstbäume.

Alcippe E VII 14: Name einer Hirtin.

Alcon E V 11: Fingierter Name ohne Beziehung auf ein bestimmtes Individuum.

Alexander VSD 31: Freund Vergils, in E II „Alexis" genannt.

Alexis E II 1. 6. 19. 56. 65. 73; V 86; VII 55; VSD 32. 319: Hirtenname; s. auch Alexander.

Alfenus Varus VSD 72; 288. 321; VP 8; VF 65: Förderer des jungen Vergil.

Alpes G I 475; III 474: die Alpen.

Alphesiboeus E V 73; VIII 1. 5. 62: Hirtenname.

Alpheum (flumen) G III 19. 180: Alpheus, Fluß bei Olympia in Elis. Durch A. werden die Olymp. Spiele bezeichnet; s. auch Arethusa.

Alpinus E X 47: Adj. zu Alpes.

Amaryllis E I 5. 30. 36; II 14. 52; III 81; VIII 77. 78. 101; IX 22: Name einer Hirtin.

Amerinus G I 265: von Ameria, einer alte Munizipalstadt in Umbrien unweit des Tibers.

Aminneus G II 97: von Aminaea, einer Gegend in Picenum, berühmt durch jahrüberdauernden Wein.

Amor C XIV 10; E VIII 43. 47; X 28. 29. 69 (2 ×): Neben der schöpferischen Macht des Eros-Amor kommt bei Vergil das dämonische, oft zerstörende Wesen des Gottes stark zur Geltung, bes. G III 209–283. Über E X 69: „Omnia vincit Amor" liegt düstere Resignation: das gilt in etwa wohl auch für G I 145f.: „Labor omnia vicit improbus".

Amphion E II 24: Sohn des Jupiter und der Antiope, Gemahl der Niobe, wurde gleich nach seiner Geburt mit seinem Zwillingsbruder Zethus in das Waldgebirge Aracynthus (?) an der Grenze von Böotien und Attika ausgesetzt und von einem Hirten erzogen. „Dirkäer" heißt er von der Quelle Dirke nordwestl. Thebens. Begründer Thebens, soll durch sein Saitenspiel die Mauern Thebens errichtet haben.

Amphrysus G III 2: pastor ab Amphryso, d. i. Apollo, weil er einst am Ufer des thessalischen Flusses Amphrysus die Herden des Admetus weidete.

Amyclae G III 89. 345: Stadt in Lakonien, südöstl. Sparta, Heimat der Dioskuren (Castor und Pollux).

Amyntas E II 35. 39; III 66. 74. 83; V 8. 15. 18; X 37. 38. 41: Hirtenname.

Amythaon G III 550: Vater des Melampus; berühmter Wahrsager, versöhnte schuldbeladene Menschen mit den Göttern.

Andes VSD 7; VH 1: Geburtsort Vergils.

Andicus vicus VP 3: s. Andes.

Anguis G I 205. 244: Schlange; Sternbild, das sich durch den Großen und Kleinen Bären windet. Ihr Auf- und Untergang ruft Stürme hervor.

Anienus G IV 369: Anio (h. Aniene), Nebenfluß des Tiber, der bei Tibur (h. Tivoli) die berühmten Fälle bildet.

Anser E IX 36: zeitgenössischer Dichter, Freund des Antonius. Erwähnt bei Cicero (Phil. XIII 5), mit Cinna zusammen bei Ovid (Trist. II 435). Wahrscheinlich ein persönlicher Gegner Vergils, vgl. auch Prop. (II 34, 84). Fraglich bleibt, ob in E IX 36 auf ihn angespielt ist.

Antigenes E V 89: Hirtenname.

Antonianae partes VB I 6: Partei des M. Antonius im Bürgerkrieg.

Antonius VS 17. 18; VP 6: M. Antonius (83–30 v. Chr.); Triumvir, unterlag Octavianus im Bürgerkrieg.

Aones (montes) E VI 65: s. Aonius.

Aonius E X 12; G III 11: aonisch, d. h. böotisch. Beiwort der Musen und des Helikon. Daß in den Ausdrücken „Aones montes", „Aonie Aganippe", „Aonio vertice' auf den Musenbereich des Helikon in Böotien hingewiesen wird, ist unbestreitbar; ob jedoch in G III 11 das Lied Hesiods „Werke und Tage", das Vorbild für Vergils Georgica, oder ganz allgemein die Dichtkunst gemeint sei, ist umstritten.

Apollo E III 104; IV 10. 57; V 35; VI 73; X 21; G IV 7. 323 (indirekt C IX 60 E VI 3; G III 2 als Cynthius); VSD 241 (νόμιος): Sohn des Jupiter und der Latona, Beiname Phoebus, „der Strahlende"; Schutzgott der Hirten und Herden, Liebhaber und Freund der Poesie und Musik. Anführer des Musenreigens. Besonders nahes Verhältnis zu Octavianus-Augustus; dieser ließ ihm 28 v. Chr. auf dem Palatin einen Tempel erbauen; vgl. Dio 49, 15, 5; 53, 1, 3.

Apulia VS 45: Landschaft in Süditalien.

Arabes G II 115: Bewohner Arabiens; sie gelten als Grenzvolk der Erde.

Arachne (indirekt G IV 246): die Feindin Minervas (invisa Minervae); sie wurde von ihr, da sie einen Wettstreit mit ihr wagte, in eine Spinne verwandelt.

Aracynthus E II 24: Lage umstritten. Deutungsversuche: 1. Böotisches Grenzgebirge zwischen Böotien und Attika; 2. Höhenzug in Ätolien, nahe der Mündung des Achelous, habe weder mit Attika noch mit Amphion etwas zu tun.

Arar E I 62: h. Saône, Nebenfluß der Rhône.

Arcades E VII 4. 26; X 31. 33: Akadien, Zentrallandschaft der Peloponnes, Heimat des Pan, das Land sangeskundiger Hirten (E X 31 f.), ein Wunsch- und Traumgebilde. Die soziale Lage der Hirten ist widerspruchsvoll dargestellt; die „freien" Hirten Arkadiens sind Mietlinge und Sklaven.

Arcadia E IV 58. 59; X 26; G II 392; Adj. Arcadius, -a, -um G IV 283.

Arctos G I 138. 245. 246: Sternbild des Bären. Der Große und der Kleine Bär gehen nie unter.

Arcturus G I 68. 204: Stern, der im Sept. aufgeht, gehört zum Sternbild des Rinderhirten (Bootes). Sein Auf- und Niedergang ist von heftigen Stürmen begleitet.

Arethusa E X 1; G IV 344. 351; VSD 334: Quelle bei Syrakus und Quellnymphe; verfolgt vom elischen Flußgott Alpheus, floh sie unter dem Meere hin nach Sizilien; Nymphe und Jägerin zugleich; wird als Muse des Gesanges angerufen.

Argo E IV 34: das Argonautenschiff.

Arion E VIII 56: griech. Kitharaspieler aus Lesbos; er wurde von einem Delphin gerettet.

Aristaeus G IV 317. 350. 355. 437 (indirekt G I 14; IV 283): Sohn des Apollo und der Cyrene. Er gilt vor allem deshalb, weil er die Menschen u. a. in der so nützlichen Kunst der Bienenzucht unterwies, als ein göttlicher Wohltäter der Menschheit. Auch mit Böotien, Keos, Libyen, Sardinien, Sizilien und Thrakien wird er in Verbindung gebracht. Vergil nennt ihn cultor nemorum (G I 14) und erzählt ausführlich von ihm in IV 315 ff.

Ariusius E V 71: Adj. zu Ariusia, einem Vorgebirge in Chios.

Armenius E V 29: armenisch.

Arrius VSD 283: Centurio, der Vergil bei der Landenteignung im Jahre 41 v. Chr. nach dem Leben trachtete.

Ascanius G III 270: Ausfluß des bithynischen Sees Ascania in den sinus Cianus, eine Bucht der Propontis (h. Gemlik Körfezi).

Asconius Pedianus VSD 35. 193: Cicero-Kommentator (9/3 – 88/76 n. Chr.).

Ascraeus E VI 70; G II 176: von Ascra, der Heimat des Hesiod, in Böotien am Helikon. Ascraeum carmen: Lied des Hesiod, gemeint sind „Werke und Tage".

Asia C III 4; G I 383; II 171; III 30; IV 343; VSD 131: „Asische Wiesen" (I 383), Niederung am Kaÿster in Lydien mit vielen Süßwasserseen, wo sich Scharen von Schwänen niederlassen. Der Kaÿster mündet bei Ephesus. „Asia Deiopea" – die Göttin des asischen Sumpfes.

Asinius s. Pollio.

Assaracus G III 35: wohl Anspielung auf die Aeneis, deren Plan Vergil damals schon vorschwebte; s. auch Tros.

Assyrius E IV 25; G II 465: Assyrien, dichterische Bezeichnung des Morgenlandes, steht auch für Phönikien.

Atalante (indirekt C IX 25; E VI 61): Tochter des Jasos und der Klymene, nach anderer Fassung Tochter des Schoineus, geliebt von Milanion oder Hippomenes, jungfräulich-spröd, walkürenhaft; forderte jeden Freier zum Wettlauf heraus und ließ die Besiegten töten. Milanion (oder Hippomenes) erhielt von Aphrodite goldene Liebesäpfel geschenkt, warf sie beim Wettlauf A. hin. Sie griff danach, verlor so den Sieg und wurde dem Sieger vermählt.

Atella VSD 99: Stadt in Campanien; Kurort.

Athenae C XIII a 3; VSD 134: Athen als Sitz der Wissenschaft.

Athos G I 332: höchster Berg in Makedonien, Vorgebirge auf dem östlichen Ausläufer der Chalkidike.

Atilius C XII 5: Schwiegervater des Noctuinus, ein Trunkenbold.

Atlantides G I 221: Töchter des Atlas, als „Plejaden" an den Himmel versetzt. Sternbild, Untergang Anfang November.

Atticus C II 3: attisch.

Augustus s. Caesar.

Aurora G I 249. 447; IV 544. 552: Morgenröte.

Ausonius G II 385: Bewohner von Ausonien-Unteritalien. Ursprünglich Westküste von Mittel- und Unteritalien, bei Vergil Italien überhaupt.

Avernus G II 164; IV 493: Averner-See, Kratersee nahe bei Baiae, nicht weit von Cumae entfernt, durch einen Kanal mit dem Lucriner-See verbunden. Der Sage nach war dort der Eingang zur Unterwelt. Zwischen dem Averner-See und der Küste lag eine Lagune (Lucriner-See), die durch eine Sandbank oder einen leichten Damm vom Meer abgeschlossen war. 37 v. Chr. befestigte Agrippa den Damm und verband die beiden Seen mit einem Kanal, dem er durch den Lucriner-See hindurch einen Ausgang zum Meer verschaffte. Dieser so geschaffene neue Hafen „Iulius portus" war gegen Sextus Pompeius angelegt, der von Sizilien her Italien bedrohte. Seine Erwähnung bei Vergil ist für die Datierung der Georgica wichtig.

Avitus s. Octavius.

Baccheius G II 454: Adj. zu Bacchus; Baccheia dona: Wein.

Bacchus (Dionysos) C IX 60; E V 30. 69. 79; G I 344; II 2. 37. 113. 143. 191. 228. 240. 275, 380. 388. 393. 455; III 264. 526; IV 102. 129. 279. 380. 521: Bacchus, der zweimal geborene Gott, Sohn des Zeus und der Semele, ist Gott des Weines und mit Ceres zusammen Schutzgott der Landleute. Angerufen auch unter den Namen Iacchus, Lenaeus, Liber, Lyaeus; s. d.

Bactra G II 138: h. Balch, Hauptstadt von Bactriana in Persien, Landschaft Innerasiens im oberen Stromgebiet des Oxus.

Balearis G I 309: Balearische Inseln. Inselgruppe vor der Ostküste Spaniens. Ihre Bewohner waren berühmte Schleuderer.

Ballista (ludi magister) VSD 56. 59; VS 11. 13; VF 41. 47. 50. 51. 52. 56: wohl Ausbilder in einer Gladiatorenschule.

Bavius E III 90: Gegner des Vergil und Horaz. Gest. 34 v. Chr. Mit Mevius zusammen sprichwörtlich gewordener übler Dichterling.

Belgicus G III 204: belgisch. Belgica esseda: zweirädrige Streitwagen, mit denen die Belgier unter die Feinde jagten und bei Gelegenheit absprangen, dann zu Fuß weiterkämpften.

Benacus (Lacus) G II 160: Gardasee.

Beroe G IV 341: Tochter des Oceanus, Schwester der Klio. Nymphe und Jägerin.

Bianor E IX 60: Phantasiename (Brasilas des Theokritgedichtes Thalys. 11).

Bisaltae G III 461: thrakisches Volk.

Bootes G I 229: Sternbild des Rinderhirten, nach seinem hellsten Stern auch Arcturus genannt, Untergang Ende Oktober.

Boreas E VII 51; G I 93. 370; II 316; III 278: Nordostwind.

Britanni E I 66; G III 25.

Brixia C X 5: h. Brescia.

Brundisium VSD 138; VH 6: Hafenstadt in Kalabrien.

Brutus VF 71: M. Iunius Brutus (85–42 v. Chr.), einer der Caesarmörder.

Busiris G III 5: sagenhafter König Ägyptens, berüchtigt durch seine Menschenschlächterei. Hercules machte seinem Treiben ein Ende.

Caeli E III 105: Scherz auf das Grab eines Caelius oder der Himmel (caelum), im Brunnen gespiegelt?

Caesar (Iulius) E IX 47; G I 466; VSD 273: der Diktator (100–44 v. Chr.).

Caesar (Octavianus) C XIV 11; G I 25. 503; II 170; III 16. 47. 48; IV 560; VSD 148. 152. 271. 294. 309; VP 10. 29; VB I 11; VF 89. 92: der spätere Augustus (seit 27 v. Chr.); Sieger von Actium.

Caesar (Augustus) VSD 43. 83. 99. 112. 134. 146. 163. 273. 276. 277. 289; VS 17. 18. 29. 32; VP 6. 17. 19. 24; VB I 15; VF 68: geb. 63 v. Chr., Princeps 31 v. – 14 n. Chr.

Caïcus G IV 370: Fluß in Mysien (h. Bakir), der auf dem Theutrasgebirge entspringt und in den Eleusischen Meerbusen (h. Golf von Çandarlı, südlich der Insel Lesbos) mündet.

Calaber G III 425 (Adj. zu Calabria): kalabrisch.

Calabri VSD 143: VS 49; VP 22; VF 105; VH 10: Bewohner von Calabrien.

Calabria VP 18: Calabrien, Landschaft in Süditalien.

Calliopea C XV 4; E IV 57: Muse der Dichtung, Mutter des Orpheus.

Camenae C V 11. 12; E III 59: Quellgöttinnen, im Haine von Porta Capena mit Egeria, der Geliebten und Beraterin des Königs Numa, verehrt.

Camillus G II 169: Eroberer Vejis und Befreier Roms von den Galliern. Sieg über Veji 396, über die Gallier 390, 367 v. Chr.

Campania VSD 47: Landschaft in Mittelitalien.

Canis G I 218; II 353: Sternbild des Hundes.

Canopus G IV 287: Stadt in Unterägypten, an der westlichen Nilmündung. „Pellaei Canopi": Canopus, die Nachbarstadt Alexandriens, erhält hier den Beinamen Pella, nach der Hauptstadt Makedoniens; es wird damit angedeutet, daß sie dem Machtbereich der ptolemäischen Diadochen angehört. In solchen Beiworten zeigt sich der poeta doctus.

Cantabrica expeditio VSD 112; bellum Cantabricum VP 16: Feldzug des Augustus in Nordspanien (24 v. Chr.).

Capua G II 224: „zweite Stadt Italiens, wichtigster Platz Campaniens" mit reicher und fruchtbarer Umgebung.

Carpathius G IV 387: C. gurges, das Karpathische Meer, eine allgemein gehaltene Ortsangabe. Das Karpathische Meer liegt zwischen Rhodos und Creta.

Carthaginiensis s. Sulpicius.

Carvilius Pictor VSD 187: Vergilkritiker (Aeneidomastix).

Cassiopea C IX 28: auch Cassiepeia, Cassiope; Gemahlin des Kepheus in Äthiopien, Mutter der Andromeda; sie wurde in ein Sternbild verwandelt.

Cassius VF 71: Cassius Longinus, einer der Caesarmörder.

Castalia G III 293: Quelle am Parnaß bei Delphi, die sich in den Fluß Pleistos ergießt; dem Apollo und den Musen geheiligt.

Castor C X 25: Castor und Pollux, Zwillingsbrüder, Söhne des Zeus und der Leda; die Dioskuren, Nothelfer vor allem zur See. Hier bei Vergil wohl Anspielung auf den Castortempel in Rom, vor dem der Praetor Gericht hält.

Caucasius E VI 42; G II 440: Adj. zu Caucasus; in E VI 42 Caucasiae volucres: Adler des Zeus, der die Leber des an den Caucasus angeschmiedeten Prometheus fraß und von Hercules erlegt wurde.

Caystrus G I 384: Fluß Kleinasiens, heute Küçük Menderes, fließt durch Lydien, Ionien, mündet bei Ephesus. Berühmt ist die Ebene des Kaÿster, zwischen Tmolus und Mesogis. Vgl. Hom. Il. II 459–463, auf die Vergil hier anspielt.

Cea G I 14: Keos, Insel im Ägäischen Meer, Kultstätte des Aristaeus.

Cebes VSD 31. 34: Dichter, Freund des jungen Vergil.

Cecropius G IV 177. 270: athenisch, nach dem König Kekrops, dem sagenhaften Begründer Athens. Hier Beiwort zu apes und thymus, weil der Hymettus, ein Berg bei Athen, berühmt war wegen seines Honigs und außerdem die Vorstellung des uralten Attika dem Vers und seinem Inhalt besondere Weihe verlieh.

Celeus G I 165: König von Eleusis, Vater des Triptolemus, soll von Ceres die Kunst, Wirtschaftsgeräte aus Ruten zu flechten, gelernt haben.

Centauri G II 456: Die betrunkenen Centauren gerieten auf der Hochzeitsfeier des Lapithen Pirithous in Streit mit den Lapithen und wurden von diesen getötet.

Ceraunia G I 332: „Alta Ceraunia", Halb-Übersetzung von Ἀκροκεραύνια, Horaz c. 1, 3, 20. Vorgebirge in Epirus, wegen seiner Gewitter gefürchtet.

Cerberus G IV 483: dreiköpfiger Höllenhund.

Cerealis G I 212; II 517; I 212: Beiwort zu papaver. Ceres wird mit Mohnbüscheln in der Hand dargestellt; denn sie soll sich mit Mohnsamen getröstet haben, als sie ihre Tochter Proserpina verloren hatte. Vgl. G II 517 „Cerealis culmus" Korn.

Ceres E V 79; G I 7. 96. 147. 297. 339. 343. 347. 349; II 229 (indirekt I 163): Göttin des Kornes.

Cerylos (Κηρύλος) C X 7: Transportfirmeninhaber. (Nicht Caerulus, wie einige Hss. haben.)

Chalcidicus E X 50: Beiwort zu „versus". Gallus war Nachahmer des von den Neoterikern sehr geschätzten griech. Dichters Euphorion (ca. 220 v. Chr.), der aus Chalcis stammte. B. Snell deutet den Ausdruck „Chalcidico versu" so: „Meine nach dem Vorbild des Theokles von Chalkis gedichteten Verse, d. h. meine Elegien, werde ich nun nach theokritischer Hirtenmanier gestalten."

Chalybes G I 58: Chalyber, an der Südostküste des Schwarzen Meeres, waren berühmte Schmiede. Hier nudi, nackte, in wirksamem Gegensatz zu molles Sabaei – weichliche Sabaeer.

Chaonius E IX 13; G I 8; II 67: poetisch gleich „dodoneisch". Dodona in Epirus galt als Urheimat der Menschen, wo im Goldenen Zeitalter Frieden und einfaches Leben herrschte.

Chaos G IV 347: Chaos; personif.: Vater der Nacht und des Erebos.

Chelae VF 21: „Scheren" des Sternbildes des Skorpion, nach heutiger Auffassung zum Sternbild der Waage zu rechnen.

Chiron G III 550: berühmter Kentaur, Lehrer der Heroen, Sohn des Saturnus und der Philyra, kannte die natürlichen Heilkräfte der Kräuter und unterwies Aesculap in ihrem Gebrauch. Hier dem Melampus gegenübergestellt, der die Götter auf übernatürliche Weise, als Magier, zu versöhnen suchte.

Chromis E VI 13: Zweifelhaft ob Satyr, Faun oder Hirt.

Cicones G IV 520: thrakische Völkerschaft am Hebrus und an der Küste bis zum Lissus; der Ausdruck „matres" ist seltsam für die „heiratsfähigen Frauen".

Cinna E IX 35: Gaius Helvius Cinna, römischer Dichter, Zeitgenosse Vergils, Verfasser des Epos „Zmyrna". Freund Catulls.

Cinna s. Lucretius.

Cinyphius G III 312: Beiwort zu „hircus" (Bock). Cinyps (h. Cinifo) ist ein Fluß in Libyen an der Syrtenküste. Dort scheinen besonders gute Zuchtböcke gewesen zu sein. Herkunft des Beiwortes ungewiß, vielleicht von irgendeinem hellenistischen Dichter.

Circe E VIII 70: durch ihre Zaubereien berühmte Meernymphe.

Cithaeron G III 43: Grenzgebirge zwischen Attika und Böotien, mit reichem Viehbestand.

Clanius (fluvius) G II 225: Fluß in Campanien, der oft Acerra überschwemmte; h. Clonio vecchio.

Clio C IV 10; G IV 341: eine der neun Musen. Unter ihrem Schutz stehen Poesie und Geschichtsschreibung. Die Musen sind häufig als Quellnymphen zu finden. So wird C. in G IV 341 als Nymphe und Jägerin, als Tochter des Oceanus und Schwester der Beroë gedacht. Die Genealogien der Musen sind mannigfaltig. Gewöhnlich gelten die Musen als Töchter des Zeus.

Clitumnus G II 146: Fluß in Umbrien (h. Clituno) mit herrlichen Rinder-triften.

Clymene G IV 345: Tochter des Oceanus, Gemahlin des äthiopischen Königs Merops, Mutter des Phaethon.

Cocytos G III 38; IV 479: Strom in der Unterwelt, Strom der Klage.

Codrus E V 11; VII 22, 26: Hirt und Sänger der Eklogen.

Coeus G I 279: Titane, Vater der Latona. Coeus und Iapetus waren Söhne der Erde und des Himmels.

Conon E III 40: Conon von Samos, Astronom und Mathematiker um 230. Freund des Archimedes.

Corinthius C II 1: Beiwort zu „verba", hier soviel wie „archaisierende, gekünstelte, seltene Worte".

Cornelius s. Gallus.

Corycius G IV 127: Adj. zu Corycus, einer Stadt Ciliciens. „Corycius senex", der nach Tarent ausgewandert ist und dort ein Stück vom ager relictus, vom „unvermessenen Land", erhielt; ager relictus ist ein Terminus der Agri-mensorensprache. Das Stück Land gehörte zu den loca subseciva, die als rauhes, waldiges Land nicht zur Vermessung kamen.

Corydon E II 1. 56. 65. 69; V 86; VII 2. 3. 16. 20. 40. 70 (2 ×); VSD 323: Name eines Hirten nach Theokrit.

Cotytia C XIII 19: ein Fest zu Ehren der thrakischen Göttin Cotyto oder Cotys, verbunden mit Orgien, bei denen Männer in Frauenkleidung Tänze aufführten.

Crassus s. Licinius.

Cremona C VIII 6; X 12; E IX 28; VSD 22. 25; VS 6. 23; VF 74; VH 3: Stadt in Oberitalien, in der Vergil seine Knabenzeit verbrachte.

Cremonenses VSD 275. 279. 281; VS 18. 21: Einwohner von Cremona.

Cressa G III 345: kretisch. Die Kreter waren gute Bogenschützen.

Crustumius G II 88: Beiwort zu „pira", Birnen. Crustumium oder Crustume-rium, eine Stadt im Sabinerlande, soll ausgezeichnete Birnen gehabt haben.

Cumaeus E IV 4: Beiwort zu „carmen": 1) Weissagung der Sibylle v. Cumae oder (?) 2) Hesiods Zeitalterlehre.

Curetes G IV 151: Priester der Cybele; sie lärmten vor der Höhle des Berges Dicte auf Kreta, in der Jupiter zur Welt gekommen war, so laut mit ihren Cymbeln, daß sie das Wimmern des Kindes damit übertönten und es vor den Nachstellungen des Saturnus verbargen. Bienen wurden durch den Klang angelockt, kamen herbei und nährten das Kind.

Cybele (indirekt G IV 64): Göttermutter, s. Mater.

Cyclops G I 471; IV 170: Die Cyclopen waren ein riesenhaftes Hirtenvolk, Erfinder der Schmiedekunst. Die Alten dachten sich unter dem Ätna die Werkstätte des Vulcanus und der Cyklopen, die dem Jupiter die Blitze schmieden.

Cydippe G IV 339: griech. Frauenname. Bei Vergil Nymphe.

Cydonius E X 59: Beiwort zu „spicula" (Pfeile). Cydonea, Stadt an der Nordküste Kretas; Die Kreter waren als Bogenschützen berühmt.

Cyllarus G III 90: Name eines Pferdes, das Pollux von Neptun erhalten hatte.

Cyllenius G I 337: der Planet Merkur. „Cyllenius" nach Cyllene in Arkadien, dem Geburtsort des Mercurius (Hermes).

Cymodoce IV 338: „Wogenempfängerin", Name einer Nereïde; s. auch Drimo. – Die besten Hss. lassen diesen Vers mit vier Nereïdennamen aus; man nimmt an, es sei ein Einschiebsel von Aen. V 826, das ein Abschreiber einfügte. Die Namen sind alle bei Homer Il. 39 erwähnt.

Cynthius C IX 60, E VI 3; G III 36: Beiname Apollos nach dem Berge Cynthus auf Delos, der Geburtsstätte des Apollo.

Cyrenae C IX 61: Kyrene, die Heimat des Kallimachos (ca. 300–240); „adire Cyrenas" heißt hier: „lateinisch im Stile des Kallimachos dichten".

Cyrene G IV 321. 354. 376. 530: Mutter des Aristaeus. Ob Tochter des Peneus, ist fraglich.

Cyrneus E IX 30: von Cyrnus (h. Corsica); der korsische Honig ist sprichwörtlich bitter.

Cytherea C XIV 11: Beiname der Venus. Cythera, Insel vor der Südspitze Lakoniens, berühmt durch den Kult der Venus-Aphrodite, die hier als „Schaumgeborene" ans Land stieg.

Cytheris s. Volumnia.

Cytorius C X 10, G II 437: von Cytorus mons, einem Berg am Schwarzen Meer, in Pontus; reich an Buchsbaum.

Dacus G II 497: Die Daker, ein an der unteren Donau, im heutigen Rumänien sitzender Volksstamm, wurden unter Führung Burbistas 50 v. Chr. ein gefürchteter Kriegerstaat; Cotiso, der Nachfolger Burbistas, verbündete sich mit Antonius im Jahre 32 v. Chr. gegen Octavianus. Darauf spielt Vergil hier an.

Damoetas E II 37. 39; III 1. 58; V 72; VSD 183: Hirt. Meister auf der Syrinx.

Damon E III 17. 23; VIII 1. 5. 16. 62: Hirt.

Daphnis E II 26; III 12; V 20. 25. 27. 29. 30. 41. 43. 51. 52. 57. 61. 66; VII 1. 7; VIII 68. 72. 76. 79. 81. 83 (2 ×). 84. 85. 90. 93. 94. 100. 102. 104. 109; IX 46. 50; VSD 50. 245. 321: Sohn des Merkur (Hermes) und einer Nymphe, geboren in Sizilien in einem Lorbeerhain, wegen seiner Schönheit und seiner Kunst im Lied und Syrinxspiel berühmt; vielgefeiert in Sage und Dichtung.

Dardanius E II 61: trojanisch.

Decii G II 169: Nationalhelden. Der ältere Publius Decius opferte sich 340 in der Schlacht am Vesuv (Liv. VIII 9) im Sabinerkrieg, sein Sohn in der Schlacht bei Sentinum 295 (Liv. X 28) im Samniterkrieg. Nach Cicero (Tusc. I 89) opfern sich sogar noch Enkel bei Asculum Apulum.

Deiopea G IV 343: eine der Nymphen der Juno. „Göttin des asischen Sumpfes".

Delia E III 67; VII 29; III 67: Hirtin, Freundin des Menalcas. VII 29: Beiname der Diana.

Delos G III 6: „Delos Latonia", weil Latona auf Delos dem Jupiter Apollo und Diana gebar.

Deucalion G I 62: Pyrrha und Deucalion, ihr Bruder und Gatte, wurden aus der Sintflut gerettet und schufen aus Steinen, die sie hinter sich warfen, ein neues Menschengeschlecht.

Di patrii G I 498: Götter der Vorfahren, im Gegensatz zu denen, die man von Fremden annahm.

Diana VSD 231. 235. 239: Schwester des Apollo, Mond- und Jagdgöttin. Diana Fa[s]celina VSD 238: Kultbild der Diana, das Orestes in ein Reisigbündel (φάχελος) gehüllt aus Skythien nach Brauron (in Attika) oder Aricia (in Italien) gebracht haben soll.

Dictaeus E VI 56; G II 536; IV 152: kretisch; von Dicte, einem Berg auf Kreta, in dessen Höhle Jupiter geboren wurde.

Dionaeus E IX 47: Dione war die Mutter der Venus, Ahnfrau des julischen Geschlechts.

Dircaeus E II 24: Amphion, so genannt nach der Quelle Dirce nordwestl. von Theben; s. Amphion.

Dis (Gen. Ditis) G IV 467. 519: Pluton, Unterweltsgott.

Dodona G I 149: Dodona in Epirus, berühmt durch seine Eichenhaine, bezeichnet häufig die Urwelt.

Doris E X 5: Mutter der Nereïden.

Drimo G IV 336: Name einer Nymphe. – Die Aufzählung der folgenden Namen erinnert an eine Nereïdenliste in Il. XVIII 39. Vergils Aufzählung umschließt neben Wasser- auch Landnymphen. Eine längere Liste solcher Namen ist in Hesiod, Theog. 243 gegeben. Aufzählungen dieser Art waren bei griechischen Dichtern und ihren Nachahmern gebräuchlich.

Dryades (puellae) E V 59; G I 11; III 40; IV 460: Baumnymphen.

Dulichius E VI 76: Insel bei Ithaka, scheint zum Machtbereich des Odysseus gehört zu haben. Topographie umstritten, wie Lage Ithakas überhaupt.

Eleus G III 202: elisch. Die olympische Rennbahn war in der Nähe der elischen Stadt Pisa, am Strome Alpheus.

Eleusinus G I 163: Adj. zu Eleusis in Attika. „Eleusische Mutter": Ceres, die in E. besonders verehrt wurde. Berühmt durch die Mysterien. Gerade die kleinen, unscheinbaren Dinge (wie hier Ackergerät) erhalten durch ihre Beziehung zu den Göttern (Ceres und Apollo) eine religiöse Würde.

Elias (Eliadum equarum) G I 59: elisch, aus Elis in Elis. Die Pferde aus Epirus gewannen bei den Olympischen Rennen die Siegespalme. „Elische Stuten": 1. weil sie in Elis den Preis errangen o d e r 2. weil sie aus „Elea" in Epirus stammten.

Elysius G I 38: elysisch. Elysium: Reich der Seligen.

Emathia G I 492; IV 390. – I 492: poet. für das angrenzende Thessalien. IV 390: alter Name Makedoniens. Als römische Provinz umfaßte Makedonien Thessalien (Pharsalus) und das südliche Thrakien (Philippi). Die Schlacht von Philippi ist ein zweites Pharsalus: Wie damals Pharsalus zum ersten Mal, so sah jetzt Philippi zum zweiten Mal Römer im Bruderkrieg gegeneinanderstehen.

Enipeus G IV 368: Strom in Thessalien, in dessen Nähe Pharsalus liegt.

Eous G I 221, 288; II 115: Eoae, die Plejaden. – I 288: am Morgen; II 115: nach Morgen gelegen, im Osten wohnend.

Ephialtes (G I 280 indirekt): Otos und Ephialtes, riesenhafte Söhne des Aloeus. Sie türmten den Ossa auf den Olymp und den Pelion auf den Ossa, um den Himmel zu stürmen, wurden aber von Apollo getötet. Vergil konzentriert das auch sonst gegenüber Homer gewaltig gesteigerte Geschehen auf Jupiter, der ihm in den Georg. überhaupt das „höchste leitende Prinzip dieser Welt" ist. So versteht es sich, daß Apollo hier nicht erwähnt wird.

Ephyre G IV 343: Nymphe und Jägerin.

Ephyreius G II 464: von Ephyreia, dem alten Namen für Korinth. Korinthisches Erz war eine Mischung aus Kupfer, Gold und Silber. Die Vasen aus korinthischem Erz waren sehr geschätzt.

Epicurus VP 12: aus Samos (342–270 v. Chr.), Gründer der Epikureischen Philosophenschule.

Epidaurus G III 44: Stadt in Argolis, berühmt durch Pferdezucht; die „Roßtrift" Homers.

Epidius (orator) VB I 4: Lehrer des Vergil und des Octavianus.

Epiros G I 59; III 121: Landschaft in Griechenland zwischen Makedonien, Thessalien und dem Ionischen Meer, berühmt durch Vieh- und Pferdezucht.

Erebus G IV 471: Unterwelt, Reich der Toten; s. auch Orcus.

Erichthonius G III 113: sagenhafter König von Athen, der als erster ein Viergespann benutzte.

Eridanus G I 482; IV 372 (G II 452 Padus): Po, rex fluviorum. – I 482. IV 372: Flußgott mit goldenen Hörnern, da er Gold mit sich geführt haben soll.

Erigone G I 33: Sternbild der Jungfrau.

Eros (librarius et libertus) VSD 123: Privatsekretär des Vergil.

Eryx C IX, 6: berühmter sizilischer Faustkämpfer.

Esquiliae VSD 45: einer der Hügel Roms; s. auch Maecenatiani horti.

Etruria G II 533: Landschaft in Italien. Die Erwähnung Etruriens mag als Kompliment für Maecenas gedacht sein, der aus vornehmem etruskischem Hause stammte.

Eumenides G I 278; IV 483: „die Wohlwollenden", „Gütigen": Euphemismus für Erinyen. Ur- und Erdgottheiten aus mutterrechtlicher Religion; Bluträcherinnen.

Euphrates G I 509: IV 561. – I 509: Euphrat; Anwohner des Flusses: Parther. IV 561: im Jahre 30 v. Chr. bereiste Octavianus Syrien; zwar führte er am Euphrat keine Kriege, aber seine Macht ließ er den Osten fühlen.

Eurotas E VI 83: Fluß bei Sparta. Apollo soll dort häufig mit seinem Liebling Hyacinthus zusammengekommen sein.

Eurus G I 371. 453; II 107. 339. 441; III 277. 382; IV 29. 192: Ostwind. Groß geschrieben nur dort, wo echte Personifikation vorliegt; das gilt auch für die anderen Winde.

Eurydice G IV 486. 490. 519. 525. 526. 527. 547: Gattin des Orpheus, flieht vor Aristaeus und wird auf der Flucht durch einen Natternbiß getötet. Orpheus rührt mit seinem Gesang die Herrscher der Unterwelt und darf E. zurückführen, wenn er sich nicht nach ihr umsieht; er bricht das Versprechen und verliert sie zum zweiten Mal.

Eurystheus G III 4: König in Mykene, legte dem Hercules die berühmten zwölf Arbeiten auf.

Falernus G II 96: Auf dem ager Falernus in Campanien, am Fuße des Massicus, wuchs der berühmteste Wein Italiens.

Fascelina s. Diana.

Fauni E VI 27; G I 10. 11; VSD 248: uritalische Waldgötter, Schirmherren des ländlichen Lebens. Herde, Ackerwirtschaft und Jagd stehen unter ihrem Schutz.

Faustus s. Perellius.

Flaccus VSD 49: Bruder Vergils.

Furiae G III 37: Plagegeister und Rächerinnen der Übeltaten.

Galaesus G IV 126: Fluß in der fruchtbaren Umgegend von Tarent (h. Galaso). Sein blaues Wasser erscheint dunkel („niger"). Bewußter Gegensatz zum „flavus" Tiber?

Galatea E I 30. 31; III 64. 72: Mädchen; VII 37; IX 39: Nereïde, Tochter des Nereus.

Gallia C X 12: Gallien, wahrscheinlich hier Gallia Cisalpina, denn Vergil nennt es „lutosa Gallia" – versumpftes Land. Es ist vielleicht an das Sumpfgebiet der Poebene zu denken.

Gallus E VI 64; X 2. 3. 6. 10. 22. 72. 73; VSD 72. 289. 316. 326. 327; VP 9; VF 65: Cornelius Gallus (69–26 v. Chr.), erster Elegiker Roms; im Staatsleben stieg er als Freund des Octavianus auf bis zur Statthalterschaft in Ägypten, fiel aber dann im Ungnade und endete durch Selbstmord. (Sueton Aug. 66; Cass. Dio LIII 23). Vergil verdankte ihm viel und war ihm sehr zugetan; aber die sich auf zwei nicht recht miteinander übereinstimmende Serviusnotizen zu E X 1 und G IV 1 stützende Annahme, G IV habe von v. 283 oder 453 an ausführliche laudes Galli enthalten, ist wenig wahrscheinlich.

Gangaridae G III 27: indisches Volk an den Mündungen des Ganges.

Ganges G II 137: Hauptstrom Indiens.

Garamantes E VIII 44: Volk in einer Oase in der libyschen Wüste.

Gargara G I 103; III 269: Spitze des Idagebirges in Mysien, einem sehr fruchtbaren Land.

Gelonus G II 115; III 461: Die Geloner hatten ihren Wohnsitz ungefähr in der heutigen Ukraine. Sie galten als Grenzvolk der Erde; „pictos stigmata habentes": sie tätowierten sich.

Germania E I 62; G I 474. 509; I 509: Agrippa war zur Abwehr germanischer Angriffe am Rhein im Jahre 35 v. Chr., als Antonius gegen die Parther kämpfte. – E I 62: Ob die Germanen damals an der Saône saßen oder nicht, ist von untergeordneter Bedeutung, hier werden nur die großen Linien Ost-West – Nord-Süd aufgezeigt.

Getae G III 462; IV 463: Geten hatten ihren Wohnsitz ungefähr in der heutigen Ukraine. Thrakischer Volksstamm.

Glaucus G I 437: Schiffer, der sich nach dem Genuß eines Zaubertrankes ins Meer warf und dort von Oceanus zum wahrsagenden Meergott erhoben wurde.

Glaucus G III 267: Sohn des korinthischen Königs Sisyphus, der seine Stuten von der Paarung zurückhielt, um sie renntüchtiger zu machen. Hierüber erzürnt, versetzte Venus die Tiere in Raserei; so zerfleischten sie den Glaucus.

Gloria C III 1: Ruhm (Personifikation?). Ruhm, der den Herrscher erhöht. Unter „Herrscher" ist hier weder Alexander der Große (356–323), noch Phraates, König der Parther (37 v. Chr.) zu verstehen, sondern am ehesten Pompeius.

Gnosius G I 222: Adj. zu Gnosus auf Kreta. „Gnosia stella ardentis coronae": Krone der Ariadne. A. war die Tochter des Minos, Herrschers von Gnosus. Sie wurde des Bacchus Geliebte, der ihre Krone unter die Sterne versetzte.

Gortynius E VI 60: Adj. zu Gortyna, der Hauptstadt von Kreta.

Graecia G III 20; G I 38; G III 30; VSD 131. 233; VF 3: Griechenland. – I 38: griechische Dichter und Denker.

Graecus VSD 82. 222. 264. 292: griechisch.

Graius C IX 62; G II 16; III 90. 148; VSD 110: griechisch.

Gryneus E VI 72: Adj. zu Grynium, einer alten Stadt in Mysien mit prächtigem Tempel und berühmtem Orakel des Apollo.

Haedi G I 205: Böcklein, zwei Sterne am Arme des Sternbilds Fuhrmann, die Sturm und Regen anzeigen.

Haemus G I 492; II 488: Hämus (h. der Große Balkan), Gebirgszug zwischen Donau und Hebrus (h. Maritza).

Hamadryades F X 62: Baumnymphen.

Hebrus E X 65; G IV 463. 524: Fluß in Thrakien (h. Maritza). – IV 524: Der Stromgott Hebrus ist Freund des Oeagrus, Vater des Orpheus; so läßt er das Haupt des Orpheus nicht untergehen.

Helena (indirekt C IX 27).

Hellespontiacus G IV 111: Adj. zu Hellespontus, h. Dardanellen. „Hellespontiacus Priapus": Priapus ist Schutzgott der Gärten, wurde bes. in Lampsakus, einer Stadt am Hellespont, verehrt. Sein Bild stand als Vogelscheuche in den Gärten. Vgl. C I a–III a.

Hercules VSD 198: Sohn des Zeus und der Alkmene; vollbrachte die bekannten 12 Heldentaten.

Herculeus G II 66: Adj. zu Hercules; „arbos Herculeae coronae", die Pappel, die am Acheron wuchs und mit deren Laub sich Hercules bekränzte, als er Cerberus aus der Unterwelt geholt hatte. Dieses Adjektiv hier für uns

zuerst nachweisbar. Dann oft in der Aeneis und bei Horaz in den Oden.
Herennius VSD 190: Vergilkritiker.
Hermus G II 137: Hauptfluß Lydiens, der den goldführenden Pactolos
  aufnimmt.
Hesiodus C XV 1; VP 15: der älteste griech. Dichter nach Homer, aus Kyrne
  in Ionien gebürtig, aber in Askra in Böotien aufgewachsen.
Hesperides C IX 25; E VI 61: Töchter der Nacht, die auf einer Insel des
  Ozeans jenseits des Atlas, am äußersten Rand der Erde wohnten und einen
  Garten mit goldenen Äpfeln besaßen. Aus diesem Garten waren die Äpfel,
  die Hippomenes der Atalante auf die Rennbahn warf; s. auch Atalante.
Hesperus E VIII 30; X 77: der Abendstern.
Hiberus G III 408: Iberer, spanischer Volksstamm in der Landschaft Hiberia.
  Impacati Hiberi sind hier als berüchtigte Räuber gedacht.
Hieria s. Plotia.
Hippodame (indirekt C IX 29); G III 7: Hippodamia, Tochter des Königs
  Oinomaos in Elis. Sie wurde sehr umfreit. Auch Pelops warb um sie und
  gewann sie im Wagenrennen zur Frau. Allerdings überlistete er dabei den
  König, mit dem er wettfahren mußte, indem er die Radnägel aus dessen
  Wagen entfernen ließ.
Hister G II 497; III 350: Ister, Unterlauf der Donau.
Homerus C XV 2; VSD 81. 178. 196. 199: Der älteste und berühmteste
  Dichter der Griechen. Vater der epischen Dichtkunst.
Horatius VH 12: Q. Horatius Flaccus (65–8 v. Chr.), Freund Vergils.
Hyades G I 138: Hyaden, sieben das Haupt des Stieres bildende Sterne, die
  gewöhnlich Regen mit sich brachten.
Hybla E VII 37: Berg und Stadt an der Ostküste Siziliens, reich an Thymian-
  feldern, berühmt durch Honig.
Hyblaeus E I 54: Adj. zu Hybla, s. dort.
Hydaspes G IV 211: Medus Hydaspes, indischer Fluß; hier liegt der Hauptak-
  zent auf dem Wort Medus, denn geographisch ist die Zusammensetzung
  medischer H. kaum zu rechtfertigen.
Hylaeus G II 457: Centaur, der im Streit mit den Lapithen ums Leben kam.
Hylas E VI 43. 44 (2 ×); G III 6: Sohn des Thiodamas, jugendlicher Freund
  des Hercules, sein Begleiter auf der Argonautenfahrt. In Mysien, wo die
  Argonauten landeten, ging H. aus, um für das Mahl des Hercules Wasser
  zu holen, und wurde von den Nymphen der Quelle, die seine Schönheit
  reizte, in die Flut hinabgezogen.
Hylax E VIII 107: Name eines Hundes.
Hypanis G IV 370: h. Bug, bei Nikolajew ins Schwarze Meer mündend.
Hyperboreus G III 196. 381; IV 517: „Die über den Boreas hinaus Wohnen-
  den". Fabelhaftes Volk im äußersten Norden. Hyperboreus – nördlich;
  allgem. zur Bezeichnung des Nordens.

Iacchus E VI 15; VII 61; G I 166: Name für Bacchus. – Festname des
  mystischen B. zu Athen und Eleusis. – E VI 15: übertragen: Wein.

Iapetus G I 279: Titane, Sohn des Himmels und der Erde, sein Bruder Cocus. Vater des Prometheus.

Iapys G III 472: Der Timavus (h. Timavo), nur ganz allgemein „iapydisch" genannt. Nach Servius ist Iapydia ein Teil Venetiens.

Ida G IV 41: Idagebirge in Phrygien (Kleinasien).

Idaeus: vom Ida, Idagebirge. – G II 84 Kreta, G III 450 Phrygien.

Idalium C XIV 2: Vorgebirge und Stadt auf der Insel Cypern mit Tempel und heiligem Hain der Venus.

Idumaea G III 12: ein Teil von Judaea, berühmt durch seine Palmen.

Idus s. Martiae, Octobres.

Ilias VSD 111: Epos des Homer, um 770 v. Chr.

Illyricus E VIII 7: Adj. zu Illyria, Illyrien im Nordwesten der Balkanhalbinsel.

Inachia G III 153: Inachustochter ist Io, die von Jupiter in eine Kuh verwandelt und von der eifersüchtigen Juno durch alle Lande gehetzt wurde.

Inachis C IX 33: die Inachusenkelin Danae.

India G I 157; II 116, 122: oft Bezeichnung des Ostens. An manchen Stellen wegen seines Elfenbeins und Ebenholzes genannt.

Indi G II 138. 172; IV 293. 425: Volk des Ostens. Die Inder kamen als entferntestes Volk zu der Schlacht von Actium (31 v. Chr.).

Ino G I 437: Tochter des Cadmus. Als sie von ihrem rasenden Gatten verfolgt wurde, stürzte sie sich mit ihrem Sohn Melicertes ins Meer, sie wurde als Leucothea in eine Meergottheit verwandelt.

Invidia G III 37: Personifikation des Neides.

Iollas E II 57; III 76. 79: Name eines begüterten Landherrn.

Ionium G II 108: Ionisches Meer, westl. v. Griechenland.

Iphigenia VSD 240: Tochter des Agamemnon, sollte der Artemis in Aulis geopfert werden, wurde aber von dieser gerettet und nach Tauris entführt. Ihr Bruder Orestes brachte sie nach Griechenland zurück; vgl. auch Diana Fascelina.

Ismara G II 37: Bergzug in Thrakien. Heimat des Orpheus.

Ismarus E VI 30: Stadt in Thrakien, Heimat des Orpheus.

Italia G II 138; VSD 156: Italien. – G II 173: Italien ist die Saturnia tellus, in ihm lebt noch etwas vom Goldenen Zeitalter fort. Die Sage berichtet, daß Saturn in Latium eine glückselige Herrschaft geführt habe.

Ituraei G II 448: Ituräer, arabisches Volk in Cölesyrien, jenseits des Jordans, als Bogenschützen bekannt.

Iulia G II 163: Iulia und Portus Iulius: Hafenanlage an der campanischen Küste zwischen Baiae und Pozzuoli, von Agrippa (37 v. Chr.) gegen Sextus Pompeius errichtet, der von Sizilien aus Italiens Küsten beunruhigte.

Iulius s. Caesar.

Iulius Montanus VSD 104: Dichter, Zeitgenosse des Vergil.

Iuno G III 153. 532: Tochter des Saturnus, Gemahlin des Jupiter, Götterkönigin. In Argos fuhr die Priesterin der Juno mit zwei weißen Kühen zum

Tempel. Ähnliche Sitten werden bei Tac. (Germ.) und im venezianischen Gebiet berichtet, so daß Vergil wohl mit gutem Recht auch für das alpine Land solch einen Festzug andeuten konnte.

Iuppiter E III 60 (2 ×); IV 49; VII 60; G I 125. 418; II 15. 419; III 35. 181. 332; IV 149; VF 77: Vater der Menschen und Götter, Himmels- und Lichtgott, wirkt in Wetter, Regen, Gewitter und heiterer Luft. Vergil nennt ihn mit Nachdruck, und fast ihn ausschließlich, omnipotens-allmächtig. Was Jupiter will und ausspricht, ist *fatum* – Schicksal setzendes Wort.

Iustitia G II 474: Göttin der Gerechtigkeit (indirekt E IV 6: Virgo.)

Ixion G III 38; IV 484: König der Lapithen. Weil er versucht hatte, sich der Juno zu bemächtigen, wurde er in der Unterwelt an ein Rad geschmiedet, das sich mit der Schnelligkeit des Sturmwindes herumdrehte. Vergil als einziger läßt ihn mit Schlangen an dies Rad gefesselt sein. Nur in der bildenden Kunst findet sich diese Darstellung noch. (Vase von Cumae. Baumeister, 767).

Kalendae s. Octobres.

Lacaena G II 487: aus Lakonien; lakonisch, spartanisch.

Lacedaemonia VSD 231: Landschaft auf der Peloponnes, Hauptstadt Sparta.

Laomedontaeus G I 502: Adj. zu Laomedon. Dieser König von Troja betrog Apollo und Poseidon um ihren Lohn beim Bau der trojanischen Mauern, ein Frevel, der von den Dichtern der Augusteischen Zeit als eine Art Erbschuld angesehen wird.

Lapithae G II 457; III 115: mythisches Bergvolk in Thessalien, bekannt durch den Kampf mit den Centauren, die sich in der Trunkenheit unehrenhaft gegen sie benahmen. – III 115: L. gelten als Erfinder der Reitkunst.

Larius (lacus) G II 159: h. Lago di Como in Oberitalien.

Latinus VSD 82. 183 (Adj. zu Latium): lateinisch.

Latium VF 34: Landschaft um Rom.

Latius VSD 153; VP 3 (dichterische Nebenform von Latinus): lateinisch. – Latia historia: römische Geschichte.

Latonius G III 6: Latona gebar dem Jupiter auf der Insel Delos Apollo und Diana, deshalb heißt Delos „latonisch".

Lenaeus G II 4, 7, 529; III 510; s. Bacchus.

Lesbos G II 90: Insel im Ägäischen Meer, durch Wein berühmt.

Lethaeus G I 78; IV 545: Adj. zu Lethe, Strom der Unterwelt, der den Abgeschiedenen Vergessenheit bringt.

Letum G IV 481: Tod, personifiziert wie in der Aeneis VI 277, wo er als eine Schreckensgestalt des Totenreiches erscheint.

Liber E VII 58; G I 7; VSD 243: lat. Name für Bacchus, ursprünglich altitalischer Gott, später mit dem griech. Bacchus identifiziert; griech. Eleuthereus.

Libethrides E VII 21: Quellnymphen, die als Musen des Gesanges angerufen werden. Libethrus, eine Quelle am Helikon.

Libya G I 241; III 249. 339: Afrika, insbesondere die libysche Wüste.

Libycus G II 105: libysch.

Licinius VSD 6; VP 1; VB I 3; VF 21; VH 2: M. Licinius Crassus Dives (115–53 v. Chr.); Mitglied im Triumvirat Caesars.

Ligea G IV 336: Waldnymphe, Dryade, „die Melodische"; s. auch Drimo.

Ligurer G II 168: italienisches Volk um Genua. Sie waren durch die Rauheit des Landes an Not und schwere Arbeit gewöhnt.

Linus E IV 56. 57; VI 67: mit Orpheus und Amphion berühmter Sänger der Heroenzeit. Sein Vater: Apollo, seine Mutter: Terpsichore. Linus nimmt Vergils Freund Gallus in Ehren auf dem Helikon auf und beschenkt ihn mit der Flöte Hesiods. Es ist zweifelhaft, ob L. ein Hirte war.

Luccius C XIII 35: unbekannter Feind eines unbekannten Dichters.

Lucifer E VIII 17; G III 324: Morgenstern, „der Lichtbringer".

Lucina E IV 10; G III 60; IV 340: Lichtgöttin („die ans Licht bringende") galt als Geburtsgöttin und Beschützerin der neugeborenen Kinder.

Lucretius VSD 140; VH 6: Q. Lucretius Cinna, Consul 19 v. Chr.

Lucretius VSD 25: T. Lucretius Carus (98/97–55 v. Chr.), Verfasser des philosophischen Lehrgedichtes De rerum natura.

Lucrinus (lacus) G II 161: Lucriner-See in der Nähe von Cumae; s. auch Avernus.

Luna E VIII 69; G I 396; III 392: Mond und Mondgöttin.

Lyaeus G II 229: Bacchus Lyaeus – Beiname des Bacchus („Löser", „Erlöser").

Lycaeus E X 15; G I 16; III 2. 314; IV 539: Berg in Arkadien. – III 2: Silvae amnesque Lycaei sind der Aufenthaltsort des Pan, der damit hier indirekt als Gottheit angerufen wird.

Lycaon G I 138: Kallisto, die Tochter des arkadischen Königs Lykaon, wurde von Juno in eine Bärin verwandelt, dann aber von Jupiter unter die Sterne versetzt (Großer Bär).

Lycidas E VII 67; IX 2. 12. 37: Name eines jungen Hirten.

Lycisca E III 18: Name einer Hündin. ‚Lycisci' waren Bastarde zwischen Wölfen und Hunden.

Lycorias G IV 339: Meernymphe; s. auch Drimo.

Lycoris E X 2. 22. 42: Geliebte des Dichters Gallus, durch dessen Lieder sie berühmt geworden ist.

Lyctius E V 72: Adj. zu Lyctus, einer Stadt auf Kreta. Lyctius Aegon: Aegon aus Lyktos.

Lycus G IV 367: Name vieler Flüsse; drei davon in Kleinasien; nicht identifiziert.

Lydia G IV 211: Land im westl. Kleinasien.

Maecenas G I 2; II 41; III 41; IV 2; VSD 76. 101. 146. 188. 287; VS 25. 28; VP 10. 19; VF 65: M. aus vornehmem etruskischem Geschlecht (ca. 70–8 v. Chr.), Freund u. Berater des Augustus, Förderer und Gönner des Vergil, Horaz, Properz u. a.

Maecenatiani horti VSD 46: Gärten des Maecenas, auf dem Esquilin in Rom.

Maenalius E VIII 21. 25. 31. 36. 42. 46. 51. 57. 61: s. Maenalus. – Maenalische Weisen: Hirtenlieder.

Maenalus E VIII 22; X 15. 55; G I 17: Gebirge in Arkadien, Aufenthaltsort des Pan. Andere Form: Maenala.

Maeonius G IV 380; VF 1: Adj. zu Maeonia (alter Name für Lydien); lydisch. – VF 1: Maeonius vates, poet. für Homer.

Maeotia G III 349: Asowsches Meer („unda Maeotia").

Magia Polla VS 4; VP 2; VF 11: Mutter Vergils.

Magius VSD 3: Vater Vergils.

Magius VF 11: Großvater Vergils.

Maia G I 225: Tochter des Atlas, die zu den Plejaden gehört, Mutter des Mercurius.

Manes (dei Manes) C XI 7: Unterweltsgottheiten, hier wohl noch nicht die Seelen der Verstorbenen.

Mantua C VIII 6; X 4; E IX 27. 28; G II 198; III 12; VSD 8. 143; VS 23. 49; VP 3. 22; VF 2. 79. 85; VH 1. 10: Heimat Vergils.

Mantuani VSD 279; VB I 1: Einwohner von Mantua.

Mantuanas VSD 1; VS 20; VB I 1: Adj. zu Mantua.

Marcellus VSD 119: Marcellus Claudius, Sohn der Octavia und Adoptivsohn des Augustus, gest. 23 v. Chr.

Mareotis G II 91: See in Ägypten; an seinen Ufern wuchs prächtiger Wein.

Marius G II 169: Nationalheld, geb. 156 v. Chr. in Cereatae bei Arpinum, gest. 86 in Rom. Überwinder des Jugurtha sowie der Cimbern und Teutonen (102/101 v. Chr.). Verheiratet mit Iulia, der Vaterschwester des Iulius Caesar.

Maro s. Vergilius.

Mars (indirekt C IX 50) E X 44; G I 511; II 283; III 91; IV 346; VSD 128. 175; VS 40: Gott des Krieges, daher oft meton. für Krieg und Kampf selbst.

Marsi G II 167: Volksstamm in Latium, Bundesgenossen der Römer. Berühmt als kerniger Menschenschlag.

Martius E IX 12; G IV 71: zum Mars gehörig, kriegerisch. Gleichsetzung des Namens mit der Sache; VSD 273: die [III] Iduum Martiarum: 15. März (44 v. Chr.); VF 87: Martius horror bezieht sich auf den Centurio Arrius; s. dort.

Massicus G II 143; III 526: Berg an der Grenze zwischen Latium und Campanien mit berühmtem Wein.

Mater G IV 64: die Göttermutter Cybele, an deren Festen Lustgelage mit lärmender Cymbelmusik stattfanden.

Mavortius G IV 462: zum Mars gehörig, kriegerisch. „Rhesi Mavortia tellus": Thrakien.

Media G II 126: Medien, Landschaft Asiens; „medischer oder persischer Apfel": Pomeranze.

Mediolanum VS 26; VS 6; VH 4: beim heutigen Milano/Mailand.

Medus (Medi) G II 134. 136; IV 211 (fluvius): Meder, poet. auch Perser. – Zu IV 211 s. Hydaspes.

Megara VSD 136: Stadt n.w. von Athen.

Melampus G III 550: Sohn des Amythaon, Wahrsager und Zauberer; s. auch Chiron.

Meliboeus C IX 18; E I 6. 19. 42. 73; III 1; V 87; VII 9: Name eines Hirten.

Melicertes G I 437: Sohn der Ino, die sich auf der Flucht vor ihrem rasenden Mann mit ihm ins Meer stürzte; dort wird er als Palaemon in eine Meergottheit verwandelt; s. auch Ino.

Melissus VSD 55: C. Maecenas Melissus, Freigelassener des Maecenas.

Mella G IV 278: Nebenfluß des Ollius (h. Oglio), der nahe bei Mantua in den Po mündet.

Menalcas E II 15; III 13. 58; V 4. 64. 90; IX 10. 16. 18. 55; X 20: Name eines Hirten.

Mercurius (indirekt G I 337); VSD 245: Sohn des Jupiter und der Maia, Cyllenius genannt nach seinem Geburtsort in Arkadien: Cyllene. ,Ignis Cyllenius' hier Planet. Merkur und Saturn, hier zusammen genannt, gelten als zwei Extreme: M. durchläuft die kleinste Bahn um die Sonne, Saturn die weiteste; er bringt im Steinbock Platzregen und Hagel.

Messala (indirekt C IX 3 ff.).

Messalae Poplicolae C IX 40.

Metapontum VS 46: Stadt in Süditalien, s.w. von Tarent.

Methymnaeus G II 90: Adj. zu Methymna, einer Stadt auf der Insel Lesbos, die durch ihre Weine berühmt war.

Metus G III 552: Personifikation der Furcht, die im Schattenreich – selbst eine Schattengestalt – vor der Todesgöttin hergetrieben wird.

Mevius E III 90: s. Bavius.

Micon E III 10; VII 30: Name eines Hirten.

Milesius G III 306; IV 334: Adj. zu Miletus. Milet war eine reiche Handelsstadt in Karien (Westküste Kleinasiens). Die Schafe von Milet lieferten kostbare Wolle.

Mincius E VII 13. G III 15. (indirekt G II 195): Mincio, Fluß bei Mantua.

Minerva G I 18; IV 246: Tochter des Jupiter, aus dessen Haupte geboren; bei den Griechen Pallas Athene. Göttin der Weisheit, der Künste, Wissenschaften, des Spinnens, Webens und der Poesie.

Misenus Aeolides VSD 126: Trompeter des Aeneas (Aen. VI 164), am heutigen Cap Miseno begraben.

Mnasyllos E VI 13: Kommentatoren lassen es offen, ob Mnasyllos und Chromis Satyrn, Faune oder Hirten waren.

Moeris C IX 18; E VIII 96. 98; IX 1. 16. 53. 54. 61; VSD 325: mächtiger Zauberer aus Pontus und liederkundiger Hirt. – Zu IX 54: Ein alter Glaube berichtet, wer zuerst von einem Wolf angeblickt wird, werde stumm.

Molorchus G III 19: M., ein armer Winzer bei Nemea, wo alle drei Jahre dem Jupiter zu Ehren die nemeïschen Festspiele gefeiert wurden; bewirtete den Hercules, nachdem dieser den Löwen erlegt hatte. Hier steht „lucos Molorchi" für nemeïsche Festspiele, wie „Alpheus" für olympische Festspiele.

Molossus G III 405: Molosser hier Hunderasse, bes. gute Schäferhunde, eine Doggenart, an Mut im Kampf mit wilden Tieren allen anderen weit überlegen. Das Land der Molosser lag im östlichen Epirus.

Montanus s. Iulius.

Mopsus E V 1. 10; VIII 26. 29: Name eines Hirten.

Morbus G III 552: Personifikation der Krankheit; s. auch Metus.

Musa C IV 6, 8 (C XI 1): Octavius Musa, Dichter, Zeitgenosse und Jugendfreund des Vergil. Er starb in jungen Jahren. – C XI beklagt seinen frühen Tod.

Musae C IX 60; E IV 1; VI 69; VII 19. G II 475; III 11; IV 315; VSD 305; VF 39. 67: Göttinnen der Künste, Töchter des Zeus und der Mnemosyne, Beschützerinnen der Dichter. Sie wohnen auf dem Helikon in Böotien (Aonien). – VSD 305: Sicelides Musae.

Mutinense bellum VP 7: M. Antonius hatte D. Brutus in Mutina (h. Modena) eingeschlossen. Dies führte zu einer ersten Konfrontation zwischen Antonius und Octavianus (43 v. Chr.), die durch den Abschluß eines Triumvirats beigelegt wurde.

Mycenae G III 121: sagenberühmte Stadt in Argolis mit beachtenswerten Pferden.

Mysia G I 102: Landschaft im nordwestlichen Kleinasien.

Mysus G IV 370: Adjektiv zu Mysia: aus Mysien, mysisch. Mysus Caïcus (h. Bakir), Fluß in Mysien, der sich in den Eleusischen Meerbusen (h. Golf von Çandarlı, gegenüber der Insel Lesbos) ergießt.

Naïs E II 46: Wassernymphe, Najade.

Napaeae G IV 535: Talnymphen und Nymphen der Weiden.

Narcissus G IV 160: Blume. – Der myth. Narzissus, von überaus großer Schönheit, sah sein Bild im Spiegel eines Baches, verliebte sich in sich selbst und schmachtete vor Sehnsucht dahin. Ob „lacrima Narcissi" hier darauf hinweist, ist fraglich.

Naryx (Narycius) G II 438: Naryx in Griechenland war eine Stadt der opuntischen Lokrer. Eine ihrer Gründungen war Locri in Unteritalien, auch Naryx genannt. Dorther stammt das bruttische Pech.

Natura VF 33: Personifikation.

Neaera E III 3: Geliebte des Hirten Aegon.

Neapolis VSD 39. 140; VS 7. 47; VH 7: „Neustadt" von Cumae, h. Napoli/ Neapel.

Neptunus G I 14; III 122; IV 29. 387. 394: Gott des Meeres, der mit seinem Dreizack das erste Pferd aus einem Felsen schlug. Mit Ceres zusammen soll er das Pferd Arion erzeugt haben, das der Abkunft nach das edelste von allen war.

Nereus E VI 35. G IV 392: Meergott. Sohn des Pontus. Vater der Nereïden.

Nerine E VII 37: Nereis, Tochter des Nereus.

Nesaee G IV 338: Name einer Nereïde; s. auch Drimo.

Nilus G III 29; IV 288: Strom in Ägypten. Der Nil wird stets als zur westl.

Grenze Ägyptens gehörend empfunden, die Ostgrenze bilden in mehr oder weniger phantastischer Vorstellung die Inder. Seit 31 v. Chr. gehört der Nil in den Machtbereich der Römer.

Niphates G III 30: Berg Armeniens, steht hier für Kleinasien.

Nisus E VI 74; G I 404. 408 (2 ×): König von Megara. Das Geheimnis seiner Macht lag in seiner purpurnen Haarlocke. Um die Liebe des feindlichen Königs Minos zu gewinnen, schnitt Skylla, seine Tochter, ihm heimlich die Locke ab, aber der kretische Minos wies sie zurück. Vater und Tochter wurden in Meervögel verwandelt. In E VI 74 wird Nisus wieder zum Vater einer Skylla gemacht, die diesmal ein Meerungeheuer ist, deren Vater der Sage nach aber nicht Nisus, sondern Phorkys gewesen ist.

Nisus VSD 168: Grammatiker (1. Jh. n. Chr.).

Noctuinus C VI 2; XII 1. 3. 4. 8: Schwiegersohn des Atilius, ein aufdringlicher, widerlicher Parvenü und Trunkenbold; s. auch Atilius.

Noricus G III 474: Adj. zu Noricum (im Süddonauland).

Numitorius (quidam) VSD 178: Vergilkritiker.

Nymphae E VII 21; VSD 243: Nymphen; E VII 21: Libethrides.

Nysa E VIII 18. 26: Geliebte des Hirten Damon.

Oaxes E I 65: hier wohl gleich Oxus (h. Amu Darja); bedeutender Strom Vorderasiens, mündet in den Aralsee (Oxiana palus). Dient hier zur Bezeichnung des Fernen Ostens. Die Deutung des Verses ist umstritten.

Oceanitides G IV 341: Töchter des Oceanus: Clio und Beroë.

Oceanus C IX 54; G I 246; II 122. 481; III 359; IV 233. 381. 382: Das Weltmeer; dann Meergott, Vater aller Dinge nach der Anschauung des Thales, daß das Wasser der Grundstoff aller Dinge sei.

Octavia VSD 118: Schwester des Octavianus (gest. 11 v. Chr.).

Q. Octavius Avitus VSD 191: Vergilkritiker, verfaßte 8 Bände ὁμοιότητες (Homer-Anklänge).

Octavius C XI 1: Octavius Musa; s. Musa.

Octobres: Idus Oct. VSD 7; VP 1; VB I 2; VH 2: 15. Oktober (71/70 v. Chr.); XI Kal. Oct. VSD 139: 21. September (19 v. Chr.).

Oeagrus G IV 524; thrakischer König, Vater des Orpheus.

Oebalia G IV 125: Tarent, benannt nach Oibalos, dem Vater des spartanischen Königs Tyndareus.

Oenides C IX 6: Diomedes, Sohn des Oineus.

Oeta E VIII 30: Berg im südlichen Thessalien.

Olympiacus G III 49: „Olympiacae palmae" – Siegespalmen für den Sieger in Olympia.

Olympus C XIV 11. E V 56; VI 86; G I 96. 282. 450; III 223; IV 562: hoher Berg an der Grenze von Makedonien und Thessalien, Wohnsitz der Götter; oft auch gleich Himmel.

Opis G IV 343: Nymphe im Gefolge der Diana.

Orcus G I 277; IV 502: Unterwelt.

Orestes VSD 234. 240: Bruder der Iphigenia; s. dort.

Oriens G I 250; hier die aufgehende Sonne; VSD 134: Ostgrenze des Römischen Reiches.

Orithyia G IV 463: Tochter des athenischen Königs Erechtheus; war von Boreas nach Thrakien entführt worden.

Orpheus E III 46; IV 55. 57; VI 30; VIII 55. 56. G IV 454. 494. 545. 553: Sohn des Apollo und der Muse Calliope, nach andern des thrak. Königs Oeagrus. Berühmter Sänger der Heroenzeit neben Linus und Amphion.

Ossa G I 281. 282: Berg in Thessalien, dem Olymp gegenüber.

Otos (G I 280 indirekt); s. Ephialtes.

Padus G II 452; VSD 75: Po.; s. auch Eridanus.

Paestum G IV 119: griech. Poseidonia, Stadt an der Westküste Lukaniens, berühmt durch Rosenfelder.

Palaemon E III 50, 53; VSD 319: Hirt und Sänger. Der Grammatiker Remmius P. pflegte scherzhaft auf diese Stelle hinzuweisen, in der er als Kritiker vorherbestimmt sei.

Palatia G I 499: Palatin, einer der sieben Hügel Roms. Älteste Wohngegend Roms. Auf dem P. soll Romulus gewohnt haben. Augustus hatte hier sein Haus.

Pales E V 35; G III 1. 294: uralte italische Weide- und Herdengottheit. Ihr zu Ehren wurden am 21. April, dem Jahrestag der Gründung Roms, die sogenannten Palilia gefeiert.

Palladius G II 181: zu Pallas Athena (Minerva) gehörig. Hier der der Pallas heilige Ölbaum.

Pallas E II 61: Beiname der Athene, angeblich nach dem von ihr erlegten Giganten Pallas.

Pallene G IV 391: westl. Landspitze der makedonischen Halbinsel Chalkidike.

Pan E II 31. 32. 33; IV 58. 59; V 59; VIII 24; X 26; G I 17; II 494 (Pana); III 392 (G III 2 indirekt); VSD 247: Gott der Hirten. Die Gebirge Lycaeus und Maenalus in dem Hirtenland Arkadien sind Lieblingsaufenthalte des Pan. In Tegea in Arkadien wird er bes. verehrt (G I 17). Nur unter Grausen wird dieser ziegengestaltige Gott erblickt. Sein plötzlicher Anblick ruft Wahnsinn hervor. Vergil betont bes. E X 26: „quem vidimus ipsi". Als Erfinder der Syrinx hat er Freude am Hirtenspiel.

Panchaea G IV 379: sagenhafte Insel im Roten Meer, an der Küste Arabiens, reich an Weihrauch.

Panchaia G II 139, s. Panchaea.

Pangaea G IV 462: Gebirge Thrakiens an der Grenze Makedoniens.

Panopea G I 437: Nereïde, eine der 50 Töchter des Nereus.

Paphius G II 64; Adj. zu Paphos; s. dort.

Paphos C XIV 2: Stadt auf Cypern, in welcher der älteste und berühmteste Tempel der Venus war.

Parcae E IV 47; VF 106: Parzen, Schicksalsgöttinnen: Klotho, Lachesis und Atropos.

Paris E II 61: der Urheber des Trojanischen Krieges, der der Sage nach unter Hirten in Bergtälern erzogen wurde. Sohn des Priamos, Bruder des Hektor.

Parius G III 34: Adj. zu Paros, einer Insel des Ägäischen Meeres. – „Parius lapis": Parischer Marmor.

Parnasius E VI 28; G II 18: Adj. zu Parnasus, einem Berg in Phokis, der den Musen und dem Apollo heilig war. An seinem Fuße lag Delphi. Besonders galten zwei Gipfel für heilig, die zwar nicht die Spitze des Berges bildeten, zwischen denen aber die kastalische Quelle floß.

Parnasus E X 11; G III 291: s. Parnasius.

Parthenias VSD 39; VS 8: Spitzname der Vergil (von παρθένος „Jungfrau").

Parthenius E X 57: Berg in Arkadien, an der Grenze von Argolis.

Parthenope G IV 564; VSD 144; VS 50; VP 23; VH 11: alter Name der Stadt Neapel, so genannt nach einer dort begrabenen Sirene dieses Namens.

Parthus E I 62; X 59. G III 31; IV 211. 314: Die Parther waren berühmte Bogenschützen. Sie hatten den Kriegsbrauch, scheinbar die Flucht zu ergreifen, dann plötzlich umzukehren und ihre Pfeile gegen die Feinde zu richten. Neben den Germanen gelten die Parther als Roms gefährlichste Feinde.

Pasiphae E VI 46: P., mit unnatürlicher Liebe zu einem Stier geschlagen, gebar den Minotaurus.

Pax G II 425: Personifikation des Friedens.

Pedianus s. Asconius.

Pegasides C IX 2: Name der Musen, denen der vom Pegasus geschlagene Quell Hippokrene geweiht ist.

Pelethronium G III 115: Tal des thessalischen Pelion, wo die dort wohnenden Lapithen die Reitkunst erfanden.

Pelion G I 281; III 94: Berg in Thessalien, südlich vom Ossa.

Pellaeus G IV 287: Adj. zu Pella, der Hauptstadt Makedoniens. Canopus bei Alexandria wird Pellaeus genannt, um anzudeuten, daß sie unter dem Machtbereich von Makedonien stand.

Pelops G III 7: Sohn des lydischen Königs Tantalus, wurde von seinem Vater, der die Allwissenheit der Götter prüfen wollte, geschlachtet und ihnen als Speise vorgesetzt. Keiner berührte sie außer Ceres, die in ihrer Trauer um den Raub der Proserpina eine Schulter verzehrte. Hermes warf die zerstükkelten Glieder des Knaben in siedendes Wasser, aus dem der Knabe lebendig hervorstieg. Die fehlende Schulter wurde durch eine Elfenbeinschulter ersetzt. – Seine Gemahlin Hippodame gewann P. im Wagenrennen mit ihrem Vater, dem König Oinomaos. Diesem war geweissagt worden, er werde sterben, wenn H. sich vermähle; deshalb veranlaßte er jeden Freier zu einem Wettrennen, ließ ihn vorausfahren und durchbohrte ihn von hinten. Erst Pelops gelang es, ihn durch List zu Fall zu bringen.

Pelusia G I 228: Pelusium, Stadt nahe der östlichen Nilmündung, bekannt durch gute Linsen.

Peneius G IV 317: Adj. zu Peneus; s. dort.

Peneus G IV 355: Fluß im Tal von Tempe und Flußgott. Ob Vater der Cyrene, ist fraglich, hier jedoch so gedacht.

Perellius Faustus VSD 191: Vergilkritiker.

Pergamon VSD 154: Troja (eigtl. Burg von Troja).

Permessus E VI 64: Fluß in Böotien, der auf dem Musenberge Helikon entspringt.

Persae VSD 233: Perser.

Persis G IV 290: Perserreich, oft gleich Partherreich.

Phaethon VF 22: Sohn des Sonnengottes Helios, stürzt mit dem Sonnenwagen ab.

Phaethontiades E VI 62: Töchter des Helios; sie wurden in der Trauer um ihren Bruder Phaëthon in Erlen verwandelt; ihre harzigen Tränen wurden zu Bernstein.

Phanaeus G II 98: von Phanae, Vorgebirge der Insel Chios, berühmt durch „fürstlichen" Wein. Servius zitiert zu diesem Vers eine Stelle aus Lucilius und sagt, „Rex ipse Phanaeus" sei die Übersetzung des lucilischen Χιός τε δυναστής.

Phasis G IV 367: Fluß in Colchis an der Ostküste des Schwarzen Meeres (h. Rion).

Philippensis victoria VSD 74: Sieg des Octarianus über die Heere der Caesarmörder Brutus und Cassius bei Philippi (42 v. Chr.).

Philippi G I 490; VF 70: Schlacht bei Philippi (42 v. Chr.). – Das thrakische Ph. gehört zur römischen Provinz Makedonien; s. Emathia.

Phillyrides G III 550: Chiron, Sohn der Philyra, der Tochter des Oceanus.

Philomela E VI 79: Tochter des Königs Pandion von Athen, Schwester der Prokne. Sie wird von Tereus, dem König Thrakiens und Gemahl ihrer Schwester Prokne, geschändet und der Zunge beraubt. Durch ein Gewebe verrät sie der Prokne die Gewalttat des Tereus. Diese tötet in ihrem Zorn ihren und des Tereus Sohn Itys und setzt ihn dem Vater als Speise vor. Auf der Flucht vor Tereus werden alle in Vögel verwandelt, nach der älteren, besonders durch Sophokles vertretenen Hauptfassung der Sage wird Philomela eine Schwalbe, Prokne eine Nachtigall, Tereus ein Wiedehopf, nach der späteren Fassung, der sich die römischen Dichter, namentlich Ovid VI 412ff. anschließen, wird Philomela Nachtigall und Prokne Schwalbe.

Phoebe G I 431: Diana, Mondgöttin.

Phoebeus VF 16. Adj. zu Phoebus; s. dort.

Phoebus C IV 7 (2 ×); IX 1; E III 62 (2 ×); V 9, 66; VI 11, 29, 66, 82; VII 22, 62, 64: Beiname des Apollo („der Reine", „Strahlende"); Sonnengott, Gott des Lichtes.

Pholus G II 456: Centaur, der im Streit mit den Lapithen ums Leben kam.

Phrygius C IX 15; G IV 41; VSD 151; VP 28: zu Phrygien gehörig, phrygisch. Phrygien ist eine Landschaft im nordwestlichen Kleinasien. In C IX 15 ist wohl Priamus gemeint.

Phyllis E III 76. 78. 107; V 10; VII 14. 59. 63 (2 ×); X 37. 41: Mädchenname.

Phyllodoce G IV 336: eine Nereïde; s. auch Drimo.

Pierides E III 85; VI 13; VIII 63; IX 33; X 72: Die Musen werden nach der Landschaft Pierien am Olymp, wo sie geboren waren, Pierides genannt.

Pictor s. Carvilius.

Pindus E X 11: Gebirge zwischen Thessalien und Epirus.

Pisa G II 180: oft gleichgesetzt mit Olympia, Stadt in Elis, in deren Nähe die olymp. Rennbahn war.

Piscis (Orion) G IV 234: Sternbild des Fisches (hier = Orion?).

Plato VF 31: Philosoph (427–357 v. Chr.), Stifter der Akademie.

Pleiades G I 138; s. Plias.

Plias G IV 233: Sternbild der Plejaden, Töchter des Atlas; s. Atlantides.

Plotia Hieria VSD 35: Jugendliebe Vergils.

Plotius Tucca C I 1. VSD 147. 152. 161; VS 32; VP 14. 29; VH 12: Freund des Horaz und Vergil. Ihm (und L. Varius) hinterließ Vergil die Aeneis mit dem Auftrag, sie nicht zu veröffentlichen.

Poenus E V 27: punisch oder karthagisch.

Polla s. Magia.

Pollio E III 84. 86. 88; IV 12 (VIII 6–13 indirekt); VSD 33. 72. 288. 303. 316. 320; VS 24. 26; VP 8; VF 65: C. Asinius P. war ein bedeutender Freund und Gönner des jungen Vergil, der ihm die Bucolica zueignete; geb. 76 v. Chr., Anhänger des C. Iulius Caesar, 43 Anhänger des Antonius, Unterhändler zwischen Octavianus und Antonius im Frieden von Brundisium 40. Consul 40 (siehe E IV.). Er gehörte in seiner Jugend zum Kreise um Catull, gründete die erste öffentliche Bibliothek im Tempel der Libertas, dichtete Tragödien, schrieb Historiae (Zeitgeschichte, Quelle für Sueton, Appian, Plutarch) und war ein bekannter Literaturkritiker.

Pollux G III 89: Einer der Dioskuren, die als Pferdebändiger bekannt waren. Ihre Heimat ist Amyclae in Lakonien; s. auch Castor.

Pompeius VSD 6; VP 2; VB I 2; VF 20. 71; VH 2: (n. Pompeius Magnus (106–48 v. Chr.), Triumvir mit Caesar; später im Bürgerkrieg sein Gegner, bei Pharsalus (48 v. Chr.) geschlagen und in Ägypten ermordet.

Pontus E VIII 95. 96; G I 58 (G I 207): Medea galt den Alten als die bedeutendste Giftmischerin. Ihre Heimat Kolchis lag am Pontus; von dorther kommen zauberische und giftige Kräuter.

Potnias (Pl. Potniades) G III 268: von Potniae, einer Stadt in Böotien, in der Glaucus seine Rennpferde aufzog.

Priapus C III a 17. 20; E VII 33; G IV 111: Gott der Fruchtbarkeit, Schutzgott der Herden, Felder und Gärten; der „hellespontische", weil Sitz seiner Verehrung die Stadt Lampsakos am Hellespont war. Sein meist roh aus Holz geschnitztes phallisches Bild wurde in den Gärten aufgestellt.

Procne G IV 15: s. Philomela.

Proculus s. Valerius.

Proetides E VI 48: Töchter des Proetus, Königs von Tiryns in Argolis; widersetzten sich der Einführung des Bacchuskultes und wurden mit Wahnsinn geschlagen, so daß sie sich selbst für Kühe hielten.

Prometheus E VI 42: Titane, stahl dem Jupiter das Feuer und wurde zur Strafe an den Kaukasus geschmiedet, wo ein Adler an seiner stets nachwachsenden Leber fraß, bis Hercules ihn befreite. Gilt als Kulturbringer und Lehrer des Menschengeschlechts.

Propertius VSD 108: Sextus Propertius (47–15 v. Chr.), Elegiker.

Proserpina G I 39; IV 487: Tochter des Jupiter und der Ceres, wird von Pluto, dem Unterweltsgott, geraubt und zu seiner Gemahlin gemacht.

Proteus G IV 388. 422. 429. 447. 528: Weissagender Meergreis, der sich in die verschiedensten Gestalten verwandeln konnte.

Puteolana via VSD 141; VP 21: Straße von Neapel nach Pozzuoli, wo Vergils Grab beim zweiten Meilenstein lag.

Pylius C IX 16: Nestor; hier Vertreter höchsten Greisenalters.

Pyrrha E VI 41: s. Deucalion.

Quinctio C X 8; ehemaliger Name des Sabinus; s. d.

Quintilius Varus VP 13: Freund Vergils (s. Horaz, c. 1, 18; 1, 24; a.p. 438).

Quirinus G III 27: Name des unter die Götter erhobenen Romulus, der als Schutzgott der Römer gilt. – Ob unter Quirinus Octavianus zu verstehen ist, ist umstritten. Die ganze Stelle ist jedenfalls eine Verherrlichung des Octavianus.

Quirites G IV 201: Vergil wendet hier diese feierliche, urrömische Bezeichnung für den Bürger Roms auf die Bienen an. In diesen Tieren und ihrem ganzen Leben findet der Dichter ja das staatliche Dasein auf wunderbare Weise gespiegelt.

Raeticus G II 96: Adj. zu Raetia, einer röm. Donauprovinz. Der beste rätische Wein wuchs in der Gegend von Verona und war der Lieblingswein des Octavianus (Sueton Aug. 77). Vielleicht läßt hier Vergil sein Urteil über diesen Wein absichtlich in der Schwebe. Die Ansichten über seine Güte waren widersprechend.

Remus G II 533: mit seinem Bruder Romulus sagenhafter Gründer Roms.

Rhenus E X 47: Rhein.

Rhesus G IV 462; thrakischer König, Bundesgenosse der Trojaner.

Rhodius G II 102; Adj. zu Rhodus, einer Insel südwestlich von Kleinasien.

Rhodope E VI 30; VIII 44; G I 332; III 351. 462: Gebirge in Thrakien, Teil des großen Balkans, Heimat des Orpheus.

Rhodopeius G IV 461; Adj. zu Rhodope; s. dort.

Rhoecus G II 456: Rhoecus oder Rhoetus, Centaur, der im Streit mit den Lapithen ums Leben kam.

Riphaeus G I 240; III 382; IV 518: sagenhaftes Gebirge hoch im Norden.

Roma C III 5; IX 37; E I 19. 26; G I 466; II 534; VSD 40. 45. 134; VS 24; VB I 3; VF 33. 64. 83; VH 5: Für Vergil und jeden Römer die Hauptstadt der Welt.

Romanus C XI 6; XIV 3; G I 490. 499; II 148. 172. 176. 498; III 148. 346; VSD 71. 83. 110; VB I 2.

Romuleus VF 2: Adj. zu Romulus; s. dort.

Romulus G I 498 (indirekt „frater" G II 533): R., der Sage nach Gründer Roms, vergötterter Vorfahre der Römer.

Rutuli VF 100: Gegner des Aeneas bei seiner Landung in Italien.

Sabaeus G I 57; II 117: Adj. zu Saba in Arabien, dem Lande des Weihrauchs und des Wohllebens. Wirksam hier der Gegensatz zum nackten Chalyberschmied.

Sabellus G II 167: poet. Name für Sabiner; sie galten als Muster kriegerischer Tüchtigkeit und Wildheit.

Sabellicus G III 255: sabellisch, sabinisch.

Sabini G II 532: altes, italisches Volk; es galt als hervorragender Träger altitalischer Tüchtigkeit.

Sabinus C X 1, 8, 14.

Sabinus, Sextus C V 6. 7: von Vergil als besonderer Freund genannt, vielleicht ein Studiengenosse.

Sardonius E VII 41: aus Sardinien stammend, sardonisch; „sardonis herba" bittere Ranunkel, die den Mund krampfhaft zum Lachen verzerrt.

Sarranus G II 506: Adj. zu Sarra, hebr. Zor, alter Name für Tyrus, berühmt wegen seines Purpurs.

Saturninus s. Sentius.

Saturnius E IV 6; VI 41. – G II 173: Adj. zu Saturnus. – II 173 „Saturnia tellus", d. i. Italien; s. auch Saturnus.

Saturnus G I 336; II 406. 538; III 93. – G I 336 ist S. Planet, s. Mercurius. – G III 93 gibt eine auch bei Apoll. Rhod. II 1238 erzählte griechische Sage wieder. Den Römern beider augusteischen Zeit galt S. als uritalische Gottheit des Ackerbaus. Namentlich Latium gehörte ihm an, denn dort fand er „auf der Flucht vor den Waffen Jupiters" Aufnahme (Aen. VIII 319–325). Sein Wesen als aureus Saturnus durchwirkt schon E IV und beherrscht weite und wesentliche Stimmungsbereiche der Georgica und der Aeneis. Besonders deutlich tritt er G II (173) u. 538 hervor. Sein Reich der placida pax bleibt – in wirksamem Gegensatz zur kriegsdurchtobten „eisernen Zeit" Jupiters empfunden und in engste Beziehung zu Augustus, dem Wiederbegründer der aurea saecla Saturni, gebracht – der Sehnsucht Vergils stets gegenwärtig.

Satyri E V 73; VSD 243: ausgelassene Gefährten des Bacchus, mit langgepitzten Ohren, Pferdeschwanz und struppigem Haar, in späterer Zeit auch mit Bocksfüßen und Hörnern.

Scipiadae G II 170: Scipionen: der ältere Africanus, Besieger des Hannibal, sein Bruder Scipio Asiaticus; der jüngere, der Zerstörer Karthagos, Muster der Vermählung altrömischer Art und hellenischer Geistigkeit.

Scorpios G I 35: Sternbild des Skorpions.

Scylla E VI 74; G I 405: Die Skylla in E VI 74 ist ein Meerungeheuer, eigtl. die Tochter des Phorkys, nicht, wie Vergil hier irrtümlich angibt, des Nisus. – In G I 405 ist sie des Nisus Tochter, die ihren Vater um die purpurne Haarlocke und damit um seine Macht bringt; s. auch Nisus.

Scythia E I 65; G I 240; III 197, 349; VSD 237: Die Skythen, am Nordrand des Schwarzen und des Kaspischen Meeres bis tief ins östl. Asien, bezeichnen allgemein den hohen Norden.

Selius C V 3: unbekannt. Der Name ist aus Ciceros Zeit immerhin belegbar.

Semele C IX 33: Tochter des Kadmos von Theben; durch den von der eifersüchtigen Juno ihr eingeredeten Wunsch, Jupiter möge ihr in göttlicher Gestalt nahen, wird sie getötet.

Seneca (rhetor) VSD 103: L. Annaeus Seneca aus Corduba (55 v. bis 40 n. Chr.), Geschichtsschreiber und Theoretiker der Prozeßrhetorik.

Sentius VSD 139; VH 6: Cn. Sentius Saturninus, Consul 19 v. Chr.

Seres G II 121: Ser, Seris, Serien, Bezeichnung des äußersten Ostens, bes. Chinas; berühmt durch Bereitung seidenartiger Stoffe.

Servius Varus VP 26: wohl der Vergilkommentator Servius Maurus (um 400 n. Chr.).

Sextus: s. Sabinus.

Sicanus E X 4: sizilisch. Angespielt ist hier auf die Sage, daß der elische Flußgott Alpheus die Quellnymphe Arethusa liebte und unter dem Meer bis Sizilien verfolgte, wo sie als Arethusa-Quell emporsprudelte.

Sicelides (Musae) E IV 1; VSD 305: Musen des Hirtengesanges, der in Sizilien besondere Pflege genoß.

Sicilia VSD 47. 235.

Siculus E II 21; X 51; VSD 293: sizilisch.

Sicyonia G II 519: Sikyon in Argolis, in der Nähe Korinths, mit prächtigen Olivenhainen.

Sila G III 219: herdenreicher Bergwald in Bruttium.

Silarus (fluvius) G III 146: Fluß in Lucanien (h. Sele), nimmt den Tanager, der vom Alburnus kommt, auf und strömt in den Golf von Salerno.

Silenus E VI 14; VSD 248. 316. 322: Satyr, Lehrer und Begleiter des Bacchus.

Silo VSD 49: jüngerer Bruder des Vergil.

Silvanus E X 24; G I 20; II 494; VSD 248: italischer Waldgott und Feldgott.

Sirius G IV 425: hellster Stern im Großen Hund, geht Ende Juli auf und bringt die „Hundstage" mit sich.

Siron C V 9, VIII 1; VF 63: Epikureer. Um 50–40 v. Chr. stand Vergil mit ihm in näherer Beziehung.

Sithonius E X 66: sithonisch, thrakisch. Sithonien gleichbedeutend mit Norden.

Sol G I 463; II 321; III 357; IV 51. 401: Bei Vergil klingt fast immer die Vorstellung vom göttlichen Wesen der Sonne an.

Sophocleus E VIII 10: Hier wird Pollios' dramatische Dichtung mit der des Sophokles verglichen. Wir besitzen nichts von Pollios Tragödien.

Sparta G III 405: Sparta. – Die spartanischen Hunde waren bevorzugte Jagdhunde, die Molosser (s. d.) dagegen mehr Wachhunde.

Spercheos G II 487: Fluß in Thessalien mit herrlichen, oft gepriesenen Ufern.

Spio G IV 338: Name einer Nereïde, s. auch Drimo.

Stimichon E V 55: Hirtenname, von Vergil erfunden.

Strymon G I 120; IV 508: Fluß in Thrakien (h. Struma). – I 120: „strymonische Kraniche". Es war im Altertum bekannt, daß die Kraniche aus den skythischen Ebenen des heutigen Rußlands in die Sumpfgebiete Ägyptens auszogen.

Stygius G III 551; IV 506: stygisch; von Styx, Fluß der Unterwelt.

Styx G I 243; IV 480: Fluß der Unterwelt.

Sulpicius Carthaginiensis VSD 149: C. Sulpicius Apollinaris, aus Karthago; ein Dichter (2. Jh. n. Chr.).

Surrentinum C XIV 12: Sorrent in Campanien, mit Venustempel.

Syracosius C XV 1; E VI 1: der syrakusische oder sizilische Sänger ist Theokrit. – *Syracusius* versus VSD 338: Zitat aus E VI 1.

Syracusanus VSD 293: Adj. zu Syracusae.

Syrius G II 88: syrisch. Syrische Birnen sollen bei Tarent gepflanzt worden sein.

Taburnus G II 38: Bergkette in Campanien, die trotz beschwerlichen Anbaus reiche Olivenpflanzungen trug.

Taenarius G IV 467: südl. Vorgebirge Lakoniens. Dort soll der Eingang zur Unterwelt sein.

Tagus C IX 52: h. Tajo.

Tanager G III 151: h. Nagro, Nebenfluß des Silarus; entspringt auf dem Alburnus; s. dort.

Tanaïs G IV 517: Don, Grenzfluß zwischen Europa und Asien, der im Land der Hyperboreer entspringt. Die Lokalisierung ist bewußt schwebend gehalten. Über Thrakien hinaus fing für die Römer schon der hohe Norden an.

Tarentum G II 197; VS 45: reiche und mächtige Handelsstadt in Kalabrien, ihre Umgegend berühmt durch Wein- und Obstbau. Es ist anzunehmen, daß Vergil sich eine Zeitlang in Tarent aufgehalten hat.

Tarquinii C IX 36: Tarquinius Superbus, König von Rom, und sein Sohn Sextus.

Tarquitius C V 3.

Tartara G I 36; II 292; IV 482: Totenreich.

Taurica Scythia VSD 237: Tauris, Aufenthaltsort der Iphigenie auf der Halbinsel Kertsch.

Taurus G I 218: Sternbild des Stiers, das Mitte April aufgeht.

Taÿgeta G II 488; III 44: Gebirge, das Lakonien von Nord nach Süd durchzieht: – II 488: die Verbindung mit den bacchantischen Jungfrauen ist dadurch gegeben, daß der Tempel des Bacchus einzig die Frauen offen stand. – III 44: das wildreiche Waldgebirge Lakoniens war berühmt durch die „lakonischen Hunde", bes. Jagd-, Fuchs- und Windhunde.

Taÿgete G IV 232: Tochter des Atlas, eine der Plejaden.

Tegeaeus G I 18: Adj. zu Tegea, einer Stadt Arkadiens, in der Pan bes. verehrt wurde.

Tempe G II 469; IV 317: Das Dichtertal Tempe in Thessalien, vielbesungen und hochgerühmt, wird vom Peneus durchflossen; an seinen Ufern ragten bewaldete Felsen empor.

Tereus E VI 78: s. Philomela.

Terra E VIII 93; G I 278 (G II 326 indirekt): Die Erde als Gottheit tritt dem Menschen einmal als düster-gewaltige Urkraft entgegen, schwanger von Ungeheuern, der Nacht und dem Tode verbündet, dann aber auch als Gemahlin des Äthers, mit dem sie im Frühling fröhliche, lebenempfangende und lebenspendende Vermählung feiert. Auch da, wo sie nicht ausdrücklich als Gottheit ausgesprochen wird, wirkt sie als große, das ganze Dasein formende Macht. Zu dem G II 325 ff. gegebenen mythischen Bilde von der „heiligen Hochzeit" zwischen Himmel und Erde vgl. Aischylos, Danaidenfragment 44 (Nauck), Euripides Fragm. 839 (N.), Lukrez I 250 ff. und II 991 ff.

Tethys G I 31: Meergottheit, Gemahlin des Oceanus.

Teucri VF 99: eigtl. die Troer, dann auch die mit Aeneas aus der eroberten Stadt nach Italien geflüchteten Stammväter der Römer.

Thalia E VI 2: eine der neun Musen, besondere Beschützerin der Komödie, wird auch unter die Chariten gezählt als Gottheit des Lebens in all seinen heiteren Erscheinungsarten, Tanz, Spiel, Festmahl. Musen und Chariten stehen Dichtern und Künstlern zur Seite.

Thalia G IV 338: Name einer Nereïde, „die Blühende"; s. auch Drimo.

Thasius G II 91: von Thasos, einer Insel im Ägäischen Meer.

Theocritus VSD 219. 246. 261. 293. 301. 310. 349. 358; VP 15: Theokrit aus Syrakus (um 270 v. Chr.), Dichter von Idyllen.

Thesidae G II 383: Söhne des Theseus.

Thestylis E II 10. 43: Name einer Magd.

Thetis E IV 32: Meernymphe, Gemahlin des Peleus, Mutter des Achilles. Hier Metapher für „Meer"; es klingt aus der ganzen Stelle E IV 31–33 ein Vorwurf über die Gewalttätigkeit des Menschen gegen die großen, als heilig empfundenen Elementarmächte Meer u. Erde. Sie wird als Folge der Urschuld angesehen.

Thracius (*Orpheus*) E IV 55: Adj. zu Thracia. Thrakien ist die Heimat des Orpheus.

Thucydides C II 3: griech. Geschichtsschreiber um 455–400 v. Chr., wird von Cimber, auf den sich C II bezieht, nachgeahmt.

Thule G I 30: gilt hier als äußerster Norden. Mit Thule ist vielleicht Mainland, die größte der Shetland-Inseln, gemeint, die von Pytheas entdeckt wurde.

Thybris C XIII 23: Aus dieser Form des Flußnamens, die sich bei Vergil erst in der Aeneis findet, hat J. Carcopino gefolgert, C XIII sei in der Zeit der Flavier verfaßt worden.

Thymbraeus G IV 323: Adj. zu Thymbra. Th. war Stadt und Ebene am Thymbrios in der Troas, mit einem Heiligtum des Apollo.

Thyrsis E VII 2. 3. 16. 20. 69: Hirtenname.

Tiberis G I 499: Hauptfluß in Mittelitalien, der „tuscus" (etruskisch) genannt wird; hier spielt Vergil auf die alte Verbindung von Etrurien mit Rom an.

Tiberinus G IV 369: Pater Tiberinus – Tiber.

Tigris E I 62: Fluß in Assyrien; hier Hinweis auf das Partherreich.

Timavus E VIII 6; G III 475: h. Timavo, Fluß zwischen Venedig und Triest.

Tiphys E IV 34: Steuermann des Argonautenschiffes Argo.

Tisiphone G III 552: eine der Erinyen. Erdgöttin, die als Rächerin über frevelnde Menschen kommt. Ihr Sitz ist der Hades. Hier Verkörperung der todbringenden Mächte.

Tithonus G I 447; III 48: Bruder des Königs Priamus, wurde von Eos (Aurora) geliebt. Sie erlangte für ihn ewiges Leben, vergaß aber, ihm ewige Jugend zu erbitten; so schwand er in unendlichem Altern immer mehr dahin, bis er, wie die Sage berichtet, gar zur Heuschrecke wurde.

Tityrus E I 1. 4. 13. 18. 38; III 20. 96; V 12; VI 4; VIII 55; IX 23. 24. G IV 566: VSD 181. 217. 318. 332. 337. 352. 355: Hirtenname aus Theokrit. Tityrus, die dorische Form für Satyros, scheint ein terminus technicus gewesen zu sein zur Bezeichnung: 1. eines kurzschwänzigen Affen, 2. einer Rohrpfeife, 3. eines Spielmannes.

Tmaros E VIII 44: Gebirge in Epirus bei Dodona, dem Orakel des Zeus.

Tmolius G II 98 (G IV 380 indirekt Maeonii Bacchi): Adj. zu Tmolus, einer Stadt in Lydien mit gutem Wein, der sich bes. zum Mischen eignet: G IV 380: lydischer Wein, der bes. um den Tmolus wuchs.

Tmolus G I 156: Vergil soll zuerst, wohl aufgrund einer geographischen Ungenauigkeit, Safran mit Tmolus in Verbindung gebracht haben, während die eigentliche alte Safrangegend Cilicia war; s. auch Tmolius.

Troia E IV 36; G I 502; II 385; III 36; VSD 155. 167: Das sagenberühmte Troja.

Troius C XIV 3: „Troius Aeneas" – der troische Aeneas. Vgl. Aen. I 596.

Tros G III 36: Stammvater des julischen Geschlechtes, s. auch Assaracus.

Tryphon C X 6: griechischer Händler.

Tucca: s. Plotius.

Tuscus G I 499; VF 5: tuscisch: etrurisch; s. auch Tiber. – Tusci; Einwohner von Etrurien.

Tyndaris C IX 27: hier Helena, Tochter des Tyndareus.

Typhoeus G I 279: ein furchtbares, mit 100 feuerspeienden Drachenköpfen dräuendes Ungeheuer; die Erdgöttin zeugte es mit dem Tartaros, um sich an Zeus für den Tod der Giganten zu rächen. Der aber bändigte das Ungetüm durch seinen Blitz und warf die Insel Sizilien darauf.

Tyrius G III 17. 307: Adj. zu Tyros, einer See- und Handelsstadt in Phönikien, berühmt wegen ihres Purpurs. Der alte Name für Tyrus ist Sarra, daher G II 506: „Sarrano ostro".

Tyrrhenus G II 164: tyrrhenisch; Tyrrhenus aestus: das Tyrrhenische Meer.

Tyrrhenus G II 193: Griech. Name für Etrusker, die als Priester bei den Opferfeiern teilnahmen und auf elfenbeinernen Flöten bliesen. Die Etrusker besaßen einen bes. Priesterstand mit altererbter Kenntnis der Ritualien.

Sie wurden von den Römern oft zur Eingeweideschau herangezogen. Die heiligen Bücher der Etrusca disciplina verzeichnen uraltes religiöses Gut.

Ulixes E VIII 70: Odysseus.
Urbs (Roma) VSD 26; Romana urbs VSD 83.

Valerius Proculus VSD 145; VP 19: Stiefbruder Vergils.
Varius C VII 1; E IX 35; VSD 37. 147. 152. 156. 160. 163. 168. 211; VS 32; VP 14. 29; VH 12: Lucius Varius Rufus (74–14 v. Chr.), Freund Vergils, röm. Dichter, Verfasser der Tragödie „Thyestes"; Herausgeber der Aeneis, nach Th. Birt auch der des Catalepton.
Varro C V 3; VP 15: M. Terentius Varro (116–27 v. Chr.), schrieb u. a. das landwirtschaftliche Lehrbuch Res rusticae, das Vergil in den Georgica verwendet hat.
Varus E VI 7. 10. 12; IX 26. 27: Varus: s. Alfenus Varus, Quintilius Varus, Servius Varus.
Venetia VS 5: Venezien, Land der Veneter (um Padua).
Venus E III 68; VII 62; VIII 78; G II 329; III 64. 97. 137. 210. 267; IV 199. 516. (C XIV ist ihr gewidmet; indirekt in C XIV 11 als Cytherea; s. d.): Göttin der Liebe. Als göttliche Person begegnet Venus E VII 62; VIII 78 und G III 267. Im übrigen steht ihr Name als Metapher einmal für „Liebste" (E III 68), sonst für „Liebe, Brunst, Samen". Vergil, in dessen Weltbilde die hellen Kräfte des Geistes die Führung haben, steht dem dunklen, blinden, oft in zerstörende Raserei ausartenden Wirken dieser dämonischen Urmacht an abwehrender Scheu gegenüber, ganz im Gegensatz zu Lukrez.
Vergilius VS 4; VP 2; nur Maro VF 6.12: Vater Vergils.
Vergilius: P. Vergilius Maro VSD 1; VP 1; VB I 1; VH 1; nur Vergilius VSD 19. 25. 105. 151. 177. 194. 212. 253. 256. 266. 280. 281. 286. 307. 349; VS 4; VP 28; VF 5; VH 12; nur Maro VF 1. 63. – G IV 563: wichtig zur Datierung der Georgica.
Vesaevus G II 224: der Vesuv.
Vesper E VI 86; G I 251: Abendstern und Abend.
Vesta G I 498; IV 384: Göttin des Herdes und des heiligen Feuers, weshalb an ihrem Tempel ein ewiges Feuer brannte, das die vestalischen Jungfrauen zu erhalten hatten. In IV 384 V. gleichbedeutend mit Herd.
Vipsanius VSD 187: M. Vipsanius Agrippa (63–12 v. Chr.) Mitarbeiter des Octavianus, Sieger von Actium (31. v. Chr.).
Virgo E IV 6; VF 22: Sternbild. Die bei Beginn des neuen Goldenen Zeitalters vom Himmel herabsteigende Virgo ist Dike (Iustitia), die zu Anfang der Eisernen Zeit von der Erde geflohen war (G II 474). Es ist ein im Denken hellenisch-römischer und auch jüdischer Religiosität tiefwurzelnder Glaube, daß Iustitia und Pax, Gerechtigkeit und Frieden, ein segensspendendes Paar sind; vgl. Psalm 84, 11 ff. Die hellenistische und nachhellenistische Zeit sah sie am Himmel im Sternbild der Jungfrau verstirnt. Deren Weltpe-

riode läßt sie nach damaligen, orientalisch-hellenistischem astrologischem Glauben zur Beglückung der Welt wiederkehren.

Volcanus G I 295; IV 346: Gott des Feuers, Waffenschmied der Götter. – Zu IV 346 vgl. Odyss. VIII 266. V. in G I 295 gleichbedeutend mit Feuer.

Volsci G II 168: die Volsker, Völkerschaft im südlichen Latium.

Volumnia Cytheris VSD 326: identisch mit Lycoris (E 10, 2).

Xantho G IV 336: Name einer Nymphe; s. auch Drimo.

Zephyrus G I 371; II 106. 330; III 134. 273. 322; IV 305: Westwind und Bezeichnung des Frühlingsanfangs.

Sterne und Winde

(Zum näheren Studium verweisen wir, jeweils zu den einzelnen Stellen, auf Richter: Vergil, Georgica. München: Hueber 1957).

Anguis G I 205. 244 Schlange.

Aquarius G III 304 Wassermann.

Arctos G I 138. 245. 246 Bär.

Arcturus G I 68, 204 Stern im Rinderhirten.

Bootes G I 229 Rinderhirt.

Cancer E X 68 Krebs.

Canis G I 218; II 353 Hund als Sternbild.

Chelae G I 33; VF 21 Scheren des Skorpions.

Corona G I 222 Krone der Adriane.

Cyllenius G I 337 Merkur.

Erigone G I 33 Jungfrau.

Haedi G I 205 Böcklein, Sterne im Fuhrmann.

Hesperus E VIII 30; X 77 Abendstern.

Hyades G I 138 Regengestirn; Sterngruppe im Stier.

Libra G I 208 Waage.

Lucifer E VIII 17; G III 324 Morgenstern.

Maia G I 225 Stern in den Plejaden.

Piscis G IV 234 Fisch; hier wohl nicht das Sternbild, sondern Angabe der Jahreszeit.

Pleiades G I 138; IV 233 Plejaden.

Saturnus G I 336 Saturn.

Scorpios G I 35 Skorpion.

Septemtrio G III 381 wörtlich: „sieben Dreschochsen": Großer Bär, Großer Wagen.

Sirius G IV 425 Hundsstern; hier: die Sonne während der „Hundstage".

Taurus G I 218 Stier.

Taygete G IV 232 Plejadenstern.

Vesper E VI 86; G I 251. 461; III 336; IV 186. 434. 474 Abendstern.

Virgo E IV 6; VF 22 Jungfrau.

Aquilo G I 460; II 113. 261. 334. 404; III 196 *NNO.*

Auster E II 58; V 82; G I 241. 333. 354. 418. 462; II 188. 333; III 278. 429; IV 261 *S.*

Boreas E VII 51; G I 93. 370; II 316; III 278 *NO.*

Caurus G III 278. 356 *NNW.*

Eurus G I 371. 453; II 107. 339. 441; III 277. 382; IV 29. 192 *SO.*

Notus G I 444 *S.*

Zephyrus E V 5; G I 44. 371; II 106. 330; III 134. 273. 322; IV 138. 305 *W.*

SACHREGISTER

Literatur

E. Abbe: The plants of Virgil's Georgics. 1965.
R. Billiard: L'agriculture dans l'antiquité d'après les Géorgiques de Virgile. Paris 1928.
H. Blümner: Technologie und Terminologie der Gewerbe und Künste bei den Griechen und Römern. Leipzig 1875 bis 1887.
G. Hegi: Illustrierte Flora von Mitteleuropa. München 1906 bis 1931. 7 Bde.
V. Hehn: Kulturpflanzen und Haustiere, 7. Aufl. von O. Schrader mit botan. Beitr. von A. Engler. Berlin 1902.
O. Keller: Die antike Tierwelt. Leipzig 1913. 2 Bde.
W. Mitsdörffer: Vergils Georgica und Theophrast. Philol 93, 1938, 449–475.
J. Sargeaunt: The trees, shrubs and plants of Virgil. Oxford 1920.
R. Strömberg: Griechische Pflanzennamen. Göteborg 1940/I.

1. Geräte aller Art

aera 1. eherne Geräte G III 363. – 2. Schallbecken im Cybeledienst G IV 151. – 3. aera Ephyreia, Vasen aus korinthischem Erz G II 464.
aes Waffen allg. G II 282; IV 71; Geld C II a 13; E I 35.
ahenus, aenus eherner Kessel zum Mostkochen G I 296.
altaria Opferaltar, Brandaltar. E I 43; V 66; VIII 64. 74. 105; G III 490.
alvarium Bienenkorb G IV 34.
ampulla (λήκυθος) Salben- od. Schminkfläschchen. – Übertr.: Redeschwulst, Bombast. C V 1.
ansa Henkel am Becher E III 45; VI 17.
ara Altar-Opfertisch, urspr. Feuerstätte. C XIV 12; E I 7; V 65; G II 193. 380; III 5. 160. 486; IV 276. 379. 541. 549.
aratrum Pflug E II 66; VI 50; G I 19. 45. 98. 162. 170. 213. 494; II 189. 513; III 50. 62. 519.
– aures Seitenbretter des Scharbaums, Streichbrett am Pflug G I 172.
– buris Krummholz G I 170.
– dentalia Scharbaum oder Hakenschuh G I 172.
– ferrum Pflugschar G I 50. 147; II 220.
– iugum Joch G I 173.
– stirps gekrümmtes Unterstück des Ulmstammes, das mit der Deichsel verbunden wird G I 171.
– stiva Sterz G I 174.
– temo Deichsel G I 171.

– tergum Rücken des Scharbaums G I 174.
– vomer Pflugschar G I 46. 162. 262; II 203. 211. 223. 356. 424; III 515. 525.
arcus Bogen zum Abschuß von Pfeilen E III 12; G II 448.
area Tenne G I 178. 192. 298; III 133.
arma Geräte, Waffen. C III a 15 (euphemistisch); E X 44; G I 160. 474. 511; II
459; III 27. – G I 160 soll über der allgemeinen Bedeutung „Geräte" die
spezielle „Waffen" mitgehört werden. Dieser Doppelklang wird vorberei-
tet in G I 99. 104 f. u. 125. In solchen Worten, die sozusagen die Obertöne
deutlich mitschwingen lassen, verrät sich Vergils Nachsinnen über Mensch
und Welt und seine Meisterschaft, es verhalten zum Ausdruck zu bringen.
aulaeum (αὐλαία) Theatervorhang G III 25.
avena Flöte E I 2; X 51.
aures s. aratrum.
axis Achse am Wagen G III 107. 172.

bidens zweizinkiger Karst G II 355. 400.
bipennis zweischneidige Axt, Doppelaxt G IV 331.
buris s. aratrum.

caestus Riemen für Faustkämpfer G III 20.
calamus (κάλαμος) 1. niedrige Rohrstangen zum Stützen der Reben G II 358.
– 2. Rohrpfeife, Syrinx E I 10; II 32. 34; III 13; V 2. 48; VI 69; VIII 24.
calathus (κάλαθος) Gefäß mit Korb umflochten oder aus Korb. 1. Blumen-
korb E II 46. – 2. Käsekorb oder Milchgefäß G III 402. – 3. Weinschale,
Becher E V 71.
canalis Röhre, Rinne G III 330; IV 265.
canistrum Fruchtkorb G IV 280.
cantharus Humpen E VI 17.
capistrum 1. lederne Pferdehalfter G III 188. – 2. Stachelbinde für die jungen
Tiere, die ihnen ums Maul gelegt wird, damit die Mutter sie nicht an das
Euter läßt G III 399.
carchesium (καρχήσιον) hohes Trinkgefäß mit Henkeln, die vom Rand bis
zum Boden reichen G IV 380.
cassis Jägernetz, Jägergarn, Fallen für das Wild G III 371.
charta Papier C V 13.
cicuta Rohrpfeife E II 36; V 85.
cisium Kutsche, zweirädriger Reisewagen C X 3.
classicum Kriegstrompete G II 539.
clava Keule C II a 21.
colum Seihgefäß G II 242.
columna G III 29, Ehrensäule, aus dem Erz der bei Actium erbeuteten
Schiffsschnäbel gegossen.
cornu Bogen E X 59.
cornus Lanze aus Kornelkirschholz G II 448.
corolla Kranz C II a 6; III a 10.

crater Krug, Mischkrug, Weinkrug G II 457. 528. – Ölkrug E V 68.
crates gezahnte Flechte. Harke G I 95. 166. – Wabengeflecht G IV 214.
crux Marterwerkzeug C II a 18.
culter Schlachtmesser G III 492.
cuneus 1. Keil zum Spalten der Bäume G I 144; II 79. – 2. keilförmige
  Sitzreihen im Theater G II 509.
currus 1. Triumph-, Renn- oder Streitwagen E V 29; G I 514; III 18. 91. 104.
  113. 181. 533. – 2. kleiner zweirädriger Pflugwagen G I 174. – 3. Sonnen-
  wagen G III 359. – 4. Wagen der Meergötter, mit fischschwänzigen
  Pferden bespannt G IV 389.
cuspis Spitze des Speeres, Lanze C III 6.
cyathus Becher, Trinkgefäß C XI 4.
cylindrus schwere Walze G I 178.
cymbalum Cymbel, Schallbecken C V 5; G IV 64.

dens Saturni vorgebogene Saturnklinge, Winzermesser, Hippe G II 406. 423.
dentalia s. aratrum.

effigies Bild, Abbild E VIII 75.
ensis Schwert G I 508; II 540.
essedum zweirädriger Streitwagen der Gallier, Belgier und Britannen. G III
  204.

faenile Heuboden G III 321.
falx 1. Sichel G I 157. 348. 508; II 421; IV 110. – 2. Winzermesser,
  Gartenmesser E III 11; IV 40; G II 365, 416.
fasces 1. Rutenbündel, zeigen mit Beil unbeschränkte, ohne Beil beschränkte
  Amtsgewalt an: G I 495. – 2. übertr. Last, Gepäck, bes. Marschgepäck
  (fascis) E IX 65; G III 347; IV 204.
fax Kienfackel, bei feierlichen Gelegenheiten und auch im Hause gebraucht E
  VIII 29; G I 292: Hochzeitsbrauch: Die Braut wird unter Fackelbegleitung
  aus dem elterlichen Hause geführt, während der Bräutigam Nüsse unter die
  Jugend wirft.
ferrum 1. s. aratrum s. S. 505. – 2. Messer G I 292; II 301. 450; III 374. 453.
  489. – 3. Schwert G II 504.
fiscella ein aus Binsen oder Eibisch geflochtenes Körbchen zum ländlichen
  Gebrauch E X 71.
fiscina ein aus Binsen geflochtener Korb, hier zur Aufnahme der Weintrauben
  unter der Presse G I 266.
fistula (σῦριγξ) Rohrpfeife, Hirtenflöte, Syrinx E II 37; III 22. 25; VII 24;
  VIII 33; X 34; fistula, calamus, cicuta, Flöte mit mehreren (7) Rohren. Die
  Nymphe Syrinx, Tochter des Ladon in Arkadien, ist die Geliebte des Pan,
  den sie flieht. Sie wird in Schilfrohr verwandelt, aus dem Pan die σῦριγξ
  schneidet.
fascinus Phallos C XIII 20.

focus 1. Opferherd, Brandaltar C XIV 8. – 2. Herd E V 70; VII 49; G I 175; III
    378; IV 48.
follis Blasebalg G IV 171.
forceps 1. Schere C X 9. – Zange G IV 175.
fornax Ofen G I 472; IV 263.
frenum Zaum, Zügel G III 115. 252.
funda 1. trichterförmiges Wurfnetz, das unten mit Bleikugeln versehen ist; es
    wird klatschend ins Wasser geworfen G I 141. – 2. Schleuder G I 309.
funis Schiffstau, Ankertau G I 457.
furca 1. zweizackige Gabel G I 264. – 2. gabelförmige Stütze für die Reben G
    II 359.
fusus Spindel, Attribut der Parzen E IV 46; G IV 348. – E IV 46–52 gilt als
    Parzenlied.

galea Helm G I 496; II 142; gr. γαλέη Wiesel.
gemma Edelstein, kostbarer Pokal G II 506.

habena, Zügel (Bänder am Weinstock) G I 514; II 364; III 89. 194.
harundo arundo Flöte E VI 8.
hastile Stange für die jungen Reben G II 358.
hasta 1. Lanze G II 142. – 2. Thyrsusstab, ein mit Efeu und Weinlaub
    umwundener Stab, den die Bacchanten beim Bacchusfest schwenkten E V
    31 (hastae lentae – biegsame Stäbe).
hedera der bacchische Ehrenkranz – Efeukranz –, der ausgezeichneten Dich-
    tern zuteil wurde E VII 25.
hirnea Krug als Trinkgefäß C XII 8; hier personifiziert.
horreum (ὠρεῖον) Speicher G I 49; II 518; G I 182 Vorratskammer der Mäuse;
    G IV 250 Vorratskammer der Bienen.
hyalus Glas G IV 335.

iaculum Wurfspieß G II 530.
incus Amboß G II 540; IV 173.
infula breite, wollene Binde. Kopfschmuck. Zu beiden Seiten fielen Bänder
    (vittae) herab. Sie war Hauptschmuck der Priester, wurde aber auch den
    Opfertieren als Zeichen der Weihe ums Haupt gebunden G III 487.
iugum Joch: der Maultiere C X 10.18; des Pfluges G I 173; des Rindes E II 66;
    IV 41; G III 57. 140; übertr.: des Berges E IX 8; X 11.

labrum Kufe, Gefäß zum Auspressen der Trauben G II 6.
lacus Wasserbehälter, Kühltrog der Schmiede G IV 173.
lammina, lamina Sägeblatt G I 143.
lanx Schüssel, Schale G II 194; II 394.
lapis incusus geschärfter Stein für die Handmühle G I 274/275.
laqueus Schlinge G I 139.
laurus 1. Lorbeerkranz des Siegers E VIII 13. – 2. hier: ein bes. starker

Liebeszauber, denn wie laurus (δάφνη) im Feuer, so soll Daphnis in Liebe brennen E VIII 82. 83.
licium Faden eines Gewebes E VIII 74; G I 285.
linter, lintres hölzerne Geräte wie Mulden und Tröge G I 262.
linum Netz zum Fischen G I 142.
lorum Zügel, Zaumzeug, Peitsche C X 22; G III 107.
lupati freni (λύχος) Pferdegebiß, mit eisernen Stacheln besetzt, auch Wolfszähne genannt G III 208.

manica Handeisen, Handfessel G IV 439.
mantele glatt geschorenes leinenes Tuch, Handtuch G IV 377.
mentula Phallos C II a 18. 21.
mulctra Melkgefäß, Melkkübel E III 30; G III 309.
mulctrarium Melkfaß G III 177.

nervus Sehne G IV 313.

oliva hier: Hirtenstab aus Olivenholz E VIII 16.
ora horrenda Larven, Masken G II 387.
ornatus …, ornatus foliis olivae tonsae, ein Olivenkranz, den der Opfernde trägt, an dem der Sitte nach nur die kleineren Blätter gelassen werden G III 21.
oscilla Maskenbilder des Bacchus, die bei Festspielen in die Bäume gehängt wurden G II 389.

patera Opferschale, Kelch G II 192.
pecten 1. Roßkamm C X 22. – 2. Weberkamm G I 294.
pedica Schlinge für Vögel G I 307.
pedum Hirtenstab E V 88.
penna punica purpurne Feder, als Schreckmittel bei der Hirschjagd verwendet. „punica“: phönizisch, poet. übertr.: purpurfarben G III 372.
pharetra Köcher C XIV 10; G II 125; III 345.
pilum Wurfspieß G I 495.
plaustrum langsam rollende Ernte- und Lastwagen G I 163; II 206. 444; III 140. 362. 536.
poculum 1. Becher E III 36. 44. 48; V 67; G IV 379. – 2. Trank C XI 2; E VIII 28 (Tränke); G I 9; III 379. 529.
praesepe Krippe E VII 39; G III 214. 395. 416. 495.
prelum Kelter G II 242.
puteus Brunnen, Grube G I 485; II 231; III 329.

qualum, qualus geflochtener Korb zu allerhand Gebrauch G II 241.
quercus Kranz aus Eichenlaub, den die Landleute beim Ceresfest trugen G I 349.

radius 1. Speiche des Rades G II 444. – 2. math. Meßstäbchen, womit Figuren und Zeichnungen in den Sand gemalt wurden E III 41.

raster, rastrum Hacke, Harke, Karst E IV 40; G I 94. 155. 164. 496; II 421. 439; III 534.

rete Netz, Jägernetz E III 75; V 60; G I 307; III 413.

retinaculum Halter, Band, Klammer, alles, was fest- oder zurückhält G I 265; G I 513 (Zügel, Leitseil).

rota 1. Rad G II 444; III 39. 114. 180. 184; IV 484. – 2. Wagen G III 170.

saburra Schiffsbalast G IV 195.

sagitta Pfeil G II 124; III 31; IV 313. 344.

securis Beil G III 364.

sedile vitreum Kristallsessel im Palast der Meernymphen G IV 350.

serra Säge G I 143.

signa 1. Standarten, Feldzeichen G III 236; IV 108. – 2. signa spirantia-Plastik „atmend Gebilde", Kunstwerk G III 34.

sinum Topf E VIII 3.

spiculum Spieß, Pfeil E X 60; Bienenstachel G IV 237.

stipula Flöte, „schrillender Halm" E III 27.

stirps s. aratrum.

stiva s. aratrum.

sudis Pfahl, Stock als Stütze für Weinreben G II 25; sudes fraxineae Eschenholzpfähle G I 359.

supellex Wirtschaftsgerät, Hausrat G I 165.

tabella Bild, Gemälde C XIV 5.

tela Gewebe, woran noch gearbeitet wird G I 285. 294; III 562 (Wolle von kranken Tieren).

telum Wurfwaffe, Geschoß E IX 12; X 45; G I 332 (Blitz Jupiters); G I 489.

temo Deichsel am Pflug G I 171, am Wagen G III 173.

tergum s. aratrum.

testa 1. aus Ton gebranntes Gefäß, Leuchter, Lämpchen G I 391. – 2. Scherbe G II 351.

testudo eigtl. Schildkröte; von der Wölbung des Schildkrötenschildes: jedes gewölbte Saiteninstrument: Lyra, Laute G IV 464.

tibia Pfeife, Flöte E VIII 21. 25. 31. 36. 42. 46. 51. 57. 61.

tornus (τόρνος) Grabstichel, Dreheisen E III 38; G II 449.

torquis, torques 1. Halsjoch, Kummet der Ochsen G III 168. – 2. Blumengirlande G IV 276 um die Altäre der Götter.

trahea, traha Schleife, eine mit Stein oder Eisen gezackte Bohle ohne Räder, die von Lasttieren über die Ähren gezogen wird, um das Korn zu enthülsen G I 164.

trapetum Ölpresse G II 519 von τραπεῖν „Weintrauben treten, keltern".

tribulum (τρίβολος) Dreschwagen, seine niedrigen Räder waren sägeartig mit Eisen gezackt, verwendet wie trahea, s. d. G I 164.

tridens (τριόδους) Dreizack G I 13.
tropaeum (τρόπαιον) Siegeszeichen G III 32.
tuba Trompete G IV 72.
tympanum (τύμπανον) hier: ein ohne Speichen aus einem Stück Holz gemachtes Rad, Wagenrad G II 444.

ulna Elle E III 105.
uncus Haken, uncum aratrum, hakige Pflugschar G I 19.
uter Schlauch G II 384.

vallus Pfahl zum Stützen des Weinstocks G I 264; G II 409.
vannus Futterschwinge, aus Ruten geflochten G I 166; sie wurde beim Bacchusfest als Sinnbild der Reinigung mit Erstlingsfrüchten vorausgetragen.
velamen einfache Decke, bes. für Schiffer G III 313.
verbena heilige Kräuter, beim Opfer und religiösen Handlungen verwendet E VIII 65; G IV 131.
verber 1. Peitsche G III 106. – 2. Riemen der Schleuder G I 309.
veru 1. Kurzspeer G II 168. – 2. Bratspieß G II 296.
vimen 1. Korb G II 241. 245. – 2. Zweig, Weidenrute G II 414. 446; III 166; IV 34. 123. – 3. s. S. 520.
vinculum, vinclum Fessel E VI 19. 23; VIII 78; G IV 396. 399. 405. 412.
virga Ruten zum Flechten u. a. Gebrauch G I 266; II 358.
viscum Leimrute zum Vogelfang G I 139.
vitta 1. Binde, womit die Altäre umwunden wurden E VIII 64. – 2. Seitenbänder der Kopfbinde (s. infula) G III 487.
vomer s. aratrum.

2. Steine, Chemikalien, Metalle

aes Erz E I 35; G I 480; II 165. 282. 464 (aus Korinth für Kunstgegenstände); III 29. 363; IV 71. 151. 173.
argentum Silber G III 449.
argilla (ἄργιλλος σπιλάς) weißer Ton, Töpfererde, Mergel G II 180.
aureus aus Gold E VII 36 meist übertr.: golden, gut, überaus schön, E III 71; IV 9; VIII 52.
aurum Gold G II 137. 166. 192. 464. 507; III 26; IV 91. 99. 342.

bitumen Erdharz E VIII 82; G III 451.

calculus Kies G II 180.
cinis Asche E VIII 101. 106; G I 81.
creta Tonerde, Kreide E I 65; G I 179; II 215.

electrum (ἤλεκτρον) hier: Legierung aus Gold und Silber G III 522 (s. auch S. 515).

ferrugo Eisenrost, übertr. dunkel, stahlblau G I 467; IV 183.
ferrum Eisen G I 50. 58. 143. 147. 292; II 220. 369. 450. 504; III 374. 453. 489;
IV 175; s. auch S. 507.
ferreus eisern (übertragen) C XIII a 4; E IV 8.
fuligo Ruß E VII 50.

glarea Kies G II 212.
gluten Leim, übertr. das Bienenharz (πρόπολις), mit dem die Bienen im
Winter ihre Fluglöcher ausstopfen G IV 40. 160.

imbrex Hohlziegel, Dachziegel zum Ableiten des Regens G IV 296.

lapillus kleiner Stein, Steinchen G IV 194.
lapis Stein E I 47; G I 62 (Steine, die Deukalion warf, aus denen das
Menschengeschlecht wurde); G I 274 (Mahlstein); G II 348 lapis bibulus:
Bimsstein; G III 34 Parius lapis: Parischer Marmor.

marmor (μάρμαρος) Marmor, Marmorstein E VII 31; G III 13 (übertr.:
glänzende Meeresfläche G I 254).
marmoreus C XIV 9; E VII 35; G IV 523 (marmorfarben).
metallum aeris (μέταλλον) Erzmetall G II 165.
minium Bergzinnober, natürliche Mennige E X 27.

nitrum (νίτρον) Salpeter G I 194.

pix (πίσσα) Pech, Teer G I 275; II 250. 438; III 450; IV 41.
pumex Bimsstein G IV 44. 374.

robigo Rost, Eisenrost an Metallen G I 495; G II 220 (als Krankheit am
Getreide, s. S. 525).

sal 1. Salz G III 397. 403 – 2. übertragen: Witz, Feinheit C IX 14. 62.
silex Kieselstein E I 15; G I 135.
sulpur vivum, sulfur vivum, natürlicher oder Jungfernschwefel G III 449.

tofus, tophus Tofstein, Tuff, poröse, bröcklige Steinart G II 214.

unguen Salbe G III 450.

venenum Saft, der durch seine durchdringende Kraft die natürliche Beschaf-
fenheit einer Sache ändert: 1. Gift E IV 24; G II 130 (von Hexen aus
Kräutern und allerlei Zauberformeln gebraut); G IV 236 (Gift der Bienen-
stiche). – 2. Beize, Farbe G II 465; Assyrium venenum: phönizischer
Purpur, hier mit dem Nebenton ablehnender Kritik. – 3. übertragen:
Schaden G II 378.

virus natürliche zähe Feuchtigkeit; Gift der Schlangen G I 129; III 419; zu G III 281 „Roßwut" vgl. hippomanes S. 523.
viscum Vogelleim G I 139; IV 41.

3. Bäume und Pflanzen aller Art, Pflanzenprodukte

abies Tanne E VII 66; G II 68 (Holz der T. zum Schiffsbau).
acanthus (ἄκανθος) 1. stachliger Baum in Ägypten oder Indien, vielleicht Schotendorn G II 119. – 2. Bärenklau E III 45; IV 20; G IV 123.
aconitum (ἀκόνιτον) Eisenhut, Wolfswurz, sehr giftiges Kraut G II 152.
aesculus Eiche, Wintereiche, auch Speiseeiche; war dem Jupiter heilig G II 16. 291.
alga Seegras, Seetang, wertlose Algen: „vilior alga" sprichw.: etwas Wertloses E VII 42.
alium Knoblauch, Speise der Landleute und ärmeren Volksschicht E II 11.
alnus Erle E VI 63; VIII 53; X 74; G II 110; G I 136 und II 451 (hohle Stämme der Erle dienen als Kähne).
amellus purpurne Sternblume G IV 271, „Vergils Aster".
amomum Amomum: Gewürzstaude, aus deren Frucht ein kostbarer Balsam bereitet wurde E III 89; IV 25.
amurca, amurga (ἀμόργη) Ölschaum, die beim Auspressen der Oliven vorfließende wässerige Unreinigkeit G I 194; III 448.
anethum (ἄνηθον) Dill, wohlriechende Pflanze E II 48.
apium (ἄπιον) Eppich E VI 68; G IV 121.
arbustum, allg. Rebengehölz, dann Gesträuch, Busch E I 39; II 13; III 10; IV 2; V 64; G II 416; III 328.
arbuteus vom Arbutus G I 166.
arbutum Frucht des Meerkirschen- oder Erdbeerbaums: Meerkirsche, Baumerdbeere, Hagapfel G I 148; II 520; Laub und Blätter des Erdbeerbaumes mit der Frucht G III 301; IV 181.
arbutus Arbutus, sog. Erdbeerbaum E III 82; G II 69.
argitis Weinstock, der weiße Trauben trägt G II 99.
arista C II a 7; III a 11; E I 69; IV 28; G I 8. 111. 220. 226. 348; Granne an der Ähre.
avena 1. Hafer G I 77. – 2. tauber Hafer (Unkraut) E V 37; G I 154. 226. – 3. Flöte E I 2; X 51.

baca Beere G I 306 (des Lorbeerbaums); II 119 (des Acanthus); II 430 (allg.) Olive G II 86. 183. 519.
baccar (βάκχαρις) Pflanze mit wohlriechender Wurzel, aus der man Öl bereitete; keltischer Baldrian E IV 19; zauberzerstörendes Kraut, das das Berufen und Beschreien entkräftet E VII 27.
balsamum (βάλσαμον) Balsam G II 119.
bumastus (βούμαστος) großtraubige Rebenart G II 102.

buxum, buxus (πύξος) Buchsbaum G II 437. 449; Buchsbaumholz zur Herstellung kunstvoller Gegenstände G II 443.

calamus (κάλαμος) Rohr, insbes. dünnere Halme G I 76 s. auch S. 506.
calta, caltha Ringelblume, Goldlack E II 50.
carduus (κάρδος) wilde Distel E V 39; G I 152.
carectum mit Riedgras bewachsener Platz E III 20.
carex Riedgras C III a 2; G III 231.
casia (κασία) 1. Zeiland (Bienenfutter) E II 49; G II 213; IV 30. 182. 304. – 2. Baum mit wohlriechender, gewürzhafter Rinde, wahrscheinlich Mutterzimt G II 466.
castanea (κάστανον) Kastanie E I 81; II 52. – 2. (καστανέα) Kastanienbaum E VII 53; G II 15. 71. (Das Fruchtreis der Edelkastanie wird der Buche aufgepfropft, nicht umgekehrt, wie manche Erklärer, verleitet durch den in My überlieferten alten Nominativ fagos und durch falschen Anschluß an gessere in G II 70 gemeint haben.)
caudex Baumstumpf, der der Wurzel eines Ölbaums noch neue Lebenskraft geben kann G II 30.
cedrus, caedrus (κέδρος) Zeder G II 443; G III 414; Z. als Bauholz G II 443; Zedernholz, dessen Duft beim Verbrennen Schlangen vertreiben soll G III 414.
centaureum (κενταύρειον) Tausendgüldenkraut G IV 270.
cerasus (κέρασος) Kirschbaum G II 18.
cerintha (κηρίνθη) Wachsblume (Bienenkraut) G IV 63.
colocasium (κολοκασία κύαμος) indische Wasserrose E IV 20.
colurnus Haselholz G II 396; aus ihm wird der Spieß verfertigt, an dem beim Bacchusfest der Bock schmoren soll. Bock und Hasel sind Schädlinge des Weinbergs und müssen deshalb dem Bacchus geopfert werden.
cornum Kornelkirsche G II 34, cornus G II 448 Kornelle.
corolla Kranz C II a 6; III a 10.
cortex 1. die lebende Rinde am Baum E V 13; VI 63; VIII 54; G I 74. 269. 304. 453; IV 33. 160. – 2. Rindenholz, aus dem Masken geschnitten werden G II 387.
corylus Haselstaude E I 14; V 3. 21; VII 63. 64; G II 65. 299.
corymbus (κόρυμβος) traubenförmiges Fruchtbüschel des Efeus; Blütentraube E III 39.
crocus (κρόκος) Safran G IV 182; croceus E IV 44; G I 56; IV 109.
cucumis Gurke, auch Melone G IV 122.
cucurbita C III a 13 Kürbis.
cupressus Zypresse E I 25; G I 20; Zypressenholz zum Hausbau G II 443.
cyparissus (κυπάρυσσος) Zypresse G II 84.
cytisus (κύτισος) Klee, Schneckenklee; als Ziegenfutter E I 78; II 64; IX 31; X 30; G II 431; III 394.

defrutum eingekochter Most G IV 269.

dumetum wilde Hecke, Dickicht G I 15.

dumus wildes Gestrüpp G III 315. 338; IV 130.

dumosus gestrüppumwuchert E I 76.

ebulus Attich, Zwergholunder E X 27. Unser Wort „Attich" ist schon früh (ahd. attah, mhd. attech) von ἀϰταία, ἀϰτέα hergeleitet, unmittelbar (worauf schweiz. „Aktechrut") oder mittelbar über atticus (worauf attech u. ä. Formen hindeuten).

electrum (ἤλεϰτϱον) Bernstein-Harz. Anspielung auf die Heliaden, die, in Pappeln (bei Vergil in Erlen) verwandelt, harzige Tränen weinten. Unter den Strahlen der Sonne wurden diese Tränen in „Bernstein" verwandelt. Nach der Fabel schwitzen nur Erlen und Pappeln dies „Harz" aus, nicht aber Tamarisken E VIII 54.

elleborus (ἐλλέβοϱος) Nieswurz, hier Heilmittel gegen Räude, sonst gegen Wahnsinn G III 451.

ervum (ὄϱοβος) Erve, eine mit der Wicke verwandte Hülsenfrucht E III 10.

faba Bohne G I 215.

fagus Buche E I 1; II 3; III 12; V 13; IX 9; G I 173; II 71; IV 566. Buchenholz zum Pflug verwachsen G I 173.

faginus aus Buchenholz E III 37.

far Spelt G I 73. 219; Kornsaat G I 101; Korn G I 185; III 127.

farrago Futterkorn fürs Vieh G III 205.

fermentum gequollenes Getreide, Malz, eine Art Bier G III 380.

ferula Halbstrauch. Doldengewächs. Pflanze mit halmartigem, erst mit weichem Mark versehenem, später hohlem Stamm. In diesem Mark soll sich Feuer längere Zeit glimmend erhalten; daher holte in einem solchen Rohr Prometheus den Feuerfunken vom Himmel; vgl. Hesiod, Erga 51/52. Hier ohne diese Beziehung allg. als Pflanze: Pfriemenkraut, Gerberkraut E X 25.

filix Farnkraut, G II 189; III 297.

fragum Erdbeere E III 92.

fraxinus Esche E VII 65. 68; G II 66.

frutex Busch, Strauch G II 21.

frux-fruges Früchte E III 77. 80; IX 48; X 76.

fucus (φῦϰος) an Meeresklippen wachsende Steinflechte, die als roter Färbstoff dient; davon fucare färben G II 465.

galbaneus (χαλβάνη), aus Galban (Harz einer doldentragenden Pflanze in Syrien); G. wird zum Ausräuchern verwendet G III 415; IV 264.

galla Gallapfel, Heilmittel für kranke Bienen. Man mengt G. unter das Bienenfutter G IV 267.

genista Ginster G II 12. 434.

glans Eichel E X 20; G I 8. 148. 305; II 67. 72. 520; IV 81.

harundo, arundo Schilf, Rohr E VII 12; G II 414; III 15; IV 478 (s. auch S. 508 unter „Geräte"); G IV 265 (adj.).

hebenum (ἔβενος, ἐβένη), Ebenholz, Besonderheit Indiens G II 117.
hedera Efeu E III 39; IV 19; VII 25. 38; VIII 13; G II 258; IV 124.
herba Unkraut C III a 7.
Herculea arbos Pappel (s. auch im Namenregister) G II 66.
hibiscum (ἱβίσκος) Eibisch (Futterkraut) E II 30; X 71.
holus, olus Kohl G IV 130.
hordeum Gerste E V 36; G I 210. 317.
hyacinthus (ὑάκινθος) Hyazinthe. Sie entspricht nicht der unsrigen; man
   verstand darunter eine violettblaue Schwertlilie oder den Garten-Ritter-
   sporn E III 63; VI 53; G IV 137. 183.

ilex Steineiche, Stecheiche mit bes. kleinen Eicheln E VI 54; VII 1; IX 15; G II
   453; III 146. 334; IV 81.
intibum Zichorie oder Endivie G I 120; IV 120.
iuncus Binsen C III a 2; E I 48; II 72.
iuniperus Wacholderstrauch E VII 53; X 76.

labrusca wilde Rebe E V 7.
lageos (λάγειος) Hasenwein, eine griech. Rebenart, von der Farbe der Trau-
   ben benannt, der schnell in die Adern dringt G II 93.
lana (λῆος) Baumwolle G II 120.
lanugo weiche Oberfläche der Früchte, hier der Quitten E II 51.
lappa Klette G I 153; III 385.
latex Saft (der Trauben) G II 192; latices Lenaei: Wein, hier als Heilmittel für
   kranke Pferde G III 509.
laurea Lorbeer E VII 62. 64.
laurus Lorbeerbaum. Der Lorbeer war dem Apollo heilig E II 54; III 63; VI
   83; X 13; G I 306; II 18. 131. 133 (s. auch S. 508 f. unter „Geräte").
legumen Hülsenfrucht G I 74.
lens (Gen. lentis) Linse G I 228.
liber Bast, der unter der Rinde des Baumes liegt E X 67; G II 77.
libum Kuchen, aus geriebenem Käse, Weizenmehl, Eiern und Öl als Opferga-
   be für die Götter E VII 33; G II 394.
lignum Holz, Stamm des Baumes G I 144.
ligustrum (ob mit λύγος verwandt?, κύπρος?) Rainweide, Strauch mit wei-
   ßen, traubenartigen Blütenbüscheln E II 18.
lilium (λείριον) Lilie E II 45; X 25; G IV 131.
linum (λίνον) 1. Leinsaat G I 77. 212. – 2. Zuggarn G I 142.
lolium Lolch. Sein Genuß ist schädlich für die Augen E V 37; G I 154.
lotus (λῶτος) Name mehrerer Pflanzen – G II 84: eßbarer Judendorn; G III
   394: Futterkraut, Steinklee, Schotenklee. Kollektivname für Wiesen-
   pflanzen.
lupinus Lupine, Feigbohne, Wolfsbohne; Heilmittel gegen Fieber G I 75.
lutum Gilbkraut E IV 44.
luteolus gelb E II 50.
luteus gelb C III a 12.

malum (μῆλον): Unter diesem Namen begriffen die Römer auch Quitten, Granaten, Pfirsiche, Pomeranzen, Zitronen und Äpfel C III a 13; E II 51 (Quitten); Äpfel; E II 64. 71; VI 61; VIII 37. 53; G II 33; malum aus Media ist die Pomeranze G II 127.

malus (μηλέα) Apfelbaum G II 70.

medica (μηδικὴ πόα) Burgundischer Klee, Schneckenklee, Luzerne G I 215.

melisphyllum (μελίφυλλον, μελισσόφυλλον) Melisse (Bienenfutter) G IV 63.

milium Hirse G I 216.

mola Opferschrot, geschrotene Körner von Dinkel oder Spelt mit Salz vermischt E VIII 82.

morum (μῶρον) Maulbeere E VI 22.

muscosus bemoost, moosig E VII 45.

muscus Moos E VI 62; G III 144; IV 18.

mustum Most G I 295; II 7.

myrica (μυρίκη) 1. Tamariske. Sumpfpflanze, ein strauchartiges Gewächs mit bitterer Rinde, schwanken Zweigen und kleinen Blättern. Μυρίκαιος Beiname des Apollo, dem die Tamariske geweiht war. E VI 10; VIII 54 (Bezeichnung des Widernatürlichen); X 13. – 2. In E IV 2 bedeutet Tamariske eine bestimmte Art der ländlichen, bukolischen Dichtung; „arbusta", „myricae", „silvae" sind literarische termini der römischen Dichtung.

myrta (μύρτον). myrta cruenta glutrote Beeren der schwarzen Myrte. Man unterschied zwei Arten von Myrten: schwarze und weiße. Der Dezember galt als Reifezeit für die schwarze Myrte.

myrtetum, murtetum Myrtengebüsch G II 112.

myrtus (μύρτος) Myrte, Myrtenbaum E II 54; VII 6. 62. 64; G IV 124; G I 28: materna myrto (myrtus Veneris); die Myrte war der Venus heilig; G II 64: myrtus Paphiae; paphisch: der Venus heilig; G II 447: Holz der M. für Lanzenschäfte.

narcissus (νάρκισσος) Narzisse „Träne der Narcissusblume" E II 48; V 38; VIII 53; G IV 123. 160.

nectar (νέκταρ) Wein: E V 71; G IV 384; flüssiger Honig: G IV 164.

nux 1. Haselnußbaum G I 187; Walnußbaum G II 69. – 2. Nuß E VIII 30; E II 52: Kastanien werden hier als Nüsse bezeichnet.

olea 1. Ölbaum G I 18; II 38. 63. 144. 302 (Ölbäume werden als besonders feuergefährdet angesehen G II 304 ff.); II 420. – 2. Frucht: Olive G I 306; s. auch baca.

oleaster (ἀγριελαία, ἀγριέλαιος) wilder Ölbaum; er trägt kleine herbe Beeren. Sein Laub kränzte die olympischen Sieger G II 182, 314; IV 20.

oleum Öl G I 273. 392; II 222.

oliva 1. Ölbaum E V 16; G II 3. 181 (oliva vivax: der der Pallas heilige Ölbaum hat ein Alter von 200 Jahren erreicht G III 21. – 2. Frucht: Olive C II a 9; G II 85. – 3. Hirtenstab E VIII 16.

olivum Öl E V 68; insbes. Salböl G II 466.

orchas (ὀρχάς) hodenartig gestaltete Art der Oliven G II 86.

ornus wilde Bergesche, Mannaesche E VI 71; G II 71. 111.

paliurus (παλίουρος) dorniger Strauch, Judendorn, Christdorn E V 39.

palma 1. Baum G II 67; IV 20. – 2. Siegeszeichen, Triumphzeichen G I 59; III 12. 49. 102.

palmes Weinstock, Zweige am Weinstock E VII 48; G II 90. 364.

pampinus Weinranke, Weinlaub C III a 8; G I 448; II 333, pampineus Weinlaub C III a 14; E VII 58.

papaver Mohn, der einschläfernde Kraft besitzt, Trank des Vergessens G I 78. 212. – papaver Cereale: Ceres wurde mit Mohnbüscheln in der Hand dargestellt G IV 131. 545; C III a 12; E II 47: Mohnblumen.

pausia (pausea, posea, possia), sehr fleischige Art der Oliven G II 86.

phaselus (φάσηλος) 1. Bohnen, türkische Bohnen, Schwertbohnen, Schminkbohnen G I 227. – 2. leichtes Fahrzeug in Gestalt einer Schwertbohne G IV 289.

picea Pechföhre, Kiefer G II 257.

pinus 1. Fichte, Föhre, Kiefer E I 38; VII 24; VIII 22; G IV 141. – 2. Pinie, im Garten gezogene pinus E VII 65. 68. – 3. Fichtenholz zum Bau von Schiffen E IV 38; G II 443.

pirum Birne G II 88.

pirus Birnbaum E I 73; IX 50; G II 34. 72; IV 145.

planta 1. Jedes Gewächs, das zur Fortpflanzung dient. Pflänzling, Setzling, Pfropfreis G II 23 (Wurzelschößling); II 65 (Wurzelreis); II 80 (Pfropfreis); 300 (Setzling); IV 115 (Pflänzlinge). – 2. Fußsohle E X 49.

plantaria viva selbständige Stecklinge, lebendig wurzelnde Triebe G II 27.

platanus (πλάτανος) Platane G II 70; IV 146.

pomum Obst, jede Obstfrucht: Feige, Dattel, Nuß etc. E I 37. 80; II 53; VII 54; IX 50; G I 274; II 59; IV 134. 142.

populus Pappel E VII 61. 66; IX 41; G II 13; s. auch Herculea arbos G IV 511 (adj.).

preciae Weinrebenart; purpureae preciae: Purpurwein G II 95.

propago Senker, bes. des Weinstocks G II 26. 63.

prunum Pflaume G II 34; IV 145; cerea pruna: Wachspflaumen E II 53.

psithia vitis (ψίθιος) griech. Wein aus ausgetrockneten Trauben G II 93; IV 269.

quercus Eiche, dem Jupiter heilig. Aus dem Rauschen der Eichen in Dodona verkündeten die Priester den Willen der Gottheit. Blitzschlag in eine Eiche sagte Landesverweisung voraus E I 17; IV 30; VI 28; VII 13; VIII 53; G I 159; II 16; III 332; IV 510; G I 349 (Kranz aus Eichenlaub).

racemus (ῥάξ) Beere, Traube G II 60. 102 (bumastus, eine großtraubige Rebenart); IV 269; E V 7.

radius längliche Olive, bes. geeignet zum Einkochen G II 86.

radix Wurzel G I 201. 319; II 17. 28. 31. 292. 318; IV 279.

rex Phanaeus (s. Namenregister s. v. Phanaeus), ein besonders guter, fürstlicher Wein von der Insel Chios. Phanae ist Vorgebirge und Hafen dieser Insel G II 98.

rhoezus: rhosus Inhalt und Form dieses Wortes umstritten; rhus rhois ῥοῦς, Gerberbaum, Sumach, meton. Sumachblätter, ein Gewürz C V 2.

robur Kernholz G I 162. 175; II 64.

ros Rosmarin G II 213.

rosa Rose C I a 1; G IV 134. 268.

rosarium Rosenhecke, -garten, -feld G IV 119.

rosetum Rosenhecke, -garten E V 17.

rubus Brombeerstaude C III a 8; E III 89; G III 315.

ruscus Mausdorn E VII 42.

rustus Brombeerstrauch; die zähen Ruten dienten zum Anbinden des Weinstocks G II 413.

saepes Zaun, hier vielleicht eine Hecke, Grenzmark, aus Weiden gebildet E I 53; VIII 37.

salictum Weidengebüsch, Weidenpflanzung E I 54; G II 13. 415.

saliunca wohlriechende Pflanze, die wilde oder keltische Narde E V 17.

salix (ἰτέα, οἰσύα) Weide E I 78; III 65. 83; V 16; X 40; G II 84. 110. 434. 446; III 175; IV 26. 182.

sandyx (σάνδυξ) Staude mit scharlachroter Blume, hier übertr.: Farbe E IV 45.

scilla (σκίλλα, σχῖνος) Meerzwiebel, für Heilzwecke G III 451.

sentis Dornstrauch E IV 29.

serpullum, serpyllum Feldthymian, Quendel E II 11; G IV 31.

siler G II 12; ein Staudengewächs (frutex), früher als eine Art Bachweide, von R. A. Schröder als Spindelbaum (Evonymus europaeus), allgemein aber als nicht identifizierbar mit einer uns bekannten Pflanzengattung angesehen. Vielleicht darf man in diesem von Plinius n. h. XXIV 73 als frutex-Staude bezeichneten Gewächs das siler montanum (Bergkümmel) vermuten.

siliqua Schote der Hülsenfrüchte G I 74. 195.

sorbum Speierling, Arlesbeere G III 380.

spica, spicum Ähre des Getreides C I a 2; III a 11.

spina Dorn E V 39.

spinetum Dornhecke, Dorngebüsch E II 9.

spinus Schlehdorn, Schwarzdorn G IV 145.

stipula Stoppel G I 85. 289. 321; G I 315 (Halm); III 297 (Stroh); E III 27 (Flöte).

stuppeus (στύππινος) aus grobem Flachs oder Hanf; stuppea verbera: hanfgeflochtene Schleuderriemen G I 309.

surculus Reis, Zweig, Schößling G II 87.

taeda Kien (oder Fichtenbaum) E VII 49; G II 431.

taxus Taxusbaum, Eibenbaum. Beeren und Laub hielt man für betäubend giftig E IX 30; G II 113. 257; IV 47. Taxusholz für Bogen zum Abschießen der Pfeile G II 448.

thymbra (θύμβρα) Saturei, ein Küchenkraut G IV 31.

thymus, thymum (θύμον) Thymian, Quendel, beliebteste Bienenpflanze E V 77; VII 37; G IV 112. 169. 181. 241. 270. 304.

tignum Balken G IV 307.

tilia Linde G IV 141. 183; Lindenholz für den Pflug: G I 173; Lindenholz für Schnitzereien: G II 449.

tinus lorbeerartiger Schneeball G IV 112.

tribolus (τρίβολος) Burzeldorn, stachliges Unkraut G I 153; III 385.

truncus 1. Baumstumpf, noch von Bedeutung für die Fortpflanzung G II 63. 78. 302. – 2. Stamm G II 426; III 233.

tus (θύος) Weihrauch C XIV 5; E VIII 65; G I 57; turea virga Weihrauchzweig G II 117.

ulmus Ulme, an ihr rankt sich die Weinrebe empor E I 58; II 70; V 3; X 67; G I 2. 170 (die junge Ulme soll so gebogen werden, daß sie krumm wächst und das Krummholz zum Pfluge gibt); G II 18. 72. 83. 221. 361. 367. 446 (Ulmenlaub als Viehfutter). 530; IV 144; G III 378 (Brennholz).

ulva Sumpfgras, Kolbenschilf E VIII 87; G III 175.

uva Traube C II a 8; III a 14; E IV 29; V 32; IX 49; X 36; G I 9. 54. 448; II 60. 191. 419; IV 558.

vaccinium (aus ὑάκινθος) Hyazinthe E II 18. 50; X 39.

vepres Dornstrauch, Dornbusch G I 271; III 444.

verbenae heilige Kräuter. Die Blätter und zarten Zweige des Lorbeers Ölbaums, Myrtenbaums, der Zypresse u. a. galten als heilige Kräuter, sie wurden von den Priestern des Jupiter bei feierlichen Handlungen auf dem Kopfe getragen; E VIII 65; G IV 131.

viburnum kl. Mehlbeerbaum, Schlingbaum E I 25.

vicia (βικίον) Wicke G I 75. 227.

vimen Weide, Weidenruten C III a 2; E II 72; G I 95 (adj.); s. S. 511.

vindemia 1. Weinlese G II 6. – 2. Weintrauben G II 89. 522.

vinea Weinberg, Weingarten E IV 40; G II 390. 403.

vinetum Weinberg, Weinpflanzung, Weingarten G II 319. 357.

vinum Wein E V 71; G I 132. 341; II 97; III 364.

viola Veilchen und Levkojenart C III a 12; E II 47; V 38; X 39; G IV 275.

violarium Veilchenbeet, -feld G IV 32.

virga rubea Erdbeerbaumrute G I 266.

virgeus aus Zweigen, virgea pabula „Futter von Ruten" G III 320.

vitea pocula: Wein G III 380.

vitis Reben, Weinstock E I 73; II 70; III 11. 38 (Abbild einer v.); E V 32; VII 61; IX 42; X 40; G I 2. 265. 284; II 63. 91. 97. 191. 221. 233. 262. 273. 289. 299. 397. 407. 410. 416; IV 269. 331.

volaemum pirum, eine bes. große Birnenart, die die hohle Hand (vola) ausfüllt, Pfundbirne G II 88.

4. Tiere und Tierprodukte

acalanthis Stieglitz, Distelfink G III 338.

agna weibl. Lamm, Schaflamm E II 21.

agnus Lamm, Bocklamm C II a 12; E I 8; III 6. 103; IV 45; VII 15; G I 341; IV 435.

alcyon (ἀλκυών) Eisvogel G I 399; III 338.

anguis Schlange E III 93; VIII 71; G II 154; III 38. 425; IV 482.

anser Wildgans G I 119; s. auch das Namenregister.

aper (κάπρος) wildes Schwein, Eber E II 59; III 75; V 76; VII 29; X 56; G III 248. 411.

apis Biene E I 54; V 77; X 30; G I 4; II 213. 452; IV 8. 37. 139. 149. 177. 197. 220. 251. 285. 318. 533. 556.

- alvarium Bienenstock G IV 34.
- aula, die größeren Zellen für die jungen Bürger (Quiriten) werden „Hof" genannt G IV 202.
- cavea Bienenstock G IV 58.
- crates Honigwaben G IV 214.
- cunabulum Lagerstätte der jungen Bienen G IV 66.
- examen Bienenschwarm E VII 13; IX 30; G II 452; IV 21. 103. 139.
- fucus Drohne G IV 168. 244.
- patria Kenntnis und Wertschätzung der p. wird an den Bienen gelobt G IV 155.
- penates Götter des Hausherrn, Schutzgottheiten der Familie G IV 155.
- apis praesepe, praesaepe Krippe, Futterstelle in den Bienenkörben G IV 168.
- regnum Reich der Bienen G IV 202.
- rex Weisel, Bienen-„König" G IV 21. 68. 75. 95. 106. 201. 210. 212; von der kriegerischen Haltung der Bienen berichtet Varro III 16, 18.
- spiculum Stachel der Biene G IV 74. 237.
- thalamus Schlafgemach, Bienenzellen G IV 189.

aquila Adler E IX 13.

aranea Spinne G IV 247.

ardea Reiher G I 364.

aries Widder, Schafbock C XIV 7; E III 95; IV 43; G III 387. 446.

armentum Rinderherden; Rinder, Ochsen, Stiere, das in Herden lebende Großvieh E II 23; IV 22; VI 45. 59; G I 355. 483; II 144. 195. 201. 329. 515; III 71. 129. 150. 155. 162. 286. 352; IV 223. – armenta immania Neptuni: plumpe „Rinder des Meeres", d. h. die Robben (phocae) G IV 395.

asellus Esel G I 273.

asilus (οἶστρος) Bremse G III 147.

avis (ὄρνις) Vogel G I 156. 271. 422; II 60. 209. 328; III 546; IV 110. 473; candida avis Storch G II 320.

blatta Schabe G IV 243.

bos Rind, Ochse, Stier E I 9. 45; V 25; VI 58; G I 3. 118. 285. 325; II 470. 515;
III 52. 211. 369. 419. 532; IV 543. 555.
bucula eine junge Kuh zur Zucht, Sterke, Färse E VIII 86; G I 375; IV 11.
bufo Kröte G I 184.

cancer Krebs E X 68 (Gestirn); G IV 48.
canis Hund E I 22; III 67; VI 77 (Hunde des Meeres); VIII 28; X 57; G I 140.
470; III 44. 265. 345. 371. 404. 410. 496. 540.
capella kleine Ziege C II a 10; III a 16; E I 12. 74. 77; II 63. 64; III 96; IV 21;
VII 3; VIII 33; IX 23; X 7. 30. 77; G II 196; III 287.
caper Ziegenbock, er gilt als Schädling des Weinbergs und wird deshalb beim
Bacchusfest geopfert E III 17. 22. 23; VII 7. 9; IX 25; G II 380.
capra Ziege G III 300.
caprea wilde Ziege G II 374.
capreolus Art wilder Ziegen, vielleicht Gemse E II 41.
caseus Käse E I 34.
cassis Spinnennetz G IV 247; s. S. 506.
castoreum (χαστόριον) Bibergeil G I 59.
catulus junges Tier; junger Hund: E I 22; G III 405; junger Löwe: G III 245;
junge Schlange: G III 438.
cera (χηρός) Wachs E II 32; III 25; VIII 80; G III 450; IV 38. 57. 241.
cervus Hirsch E I 59; II 29; V 60; VII 30; G I 307; III 265. 369. 413.
chelydrus (χέλυδρος) Schildkrötenschlange G II 214; III 415.
cicada Cicade, Baumgrille E II 13; V 77; G III 328.
coluber kleine Schlange, bes. Hausschlange G II 320; III 418.
columba Taube; sie galt als weissagendes, prophetisches Tier E IX 13.
concha (χόγχη) Muschel G II 348.
cornix Krähe E IX 15; G I 388.
corvus Rabe G I 382. 410. 423.
crabro Hornisse G IV 245.
curculio Kornwurm G I 186.
cycnus, cygnus (χύχνος) Schwan E VII 38; VIII 55; IX 29.

damma Tier aus dem Rehgeschlecht: Geiß, Gemse, Reh, Hirschkalb, Gazelle
oder Antilope E VIII 28; G I 308; III 410. 539.
delphin (δελφίς) Delphin. Walfischart. Hier Anspielung auf die Rettung des
Sängers Arion durch einen Delphin E VIII 56.
draco (δράχων) Drache G IV 408.

ebur Elfenbein G I 57. 480; II 193; adj.: eburnus G III 7.
elephantus (ἐλέφας) Elfenbein G III 26.
equa Stute G I 59; III 266.
equus Pferd E VIII 27; G I 13. 250. 514; II 542; III 8. 44. 50. 91. 114. 211. 250.
358. 499.
equus bellator, Streitroß G II 145.

equi bipedes, zweifüßige Rosse, Seepferde G IV 389.
exuviae abgelegte Schlangenhaut G III 437.

favus Wabe G I 344; IV 22. 104. 141. 161. 179. 214. 242.
fera Wild, Tiere der Wildnis G I 139. 330; II 471; III 242. 480; IV 223. 406.
    442.
feta Muttertier, trächtiges Tier E I 49; III 83. – feta vacca Mutterkuh G III 176.
fetus Junges E I 21: Lamm; E III 30: Kalb; G IV 512: Nachtigall.
fimus Mist, Dünger G I 80; II 347.
formica Ameise G I 186. 380.
fucus s. apis. – fucus propolis rötliches Bienenharz G IV 39.
fulica Wasserhuhn G I 363.

gemelli Zwillingstiere, hier Zwillingsziegen E I 14.
grus Kranich G I 120. 307. 375.
gryps Greif, Fabeltier E VIII 27.

haedus junger Ziegenbock E I 22; II 30; III 34. 82; V 12; VII 9; IX 6. 62; G II
    526; III 398; IV 10.
hippomanes (ἱππομανής) „Roßwut", klebrige Feuchtigkeit aus dem Ge-
    schlechtsteil der Stuten G III 280. 282.
hirculus Bock C III a 16.
hircus ausgewachsener Ziegenbock E III 8. 91; G II 395; III 312.
hirundo Schwalbe G I 377; IV 307.
hostia Opfertier, kleineres O., Gegensatz victima G I 345; III 486.
hydra (ὕδρα) Ungeheuer der Unterwelt: Drache; G II 141.
hydrus (ὕδρος) Schlange, Wasserschlange G III 545; IV 458.

iuvenca junge Kuh, Färse E VIII 2; G II 375; III 153. 219; IV 540. 551.
iuvencus junger Stier, in ältester Zeit war der Stier sakrosankt und durfte nicht
    getötet werden E II 66; VI 46; VII 11. 44; VIII 85; G I 15; II 206. 237. 357.
    515. 537; III 23. 50. 169. 518; IV 128. 285; der Stier galt als socius hominum
    et Cereris minister.

lac Milch C II a 11; E II 20. 22; III 6. 98; IV 21; V 67; VII 3. 15. 33; G I 344; III
    308. 394. 397. 463 (lac concretum: geronnene Milch); E I 81: lac pressum:
    Käse.
lacertus Eidechse E II 9; G IV 13: Schädling für die Bienen.
lana 1. Wolle von Schafen E IV 42; G II 465; III 391 (Pan als Widder mit
    schneeweißem Vlies). – 2. Baumwolle G II 120. – 3. Wolkenschäfchen am
    Himmel G I 397.
lanitium Wolle G III 384.
leaena (λέαινα) Löwin E II 63; G III 245; IV 408.
leo (λέων) Löwe E IV 22; V 27; G II 151.
lepus Hase G I 308; III 410.

lupus Wolf E II 63; III 80; V 60; VII 52 (der Sinn ist hier: der Wolf frißt auch gezählte, gezeichnete Schafe); VIII 52. 97; IX 54; G I 130. 486; III 264. 407. 537; IV 435.

lynx (λύγξ) Luchs E VIII 3; G III 264; er gehörte wie der Tiger zum Gefolge des Bacchus.

mel (μέλι) Honig E III 89; IV 30 (H.: ein Niederschlag aus der Luft wie Tau); G I 131; II 436; IV 1. 35. 57. 101. 141. 163. 169. 205. 213. 228. 265.

mergus Taucher G I 361.

merops (μέροψ) Vogel, der den Bienen Feind ist, „Bienenfraß, Bienenspecht, Bienenwolf" G IV 14.

monstra (hier:) Schädlinge der Ackererde G I 185.

mula Maulesel C X 19.

murex Purpurschnecke E IV 44.

mus (μῦς) Maus G I 181.

noctua Käuzchen G I 403.

oestrus (οἶστρος) Roßbremse G III 148.

olor Schwan (altlateinisch) E IX 36.

onager (ὄναγρος) wilder Esel, Waldesel G III 409.

ostrum (ὀστρέον) Meerschneckenblut, daraus Purpur G II 506; III 17.

ovis (ὄϊς) Schaf, bes. die Tarentinischen Schafe waren wegen ihrer Wolle berühmt E I 21; II 33. 42; III 3. 5. 94. 98; VI 5. 85; VII 3; VIII 52; X 16. 18. 68; G I 17; II 196. 375; III 296. 441; IV 10. 546.

ovum (ὠόν) Ei G I 379; III 438.

palumbes Ringeltaube E I 57; III 69.

pensum, die den Sklaven als Tagesmenge, Tagesarbeit zugewogene Wolle, Wollarbeit, später dann überhaupt Tagesarbeit G I 390; IV 348.

philomela Nachtigall G IV 511.

phoca (φώκη) Robbe, Seehund G III 543; IV 395. 432; vgl. armentum.

piscis Fisch E I 60; V 76; G III 430; IV 388.

purpura (πορφύρα) Purpur G II 495; IV 275.

quadriga Viergespann G I 512; III 268.

rana Frosch G I 378; III 431.

rubor Purpur G III 307.

serpens Schlange E IV 24; G I 129; II 215.

serum Molken, Käsewasser G III 406.

stelio, stellio (ἀσκαλαβώτης, ἀσκάλαβος) Sterneidechse G IV 243.

sucus Saft, hier Milch E III 6.

sus (σῦς) Schwein G I 400; II 72. 520; III 255 (Eber). 497; IV 407.

talpa Maulwurf G I 183; allgemein heben die Griechen seine Blindheit hervor.
taurus (ταῦρος) Stier; C XIV 7; E I 45; III 86. 100; IV 41; V 33; VII 39; G I 45.
  65. 210; II 140. 146; III 58. 212. 515; IV 538. 550; weiße Stiere sind
  bevorzugte Opfertiere; taurinus (adj.) G IV 171. 371.
testudo Schildkröte, hier nur in übertr. Sinne: Schildpatt als Schmuck an den
  Pfosten der Häuser der Reichen G II 463.
tigris (τίγρις) Tiger. Der Tiger ist bei den Griechen und Römern erst seit dem
  Feldzug Alexanders des Großen bekannt. Durch den Alexanderzug erhielt
  auch der Bacchus-Dionysos-Kult seine letzte große Ausdehnung. So wird
  der Tiger in das Gefolge des Bacchus gekommen sein, er galt als das
  feurigste und wildeste Tier E V 29; G II 151; III 248; IV 407. 510.
tinia Motte G IV 246.
turtur Turteltaube E I 58.

ulula (ὀλολυγών) Kauz, Käuzlein E VIII 55.
ursus Bär G III 247.
urus (οὖρος) Ur, Auerochs, Büffel G III 532.
uri silvestres Wildrinder G II 374.

vacca Kuh E VI 60; IX 31; G II 524; III 177.
vellus 1. Schaffell, Vlies E III 95; IV 44; G III 307. 389. 562; IV 334. – 2.
  Baumseide, Chinesische Seide G II 121. – 3. zart-flockige Schäfchen am
  Himmel G I 397.
villus Zotte, zottiges Haar G III 386. 446; IV 377.
vipera Viper G III 417. 545.
„*vir gregis*", Bock (caper) E VII 7.
vitula Kalb, Rind im ersten Jahr; Sterke E III 29. 48. 77. 85. 109; G IV 547.
vitulus Kalb, junges Rind G II 195; III 157 (Pflege der jungen Kälber). 164; G
  III 494; IV 299. 434; G IV 299: Zur künstlichen Bienenerzeugung aus dem
  verwesten Leib eines Kalbes vgl. Varro II 5; III 16.
vulpes Fuchs E III 91.

5. Pflanzen- und Tierkrankheiten

contagium Seuche E I 50.

papula Blatter, Hitzbläschen G III 564.
pestis Pest, Seuche; C I a 2; G I 181 (übertreibend für „Übel"); III 419. 471.
podagra (ποδάγρα) Fußgicht, Podagra; Geschwüre oder Beulen an den
  Klauen G III 299.

rabies Tollwut G III 496.
robigo Rost; zur Abwehr dieser Krankheit wurden jährlich am 25. April die
  Robigalia gefeiert: Opfer und Beschwörung dieses Dämons G I 151.

sacer ignis G III 566. Die bei Hippocrates (Epidem. VII 20) kurz erwähnte,
von Galen (XIX 134) mit ἐρυσίπελας (Rose) gleichgesetzte Krankheit
„πῦρ ἄγριον" muß doch wohl wenigstens den Ausdruck „sacer ignis"
mitgeformt haben, wenn auch das bei Vergil, Lukrez (VI 660. 1167) und
Columella (VII 5, 16 f.) beschriebene Krankheitsbild des sacer ignis, einer
brandig-eiterig fressenden, schleichend Glied um Glied verzehrenden
Hautkrankheit, nicht mit dem der Rose (ἐρυσίπελας) übereinstimmt. Das
griechische „ἄγριον – wild" wird auch bei Sophokles (Philoktet 173) zur
Bezeichnung einer eiterig-fressenden Wunde verwendet; sacer aber weist
deutlich hin auf die Todverfallenheit, auf den Bereich der Unterirdischen.
In der Bauernsprache Italiens hieß die Krankheit pusula (von pus – πύον –
Eiter).
scabies Räude, Krätze, Aussatz G III 299. 441.

tabum ansteckende Krankheit; Pest G III 481; III 557 (verwesendes Blut).
tussis Husten G III 497.

ulcus Geschwür, Räudeblattern G III 454.

LITERATUR

Hinsichtlich der Textausgaben wird auf die Zusammenstellungen beim Catalepton (S. 292 ff.), bei den Bucolica (S. 350 ff.), den Georgica (S. 376 ff.) sowie bei den Vitae (S. 408 f.) verwiesen.

EINFÜHRUNG UND ERLÄUTERUNGEN

1. Nachstehend sind die Werke aufgeführt, auf die im Text der „Einführung" (S. 261 ff.) und der „Erläuterungen" zu den einzelnen Werken Bezug genommen ist. Da alle Hinweise nur den Autor und das Erscheinungsjahr nennen, ist die nachstehende Literaturliste zur Erleichterung des Auffindens chronologisch gegliedert.

bis 1900

W. A. B. Hertzberg: Die Gedichte des P. Virgilius Maro ...; 2. Abt. Kleinere Gedichte ... Stuttgart 1856.

H. Morsch: De Graecis auctoribus in georgicis a Vergilio expressis. Halle 1878 (Diss.).

F. Bücheler: Interpretationen zu Catalepton 1–14. RhM 37, 1882, 528–530; 38, 1883, 507–525; 54 (1899) 4.

M. Sonntag: Vergil als bukolischer Dichter. Leipzig 1891.

E. Bethe: Vergilstudien II. RhM 47, 1892, 577–596.

1901–1910

F. Skutsch: Aus Vergils Frühzeit. Leipzig 1901.

P. Jahn: Aus Vergils Frühzeit. H 37, 1902, 161–172.

F. Leo: Vergil und die Ciris. H 37, 1902, 14–55.

F. Leo: Vergils erste und neunte Ekloge. H 38, 1903, 1–18.

F. Skutsch: Gallus und Vergil. Aus Vergils Frühzeit zweiter Teil. Leipzig-Berlin 1906.

F. Leo: Nochmals die Ciris und Vergil. H 42, 1907, 35–77.

F. Vollmer: Die kleineren Gedichte Vergils. SBAW 1907, 335–374.

G. Némethy: De epodo Horatii Cataleptis Vergilii inserto. Budapest 1908.

Th. Birt: Jugendverse und Heimatpoesie Vergils. Erklärung des Catalepton. Leipzig-Berlin 1910.

P. Sommer: De P. Vergilii Maronis Catalepton carminibus quaestionum capita tria. Halle 1910 (Diss.)

1911–1920

K. Münscher: Zu Vergil Catalepton V. H 47, 1912, 153–154.

N. W. de Witt: A Campaign of Epigram against Marcus Antonius in the Catalepton. AJPh 33, 1912, 317–323.

J. Kroll: Horazens 16. Epode und Vergils erste Ekloge. H 49, 1914, 629 ff.

E. K. Rand: Young Virgil's Poetry, HSPh 30, 1919, 103–185.

1921–1930

J. Carcopino: À propos du Catalepton. RevPh 46, 1922, 156–184.

T. Frank: Vergil, a Biography. New York 1922 (1965).

G. Jachmann: Die dichterische Technik in Vergils Bucolika. NJbb 25, 1922, 101–120.

N. W. de Witt: Virgil at Naples. ClPh 17, 1922, 104 ff.

K. Witte: Der Bukoliker Vergil. Die Entstehungsgeschichte einer römischen Literaturgattung. Stuttgart 1922.

G. Jachmann: Vergils sechste Ekloge. H 58, 1923, 287–304.

W. Schmid: Vergilius, Catalepton 5. 7. Philologus 97 = N. F. 33, 1924, 313–317.

G. Rohde: De Vergili eclogarum forma et indole. Berlin 1925 (Diss.).

E. Galletier: À propos du Catalepton et des œuvres attribuées à la jeunesse de Virgile. RevPh 50, 1926, 153–172.

E. Fraenkel: Vergil und Cicero. AAM n. s. 19/20, 1926–1927, 217–227. (Modena 1928).

F. Klingner: Vergils erste Ekloge. H 62, 1927, 129–153.

F. Klingner: Besprechung von G. Rohde. Gn 3, 1927, 576–583.

H. W. Prescott: The development of Virgil's Art. Chicago 1927 (1963).

E. Burck: Die Komposition von Vergils Georgika. H 64, 1929, 279–321.

O. Weinreich: Gebet und Wunder. Zwei Abhandlungen zur Religions- und Literaturgeschichte. Stuttgart 1929.

J. Hubaux: Les thèmes bucoliques dans la poésie latine. Bruxelles 1930.

E. Reitzenstein: Zur Erklärung der Cataleptongedichte. RhM N. F. 79, 1930, 65–92.

1931–1940

F. Klingner: Über das Lob des Landlebens in Virgils Georgica. H 66, 1931, 159–189.

K. Prümm: Die Heilserwartung der 4. Ekloge im Widerstreit neuerer Ansichten. Scholastik 6, 1931, 539–567; 7, 1932, 239–256.

J. J. Savage: Was the Commentary on Virgil by Aelius Donatus extant in the ninth century? ClPh 26, 1931, 405 ff.

H. Herter: De Priapo. Gießen 1932.

H. Oppermann: Vergil und Oktavian. Zur Deutung der ersten und neunten Ekloge. H 67, 1932, 197–219.

F. Zimmermann: Virgil und Catull. PhW 52, 1932, 1119–1130.

E. Pfeiffer: Virgils Bukolika. Untersuchungen z. Formproblem. Stgt. 1933.

A. Rostagni: Virgilio minore. Torino 1933 (1961).

H. R. Fairclough: Virgil, with an english translation. II. The minor poems. London-Cambridge (Mass.) 1934 (1960).

A. Kurfess: Vergil und Horaz. Ein Beitrag zur Priorität der vierten Ekloge. Philologus 91, 1936, 412–422.

H. Klepl: Lukrez und Virgil in ihren Lehrgedichten. Leipzig 1940 (1967) Diss.

1941–1950

L. Alfonsi: L'„Ortensio" di Cicerone e il „Catalepton V" di Virgilio, RivFil n. s. 19, 1941, 259–267.

F. Klingner: Römische Geisteswelt. Leipzig 1943 (1952. 1953. 1961. 1965).

J. Liegle: Die Tityrusekloge. H 78, 1943, 209–231.

P. Maury: Le secret de Virgile et l'architecture des Bucoliques. Paris 1944.

R. Hanslik: M. Valerius Messalla Corvinus. RE VIII A 1, 131–157. 1948(?).

J. H. Quincey: The metaphorical sense of λήκυθος and ampulla. ClQu 43, 1949, 32–44.

R. E. H. Westendorp Boerma: P. Vergili Maronis Catalepton; pars prior. Assen 1949 (cat 1–8).

1951–1960

F. Dornseiff: Verschmähtes zu Vergil, Horaz und Properz. Berlin 1951.

L. Herrmann: L'âge d'argent doré. Paris 1951.

H. Altevogt: Labor improbus. Eine Vergilstudie. Münster i. W. 1952.

F. Bömer: Über die Himmelserscheinungen nach dem Tode Caesars. BJbb 152, 1952, 27–40.

R. Hanslik: Der Dichterkreis des Messalla. Wien 1952.

G. Jachmann: L'arcadia come paesaggio bucolico. Maia 5, 1952, 161–174.

G. Jachmann: Die vierte Ekloge Vergils. Pisa 1952.

J. Perret: Virgile, l'homme et l'œuvre. Paris 1952 (1965²).

C. Becker: Vergils Eklogenbuch. H 83, 1955, 314–349.

B. Snell: Arkadien, die Entdeckung einer geistigen Landschaft. 1955 (Die E. des Geistes, 371–400).

K. Büchner: P. Vergilius Maro, der Dichter der Römer. Stuttgart 1956 (Sonderdruck aus RE).

J. Perret: Virgile. Paris 1959.

G. Radke: Vergils Cumaeum carmen. Gy 66, 1959, 217–246.

A. Salvatore: Appendix Vergiliana II: Dirae (Lydia)-Copa-Moretum-Catalepton. Torino 1960.

W. Schadewaldt: Sinn und Werden der vergilischen Dichtung. Zürich 1960.

W. Wimmel: Kallimachos in Rom. Wiesbaden 1960.

D. Wiegand: Die Natur bei Vergil und Horaz. Bibliographie für die Jahre 1920–1959. Gy 67, 1960, 344–358.

D. E. W. Wormell: The riddle in Virgil's third Eclogue. ClQu n. s. 10, 1960, 32.

1961–1970

J. Perret: Virgile. Les Bucoliques. Éd., introd. et comm. Paris 1961.

W. Richter: Catalepton 5, 2. WSt 74, 1961, 156–159.

V. Buchheit: Studien zum Corpus Priapeorum. München 1962.

A. Salvatore: Appendix Vergiliana. Epigrammata et Priapea; testo e interpretatione. Napoli 1963.

K. Vretska: Vergils neunte Ekloge. AU 6, 2, 1963, 31–46.

R. E. H. Westendorp Boerma: P. Vergili Maronis Catalepton; pars altera. Assen 1963 (cat 9–15).

E. Fraenkel: Kleine Beiträge zur klassischen Philologie. Roma 1964.

F. Klingner: Studien zur griechischen und römischen Literatur. Zürich-Stuttgart 1964.

V. Pöschl: Die Hirtendichtung Virgils. Heidelberg 1964.

G. Radke: Augusteische Dichtung (Auswahl). Fachbericht. Gy 71, 1964, 72–108.

M. C. J. Putnam: The Riddle of Damoetas. Mn 4, 18, 2, 1965, 150–154.

H. Dahlmann: Zu Vergils siebentem Hirtengedicht. H 94, 1966, 218–232.

E. A. Fredricksmeyer: Octavian and the unity of Virgil's first eclogue. H 94, 1966, 208–218.

P. Levi: The dedication to Pollio in Virgil's eighth eclogue. H 94, 1966, 73 ff.

E. Winsor-Leach: Nature and art in Vergil's second eclogue. AJPh 87, 1966, 427–445.

B. Gatz: Weltalter, goldene Zeit und sinnverwandte Vorstellungen. Hildesheim 1967.

F. Klingner: Virgil. Bucolica-Georgica-Aeneis. Zürich-Stuttgart 1967.

Ch. P. Segal: Vergil's caelatum opus: an interpretation of the third eclogue. AJPh 88, 1967, 279–308.

A. Wlosok: Die Göttin Venus in Vergils Aeneis. Heidelberg 1967.

H. Naumann: Vergil Hirtengedichte; lt. u. dt. mit den echten Jugendgedichten, der Vergilvita des Sueton und der Einführung in die Hirtengedichte durch Donat. München ⟨1968⟩.

L. P. Wilkinson: The Georgics of Vergil, a critical survey. Cambridge 1969.

V. Buchheit: Literarische Kritik an T. Annius Cimber (Verg. catal. 2), Cicero (Cat. c. 49) und Sestius (Cat. c. 44). Wiesbaden 1970, Festschrift K. Büchner, 1, 37–45.

2. Einen hervorragend gegliederten Überblick über die Vergilliteratur bietet „Aufstieg und Niedergang der römischen Welt. Geschichte und Kultur Roms im Spiegel der neueren Forschung" (ANRW), hg. v. *H. Temporini* und *W. Haase,* Berlin-New York, Bd. II 31, 1 (1981); Bd. 31, 2 (1981). Die Literaturnachweise von ANRW reichen bis in die Jahre 1975/77.

3. Seitdem sind erschienen (Auswahl):

Einheit und Vielfalt:

M. v. Albrecht: Einheit und Vielfalt von Vergils Lebenswerk. Gy 90, 1983, 123–143.

Literarische Einbettung:

H. J. Tschiedel: Vergil und die römische Liebeselegie. München 1977, Lebendige Antike, 120–155.
V. Buchheit: Würdigung des Dichterfreundes und Dichterpatrons bei Catull und Vergil, Philologus 121, 1977, 66–82.

Aspekte:

E. Lefèvre: Vergil: propheta retroversus. Gy 90, 1983, 17–40.

CATALEPTON

1. Einen Überblick über die Literatur zur „Appendix Vergiliana" bietet in Band II 31. 2 (1981) von „Aufstieg und Niedergang der römischen Welt" der Artikel von J. Richmond: Recent Work on the ‚Appendix Vergiliana' (1950–1975), S. 1112–1154.

2. Seitdem sind erschienen (Auswahl):

Textüberlieferung:

J. Richmond: Quomodo textus libelli qui Catalepton inscribitur ad nos pervenerit. Eranos 74, 1976, 58–62.
M. D. Reeve: The textual tradition of the Appendix Vergiliana. Maia 28, 1976, 233–254 (vgl. 27, 1975, 231–247).

3. Einblick in die Probleme einzelner Gedichte vermitteln folgende Arbeiten:

PRIAPEA

IIa	*A. Mazzarino:* Brevi note all' Appendix Vergiliana. I: Il v. 19 del 2° Priapeo e Orazio. Messina 1963.
IIa/IIIa	*F. Klingner:* Über zwei Priapeen der Appendix Vergiliana. H 71, 1936, 254–262.
IIIa	*A. Mazzarino:* Brevi note all' Appendix Vergiliana. II: Priap. III v. 15. Messina 1964.

EPIGRAMMATA

2   *V. Buchheit:* Literarische Kritik an T. Annius Cimber (Verg. catal. 2), Cicero (Cat. c. 49) und Sestius (Cat. c. 44). Wiesbaden 1970, Festschrift K. Büchner 1, 37–45.

3   *E. Wistrand:* On the problem of Catalepton 3. Arctos 5, 1967, 169–175.

    E. Courtney: Catalepton 3, 9–10. ClRev 19, 1969, 15.

5   *T. Oksala:* Carmen Vergili? abituri (Catal. 5). Arctos Suppl. 2, 1985, 147–152.

5/8 *H. Naumann:* Ist Vergil der Verfasser von Catalepton V und VIII? RhM 121, 1978, 78–93.

7   *P. R. Hardie:* Catalepton 7. LCM 7, 1982, 50–51.

8   *G. Maurach:* Catal. 8 and Hellenistic poetry. Acta class. 12, 1969, 29–46.

9   *J. Richmond:* Catalepton 9. Mus. phil. Londoniense 3, 1978, 189–201.

    G. Annibaldis: Catalepton IX: tre richiami omerici. RhM 123, 1980, 330–332.

10 *I. Kajanto:* Who was Sabinus ille? A reinterpretation of Catalepton 10. Arctos 9, 1975, 47–55.

11 *C. Conti:* Catalepton XI: Lusus letterario o autentico epitaffio? Perugia 1975.

BUCOLICA

1. Einen Überblick über die Literatur zu den Bucolica bietet in Band II 31. 2 (1981) von „Aufstieg und Niedergang der römischen Welt" der Artikel von *W. W. Briggs jr.:* A Bibliography of Virgil's ‚Eclogues' (1927–1977), S. 1265–1399.

2. Seitdem sind erschienen (Auswahl):

Wertung:

W. Deuse: Nachahmung als schöpferische Leistung. Vergils Hirtendichtung. Fusa 2, 1981, 27–33.

Literarische Einbettung:

E. A. Schmidt: Der Bukoliker Vergil und die moralische Homerallegorese. SOslo 53, 1978, 165–170.

P. Radici-Colace: L'amore ‚lontano' in Teocrito e Virgilio. Orpheus 2, 1981, 404–416.

Ch. Segal: Poetry and myth in ancient pastoral. Essays on Theocrit and Virgil. Princeton 1981 XII, 348 S.

J. van Sickle: Order in Callimachus and Virgil (Aitia III-IV / Liber bucolicon). FIEC Budapest 1984, 289–292.

A. Masaracchia: Virgilio e Teocrito: nascità e fortuna dell'ideale bucolico. Sandalion 6–7, 1983–1984, 75–91.

Politischer Hintergrund:

L. Havas: Zum politischen Hintergrund der Vergilianischen Bukolik. Szeged, Symposium Vergilianum 1984, 97–105.

Struktur:

E. de Saint-Denis: Encore l'architecture des ‚Bucoliques' virgiliennes. RevPh 50, 1976, 7–21.

J. van Sickle: Strutture interne di singole egloghe nel libro bucolico di Virgilio. Maia 35, 1983, 205–212.

Philosophische Aspekte:

A. Grilli: Adesione o cultura? Aspetti della filosofia nelle ‚Bucoliche'. Maia 35, 1983, 23–27.

Poetisches Personal:

R. Mayer: The civil status of Corydon. ClQu 33, 1983, 298–300.

J. Perret: L'exaltation de Daphnis. Paris 1983, Hommages à J. Cousin, 123–132.

T. Viljamaa: Gallus – soldier or shepherd? Arctos 17, 1983, 119–122.

Sprache, Metrik:

T. Oksala: Zum Gebrauch der griechischen Lehnwörter bei Vergil. I. Interpretationen zu den Bucolica. Arctos 18, 1984, 45–63.

W. Ott: Metrische Analysen zu Vergil, Bucolica. Tübingen 1978 XIX, 170 S.

3. Einblick in die Probleme einzelner Eklogen vermitteln die folgenden Arbeiten (Auswahl):

1   *C. Hardie:* Der iuvenis der Ersten Ekloge. AU 24, 5, 1981, 17–28.

     J. Tolbert Roberts: Carmina nulla canam. Rhetoric and poetic in Virgil's first Eclogue. ClW 76, 1983, 193–199.

     J. R. Wright: Virgil's pastoral programme: Theocritus, Callimachus and Eclogue I. Proc. Cambridge n. s. 29, 1983, 107–160.

1/9 *P. Veyne:* L'histoire agraire et la biographie de Virgile dans les Bucoliques I et IX. RevPh 54, 1980, 233–257.

2   *C. Monteleone:* Esegesi ovidiana dell'Ecloga seconda di Virgilio. RhM 122, 1979, 88 ff.

M. Geymonat: Verg. Buc. II 24. Museum criticum 13–14, 1978–1979, 371–376.

3　　*J. K. Anderson:* Virgil, Eclogue 3, 92–93 – an inquiry. ClW 77, 1984, 303.

V. Buchheit: Wunder der Dichtung (Vergil, ecl. 3, 88 f.). WüJbb N. F. 10, 1984, 73–76.

4　　*H. Naumann:* Das Geheimnis der Vierten Ekloge. AU 24, 5, 1981, 29–47.

F. Della Corte: La ‚proanafonesi‘ della IV egloga. Maia n. s. 34, 1982, 3–11.

E. Thummer: Vergilius ludens. Erwägungen zur vierten Ekloge. Festschrift R. Muth, Innsbruck 1983, 531–540.

G. Binder: Lied der Parzen zur Geburt Octavians. Vergils vierte Ekloge. Gy 90, 1983, 102–122.

L. Coronati: Osservazioni sulla traduzione greca della IV ecloga. Civiltà classica e cristiana 5, 1984, 71–84.

5　　*E. Evrard:* Quelques observations sur la 5ᵉ Bucolique de Vergile. EtCl 46, 1978, 327–338.

R. Westman: Zur Apotheose des Daphnis bei Vergil. Arctos 14, 1980, 115–125.

E. Dönt: Zur Deutung von Vergils fünfter Ekloge. WüJbb N. F. 7, 1981, 135–137.

S. M. Mizera: Lucretian elements in Menalca’s song, ‚Eclogue‘ 5. H 110, 1982, 367–371.

J. Perret: Daphnis pâtre et héros: perspectives sur un âge d’or (Virgile, Buc., V). REL 60, 1982, 216–233.

6　　*H. Mac L. Currie:* Eclogue 6, 13 ff. and the Numa-Egeria legend. LCM 3, 1978, 289–291.

G. Lieberg: L’harmonie des sphères chez Virgile? Remarques sur l’epilogue de la sixième eglogue. CollBudé 1978, 4, 343–358.

H. Jacobson: A philosophical topos at Virgil, Eclogues 6, 37–38. LCM 7, 1982, 42.

R. A. Kaster: The echo of a chaste obscenity: Verg. E. VI 26 and Symm. Ep. VI 22, 1. AJPh 104, 1983, 395–397.

A. Thill: L’epyllion de Pasiphae (Virg., Buc. VI, 45–60). Paris 1983, Hommages à J. Cousin, 145–157.

G. D’Anna: Rileggendo l’inizio della sesta Bucolica di Virgilio. Bruxelles 1985, Hommages à H. Bardon, Coll. Latomus 187, 70–73.

7　　*M. Geymonat:* Tirsi critico di Lucilio nella settima egloga virgiliana. Orpheus 2, 1981, 366–370.

8　　*J. González Vázquez:* ‚Indignus amor‘. El tema del amor en las Bucólicas de Vergilio: su interpretación a través de las imágenes. Emerita 47, 1979, 319–330.

C. Gallazzi: P. Narm. inv. 66. 362: Vergilius, Eclogae VIII 53–62. ZPE 48, 1982, 75–78.

A. Köhnken: ,Sola ... tua carmina' (Vergil, Ecl. 8, 9f.). WüJbb N. F. 10, 1984, 77–90.

G. Nussbaum: Vergilian artistry. A note on Eclogues 8, 37–41. LCM 9, 1984, 94–95.

9   *E. E. Brenk:* War and the shepherd: The tomb of Bianor in Vergil's ninth eclogue. AJPh 102, 1981, 427–430.

S. V. Tracy: Sepulcrum Bianoris: Virgil Eclogues 9, 59–61. ClPh 77, 1982, 328–330.

G. Zanker: A Hesiodic reminiscence in Virgil, E. 9, 11–13. ClQu 35, 1985, 147–152.

10 *J. van Sickle:* Neget quis carmina Gallo? QUCC n. s. 9, 1981, 125–127.

D. J. Kennedy: Shades of meaning: Vergil, Eclogue 10, 75–77. LCM 8, 1983, 124.

GEORGICA

1. Einen Überblick über die Literatur, die bis zum Jahre 1975 zu den Georgica erschienen ist, bietet im Band II 31. 1 (1980) von „Aufstieg und Niedergang der römischen Welt" der Beitrag von Werner Suerbaum: Spezialbibliographie zu Vergils Georgica, S. 395–499.

2. Seitdem sind erschienen (Auswahl):

Gesamtwürdigung:

M. Fuhrmann: Fluch und Segen der Arbeit. Vergils Lehrgedicht von der Landwirtschaft in der europäischen Tradition. Gy 90, 1983, 240–257.

T. Oksala: Studien zum Verständnis der Einheit und der Bedeutung von Vergils Georgica. Helsinki 1978, 135 S.

P. J. Davies: Unity and meaning in Vergil's Georgics. Bruxelles 1980, Studies C. Deroux, 138–156.

Literarische Einbettung:

L. Haberman: Varro and two military similes in Virgil's Georgics. ClB 53, 1977, 54–56.

A. Salvatore: Georgiche di Virgilio e De re rustica di Varrone. Napoli 1977, Atti del convegno sul bimillenario, 67–111.

A. Salvatore: Scienza e poesia in Roma. Varrone e Virgilio. Napoli 1978, 163 S.

G. *Bocuto:* I segni premonitori del tempo in Virgilio e Arato. Atene e Roma 30, 1985, 9–16.

Politischer Hintergrund:

E. *Schäfer:* Die Wende zur Augusteischen Literatur. Vergils Georgica und Octavian. Gy 90, 1983, 77–101.

Struktur:

R. *Martin:* Note sur les ‚Georgiques‘ et leur composition. BullBudé 1982, 1, 72–76.

Aspekte:

G. *Kromer:* The didactic tradition in Vergil's Georgics. Ramus 1979, 7–21.

P. *Connor:* The Georgics as description: aspects and qualifications. Ramus 1979, 34–38.

Umarbeitungsproblematik:

H. *Naumann:* Laudes Galli: Zur angeblichen Umarbeitung der Georgica. Sileno 4, 1978, 7–21.

Einzelthemen:

G. *Barra:* Le ‚Georgiche‘ di Virgilio e il mito dell'età dell'oro. Napoli 1977, Atti del convegno sul bimillenario, 149–165.

T. *Winter:* The direction of Virgil's weather, ClB 55, 1979, 33–36.

P. J. *Davies:* Vergil's Georgics and the pastoral ideal. Ramus 1979, 22–23.

A. *Betensky:* The farmer's battles. Ramus 8, 1979, 108–119.

P. A. *Johnstone:* Vergil's agricultural golden age. A study of the Georgics. Leiden 1980 X, 143 S.

G. *Maggiuli:* Virgilio erborista. Maia 33, 1981, 215–216.

E. W. *Spofford:* The social poetry of the Georgics. New York 1981 IX, 63 S.

A. *Barrigazzi:* La provvidenza divina e l'incivilimento umano nelle Georgiche di Virgilio. Prometheus 8, 1982, 97–116.

K. *Kreyser:* La culture d'élevage des animaux dans les Géorgiques de Virgile. Concilium Eirenes XVI 1983 III 25–31.

L. *Landolfi:* Durus amor. L'ecfrasi Georgica sull' insania erotica. Civiltà classica e cristiana 6, 1985, 177–198.

3. Einblick in die Probleme der einzelnen Bücher vermitteln die folgenden Arbeiten (Auswahl):

BUCH I

R. *Liver:* Clarissima mundi lumina. Zu einem Interpretationsproblem von Vergils Georgica [1. 5]. MusHelv 33, 1976, 33–37.

T. *Mantero:* Cruentaque myrta (Verg. Georg. I 306). Napoli 1977, Atti del convegno sul bimillenario, 431–452.

F. *Capponi:* Variae artes ad Georg., I, 139–142. Napoli 1977. Atti del convegno sul bimillenario, 225–247.

R. *Badalì:* Virgilio Georg. 1, 466–88 e Lucano Phars. 1, 522–583. Napoli 1977, Atti del convegno sul bimillenario, 121–131.

E. *Maróti:* Studien zu dem Proömium von Vergils Geogica. Acta antiqua Acad. scient. Hung. 29, 1981, 315–325.

F. *Della Corte:* Nudus ara, sere nudus [1, 299]. RivFil 109, 1981, 178–186.

G. *Puccioni:* Esegesi virgiliana (a proposito del I libro delle Georgiche). Civiltà classica e cristiana 4, 1983, 15–42.

E. *Maróti:* Anmerkungen zu dem Proömium der Georgica ,Vos, o clarissima mundi lumina' [1, 5]. Concilium Eirenes XVI 1983, III 32–36.

L. *De Neubourg:* Virgile et Aratos: increpuit densis alis dans les Géorgiques, I 382. RhM 126, 1983, 308–323.

BUCH II

J. *Strauss Clay:* The argument of the end of Virgil's second Georgics. Philologus 120, 1976, 232–245.

I. *Dionigi:* Contaminazione ed arte in Georg. 2, 510 e 523. Napoli 1977, Atti del convegno sul bimillenario, 345–354.

L. *Alfonsi:* Ancora sulla Laudes Italiae vergilianae [2, 136–176]. Napoli 1977, Atti del convegno sul bimillenario, 115–119.

F. *Muecke:* Poetic self-consciousness in Georgics II. Ramus 1979, 87–107.

R. *Martin:* Statut, fonction et sens du livre II des Géorgiques. Vita Latina 76, 1979, 267.

P. *Grimal:* La vigne et l'olivier. Réflexions sur le chant II des ,Géorgiques'. BullBudé 1980, 2, 171–185.

D. O. *Ross jr.:* Non sua poma: Varro, Virgil, and grafting [2, 82]. ICS 5, 1980, 1–21.

E. *Winsor Leach:* Georgics 2 and the poem. Arethusa 14, 1981, 35–48.

W. P. *Basson:* The catalogue of trees in Georgics 2, 83–108. Utrecht 1982, Actus Nelson, 1–19.

A. *Novara:* La Physica philosophia et le bonheur d'après Virgile. Géorg., II, v. 490–492. REL 60, 1982, 234–247.

A. *Wlosok:* Vergil als Theologe: Iuppiter – pater omnipotens [2, 325]. Gy 90, 1983, 187–202.

L. *Landolfi:* Virgilio e la ,digressione storica' (Georg. II 136–176). StudIt 78, 1985, 267–281.

BUCH III

S. *Lundström:* Der Eingang des Proömiums zum dritten Buche der Georgica. H 104, 1976, 163–191.

D. *Romano:* Invidia infelix. Virgilio, Georg., III. 37–39. Napoli 1977, Atti del convegno sul bimillenario, 505–513.

E. L. *Harrison:* The Noric plague in Vergil's third Georgic. Papers of the Liverpool Latin Seminar 1979, 1–65.

A. J. *Boyle:* In medio Caesar: paradox and politics in Virgil's Georgics [3, 16]. Ramus 1979, 65–86.

M. *Geymonat:* Paesaggio drammatico ed esperienza biografica nella ,Sila' virgiliana [3, 219]. Cosenza-Roma 1979, 9–20.

M. *Chiabò:* Verg., Georg. III 115–117. Quaderni dell'Istituto di lingua e lett. lat. Roma 1979, 17–23.

F. *Serpa:* Ancora sul templum de marmore [3, 13]. Quaderni di filologia classica, Trieste-Roma 1981, 51–57.

H. *Jacobson:* Vergil, Georgics 3, 280–281. MusHelv 39, 1982, 217.

R. *Kettemann:* Das Finale d. 3. Georgica-Buches. WüJbb N. F. 8, 1982, 23–33.

H. *Graßl:* Zur ,Norischen Viehseuche' bei Vergil (Georg. III 478–566). RhM 125, 1982, 66–77.

G. *Mazzoli:* Georg. III 66–68: esegesi e fortuna antica d'una sententia virgiliana. Sandalion 6–7, 1983–1984, 119–132.

K. *Wellesley:* Virgil, Georgics 3.44, emended. I.CM 10, 1985, 35.

BUCH IV

P. *Santini:* Pregnanza espressiva nell'episodio del vecchio di Còrico. Napoli 1977, Atti del convegno sul bimillennio, 515–520.

A. *La Penna:* Senex Corycius [4, 114–148]. Napoli 1977, Atti del convegno sul bimillenario delle Georgiche, 37–66.

E. *Paratore:* L'episodio di Orfeo [4, 454]. Napoli 1977, Atti del convegno sul bimillenario delle Georgiche, 9–36.

J. *Hermes:* C. Cornelius Gallus und Vergil. Das Problem der Umarbeitung des vierten Georgica-Buches. Münster (Diss.) 1977 (1980).

P. A. *Johnstone:* Eurydice and Proserpina in the Georgics [4, 486]. TAPA 107, 1977, 161–178.

Ch. G. *Perkell:* On the Corycian gardener of Virgil's fourth Georgic. TAPA 111, 1981, 167–177.

J. *Strauss Clay:* The old man in the garden. Georgic 4, 414–148. Arethusa 14, 1981, 57–65.

Ch. *Neumeister:* Aristaeus und Orpheus im 4. Buch der Georgica. WüJbb N. F. 8, 1982, 47–56.

E. *Kraggerud:* Die Proteus-Gestalt des 4. Georgica-Buches. WüJbb N. F. 8, 1982, 35–46.

W. L. *Brown:* The astronomical crux at Georgics 4, 234. AJPh 104, 1983, 384–390.

K. *Wellesley:* Virgil's bees: a short note. LCM 10, 1985, 13.

VITAE

1. Einen hervorragend gegliederten Überblick über die Vergilliteratur bietet „Aufstieg und Niedergang der römischen Welt. Geschichte und Kultur Roms im Spiegel der neueren Forschung", hg. v. *H. Temporini* und *W. Haase*, Berlin-New York, Bd. 31, 1 (1980); Bd. 31. 2 (1981). Hierin sind für die Vergilviten von besonderer Bedeutung:

W. Suerbaum: Hundert Jahre Vergil-Forschung: Eine systematische Arbeitsbibliographie mit besonderer Berücksichtigung der Aeneis (S. 1–500):
  S. 15–25: Bibliographien und Forschungsberichte.
  S. 42–47: Leben Vergils.
  S. 301–308: Vitae Vergilianae (antiquae).

W. Suerbaum: Von der Vita Vergiliana über die Accessus Vergiliani zum Zauberer Virgilius. Probleme – Perspektiven –Analysen (S. 1157–1262).

2. Seitdem sind erschienen (Auswahl):

M. Mayer: El oficio del padre de Virgilio y la tradición biográfica Virgiliana. Anuario de filología Barcelona 1975, 67–92.

H. Naumann: Gab es eine römische Dichter-Biographie? Sileno 2, 1976, 35–50.

J. Oroz Reta: De las vitae vergilianae e la vida de Virgilio. Perficit 7, 96, 1976, 109–149.

H. Naumann: Lücken und Einfügungen in den Dichter-Viten Suetons. WSt 92 N. F. 13, 1979, 151–165.

H. D. Jocelyn: Vergilius' Cacozelus (Donatus Vita Vergilii 44). Paper of the Liverpool Latin seminar 1979, 67–142.

P. Veyne: L'histoire agraire et la biographie de Virgile dans les Bucoliques I et IX. RevPh 54, 1980, 233–257.

H. Naumann: Was wissen wir von Vergils Leben? AU 24, 5, 1981, 5–16.

L. Keppie: Vergil, the confiscations, and Caesar's tenth legion. ClQu 31, 1981, 367–370.

H. Naumann: Suetonius' Life of Virgil: The present state of the question. HSCP 85, 1981, 185–187.

H. Naumann: Die Vergil-Legende. Mn 35, 1982, 148–153.

H. Naumann: Gibt es eine vita Donatiana des Vergil? Faventia 6, 1, 1984, 31–40.

F. Della Corte: La toga calda di Titiro. Bruxelles 1985, Hommages à H. Bardon, Coll. Latomus 187, 74–76.

ZUR HANDSCHRIFTLICHEN
ÜBERLIEFERUNG DER BUCOLICA

Das nebenstehende Faksimile gibt das linke obere Viertel des Blattes 5 (recto) aus dem Codex Guelferbytanus 70 Gudianus Latinus (Pergament, 9. Jh., Karolingische Minuskel, Schriftheimat Lyon) in vierfacher Vergrößerung wieder (vgl. dazu S. 350 unter der Sigle γ). Man erkennt folgendes:

Linke Spalte: 1. Überschrift, braun koloriert. 2. Text ecl. 1,1–26. 3. Scholien (längere Erläuterungen am Rand) und Glossen (kürzere Erläuterungen, meist zwischen den Zeilen). 4. Zeichen a) als Hinweise auf Scholien, b) als syntaktische Unterrichtshilfen, c) als Abkürzungen.

Rechte Spalte: 1. Text ecl. 1,40–66 (nur die Versanfänge sind erkennbar). 2. Glossen. 3. Zeichen.

Oberer Rand: Der beide Spalten übergreifende Text bietet die Fortsetzung der auf dem (nicht mit abgebildeten) unteren Rand begonnenen Einführung in ecl. 1 (s. dazu G. Funaioli, Esegesi Virgiliana Antica. Milano 1930, S. 229). Ganz oben links ist der interpolierte Vers 17a (sepe ... cornix) mit Glossen nachgetragen.

† Sepe sinistra cana predixit ab ilice cornix.

Proprietas huius primae eglogae nihil aliud sonat nisi conquestio de albario i. grosse est
in laude mū a nece ī. a cęsaris: A nuncupatiuus huius mer. Astimus pollio. Cornelius gall
ingeorgica: honorū inuenendis. Tria genera sunt carminū componendi tenuis moderatū
Ty. Ti. Caprarius i. Opilions: Bubuci. Sic de historia res priuatas duo pastores inter loquuntur.
Illos blus: loquitur. Ad summā pronā sensū loquitur: Si aut allegorica i. memoriā uir gilii
lege. Secundo eglo. gā iste arpesitur. inter speciosā induit tytyrū & melibore alium fugien

Tityre tu patulae recubans sub tegmine fagi
Silvestrem tenui musam meditaris avena,

Nos patriae finis et dulcia linquimus arva,

Nos patriam fugimus tu lentus in umbra
formosam resonare doces Amaryllida silvas.

Ty. O Meliboee deus nobis haec otia fecit.

Namque erit ille mihi semper deus illius aram

Saepe tener nostris ab ovilibus imbuet agnus.

Ille meas errare boves ut cernis et ipsum

Ludere quae vellem calamo permisit agresti.

Me. Non equidem invideo miror magis undique totis

usque adeo turbatur agris en ipse capellas

Protinus aeger ago hanc etiam vix Tityre duco.

Hic inter densas corylos modo namque gemellos

Spem gregis a silice in nuda conixa reliquit.

Saepe malum hoc nobis si mens non laeva fuisset

De caelo tactas memini praedicere quercus.

Sed tamen iste deus qui sit da Tityre nobis.

Ty. Urbem quam dicunt Romam Meliboee putavi

Stultus ego huic nostrae similem quo saepe solemus

Pastores ovium teneros depellere fetus.

Sic canibus catulos similes sic matribus haedos

Noram sic parvis componere magna solebam.

Verum haec tantum alias inter caput extulit urbes

Quantum lenta solent inter viburna cupressi.

Me. Et quae tanta fuit Romam tibi causa videndi

Text: Der Bearbeiter des Codex muß ein Schulmann gewesen sein. Er hat die Verse durch ein System syntaktischer Zeichen für den Unterricht aufzuschließen versucht. Zur Erleichterung des Einlesens bringen wir nachstehend den Text von ecl. 1,6–8 mit den erforderlichen Hinweisen:

6: O meliboee, de*u*s ⟨i. cesar⟩ fecit[1] nobis haec otia ⟨i. securitates⟩. *7/8:* Namq*ue* ⟨i. certe⟩ ille ⟨s. cesar⟩ semp*er* de*u*s erit mihi, tener agnus ⟨ab⟩ no*s*tris ab[2] ouilibus aram ⟨ara inferor*u*m, altare superor*u*m; inde *dicitu*r altare quas*i* alta ara⟩ illius ⟨s. dei⟩ Sepe ⟨frequent*er*⟩ imbue*t* ⟨tribue*t* *ve*l umectabit *ve*l sacrificio abstractus frequentabit *ve*l consecrabit⟩.

Scholien: Auf sie verweisen die hochgestellten Indexziffern, nämlich:

[1] auf dem unteren, hier nicht aufgenommenen Rande wird das Problem der Reihenfolge von ecl. 1 und ecl. 9 folgendermaßen gelöst: „Queri solet cur, quia hic letetur non amisisse agru*m*, *et* in penultima egloga *perditum* lamentetur. Quod soluit*ur* si sic respondeam: Primo quidem poeta*m* ob amicorum gra*tia*m non amisisse. Postea *et* amisisse *et* recuperasse."

[2] linker Rand neben ecl. 1,6–12: „Septa enim et ouilia recipr*o*ca su*n*t et unum pro altero ponit*ur*. Septa *enim* dicuntur loca in ca*m*po martio ubi comitia i. commutationes dignitatum p*er* singulos annos fiebant. Ouilia su*n*t ubi oues stabulantur."

Glossen (in spitzen Klammern): i. für *idest;* s. für scilicet.

Unterrichtshilfen: Durch die über den Dichterworten stehenden Punkte und etwa s-förmigen Zeichen, kleinere und größere, wird die oben abgedruckte Prosaform hergestellt, wenn man, der Anzahl der Zeichen entsprechend, zunächst die mit *Punkten,* dann die mit den kleineren und schließlich die mit den größeren *s-förmigen Zeichen* versehenen Wörter aneinanderreiht. Kenner des antiken Unterrichtswesens werden sagen können, ob diese Erklärungspraxis schon irgendwo eingehender anhand des reichen Materials festgestellt worden ist, wann sie aufkam und wie sie weitergewirkt hat.

Abkürzungen: deus: dš; deum: dm̄; dicitur: dr̄; enim: ᚻ (irischer Einfluß); ergo: g̣; esse: ēē; est: ē, ·ē·, ÷; id est: ·l·; esset: &̇&̇; et: &; igitur: ġ; nihil: ṅ; per: ꝑ; –que: q'; q;̣; vero: û; u. a.

Alle Abkürzungen sind durch Kursivbuchstaben kenntlich gemacht.

Als weiteres Beispiel für frühmittelalterlichen Vergilunterricht fügen wir die in γ überlieferten Merkverse zur Einprägung aller Werke Vergils bei, zunächst in einer dem Original möglichst nahebleibenden Form, dann mit den nötigen Erweiterungen.

Týfor díc si cúr prifór pas quóte meri éxtre.
Quíd faciát nunc áctenus ét te prótinus átque
Árcopat ínter síc tuut átque ea pánditur ótur.

In his tribus versibus continetur totus uirgilius.
In primo sunt capita decem eglogarum,
In secundo georgicorum. In tercio eneidorum.

E: 1   2   3   4   5
   Ty⟨tirus⟩   For⟨mosum⟩   Dic   Si⟨celides⟩   Cur
   6   7   8   9
   Pri⟨ma⟩   For⟨te⟩   Pas⟨torum⟩   Quo te, Moeri,
   10
   Extre⟨emum⟩
G: 1   2   3   4
   Quid faciat   Hactenus   Te   Protinus
A: 1   2   3   4
   Ar⟨ma⟩   Co⟨nticuere⟩   P⟨ostquam⟩   At⟨regina⟩
   5   6   7   8   9   10
   Inter⟨ea⟩   Sic   Tu   Ut   Atque ea   Panditur
   11   12
   O⟨ceanum⟩   Tur⟨nus⟩

Die Frage, ob die Schüler der Klosterschule zu Lyon jenem Mönche für diese drei Merkverse, in denen ihnen *totus uirgilius* geboten wurde, begeistert Beifall und Dank gespendet haben, müssen wir unbeantwortet lassen.

INHALT